本书为

国家科技支撑计划"中华文明探源及其相关文物保护技术研究"项目

中国社会科学院重点课题项目

本书的出版得到

国家重点文物保护专项补助经费资助

灵宝西坡墓地

中国社会科学院考古研究所
河南省文物考古研究所　编著

文物出版社
北京·2010

封面设计:张希广

责任印制:陆　联

责任编辑:谷艳雪

图书在版编目(CIP)数据

灵宝西坡墓地/中国社会科学院考古研究所,河南省文物考古研究所编著. —北京:文物出版社,2010.7

ISBN 978-7-5010-2991-4

Ⅰ.①灵… Ⅱ.①中…②河… Ⅲ.①仰韶文化－墓葬(考古)－发掘报告－灵宝市 Ⅳ.①K878.85

中国版本图书馆 CIP 数据核字(2010)第 120241 号

灵 宝 西 坡 墓 地

中国社会科学院考古研究所

河南省文物考古研究所 编著

*

文 物 出 版 社 出 版 发 行

(北京市东直门内北小街2号楼)

邮政编码:100007

http://www.wenwu.com

E-mail:web@wenwu.com

北京盛天行健印刷有限公司印刷

新 华 书 店 经 销

889×1194　1/16　印张:27.25　插页:3

2010 年 7 月第 1 版　2010 年 7 月第 1 次印刷

ISBN 978-7-5010-2991-4　定价:400.00 元

Xipo Cemetery in Lingbao

Institute of Archaeology, Chinese Academy of Social Sciences

Henan Provincial Institute of Archaeology and Cultural Relics

Cultural Relics Press

Beijing · 2010

目　录

插表目录

插图目录

彩图目录

图版目录

第一章　概　论

第一节　自然环境与历史沿革[*]

一　自然环境

灵宝市位于河南省西部边缘，豫、陕、晋三省交界处。市境疆域，南依秦岭山地东端的崤山，同陕西省洛南县及河南省卢氏县、洛宁县接壤；北濒黄河，隔河与山西省芮城县、平陆县相望；东与河南省陕县毗连；西与陕西省潼关县为邻。地理坐标在北纬34°7′10″至34°44′21″，东经120°21′18″至111°11′35″之间。东西长76.4公里，南北宽68.7公里，总面积3007.3平方公里[①]（图1－1）。

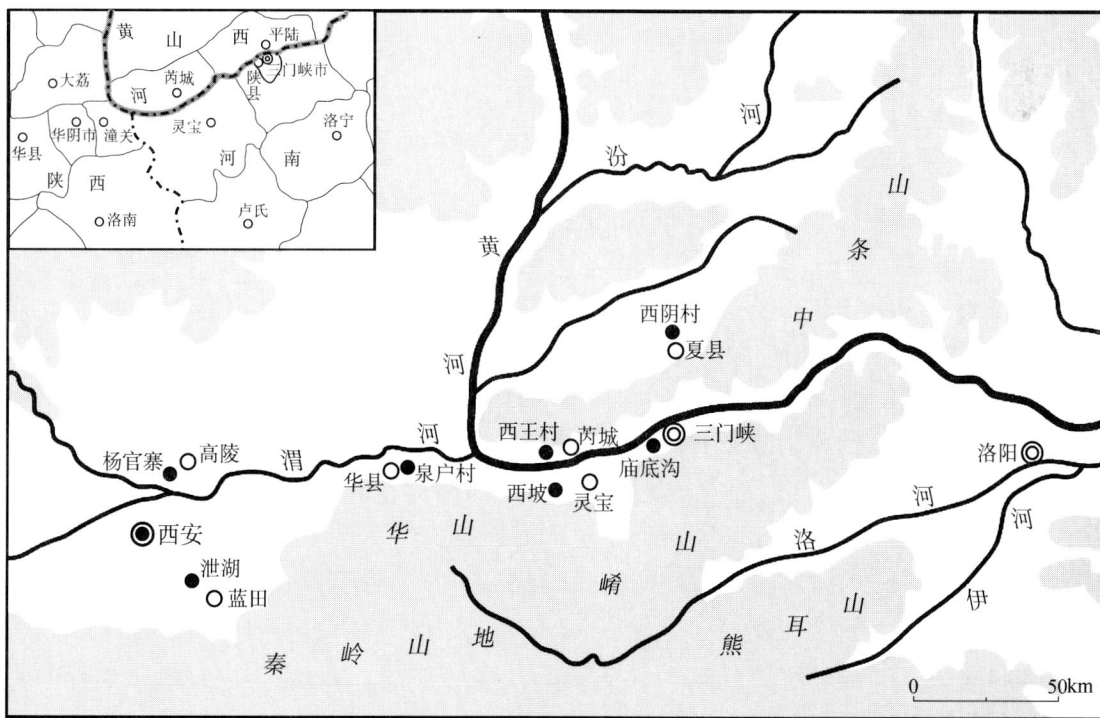

图1－1　灵宝位置及周围地区重要庙底沟类型遗址

---

[*]　本节由河南省文物考古研究所马萧林撰写。

[①]　本节资料主要采自灵宝县地方史志编委会主编：《灵宝县志》，中州古籍出版社，1992年。

灵宝市地处豫西丘陵山区，地貌复杂，地势南高北低，海拔由北向南自308米逐渐升至2413.8米，相对高差为2105.8米，自然比降达34.4%，可谓山岭起伏，沟壑纵横。地表由山地、黄土塬、塬涧和河川阶地组成，山地面积1067.63平方公里，黄土塬面积520.61平方公里，塬涧和河川阶地面积423.59平方公里。以弘农涧为界，全市分为两大地势类型：弘农涧以西，小秦岭自东向西入陕西省境，横卧市境西南部，山势挺拔陡峻；弘农涧以东，崤山绵延于市境东南缘，山势起伏平缓。灵宝境内河流属黄河水系，数千条大小溪沟汇成较大河流10条，加上过境水黄河，共有河流11条。自东而西主要有好阳河、弘农涧、沙河、阳平河、枣香河、十二里河、双桥河七条黄河一级支流，由南向北，直接注入黄河，流域面积3000多平方公里。这些河流将小秦岭、崤山和黄河间的盆地切割为六大黄土塬，自西向东依次为：堡里原、郭村原、程村原、铸鼎原、焦村原和铁岭原。

灵宝市属暖温带大陆性季风气候，四季分明。秋冬季多西北风，春夏季多东南风。全年日照时数为2277小时，日照率为51%。山地比平地略多，日照充足。元月最冷，七月最热。不同地区元月份平均气温为0.8℃~1.1℃，绝对低温-17℃。七月份平均气温为14.9℃~27℃，绝对高温42.7℃。境内气温自北向南递减，积温和无霜期都有较大差异，川、塬地区热量较足，基本可以满足农作物一年两熟的需要。山区热量较少，只能一年一熟，或三年四熟。

历年平均降水量为695毫米，但由于受季节气候和复杂地形的影响，时空分布不匀。从空间上看，南部山区降水较多，北部川、塬地区降水较少，变幅在719.2~506毫米之间。从时间上看，不仅年际有明显差异，而且季节变化悬殊。全市降水年变率为15.5%，最多年达988.2毫米（1964年），最少年为429.2毫米（1972年）。四季降水的特点是冬春少，夏秋多。

灵宝市处于暖温带南沿，为南北植物交汇区，受土壤、气候及崤山、小秦岭（当地对秦岭余脉的称呼）高大山体的影响，形成了多种类型的生物群落，且呈明显的植被垂直分布带。据调查，珍稀树种有秦岭冷杉、领春木、连香树、水曲柳等，主要分布在小秦岭，属国家或河南省保护品种。动物资源亦很丰富，现有国家一级保护野生动物5种，即豹、黑鹳、金雕、白肩雕、白尾海雕；国家二级保护野生动物35种，如穿山甲、豺、小灵猫、金猫、林麝、大鲵等；河南省级保护野生动物33种，如刺猬、小鹿、大白鹭等。

灵宝境内已探明的有金、银、铜、铅、锌等有色金属和石墨、硫铁、大理石、花岗岩、水晶石等非金属矿藏38种，尤以金、银、铜、铅、硫铁、大理石、花岗岩、石墨等为最。小秦岭金矿资源丰富，为中国四大产金地之一；硫铁矿量大质优，已探明储量4892.1万吨，硫含量37%以上。

灵宝大部分地区为黄土所覆盖，土壤一般容重仅1.15，结构疏松，抗蚀能力弱，加之坡度较大，暴雨集中，特别是陡坡垦殖和乱砍滥伐，破坏了地表植被，导致了日益严重的水土流失。近年国家实施退耕还林政策之后，地表植被逐渐恢复，水土流失状况得到初步遏制。

二 历史沿革

自有记载以后至设县以前，灵宝地区的归属不断发生变化。按《禹贡》，虞夏时灵宝地处豫州。商时名为桃林。周为桃林塞，置函谷关，封虢仲于此，属虢。周惠王二十二年（公元前655年），晋人假道于虞灭虢，属晋。鲁文公十三年（公元前614年），晋侯派詹嘉处瑕（瑕，古地名，在故阌乡县西），守桃林之塞（《括地志》载：桃林县西至潼关皆为桃林塞），以防秦兵入侵。周威烈王二十三年（公元前403年），赵、韩、魏三家分晋，即属韩。秦初为胡关地、函谷关地，属三川郡（在今洛阳市）。

汉武帝元鼎三年（公元前114年），迁函谷关于新安县。同年在函谷关置弘农县（以弘农涧得名），此为灵宝有县之始；在胡关地置胡县，此为阌乡有县之始。武帝元鼎四年（公元前113年），割河南（今洛阳市）、南阳二郡之西境置弘农郡（与弘农县合治）。新莽时改弘农郡为右队。

东汉初复名弘农郡。光武帝建武二年（公元26年），划丹水、析属南阳郡。建武十五年（公元39年），划商、上洛属京兆尹，同时增入湖、华阴二县。后为避灵帝刘宏讳，改为恒农郡，县名随郡名改。三国魏郡、县仍名恒农，属司州。晋郡、县复名弘农，属司州。南北朝时期灵宝地区有四郡五县。

隋开皇三年（公元583年），废弘农郡入弘农县，并废阌乡郡。同年改义州郡为虢州（治所在卢氏）。开皇十六年（公元596年，一说为十八年），省湖城县入阌乡县，移治于湖城，同年置桃林县。大业三年（公元607年），恢复弘农郡并移治鸿胪川（今虢镇）。义宁元年（公元617年），复置湖城县、仍置阌乡县，同年弘农郡更名凤林郡。这一时期，灵宝地区有七个县。

唐武德元年（公元618年），改凤林郡为鼎州（以阌乡之黄帝铸鼎原名之），移治阌乡。贞观八年（公元634年），虢州由卢氏移治弘农。同年虢州更名虢郡。天宝元年（公元742年），又改为虢州。

五代属后唐保义军，仍名虢州。宋、辽、金仍有虢州，但灵宝、阌乡、湖城三县均改属陕州。金贞元二年（1154年），割虢州为陕州支郡，以备潼关。

元至元二年（1265年），省湖城入阌乡（县治在阌底镇）。至元三年（1266年），省灵宝入陕县。至元八年（1271年）复置灵宝，属陕州。同年九月省虢州入虢略。至元十年（1273年），省虢略、朱阳二县入灵宝。虢略为镇，设巡检司。此时，今灵宝地区只有灵宝和阌乡二县，属河南路陕州。

明洪武元年（1368年），灵宝、阌乡属河南府，继改属陕州，隶河陕汝道。阌乡县移治于唐湖城县旧址。清灵宝、阌乡县隶陕州，属河陕汝道。

民国初，灵宝、阌乡属豫西道。民国二十二年（1933年），废道设区，属河南省第十一区。1949年中华人民共和国成立后，灵宝、阌乡二县属陕州专区。1952年4月，撤销陕州专区后，属洛阳专区。1954年6月，灵宝、阌乡两县合并，仍名灵宝县，治所在灵宝旧城。1959年，因三门峡水库拦洪，县治移至虢略镇。1986年2月撤销洛阳专区，灵宝县属三门峡市。1993年5月，撤县设市。

第二节　西坡墓地发掘的学术背景[*]

西坡墓地的考古发掘，是与仰韶文化的研究现状、灵宝铸鼎原周围的新石器时代遗址考古调查，以及西坡遗址的聚落形态研究等学术问题密切联系在一起的。

一　仰韶文化研究现状

1. 仰韶文化的时空分布研究

仰韶文化因瑞典地质学家安特生1921年在河南省渑池县仰韶村的考古发掘而得名，它是中国第一个被确认的以彩陶为特征的新石器时代文化，也是中国迄今为止研究历史最长的新石器时代文化。

继仰韶村的发掘之后，20世纪20年代和30年代早期，考古工作者在豫中、豫北和晋南陆续发现了一些包含彩陶的遗址[①]。1928年，以黑陶为特征的龙山文化在山东历城龙山遗址被发现[②]。1931年，河南安阳后岗遗址的考古发掘证明了至少在豫北仰韶文化要早于龙山文化，尽管当时这两种文化的关系在黄河流域还不完全清楚[③]。20世纪30～40年代，由于抗日战争和内战的爆发，仰韶文化的考古发掘工作被迫中断。

20世纪50年代后期和60年代早期，考古工作者在黄河中游地区开展了一系列考古发掘，证明了在豫西地区仰韶文化早于龙山文化，其中在豫西三门峡庙底沟[④]和洛阳王湾[⑤]两个重要遗址发现了清晰的地层关系和明确的文化发展序列。陕西西安半坡[⑥]、宝鸡北首岭[⑦]、华阴横阵村[⑧]和华县元君庙[⑨]等遗址和墓地的考古发掘表明，仰韶文化存在时空变化[⑩]。研究者根据陶器的特征，把仰韶文化区分为半坡类型和庙底沟类型[⑪]，但对它们之间的年代关系还存在争议[⑫]。

---

[*] 本节由河南省文物考古研究所马萧林撰写。

[①] a. Andersson, J. G. , 1923, An early Chinese culture, *Bull*, *GsuC* 5：1 – 68；b. 李济：《西阴村史前的遗存》，清华研究院丛书，1927年；c. 梁思永：《小屯、龙山与仰韶》，《梁思永考古学论文集》，科学出版社，1959年，第91 – 98页。

[②] 吴金鼎：《平陵访古》，《中央研究院历史语言研究所集刊》1，第471 – 486页。

[③] a. 尹达：《中国新石器时代》，三联书店，1955年；b. 同注①c。

[④] 中国科学院考古研究所：《庙底沟与三里桥》，科学出版社，1959年。

[⑤] 北京大学考古实习队：《洛阳王湾遗址发掘简报》，《考古》1961年4期，第175 – 178页。

[⑥] 中国科学院考古研究所：《西安半坡》，文物出版社，1963年。

[⑦] 考古研究所渭水调查发掘队：《宝鸡新石器时代遗址第二、三次发掘的主要收获》，《考古》1960年2期，第4 – 7页。

[⑧] 黄河水库考古工作队陕西分队：《陕西华阴横阵发掘简报》，《考古》1960年9期，第5 – 9页。

[⑨] 黄河水库考古队华县队：《陕西华县柳子镇考古发掘简报》，《考古》1959年2期，第71 – 75页。

[⑩] 同注④，第103 – 104页。

[⑪] a. 安志敏：《试论黄河流域新石器时代文化》，《考古》1959年10期，第559 – 565页；b. 石兴邦：《黄河流域原始社会考古研究上的若干问题》，《考古》1959年10期，第566 – 570页。

[⑫] a. 同注⑪a；b. 同注⑪b；c. 苏秉琦：《关于仰韶文化的若干问题》，《考古学报》1965年1期，第51 – 58页。

　　70 年代，在陕西临潼姜寨①和河南郑州大河村②遗址进行了大规模发掘，澄清了仰韶文化的年代关系。姜寨一、二期、三期和四期分别代表了仰韶文化的早期、中期和晚期。同时，前仰韶文化的陆续发现表明，仰韶文化在不同地区具有不同的来源。例如，在河南，仰韶文化是由裴李岗文化发展而来③；在陕西，仰韶文化源自老官台文化④；在豫北冀南，仰韶文化来自磁山文化⑤。

　　到了 80 年代，考古学家逐渐认识到，仰韶文化是一个由多个阶段和类型组成，覆盖约 50 万平方公里，延续达两千年的考古学文化。巩启明把仰韶文化划分为四个阶段八个类型⑥，阶段为历时性的划分，而类型则为共时性的分布。严文明对仰韶文化提出了更为细致的划分，包括四个阶段、至少十八个类型。根据五十多个碳十四测年数据，他还划定了仰韶文化四个阶段的绝对年代：半坡期约为公元前 4900 ~ 前 4000 年，庙底沟期约公元前 4000 ~ 前 3500 年，秦王寨期约公元前 3500 ~ 前 3000 年，庙底沟二期约公元前 3000 ~ 前 2500 年⑦。需要强调的是，不像大多数考古学家把庙底沟二期作为龙山文化的早期，严文明把它归入了仰韶文化。

　　尽管有些学者提出了更多的划分方案，但大多数研究者认识到，仰韶文化可以划分为东西两个传统区域。每一个区域有其自身的文化来源和流向。西部传统区域主要分布于渭河流域、晋南和豫西，东部传统区域为豫中、豫北和冀南⑧。在地理上，黄土高原的东部边沿大致为这两个传统区域的分界线⑨。

　　进入 90 年代，一些考古学家认识到，虽然仰韶文化以彩陶为特征，但它是一个包含了诸多文化特征的扩大了的文化。他们提倡把仰韶文化分解为若干个文化，包括半坡文化⑩、庙底沟文化⑪、秦王寨文化⑫、泉护二期文化⑬，并把后岗一期文化从仰韶文化中分离出去⑭。

---

① a. 西安半坡博物馆、临潼文化馆：《1972 年春临潼姜寨遗址发掘简报》，《考古》1973 年 3 期，第 134 - 145 页；b. 西安半坡博物馆：《从仰韶文化半坡类型文化遗存看母系氏族公社》，《文物》1975 年 12 期，第 72 - 78 页。

② 郑州市博物馆：《郑州大河村遗址发掘报告》，《考古学报》1979 年 3 期，第 301 - 375 页。

③ 李友谋、陈旭：《试论裴李岗文化》，《考古》1979 年 4 期，第 347 - 352 页。

④ 张忠培：《关于老官台文化的几个问题》，《社会科学战线》1981 年 2 期，第 224 - 231 页。

⑤ 严文明：《黄河流域新石器时代早期文化的新发现》，《考古》1979 年 1 期，第 45 - 50 页。

⑥ 巩启明：《试论仰韶文化》，《史前研究》1983 年 1 期，第 71 - 90 页。

⑦ 严文明：《仰韶文化研究》，文物出版社，1989 年，第 122 - 165 页。

⑧ a. 邵望平：《黄河中游的仰韶文化》，中国社会科学院考古研究所编《新中国的考古发现与研究》，文物出版社，1984 年，第 41 - 68 页；b. 张居中：《仰韶时代文化刍议》，河南省文物考古学会、渑池县文物保护管理委员会编《论仰韶文化》，《中原文物》1986 年特刊，第 94 - 106 页。

⑨ 苏秉琦：《纪念仰韶村遗址发现六十五周年》，河南省文物考古学会、渑池县文物保护管理委员会编《论仰韶文化》，《中原文物》1986 年特刊，第 1 - 6 页。

⑩ a. 孙祖初：《秦王寨文化研究》，《华夏考古》1991 年 3 期，第 64 - 78 页；b. 赵宾福：《半坡文化研究》，《华夏考古》1992 年 2 期，第 34 - 55 页。

⑪ a. 戴向明：《黄河流域新石器时代文化格局之演变》，《考古学报》1998 年 4 期，第 389 - 418 页；b. 张忠培、乔梁：《后冈一期文化研究》，《考古学报》1992 年 3 期，第 261 - 280 页。

⑫ 同注⑩a。

⑬ 张忠培：《仰韶时代——史前社会的繁荣与向文明时代的转变》，《故宫博物院院刊》1996 年 1 期，第 1 - 44 页。

⑭ 同注⑪b。

截止 90 年代末，在黄河中游发现了大约五千处仰韶文化遗址，其中发掘或试掘的约有百处[1]。在我们的研究中，仍沿用传统的"仰韶文化"概念，包含半坡期、庙底沟期和西王村期，分别代表该文化的早期、中期和晚期。

2. 仰韶文化的社会组织研究

自从 20 世纪 60 年代早期开始，仰韶文化社会组织的研究成为一个热门话题，对仰韶文化社会的认识随着考古资料的增加、新分析方法的出现以及理论方向的转变等三个重要因素的变化而发生了显著变化。

19 世纪由摩尔根[2]首先提出、后来由恩格斯[3]总结的人类社会进化理论，影响中国的史前研究达数十年[4]。由于对这一理论的片面理解，大多数考古学家相信，人类史前社会毫无例外地沿着单一的进化序列由原始社会的母系氏族社会发展到父系氏族社会。这一进化标志着由相应的平等社会进入到了阶级社会。

父系氏族社会的出现也因此成为社会复杂化的标志。区分母系和父系氏族社会的标准包括劳动分工、私有财产、性别地位及新的婚姻形式的出现等。考古资料和社会进化阶段之间简单而教条的相互对应成为研究者分析社会组织的常用方法。有关社会结构的许多解释根据的是预设的框架，而不是基于坚实的证据和明确的分析。

20 世纪 60～70 年代，除了个别学者[5]，多数考古学家都把仰韶社会界定为母系氏族组织[6]。然而，到了 80 年代，大多数考古学家认识到，在长达两千年的仰韶文化后期发生了由母系向父系氏族组织的转化[7]。需要强调的是，学者们关于仰韶社会组织的认识的变化不是由新的分析方法和研究理念引起的，而是由新的考古资料引起的。以前，讨论的资料集中于仰韶文化早期，而 80 年代不断增加的仰韶文化晚期的资料促使人们重新评估整个仰韶文化的氏族制度。

自 80 年代起，由于受中国对外开放的影响，单线进化论和传统分析方法在中国考古学研究中遇到了挑战。例如，汪宁生采用民族学资料进行对比分析，认为中国新石器时代的母系

① 任式楠、吴耀利：《中国新石器时代考古学五十年》，《考古》1999 年 9 期，第 11－22 页。

② Morgan, H. L., 1963 [1877], Ancient Society, World Publishing, New York.

③ Engels, F., 1972 [1884], The Origins of the Family, Private Property and the State, International Publishers, New York.

④ a. Liu, Li, and Xingcan Chen, 2001, China. In Encyclopedia of Archaeology, edited by T. Murray, pp. 315－333, ABC-CLIO, Santa Barbara, Denver, Oxford; b. Olsen, J. W., 1987, The practice of archaeology in China today, Antiquity, 61：282－290; c. Thorp, R., 1980－1981, The Chinese Bronze Age from a Marxist perspective, Early China, 6：97－102; d. Tong, Enzheng, 1989, Morgan's model and the study of ancient Chinese society, Social Sciences in China, (2)：182－205.

⑤ 许顺湛：《"仰韶"时期已进入父系氏族社会》，《考古》1962 年 5 期，第 256－262 页。

⑥ a. 邵望平：《横阵仰韶文化墓地的性质与葬俗》，《考古》1976 年 3 期，第 168－172 页; b. 石兴邦：《半坡氏族公社》，陕西人民出版社，1979 年; c. 杨建芳：《仰韶时期已进入父系氏族社会了吗?》，《考古》1962 年 11 期，第 592－597 页。

⑦ a. 李友谋：《黄河流域母权制倾覆的历史时限》，河南省文物考古学会、渑池县文物保护管理委员会编《论仰韶文化》，《中原文物》1986 年特刊，第 165－171 页; b. 艾延丁：《元君庙墓地反映的社会性质》，河南省文物考古学会、渑池县文物保护管理委员会编《论仰韶文化》，《中原文物》1986 年特刊，第 196－200 页; c. 曹桂岑：《论仰韶文化的"二次葬"》，河南省文物考古学会、渑池县文物保护管理委员会编《论仰韶文化》，《中原文物》1986 年特刊，第 201－206 页; d. 郭引强：《从半坡类型和庙底沟类型谈仰韶文化的社会性质》，河南省文物考古学会、渑池县文物保护管理委员会编《论仰韶文化》，《中原文物》1986 年特刊，第 206－209 页。

或母权社会的证据并不清楚①。童恩正认为，人类社会的进化并没有固定的单线模式，母系和父系社会不一定具有承继关系，母系社会并非意味着母权制②。高强和李润权根据仰韶文化史家墓地的人骨分析，认为父系可能至少在以前考古学家认为是母系的社会中存在过③。同时，严文明更是明确地指出："把人们的世系和社会发展阶段两个性质不同的问题混淆起来是不恰当的。仰韶文化可以是母系或父系的，甚至可以是双系的，但这并没有说明它所处的社会发展阶段的实质。……世系的变化不能成为原始社会发展的动力，不能说明原始社会何以能够向前发展，并且最终进入阶级社会。"④

从 80 年代后期开始，中国史前考古中的社会组织研究转向了以中国文明起源为中心的讨论。研究者大致采用两种思路探讨文明的起源。一种思路是通过辨别某些文化特征来界定一些社会是否文明化，这些特征被用来作为文明的标志，包括文字的起源、青铜器的发明、城市的形成和礼仪性建筑的出现等⑤。在这种情况下，由于仰韶文化没有直接与这些基本特征相关联，因此在很大程度上，仰韶文化在中国文明起源的研究中被边缘化了。学者们的研究精力主要放在了龙山文化以及沿海其他新石器时代文化上。

另一种思路是把社会进化当做过程来看待，这在某种程度上为中国文明起源和古代社会的研究做了科学的理论定位。然而，由于仍然缺乏有效的分析方法，一些研究仅仅根据不同文化间的陶器特征对比提出宏大的观点，而不是基于系统的研究。有些采用从晚到早或由早及晚的叙述方式，描述国家阶段和新石器文化的重要考古发现。

近年来，越来越多的学者认识到，仰韶文化中期发生了一些重大变化，包括遗址数量激增、文化区域扩大、聚落等级呈现等。张忠培把渭河流域及陕西、山西和河南的交界地区看做仰韶文化中期阶段中国新石器时代最发达的文化区⑥。戴向明把仰韶文化中期描述为五百年的文化繁荣，聚落分布从豫西晋南扩张到了黄河中游地区，整个文化区域内的文化相似性增强，并强烈地影响了邻近地区⑦。严文明认为，大型中心聚落的出现标志着这个时期社会分化的出现⑧。学术界对仰韶文化中期出现的这些文化现象的认识，促使人们日益关注仰韶文化中期的社会发展机制与中原地区文明起源和发展的关系。

在整个仰韶文化的研究中，对早期、中期和晚期的研究深度和广度存在着明显的不平衡现象。由于考古工作者对渭河流域多处仰韶文化早期遗址的发掘，尤其是对临潼姜寨遗

① Wang, Ninsheng, 1985 – 1987, Yangshao burial customs and social organization: A comment on the theory of Yangshao matrilineal society and its methodology, *Early China*, 11-12: 6 – 31.

② 汪宁生：《仰韶文化葬俗和社会组织的研究》，《文物》1987 年 4 期，第 36 – 43 页。

③ Gao, Qiang, and Yunkuen Lee, 1993, A biological perspective on Yangshao kinship, *Journal of Anthropological Archaeology*, 12: 266 – 298.

④ 严文明：《仰韶文化研究》，文物出版社，1989 年，第 347 – 348 页。

⑤ a. 安志敏：《试论文明的起源》，《考古》1987 年 5 期，第 453 – 457 页；b. 邹衡：《中国文明的诞生》，《文物》1987 年 12 期，第 69 – 87 页。

⑥ 张忠培：《仰韶时代——史前社会的繁荣与向文明时代的转变》，《故宫博物院院刊》1996 年 1 期，第 1 – 44 页。

⑦ 戴向明：《黄河流域新石器时代文化格局之演变》，《考古学报》1998 年 4 期，第 389 – 418 页。

⑧ 严文明：《文明起源研究的回顾与思考》，《文物》1999 年 10 期，第 27 – 34 页。

址的大规模系统揭露①，使我们对仰韶文化早期的社会形态有了比较清晰的认识。郑州大河村②、秦安大地湾③等仰韶文化晚期聚落的大面积发掘，使我们基本认识了仰韶文化晚期的社会发展状况。然而，我们对仰韶文化中期的社会形态却知之甚少，其中一个主要原因就是考古工作者还没有对一处比较典型的仰韶文化中期聚落进行过大面积的发掘，墓地材料更是罕见。对仰韶文化各时期研究的不平衡状况在严文明的经典著作《仰韶文化研究》中就有体现，他在分析仰韶文化的聚落形态和社会组织的时候，就苦于仰韶中期材料的匮乏④。因此，加强对仰韶文化中期区域聚落的系统调查和对典型中心聚落的考古发掘成为学术发展的迫切要求。

二　铸鼎原周围的新石器时代遗址考古调查

在 20 世纪 90 年代以前的考古调查中，灵宝市境内曾发现百余处新石器时代遗址，其遗址分布密度之高在整个黄河中游地区也相当罕见。但在考古界，直到 20 世纪 90 年代末，这里的新石器时代考古才引起学者们的关注，其中的缘由有必要在此做详细说明。

灵宝地区与黄帝有关的传说丰富而集中。铸鼎原即因传说黄帝在该处铸鼎升天而得名，它南依荆山、夸父山，北濒黄河边的湿地鼎湖。上世纪 90 年代初，灵宝县阳平镇政府为发展旅游，计划在铸鼎原的北端，也就是原的最高处（海拔 599 米）修建一座黄帝陵。1992 年 7 月，正在那里调查处理宋代冶铁遗址保护问题的河南省文物考古研究所冶金考古专家李京华得知当地要新建黄帝陵的消息后，向县镇两级政府提出了多项建设性意见，其中包括要详细调查铸鼎原周围的史前文化遗址。在随后的几年里，李京华不但多次来到灵宝关注着黄帝陵的建设，还相继在报刊上发表了多篇文章⑤，宣传介绍铸鼎原一带丰富的黄帝传说和密集的仰韶文化遗址。

1998 年 9 月中旬，在灵宝市政府、阳平镇政府的大力支持下，在阳平镇召开了由李京华、杨肇清、高炜、许顺湛、赵春青、尤滋洲、周昆叔等专家参加的小型座谈会，与会学者考察了北阳平、西坡、阳平寨、桑园、东常等仰韶文化遗址，然后进行了热烈讨论，对铸鼎原与遗址群的关系等重要学术问题取得了共识。专家们一致认为，铸鼎原与其周围仰韶文化遗址群的考古价值非同一般，它对研究豫西、陕东、晋南三角地带的史前考古、中华文明探源工程，无疑是非常重要的。小型座谈会的成功召开，引起了河南省文物局、三门峡市文物局，以及河南省文物考古研究所、中国社会科学院考古研究所、北京大学考古学系的重视。实际上，这次会议成为点燃铸鼎原史前考古的星星之火。要特别说明的是，这个时候正值"夏商

---

① 半坡博物馆、陕西省考古研究所、临潼县博物馆：《姜寨——新石器时代遗址发掘报告》，文物出版社，1988 年。

② 郑州市博物馆：《郑州大河村遗址发掘报告》，《考古学报》1979 年 3 期，第 301－375 页。

③ a. 甘肃省博物馆文物工作队：《甘肃秦安大地湾第九区发掘简报》，《文物》1983 年 11 期，第 1－14 页；b. 甘肃省博物馆文物工作队：《甘肃秦安大地湾遗址 1978 至 1982 年发掘的主要收获》，《文物》1983 年 11 期，第 21－29 页。

④ 严文明：《仰韶文化研究》，文物出版社，1989 年，第 347－348 页。

⑤ a. 李京华：《灵宝铸鼎塬的考古调查》，《中国文物报》1992 年 11 月 1 日第 3 版；b. 李京华：《情系黄帝庙之一》，《三门峡日报》1998 年 10 月 17 日。

周断代工程"即将结题的关键阶段，学术界已经开始酝酿"中华文明探源工程"的立项。因此，灵宝丰富的仰韶文化遗址很快成为学术界关注的焦点。

1998年底，河南省文物考古研究所成立了铸鼎原考古调查组，由时任所长的杨肇清任领队，李京华、张居中和马萧林为成员。为了尽快启动铸鼎原地区的聚落考古调查工作，1999年2月2日早晨，调查组一行4人驱车直奔灵宝。在灵宝市文物保护管理所郭敬书、宁建民、胡小平、赵来坤、张春娥等业务人员的陪同下，两天里先后考察了黄帝陵及北阳平、西坡、东常等新石器时代遗址。大家一致认识到，这里的遗址密度之大、堆积之丰厚，实属罕见，并商定1999年春节过后，由马萧林先期来灵宝，首先对铸鼎原两侧的阳平河和沙河流域的新石器时代遗址进行复查，摸清遗址的大致位置和规模，然后整理包括以前调查采集的文化遗物，确定遗址的年代和性质，并写出考古调查报告。

按照计划，1999年3月5日，马萧林先期到达灵宝市文物保护管理所，随即着手观摩文管所同仁在铸鼎原周围遗址采集的陶片和石器，并挑选出能够代表遗址年代和性质的典型标本。同时，马萧林和文管所的几位业务人员花了大约一周的时间做田野复查，对西坡、东常、五坡寨遗址进行了拉网式踏查，其余大多沿断崖考察。通过实地调查，初步搞清了这批遗址的位置、分布范围和海拔高度，为撰写考古调查报告奠定了扎实基础。

1999年3月15日，河南省文物考古研究所杨肇清、李京华、张居中，中国社会科学院考古研究所陈星灿、李新伟、黄卫东，北京大学考古文博学院赵辉、张江凯、赵春青，三门峡市文物局张怀银、史智民等专家一起来到灵宝。当天下午，在灵宝市文物保护管理所，马萧林向大家介绍了对这批遗址的初步调查和整理情况。晚上，大家在一起召开座谈会，安排了下一步的具体工作：马萧林继续整理并撰写调查报告，陈星灿负责北阳平遗址的调查和报告撰写工作，其余专家有选择地考察铸鼎原周围及灵宝东部的五帝、三圣、双庙沟等大型仰韶文化遗址。整个调查工作于3月底结束。铸鼎原及其周围的考古调查报告、北阳平遗址的调查报告分别发表在当年的《华夏考古》和《考古》期刊上①。这次联合考古调查和两篇考古调查报告的发表，标志着灵宝铸鼎原一带新石器时代考古工作的正式启动。

这两次调查，在灵宝铸鼎原周围确认了31处新石器时代遗址，其中包括前仰韶文化遗址2处、仰韶文化早期遗址13处、仰韶文化中期遗址19处、仰韶文化晚期遗址8处、龙山文化早期遗址12处、龙山文化晚期遗址4处②。显然，考古调查表明，仰韶文化中期的遗址数量最多，并且在这一时期出现了北阳平、西坡等大型中心聚落。这一考古调查结果为后来的考古发掘提供了重要线索（图1-2）。

---

① a. 河南省文物考古研究所、中国社会科学院考古研究所河南一队、三门峡市文物工作队等：《河南灵宝铸鼎塬及其周围考古调查报告》，《华夏考古》1999年3期，第19-42页；b. 中国社会科学院考古研究所河南第一工作队、河南省文物考古研究所、三门峡市文物工作队：《河南灵宝市北阳平遗址调查》，《考古》1999年12期，第1-15页。

② 河南省文物考古研究所、中国社会科学院考古研究所河南一队、三门峡市文物工作队等：《河南灵宝铸鼎塬及其周围考古调查报告》，《华夏考古》1999年3期，第19-42页。

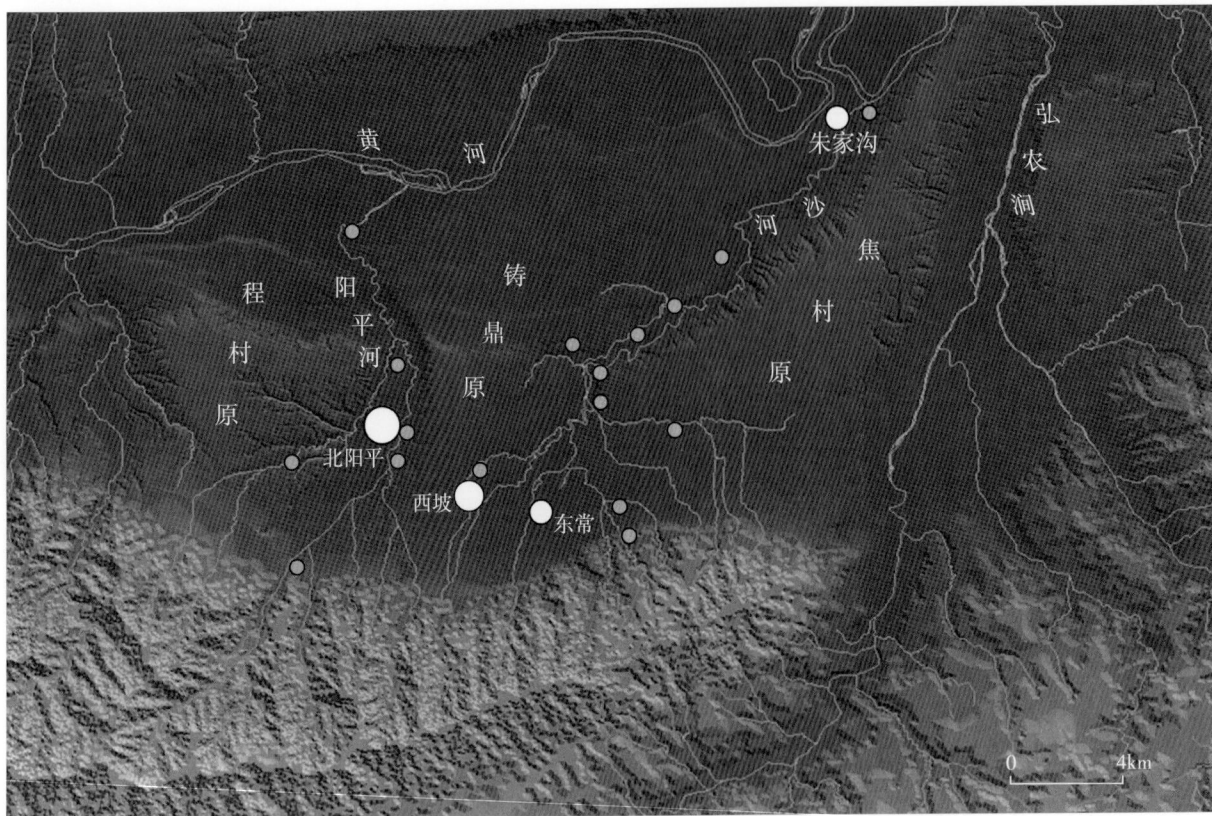

图1-2　铸鼎原周围庙底沟类型遗址分布图

（据 2007 年调查资料）

　　为了认识仰韶文化中期中心聚落的文化特征，揭示中心聚落内部的文化内涵，1999 年 10 月至 12 月，中国社会科学院考古研究所与河南省文物考古研究所组成联合考古队，在三门峡市文物考古研究所和灵宝市文物保护管理所的协助下，对铸鼎原一带面积最大的北阳平遗址（达 90 万平方米）进行了试掘①。由于该遗址遭到人为和自然两种因素的严重破坏，最终的试掘结果并不十分令人满意。后来经过慎重考虑，决定将考古发掘工作转移到保存状况比较好、面积达 40 万平方米的西坡遗址。

三　西坡遗址的考古发掘

　　西坡遗址位于灵宝市阳平镇以东约 3 公里，覆盖了南涧村全部居住区和大部分耕地、西坡村部分居住区和耕地以及北涧村少量耕地。发源于秦岭山地的沙河的两条小支流——夫夫河和灵湖河，由南向北，自遗址东、西两侧流过，在遗址以北不远处交汇。遗址东北低，西南高，海拔 455 至 475 米，与两侧河流的高差约 10 至 15 米。根据 2004 年系统钻探，遗址南、北两道壕沟和东、西两河间的面积约 40 万平方米。墓地位于遗址南壕沟外约 100 米处，海拔 475 米左右，地势高爽平坦（图 1-3；图版一）。

---

① 中国社会科学院考古研究所河南第一工作队、河南省文物考古研究所、三门峡市文物工作队等：《河南灵宝市北阳平遗址试掘简报》，《考古》2001 年 7 期，第 3－20 页。

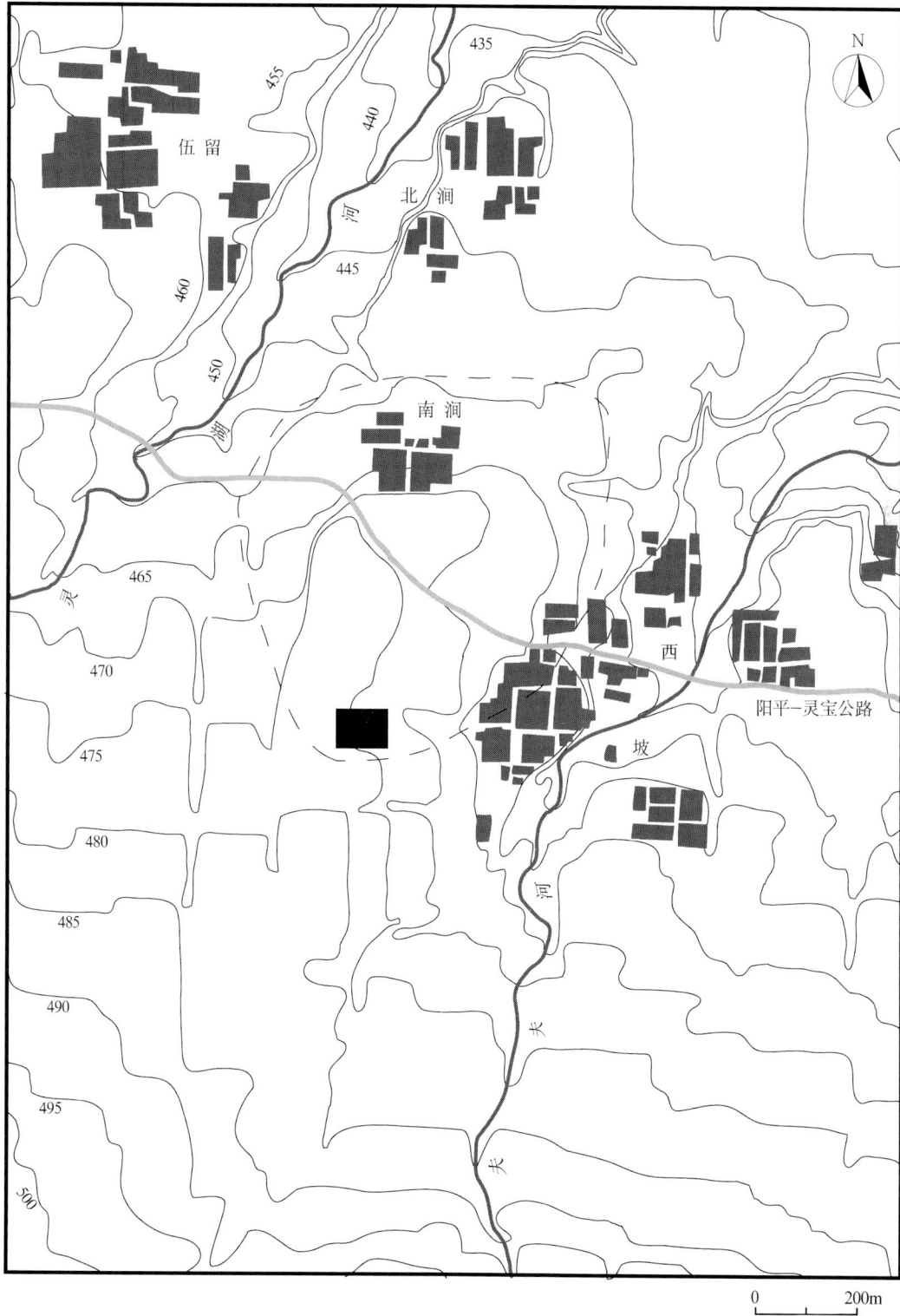

图 1－3 西坡遗址位置图

（虚线所示为遗址范围，■所示为西坡墓地位置）

2000 年 10 月至 2001 年 1 月，联合考古队在陈星灿的主持下对西坡遗址进行了第一次发掘，参加发掘的有中国社会科学院考古研究所黄卫东、王明辉、李永强，河南省文物考古研究所魏兴涛、李胜利。由于遗址上大部分种植有苹果树，考虑到经费问题，发掘地点首先选择在遗址南部偏西的一块麦田地。这次发掘面积约 400 平方米，揭露了一座小型半地穴房址、一座蓄水池、数十座灰坑，出土大量陶片、石器和动物骨骼[①]。

2001 年 3 月至 5 月，考古队对遗址进行了第二次发掘，由魏兴涛主持，参加者有李永强、马萧林、李胜利、史智民。这次发掘面积约 550 平方米，主要目的是想了解遗址中的房屋建筑结构和规模。经过两个多月的工作，共揭露仰韶文化中期中型半地穴房址 3 座、灰坑数十座、蓄水池 2 座，西周墓葬 20 多座、灰坑 10 余座，出土大量文化遗物[②]。这次发掘为进一步揭示该遗址的文化内涵提供了实物资料，也为聚落考古的深入研究奠定了基础。令人兴奋的是，在这次发掘的最后阶段，在一座西周墓的墓壁上发现了厚度接近 2 厘米的一段灰色硬面，经钻探初步了解到，这是一块面积超过 200 平方米的房屋居住面，就是后来揭露的特大型房屋基址 F105。

2001 年 11 月至 2002 年 1 月，考古队在魏兴涛主持下对遗址进行了第三次发掘，目的就是揭露特大型房屋基址 F105。发掘显示，F105 平面略呈正方形，以半地穴式主室为中心，四周设置回廊，东侧有一条斜坡式门道，整体占地面积达 516 平方米，半地穴的净面积约 204 平方米，是迄今为止发现的仰韶文化规模最大的房屋基址[③]。F105 工程如此浩大，绝非普通的生活住房，很可能是一处具有原始殿堂性质的公共活动场所。

2003 年，由于陈星灿和魏兴涛忙于新的研究项目，这一年没有在西坡遗址开展发掘工作。从 2004 年第四次发掘开始，李新伟和马萧林接手西坡的考古工作，田野发掘工作由两位轮流主持、共同参加，陈星灿仍担任考古领队。三门峡市文物考古研究所杨海青参加了 2004 年以后的历次发掘。

2004 年 4 月至 7 月，考古队在李新伟的主持下对遗址进行了第四次发掘。此次发掘是想进一步了解遗址中心部位的遗迹分布情况。令人吃惊的是，在 F105 以南约 50 米处又发现一座特大型半地穴房址（编号为 F106）。该房址大致呈五边形，居住面积约 240 平方米。与 F105 相比，F106 的居住面更大，只是没有回廊，整个占地面积小于 F105[④]。两座房址都位于遗址的中心部位，一个门向东南，一个门向东北。在遗址中心部位，是否还有门向西南和西北的特大型建筑，构成向心型布局，需要进一步发掘验证。

大、中型房屋基址的频繁发现，让我们感到有些不知所措。前四次发掘的面积还不

① 中国社会科学院考古研究所河南第一工作队、河南省文物考古研究所、三门峡市文物工作队等：《河南灵宝市西坡遗址试掘简报》，《考古》2001 年 11 期，第 3 - 14 页。

② 河南省文物考古研究所、中国社会科学院考古研究所河南一队、三门峡市文物工作队等：《河南灵宝市西坡遗址 2001 年春发掘简报》，《华夏考古》2002 年 2 期，第 31 - 52 页。

③ 河南省文物考古研究所、中国社会科学院考古研究所河南一队、三门峡市文物工作队等：《河南灵宝西坡遗址 105 号仰韶文化房址》，《文物》2003 年 8 期，第 4 - 17 页。

④ 中国社会科学院考古研究所河南一队、河南省文物考古研究所、三门峡市文物工作队等：《河南灵宝市西坡遗址发现一座仰韶文化中期特大型房址》，《考古》2005 年 3 期，第 3 - 6 页。

足遗址总面积的 1%，对遗址的认识仍有瞎子摸象的感觉。因此，为了比较详细地了解遗址的情况，考古队制定了以系统的钻探了解布局，以关键部位的发掘检验钻探结果的工作方案。2004 年 11 月至 12 月，我们对整个遗址进行了全面系统钻探，直接导致了墓地的发掘。

第三节　西坡墓地田野工作和整理工作经过[*]

一　墓地的发现

墓地是考古学家分析史前社会结构的最佳材料之一，目前经过发掘的庙底沟时期居住址已经有很多，但各居址附近均未发现墓地。泉护村遗址 M107 显示该遗址可能存在墓地，但尚未得到证实[①]。因此，西坡田野工作伊始，我们便把寻找墓地纳入了工作计划。2004 年 4 月至 7 月，西坡遗址第四次发掘结束后，我们开始筹备对遗址进行系统钻探。钻探的主要目的有二：第一是探明遗址居住区的布局；第二便是寻找遗址墓地。

钻探工作于 2004 年 11 月至 12 月进行，由李新伟主持。为了准确标示各探点的位置，我们在钻探前聘请专业人员测量了整个遗址的千分之一地图，图上详细绘制出田间道路、田埂、电线杆、房屋、大树等重要地表标志；然后以此图为依据，以重要地表标志为基点，主要以田间道路为界线，将整个遗址分解为若干钻探区。居住区的钻探收获颇丰，发现大量房址和灰坑，并发现南、北两道壕沟，详细情况将在后续报告中介绍。11 月 26 日，居住区钻探结束，我们开始了寻找墓地的工作。考虑到遗址地貌整体上由南向北倾斜，东、西两侧为夫夫河与灵湖河，北侧地势渐低，故将钻探重点放在新探明的遗址南壕沟外地势高爽地带。

钻探于 11 月 27 日开始，10 名探工在事先划定的区域内，分 10 行依从北向南、从东向西的次序钻探，行间距离 5 米，每行内探孔间的距离也是 5 米。采取这样稀疏的布孔方案是为了提高效率，在短时间内覆盖更大的面积；而且考虑到，如果有墓地，虽然 5 米间距的布孔不可能发现每一座墓，但如果墓葬规格不是非常小、其分布不是非常稀疏的话，有很大可能发现少量墓葬。钻探工作超乎预料地顺利。11 月 27 日当天，大部分探孔表明，钻探区域的基本地层堆积自上而下为：耕土层，厚度为 20 厘米左右；近、现代堆积层，厚度为 50 厘米左右；近、现代层下即为生土层。但有数个探孔在近、现代层下发现杂有棕红色泥质土的花土。经过对这些探孔周围的密集钻探，确认了这种花土大致呈长方形分布，并在两个探孔中发现人骨碎片，因此，初步确定存在墓葬。因为在整个三门峡地区没有发现过庙底沟时期的墓地，我们难以根据由钻探获知的填土特征、规模和深度认定这些墓葬是否属庙底沟时期。但由于这些墓葬的填土特征、规模和深度与三门峡地区各时期墓葬迥异，我们分析，它们属于庙底沟时期的可能性很大。11 月 28 日，继续进行钻探，发现了更多墓葬，使我们初步断定钻探区域内可能存在一处庙底沟时期墓地。

---

[*]　本节由中国社会科学院考古研究所李新伟撰写。

[①]　马萧林、李新伟：《华县泉护村遗址的墓地在哪里》，《中国文物报》2007 年 1 月 5 日第 7 版。

二　发掘经过

2005 年 4 月 10 日，对西坡遗址的第五次发掘开始，由马萧林主持。主要目标是揭露 2004 年钻探中发现的墓地，确认其年代和内涵。因为不能确定钻探出的墓葬是否属庙底沟时期，起初采取了在已确定墓葬的地方布置探方的策略，只在墓地的南侧、2004 年钻探发现人骨的位置开了两个 10 米×5 米的探方 05T1 和 05T2，及一个 5 米×10 米的探方 05T3。4 月 15 日，清理完两个探方的耕土层和近、现代层，发现 3 座疑为庙底沟时期的墓葬，编号为 M1、M2 和 M3。4 月 16 日，清理 M1 完毕，未发现任何随葬品。但其中间有墓室、两侧为生土二层台，墓室以草拌泥封盖等特征与三门峡地区各时期墓葬迥然有别，使我们更加相信此墓可能属于庙底沟时期，因此决定扩大发掘面积，结合钻探得知的墓葬线索和地表情况，在墓地北部布 10 米×10 米的探方 10 个（05T4、05T7、05T11~05T13、05T15~05T19），5 米×10 米的探方 2 个（05T10 和 05T20），5 米×12 米的探方 2 个（05T8 和 05T9），5 米×8 米探方 1 个（05T14），5 米×6 米探方 1 个（05T21）。实际发掘面积约 1540 平方米。

我们同时还进行了密集钻探，寻找墓葬的分布范围，迫切希望能够发现随葬陶器的墓葬，以便为确定墓葬的年代和性质提供可靠资料。可喜的是，在发掘进行到第四周时，终于在 M6 中出土了成组陶器，为将墓地断定为仰韶文化中期庙底沟类型提供了重要证据。

墓地发掘至 7 月 2 日结束，共发现庙底沟时期墓葬 22 座（M1~M22）。这是在仰韶文化中期的核心地带首次发现该时期的墓地。墓葬二层台的出现、墓室填泥、风格独特的陶器、随葬玉器，这些新鲜资料为认识仰韶文化中期的埋葬习俗、社会制度提供了十分珍贵的资料。墓葬规模及随葬品出现明显差异，表明中原地区的史前社会结构很可能从仰韶文化中期开始出现了意义深远的复杂化倾向。这无疑对探索中原地区古代文明的起源、进程与模式，具有重大意义。[①]

2006 年 3 月，开始了对西坡遗址的第六次发掘，由李新伟主持。为了明确墓地的范围，3 月 16 日至 30 日，先在 2005 年墓地发掘区周围进行了钻探。因地表均为苹果树，钻探只能在树间巷道中进行，巷道间距约 3~4 米。根据 2005 年度发现墓葬的规模，我们设定同一巷道中的探孔间距为 2 米。钻探结果显示，墓葬分布十分稀疏，只是在 2005 年发掘区的西侧和北侧略为集中，与 2005 年发现的墓葬大致形成一个墓葬比较集中的小墓区。此墓区之外，只有零星墓葬分布。因此，3 月 31 日，在 2005 年发掘区西侧和北侧布 10 米×10 米探方 11 个（06T1、06T2、06T5、06T6、06T8~06T13 和 06T15），5 米×10 米探方 7 个（06T14 和 06T17~06T22），开始正式发掘。发掘至 5 月 17 日结束，实际发掘面积 1450 平方米，共发现庙底沟时期墓葬 12 座（M23~M34）[②]。

两次发掘共清理庙底沟时期墓葬 34 座，获得了重要的学术资料（图 1-4）。因这些资料

---

① 河南省文物考古研究所、中国社会科学院考古研究所河南一队、三门峡市文物工作队等：《河南灵宝市西坡遗址 2005 年春季墓地发掘简报》，《考古》2008 年 1 期，第 3-13 页。

② 中国社会科学院考古研究所河南一队、河南省文物考古研究所、三门峡市文物工作队等：《河南灵宝市西坡遗址 2006 年发现的仰韶文化中期大型墓葬》，《考古》2007 年 2 期，第 3-6 页。

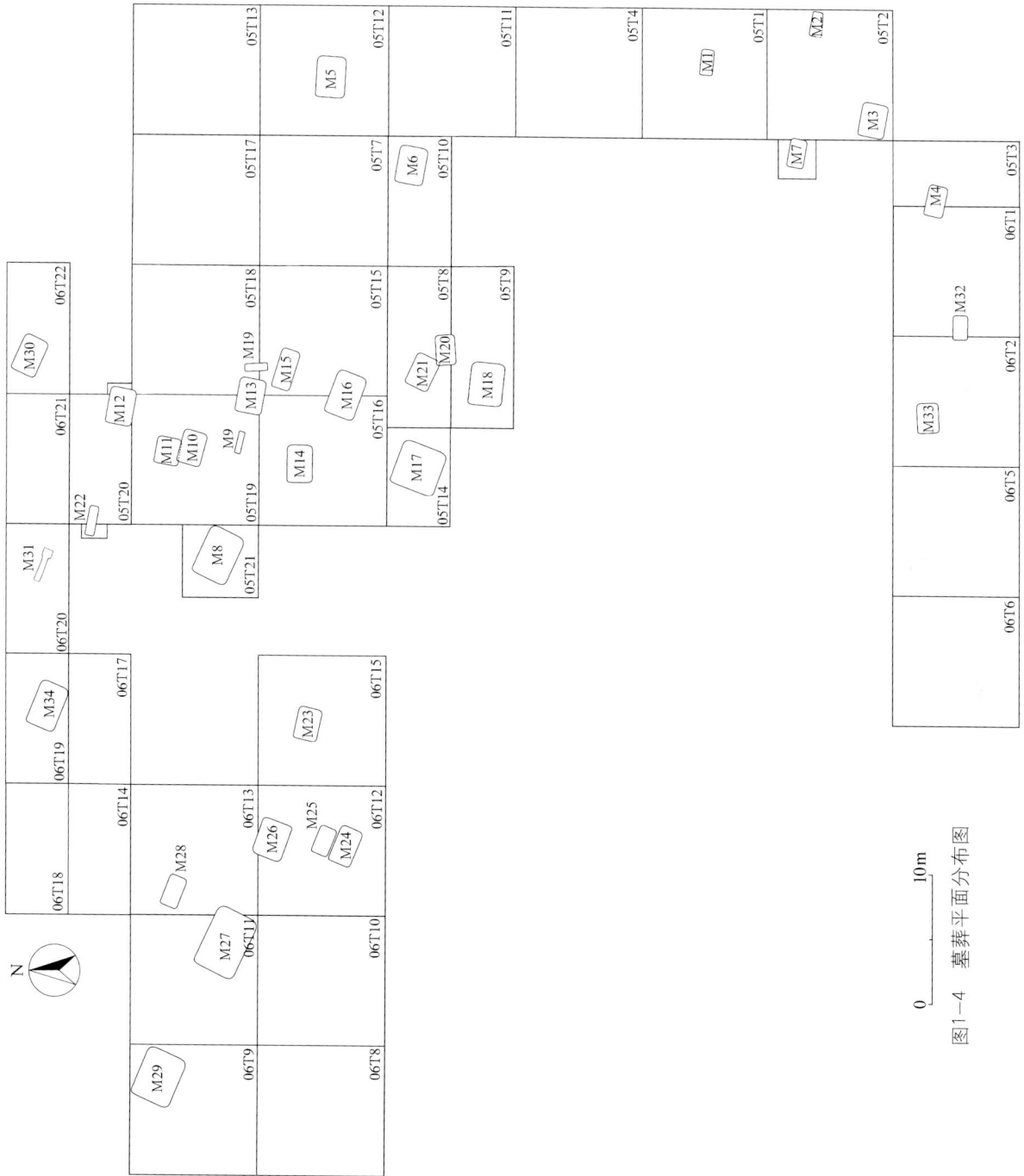

图1-4 墓葬平面分布图

的重要性，西坡墓地发掘入选 2006 年度全国十大考古新发现。

整个发掘工作严格按照国家文物局颁布的田野考古工作规程进行，特别注意对遗物、遗迹的现场观察、记录、鉴定和保护。发掘过程中除了及时照相和绘图以提取静态影像资料外，还安排了专门摄像人员，全程记录重要遗迹现象的清理过程。对于人骨和 M27 填泥中植物印痕的初步观察和鉴定均由专业人员在现场进行。对于 M27 中保存较好的板灰痕迹和麻布痕迹进行了现场加固和提取。我们充分考虑了在资料整理过程中多学科协作研究的需要，现场提取了各种分析检测样品，包括墓葬填土样品、填泥样品、人骨边土样标本、骨盆内土样标本和部分陶器内土样标本等。

参加西坡墓地发掘和钻探的主要人员有：三门峡市文物考古研究所杨海青，灵宝市文物保护管理所赵云峰、杨勇、姜涛、郭九行、郭华、赵俊峰，中国社会科学院研究生院研究生黄运明、宋吉香，中国科技大学研究生蓝万里，河南省文物考古研究所孙蕾。中国社会科学院考古研究所王明辉、刘方、李存信和王树芝分别承担了发掘期间人骨鉴定、重要遗迹绘图、遗物提取和植物印痕鉴定工作。中国社会科学院考古研究所陈星灿多次赴发掘现场商讨重要现象的处理。河南省文物考古研究所郭移洪、郭民卿和祝贺分别承担了发掘期间的遗物提取、录像和照相工作。

发掘期间，中国社会科学院考古研究所王巍所长、河南省文物考古研究所孙新民所长、秦曙光书记，三门峡市文物考古研究所许海星所长，以及中国社会科学院考古研究所、河南省文物考古研究所、三门峡市文物考古研究所等单位的同仁们赴工地考察，提出很多宝贵意见。

国家文物局对发掘工作提供了大力支持和资助，并组织了以严文明和张忠培为首的专家组对发掘工地进行了检查和指导。

河南省文物局和三门峡市、灵宝市、阳平镇各级地方政府和文物主管部门也对发掘工作给予了有力支持。在西坡墓地考古发掘过程中，河南省人民政府王菊梅副省长，河南省文化厅郭俊民厅长，河南省文物局陈爱兰局长、孙英民副局长，河南博物院张文军院长，三门峡市人民政府郭绍伟副市长、文化局郭炎堂局长、文物局侯俊杰局长，灵宝市委王跃华书记、王万鹏市长、高永瑞常务副市长、卫保元副市长、文化局杨连珍局长等领导多次到发掘现场指导工作。

三 地层关系

墓葬发掘区地表主要为苹果园和麦地。地层比较单一，表层为耕土层，其下为近、现代层，再下为含料礓石颗粒的浅黄色生土。已发现的全部 34 座墓葬均开口在近、现代层下，打破生土，因此在第二章将不再赘述每座墓葬的层位关系。

现以 05T2 东壁和 05T15 西壁剖面为例介绍地层堆积情况。

05T2 东壁地层情况如下（图 1-5）：

第 1 层：耕土层。厚 12～20 厘米。浅灰色，土质疏松，内含少量近、现代陶片、瓷片和砖块等。

第 2 层：近、现代层。厚 25～50 厘米。浅黄色，土质较硬，包含少量近、现代陶片和瓷片等。M2 开口在此层下，打破生土。

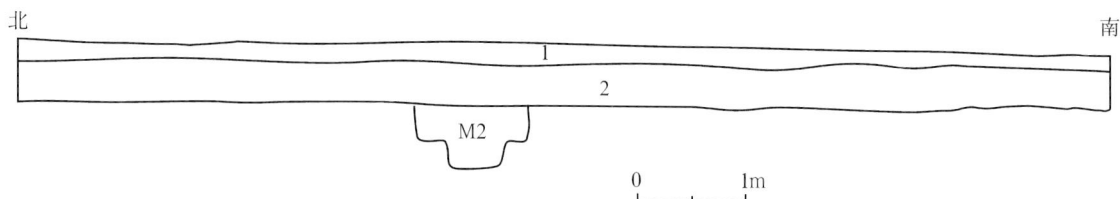

图 1-5 西坡墓地 05T2 东壁地层图

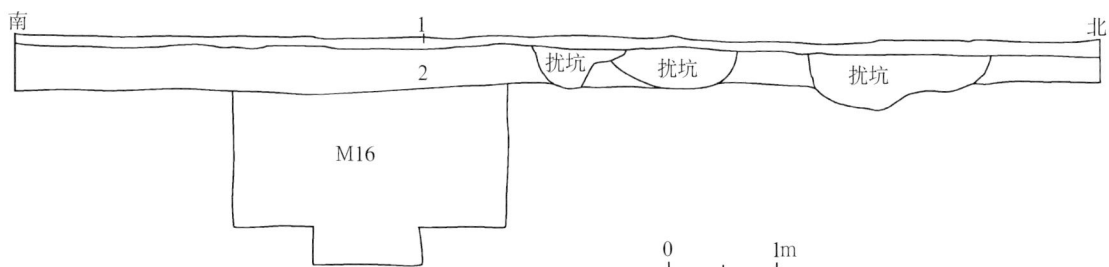

图 1-6 西坡墓地 05T15 西壁地层图

近、现代层以下即为含料礓石的浅黄色生土。

05T15 西壁地层情况如下（图 1-6）：

第 1 层 耕土层。厚 5～15 厘米。浅灰色，土质疏松，内含少量近、现代陶片、瓷片和砖块等。有扰坑开口在此层下，打破第 2 层和生土。

第 2 层 近、现代层。厚 25～50 厘米。浅黄色，土质较硬，包含少量近、现代陶片和瓷片等。M16 开口在此层下，打破生土。

近、现代层以下即为含料礓石的浅黄色生土。

四 资料整理和报告编写

西坡墓地资料整理工作于 2007 年 9 月正式开始，由李新伟和马萧林共同负责组织实施。其指导思想是充分利用多种科技手段，从发掘资料中榨取各种信息。因此，除了常规的文物修复和资料整理外，尤其重视对多学科综合研究的设计和组织。

对人骨资料的体质人类学深入研究由中国社会科学院考古研究所王明辉和美国纽约市立大学（New York City University）叶—卡特琳娜（Ekaterina Pechenkina）负责。他们在实验室中对西坡人骨资料进行了详细的观察和测量，对各人骨的性别、年龄、身高、营养状况、骨骼反映的疾病和创伤情况、牙齿磨损程度、牙病情况等进行了认定和分析。

对人骨的碳十四年代测定和基于碳十三和氮十五分析的食物构成研究由中国社会科学院考古研究所张雪莲负责。对牙结石中淀粉颗粒的分析是新近发展出来的用于食物构成研究的重要技术手段，西坡墓地牙结石标本的提取及标本中淀粉颗粒分析由美国哈佛大学人类学系黛玉（Jade D'alpoim Guedes）和中国科学院地理科学与资源研究所杨晓燕负责。在骨盆中提取土样并对其中的寄生虫卵进行分析是判断墓主肉食情况的有效技术手段，中国科技大学蓝万里承担了骨盆土样的现场提取和样品内寄生虫卵的分析工作。牙齿锶同位素研究是判断居民食性和迁移流动情况的重要手段，中国科技大学石磊提取了西坡墓葬牙齿标本，进行了锶同位素检测和分析。

墓葬 M27 填泥中保存有大量植物茎、叶和花的印痕，是了解当时的自然环境及墓葬下葬时间和特殊埋葬习俗的重要资料。中国社会科学院考古研究所王树芝在发掘现场对提取的植物印痕标本进行了细致观察、照相和记录，并进行了深入的室内研究。

对墓葬填土标本、填泥标本和各类陶器内土样标本的成分分析由中国社会科学院考古研究所赵春燕负责，她还完成了对陶器烧成温度的检测和朱砂的鉴定。对玉器和石器原料的鉴定由河南省地质矿产勘查开发局第一地质勘查院周世全承担。河南省文物考古研究所王蔚波完成了遗物、部分人骨和植物印痕的照相工作，张建华承担了遗物绘图工作。

陈启贤对 2005 年发掘获得的玉器进行了详细研究，因成果已经发表（马萧林、李新伟、陈启贤：《河南灵宝西坡出土玉器浅论》，杨建芳师生古玉研究会编《玉文化论丛 2》，文物出版社，2009 年，第 126 – 138 页），本报告未收录。

整理工作得到了国家文物局的专项经费资助；同时被列入中国社会科学院重点课题并得到资助。整个墓地报告的编写、人骨资料的体质人类学研究、人骨样品的碳十四测年和食性分析均被列为国家科技支撑计划"中华文明探源工程（二）"和"中华文明探源及其相关文物保护技术研究"的子课题并得到资助。报告的出版得到了国家文物局专项补助资金支持。

第二章　墓葬分述[*]

墓葬分述说明

墓葬分述基本按照墓葬结构、人骨情况、随葬品出土状况和随葬品具体描述的顺序进行。

一　墓葬结构

墓葬均为长方形竖穴土坑墓，不一一赘述。墓葬结构部分各种数据的测定按照以下标准：

1. 墓圹

长度和宽度为墓圹口部最大长度和最大宽度，深度为墓室底部距离墓葬开口的最大深度。

2. 二层台

宽度为二层台最大宽度，对于宽窄差别较大的，给出了最宽和最窄数据；二层台距墓口深度以最浅处计。

3. 墓室

长度和宽度为墓室口部最大长度和最大宽度，深度为墓室底部距离二层台表面的最大深度，也即二层台高度。

4. 脚坑

长度和宽度为脚坑口部最大长度和最大宽度。

二　人骨情况

1. 描述顺序

人骨描述顺序为：骨架位置与骨架姿态，墓主骨骼的性别特征、年龄特征、身高和头骨特征，头骨疾病与创伤情况、牙齿保存状况与疾病情况、椎骨和肋骨保存状况、疾病与创伤情况，以及肢骨（包括髌骨）保存状况、粗壮程度、左右肢差别及疾病与创伤情况。

2. 性别认定

主要依据盆骨入口的宽窄比例、坐骨大切迹的深浅和宽窄、耻骨角的大小、髋臼的大小、耳状关节面的形状、耳前沟的发育程度；颅骨整体的粗壮程度、眉弓的发育程度、额骨的倾斜程度、眶上缘的厚薄、乳突的大小、枕外隆突的发育程度、下颌骨粗壮程度、下颌角的大

＊　本章由中国社会科学院考古研究所李新伟、河南省文物考古研究所马萧林和中国社会科学院考古研究所王明辉共同完成。人骨描述部分依照的是王明辉的现场观察记录和室内观察测量结果。

小和角区的形状、额部的形状和肢骨的粗壮程度等。有些个体由于骨骼保存状态和发育程度的差别，其性别特征不显著或不易观察，需要从多方面进行考察，综合考虑各方面因素，形成正确的判断。其中骨盆形态是最主要依据，其次是头骨和肢骨形态。

3. 年龄鉴定

年龄鉴定是一个复杂的过程，是通过观察和综合分析骨骼上的一系列年龄变化特征得到的，其中主要包括：婴幼儿和青少年的牙齿萌出顺序、牙齿的磨耗程度；颅骨骨缝的愈合程度；肢骨骨骺的愈合程度；耻骨联合面的年龄变化；耳状关节面的年龄变化；以及骨骼上其他的老年性特征如骨质增生、骨质疏松等。应该指出，骨骼的年龄变化常受到个体营养状况和发育情况等诸多因素影响，存在个体差异。通常，对未成年人的骨骼年龄鉴定的准确性要明显大于成年个体，骨骼关键部位保存较好的个体年龄鉴定的准确性大于保存较差的个体。

4. 身高认定

身高的认定有两种情况：对于下肢骨保存较差者，只能根据骨骼出土时顶骨最外点至脚跟骨最下点之间的距离确定，可能与实际身高有3~5厘米的差异；对于下肢骨保存较好者，则根据长骨的最大长度，通过公式计算生前身高。计算依据的公式有两种。

一是邵象清公式（适用于中国男性，分不同的年龄段，单位：毫米）（邵象清编著：《人体测量手册》，上海辞书出版社，1985年）：

$$21 \sim 30 \text{ 岁身高（左侧）} = 643.62 + 2.30 \times \text{股骨最大长}$$
$$\text{或} = 853.39 + 2.22 \times \text{胫骨最大长}$$
$$\text{（右侧）} = 644.84 + 2.31 \times \text{股骨最大长}$$
$$\text{或} = 833.10 + 2.28 \times \text{胫骨最大长}$$
$$31 \sim 40 \text{ 岁身高（左侧）} = 640.21 + 2.32 \times \text{股骨最大长}$$
$$\text{或} = 776.34 + 2.44 \times \text{胫骨最大长}$$
$$\text{（右侧）} = 635.64 + 2.33 \times \text{股骨最大长}$$
$$\text{或} = 759.27 + 2.49 \times \text{胫骨最大长}$$

二是陈世贤公式（适合黄种人，单位：厘米）（陈世贤：《法医骨学》，群众出版社，1980年）：

$$\text{男性身高} = \text{股骨最大长} \times 3.66 + 5$$
$$\text{或} = \text{胫骨最大长} \times 4.53 + 5$$
$$\text{女性身高} = \text{股骨最大长} \times 3.71 + 5$$
$$\text{或} = \text{胫骨最大长} \times 4.61 + 5$$

通过两个公式计算出的身高与实际身高可能还有一定差距，我们尽可能利用尽量多的长骨，用两个公式计算再取平均值，以减少与实际身高的差距。

5. 头骨特征

1）颅骨的顶面观。分为卵圆形、椭圆形、五角形和楔形等。

2）头骨的测量特征。主要包括颅指数，即颅宽和颅长的比例关系，分为长颅型、中颅型和圆颅型等；颅长高指数（本章下文简称颅高），即颅高和颅长的比例关系，分为高颅型、中颅型和低颅型；颅宽高指数（本章下文简称颅宽），即颅高和颅宽的比例关系，分为阔颅型、中颅型和狭颅型。面高指数（本章下文简称面高），分为高面、中面和低面；面宽指数（本章下文简称面宽），分为阔面、中面和狭面；鼻指数，分为阔鼻、中鼻和狭鼻；眶指数，分为高眶、中眶和低眶；面突指数，分为正颌、中颌和突颌。由于在室内研究中只有 10 例头骨能够精确测量，本章的头骨测量性特征描述主要依据现场观测结果。

6. 牙齿观察

牙齿的位置以字母表示：I1 为中门齿、I2 为侧门齿、C 为犬齿、P1 为第一前臼齿、P2 为第二前臼齿、M1～M3 分别为第一至第三臼齿；牙齿磨耗分为轻度（1～2 级）、中度（3 级）和重度（4～5 级）。

7. 骨质疏松程度

骨质疏松程度大致分为轻度、中度和重度三个等级，分级标准主要依靠观察股骨中部骨密质和骨松质的比例关系。轻度表示骨密度大，骨密质厚，骨松质很少或没有；中度表示骨密度较大，骨密质较厚，有少量骨松质；重度表示骨密度较小，骨密质薄，有一半左右为骨松质。

8. 骨密度

骨密度的鉴定标准主要是股骨中部骨密质厚度，分为 0 级、1 级、2 级和 3 级。0 级表示厚度超过 7 毫米，1 级为 5～7 毫米，2 级为 3～5 毫米，3 级为 3 毫米以下。

9. 骨骼粗壮度

粗壮度的鉴定主要依靠观察股骨后部粗隆的突出程度，分为 1 级、2 级和 3 级。1 级表示股骨粗隆极度发育，粗隆呈条带状突出于股骨表面；2 级表示股骨粗隆比较发达，粗隆比较明显地突出于股骨表面；3 级表示股骨粗隆不太发育，粗隆处比较平缓或没有明显粗隆。

10. 左右肢骨对比

左右肢骨的对比主要依据各项测量标准和他们之间的比例关系，主要包括肱骨的长度、中部大小、横断面指数、粗壮指数，股骨的长度、中部大小、粗壮指数、股骨嵴指数，胫骨的长度、中部大小、滋养孔处大小以及中部断面指数和长厚指数等。

11. 骨质增生

骨质增生程度分为轻度、中度和重度。

墓葬分述

M1

位于墓地东南 05T1 的中部偏东。墓口距地表深 75 厘米，墓圹长 218、宽 95、深 52 厘米。在距现存墓口深 27 厘米处留出南、北两侧的生土二层台，在中部下挖出墓室。北侧二层台宽 15～20 厘米，南侧二层台宽 11～22 厘米；墓室长 200、宽 60、深 25 厘米。墓圹内填土为棕红色土和黄色生土混杂的花斑土。墓室上以青灰色草拌泥封盖，泥层厚约 3～5 厘米；南、北两侧二层台上散落有零星的泥斑。墓室内填土呈棕红色，较松软，内杂少量青灰色草拌泥块。

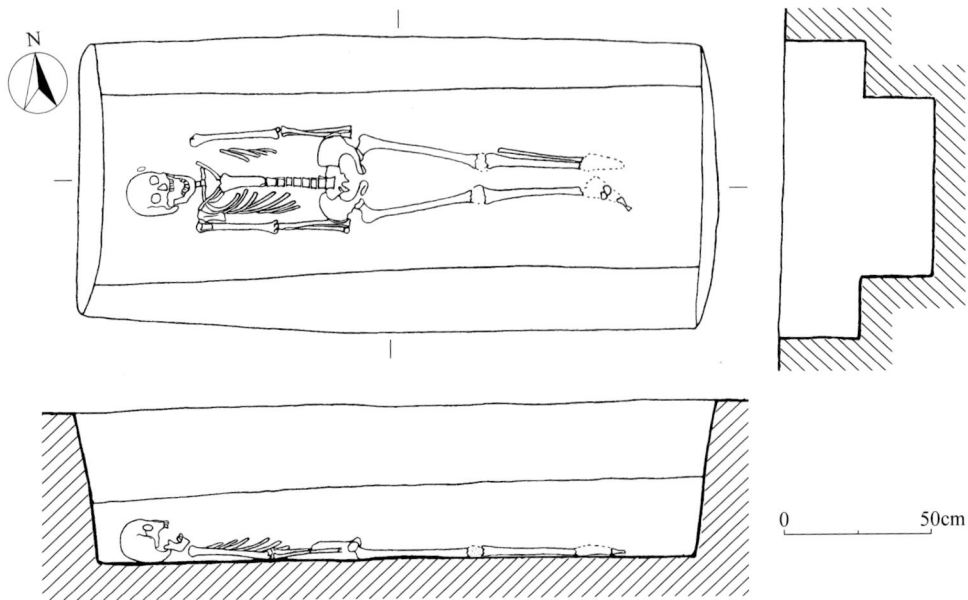

图 2-1 M1 平、剖面图

墓主仰身直肢，摆放位置整体偏西，头顶距西壁 8、右胫骨远端距东壁 40 厘米。头向 275 度，面向上、微偏北。双肩略上耸，锁骨与肱骨成近 45 度角。双臂伸直，靠近体侧，肘部与肋骨距离约 4 厘米。手腕局部在盆骨下，两臂尺骨和桡骨末端均未见手骨，在胸部以上的填土中发现两节指骨。桡骨压在尺骨之上，其远端在尺骨远端内侧，推测双手掌原来应向下抚地。双腿伸直，双膝并拢，相距约 5 厘米；均未见髌骨，在头骨左上部发现一块完整髌骨；左腿腓骨露出，右腿腓骨在胫骨下。双足紧靠，足骨均残缺不全，左足尖似向上，右足足心向左，足背绷直，足尖向右下方。（图 2-1；图版二，1）

墓主眉弓、眉间发育显著，乳突较大，下颌角较小且外翻，肢骨较为粗壮，坐骨大切迹深而窄，判断为男性。颅骨矢状缝、人字缝已经愈合，冠状缝未完全愈合，牙齿磨耗为 4~5 级，判断年龄为 40~45 岁。根据现场测量，身高 165 厘米。

颅骨顶面观为卵圆形；颅指数为圆颅型，颅高中等偏低，颅宽偏阔、接近蒙古人种的上限；面高属于高面，面宽属于中阔面；狭鼻，高眶。

颅壁较薄，右侧顶骨内侧中部颅中动脉沟前方有融蚀性圆形凹坑，直径约 9.5、深约 3 毫米，四周高，中部低，未穿透颅壁形成穿孔，应为颅内膜炎症导致。

牙齿多过早脱落，可能与口腔疾病或饮食结构有关。残存的下颌牙齿有明显的牙周炎和牙结石疾病，残余牙齿磨耗普遍偏重，齿质暴露并连成一片；上颌牙齿多数生前脱落，齿骨萎缩变形，上牙床几乎磨平。

椎骨残损严重，第 2 腰椎腹侧缘有明显中度增生。肢骨骨质疏松严重，骨密度 2 级，粗壮度 2 级。右上肢的粗壮程度明显大于左上肢，右股骨比左股骨粗壮。

墓中未见随葬品。

M2

位于墓地东南 05T2 的东部偏北，西南角被现代扰坑打破。墓口距地表深 46 厘米，墓圹

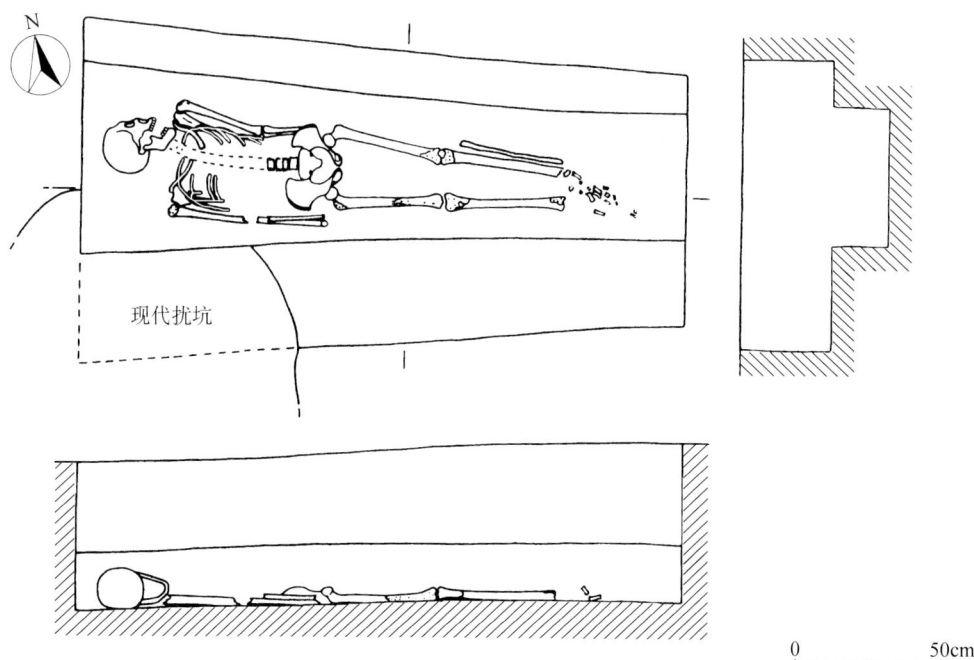

图 2 - 2　M2 平、剖面图

长 205、宽 102、深 53 厘米。在距现存墓口深 31 厘米处留出南、北两侧的生土二层台，在中部下挖出墓室。北侧二层台宽 15 厘米，南侧二层台宽 29 ~ 36 厘米；墓室长 205、宽 62、深 20 厘米。墓圹内填土为棕红色土和黄色生土混杂的花斑土，发现陶片 2 片。墓室上以青灰色草拌泥封盖，泥层厚约 3 ~ 5 厘米；南、北两侧二层台上散落有零星的泥斑。墓室内填土呈棕红色，较松软，内杂少量青灰色草拌泥块。

墓主仰身直肢，摆放位置整体偏西，头顶距西壁 8、右胫骨远端距东壁 42 厘米。头向 280 度，面向北。左肩上耸，锁骨与左肱骨成近 45 度角。双臂伸直，紧靠体侧，右肘紧贴肋骨，左肘略屈，肘端已在肋骨下。未发现右手指骨；左手指骨散乱且残缺，左腕在盆骨下。右臂桡骨压在尺骨之上，其远端在尺骨远端内侧，右手掌原来应向下抚地；左臂桡骨远端在尺骨远端之上，左手原来应略侧立贴在左腿根部。双腿伸直，膝部相距约 9 厘米，右膝部未见髌骨；左腿腓骨露出，右腿腓骨在胫骨下。双足骨散乱，姿态不明。（图 2 - 2；图版二，2）

墓主颅壁较厚，枕外隆突发育显著，下颌粗壮，下颌角较小且外翻，耻骨角度较小，判断为男性。头骨矢状缝已经愈合，但冠状缝和人字缝尚未愈合，牙齿磨耗 4 ~ 5 级，判断年龄为 40 岁左右。根据现场测量，身高为 165 厘米。

颅骨顶面观为椭圆形；测量特征的颅指数为圆颅型，颅高中等偏低，颅宽中等偏阔；面部高度中等，宽度中等；中鼻，中眶，面部扁平度大。

颅内壁出现多处因颅内膜炎症融蚀愈合产生的骨质吸收现象，最明显处位于右侧冠状缝靠近前囟点位置，骨质吸收面积较大，约 22 × 11 毫米，表现为吸收性的散在性稀疏小孔，中部略凹陷，颅壁较薄。

下颌保存的牙齿有左侧 C ~ M3 和右侧 I1 ~ P1、M3，牙齿磨耗普遍偏重，尤其左侧下颌臼齿咬合面从舌侧向颊侧呈斜坡状，釉质几乎磨耗殆尽，齿质几乎完全暴露；有轻度牙结石现象，尤其是牙齿的舌侧面结石更为明显；左侧下颌 M1 和 M2 有严重的齿根脓疡现象，齿根融蚀，骨质吸收，形成圆形瘘道，其中 M2 完全脱落，瘘道深约 6 毫米。上颌仅余左侧 P1～M3 和右侧 P1～M3 以及数枚残门齿；牙齿磨耗极重，残牙皆为 5 级磨耗，咬合面从颊侧向舌侧呈斜坡状；左侧 P1 和 M1 咬合面深度龋齿，其中 P1 仅余齿冠周缘和齿根，与下颌左侧相同部位的齿根脓疡相对应。

肢骨剖面显示有中度骨质疏松现象，肢骨骨密度 2 级，粗壮度 2 级。肢骨测量特征显示，两侧肢骨各项特征差异较小，仅右侧股骨较左侧股骨略粗壮。

左尺、桡骨中部靠下的部位有骨折错位愈合现象，造成骨骼发育异常，形成膨隆状的骨瘤样，同时伴有骨质疏松。由于左尺骨骨折部位有穿孔穿透骨壁形成的瘘道，因此判断墓主左尺骨曾患骨髓炎，引发感染，形成对骨质的侵蚀，并进一步感染桡骨的相同部位，后来由于某种外力造成了左尺骨和桡骨共同骨折，由于没得到很好的骨折恢复和骨骼复位，最后造成错位愈合现象。

残余的右髌骨前面有中度骨质增生现象，同时左侧第 1 跖骨上端前部有棱嵴状增生，属于跪踞面痕迹。

墓中未见随葬品。

M3

位于墓地东南 05T2 的西南角，东侧局部被现代扰沟打破。墓口距地表深 46 厘米，墓圹长 271、宽 205、深 54 厘米。在距现存墓口深 25 厘米处留出南、北两侧的生土二层台，在中部下挖出墓室和脚坑。北侧二层台宽 76 厘米，南侧二层台宽 73 厘米；墓室长 215、宽 60、深 24 厘米。在墓主脚下挖有脚坑，南北长 61、东西宽 39 厘米，底面低于墓室底面 13 厘米。墓圹内填土为棕红色土和黄色生土混杂的花斑土，其中发现人牙 1 枚、陶片 2 块。墓室上以青灰色草拌泥封盖，泥层厚约 3～5 厘米；南、北两侧二层台上散落有零星的泥斑。墓室和脚坑内填土呈棕红色，较松软，内杂少量青灰色草拌泥块。

墓主仰身直肢，头顶距西壁 32、右胫骨远端距墓室与脚坑交界处 18 厘米。头向 280 度，面向上。双肩上耸，左锁骨错位，直立于左下颌边，右锁骨与右肱骨成近 45 度角。双臂伸直，靠近体侧，肘距肋部约 5 厘米，双小臂下部紧靠盆骨。双手掌骨和指骨保存完好，可明确看出右手平伸抚地，左手平伸略侧立抚左腿根部。双腿伸直，双膝靠拢，相距约 7 厘米；右膝髌骨在原位，左膝髌骨在两膝之间、顶面向下；左小腿明显向右转，腓骨露出，与胫骨并列，右腿腓骨在胫骨下。双足跟部紧靠，右足骨较散乱，但仍然可以看出足背略弓，足尖向右下，左足足骨散乱。（图 2－3a；图版三，1）

墓主头骨粗壮，眉弓发育显著，眶上缘钝厚，枕外隆突显著，乳突较大，下颌粗壮，下颌角较小，肢骨粗壮，骨密度较大，判断为男性。颅骨矢状缝已经愈合，人字缝和冠状缝正在愈合，牙齿磨耗多数达 4～5 级，判断年龄为 40～50 岁。据肢骨测量数据推算身高为 181.3 厘米，现场测量身高 180 厘米。

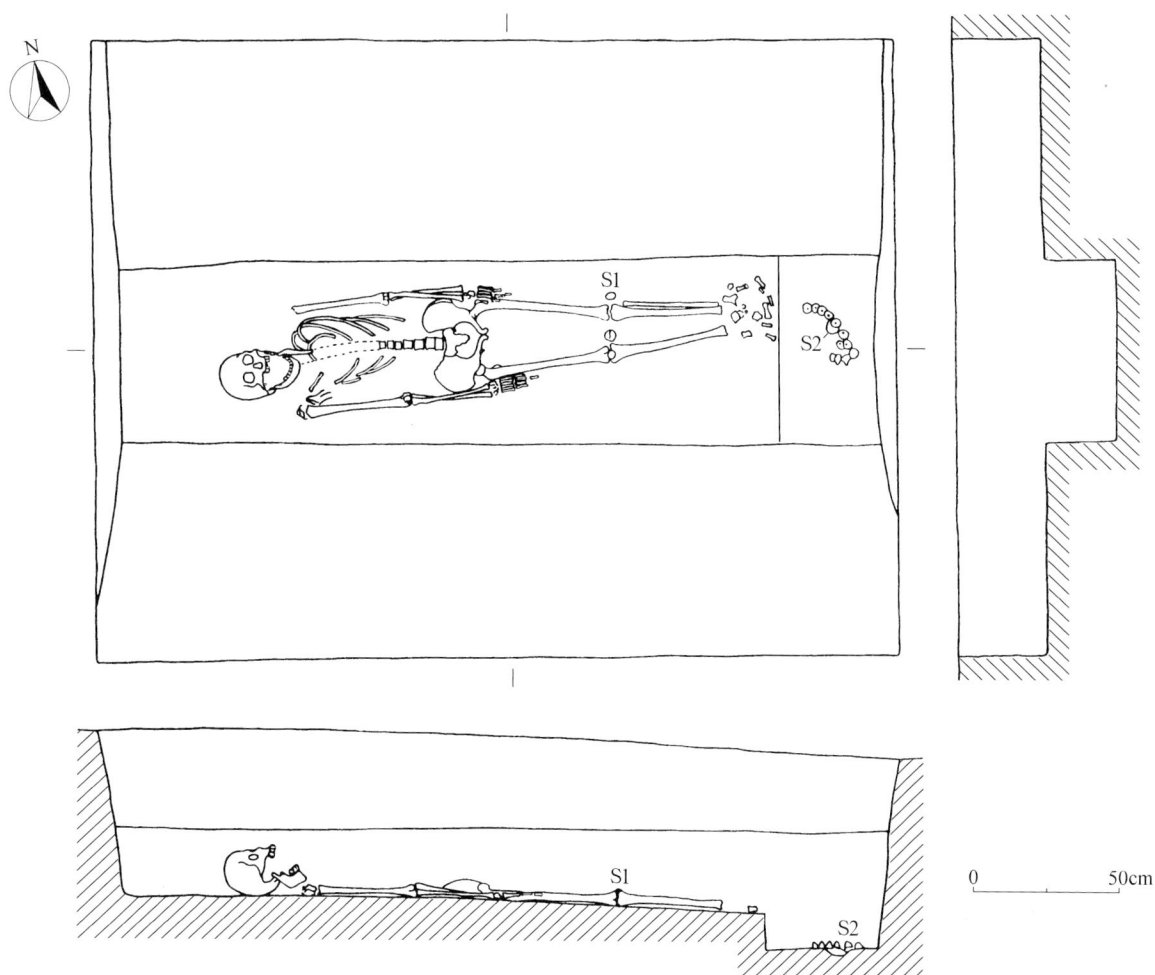

图 2 - 3a　M3 平、剖面图

（脚坑内除 S2 为石块外，均为带盖小杯形器碎块）

颅骨顶面观为卵圆形；颅指数为长颅型，颅高中等偏高，颅宽中等偏阔；面高偏低，面宽偏阔；中阔鼻，低眶。

牙齿多数保存较好，但磨耗普遍较重。下颌臼齿齿根暴露明显，达 1/3 以上，为牙周炎所致。下颌左侧 M1 咬合面有 2 ~ 3 毫米的圆形小龋洞；上颌右侧 M2 远中齿颈龋，圆形龋洞较大，直径约 6 毫米。下颌右侧 P2、M1 和左侧 M2、M3 生前缺失，齿孔闭合，其中右侧 P2、M1 缺失原因可能与齿根脓疡有关。上颌左侧 M3 齿根变异呈瘤状。

下颌呈摇椅形，下颌角区显示生前咀嚼肌比较发达。

寰椎侧块发育异常显著，两侧块之间的最小距离仅为 15.3 毫米，明显妨碍枢椎的活动，显示此人生前头骨的正常转动受到一定影响。可能与遗传有关，也可能是某种与内分泌相关的疾病所致。

肢骨粗壮，肢骨密度 1 级，粗壮度 1 级。测量数据显示，右上肢较左上肢粗壮，左股骨较右股骨粗壮。

两侧髋骨上有轻度增生现象。

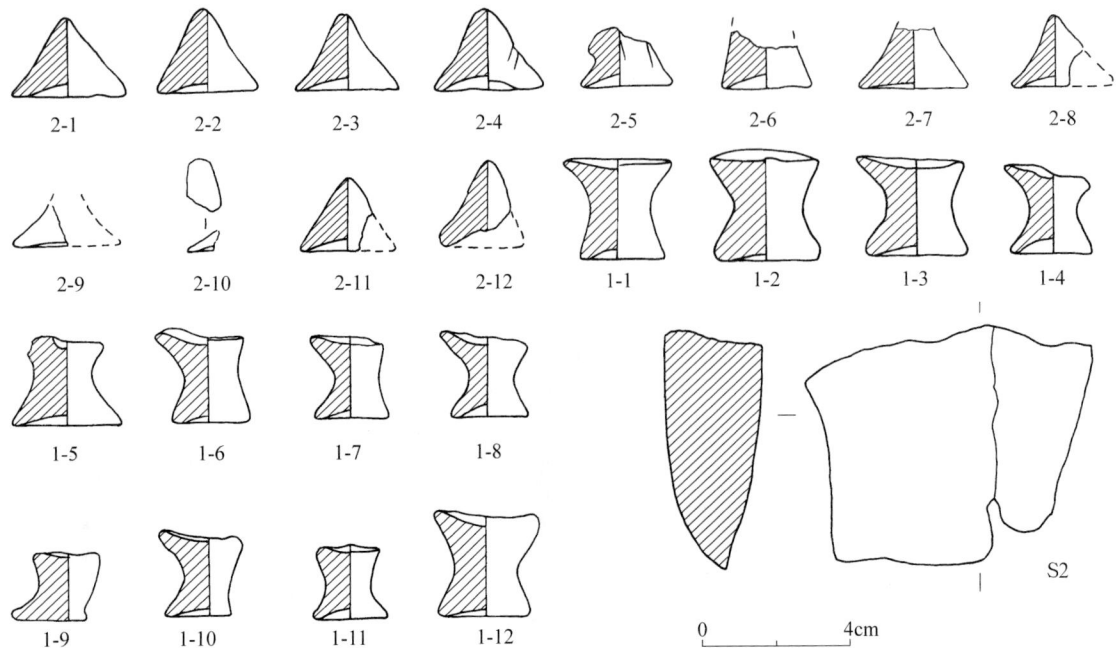

图 2 - 3b　M3 出土器物图

　　墓室填土内发现近半椭圆形片状石块 1 件（M3：S1），侧立于墓主左膝盖左侧，严重粉化，顶端高出左膝约 8 厘米，下段残损，高出左膝约 3 厘米。

　　随葬品 12 件，均在脚坑中，为陶带盖小杯形器 12 套，大致呈弯钩状排列，杯身（室内整理时编号为 M3：1－1～12）或基本直立，或不同程度倾斜，杯盖（室内整理时编号为 M3：2－1～12）多已经移位以至倾覆，难以确定对应的杯身。石块 1 件（M3：S2，出土时编号为 M3：3），平放在弯钩的转弯处。（图2－3a；图版三，1、2）

　　各随葬品的具体情况如下：

　　M3：1，小杯形器。共 12 件，均泥质，棕色，亚腰，两端外敞如喇叭口。制作过程应是先将泥捏成小柱状，以拇指按住一端，食指和中指放在泥柱中部，三指合力捏出喇叭口。器身上留有按压痕。有的在烧制过程中受到挤压变形，可见是在器物未晾干的情况下即开始烧制。器形不规整，捏制时非常随意，有些一端敞口较大、一端较小，有些则两端敞口大小相似，难以确定上、下端。下文中提及的上、下以图为准。（图2－3b；图版四，1）

　　M3：1－1，上端直径 2.8、下端直径 2.3、高 2.6 厘米。下端边缘有窄平面，可能是在烧制时着地的痕迹。

　　M3：1－2，上端直径 2.8、下端直径 2.7、高 2.9 厘米。两端大小相似，上端凹窝较深。

　　M3：1－3，上端直径 2.8、下端直径 2.7、高 2.6 厘米。两端大小相似，上端凹窝较深，下端边缘有挤压变形痕迹。

　　M3：1－4，上端直径 2.2、下端直径 2.1、高 2.3 厘米。上端略大。

　　M3：1－5，上端残直径 1.8、下端直径 2.9、残高 2.2 厘米。下端因受挤压严重变形。

　　M3：1－6，上端直径 2.7、下端直径 2.1、高 2.4 厘米。下端边缘有着地形成的窄平面，但受挤压严重变形。

M3：1－7，上端直径2.1、下端直径1.9、高2.1厘米。上端凹窝略深。

M3：1－8，上端直径2.7、下端直径2、高2.2厘米。上端较大。

M3：1－9，上端残直径1.7、下端直径2.7、残高1.8厘米。下端边缘有着地形成的窄平面，但受挤压严重变形。

M3：1－10，上端直径2.5、下端直径1.8、高2.2厘米。下端受挤压严重变形。

M3：1－11，上端残直径1.6、下端直径2、残高2厘米。下端边缘有着地形成的窄平面。

M3：1－12，半边残，上端直径2.7、下端直径2.4、高2.6厘米。下端边缘有着地形成的窄平面。

M3：2，小杯形器盖。可辨认出12个个体，均泥质，棕色，与小杯形器配套。用小泥块随手捏成，器身有指痕。形状不规则，上有尖顶，下为喇叭口状。（图2－3b；图版四，2）

M3：2－1，高2.1、底径3厘米。

M3：2－2，高2.2、底径2.7厘米。

M3：2－3，高2.1、底径2.8厘米。

M3：2－4，高2.2、底径2.9厘米。

M3：2－5，上部受挤压严重变形，变形后高1.5、底径2.4厘米。

M3：2－6，上部残，残高1.5、底径2.5厘米。

M3：2－7，半边残，残高1.5、底径3厘米。

M3：2－8，下部半边残，高1.9、底径2.7厘米。

M3：2－9，半边残，残高1.2、底径2.8厘米。

M3：2－10，只残存下部残片，残高0.5厘米。

M3：2－11，下部半边残，高1.9、底径2.6厘米。

M3：2－12，大半部分已残，高2.2、底径2.2厘米。

M3：S2，石块。青色。形状不规则，背端较厚，向另一端渐薄，长6、宽6.9、厚2.6厘米。无加工和使用痕迹。（图2－3b；图版三，3）

M4

位于墓地东南05T3的西北部，少部分延伸到06T1中。墓口距地表深80厘米，墓圹长242、宽150、深33厘米。在距现存墓口深9厘米处留出南、北两侧的生土二层台，在中部下挖出墓室。北侧二层台宽45厘米，南侧二层台宽47厘米；墓室长242、宽60、深24厘米。墓圹内填土为棕红色土和黄色生土混杂的花斑土。墓室上以青灰色草拌泥封盖，泥层厚约3～5厘米；南、北两侧二层台上散落有零星的泥斑。墓室内填土呈棕红色，较松软，内杂少量青灰色草拌泥块。

墓主仰身直肢，摆放位置整体略偏西，头距西壁22、右足尖距东壁47厘米。头向282度，面向上，稍侧右。右肩略耸，锁骨与肱骨成45度角。双臂伸直，紧靠体侧，右尺骨缺失，左小臂下部紧靠盆骨。双手掌骨和指骨保存较差，但可看出右手平伸抚地，左手平伸置左股骨上。

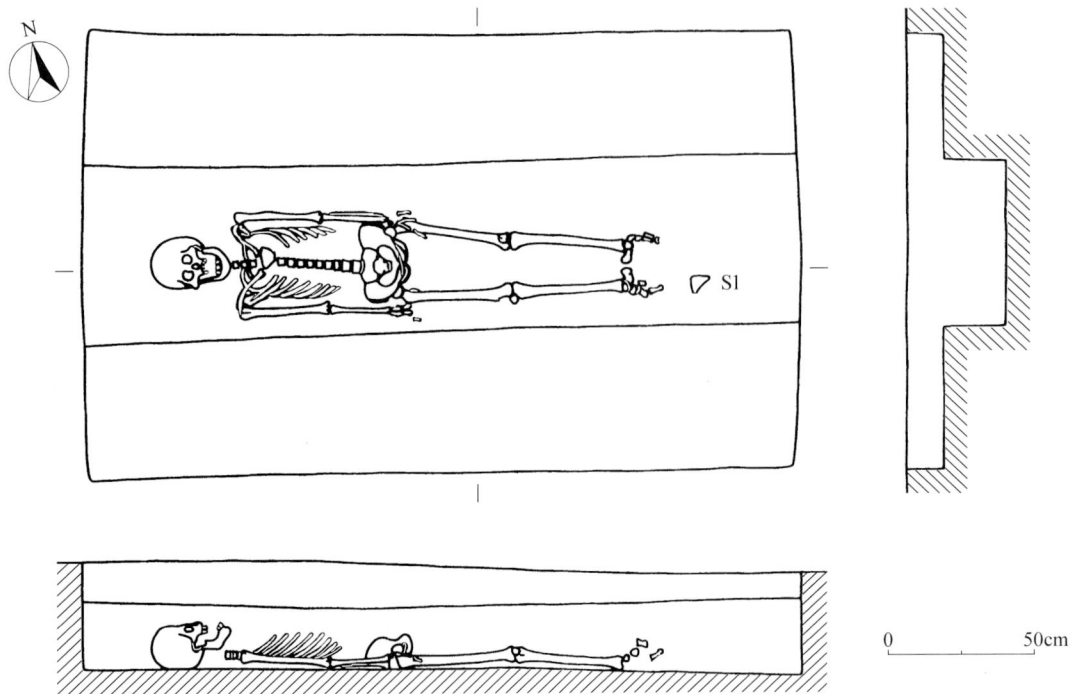

图 2 - 4　M4 平、剖面图

双腿平行伸直，双膝相距 11 厘米；左膝髌骨在原位，右膝髌骨滑落外侧；左、右腿腓骨均在胫骨下。双足跟骨靠近，足心相对，足背绷成弓形，足尖向下。（图 2 - 4；图版五，1、2）

墓主颅壁较厚，眉弓发育显著，眶上缘钝厚，乳突较大，枕外隆突发育显著，下颌角较小且角区外翻，坐骨大切迹深而窄，肢骨粗壮，判断为男性。头骨颅内缝已愈合，颅外缝基本愈合，残牙磨耗多为 3 ~ 4 级，尤其下颌门齿和犬齿磨耗达 4 级，判断年龄为 40 岁左右。据肢骨测量数据推算身高为 166.2 厘米，现场测量为 165 厘米。

颅骨顶面观为卵圆形；颅指数为长颅，颅高偏高，颅宽偏狭；面部高狭；高眶，狭鼻。

颅骨额中嵴和矢状缝内部两侧各有小区域的散在性小孔分布，同时在额骨上有少量散在的弥散性小孔，应与轻度贫血症状有关。

牙齿保存状况较差。下颌牙齿多生前脱落，齿孔闭合，齿骨萎缩，其中左、右 P1 明显患齿根脓疡，齿根部位形成椭圆形瘘道，并导致牙齿脱落。上颌 I1、I2 和 C 生前脱落，齿骨萎缩，臼齿齿质点暴露；左、右 P2 齿根脓疡，牙齿脱落，形成瘘道。

第 3、4、5 腰椎有中度增生，部分颈椎有轻度增生，骨赘出现于椎体周缘，呈唇状；颈椎椎体凹陷，周缘突出；腰椎椎体骨质较为疏松，表面有极细的弥散性小孔，同时伴有明显的椎体变形，椎体呈亚腰形，可能与椎体部位病变（如结核病等）有关。

肢骨保存相对较好，肢骨粗壮度 1 级，骨密度 1 级；两侧肢骨的粗壮程度较为接近。右肱骨中部有骨折愈合痕迹，愈合线明显，且在愈合线上下形成钝角；两侧尺骨中下部有异常肿瘤状突起，内部骨质疏松，应是骨髓炎导致的骨质侵蚀和变异；同时，两侧股骨下端异常膨胀，整体呈钟摆状，这可能与肢端肥大症或炎症有关；与股骨下端接触的胫骨上端也有类似膨大现象。上述症状表明此人生前肢骨患有多种肿瘤和病变，自身免疫系统紊乱。

右髌骨上有中度的老年性增生。

右足下发现石块 1 件（M4：S1），青灰色，已经粉化。

未见随葬品。

M5

位于墓地东部 05T12 中部，东侧局部被现代扰沟打破。墓口距地表深 55 厘米，墓圹长 309、宽 225、深 63 厘米。在距现存墓口深 30 厘米处留出南、北两侧的生土二层台，在中部下挖出墓室。北侧二层台宽 74～90 厘米，南侧二层台宽 82～95 厘米；墓室长 297、宽 66、深 23 厘米。墓圹内填土为棕红色土和黄色生土混杂的花斑土，其中发现陶片 1 块。墓室上以青灰色草拌泥封盖，泥层厚约 3～10 厘米；南、北两侧二层台上散落有零星的泥斑。墓室内填土呈棕红色，较松软，内杂少量青灰色草拌泥块。

墓主仰身直肢，摆放位置整体略偏西，头距西壁 52、右胫骨远端距东壁 102 厘米。头向

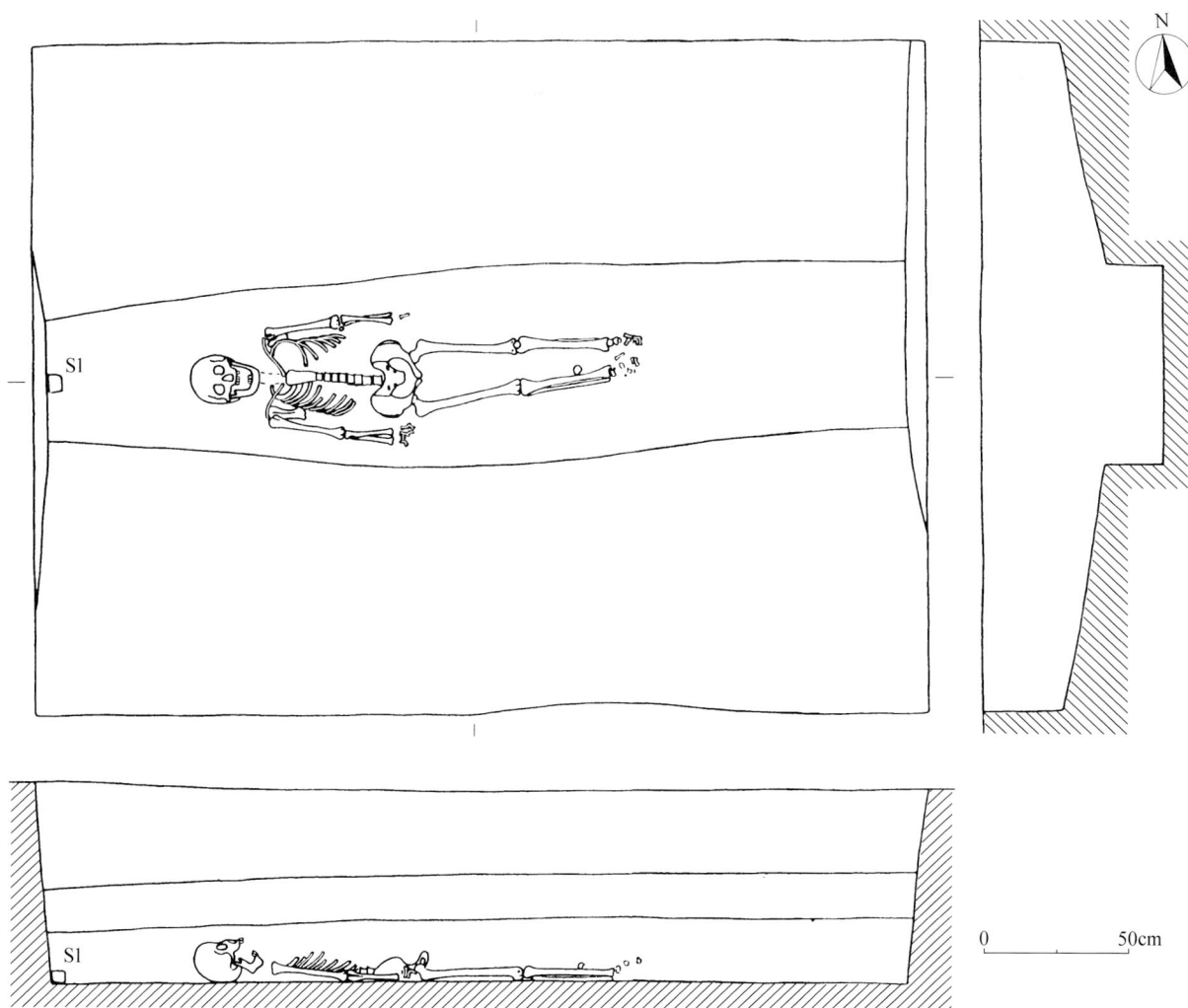

图 2 - 5a　M5 平、剖面图

273 度，面向上。双肩略耸。双臂伸直，靠近体侧，右肘距右肋部约 4 厘米，左肘距左肋约 1 厘米。双手掌骨和指骨保存不全，但双臂桡骨压在尺骨之上，其远端在尺骨远端内侧，可知原来双手平伸抚地。双腿伸直，双膝靠拢，相距约 8 厘米；左膝髌骨在原位，右膝髌骨位移至右胫骨内侧。双足足骨散乱，足尖原来似向上。（图 2 - 5a；图版六，1）

墓主头骨较小，眉弓、眉间突度较弱，眶上缘薄锐，前额平直，乳突较小，枕外隆突发育较弱，下颌角较大、角区较直，肢骨纤弱，坐骨大切迹宽而浅，判断为女性。头骨颅内缝基本愈合，颅外冠状缝和矢状缝正在愈合，人字缝尚未愈合，残牙磨耗皆为 4 级，判断年龄为 40 岁左右。现场测量身高为 155 厘米。

颅骨顶面观为卵圆形；颅指数属于圆颅型，颅高为中高，颅阔为中阔；面高属高面，面宽中等；狭鼻，高眶，面部扁平度较大。

枕骨右侧人字缝下部有一个骨性骨瘤，呈突起状，大小约 23 × 23 毫米，属于骨性变异，与病理现象无关。

牙齿缺失严重，上下颌臼齿和门齿皆生前脱落，齿孔闭合，齿骨萎缩变形。牙齿磨耗过度，残牙皆为 4 级。牙周炎现象严重，残牙齿根暴露多超过 1/2 以上。上、下颌左侧 P1 中度齿根脓疡，形成近圆形瘘道，牙齿脱落。

第 1～5 腰椎有明显增生，但未产生连桥或强直。右侧第 1 肋骨（寰肋）前端有数个骨瘤突起，属于骨性骨瘤。此人可能属于容易生骨瘤的体质。

肢骨保存较差，两端残损严重。左右肢骨粗壮度 2～3 级，其中左股骨较右股骨略粗壮；骨密度 1 级，说明营养状况良好，但劳动强度低。

两侧髌骨前端有中度增生，右侧较左侧略重。

出土随葬品 1 件，为石纺轮（M5：1），发现于墓室填土中，大致相当于墓主右腿股骨外侧的位置，下距人骨约 6 厘米。板岩。紫色。上、下两面及侧面均磨制得非常光滑。侧面有明显的几乎环绕器身的长线痕。中心部位有两面管钻而成的圆孔，孔壁可见清晰的管钻痕迹。直径 4.5、孔径 0.66、厚 0.95 厘米。（图 2 - 5b；图版六，2）

另外出土有石片 1 件（M5：S1），位于墓室西壁下正对头顶的位置。钠长石板岩。浅灰，内杂大量结晶颗粒。似为一次打击而下的石片。平背较厚，有 U 形弧刃，锋利，无二次加工和使用痕迹。长 8.9、宽 6.8、背部厚 2.35 厘米。（图 2 - 5b；图版六，3）

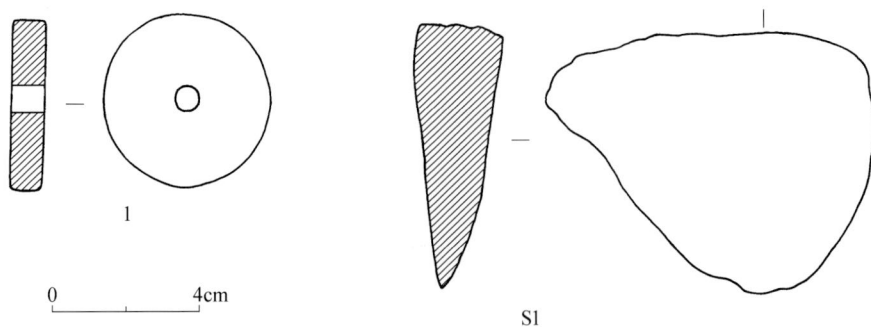

图 2 - 5b　M5 出土器物图

M6

位于墓地东部 05T10 的东部，南侧局部被近代墓打破。墓口距地表深 40 厘米，墓圹长
305、宽 220、深 82 厘米。在距现存墓口深 30 厘米处留出南、北两侧的生土二层台，在中部
下挖出墓室和脚坑。北侧二层台宽 61 ~ 83 厘米，南侧二层台宽 61 ~ 90 厘米；墓室长 207、宽
42 ~ 75、深 45 厘米。墓主脚下有脚坑，南北长 98、东西宽 75 ~ 98、底面低于墓室底面 17 厘
米。墓圹内填土为棕红色土和黄色生土混杂的花斑土，其中西北角和西南角处填有较多的青
灰色草拌泥块。墓室上以青灰色草拌泥封盖，泥层厚约 6 ~ 10 厘米；南、北两侧二层台上散
落有零星泥斑。墓室和脚坑内填土呈棕红色，较松软，内杂较多青灰色草拌泥块。

墓主仰身直肢，摆放位置整体偏西，头顶距西壁 25、右胫骨远端距墓室与脚坑交界处 45
厘米。头向 280 度，面向上，稍侧左。左锁骨直立，与左肱骨近平行，右锁骨位移至右脸颊

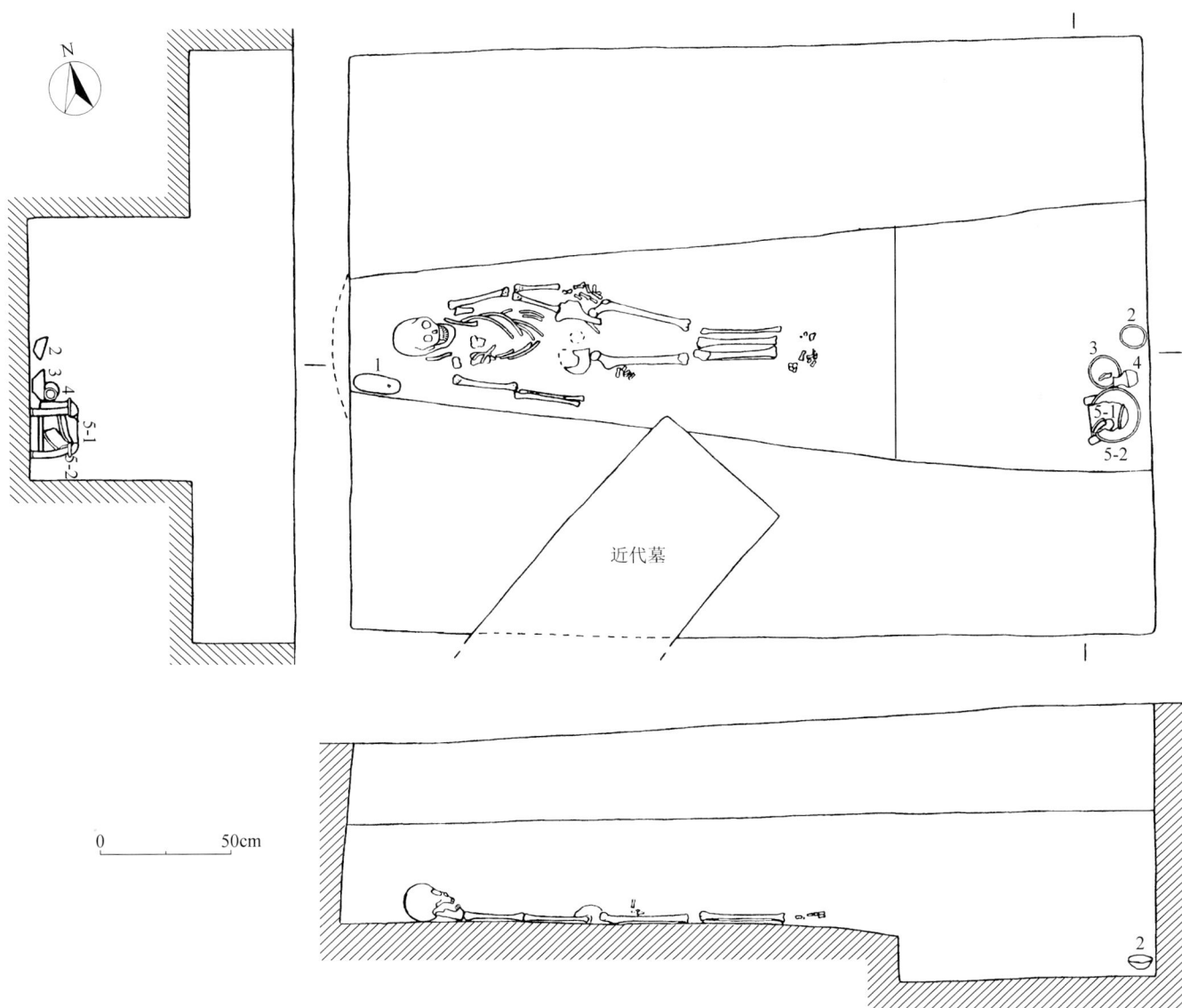

图 2 - 6a　M6 平、剖面图

边。双肘均略外弯。右臂桡骨和尺骨上下相叠，右手指骨与之脱离，散落在右腿根部；左臂桡骨远端和尺骨远端相距约7厘米，左手指骨在左腿根部。肋骨和椎骨较散乱。双腿伸直，双膝靠拢，相距约7厘米；左胫骨明显向右转位移，腓骨露出，与胫骨并列，右腿腓骨在胫骨下。双足足骨散乱不全。（图2-6a；图版七，1）

墓主头骨较小，眉弓、眉间突度较弱，眶上缘薄锐，前额平直，乳突较小，枕外隆突发育较弱，下颌角较大且外翻，肢骨纤弱，判断为女性。头骨冠状缝、矢状缝已愈合，人字缝未愈合，残牙磨耗4级，判断年龄为40岁左右。根据现场测量身高为153厘米。

颅骨顶面观为卵圆形；颅指数为圆颅型，颅高偏高，颅阔偏狭；面高中高，面宽中狭；中低眶，中阔鼻；平颌。

牙齿缺失严重，仅余下颌左侧P2、M1，右侧C、P1、P2。残牙磨耗4级；左侧P2和右侧P1深度龋齿，仅余齿根痕迹；残牙齿根暴露超过1/3，显示生前患有严重牙周炎。

肢骨保存较差，肢骨粗壮度2级，上肢两侧粗壮程度接近，右股骨较左股骨粗壮程度大。骨密度1级，反映营养状况良好。

左髋骨上有中度增生。

共出土随葬品6件。玉钺1件（M6：1），平置在头右上侧墓室西南角，刃端向西（图版七，2）。陶器5件，沿脚坑东壁的南半部一线摆放。釜灶1套，在南端，灶（M6：5-2）立置，口部破损，釜（M6：5-1）塌落在灶膛中。碗2件，M6：3正放在灶北侧，M6：2正放在东壁中部，略向南倾斜。壶1件（M6：4），在M6：3边，倾倒在其上。（图2-6a）

随葬品具体情况如下（图2-6b）：

M6：1，玉钺。蛇纹岩。青色，有浅绿色斑纹。身近梯形，顶近平，直边略斜，双面弧刃。长12.9、宽5.6、厚0.88厘米。近顶有一孔，两面管钻而成，先由一面钻约0.6厘米深，再由另一面钻约0.2厘米深，将中间部分击穿，孔壁经加工。正面（正面和背面均以图为准，下同）孔径1.4、背面孔径1.4厘米。正面器身保留线切割留下的弧形凹痕。顶未磨，其余部分（包括线切割痕内）均经磨光。刃部无明确使用破损痕迹。穿孔周围无系柄痕迹。（图2-6b；图版八；图版九，1）

M6：2，陶碗。泥质。半边上半部为灰黑色、下半部为深红色，另半边上部已残、下半部为深红色。敞口，尖圆唇，斜壁，平底。复原口径10.6、底径5.3、高3.6厘米。素面。内壁上部有轮修形成的细平行弧线痕；外壁有刮抹整形痕；底较平整。（图2-6b；图版九，2）

M6：3，陶碗。泥质。上部大半为灰黑色，小半为深红色；下半为深红色。敞口，不规则，尖圆唇，斜壁，平底。口径12.1、底径4.7、高4.7厘米。素面。内壁上部有轮修形成的细平行弧线痕；外壁有刮抹整形痕；底较平整。（图2-6b；图版九，3）

M6：4，陶壶。泥质。棕色。难以复原。由残存部分可看出口外敞，尖圆唇，颈略收束，折腹。口径5.6、最大腹径9厘米。（图2-6b）

M6：5-1，陶釜。泥质。灰色。敛口，有伸向斜上方的窄折沿，尖圆唇，器身上壁略外斜，下部内弧形成圜底，上、下部分交接的最大腹径部位在中部偏上，形成一周方圆的凸棱。口径11.8、最大腹径13.9、高7.5厘米。素面。沿面和器身上部有轮修形成的细平行弧线痕，

图 2 - 6b　M6 出土器物图

下部和底部有刮抹痕。（图 2 - 6b；图版一〇）

M6：5 - 2，陶灶。泥质。灰褐色。灶口部分形如无底的覆盆，口内敛，近圆形，口上缘均匀布列三个凸出的近三角形支垫，口与灶膛相接处转折内收，形成一尖圆凸棱。灶膛为直壁桶形，前面开膛口。灶底平面为 U 形，近膛口处略收缩，较平整，与灶身相接处制成一花边状凸棱。有三灶足。二前足在灶膛口两侧，剖面呈 L 形，由灶口底部贯通而下，侧面连接灶膛和灶底，正面形如略弯曲的鸟兽腿，腿身扁平，与地面接触的足部略凸出，腿、足均有戳印的小圆圈纹；后足安装在 U 形灶底的后端，近长方形，微外撇，有三道附加泥条制成的花边状凸棱，两道已经残损。口径 14.6、底宽 16.2、高 19.4 厘米。通体内外侧可见刮抹痕，灶口部磨光。（图 2 - 6b；图版一〇）

M7

位于墓地东南 05T2 的西北部，大部分延伸到探方外。墓口距地表深 80 厘米，墓圹长 221、宽 137、深 68 厘米。在距现存墓口深 53 厘米处留出南、北两侧的生土二层台，在中部下挖出墓室。北侧二层台宽 35 厘米，南侧二层台宽 23～30 厘米；墓室长 229、宽 72、深 15 厘米。墓圹内填土为棕红色土和黄色生土混杂的花斑土，其中发现陶片 1 块。墓室上以青灰色草拌泥封盖，泥层厚约 3～5 厘米；南、北两侧二层台上散落有零星的泥斑。墓室内填土呈棕红色，较松软，内杂少量青灰色草拌泥块。

墓主仰身直肢，摆放位置居中，头距西壁 27、右胫骨远端距东壁 35 厘米。头向 282 度，面偏左。双臂伸直，靠近体侧，肘距肋部约 5 厘米，双小臂下部紧靠盆骨。双手掌骨和指骨保存不全，但可看出双手平伸抚地。双腿伸直，双膝距离约 8 厘米；左、右膝髌骨在原位。左、右腓骨均在胫骨下。左足足心向右，背部绷直，足尖向下；右足足心向下，足尖略左倾。（图 2-7；图版一一，1、2）

墓主头骨眉弓、眉间发育显著，前额倾斜，枕外隆突异常显著，乳突很大，下颌角小且角区外翻，耻骨支角度较小，判断为男性。头骨颅内缝已愈合，颅外缝基本愈合。牙齿磨耗多为 3～4 级。耻骨联合面清晰，周缘明显，背侧缘向后突出，腹侧缘有断裂痕迹，判断年龄为 40～50 岁。根据左侧肱骨最大长推算身高为 167.8 厘米，现场测量身高为 174 厘米。

头骨顶面观呈卵圆形；颅指数属于长颅，颅高偏高，颅阔偏狭；面高中高，面宽中狭；中鼻，中眶。

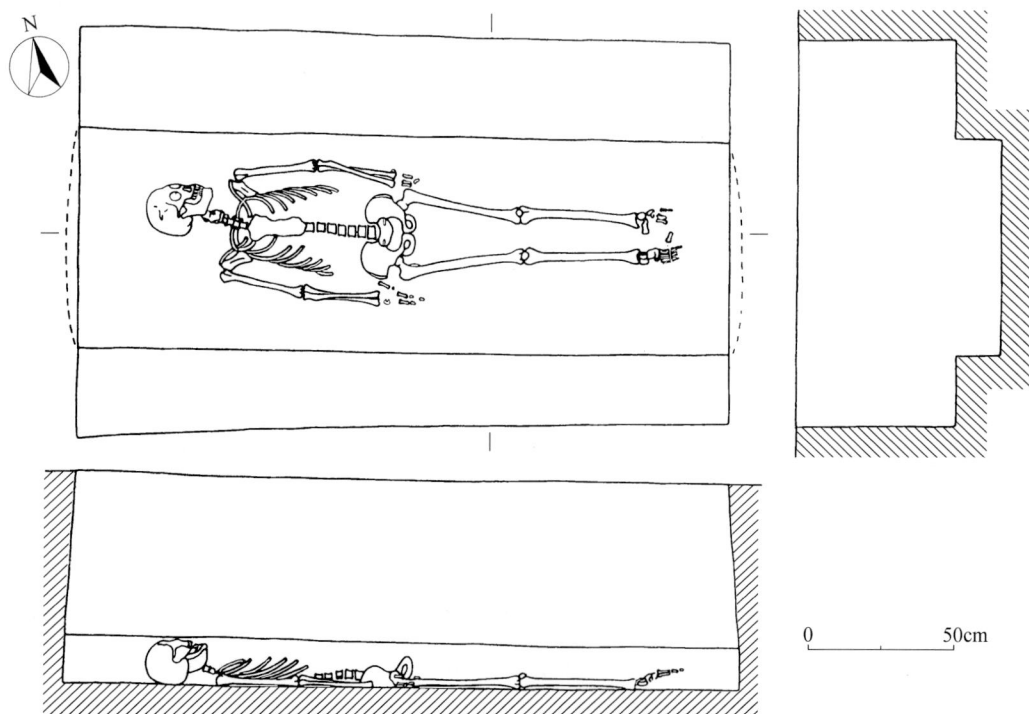

图 2-7　M7 平、剖面图

反映咬合肌强度和遗传特征的下颌圆枕极为明显。

牙齿保存状况良好，磨耗均匀，上、下颌门齿和犬齿表面有轻度牙结石现象。

右侧第1肋骨（寰肋）前端有数个骨瘤突起，属于骨性骨瘤，与M5骨瘤的位置和形状相似，但无法肯定他们之间是否存在更为密切的关系。

第2至第8胸椎椎体腹侧缘下端有重度骨赘产生，皆呈舌状从椎体下缘斜向下伸出。第2胸椎骨赘明显且大，近三角形，大小约17×8.2毫米，其余骨赘多如米粒般大小，发生部位多位于椎体下端，但第6、7、8胸椎增生发生于椎体上端边缘腹侧。

腰椎出现重度增生：第1、2腰椎产生严重的椎体融合和连桥现象，椎体周缘骨赘几乎形成圆周；第3腰椎椎体腹侧上缘和第4腰椎椎体腹侧下缘产生大面积增生，增生部位差不多包括整个椎体前部周缘，几乎形成与相邻椎体的连桥现象；第2、3腰椎椎体上部和第4腰椎椎体下部产生内凹性塌陷，另一侧椎体表面产生弥散性小孔，应属于腰椎炎症导致的，并与骨质增生存在一定的联系；第5腰椎椎体上缘产生连续性米粒样大小的增生。可能说明了该个体生前劳动强度较大。

肢骨较粗壮，骨密度1级，两侧肢骨的粗壮程度比较一致，仅右侧上肢较左侧上肢更为粗壮一些，显示可能生前更多使用右上肢。

两侧髌骨上有明显的骨赘，右侧重度增生，左侧轻度增生，明显不对称，但双足第1跖骨上没有明显跪踞面痕迹。

墓中未见随葬品。

M8

位于墓地中部05T21的中部。墓口距地表深40厘米，墓圹长395、宽309、深220厘米。在距现存墓口深179厘米处留出南、北两侧的生土二层台，在中部下挖出墓室和脚坑（图版一二，1）。北侧二层台宽91厘米，南侧二层台宽90厘米；墓室长273、宽127、深45厘米。墓主脚下有脚坑，南北长130、东西宽122、底面低于墓室底面12厘米。墓圹内填土为棕红色土和黄色生土混杂的花斑土，并夹杂有青灰色草拌泥（图版一二，2），其中发现陶片15块。墓室上以青灰色草拌泥封盖（图版一二，3），泥层厚约8~10厘米；南、北两侧二层台上散落有较多的泥斑。墓室和脚坑内填土呈棕红色，较松软，内杂大量青灰色草拌泥块。

墓主仰身直肢，摆放位置整体靠西，头顶距西壁20、右足跟距墓室与脚坑交界处95厘米。头向295度，面向上，略右侧。双肩略上耸。双臂伸直，靠近体侧，肘距肋部约5厘米。双手掌骨和指骨保存较好，可明确看出右手平伸抚地，左手似乎向内弯曲。双腿伸直，双膝相距约7厘米。左、右腓骨均在胫骨下。双足足心相对，足背弓起，足尖向下，如跳芭蕾舞状。（图2-8a；图版一三，1、2）

墓主头骨保存完整，各项男性特征发育显著，眉弓粗壮，盆骨的坐骨大切迹和耻骨支特征明显，判断为男性。耻骨联合面清晰，头骨矢状缝已经愈合，冠状缝和人字缝正在愈合，颅基底缝愈合，牙齿磨耗较轻且均匀，多数为2~3级，判断年龄为40岁左右。根据肱骨、股骨和胫骨推算的平均身高为162.8厘米，现场测量163厘米。

颅骨顶面观呈卵圆形；颅指数属于圆颅型，颅高偏高，颅宽偏狭；斜额，面高属于中面，面宽属于阔面；阔鼻，低眶；下颌角区较直。从上面观，颅骨左、右两侧非完全对称，枕骨左侧略向后突出；眉弓粗壮，与眉间连成横崤状，使眼眶较深、鼻根点凹陷；额中缝发育显著，贯通整个额骨，与矢状缝相连，使额骨呈左、右两片。额中缝的发育与遗传等有关，但在蒙古人种中出现率极低。

牙齿保存较好，口腔状况良好，齿列整齐，少牙病。但上颌左侧 M3 咬合面深度龋齿，仅余齿根；上颌右侧中门齿脱落，齿孔未闭合。

左侧肋骨有断裂愈合痕迹，愈合处明显膨大，显示此人生前曾受肋部创伤，但后来愈合。

第 2、3、4、5 腰椎有轻度和中度骨质增生，其中第 2、3、4 腰椎增生较轻，椎体上下缘产生骨赘，略突出于椎体，呈唇状；第 5 腰椎中度增生，椎体腹侧上缘左侧有一舌状骨赘，大小约 15.4×15.4 毫米，约呈三角形。骶椎椎体上缘左侧也为轻度骨赘，行走和腰部活动会受到一定影响。

肱骨骨干最大周偏小，和最小周差别不大，说明此人生前上肢肌肉不发达，甚至比较纤弱，或许与脱离繁重劳动有关。右侧肱骨明显较左侧肱骨粗壮和发达，可能与惯用右臂有关。股骨总体呈女性化倾向，横经大于纵径，骨密度较大，但粗壮度较小，总体纤弱，与肱骨表现较为一致。

左、右髌骨前端和跟骨后端下面都有中度增生，显示生前行走较多，同时可能伴随有跪坐行为，但跖骨上未发现跪踞面痕迹。

共出土随葬品 11 件。骨箍形器 1 件（M8:1），紧靠墓室西壁，正对头顶偏左侧，距离头顶 15 厘米。以竹签清理器物时，在其西北侧 2 厘米处发现一小片朱砂痕迹（图版一四，1）。玉钺 1 件（M8:2），放置在右小臂边，刃部向西，器身长轴与墓室南壁大致平行，靠近墓室南壁的一侧略高起，器身平面与墓室底部成近 15 度夹角（图版一四，2）。陶器 9 件，均放置在脚坑内（图版一三，3）。釜灶 1 套，直立在脚坑中部偏北。釜（M8:5-1）基本完整，在灶口上，向西南倾侧。灶（M8:5-2）口部破碎，灶膛保存较好，膛口向南。簋形器 1 对（M8:7、8），直立在釜灶的南、北两侧，均被破碎的大口缸压塌。大口缸 1 对，直立于脚坑的东南角（M8:10）和东北角（M8:9），底部在原位，M8:10 南半侧器身直立、较完好，北半侧器身破碎，M8:9 器身完全破碎。钵 2 件，M8:6 在釜灶的南侧，向西倾斜，M8:4 在釜灶的西偏北侧，也向西倾斜。壶 1 件（M8:3），在钵 M8:4 西北侧，直立，完整。（图 2-8a）

随葬品具体情况如下：

M8:1，骨箍形器。乳白色，近椭圆形，长径 8.8、短径 6.2、高 3.7、厚 0.6 厘米。外壁为原骨面，未加工，已受侵蚀。内壁经加工，使得骨壁变薄，空腔变大。上下两端面均磨制平整，大部分受到侵蚀，但局部保留原来的磨制面，可见细磨痕。（图 2-8b；图版一四，3、4）

M8:2，玉钺。蛇纹岩。浅绿色、墨绿色混杂。长条形，两边薄锐，中部厚而隆起，平顶，直边略斜，双面弧刃，刃最凸点两侧弧度不同。长 22.9、宽 6.5、厚 1.3 厘米。顶经敲打整形，

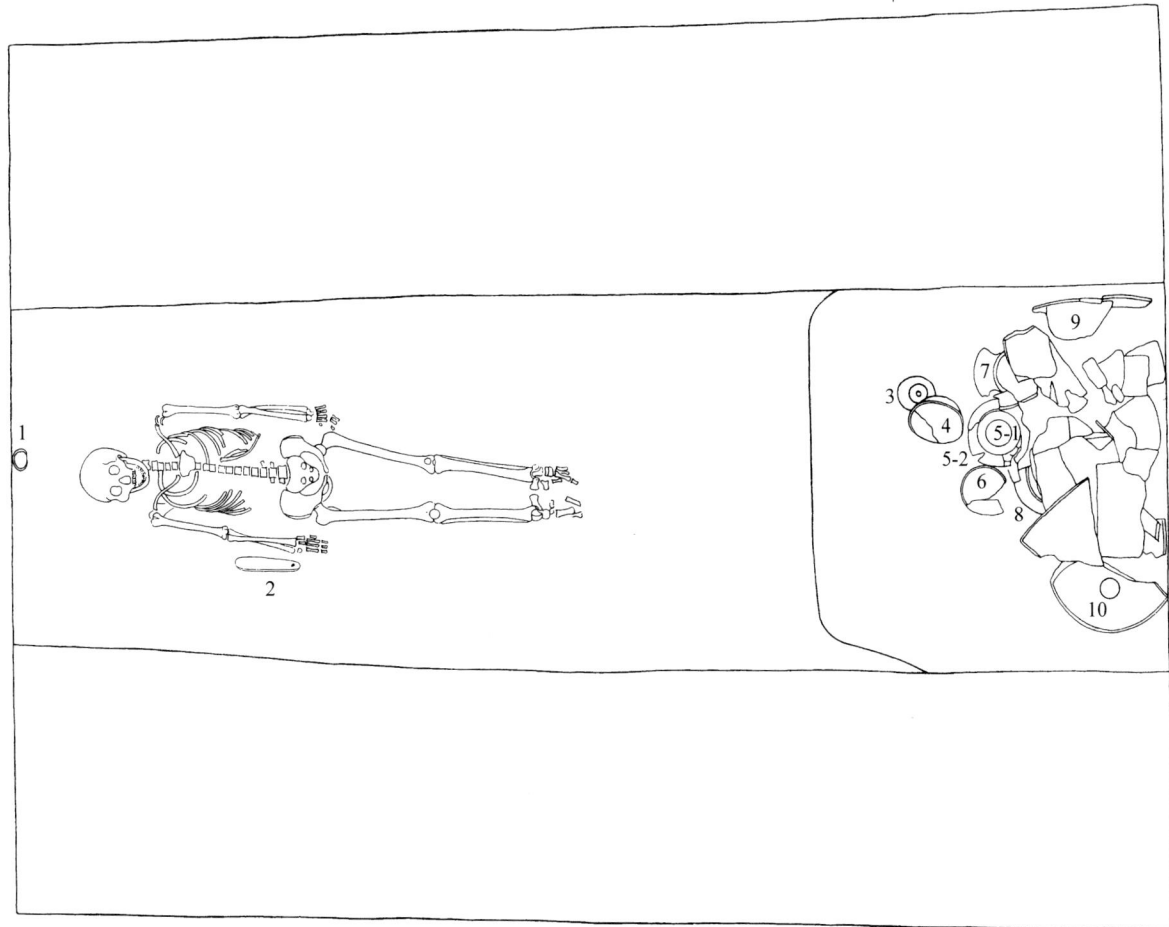

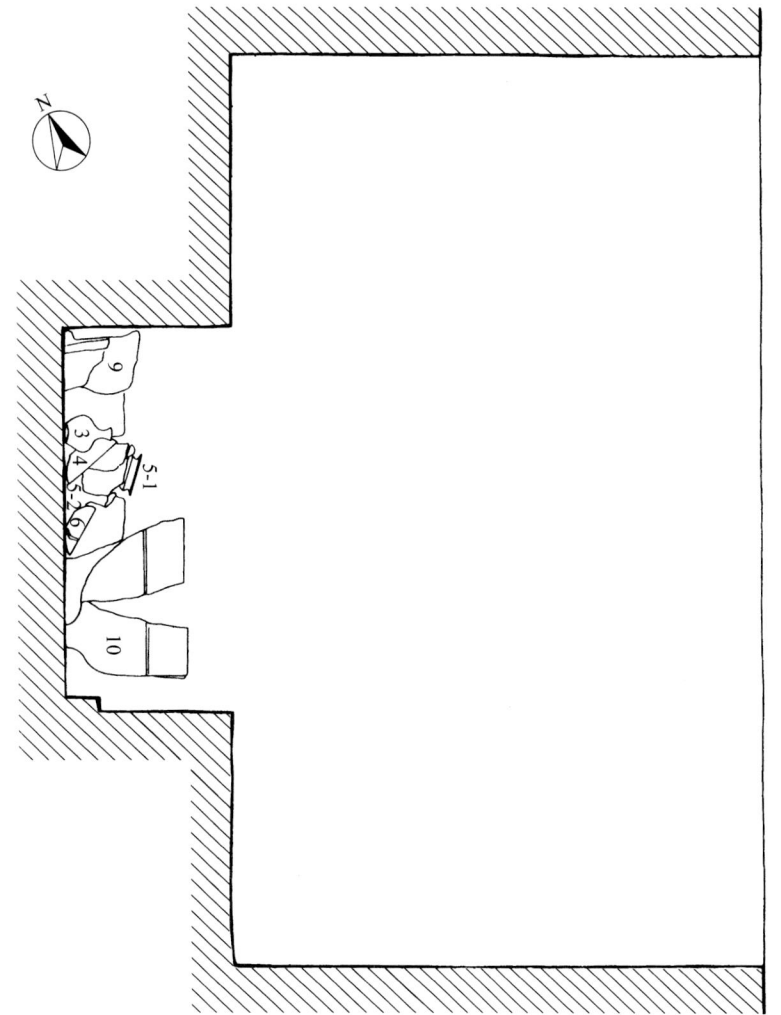

图2-8a　M8平、剖面图

0 ——————— 50cm

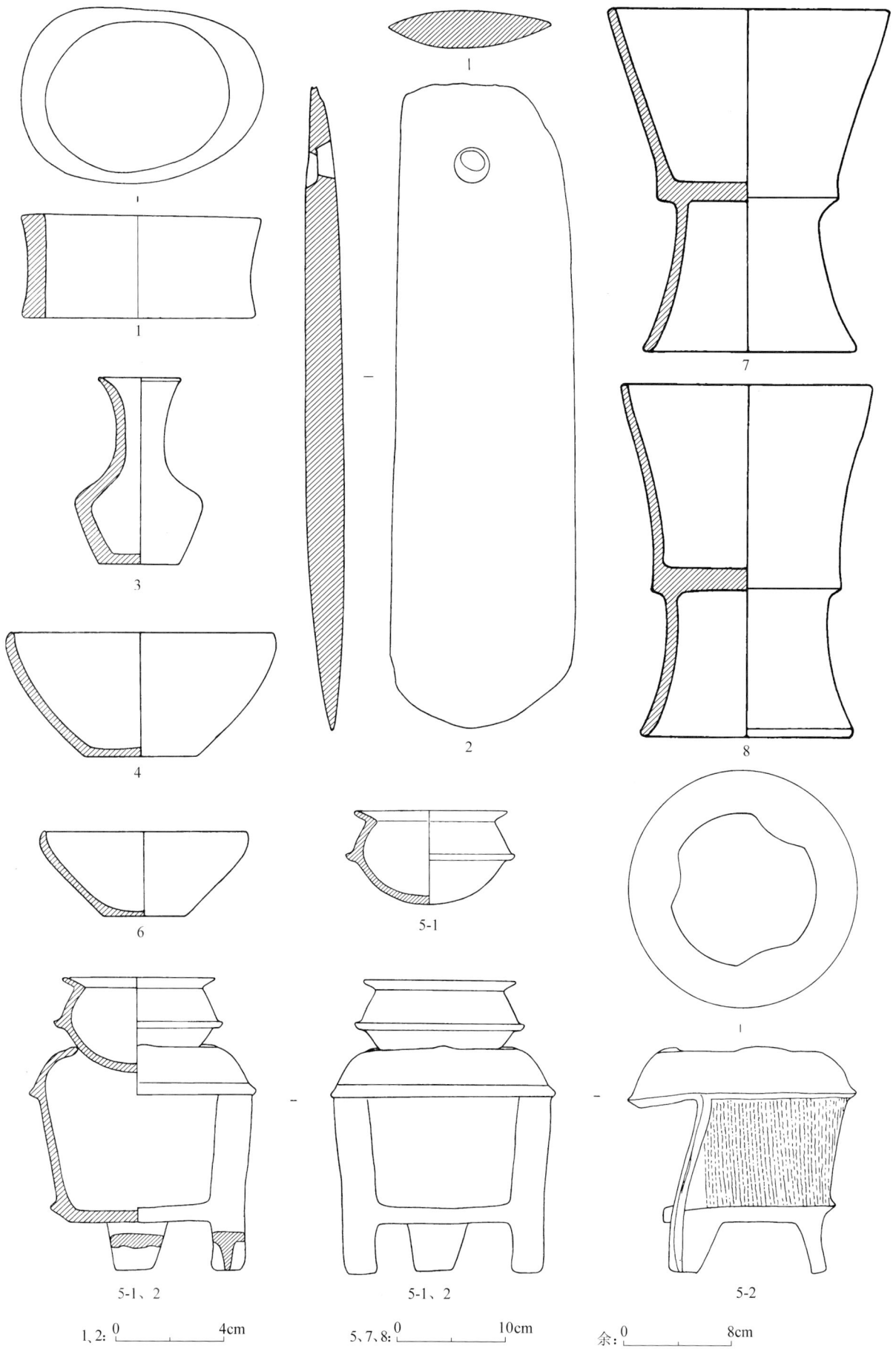

1

2

3

4

6

5-1

7

8

1

5-2

5-1、2

5-1、2

5-2

1、2: 0 ___ 4cm

5、7、8: 0 ___ 10cm

余: 0 ___ 8cm

图 2－8b　M8 出土器物图

图2-8c M8出土陶大口缸

0 ⎯⎯ 12 cm

9

10

未磨制；其余部分精心磨制，很光滑，但仍然可见细磨痕和琢制痕。近顶处有一孔，双面管钻而成。由正面钻约0.5厘米，再由背面钻约0.4厘米，将中间部分击穿，两孔未对准，约有0.3厘米的偏差。孔周围和顶部无系柄痕迹。（图2-8b；图版一五）

M8∶3，陶壶。泥质。大部分为棕灰色，底部半边和与之相连的器身下半部局部呈砖红色。敞口，尖圆唇，细颈中部略收束，溜肩向下圆折成斜直腹，平底。口径6、底径6、高13.2厘米。素面。颈以泥条盘筑单独制成，颈内壁可见清晰的泥条痕迹，泥条宽约0.8厘米，颈身交接处可见清晰的连接痕迹。口沿内外均可见细密轮修纹，器身可见短粗刮抹痕迹，肩腹连接的圆弧部位尤其多。（图2-8b；图版一六，1）

M8∶4，陶钵。泥质夹细砂，其中有极细小的金色细砂。砖红色，局部有黑色斑点。敛口，圆唇，斜壁略弧，平底。口径19.5、底径8.3、高8.9厘米。素面。器表可见刮抹整形痕迹。（图2-8b；图版一六，3）

M8∶5-1，陶釜。泥质夹细砂，其中有极细小的金色细砂。棕红色。敛口，有较薄而宽的微向上斜的折沿，尖圆唇，器身上壁外撇、下部内弧，圜底，上、下部分交接的最大腹径位置在中部偏上，形成尖圆的凸棱，可见上半部包裹下半部的痕迹。口径14、最大腹径15.6、高8.8厘米。素面。沿上面、器内壁和器身上部有轮修形成的细平行弧线痕，下部有刮抹痕。（图2-8b；图版一七）

M8∶5-2，陶灶。泥质夹细砂，其中杂极细小的金色细砂。砖红色。灶口部分如无底之覆盆，口内敛，近圆形，口上缘有三个凸出的支垫，口壁外弧，与灶膛相接处转折内收，形成一尖圆凸棱。灶膛为直壁桶形，前面开膛口。灶底平面为U形，近膛口处略收缩，较平整，与灶身相接处也形成一凸棱。有三个灶足。二前足在灶膛口两侧，由灶口底部贯通而下，足底剖面近T字形，侧面连接灶膛和灶底，正面较平直；后足安装在U形灶底的后端，呈宽扁的倒梯形，微外撇。口径13.6、底宽13.2、高20厘米。灶膛内壁可见泥条盘筑痕迹，口沿有细密轮修痕迹，通体内外壁可见刮抹痕，灶膛外部竖向刮痕密集而规则。（图2-8b；图版一七）

M8∶6，陶钵。泥质，泥中有极细小的金色细砂。砖红色。口微敛，尖圆唇，口外侧略弧凸，斜直壁，平底为不规则圆形。口径15.2、底径6.4、高5.9厘米。素面。口内外侧有细密的轮修痕迹，内外壁均可见刮抹痕迹。（图2-8b；图版一六，2）

M8∶7，簋形器。泥质，有少量细砂。浅棕色，圈足部位有黑色斑纹。器身为盆形，敞口，方唇，斜直壁，平底，底外侧略凸出呈棱状；高圈足，上部较直，下部撇出。口径26.3、足底径19、通高30.4厘米。素面。内外壁可见细密轮修纹，并有少量刮抹痕迹。（图2-8b；图版一八，1）

M8∶8，簋形器。泥质，有少量细砂。浅棕色，圈足部位有黑色斑纹。器身为盆形，敞口，方唇，斜直壁，平底，底外侧略凸出呈棱状；高圈足，上部较直，下部撇出。口径24.4、足底径20、通高31厘米。素面。内外壁可见细密轮修纹，并有少量刮抹痕迹。（图2-8b；图版一八，2）

M8∶9，大口缸。夹砂，砂主要为大小不一的白色石英颗粒。上半部分外表细腻，为棕红色；下半部表面粗糙，暴露出大量粗细不一的石英砂粒，呈棕红色。敞口，方唇，唇面上有 3 道凹弦纹，斜直壁，圜底。口径 40.4、高 35.4、胎厚 0.8~2.5 厘米。上半部分有凹弦纹、篮纹和彩带纹，施加纹饰的位置和顺序大致为：

　　1）在修整口沿外壁的过程中形成 3 道凹弦纹。2）在整个上半部分向不同方向刮抹整形形成交错的篮纹。3）在上部的偏下部分绘制宽约 7.5 厘米的红色彩带。彩带未形成完整的圆周，有约 18 厘米的空缺。彩带上有 11 处空白，近圆形或方形，或暴露出器身外壁的颜色，或呈黑色，有两个空白点间有似竖线的黑色。推测空白点的形成有两种可能，一是绘制彩带时有意留出，二是先在空白部位贴附某种有机附着物，然后才绘制彩带，附着物腐化后，暴露出空白点。

下半部分表面粗糙，无纹饰。（图 2-8c；图版一九）

M8：10，陶大口缸。夹砂，砂主要为大小不一的白色石英颗粒。上半部分外表细腻，为棕褐色，有黑斑点；下半部表面粗糙，暴露出大量粗细不一的石英砂粒，呈褐色。敞口，方唇，唇面上有 2 道凹弦纹，斜直壁，圜底。口径 41.2、高 33.2、胎厚 1~3.2 厘米。中部偏下有一道凸出的附加堆纹，被压印或戳点成花边状。此附加堆纹以上部分较细腻，并有纹饰，施加纹饰的顺序大致为：

　　1）在口沿和附加堆纹之间的部分向不同的方向刮抹形成交错的篮纹。2）在上部的中偏下部位绘制一道宽约 5.2 厘米的红色彩带，彩带上有 13 个近圆形空白点，暴露出器身外壁的颜色。彩带以上和以下部分的局部呈黑色，彩带以下和附加堆纹之间的部分黑色尤其明显，彩带上的空白点间也杂有黑色。但均难以确定是否为有意绘制的黑彩。

附加堆纹以下部分未经过修整。

器内部距离口沿约 8 厘米以下部分敷盖有厚泥层以加固器身。（图 2-8c；图版二〇）

M9

位于墓地中部 05T19 的东南部。墓口距地表深 70 厘米，墓圹长 185、宽 118、深 17 厘米。在距现存墓口深 2 厘米处留出南北两侧的生土二层台，在中部下挖出墓室。北侧二层台宽 33 厘米，南侧二层台宽 34 厘米；墓室长 185、宽 42、深 13 厘米。墓圹内和墓室内填土呈棕红色，较松软，内杂少量青灰色草拌泥块。

墓主仰身直肢，头距西壁 22、右胫骨远端距东壁 20 厘米。头向 283 度，面向右侧，但根据下颌骨位置判断，原始位置当面向上。左右锁骨均错位。右臂伸直，紧靠体侧，左小臂置腹部，左桡骨位移。右手掌骨和部分指骨保存较好，可明确看出右手平伸抚地；左手掌骨和指骨散落盆骨、双腿间。右腿伸直；左股骨右倾，左小腿置右小腿上，左腓骨平行位移。双膝靠近，相距约 7 厘米。双足足骨保存差，散乱不全。（图 2-9a；图版二一，1）

墓主为青少年个体，性别特征正在发育，尚未完全成熟，但盆骨保存相对较好，根据耻骨形状和耻骨下支的角度判断为男性。虽然肢骨已经开始成人化发育，但头骨缝和肢骨缝尚未愈合，椎骨缝亦未愈合，故年龄应该属于青少年。M2 已经萌出，其余牙齿未磨耗，判断年

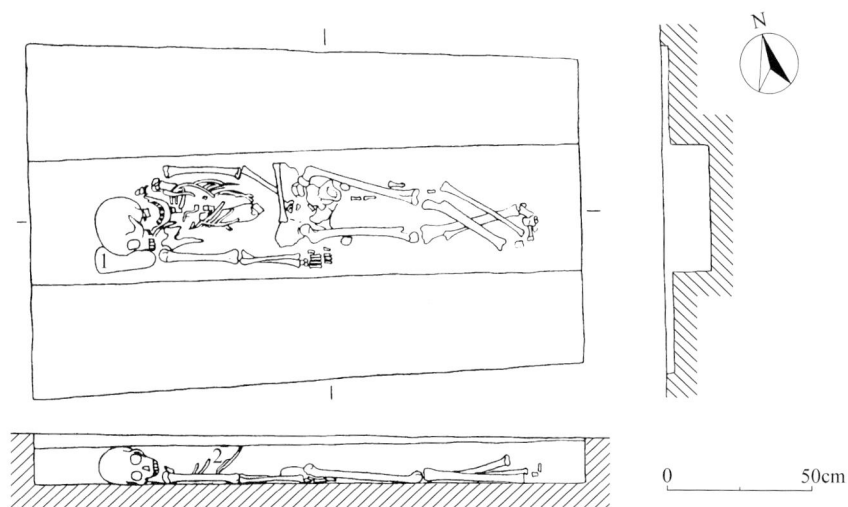

图 2 - 9a　M9 平、剖面图

龄为 14～16 岁。现场测量其身高为 145 厘米。

头骨顶面观呈卵圆形；颅指数属长颅，颅高偏高，颅宽属于中颅；面高属低面，面宽属于中面；中鼻，低眶。

牙齿釉质发育较差，未覆盖全部牙冠，釉质无光泽，属于釉质发育不全症状，是牙齿发育阶段营养不良造成的。

肢骨保存较差，但骨密度 1 级。粗壮度 3 级，显示年龄较小，尚未完全发育成熟。

共出土随葬品 2 件。玉钺 1 件（M9：2），平放于胸部上面的墓室填土中，下距胸部约 6 厘米（图版二一，2），器身长轴方向与墓向基本一致，刃部向东。石钺 1 件（M9：1），平放在墓主头右侧，局部被压在墓主面下，器身长轴方向与墓向一致，刃部向西。（图 2 - 9a；图版二一）

随葬品具体情况如下：

M9：1，石钺。蚀变片麻岩。深灰色，有浅灰色纹理和灰绿色斑点。器身近长梯形，扁平。顶略凸，下为双面平弧刃，最大弧度略偏左。长 18.6、宽 7.8、厚 1.3 厘米。顶部略经磨制，仍保留有原料的疤痕；其余部分经精细磨制，很平整，但肉眼可见与器身长边基本平行的竖向细长磨制细痕，并隐约可见未完全磨平的琢制斑痕。两侧边缘大部分被磨制成窄的平面，中部各有一小破损。刃部有小破损。上部无系绳痕迹。（图 2 - 9b；图版二二，1）

M9：2，玉钺。蛇纹岩。深墨绿色，有乳白色纹理和暗绿色斑点。器身近长梯形，中部略隆起，顶不规则、略凸，下为双面尖弧刃，最大弧度略偏左。长 16.5、宽 4.8、厚 1 厘米。顶部略经磨制，仍保留有原料的疤痕；其余部分经精细磨制，非常光滑，但肉眼可见与器身长边呈 45 度至 30 度角的斜向短磨制细痕，并隐约可见未完全磨平的琢制斑痕。上部有崩疤，可能因琢制时用力过大形成。两侧边缘被磨制成刃状，基本完好无损，中部有一小破损。刃部完好，无使用破损或磨光痕。上部无系绳痕迹。（图 2 - 9b；图版二二，2、3）

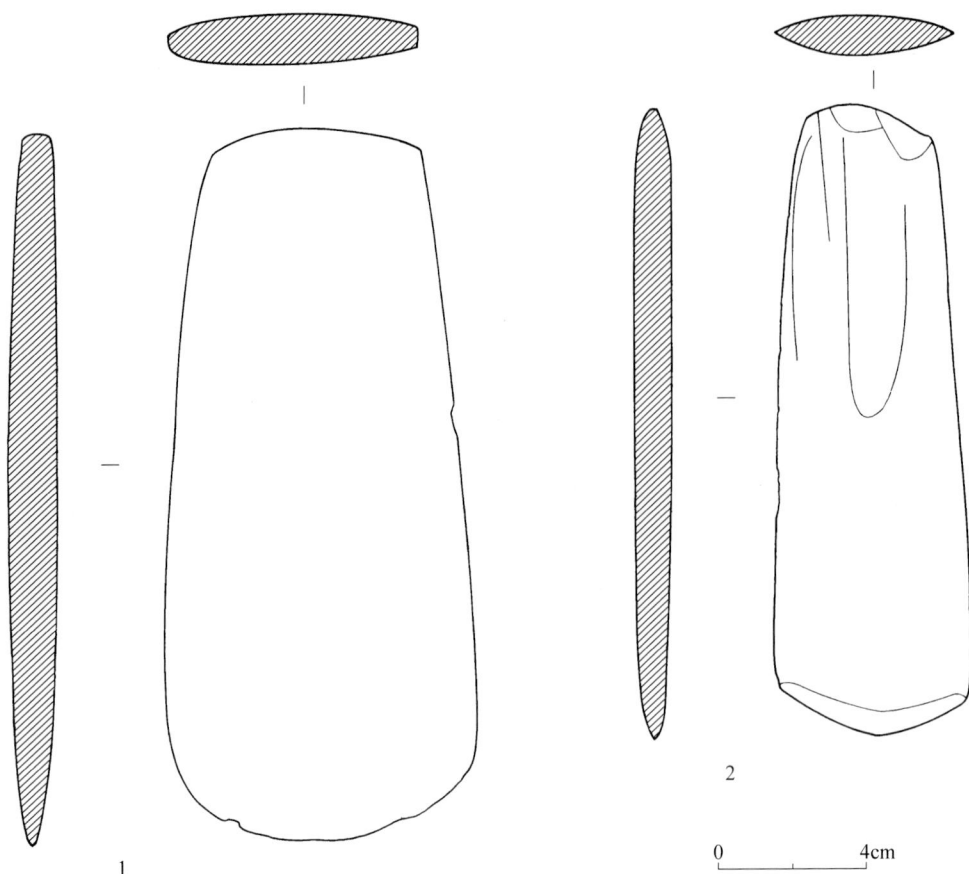

图 2 - 9b　M9 出土器物图

M10

　　位于墓地中部 05T19 的中部，与 M11 基本平行并列并将其打破。墓口距地表深 70 厘米，墓圹长 260、宽 187、深 54 厘米。在距现存墓口深 28 厘米处留出南北两侧的生土二层台，在中部下挖出墓室。北侧二层台宽 75 厘米，南侧二层台宽 72 厘米；墓室长 260、宽 44、深 25 厘米（东端略凹，深 30 厘米）。墓圹内填土为棕红色土和黄色生土混杂的花斑土，其中发现人牙 1 枚，陶片 2 块。墓室上以青灰色草拌泥封盖，泥层厚约 5～10 厘米；南北两侧二层台上散落有零星的泥斑。墓室内填土呈棕红色，较松软，内杂少量青灰色草拌泥块。

　　墓主仰身直肢，头距西壁 38、右胫骨远端距东壁 60 厘米。头向 285 度，面向上，略侧右。双臂伸直，紧贴体侧，双小臂下部紧靠盆骨。双手掌骨和指骨保存完好，可明确看出右手平伸抚地，左手平伸略侧立。双腿伸直，双膝相距约 7 厘米，左、右膝髌骨均在原位。左小腿略向右转，腓骨露出，与胫骨并列；右腿腓骨在胫骨下。双足跟部靠近，足心相对，足背大幅度弓起，足尖向东。（图 2 - 10；图版二三，1、2）

　　墓主头骨粗壮，颅壁较厚，眉弓发育显著，眶上缘钝厚，前额倾斜，乳突较大，下颌角较小且角区外翻，坐骨大切迹深而窄，判断为男性。头骨颅内缝基本愈合，矢状缝人字点和顶孔段已愈合，其余未愈合，牙齿磨耗多为 4～5 级，判断年龄为 40～45 岁。根据股骨长推算

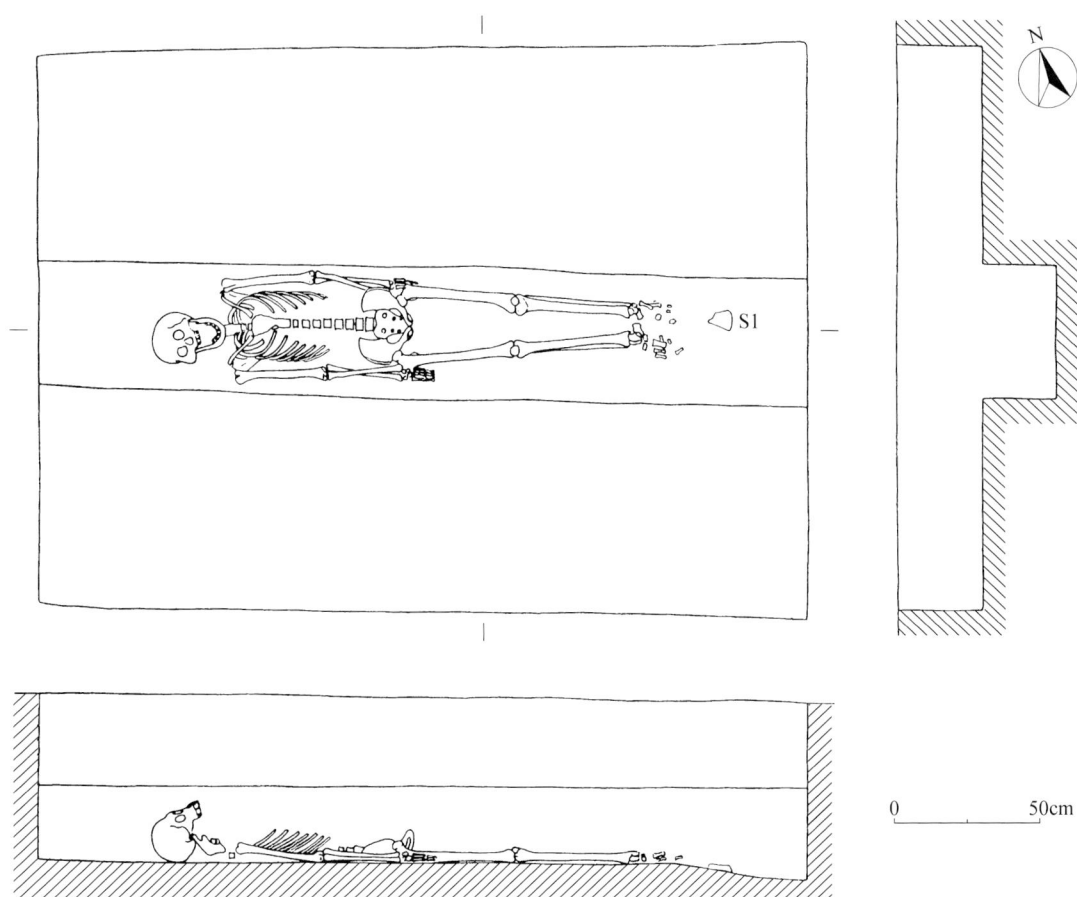

图 2 - 10　M10 平、剖面图

身高为 168.6 厘米，现场测量身高 170 厘米。

颅骨顶面观呈卵圆形；颅指数属于长颅，颅高偏高，颅阔偏狭；面高属于中面，面宽属于中阔面；中鼻，中眶。

额骨中部和左侧顶骨上有散在的弥散性蜂窝状小孔，可能是轻度贫血形成的颅壁疏松。

牙齿保存较好，臼齿磨耗偏重，上颌重于下颌，上颌达到 5 级，上颌右侧 M2 齿质完全磨耗，齿髓腔暴露；臼齿齿根暴露程度显示此人生前患有严重牙周炎；同时下颌右侧 M1 和 M2 患齿根脓疡，齿根部位形成圆形瘘道，臼齿齿根变形严重，呈蒜头状，齿骨齿孔被融蚀成圆坑。

残存的第 2、3 腰椎和第 10、11、12 胸椎椎体腹侧缘有程度不同的增生，腰椎为中度增生，表现为周缘唇状增生，胸椎为轻度，多表现为小舌状增生。

肢骨粗壮度 1 级，骨密度 1 级。肢骨测量和观察特征显示，左上肢较右上肢强壮，此人可能是左手优势，即"左撇子"。下肢异常强壮，右股骨明显较左股骨粗壮。

左右髌骨上皆有轻度增生。

左足下有一石块（M10: S1），凝灰质砂岩，出土时已经粉化。

未见随葬品。

M11

位于墓地东北部05T20北部，与M10基本平行并列，南边被M10打破3～5厘米宽。墓口距地表深55厘米，墓圹长210、宽187、深60厘米。在距现存墓口深34厘米处留出南、北两侧生土二层台，在中部下挖出墓室和脚坑。北侧二层台宽50～70厘米，南侧二层台宽72～80厘米；墓室长145、宽40、深26厘米。脚坑近正方形，边长约65厘米，底部低于墓室底9厘米。墓圹填土为棕红色土和黄色生土混杂的花斑土。墓室上以青灰色草拌泥封盖，泥层厚约3～5厘米；南、北两侧二层台上散落有零星的泥斑。墓室和脚坑内填土呈棕红色，较松软，内杂少量青灰色草拌泥块（图版二四，1）。

此墓为一个婴儿和一个成年人的二次合葬墓。骨骼保存极差。可以辨认出的婴儿骨骼包括头骨、右锁骨、单侧肩胛骨残块、左右肱骨、右桡骨、少量肋骨片、少量椎骨、左股骨、右胫骨残段等，年龄为3岁左右；成年人骨骼包括肋骨、肩胛骨、两锁骨、颈椎等，年龄属于成年人，性别倾向于女性。墓室长轴方向为280度。婴儿头骨摆放在墓室西侧，头顶距离西壁32厘米。原来似被顶朝上放置，出土时已向略左倾倒。头骨左侧为婴儿的左肱骨和部分

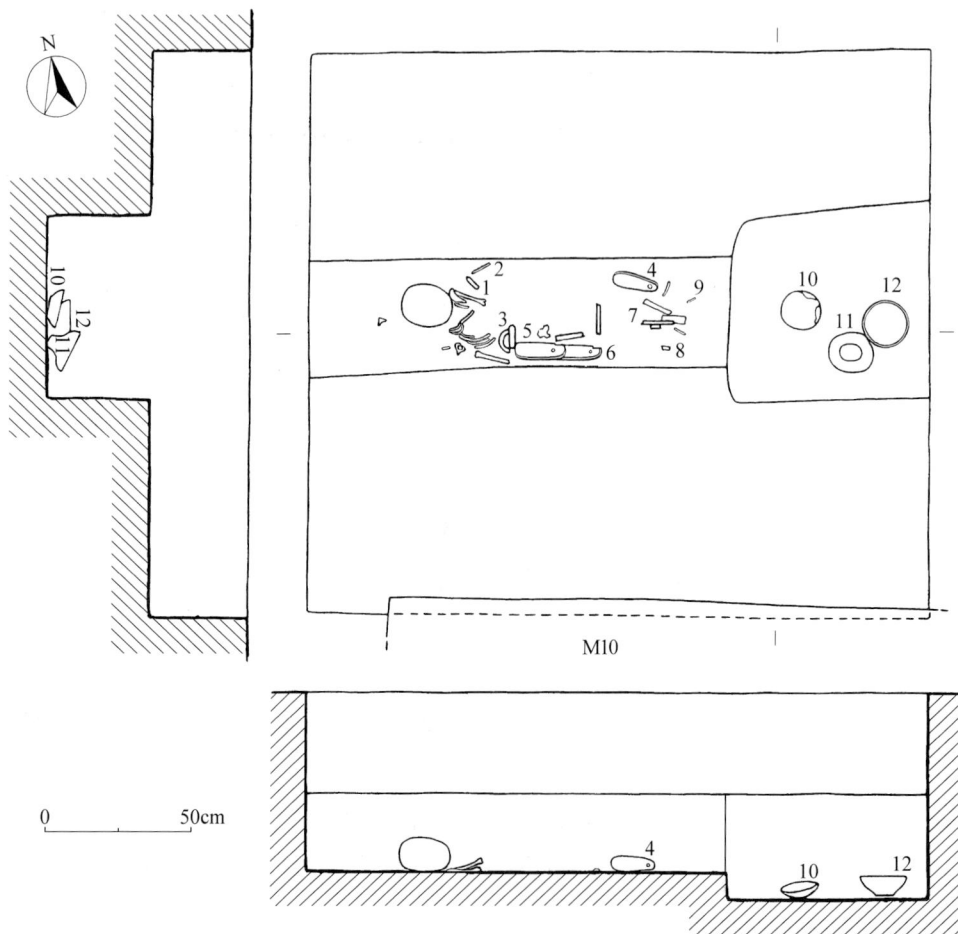

图2－11a　M11平、剖面图

肋骨，头骨右侧有少量成人肋骨和成人椎骨，头骨东侧有 1 件成人锁骨。墓室中部有断为两截的婴儿右肱骨。墓室东部散乱摆放着婴儿下肢骨等。（图 2－11a；图版二四，2）

共发现随葬品 11 件。残骨器 4 件。M11：1 和 M11：2 为 1 件器物，断为两截，放置在婴儿左肱骨外侧；M11：7、8、9 与婴儿下肢骨混放在墓室东部。象牙镯 1 件（M11：3），出土于相当于婴儿右臂的位置，断为两截，半截平放，半截立起。玉钺 3 件。两件紧靠墓室南壁，平放在相当于婴儿右腿边的位置，M11：5 在西，M11：6 在东，器身大致形成与墓室南壁平行的直线，刃部均向西，M11：6 刃部被压在 M11：5 顶端之下，两件器物的顶端均有残缺，残缺部位均向北；1 件玉钺（M11：4）侧立在墓室东部靠近北壁的位置，一侧边接触墓室底部，器身平面与墓室底部夹角约 30 度，刃部向西（图版二五，1）。陶器 3 件，均在脚坑中（图版二五，2）。钵 2 件，M11：10 平放在脚坑中部偏西，口向上；M11：12 在其东略偏南，口向上。曲腹钵 1 件（M11：11），紧靠 M11：12 西南侧，略向南倾斜。（图 2－11a；图版二五）

随葬品具体情况如下：

M11：1（原编为两个标本号 M11：1、M11：2，整理时发现为同一骨器上的不同部分），残骨器。大型动物肋骨制作。扁平，一端宽平，端头磨制平整，另一端略窄。估计残长 21、末端宽 2.8、头端宽 1.6、厚 0.4 厘米。因土壤侵蚀表面粗糙。（图 2－11b；图版二六，1、2）

M11：3，象牙镯。牙白色，圆环形。外径 8.6、内径 6.2、高 2.8～3.2、厚 2.4 厘米。表面剥落开裂，不见加工痕迹。（图 2－11b；图版二六，6）

M11：4，玉钺。蛇纹岩。深墨绿色，局部颜色较浅。器身近长梯形，中部隆起，近刃部分略向上翘起，右侧直边明显长于左边，弧顶，下为双面弧刃，最大弧度居中。长 17.2、宽 6、厚 1.5 厘米。近顶部有一孔，由正面单面管钻而成，将透时由背面将残存的薄面敲破。正面孔口为规则的圆形，直径 1.3 厘米；背面孔口为较规则圆形，直径 0.8 厘米。正面孔口左上部有一管钻跑偏留下的疤痕。孔壁经过磨光，但仍保留纤细的管钻痕迹。顶部只略经磨制，仍保留有原料的崩疤，左角有小破损；其余部分经精细磨制，非常光滑，但肉眼仔细观察，可见与器身长边平行或呈一定角度的竖向或竖斜向磨制细痕，并隐约可见未完全磨平的琢制斑痕，正面穿孔上部与顶端间的磨痕明显。两侧边缘大部分被磨制成很窄的平面，基本完好无损。左下部有一个因线切割时用力不当，切入坯料过深形成的凹痕，内有与之平行的细磨痕。刃部无明确的使用破损或磨光痕迹。穿孔及其周围部分无明确的系绳痕迹。（图 2－11b；图版二七）

M11：5，玉钺。蛇纹岩。深绿色，局部颜色较浅。器身近长梯形，中部略隆起，弧顶，右侧上端残破，下为双面刃，右侧刃边直，左侧刃边略弧，最大弧度居中。长 16.4、宽 6.6、厚 1.6 厘米。近顶部有一孔，由正面单面管钻而成，将透时由背面将残存的薄面敲破。正面孔口为规则的圆形，直径 1.2 厘米；背面孔口为较规则圆形，直径 0.8 厘米。孔壁经过磨光，但仍保留纤细的管钻痕迹。顶部只略经磨制，仍保留有原料的疤痕；其余部分经精细磨制，非常光滑，但肉眼仔细观察，可见与器身长边平行或呈一定角度的竖向或竖斜向磨制细痕，并隐约可见未完全磨平的琢制斑痕。两侧边缘大部分被磨制成很窄的平面，基本完好无损。正面右中部近边缘和左下部近边缘有两处因线切割时用力不当，切入坯料过深形成的凹痕。刃部无明确的使用破损或磨光痕迹。穿孔及其周围部分无明确的系绳痕迹。（图 2－11b；图版二八）

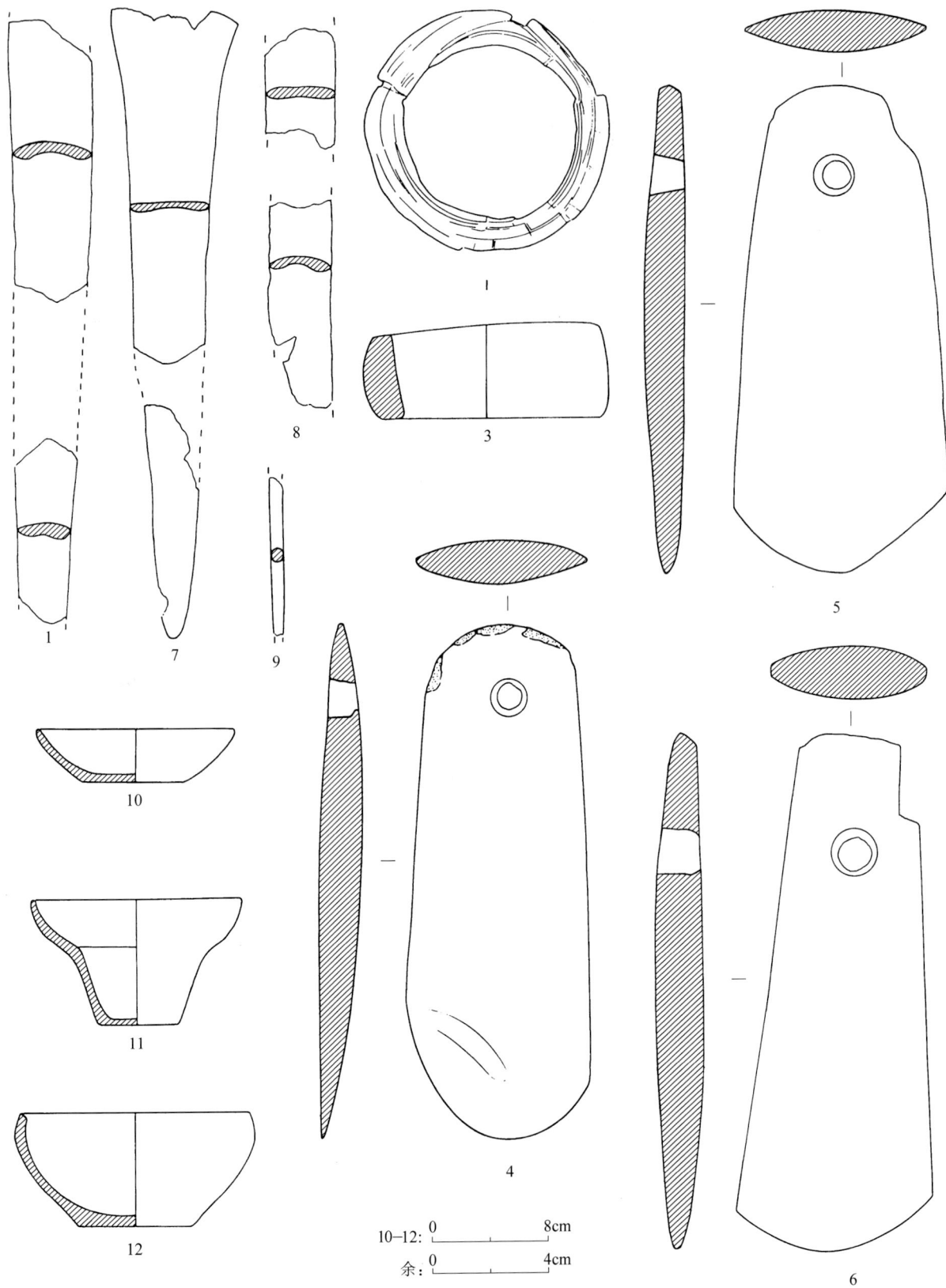

10-12:　0 _____ 8cm

余：　0 _____ 4cm

图 2-11b　M11 出土器物图

M11：6，玉钺。方解石。乳白色。略粉化 。器身近长梯形，中部略隆起，左侧直边明显长于右边，右边上部破损，平顶，下为双面弧刃，最大弧度偏左。长17.2、宽5.3、厚1.5厘米。刃平钝。近顶部有一孔，由正面单面管钻而成，将透时由背面将残存的薄面敲破。正面孔口为规则的圆形，直径1.5厘米；背面孔口为较规则圆形，直径1.1厘米。孔壁经过磨光。顶部经磨制，呈单面刃状，左角有小破损；其余部分经精细磨制，未粉化部分光滑，粉化部分较粗糙。两侧边缘大部分被磨制成圆钝刃状，基本完好，右侧近顶部分残断。刃部无明确的使用破损或磨光痕迹。穿孔及其周围部分无明确的系绳痕迹。（图2－11b；图版二九）

M11：7，残骨器。大型动物肋骨制作。扁平，薄，宽端未加工，保持肋骨原状，略残，窄端磨细，成一钝圆尖。残长21、末端宽4.4、中部宽2.7、厚0.3厘米。因土壤侵蚀表面粗糙。（图2－11b；图版二六，3）

M11：8，残骨器。大型动物肋骨制作。扁平，薄，保持肋骨原状，残。残长13.2、宽2.4、厚0.4厘米。因土壤侵蚀表面粗糙。（图2－11b；图版二六，4）

M11：9，残骨器。近细圆柱状，可能是骨簪近尖部残段。残长5.3、直径0.5厘米。因土壤侵蚀表面粗糙。（图2－11b；图版二六，5）

M11：10，陶钵。夹砂，砂为较细的白色石英颗粒。砖红色。敞口，尖圆唇，斜弧壁，平底。口径13.4、底径7、高3.5厘米。素面。内外壁有刮抹痕。底较粗糙，略斜。（图2－11b；图版三〇，1）

M11：11，陶曲腹钵。泥质。不均匀的棕褐色。近直口，尖圆唇，外壁上部为弧形，下部内收成斜直壁，平底。口径14.3、底径4.5、高8.4厘米。素面磨光。内壁口下部弧面上和口外侧可见清晰的轮修形成的平行弧线痕；外壁可见刮抹痕，尤以弧形的上部与斜直的下部交界处为多。底较平整。（图2－11b；图版三〇，3、4）

M11：12，陶钵。泥质。砖红色，局部呈青灰色。口微敛，尖圆唇，内侧有刮抹器口时形成的小斜面，斜弧壁，在口下部略凸出，平底。口径15.6、底径7.7、高7.5厘米。素面。内壁有泥条盘筑形成的凸棱和刮抹整形形成的长平行弧线痕；外壁有刮抹痕和手指整形留下的按窝。底平整，外沿不规则。（图2－11b；图版三〇，2）

M12

位于墓地北部05T20的东南角，部分进入05T18和05T19。墓口距地表深70厘米，墓圹长288、宽206、深60厘米。在距现存墓口深28厘米处留出南、北两侧的生土二层台，在中部下挖出墓室（图版三一，1）。北侧二层台宽62～73厘米，南侧二层台宽72～90厘米；墓室长288、宽60、深30厘米。墓圹填土为棕红色土和黄色生土混杂的花斑土。墓室上以青灰色草拌泥封盖，泥层厚约3～5厘米；南、北两侧二层台上散落有零星的泥斑。墓室内填土呈棕红色，较松软，内杂少量青灰色草拌泥块。

墓主仰身直肢，头顶距西壁56、右足跟距东壁73厘米。头向280度，面向上。双肩上耸，左右锁骨均竖立，与肱骨大致平行。双臂伸直，贴近肋部，肘与肋骨距离约3厘米。右手保存不佳，但仍然可看出手掌向下抚地，放置在右腿根部，右腕在盆骨下；左手手掌侧立，

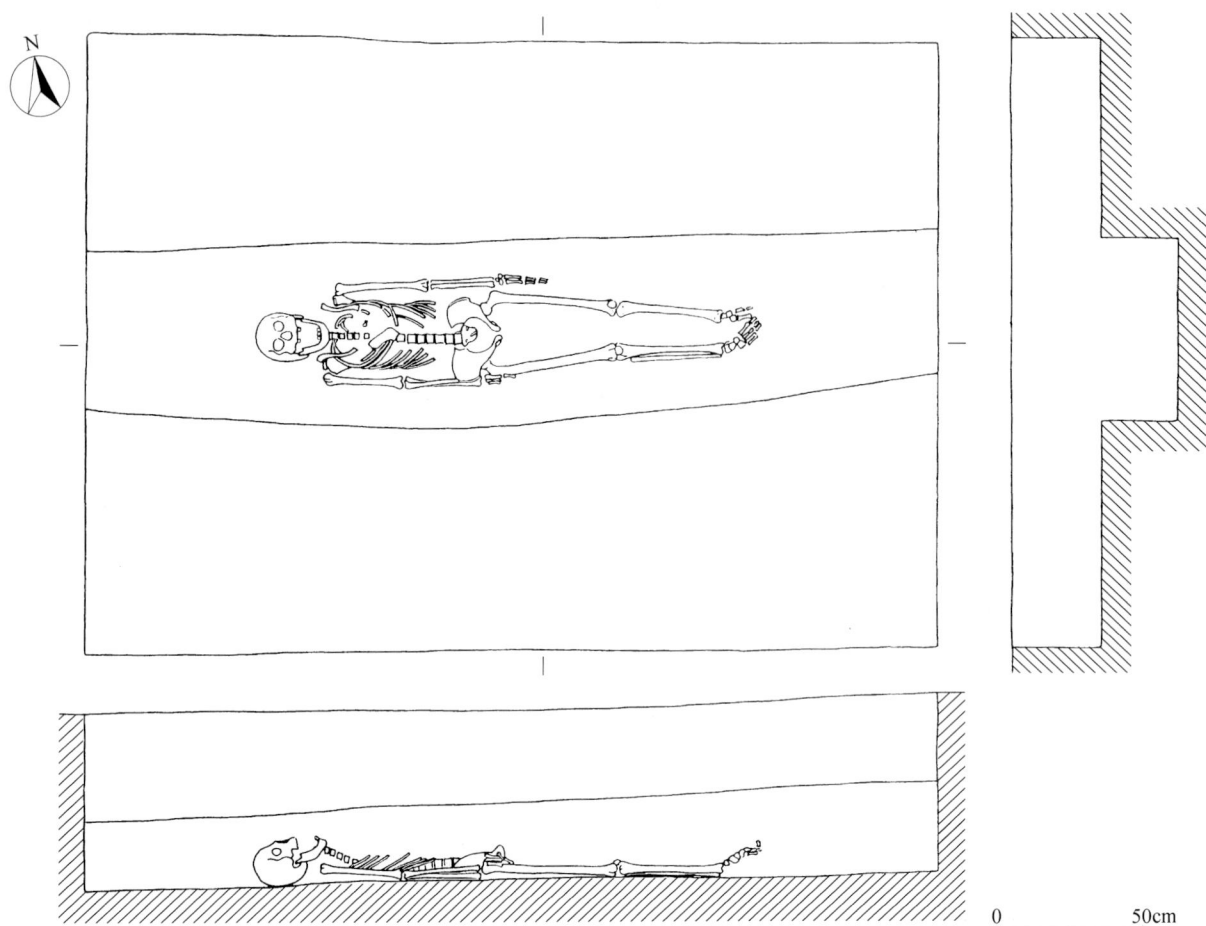

图 2 – 12　M12 平、剖面图

放置在左腿根部。双腿伸直靠拢，双膝间距离约 8 厘米。右腿腓骨在胫骨外侧。双足骨保存较好，均足尖向上，侧面紧贴在一起。（图 2 – 12；图版三〇，5；图版三一，2）

墓主头骨硕大，颅壁较厚，前额倾斜，眉弓、眉间发育中等，乳突较大，下颌角小且角区外翻，坐骨大切迹深而窄，判断为男性。耻骨联合面年龄特征清晰，颅缝皆未愈合，牙齿磨耗 3 级，判断年龄 40 岁左右。现场测量身高为 162 厘米。

颅骨顶面观呈卵圆形；颅指数为中颅，颅高属高颅，颅宽为中颅；面高为中低面，面宽为中阔面；中鼻，中眶。颅骨最宽处位于顶结节，面部较阔，鼻根较突。

牙齿缺失严重，多生前脱落，齿骨萎缩，齿孔闭合。上颌牙床萎缩几乎与上腭相平，上颌左、右犬齿皆患有严重的齿根脓疡，齿根部形成圆形或椭圆形融蚀性瘘道，致牙齿脱落，齿骨萎缩。牙齿磨耗极重，显示生前食物粗糙，或食物含沙量较大。

第 1～5 腰椎明显重度增生，有唇状骨赘，其中第 2、3、4 腰椎互相形成局部连桥，第 2、3 腰椎右侧上下骨赘已连接在一起，第 3、4 腰椎右侧上下骨赘形成连桥。

两侧髋骨上有中度增生，右侧略重于左侧。

肢骨保存一般，骨密度 2～3 级，骨质较为疏松，严重影响了此人的颅缝愈合程度，同时影响了牙齿的牢固程度而导致牙齿过早大面积脱落。左尺骨中下部有骨髓炎导致的肿瘤状突起，内部骨质疏松，导致骨骼变形。这种现象与 M4 类似。

右手指骨近端异常肥大，可能是生前患有类风湿性关节炎导致；同时两侧肱骨头也有类似异常肥大现象，也应为关节炎所致；股骨下端和胫骨上端似乎也有关节炎等疾病的痕迹。

未见随葬品。

M13

位于墓地东北部 05T15、05T16、05T18 和 05T19 交界处。墓口距地表深 45 厘米，墓圹长 269、宽 230、深 58 厘米。在距现存墓口深 30 厘米处留出南、北两侧的生土二层台，在中部下挖出墓室（图版三二，1）。北侧二层台宽 75 厘米，南侧二层台宽 67～78 厘米；墓室长 269、宽 85、深 27 厘米。墓圹填土为棕红色土和黄色生土混杂的花斑土。墓室上以青灰色草拌泥封盖，泥层厚约 3～5 厘米；南、北两侧二层台上散落有零星的泥斑。墓室内填土呈棕红色，较松软，内杂少量青灰色草拌泥块。

墓主仰身直肢，头顶距西壁 43、右胫骨远端距东壁 65 厘米。头向 280 度，面向上。双肩上耸，左右锁骨均与肱骨成 45 度角。双臂伸直，紧靠双肋。右手手掌向下抚地，放置在右腿根；左臂向内扭转，左手掌向斜上方，手背向下，放置在左腿根部。双腿伸直靠拢，双膝间距离约 10 厘米。双腿腓骨均在胫骨外侧。足骨保存较好，双足足尖均朝向斜上方。（图 2-13a；图版三二，2）

墓主颅壁较厚，眉弓、眉间发育显著，前额倾斜，乳突较大，下颌角较小且角区外翻，肢骨较粗壮，判断为男性。颅缝皆未愈合，但牙齿磨耗普遍偏重，达 4～5 级，肢骨密度较小，耻骨联合面明显下凹，且出现稀疏小孔，综合判断年龄为 50 岁左右。根据左肱骨最大长推算身高为 170 厘米，现场测量为 172 厘米。

颅骨顶面观呈楔形；颅指数属于圆型，颅高属于中颅，颅宽偏阔。

牙齿磨耗重，普遍达 4～5 级。牙齿脱落较多，上颌右侧臼齿、下颌除左侧 C、P1、P2 和右侧 P2、M2 之外，皆生前脱落，且多数齿孔闭合，齿骨萎缩，显示生前患有严重的牙周炎。有轻度牙结石现象。上颌右侧 P1 和下颌左侧 M1 齿根脓疡，P1 刚开始形成融蚀性瘘道，牙齿尚未脱落，M1 已经形成融蚀性凹坑，牙齿脱落。上颌右侧 M2 近中齿冠龋洞，M3 近中齿颈和咬合面龋洞。反映出此人口腔卫生状况较差。

第 3、4 腰椎有明显增生，产生唇状骨赘。

肢骨保存相对较好，骨密度 2 级，粗壮度 2 级。同时，右肱骨较左肱骨粗壮，左股骨较右股骨粗壮。肢骨上出现老年性增生现象。

两侧髌骨正面没有明显增生痕迹，但都有轻度的磨损痕迹。

头骨西面约 22 厘米处有自然石块 1 件（M13∶S1，出土时编号为 M13∶1），绿帘石，青色，粉化严重。

随葬陶器 6 件，均放置在墓主脚下（图版三三，1、2）。釜灶 1 套（M13∶3-1、2），直立于墓室西壁中部，灶膛口向西。壶 1 件（M13∶2），直立于釜灶的西北侧。碗 1 件（M13∶4），

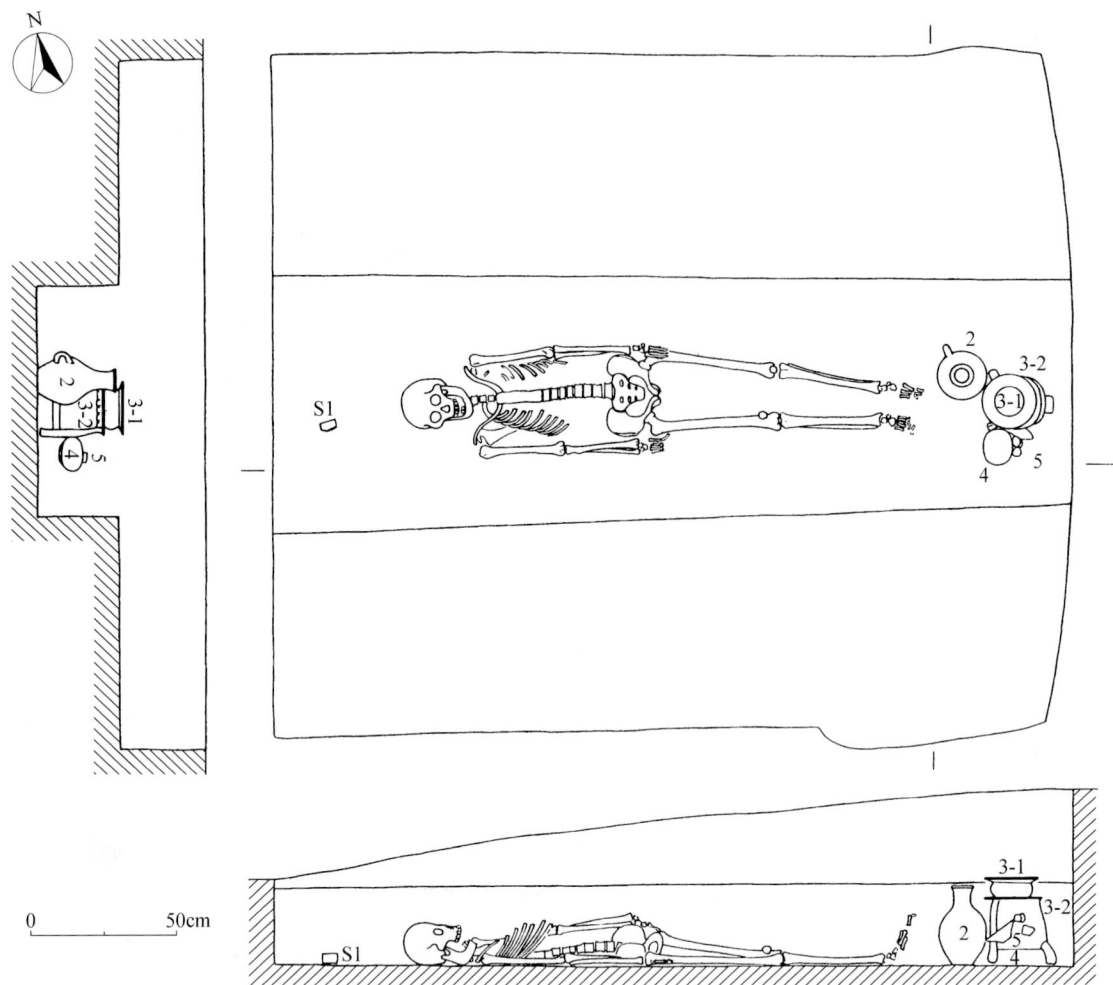

图 2 - 13a M13 平、剖面图

紧靠在釜灶南侧，碗口向西倾斜，碗底距离墓室底部约 7 厘米。带盖小杯形器 2 件（M13:5），倾倒在碗东侧，距离墓室底部约 9 厘米。（图 2 - 13a）

随葬品具体情况如下：

M13:2，陶壶。泥质。砖红色。小敞口，近圆唇，细直颈，身上部向外斜弧，中部凸出成鼓腹，最大腹径居中，下部向内斜弧，平底，最大腹径处有一桥形小竖耳，平底。口径 6.9、最大腹径 17.2、底径 10.1、高 25.4 厘米。素面。颈内侧可见清晰的泥条盘筑痕和刮抹痕。窄沿面、颈部和最大腹径以上部分可见清晰的轮修形成的细平行弧线痕；最大腹径以下部分遍布较粗糙的刮抹整形痕。底面粗糙；耳与器身粘连处未经修整，很粗糙。（图 2 - 13b；图版三三，3）

M13:3 - 1，陶釜。夹砂，砂为粗细不一的白色石英颗粒。主体为棕红色，局部深褐色。敛口，有较宽的向上斜的折沿，尖圆唇，器身上壁外撇、下部内弧，上、下部分交接的最大腹径部位在中部偏上，形成凸棱，平底。口径 17.2、最大腹径 14.3、高 7.5 厘米。素面。沿上面有轮修痕。（图 2 - 13b；图版三四）

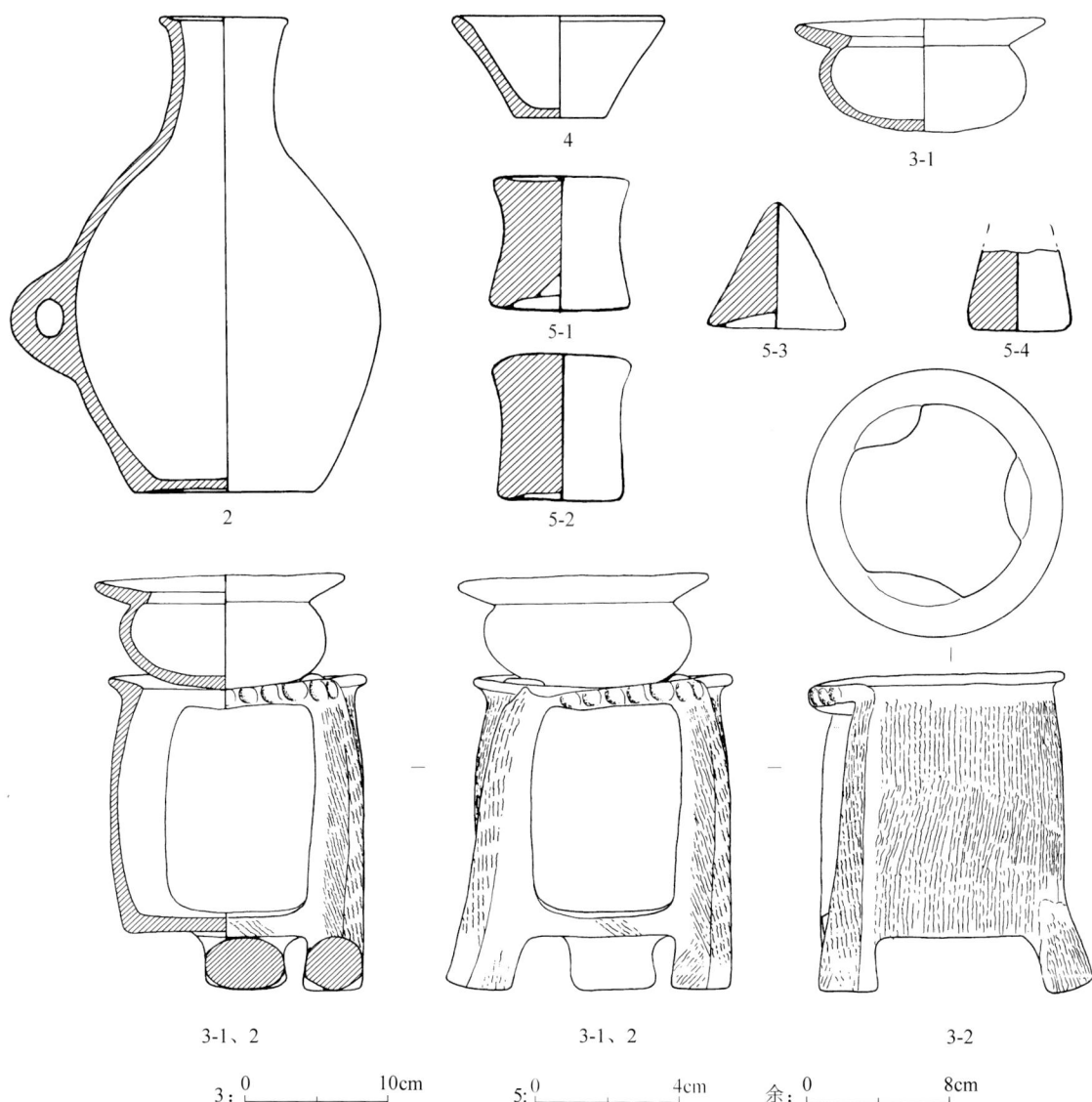

图 2－13b　M13 出土器物图

　　M13：3－2，陶灶。夹砂，砂多为粗细不一的白色石英颗粒。棕红色。灶口为扁平圈，膛口上方部分附加一花边状泥条，起加固作用，口缘均匀布列三个凸出的支垫。灶膛为直壁桶形，前面开膛口。灶底为近圆形平面，较平整。有三灶足。二前足在灶膛口两侧，剖面为椭圆形，由灶口底部贯通而下，侧面连接灶膛和灶底，正面垂直；后足安装在灶底后端，呈厚椭圆柱形，略外撇。口径 17.8、底宽 12.6、高 21.4 厘米。口部上面和灶膛内壁可见清晰刮抹痕，外壁饰竖向滚压细绳纹；前足侧面密布凹点，近底部和底面有绳纹；后足外面和底面有绳纹。（图 2－13b；图版三四）

　　M13：4，陶碗。泥质。砖红色。敞口，口不甚规整，尖圆唇，斜直壁，平底。口径 11.4、底径 4.9、高 5.5 厘米。素面。内壁和外表近口处可见较细致刮抹整形痕。底面粗糙。（图 2－13b；图版三三，4）

　　M13：5，带盖小杯形器。共 2 件器身，2 件器盖。均为夹砂陶。棕色，用泥块随意手捏而

成，形状不规则。（图 2－13b；图版三三，5）

M13：5－1，器身。近亚腰圆柱形，顶面中部略凹，底面残，较平。高 7.2、顶面直径 7.8、底面直径 8 厘米。

M13：5－2，器身。近圆柱形，半边残，顶面中部略凹，底面较平。高 8、顶面直径 7.8、底面直径 6.8 厘米。

M13：5－3，器盖。不规则的圆锥体，内杂一块 2.2×1.5 厘米的石片。高 1.8、底径 8 厘米。

M13：5－4，器盖。半边残，原应为不规则的圆锥体。残高 6.4、底径 5.6 厘米。

M14

位于墓地中部 05T16 的北部。北侧局部被现代扰坑打破。墓口距地表深 40 厘米，墓圹长 288、宽 200、深 70 厘米。在距现存墓口深 38 厘米处留出南、北两侧生土二层台，在中部下挖出墓室和脚坑（图版三五，1）。北侧二层台宽 74 厘米，南侧二层台宽 65 厘米。墓室长 195、宽 67、深 30 厘米。墓室底部在距离东壁 85 厘米处下斜后又转平整，形成脚坑，脚坑最低处与墓室底部的高差为 6 厘米。墓圹填土为棕红色土和黄色生土混杂的花斑土。墓室上以青灰色草拌泥封盖，泥层厚约 3~5 厘米；南、北两侧二层台上散落有零星的泥斑。墓室和脚坑内填土呈棕红色，较松软，内杂少量青灰色草拌泥块。

墓主仰身直肢，头顶距西壁 25、右胫骨远端距墓室与脚坑交界处 30 厘米。头向 270 度，面向上。双肩上耸，左、右锁骨均与肱骨成 45 度角。双肘均略向外弯曲，左、右腕均贴近盆骨，双手指骨均较散乱。右桡骨在尺骨之上，远端在尺骨远端内侧，右手原来应手掌向下抚地，放置在右腿根；左桡骨未在原位，左手原姿势不明。双腿伸直靠拢，双膝间距离约 6 厘米；未见髌骨；双腿腓骨均在胫骨外侧。足骨散乱，姿态不明。（图 2－14a；图版三五，2）

墓主颅壁较厚，前额倾斜，乳突较大，但眶上缘薄锐，坐骨大切迹浅而宽，耻骨支角度较大，耳前沟发育，耳状关节面细小，肢骨纤弱，综合判断为女性。颅骨颅缝已经愈合，牙齿磨耗普遍达 3~5 级，判断为 40 岁左右。根据右肱骨最大长推算身高为 157.2 厘米，现场测量为 158 厘米。

颅骨顶面观呈卵圆形；颅指数为长颅，颅高属高颅，颅宽偏狭；面高属高面，面阔属狭面；中鼻，高眶；平颌。

牙齿保存较差，磨耗普遍偏重，上颌重于下颌。下颌左侧 P2~M3、右侧 P1 和 M1~M3 皆生前脱落，且多齿孔闭合，齿骨萎缩；其中 P1 脱落后形成凹坑形瘘道，齿骨萎缩，瘘道边缘模糊。上颌左侧 M1 远中齿冠和齿颈龋齿，左侧 C 轻度齿根脓疡，开始出现融蚀性瘘道。

第 2、3、4 腰椎腹侧缘周边有轻度增生，其中第 2 腰椎更轻；第 1 腰椎椎体呈塌陷性骨折，上缘椎体中部凹陷、周边凸起如碗状，同时上缘椎体上有从中心到边缘炎症融蚀形成的凹坑，应该是椎间盘炎症导致椎体骨质疏松，椎核产生位移并受到感染形成的痕迹，且直接导致骨质疏松、椎体塌陷。

骨密度 2 级，粗壮度 2 级。左、右上肢粗壮程度相似，左股骨较右股骨粗壮。

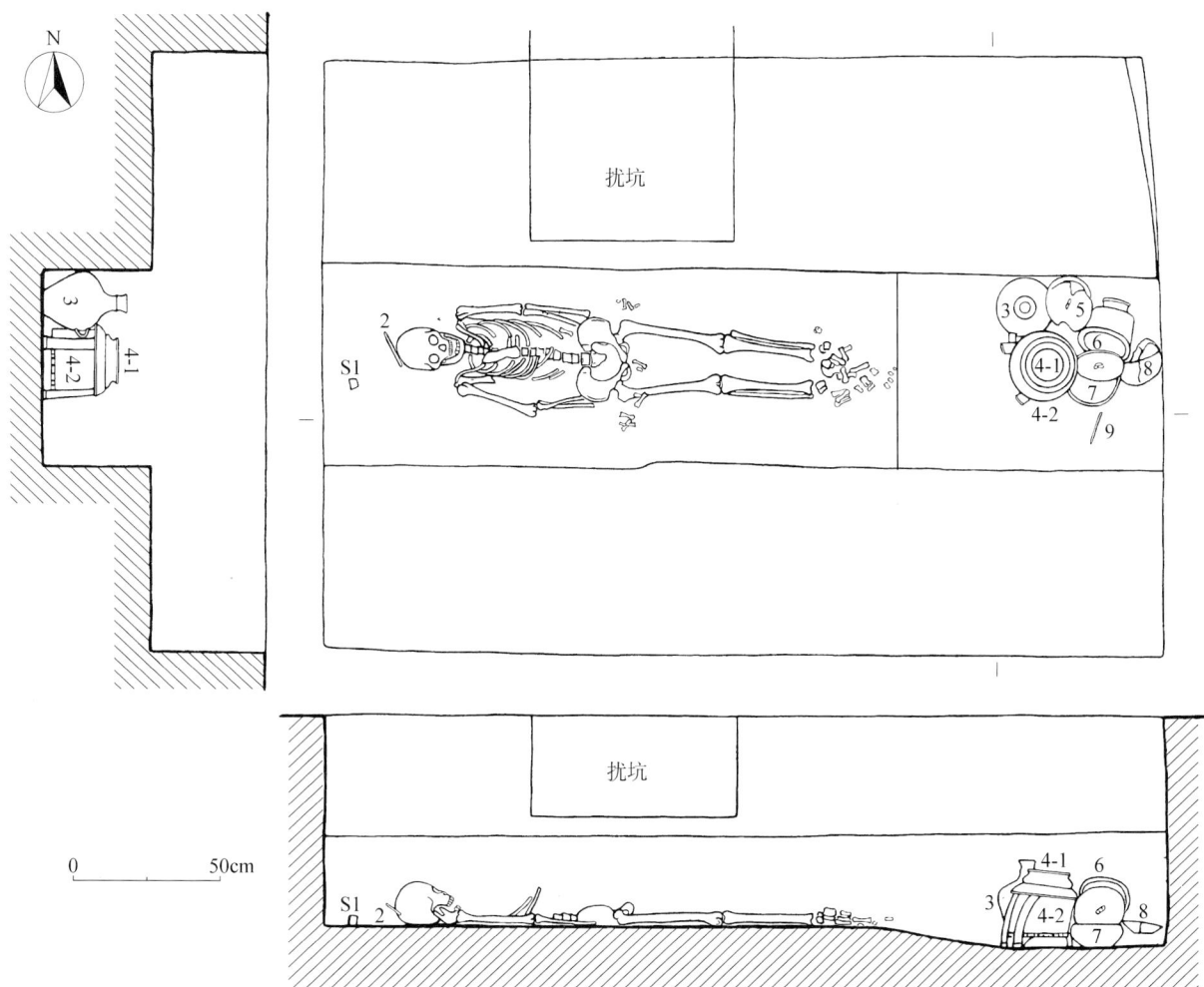

图 2 - 14a　M14 平、剖面图

头骨右上方靠近墓室西壁处发现自然石块 1 件（M14∶S1，出土时编号为 M14∶1），花岗岩，深灰色，有灰白色石皮。形状不规则，有三个平整的梯形面。

共发现随葬品 9 件。骨簪 1 件（M14∶2），放置在头顶，尖部指向西北，即墓主的左上方（图版三六，1）。其余随葬品均在脚坑中（图版三六，2）。陶器 7 件，集中在脚坑的北半部。釜灶 1 套（M14∶4 - 1、2），立放于脚坑中部，灶膛口向西。壶 1 件（M14∶3），夹在釜灶和脚坑北壁之间，立放，单耳朝向灶。钵 1 件（M14∶7），平放在釜灶后面。碗 1 件（M14∶8），平放在钵和脚坑东壁之间。带盖篓形器 2 件，放置在壶和脚坑东壁之间：M14∶5 紧靠陶壶，立放，盖在原位；M14∶6 原立于脚坑东北角，已向南倾倒在陶钵之上。骨锥形器 1 件（M14∶9），放置在脚坑南半部，尖端向南略偏西。

随葬品具体情况如下：

M14∶2，骨簪。尾端略宽的扁平窄长条形，以动物掌骨磨制而成，一面光滑平整，一面仍保留原骨料的凹槽。尾端顶近弧形，前端出尖，尖端略偏，较钝。长 12.3、尾端宽 0.83、中部宽 0.78、厚 0.36 厘米。器表局部被侵蚀得非常粗糙，但保存有原骨光滑的表面。（图 2 - 14b；图版三六，3）

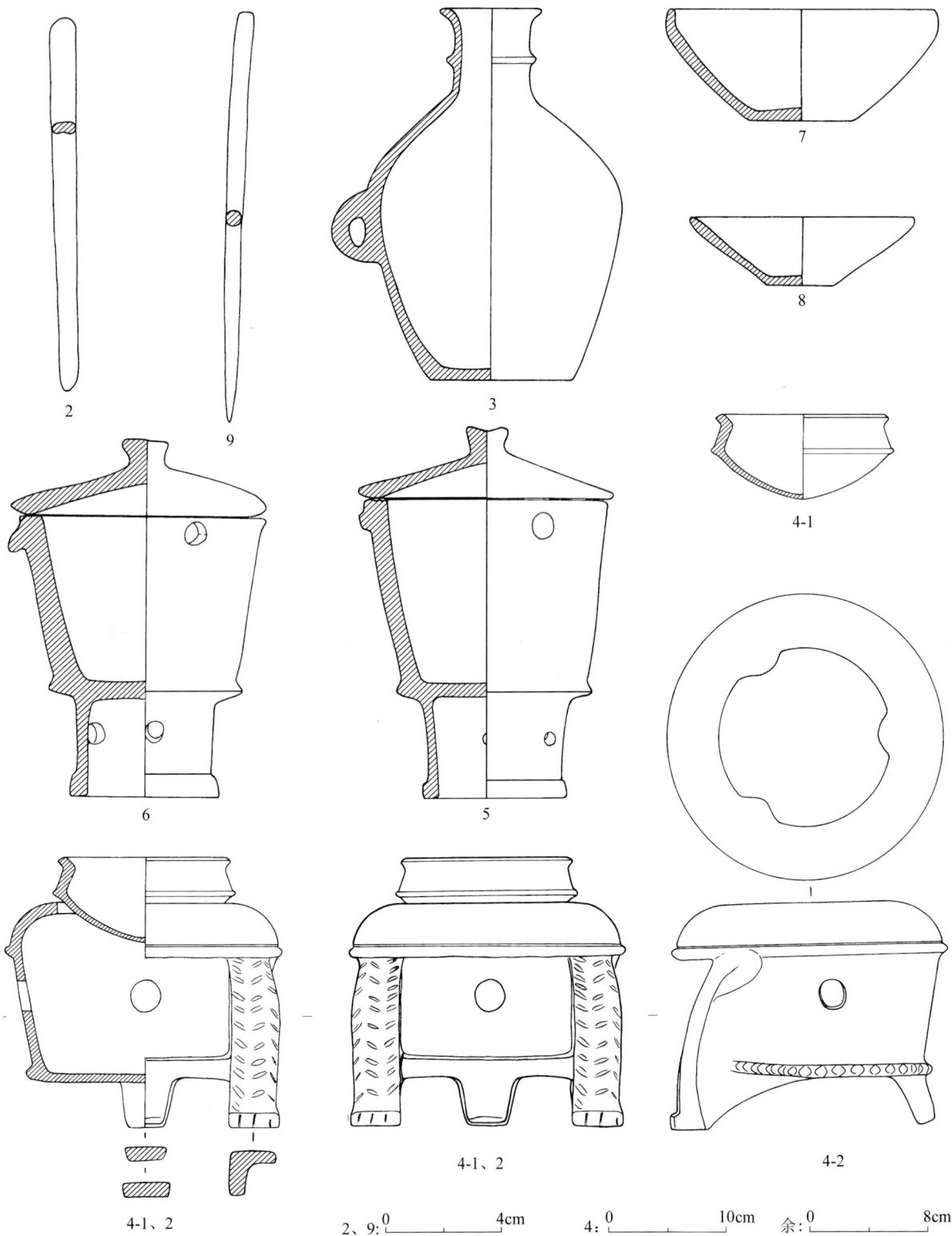

图 2－14b　M14 出土器物图

　　M14:3，陶壶。夹细砂，其中有金色小细砂。酱红色。敞口，尖圆唇，细短直颈，颈下部凸出一锐棱，鼓肩，斜弧腹，肩下部安装有一桥形耳，平底。口径6.8、肩径17.2、底径9.6、高24.5厘米。素面。器表有刮抹痕迹，口沿面有轮修痕迹。颈部系单独制作后安装在器身上，交接处有清晰的刮抹整修痕迹；颈部上的凸棱系以一附加泥条捏制整形而成，可见清晰的未经过精细修整的泥条附着痕迹和刮抹痕；耳为单独制作后贴在器身上。（图2-14b；图版三七，1）

　　M14:4-1，陶釜。夹砂，砂为粗细不一的白色石英颗粒，并杂有少量金色小细砂。浅棕色。敛口，有窄而厚的微向上斜的折沿，尖圆唇，器身上壁外撇、下部内弧，上、下部分交接的最大腹径部位在中部偏上，形成尖圆的凸棱，圜底。口径14、最大腹径15.6、高7.1厘米。素面。沿上面、器内壁和器身上部有轮修形成的细平行弧线痕，下部有刮抹痕，底面有类似编织物的印痕。（图2-14b；图版三八）

　　M14:4-2，陶灶。夹砂，砂多为粗细不一的白色石英颗粒，并杂金色小细砂。棕红色。灶口部分形如无底的覆盆，口内敛，近圆形，口上缘有三个凸出的支垫，均残，口壁外弧，与灶膛相接处转折内收，形成一尖圆凸棱。灶膛为直壁桶形，前面开膛口，膛壁有3个圆形通风孔，分别在两侧和后部，系烧制前旋切而成，孔壁较光滑。灶底平面为U形，近膛口处略收缩，较平整，与灶身相接处也形成一凸棱，并被压制成花边状。有四个灶足。二前足在灶膛口两侧，由灶口底部贯通而下，剖面为L形，侧面连接灶膛和灶底，正面形如略弯曲的鸟兽腿，腿身扁平，有压印的羽状纹，与地面接触的足部略凸出并刻出趾形；此二足间灶底膛口部分的正中有一附足，略呈倒梯形状，微向前撇；后足安装在U形灶底的后端，呈宽扁的倒梯形，微外撇。口径14.4、底宽17.1、高18.4厘米。灶膛内壁可见泥条盘筑痕迹，整个灶膛约由4道泥条盘筑而成。通体内外侧可见刮抹痕。（图2-14b；图版三八）

　　M14:5，陶带盖簋形器。夹砂，砂主要为白色小石英颗粒，并有小金色细砂。棕红色。上部为斜直腹盆形，口微敞，厚方唇，唇顶面上有两道轮修器口时形成的凹弦纹，口下有三个均匀分布的小鹰嘴形錾，腹略斜直，平底，腹、底交界处出一锐尖圆凸棱；下部为一圈足，直壁，底部向外折出，底面有轮修形成的细弦纹，足壁上有三个圆孔，系由外壁向内戳出，内壁未经修整，尚有戳孔时留下的凸出孔缘。口径16.6、足底径9.7、通高19.7厘米。器身和圈足内外壁可见刮抹痕。盖，圆形，直径17.6、高4.4厘米。似由整片泥制成，中部略凸起，中心设一倒梯形小纽，顶面略凹，边缘尖圆，有细刮抹痕。（图2-14b；图版三七，4）

　　M14:6，陶带盖簋形器。夹砂，砂主要为白色小石英颗粒，并有小金色细砂。棕红色。上部为斜直腹盆形，口微敞，厚方唇，唇顶面上有一轮修器口时形成的时断时续的凹弦纹。口下有三个均匀分布的小鹰嘴形錾，腹略斜直，平底，腹、底交界处出一锐尖圆凸棱。下部为一圈足，直壁，底部向外折出，底面有轮修形成的凹弦纹，足壁上有三个圆孔，系由外壁向内戳出，内壁未经修整，尚有戳孔时留下的凸出孔缘。口径16.8、足底径10.1、通高18.4厘米。器身和圈足内外壁可见刮抹痕。盖，圆形，直径17.4、高5厘米。似由整片泥制成，中部略凸起，中心设一倒梯形小纽，边缘尖圆，有细刮抹痕。（图2-14b；图版三七，5）

　　M14:7，陶钵。泥质，有极小的零星金色细砂。内外均施褐色陶衣，已经脱落斑驳，局部暴露出砖红色胎体。口略敛，尖圆唇，内侧有刮抹器口时形成的小斜面，斜弧壁，在口下部略凸出，平底。口径 17.8、底径 7、高 7.4 厘米。素面。内壁和外壁均有刮抹整形形成的长平行弧线痕和不规则细痕，底平整。（图 2 - 14b；图版三七，2）

M14∶8，陶碗。泥质，有极小的零星金色细砂。内外均施褐色陶衣，已经脱落斑驳，局部暴露出砖红色胎体。敞口，尖圆唇，斜直壁，平底。口径 15.2、底径 4.6、高 4.6 厘米。素面。内壁和外壁均有刮抹整形形成的长平行弧线痕和不规则细痕，底平整。（图 2 - 14b；图版三七，3）

M14∶9，骨簪形器（形状与骨簪相似，但未出于头顶，故称之为骨簪形器）。细长锥状，中部略弧，尾部和尖部剖面近圆形，中部剖面近圆角三角形。通体磨光，尾部顶端也经过磨制、较平滑，尖端较锐利，可能因长期使用，光泽润滑。长 13.5、尾端直径 0.68、中部宽 0.53 厘米。器表局部被侵蚀得非常粗糙，但保存有原骨光滑的表面。（图 2 - 14b；图版三六，4）

M15

位于墓地中部 05T15 的西北角。南部被现代扰坑打破。墓口距地表深 40 厘米，墓圹长 257、宽 155、深 65 厘米。在距现存墓口深 46 厘米处留出南、北两侧生土二层台，在中部下挖出墓室。北侧二层台宽 55 厘米，南侧二层台宽 48～65 厘米；墓室长 257、宽 45、深 19 厘米。墓圹填土为棕红色土和黄色生土混杂的花斑土。墓室上以青灰色草拌泥封盖，泥层厚约 3～5 厘米；南、北两侧二层台上散落有零星的泥斑。墓室填土呈棕红色，较松软，内杂少量青灰色草拌泥块。

墓主上身直，下肢略向右曲，摆放位置居中，头顶距西壁 41、右足跟距东壁 60 厘米。头向 273 度，面向南。双肩略耸，左、右锁骨均与肱骨成 45 度角。双臂伸直，靠近体侧，肘部与肋骨距离约 4 厘米。双手掌均向下抚地，放置在腿边，左、右腕部均局部在盆骨下。两侧股骨均略向右斜，右股骨侧起，其外上髁已经朝上；两侧腓骨均暴露在胫骨外，左胫骨与腓骨上端分离。右足压在左足之上。（图 2 - 15；图版三九）

墓主头骨性别特征不明显，眉弓、眉间发育中等，乳突较大，下颌角较小且角区外翻，坐骨大切迹深而窄，耳状关节面较宽大，综合判断为男性。颅缝完全愈合，残牙磨耗多为 5 级，判断年龄为 50 岁左右。根据右肱骨最大长推算身高为 171.2 厘米，现场测量 170 厘米。

颅骨顶面观呈卵圆形；颅指数属于中颅，颅高较高，颅宽为偏中颅的狭颅；面高为中低面，面宽为中面；阔鼻，低眶。颅底残缺。

下颌牙齿多生前脱落，臼齿齿孔闭合，齿骨萎缩变形。残牙磨耗普遍偏重。

脊柱严重扭曲变形，整体呈"S"形。从第 7 胸椎到第 5 腰椎皆有不同程度的增生现象，且依次逐渐加重：胸椎增生发生在椎体下缘，皆未形成连桥现象；第 2、3 腰椎椎体呈亚腰形，显然属于严重的脊椎病变，椎体受到挤压形成；第 5 腰椎椎体周缘上下皆呈唇状增生。此人生前行动受到一定限制，骨赘压迫下肢神经，可能产生麻木、疼痛甚至行走不便等症状，但尚不致命。

肢骨保存相对较好，粗壮度 2 级，骨密度 1 级，反映营养状况相对良好。右肱骨较左肱骨更为粗壮，两侧下肢粗壮度比较接近。左尺骨中上部外侧有舌状突起，周围骨质没有任何变异，应是肌炎骨化造成的骨质变化。

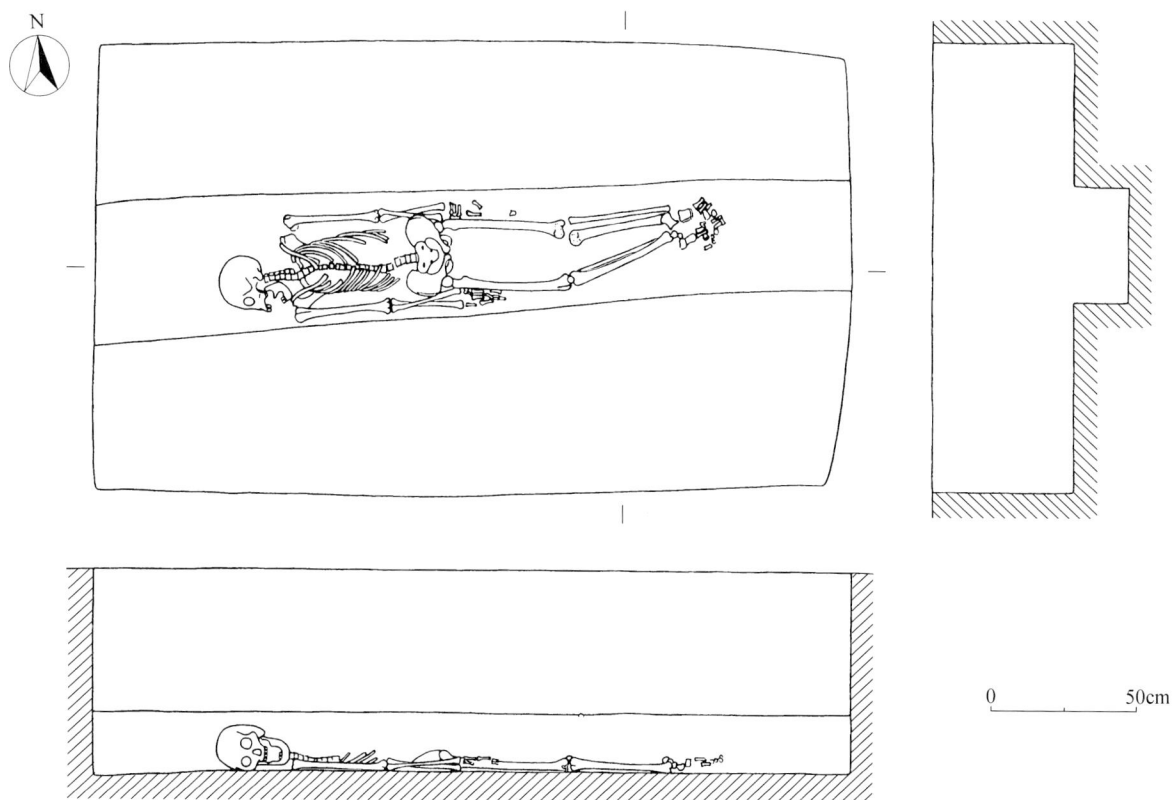

图 2－15　M15 平、剖面图

两侧髌骨均有增生现象，其中左侧增生严重，骨赘呈舌状突起于髌骨前面，右侧则为轻度增生。左髌骨上端左侧有半月形骨质缺失，表面光滑，不是创伤引起，可能是骨质变异所致。

未见随葬品。

M16

位于墓地中部 05T15 和 05T16 交界处的中部，墓室西端被近代墓的洞室打破。墓口距地表深 40 厘米，墓圹长 356、宽 235、深 160 厘米。在距现存墓口深 120 厘米处留出南、北两侧的生土二层台，在中部下挖出墓室。北侧二层台宽 61～82 厘米，南侧二层台宽 68 厘米；墓室西端被近代墓的洞室打破，若以墓圹西壁为起点，长 356、宽 85～104、深 34 厘米。墓圹填土为棕红色土和黄色生土混杂的花斑土。墓室上以青灰色草拌泥封盖，泥层厚约 3～5 厘米；南、北两侧二层台上散落有零星的泥斑。墓室内填土呈棕红色，较松软，内杂少量青灰色草拌泥块。

墓主胸部以上部分被近代墓洞室破坏，保存的部分呈仰身直肢，摆放位置整体偏西，足尖距墓室西壁约 170 厘米。身体长轴方向 290 度。右臂仅见尺骨和桡骨，右手保存较好，手掌向下抚地，放置在右腿根部；左臂仅存肱骨远端和部分尺骨，未见左手。双腿伸直并拢，双膝相距约 7 厘米；双腿的腓骨均在胫骨之外侧。双足保存较好，左足尖基本向上，右足向左斜，足尖与左足尖紧贴。（图 2－16a；图版四〇，1、2）

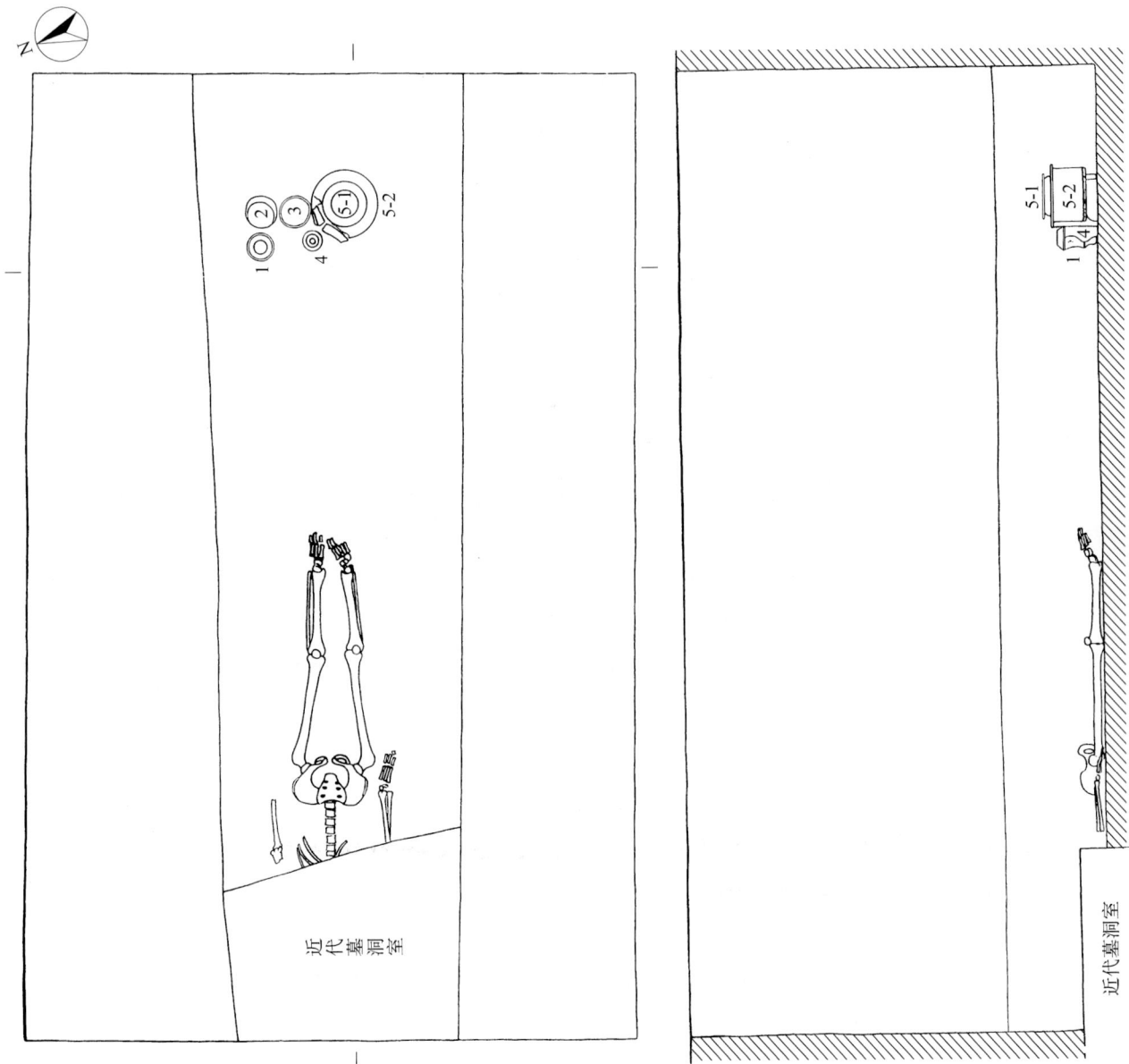

近代墓洞室

近代墓洞室

5-1
5-2

1
2
3
4
5-1
5-2

0 _____ 50cm

图2-16a M16平、剖面图

墓主盆骨性别特征明显，坐骨大切迹浅而宽，耻骨支角度较大，判断为女性。耻骨联合面年龄特征清晰，联合面开始下凹，背侧缘向后扩张，判断年龄为 40 岁左右。根据两侧股骨和胫骨最大长推算身高为 162.6 厘米。

第 1～5 腰椎有重度增生，唇状骨赘，其中第 3、4、5 腰椎局部连桥，骶骨上部腹侧缘有重度骨赘产生。这会严重影响其正常行动，甚至无法正常弯腰转动。这是由于内分泌紊乱和免疫系统失调以及营养状况较差等造成的，也与劳动强度大有一定关系。

肢骨粗壮度 2 级，骨密度 2 级。左、右胫骨上端（左上端内侧和右上端前侧）有明显塌陷性骨折，周围未发现辐射线，应属于死后土压形成，与死因无关。股骨干向前向外弯曲度较小、较直，与正常股骨弯曲度有较大差异，说明此人生前下肢骨弹性差，影响跳跃等剧烈活动，其他个体骨骼中未发现此类情况。左髋骨有重度增生。两跟骨后端下面与鞋跟接触的部位有中度增生现象。

发现随葬品 6 件，均在墓室西端，南北列成一行（图版四〇，3）。釜灶 1 套（M16：5－1、2），在南端，立放，灶膛口向西北。壶 1 件（M16：4），在墓室中部偏西，直立摆放。钵 1 件（M16：3），在中部偏东，口部向上平放。带盖簋形器 2 件，在北端东西并列，M16：1 在西，M16：2 在东，均立放，盖在原位。

随葬品具体情况如下：

M16：1，带盖簋形器。泥质。浅棕色。上部为亚腰形泥柱，近底处内折，其顶面正中按压出一斜弧壁圜底的凹窝，口外缘有一小錾；下部为一实心圆柱状足，足底中部有不规则内凹。口径 9.1、足径 6.1、通高 12.1 厘米，凹窝深 3.1 厘米。凹窝底可见手指按窝，内壁可见刮抹痕；身、足也有刮抹痕。盖呈碗形，为一块泥按压中部而成，敞口，厚尖圆唇，平底。口径 8.6、底径 4.8、高 3.1 厘米。内侧底部和壁部有按窝，口部有刮抹痕，外壁有刮抹痕，底残破。（图 2－16b；图版四一，1、2）

M16：2，带盖簋形器。泥质。浅棕色。上部为亚腰形泥柱，近底处内折，其顶面正中按压出一斜弧壁圜底的凹窝，口外缘有一小錾，已残；下部为一实心圆柱状足，足底较平整，底部略外撇。口径 10.7、足底径 7、通高 13.8 厘米，凹窝深 4.3 厘米。凹窝底可见手指按窝，内壁可见刮抹痕；身、足也有刮抹痕。盖呈碗形，为一块泥按压中部而成，敞口，厚尖圆唇，平底。口径 9、底径 3.6、高 4 厘米。内侧底部有按窝，口部有刮抹痕，外壁有刮抹痕，底略倾斜。（图 2－16b；图版四一，3、4）

M16：3，陶钵。泥质。棕红色。近直口，尖圆唇，外壁近口处略弧、下部斜直，平底。口径 11.4、底径 4.6、高 4.4 厘米。素面磨光。内壁近口处可见细致轮修形成的细平行弧线痕，下部有泥条盘筑痕和较粗糙刮抹痕；外表可见粗糙刮抹痕；底面较平整。（图 2－16b；图版四一，5）

M16：4，陶壶。泥质。深褐色。小口微外敞，尖圆唇，细颈略内收，身上部向下斜弧、中上部外凸成鼓腹，最大腹径偏上，下部斜直，平底。口径 4.6、底径 4.8、最大腹径 8.6、高 12.1 厘米。素面磨光。颈内侧可见清晰泥条盘筑痕和轮修痕，颈外表可见轮修痕，颈身结合处有竖向刮抹痕；器身可见较粗糙横斜向刮抹痕；底较平整。（图 2－16b；图版四一，6）

M16：5－1，陶釜。夹砂，砂为粗细不一的白色石英颗粒。主体为棕红色，局部深褐色。

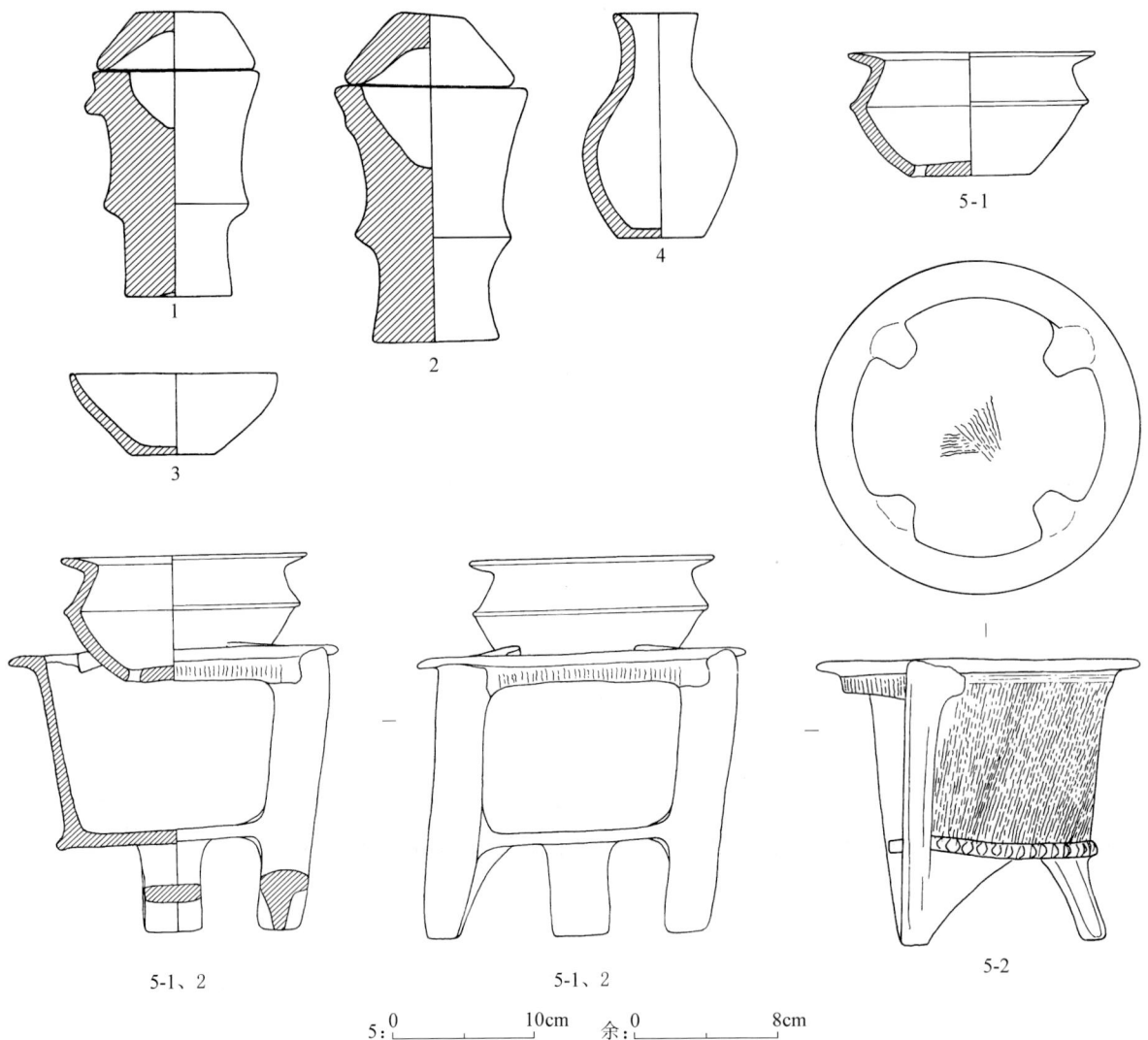

图 2 - 16b　M16 出土器物图

敛口，有较宽的微向上斜的折沿，尖圆唇，器身上壁外撇、下部内弧，上、下部分交接的
最大腹径部位在中部偏上，形成尖圆的凸棱，平底。口径 17、底径 8.2、最大腹径 16.4、
高 8.4 厘米。素面。沿上面、器内壁和器身上部有轮修形成的细平行弧线痕，下部有刮抹痕，
底面有类似编织物的印痕。器底边缘有一烧成后从内、外两侧钻出的小圆孔。（图 2 - 16b；图
版四二）

　　M16:5 - 2，陶灶。夹砂，砂多为粗细不一的白色石英颗粒。半边棕红色，半边深褐色。
灶口为扁平圈，膛口上方部分下垂出沿，口缘均匀布列四个凸出的梯形支垫。灶膛直壁筒形，
前面开膛口。灶底平面为 U 形，较平整，与灶身相接处制成一花边状凸棱。有三灶足。二前
足在灶膛口两侧，剖面为 L 形，由灶口底部贯通而下，侧面连接灶膛和灶底，正面垂直；后足
安装在 U 形灶底的后端，呈扁长方形，略外撇。口径 22.5、底宽 16.8、高 19.2 厘米。灶膛内壁
可见清晰刮抹痕。外壁饰竖向滚压的细绳纹，底面中部有绳纹。（图 2 - 16b；图版四二）

M17

位于墓地中部 05T14 的东部，被 3 座近代墓葬打破。墓口距地表深 50 厘米，墓圹长 345、宽 360、深 143 厘米。在距现存墓口深 73 厘米处留出南、北两侧的生土二层台，在中部下挖出墓室和脚坑。北侧二层台宽 99～134 厘米，南侧二层台宽 100～135 厘米；墓室长 250、宽 80、深 60 厘米。脚坑近圆角长方形，南北长 132、东西残宽 83 厘米，底部与墓室底部高差为 20 厘米。墓圹填土为棕红色土和黄色生土混杂的花斑土，并杂有棕色草拌泥块。墓室上以棕灰色草拌泥封盖，泥层厚约 7 厘米，延伸到南、北两侧的二层台上。墓室以上部分的泥层断裂下沉，但局部仍然保留连续成层的状态（图版四三，1）。墓室和脚坑内填土呈棕红色，较松软，杂少量草拌泥块。

墓室二分之一被近代墓破坏，残留部分也未见较完整的人骨，仅余极少量骨骼碎片，主要包括 2 枚下颌门齿和 1 枚犬齿、脚跟骨残片、跗骨残片、零碎脚趾骨和椎骨残片等。墓主的性别不详，应为成人。鉴于骨骼保存太差，无法做进一步具体研究。（图 2 - 17a；图版四三，2）

共出土随葬品 12 件：

骨簪及簪形器 5 件，其中 3 件出土于墓室和脚坑的填土中。M17：1 出土于墓室中部填土中，距离墓室底部约 39 厘米，尖部指向西北；M17：3 出土于墓室东部填土中，距离墓室底部约 33 厘米，尖部指向南偏西；M17：4 出土于脚坑东南部填土中，距离脚坑底部约 48 厘米，尖部指向西北。另 2 件（M17：5、6）出土于墓室底部西端，应是头顶的位置，尖部均大致向西偏南。

象牙箍形器 1 件，断为 2 块，发掘中分别编号为 M17：2 和 M17：9。M17：2 为主体部分，出土于墓室中部填土中，距离墓室底部约 30 厘米，出土时较平整的粗端在下，破损严重的细端在上，基本直立，略向北倾斜。M17：9 为细端的残块，出土于墓室底中部。（图版四四，3）

石钺及玉钺共 3 件。石钺 M17：7 和玉钺 M17：8 均出土于墓室底的中部（图版四四，3）。M17：7 出土时侧立，一侧边接触墓室底，器身平面与墓室底的夹角约 70 度，刃部指向北略偏西。M17：8 出土时也侧立，一侧边接触墓室底，器身平面与墓室底的夹角约 45 度，刃部指向北略偏东。玉钺 M17：10 出土于脚坑西边中部，平放在脚坑底部，刃部指向西南，管钻穿孔面向上。在其东略偏北，与其顶端直线距离约 45 厘米处的脚坑底部，发现骨管状器 1 件（M17：13），或许是此玉钺柄末端的骨镦，但两件器物间未见木柄痕迹。（图版四四，2）

陶器 2 件。钵 1 件（M17：12），在脚坑东北角，出土时口部向西南倾斜。碗 1 件（M17：11），在钵西侧，出土时口部向西倾斜。（图版四四，1）

随葬品具体情况如下：

M17：1，骨簪形器。由动物肋骨磨制而成，基本保持肋骨的原始形态。通体扁平，一端磨制出尖，一端磨平，尖部较尖锐。通长 21.8、尾端宽 0.9、中部宽 1.1、厚 0.35 厘米。器表大部分被侵蚀得非常粗糙，仅保存有部分原骨光滑的表面。（图 2 - 17b；图版四五，1）

M17：2、9，象牙箍形器。包括残缺的主体部分（M17：2）和一碎片（M17：9）。主体部分呈圆筒状，一端粗，一端略细，粗端保留了近三分之一圆弧的光滑平整端面，其余部分破损。

细端端面均破损。残高 6.3、粗端直径 6.9、细端直径 5.8 厘米。碎片保存了光滑的端面，应是细端的一部分，但难以与主体拼合。由器物上的平行细线状痕迹看，可能破损是啮齿类动物啃咬所致。（图 2－17b；图版四五，6、7）

M17：3，骨簪形器。由动物肢骨磨制而成，一面保留有原骨光滑的表面，一面中部保留原骨的凹陷。通体扁平，一端宽而薄，一端窄，略残。长 23、宽端宽 3、窄端宽 0.9、厚 0.3 厘米。因土壤侵蚀表面粗糙。（图 2－17b；图版四五，2）

M17：4，骨簪形器。由动物肋骨磨制而成，基本保持肋骨的原始形态。通体扁平，尾部原已残断，一端磨制出尖，尖部较尖锐。残长 10.6、尾端宽 1.4、中部宽 1.2、厚 0.3 厘米。器表局部被侵蚀得非常粗糙，但保存有原骨光滑的表面。（图 2－17b；图版四五，3）

M17：5，骨簪尾部。由动物胫骨磨制而成，一面为原骨光滑的外表面，两侧和原骨内面磨制得非常光滑，内面中部原骨凹陷处残留形成一长凹线。通体扁平，尾端磨平。残长 14.6、尾端宽 1.8、厚 0.4 厘米。（图 2－17b；图版四五，4）

M17：6，骨簪。由动物肋骨磨制而成，基本保持了肋骨的原始形态。通体扁平，尾端略残，一端磨制出尖，尖部较尖锐。残长 19、尾端宽 1.1、中部宽 1、厚 0.4 厘米。器表局部被侵蚀得非常粗糙，但保存有原骨光滑的表面。（图 2－17b；图版四五，5）

M17：7，石钺。片麻岩。青灰色，杂铁锈色斑。器身近长方形，通体扁平，顶平，下为双面弧刃，最大弧度偏左。长 16、宽 6.3、厚 0.95 厘米。近顶部有一孔，由正面单面管钻而成，将透时由背面将残存的薄面敲破。正面孔口为规则的圆形，直径 1.2 厘米；背面孔口为不规则椭圆形，长径 0.75、短径 0.54 厘米。孔壁经过磨光，但仍保留较深的管钻痕迹。顶部只略经磨制，正面左侧和背面中部有残缺；其余部分经精细磨制，很光滑，但肉眼仔细观察，可见与器身长边垂直或呈一定角度的横向或横斜向磨制细痕。两侧边缘大部分被磨制得尖锐如刃，只有左侧近顶端略厚、呈一很窄的平面。左侧中部有两处较大的疤痕。刃部无明确的使用破损或磨光痕迹。穿孔及其周围部分无明确的系绳痕迹。（图 2－17b；图版四六）

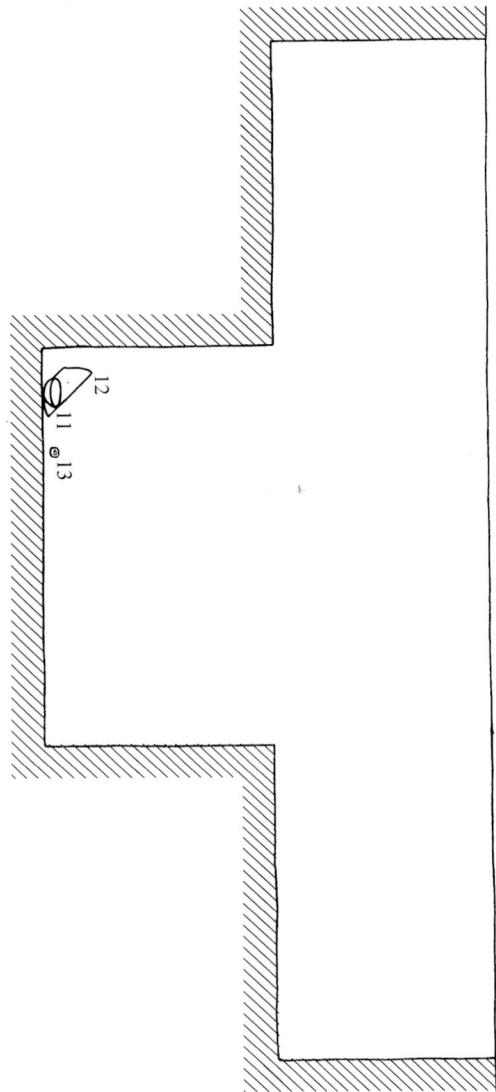

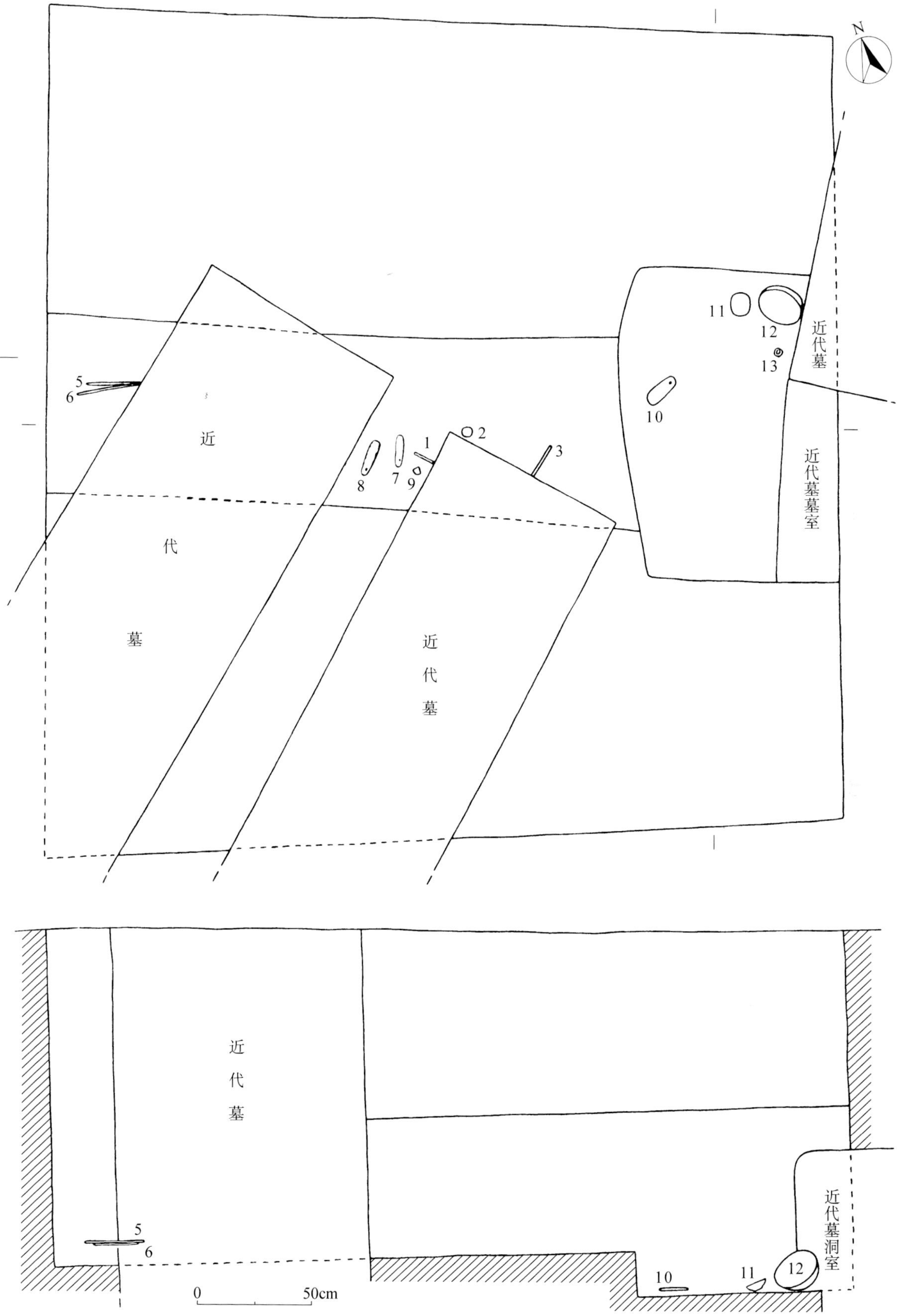

图 2 - 17a　M17 平、剖面图

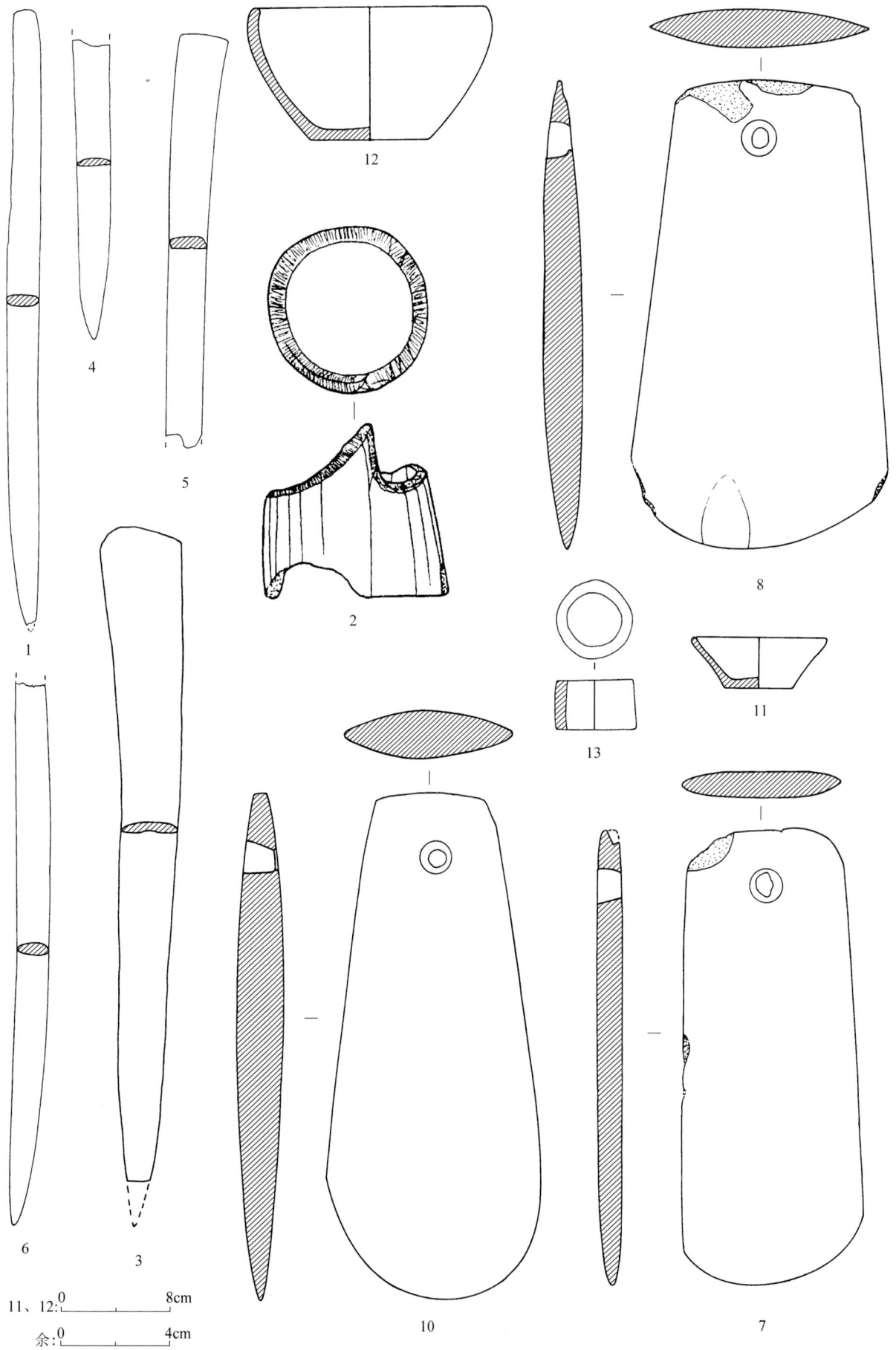

图 2-17b M17 出土器物图

M17：8，玉钺。蛇纹岩。铁褐色，杂铁锈色斑和乳白色纹理。器身近梯形，身中部略隆起，顶平，下为双面弧刃，最大弧度偏左。长 16.6、宽 8.1、厚 1.4 厘米。近顶部有一孔，由正面单面管钻而成，将透时由背面将残存的薄面敲破。正面孔口为规则的圆形，直径 1.2 厘米；背面孔口为不规则圆形，直径 0.6 厘米。孔壁经过磨光，只可见浅细的管钻痕迹。顶部只略经磨制，正反两面均保留有原料上的疤痕，两角略残损；其余部分经精细磨制，非常光滑，但肉眼仔细观察，可见与器身长边基本平行的竖向磨制细痕，并隐约可见未完全磨平的琢制斑痕。两侧边缘均被磨制得尖锐如刃，基本完好无损。刃部无明确的使用破损或磨光痕迹，但两端有残损，左端残损较大。穿孔及其周围部分无明确的系绳痕迹。（图 2－17b；图版四七）

M17：10，玉钺。蛇纹岩。深墨绿色，局部颜色较浅。器身近长梯形，中部隆起，顶平，下为双面弧刃，最大弧度略偏右。长 17.9、宽 6.6、厚 1.7 厘米。近顶部有一孔，主要由正面管钻，将透时由背面略管钻成孔。正面孔口为规则的圆形，直径 1.2 厘米；背面孔口为较规则圆形，直径 0.8 厘米。正面孔口周边可见管钻留下的细圆圈痕。孔壁经过磨光，但仍保留纤细的管钻痕迹。顶部只经较细致磨制，右角略残；其余部分经非常精细的磨制，很光滑，但肉眼仔细观察，可见与器身长边平行或呈一定角度的竖向或竖斜向磨制细痕，并隐约可见未完全磨平的琢制斑痕。两侧边缘大部分被磨制得尖锐如刃，只有右侧近顶端略厚、成一很窄的平面。两侧均基本完好无损。刃部无明确的使用破损或磨光痕迹，中部偏左有一小残损。穿孔及其周围部分无明确的系绳痕迹。（图 2－17b；图版四八）

M17：11，陶碗。夹砂，砂为白色，粗细不一。褐色。敞口，尖圆唇，外壁近口处微弧，其下斜直，平底。口径 9.5、底径 4.9、高 3.6 厘米。素面。内壁隐约可见泥条盘筑痕和刮抹痕，底较平整。（图 2－17b；图版四四，4）

M17：12，陶钵。泥质。深褐色。口微敛，尖圆唇，壁斜弧，口下部略凸出，平底。口径 16.9、底径 8.6、高 9.4 厘米。素面磨光。内壁隐约可见泥条盘筑痕和清晰刮抹痕，外壁有刮抹整形痕，底平整。（图 2－17b；图版四四，5）

M17：13，骨管。为动物肢骨的一段。近空心圆柱状，一端较光滑，一端有疤痕。内壁为自然骨骼内面，较粗糙。直径 2.8、高 1.7、厚 0.5 厘米。（图 2－17b；图版四五，8）

M18

位于墓地中部 05T9 的西部。墓口距地表深 80 厘米，墓圹长 325、宽 249、深 143 厘米。在距现存墓口深 95 厘米处留出南、北和东侧的生土二层台，在中部下挖出墓室和脚坑（图版四九，1）。北侧二层台宽 80～105 厘米，南侧二层台宽 35～105 厘米，东侧二层台宽 10～15 厘米；墓室长 240、宽 71、深 35 厘米。脚坑近圆角长方形，南北长 145、东西宽 107 厘米，底部与墓室底部无高差。墓圹填土为棕红色土和黄色生土混杂的花斑土。墓室上以青灰色草拌泥封盖，泥层厚约 3～5 厘米；南、北两侧二层台上散落有零星的泥斑。墓室和脚坑内填土呈棕红色，较松软，内杂少量青灰色草拌泥块。

墓主仰身直肢，摆放位置整体偏西，头顶距西壁 20、右足跟距墓室与脚坑交界处 75 厘米。头向 275 度，面向上，微偏北。肩略耸。双臂伸直，靠近体侧，肘部与肋骨距离约 2 厘米。

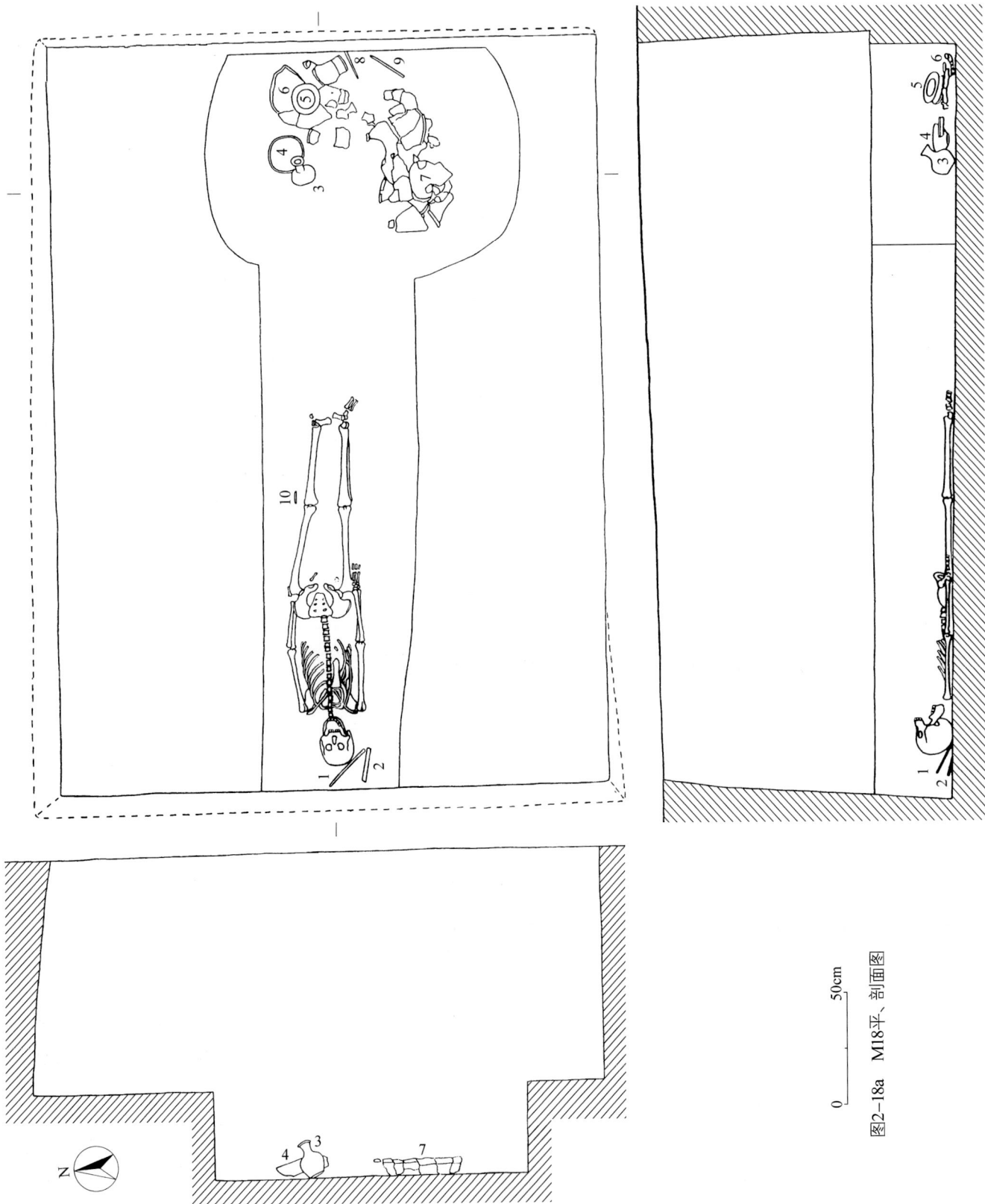

图2-18a M18平、剖面图

0 ⸺⸺ 50cm

右手掌向下抚地，放置在右腿边；左手掌侧立在左腿根边，左腕骨局部在盆骨下，部分左指骨散落在两腿间。双腿伸直，双膝相距约 10 厘米，只见右髌骨，双腿的腓骨均在胫骨之下。右足保存较好，足心向左，足背弓起绷紧，脚尖向右下方；左足跟与右足跟靠拢，相距约 1 厘米，未见左足掌骨和趾骨。（图 2－18a；图版四九，2）

墓主头骨比较粗壮，前额倾斜，但眉弓、眉间发育弱，下颌角较大且角区内翻，坐骨大切迹浅而宽，肢骨纤弱，判断为女性。颅骨矢状缝和冠状缝正在愈合，人字缝未愈合，牙齿磨耗中等，为 3～4 级，判断年龄为 35～40 岁。根据左右股骨最大长推算身高为 160.8 厘米，现场测量为 160 厘米。

颅骨顶面观呈卵圆形；颅指数为圆颅，颅高属高颅，颅宽属阔颅；面高为中面，面宽为中阔面；中鼻，中眶；平颌。

颅骨内壁矢状缝前段左侧、距冠状缝 2 厘米处，有一个椭圆形融蚀性凹坑，大小约 18×16 毫米，深约 5 毫米，未穿透颅壁，周围有弥散性小凹坑，应是该部位发生脑膜炎症所致。

牙齿磨耗均匀，普遍偏重，齿质暴露。牙齿颊侧面和舌侧面普遍有中度牙结石现象，从门齿到臼齿连续都有，下颌略重于上颌。下颌左侧 M1、M2 咬合面龋洞，其中 M2 龋洞较大，如黄豆粒大小，直达齿根。

第 2、3、4、5 腰椎增生，其中第 2、3 腰椎重度增生，椎体周缘呈舌状骨赘，有连桥现象；第 4、5 腰椎中度增生，椎体周缘呈米粒大小或唇状骨赘。两侧髋骨不完全对称，属于病理性髋外翻。

肢骨保存相对较好，粗壮度 2 级，骨密度 2 级。两侧肢骨粗壮程度接近，没有明显差异。

残存的右髌骨骨面上有重度增生现象。

共出土随葬品 11 件。骨簪 2 件，均放置在头上方，M18:1 斜放于头骨右上方，尖部向西北；M18:2 放置在其南侧。左腿膝部左侧发现残骨器 1 件（M18:10）。其余 8 件随葬品均放置在脚坑中。釜（M18:5）灶（M18:6）1 套，放置在脚坑东北部，灶已经完全破碎坍塌，釜正放在倒塌的灶碎片的中部。釜灶西侧放置钵（M18:4）和壶（M18:3）各 1 件，钵基本平放，壶向东北倾侧，靠在钵身上。釜灶南侧靠近脚坑东壁正中的位置平放有骨簪形器 2 件，M18:8 基本呈东西向，尖部略偏向西南；M18:9 呈东北—西南向，尖部略偏向东北。脚坑中部偏南放置篦形器 2 件（M18:7－1、7－2），均严重破碎，平摊在脚坑底部。

随葬品具体情况如下：

M18:1，骨簪。由动物胫骨磨制而成，一面为原骨光滑的外表面，两侧和原骨内面磨制得非常光滑，内面中部略凹，保留有滋养孔。通体扁平，由尾部向尖部渐收窄，尾端磨平，有清晰的斜向磨痕，尖较钝。通长 20.1、尾端宽 0.95、厚 0.3 厘米。（图 2－18b；图版五〇，1）

M18:2，骨簪身部残段，两端均为自然旧断面。由动物胫骨磨制而成，一面为原骨光滑的外表面，两侧和原骨内面磨制得非常光滑，内面中部略凹。通体扁平。残长 10.7、宽 1.3、厚 0.5 厘米。（图 2－18b；图版五〇，4）

M18:3，陶壶。夹砂，砂为粗细不一的白石英颗粒。颈部和器身大半部为黑褐色，器身小

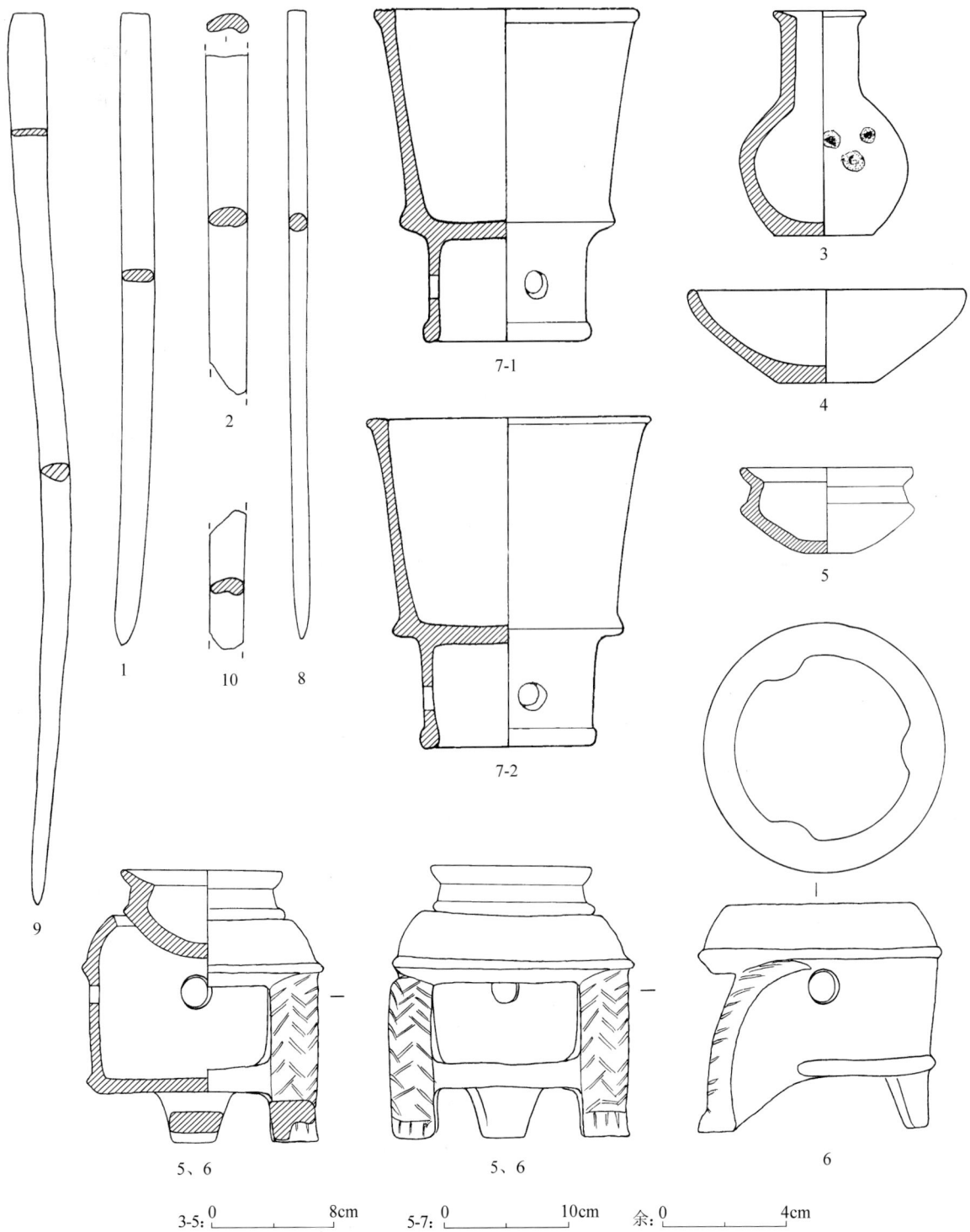

图 2 – 18b   M18 出土器物图

半部分为褐色。小直口，外折成沿，尖圆唇，细直颈，身上部下弧、中外凸成鼓腹，最大腹径近中部，下部内弧，平底。口径 5.8、最大腹径 10.6、底径 6.2、高 14.1 厘米。素面。颈内侧可见泥条盘筑痕和刮抹痕，沿面可见轮修形成的细平行弧线痕，器身可见刮抹痕，底凹凸不平。腹部有三处鼎足而列的小凹窝状破损。（图 2 – 18b；图版五一，1）

M18:4，陶钵。夹砂，砂为粗细不一的白色石英颗粒。主体为砖红色，半边有大块棕黑色斑。口微敛，尖圆唇，斜壁，近口处略弧，平底。口径17.2、底径6.1、高5.8厘米。素面。内壁可见清晰的轮修形成的细平行弧线痕；外壁有刮抹整形痕；底面较平整，粗糙，有刮痕。（图2－18b；图版五一，2）

M18:5，陶釜。夹砂，砂为粗细不一的白色石英颗粒。主体为棕色，局部偏褐色。敛口，有较宽的伸向斜上方的折沿，沿面略下凹，尖圆唇，器身上部斜直、下部内弧形成圜底，上、下部分交接的最大腹径部位在中部偏上，形成尖圆的凸棱。口径13.4、最大腹径13.9、高6.7厘米。素面。沿上、下两面和器身上部有轮修形成的细平行弧线痕，下部和底部有刮抹痕。（图2－18b；图版五二）

M18:6，陶灶。夹砂，砂多为粗细不一的白色石英颗粒。灰色。灶口部呈无底的覆盆形，口内敛，近圆形，口上缘原应有三个凸出的支垫，均残，口壁外弧，与灶膛相接处转折内收，形成一尖圆凸棱。灶膛为直壁桶形，前面开膛口，一侧保存较好，其上部有一圆通风孔，系烧制前旋切而成，孔壁较光滑，膛壁其余部分残损，推测与其对应的一侧和后部可能也有同样的圆孔。灶底平面为U形，近膛口处略收缩，较平整，与灶身相接处也形成一尖圆凸棱。有三灶足。二前足在灶膛口两侧，由灶口底部贯通而下，一足保存完好，剖面为L形，侧面连接灶膛和灶底，正面形如略弯曲的鸟兽腿，腿身扁平，有刻划的羽状纹，与地面接触的足部略凸出，刻出趾形；后足安装在U形灶底的后端，呈宽扁的倒梯形，微外撇。口径14、底宽17.1、高17.6厘米。通体内外侧可见刮抹痕。（图2－18b；图版五二）

M18:7-1，簋形器。夹砂，砂主要为大小不一的白色石英颗粒。灰褐色。上部为直腹盆形，口微敞，厚圆唇，唇上有一道轮修器口时形成的凹弦纹，腹斜直，平底，腹、底交界处出一尖圆凸棱；下部为一圈足，直壁，底部向外凸出一圆棱，壁上有三个均匀分布的圆孔，系烧制前旋下，外表孔周围经过修整，内壁孔边缘有旋切时形成的凸起，孔壁较光滑。口径21.6、足底径13.6、通高25.8厘米。器身外有斑驳而不规则的黑色斑块。器身和圈足内外壁可见刮抹痕，圈足上的刮抹痕很粗糙。（图2－18b；图版五一，3）

M18:7-2，簋形器。夹砂，砂主要为大小不一的白色石英颗粒。灰褐色。上部为直腹盆形，口微敞，厚圆唇，口顶面有轮修器口时形成的两道凹弦纹，腹斜直，平底，腹、底交界处出一尖圆凸棱；下部为一圈足，直壁，底部向外凸出一圆棱，壁上有三个均匀分布的圆孔，系烧制前旋下，外表孔周围经过修整，内壁孔边缘有旋切时形成的凸起，孔壁较光滑。口径23.2、足底径14、通高25.6厘米。器身外有斑驳而不规则的黑色斑块。器身近口部可见轮修纹，器身和圈足内外壁可见刮抹痕，圈足上的刮抹痕很粗糙。（图2－18b；图版五一，4）

M18:8，骨簪形器。器身呈笔直的细长锥状，由尾端向尖部渐细，尾端剖面近圆形，近锥尖部剖面为扁长方形，锥尖很尖锐。通长20、尾端直径0.6厘米。器表大部分被侵蚀得非常粗糙，但由局部保留的未侵蚀部分观察，原器应该通体磨制，表面非常光滑，尾端为自然的断面，未经磨制。（图2－18b；图版五〇，2）

M18:9，骨簪形器。由动物肋骨磨制而成，保持了肋骨的自然弯曲。尾部扁平，基本为肋骨的原始形态，尾端磨平，靠近尖部磨制成三棱锥状，尖部较尖锐。通长28.1、尾端宽1.2、中部宽 1、尾端厚 0.2、中部厚 0.6 厘米。器表大部分被侵蚀得非常粗糙，局部保存有原骨光滑的表面。（图 2 - 18b；图版五〇，3）

M18：10，残骨器。由动物掌骨磨制而成，保留有原骨的表面和凹槽。锥形器或簪的器身部分，首尾皆残断。残长 4.4、宽 1.1、厚 0.5 厘米。（图 2 - 18b；图版五〇，5）

M19

位于墓地东北部 05T18 和 05T15 交界处的西部。因受到后期破坏，只保存了墓室部分。墓室开口距地表深 45 厘米，长 180、宽 60 厘米；墓室底距墓室口深 16 厘米。墓室内填土为棕红色土与黄色生土混杂的花土。

墓主仰身直肢，摆放位置整体略偏西，头顶距西壁 11、左胫骨远端距东壁 35 厘米。头向 184 度，面向东。右肩耸起，右锁骨与肱骨成 45 度角。双臂伸直，紧靠体侧，上臂距离肋骨约 2 厘米。未见右小臂和右手骨骼。左小臂在盆骨下，左手掌侧立于左腿根侧。双腿伸直，膝部相距约 15 厘米；双腿胫骨和腓骨均并列。双足散乱，姿态不明。（图 2 - 19a；图版五三，1）

墓主骨骼保存极差，头骨骨壁较厚，乳突较大，枕外隆突显著，判断为男性。头骨矢状缝已经愈合，其余颅缝正在愈合中，牙齿磨耗偏重，普遍达 4～5 级，判断年龄为 40～45 岁。根据现场测量身高为 158 厘米。

颅骨顶面观呈卵圆形；颅指数属于中长颅，颅高属高颅，颅宽属狭颅；面高偏高，面宽偏狭；高眶，狭鼻。

发现 4 件随葬品，均为骨簪，放置在头顶，而且均由头骨的右前方斜插向后方（图版五三，2）。M19：1 在最上面，尾端翘起，尖部向下。M19：2、M19：3 和 M19：4 依次上下叠压在一起，均在 M19：1 下面，尾端下垂，尖端向上翘起。

随葬品具体情况如下：

M19：1，骨簪。通体扁平，保持原骨的自然弧度，尾端宽，器身向尖部渐窄，尖部较尖锐。通长 20.6、尾端宽 1.8、中部宽 1、

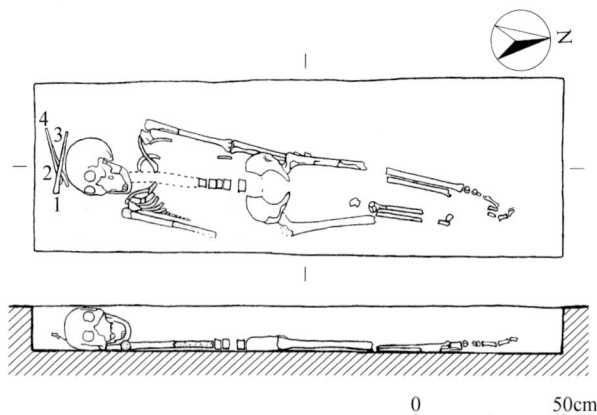

图 2 - 19a   M19 平、剖面图

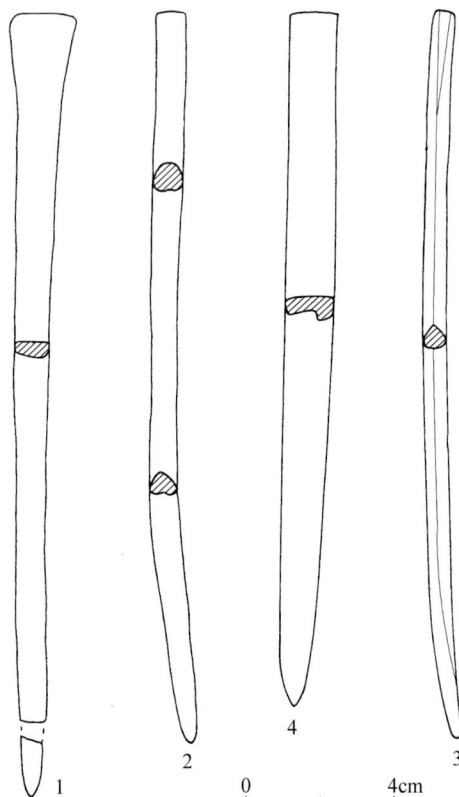

图 2 - 19b   M19 出土器物图

厚 0.4 厘米。因土壤侵蚀表面粗糙。（图 2 - 19b；图版五四，1）

M19：2，骨簪。通体为细长的近三棱锥体，保存有原骨的自然弯曲，一面有未磨平的原骨凹陷部分，尾端面磨平，近尖部器身变扁平，尖较钝。通长 19.3、尾端宽 0.9、中部宽 0.8、厚 0.7 厘米。因土壤侵蚀表面粗糙。（图 2 - 19b；图版五四，2）

M19：3，骨簪。通体为细长的近三棱锥体，尾端磨平，近尖部器身变扁平，尖较钝。通长 19.1、中部宽 0.7、厚 0.6 厘米。因土壤侵蚀表面粗糙。（图 2 - 19b；图版五四，3）

M19：4，骨簪。通体扁平，一面局部保留原骨光滑的外表面，两侧和原骨内面经磨制，内面中部深凹。由尾部向尖部渐收窄，尾端磨平，尖较钝。通长 18.3、中部宽 1.4、厚 0.4 厘米。因土壤侵蚀表面粗糙。（图 2 - 19b；图版五四，4、5）

M20

位于墓地东偏南 05T8 和 05T9 交界处的中部。西北角一小部分打破 M21 东南角。墓口距地表深 40 厘米，墓圹长 230、宽 143、深 43 厘米。在距现存墓口深 17 厘米处留出南、北两侧的生土二层台，在中部下挖出墓室。北侧二层台宽 54 厘米，南侧二层台宽 41～61 厘米；墓室长 230、宽 42、深 20 厘米。墓圹内填土为棕红色土和黄色生土混杂的花斑土。墓室上以青灰色草拌泥封盖，泥层厚约 3～5 厘米；南、北两侧二层台上散落有零星的泥斑。墓室内填土呈棕红色，较松软，内杂少量青灰色草拌泥块。

墓主仰身直肢，摆放位置整体偏东，头顶距西壁 48、足尖距东壁 6 厘米。头向 266 度，面向上。双肩均上耸，锁骨与肱骨成近 45 度角。双臂伸直，紧靠体侧。右手掌向下抚地，放置在右腿根部，局部压在盆骨下；左手掌侧立在左腿根部，部分指骨散落在左腿上部外侧，左腕部分在盆骨下。双腿伸直，膝部相距约 7 厘米。右腿腓骨在胫骨下，左腿略向右斜，腓骨露出。右足背绷直，脚掌向下，脚尖向东；左足略向右斜，与右足紧靠，脚掌向下，脚尖向右偏。（图 2 - 20；图版五四，6；图版五五，1）

墓主颅壁较厚，下颌角较小且角区外翻，坐骨大

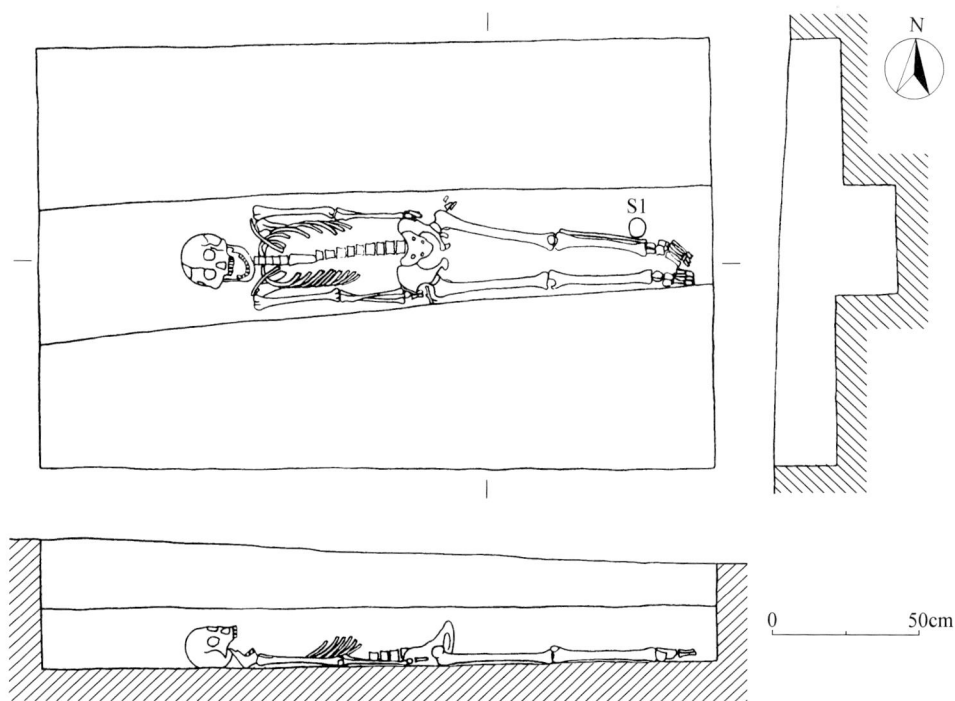

图 2 - 20　M20 平、剖面图

切迹深而窄，耳状关节面粗大，耳前沟不发育，耻骨下支角度较小，但眉弓、眉间发育弱，前额平直，乳突较小，枕外隆突较小，综合判断为男性。颅缝皆未愈合，牙齿磨耗较轻，多为 2 ~ 3 级，耻骨联合面齿槽尚余痕迹，判断年龄为 30 岁左右。根据肱骨、股骨和右胫骨最大长推算身高为 163.7 厘米，现场测量为 164 厘米。

颅骨顶面观呈卵圆形；颅指数属于长颅，颅高属高颅，颅宽属狭颅；面高属于中高面，面宽属于中狭面；狭鼻，高眶。

下颌齿列异常拥挤，右侧门齿向舌侧突出。牙齿缺失严重，上颌右侧 I1、P2 生前脱落，齿骨萎缩，但齿孔未闭合，残牙磨耗较轻。

肢骨保存较好。上肢骨粗壮度较低，骨密度 2 级。骨干中部周与最小周差异较小，说明上肢骨较为纤弱，两侧肱骨接近。股骨骨密度 1 级，但粗壮度一般，股骨粗隆不明显，股骨干横径大于矢状径。左胫骨下端正面有一椭圆形塌陷性骨折，大小如蚕豆，无辐射线，无愈合现象，属于死后形成，与死因无关，未见其他创伤痕迹。

两侧跟骨和右髌骨上未见明显增生，左髌骨有轻度增生。

在左脚腕左侧发现石块 1 件（ M20∶S1），凝灰质砂岩，青色，粉化严重，难以辨认加工和使用痕迹。

未见随葬品。

M21

位于墓地中部 05T8 的中部偏西。东南角一小部分被 M20 打破。墓口距地表深 40 厘米，墓圹长 260、宽 190、深 29 厘米。在距现存墓口深 4 厘米处留出南、北两侧的生土二层台，在中部下挖出墓室。北侧二层台宽 76 厘米，南侧二层台宽 52 ~ 71 厘米；墓室长 260、宽 65、深 25 厘米。墓圹内填土为棕红色土和黄色生土混杂的花斑土。墓室上以青灰色草拌泥封盖，泥层厚约 3 ~ 5 厘米；南、北两侧二层台上散落有零星的泥斑。墓室内填土呈棕红色，较松软，内杂少量青灰色草拌泥块。

墓主仰身直肢，略呈西南—东北走向，摆放位置整体偏西，头顶距西壁 33、右足跟距东壁 75 厘米。头向 295 度，面向上，略向右侧。双肩上耸，锁骨与肱骨成 45 度角。双臂伸直，紧靠体侧，双肘距肋骨约 2 厘米。右手指骨散乱，但由尺骨和桡骨的位置看，右手掌应向下抚地，放置在右腿根部；左手指骨亦散乱，由桡骨的位置看，左手掌应侧放在左腿根部。双腿伸直并靠拢，膝部相距约 5 厘米；右腿腓骨露出，左腿腓骨在胫骨下。双足紧靠，但骨散乱，姿态不明。（图 2 - 21；图版五五，2）

墓主额骨倾斜，眶上缘钝厚，下颌粗壮，下颌角较小且角区外翻，坐骨大切迹深而窄，耻骨下支角度小，综合判断为男性，颅缝正在愈合中，牙齿磨耗普遍达 4 ~ 5 级，年龄 40 岁左右。根据现场测量身高为 162 厘米。

颅骨顶面观呈卵圆形；颅指数属于圆颅，颅高属高颅，颅宽属中颅；面高属于中低面，面宽为中阔面；中阔鼻，中低眶；平颌。

牙齿磨耗普遍偏重，臼齿多大面积深度磨耗，仅余齿冠周缘。门齿至臼齿颊侧和舌侧皆

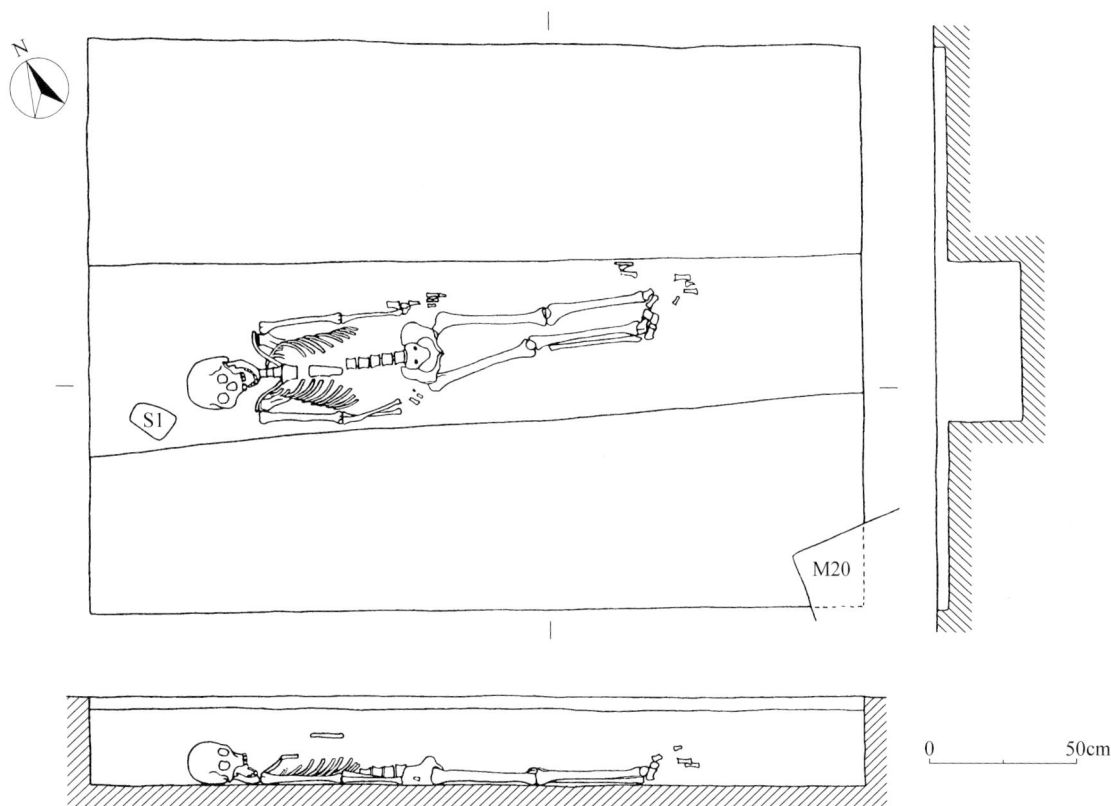

图 2 - 21　M21 平、剖面图

有明显的结石现象。患有严重的牙周炎，齿根尤其是臼齿齿根暴露达 1/3 以上。上颌左侧 M1 齿根变异为双根，且齿列异常拥挤，齿颈变异为长条形，应属于个体变异所致。上颌左侧 M2 患有齿根脓疡，齿根部产生脓肿，侵蚀部分齿骨，齿根暴露但未脱落。

第 2、3 腰椎腹侧缘有轻度增生。第 4 腰椎上缘有重度增生，同时伴随椎体塌陷性骨折，使腹侧缘产生近半圆形骨赘，整体形如碗状，属于压缩性骨折，与重力和营养失衡有关。

肢骨骨密度 1 级，粗壮度 2 级。两侧肱骨比较接近；右股骨较左股骨略粗壮，但差别不大。

左髌骨上有轻度增生。左、右跖骨上无跪踞面痕迹。

头部右上方靠近墓室南壁处发现石块 1 件（M21:S1），灰色，粉化严重，难以辨认加工和使用痕迹。

未见随葬品。

M22

位于墓地北部 05T20 的西边。因受到后期扰动，只保留了墓室部分，墓室口距地表深 75 厘米，长 223、宽 70、深 25 厘米。填土为棕红色土与黄色生土混杂的花土。

墓主仰身直肢。摆放位置整体偏西，头顶距西壁 29、右胫骨远端距东壁 47 厘米。头向 280 度，面向上。双臂伸直，紧靠体侧，双肘距肋骨约 6 厘米。双肩略耸，锁骨与肱骨成近 45 度角。右尺骨和桡骨只保存了上半段，未见左尺骨和桡骨。双腿伸直并靠拢，膝部相距约 9 厘米，双腿腓骨均暴露在胫骨侧边。未见双足。（图 2 - 22a；图版五六，1）

墓主骨骼保存极差，皆为碎片，给进一步研究造成很大困难。头骨颅壁较厚，但乳突较小，下颌角较大，牙齿较小，肢骨纤弱短小，综合判断为女性。头骨颅缝皆未愈合，M2已萌出，M1略有磨耗，肢骨缝正在愈合中，判断年龄为 16～20 岁。现场测量身高 152 厘米。

颅高属高颅，颅宽属狭颅。

残肢骨骨密度 2 级，粗壮度 3 级。

随葬品仅有 2 件玉器。玉钺 1 件（M22:1），平放于头骨右上方，器身长轴呈东南—西北走向，刃部朝向西北。边缘有疤痕的一面朝上（图版五六，2）。残玉环 1 件（M22:2），平放于右膝右侧，出土时即断为两截（图版五六，3）。

随葬品具体情况如下：

M22:1，玉钺。蛇纹岩。深墨绿色，局部颜色较浅，有土黄色斑。器身近长方形，中部略隆起，弧顶，下为双面弧刃，最大弧度居中。长

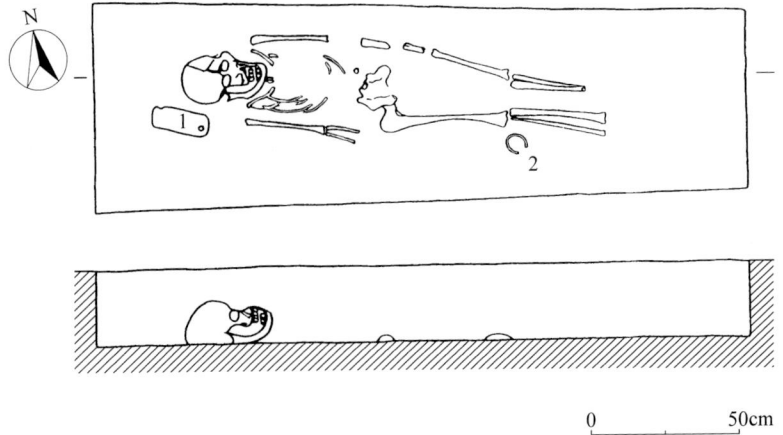

图 2 - 22a   M22 平、剖面图

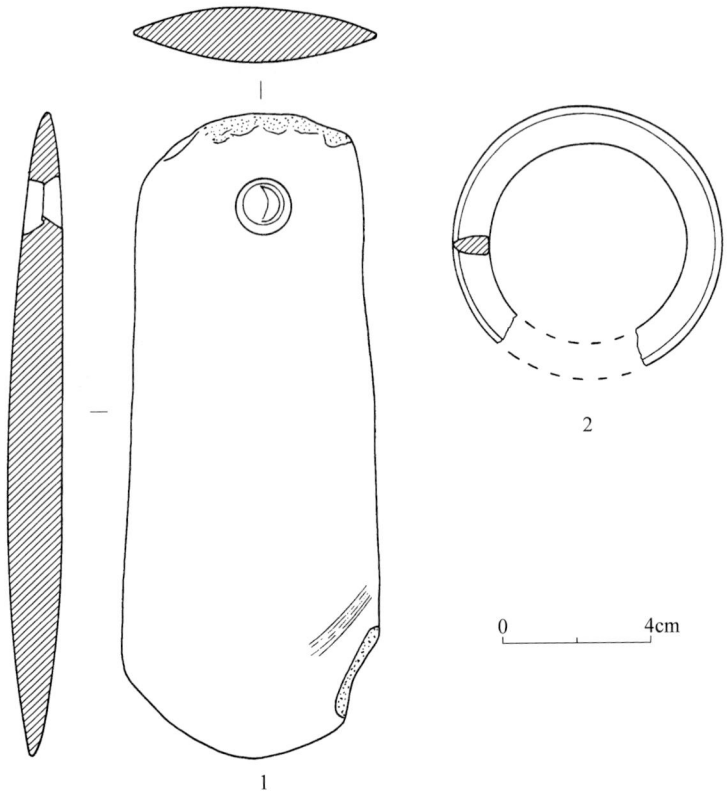

图 2 - 22b   M22 出土器物图

17.1、宽 6.6、厚 1.5 厘米。近顶部有一孔，双面管钻而成，由双面各钻约 0.4 厘米深，孔位没有对齐，约有 0.6 厘米的偏差。两钻孔重合部分被击穿，从正反两面观察，均可见残留的月牙状钻芯断面和宽约 0.1 厘米的管钻痕。正面孔口为较规则的圆形，直径 1.5 厘米；背面孔口也为较规则圆形，直径 1.3 厘米。孔壁经过磨光，但仍保留纤细的管钻痕迹。顶部未经磨制，仍保留有坯料的疤痕，左角有小破损；其余部分经精细磨制，非常光滑，但肉眼仔细观察，可见以横斜向为主的磨制细痕，并隐约可见未完全磨平的琢制斑痕，器身右下侧有一切割过深留下的痕迹，左上边缘等处有琢制不当留下的疤痕。两侧边缘大部分被磨制成极窄的

平面，可见斜向细磨痕，局部呈刃状，基本完好无损。刃部无明确的使用破损或磨光痕迹，右角残损。穿孔及其周围部分无明确的系绳痕迹。（图2－22b；图版五七）

M22:2，残玉环。蛇纹岩。墨绿色，局部颜色较浅。圆形，约五分之一部分已残。内缘厚，向外缘渐薄，外缘呈尖圆状。外径7.4、内径5.3、内缘厚0.6厘米。通体磨制，非常光滑，内缘尤其光滑。隐约可见横向的短细磨制痕迹，但难以辨认其他制作（如穿中孔）痕迹。（图2－22b；图版五八）

M23

位于墓地西北部06T15的中部偏北。口距地表深60厘米，墓圹长250、宽175、深64厘米。在距现存墓口深35厘米处留出南、北两侧的生土二层台，在中部下挖出墓室。北侧二层台宽70厘米，南侧二层台宽45～52厘米；墓室长250、宽57、深30厘米。墓圹内填土为棕红色土和黄色生土混杂的花斑土，但四个角为较纯净的黄土（图版五九，1），填土中发现少量碎陶片和小砂岩石块，并有一小块红烧土。墓室上以青灰色草拌泥封盖，泥层厚约3～5厘米；南、北两侧二层台上散落有零星的泥斑。墓室内填土呈棕红色，较松软，内杂少量青灰草拌泥块。

墓主仰身直肢，摆放位置整体略偏西，头顶距西壁35、右胫骨远端距东壁63厘米。头向283度，面向上，头略向右偏。双臂伸直，双小臂下部紧靠盆骨。双手掌骨和指骨保存完好，可明确看出右手平伸，掌心向左，抚在右腿根部侧面；左手平伸，掌心向下，抚在左腿根部上面。双腿伸直，双膝间距离约12厘米；左髌骨在原位，右髌骨滑落；左小腿略向右转，露出部分腓骨，右腿腓骨在胫骨下。双足足骨散乱，原来足尖似应朝上。（图2－23；图版五九，2）

墓主头骨纤细，眉弓、眉间发育弱，前额平直，乳突较小，枕外隆突不明显，下颌角较大、角区较直，坐骨大切迹较浅而宽，但下颌和肢骨相对粗壮，综合判断倾向于女性。颅内缝已经愈合，外缝正在愈合中，牙齿磨耗中等，多为4～5级，年龄40～45岁。现场测量身高为158厘米。

颅骨顶面观呈卵圆形；颅指数属于接近中颅型的圆颅型，颅高属高颅，颅宽属偏中的狭颅；面高和面宽均属中等；中鼻，中眶。

颅骨内面左侧额骨额结节下方有大致呈圆形的融蚀性穿孔，穿透颅壁，内壁孔径大于外壁孔径，额骨外壁较为光滑；内壁穿孔，呈现融蚀性，先穿透颅内板，然后是骨间松质，再穿透颅外板，形成穿孔，内板的融蚀性痕迹非常明显；外壁穿孔约7.7×4.0毫米，内壁融蚀面大小约11×11毫米。这是脑膜炎症的典型表现，可能与死因有关。此穿孔下方8.3毫米处，还有一个如绿豆粒大小的穿孔，由内壁观察，与前述穿孔共同由一个融蚀痕迹形成，和内壁的融蚀痕迹已连为一体，痕迹周围骨壁变薄、变脆。同时，在额崤内壁中部也开始出现融蚀性凹坑，但仅融蚀颅内板，尚未形成穿孔，也应与脑膜炎症有关。在额骨穿孔内壁周围还有两处融蚀痕迹，但不明显，尚处于初步发育阶段，主要表现为颅内板表面骨质疏松、起皮和少量骨质剥离，或产生下凹的坑，位置集中于穿孔的后方。这些疾病现象可能与死因有关。

此人生前患有严重的牙周炎，齿根暴露多超过1/3，臼齿暴露更为严重。上颌左侧P2、

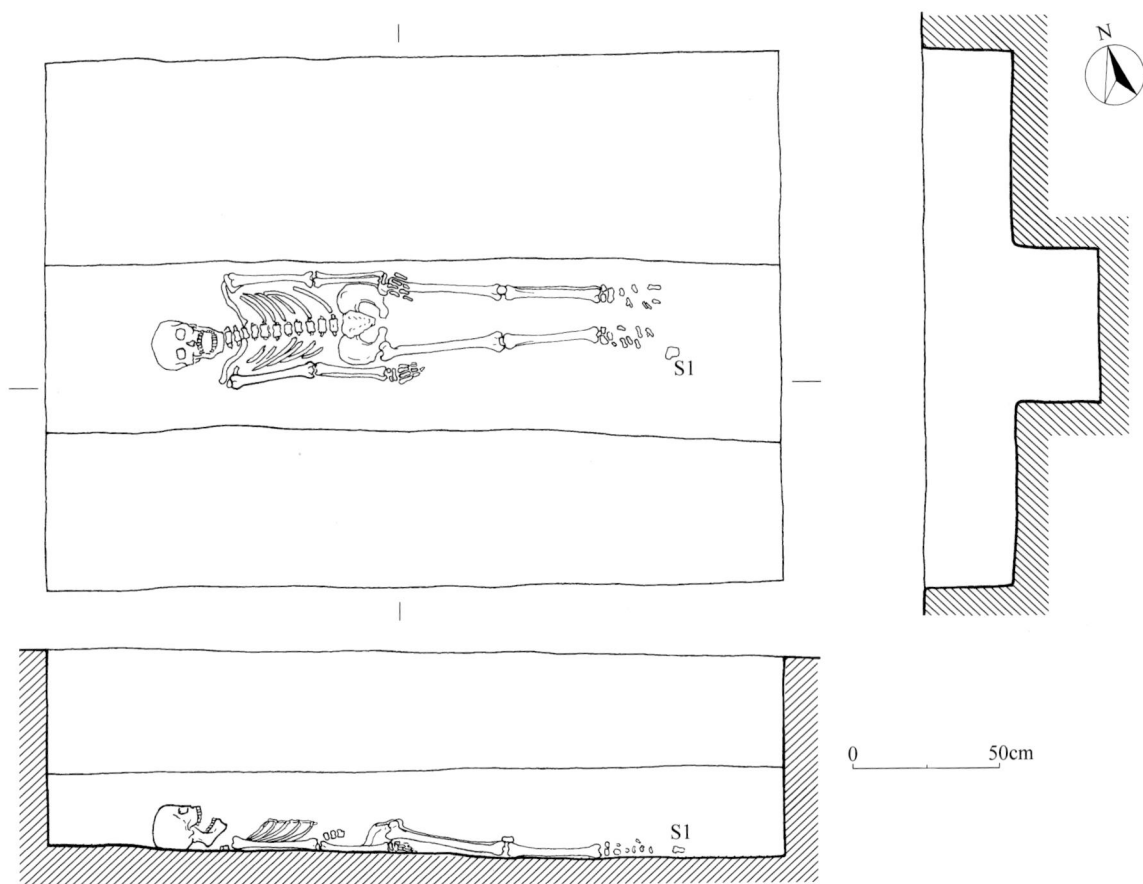

图 2 – 23　M23 平、剖面图

M1 和右侧 P2 以及下颌左侧 P2 患有严重的齿根脓疡，齿根部位形成融蚀性凹坑或瘘道，并造成下颌左侧 P2 脱落，其余牙齿皆松动，近于脱落，同时造成上颌左侧 P2 位置齿根变形成板状。

椎骨上有轻度增生，这可能属于老年退行性变化，与劳动强度关系不大。

肢骨中等粗壮，股骨粗壮度 2 级，骨密度 1 级，营养相对较好。两侧肢骨骨密度和粗壮度无明显差异。

两侧髌骨上均未见增生现象。

右足下发现小石片 1 件（M23：S1），班状安山石，灰黑色，形状不规则，长 7、宽 5、厚 0.5 厘米，无明显加工使用痕迹。

未见随葬品。

M24

位于墓地西北部 06T12 的中部偏南，紧邻 M25 并与之平行。墓口距地表深 60 厘米，墓圹长 290、宽 177、深 62 厘米。在距现存墓口深 29 厘米处留出南、北两侧的生土二层台，在中部下挖出墓室和脚坑。北侧二层台宽 65 厘米，南侧二层台宽 62 厘米；墓室长 208、宽 53、深 29 厘米。墓主脚下有近长方形的脚坑，东西长 85、南北宽 54 厘米，与墓室底部的高差为 8 厘米。墓圹内填土为棕红色土、青灰色草拌泥和黄色生土混杂的花斑土，其中发现少量碎陶片。

图 2-24a M24 平、剖面图

墓室和脚坑内填土呈棕红色，较松软，内杂少量青灰色草拌泥块。

墓主仰身直肢，摆放位置整体居中，头顶距西壁 8、足距墓室与脚坑交界处 25 厘米。头向 292 度，面向上，略向左偏。双肩略耸。双臂伸直，双小臂下部紧靠盆骨，未见双手掌骨和指骨，桡骨远端在尺骨远端之上，原来双手掌应侧立放在腿根部。双腿伸直，双膝间距离约 8 厘米。左足保存较好，足心向右，足背弓起，足尖向下如跳芭蕾舞状；右足只存跟骨。（图 2-24a；图版六〇，1）

墓主头骨较为粗大，眉弓、眉间发育显著，前额倾斜，乳突较大，枕外隆突显著，下颌骨粗壮，下颌角较小且角区外翻，坐骨大切迹深而窄，判断为男性。颅内缝完全愈合，外缝基本愈合，但痕迹明显，同时牙齿磨耗普遍偏重，多为 4~5 级，髂嵴上有明显增生，判断年龄 45~50 岁。根据现场测量身高为 176 厘米。

颅骨顶面观呈椭圆形，颅指数属于长颅，颅高属高颅，颅宽属狭颅；面高属中低面，面宽属中阔面；中鼻，中眶；摇椅形下颌。左眼眶内壁呈现轻度筛状，与镰刀形贫血症状极为相似，但同时在额骨和顶骨上并未发现贫血造成的筛孔，可能尚处于贫血症状的早期。

齿列较好，咬合关系较好，有轻度牙结石现象；臼齿磨耗偏重，尤其上下颌左、右 M1 深度磨耗，咬合面由舌侧向颊侧呈斜坡状，齿冠仅余周缘，可能与臼齿过度使用有关。

肢骨粗壮度 1 级，骨密度 1 级。其中右肱骨较左肱骨明显粗壮，右股骨粗壮度略大于左股骨，反映墓主更多使用右侧肢体劳作和运动；同时，左胫骨较右胫骨粗壮度略高。两侧股骨与胫骨的粗壮度并不同步。手脚骨缺失严重，其中右手自尺、桡骨下端以下缺失，有明显断裂痕迹，但未发现明显与创伤有关的痕迹。

左、右髌骨上均未见明显的增生现象，第1跖骨上也未见异常病变。

共出土随葬品7件。石钺1件（M24:7），放置在头骨左上方，墓室的西北角，刃部紧贴墓室西壁，一长边紧贴墓室北壁（图版六〇，2）。其余6件为陶器，均放置在脚坑中（图版六〇，3）。釜灶（M24:1、2）立放在脚坑中前部，略偏南，灶口朝西。釜灶的西北侧放置1件陶碗（M24:3），碗口朝上，略倾斜。釜灶北侧和东侧各放置1件陶带盖筒形杯，北侧的M24:6直立，杯盖在原位，东侧的M24:4部分被陶壶压住、略倾斜，但杯盖未脱落。陶壶M24:5也在釜灶东侧，出土时壶底朝向斜上方，壶口朝向斜下方，倚靠在陶杯M24:4上。

随葬品具体情况如下：

M24:1，陶釜。夹砂，砂为大小不一的白色石英颗粒。棕红色。敛口，有较宽的伸向斜上方的折沿，尖圆唇，器身上部外撇，下部内弧连接小平底，上、下部分交接的最大腹径部位在中部偏上，形成尖圆的锐棱。口径15.8、底径6.8、高7.7厘米。素面。内壁可见泥条盘筑痕迹；外表上部有较细致的刮抹痕，下部和底部有粗草的刮抹痕。（图2-24b；图版六一）

M24:2，陶灶。夹砂，砂多为粗细不一的白色石英颗粒。棕红色。灶口为扁圆圈形，顶面向内凸出四个支垫。灶膛为直壁桶形，前面开膛口。灶底平面为U形，较平整。有三灶足。二前足在灶膛口两侧，由灶口底部贯通而下，正面较平整，两足顶部由紧附灶口之下的附加泥条连接；后足安装在灶底的后端，呈扁长方形，微外撇。口径22、底宽15.6、高17.6厘米。灶口与灶膛分体制作，以一道附加泥条黏合，泥条上有手指按压痕。灶口顶面和底面均有细密轮修痕迹；灶膛外壁有竖向细刮抹痕，内壁有横向细刮抹痕。灶底也是分制，与灶膛连接部位形成凸棱，被压制成花边状。（图2-24b；图版六一）

M24:3，陶碗。泥质。棕红色。敞口，尖圆唇，斜直壁，平底。口径12.6、底径4.7、高4.5厘米。近底部有一圆形小穿孔，似烧成后由内向外单面钻出，孔径0.9厘米。该孔斜上部还有一未钻成的孔，留下近椭圆形的凹窝，长径1.8厘米。内壁有清晰的刮抹痕迹；外壁经磨光，也可见刮抹痕。（图2-24b；图版六二，1）

M24:4，陶带盖筒形杯。泥质。灰色。杯身敞口，方唇，斜直壁，平底。口下部有一鹰嘴状小鋬。口径9、底径6、高9.6厘米。器表粗糙，可见不规则刮抹痕；内壁略经修饰，可见较清晰的泥条盘筑痕迹，整个器身大致由泥条盘筑4层而成。盖为斗笠形，中部凸起一尖状纽。直径9.2、高6.3厘米。（图2-24b；图版六二，2）

M24:5，陶壶。泥质。胎体暗红色，外表经过磨光并施深褐色陶衣。敞口，宽沿，尖圆唇，细颈较长，中部略收束，溜肩圆折成斜直腹，平底。口径7.8、底径4.2、高14.8厘米。器表有少量刮抹痕；颈内侧偏下部可见未经修整的清晰的泥条盘筑痕。（图2-24b；图版六二，3）

M24:6，陶带盖筒形杯。泥质。灰色。杯身敞口，方唇，斜直壁，平底。口径10.2、底径7.1、高9.8厘米。底靠边缘处有一近圆形孔，孔径1.9厘米。器表粗糙，可见不规则刮抹

图 2 – 24b　M24 出土器物图

痕；内壁未经仔细修饰，可见清晰的泥条盘筑痕迹，整个器身由泥条盘筑 5 层而成。盖为斗笠形，中部凸起一尖状纽。直径 10.1、高 6.2 厘米。（图 2 – 24b；图版六二，4）

　　M24：7，石钺。片岩。灰色。器身近长方形，扁平，平顶，下为双面平刃。长 17.7、宽 9、厚 1.3 厘米。近顶部有一孔，由正、反两面琢成，孔径 0.6 厘米。孔周围有琢孔形成的凹陷。顶部只略经磨制，仍保留有打制成形时的疤痕；其余部分经精细磨制，非常平整。可见与器身长边平行或呈一定角度的竖向或竖斜向磨痕，并可见未完全磨掉的琢制斑痕。两侧边缘大部分被磨制成很窄的平面，基本完好无损，但留有打制成形时留下的疤痕。刃部厚钝，似未经细磨出锋。穿孔及其周围部分无明确的系绳痕迹。（图 2 – 24b；图版六三）

M25

位于墓地西北部06T12的中部，紧临M24并与之平行。墓口距地表深60厘米，长232、宽134、深47厘米。在距现存墓口深27厘米处留出南、北两侧的生土二层台，在中部下挖出墓室（图版六四，1）。北侧二层台宽46厘米，南侧二层台宽42厘米；墓室长223、宽45、深17厘米。墓圹内填土为棕红色土、青灰色草拌泥和黄色生土混杂的花斑土，其中发现少量碎陶片和碎石块，并发现3块脚趾骨、1块手腕骨和其他3块碎骨。墓室上以青灰色草拌泥封盖，泥层厚约3~5厘米；南、北两侧二层台上散落有零星的泥斑。墓室内填土呈棕红色，较松软，内杂少量青灰色草拌泥块。

墓主骨骼非常散乱，分为两组摆放。西侧一组包括头骨、右侧肩胛骨、锁骨、胸骨上端、少量椎骨和肋骨、右肱骨、右尺骨上段、右桡骨上段、左尺骨上段、左桡骨上段、盆骨两侧残块以及散乱的指骨等，大体按仰身直肢摆放。头向292度，面朝右上方，头顶距墓室西壁20厘米。双臂伸直，右臂紧贴右侧肋骨。东侧一组包括腓骨段、胫骨段、脚趾骨、椎骨片、肋骨片等，杂乱放置成一堆。（图2-25；图版六四，2）

墓主头骨粗壮，眉弓、眉间发育中等，前额倾斜，枕外隆突显著，下颌骨粗壮，下颌角较小且角区外翻，判断为男性。颅缝皆已愈合，牙齿磨耗4~5级，判断年龄50岁左右。现场测量头骨和脚骨间的距离为163厘米。

颅骨顶面观呈卵圆形；颅指数属于接近中颅型的圆颅型，颅高属高颅，颅宽属阔颅；面高中等，面宽属于中阔面；中鼻，中低眶。

牙齿磨耗普遍偏重，多数达4~5级，但齿列和咬合状态较好。上颌右侧M1生前脱落，

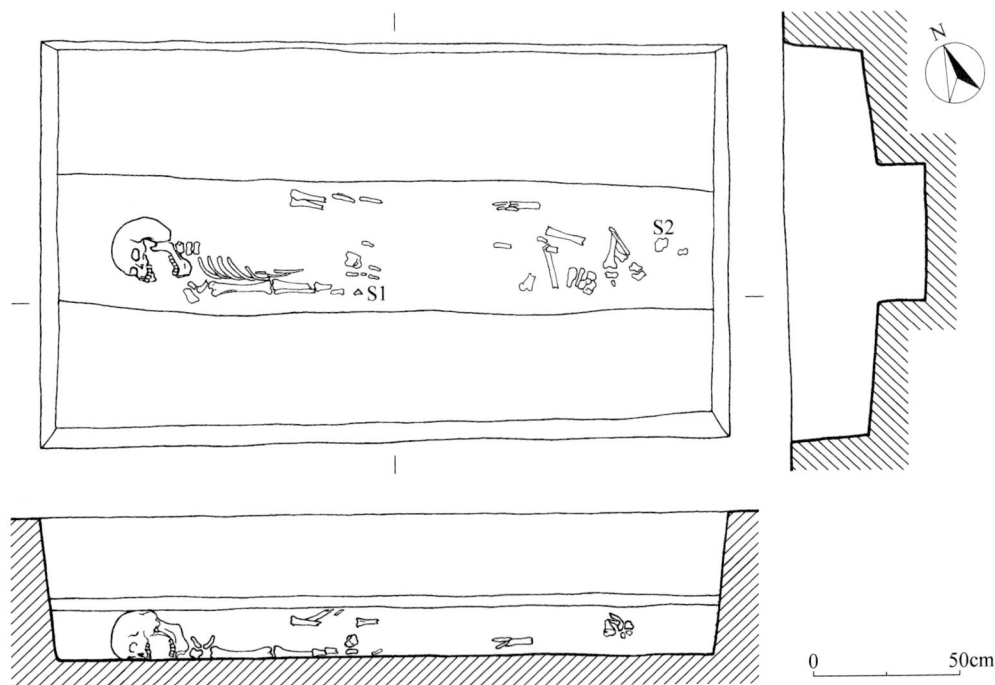

图2-25　M25平、剖面图

齿孔闭合。从残余牙齿齿根暴露情况看，此人生前患有轻度牙周炎，并有轻度牙结石。上颌左侧 M1 患有中度齿根脓疡，齿骨出现融蚀，并在齿骨内侧出现圆形瘘道，牙齿尚未脱落。

摇椅形下颌。

肢骨密度 2 级。粗壮度 2 级，两侧肢骨比较接近。

右手外侧发现石块 1 件（M25：S1）。靠近墓室东壁处发现青绿色砂岩石块 1 块（M25：S2），质地酥松。

未见随葬品。

M26

位于墓地西北部 06T12 的北部，西北角伸入 06T13。墓口距地表深 60 厘米，墓圹长 290、宽 235、深 65 厘米。在距现存墓口深 30 厘米处留出南、北两侧的生土二层台，在中部下挖出墓室。北侧二层台宽 76 厘米，南侧二层台宽 84~90 厘米；墓室长 290、宽 80、深 33 厘米。墓圹内填土为棕红色土、青灰色草拌泥和黄色生土混杂的花斑土，四角土为较纯净的黄土。墓室上以青灰色草拌泥杂土封盖，泥层厚约 3~5 厘米；南、北两侧二层台上散落有零星的泥斑。墓室内填土呈棕红色，较松软，内杂少量青灰色草拌泥块。

墓主仰身直肢，摆放位置整体居中，头顶距西壁 47、右足跟距东壁 78 厘米。头向 290 度，面向上。双臂伸直，靠近体侧，手骨保存完好，双手均手掌向下抚地，放在腿边。双腿伸直，双膝间距离约 8 厘米；左腿髌骨向左偏，右腿髌骨向右偏，显示腿部略外翻。双足保存完好，足心相对，均足背弓起，足尖向下如跳芭蕾舞状。（图 2-26a；图版六五，1）

墓主头骨粗壮，眉弓、眉间发育中等，前额倾斜，头骨其他的性别特征不明显，下颌骨粗壮，下颌角较小且角区外翻，坐骨大切迹深而窄，耻骨支角度小，肢骨粗壮，综合判断为男性。头骨缝皆愈合，牙齿磨耗 4~5 级，耻骨联合面轻度下凹，腹侧缘断裂，背侧缘向后扩张，判断年龄 45~50 岁。根据右肱骨、右股骨和左胫骨最大长推算的身高平均值为 176.1 厘米，现场测量为 178 厘米。

颅骨顶面观呈卵圆形；颅指数属于接近中颅型的圆颅型，颅高属高颅，颅宽属狭颅；面高属高面，面宽偏狭；中鼻，高眶；平颌，下颌圆枕中等发育。

牙齿保存较好，但普遍磨耗偏重，多达 4~5 级，呈全口腔型。个别牙齿齿髓腔暴露，但齿列较好。从齿根暴露情况超过 1/3 看，该个体生前患有严重的牙周炎。上颌左、右 M1 患有齿根脓疡，齿根部形成约 1 厘米的圆形瘘道，牙齿处于半脱落状态，同时，齿冠严重磨耗，齿髓腔暴露。下颌左 M1 早年齿根脓疡，齿骨吸收萎缩变形，形成近圆形凹坑。下颌左 M1 和上颌左、右 M1 龋齿，其中下左 M1 为近中齿根齿颈龋，龋洞大，牙齿脱落，齿孔闭合，上颌为咬合面龋，龋洞到齿髓腔，反映口腔卫生状况较差。

残余的第 2、3、5 腰椎有严重增生。其中第 2 腰椎椎体下缘左前部有轻度增生；第 3 腰椎上缘周边呈唇状中度增生，下缘增生程度较轻；第 5 腰椎上缘周边重度增生，呈舌状，突出椎体表面约 1 毫米，同时，第 5 腰椎椎体产生塌陷性骨折，椎体上部向后下方塌陷，形成凹坑，椎体下缘伴随轻度增生和弥散性小孔。这些应与骨质疏松和椎体受重过度有关。

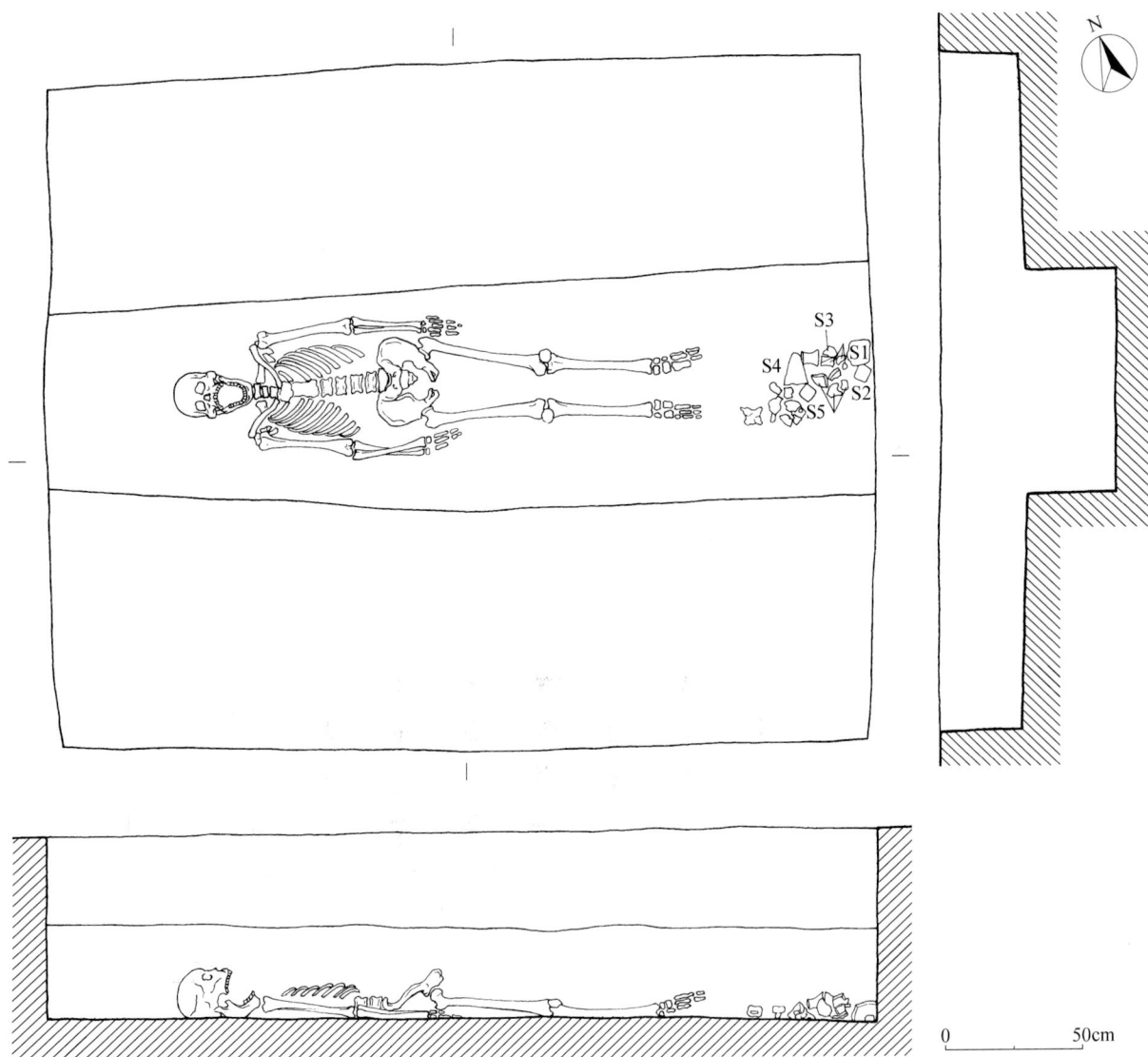

图 2－26a　M26 平、剖面图

（墓主脚东侧除 S1～S5 为石块外，均为带盖小杯形器碎块）

肢骨保存较好，但肱骨粗壮度小于其他个体，显示墓主上肢肌肉发育程度较其他个体弱，同时右上肢较左上肢粗壮；下肢极度粗壮，达特级，骨密度 1 级，两侧股骨粗壮度差异较小，而左胫骨较右胫骨粗壮；右髌骨上有重度增生，骨赘呈舌状突起于髌骨正面，左髌骨中度增生，可能反映在膝盖跪地时重心更多在右侧；左、右距骨无变异。

M26 与 M3 肢骨特征很相似，都属于粗壮程度很高的个体，另外，两个体的肢骨形态特征极其相似，除了两个体从事相似的工作外，也可能存在遗传关系。

脚下放置随葬品，包括 5 件小石块（M26：S1～S5）和若干陶带盖小杯形器，混杂摆放。杯多已破碎，均倾倒，盖、身分离（图版六五，2）。石块均黑灰色，S1 为角闪岩，S2 为细粒花岗岩，S3 为脉石英，S4 和 S5 为凝灰质砂岩，形状不规则，无加工使用痕迹（图 2－26b）。

室内整理中辨认出 4 件杯身和 2 件杯盖残块（编号均整理时给定）：

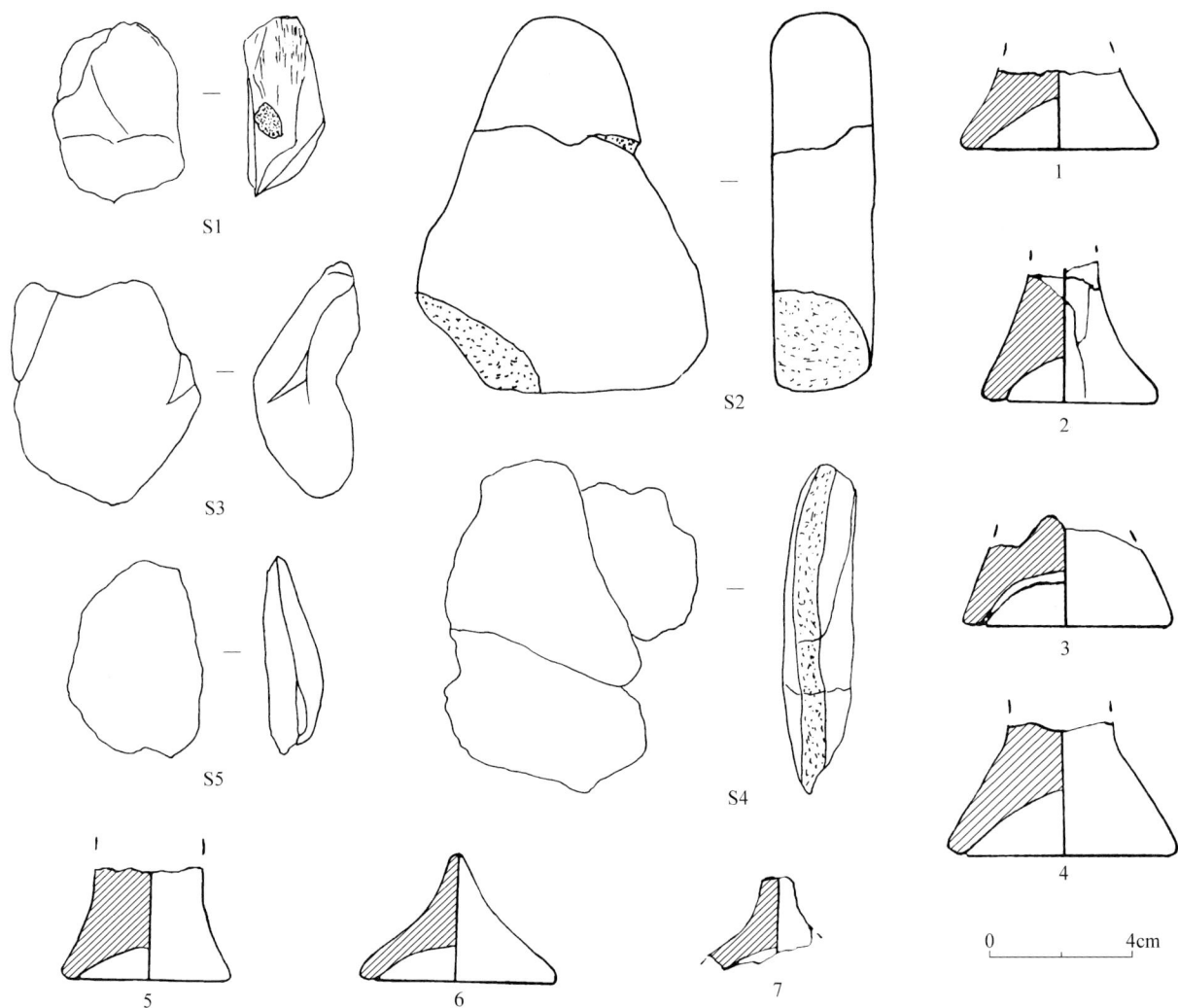

图 2-26b M26 出土器物图

杯身 5 件，编为 M26:1~5，均为泥质。棕色。制作草率，形状不规则。

M26:1，杯身一端。底径 5.6、残高 2 厘米。

M26:2，杯身一端，可见束腰部分。底径 5、残高 3.6 厘米。

M26:3，杯身一端。底径 6、残高 3 厘米。

M26:4，杯身一端。底径 6.4、残高 3.6 厘米。

M26:5，杯身一端，可见较粗的腰部。底径 4.9、残高 3 厘米。

杯盖 2 件，编为 M26:6、7，均为泥质。棕色。

M26:6，杯盖。上有尖顶，下为喇叭口状。底径 5.6、高 3.4 厘米。

M26:7，杯盖顶部。残高 2.2 厘米。

M27

位于墓地西北部 06T11 的东南部，东北角伸入 06T13 中，南壁中部被一现代井破坏。墓口距地表深 60 厘米，墓圹长 503、宽 336、深 192 厘米。在距现存墓口深 130 厘米处留出南、北、东三侧的生土二层台，在中部下挖出墓室和脚坑。北侧二层台宽 83～138 厘米，南侧二层台宽 90～135 厘米，东侧二层台宽约 20 厘米；墓室长 330、宽 71、深 55 厘米，西端伸入西壁。脚坑近方形，边长约 160 厘米，底部与墓室底无高差。（图 2-27b）

墓圹内墓室和脚坑以上部分全部以泥封填。泥为青灰色，质地坚硬，内杂大量芦苇秆和叶，并杂有少量枣、酸枣、野茉莉、旱柳、五蕊柳、毛白杨、山杨、野山楂、柿、山胡椒、毛花绣线菊、苦参、菱叶海桐等多种植物的叶子。泥中有少量很小的陶器碎片。在墓圹西南角距墓口深约 1 米处发现两小片朱砂痕迹（图版六六，1）。

墓室和脚坑均以木板封盖。墓室共有盖板 16 块，横跨墓室，两端搭在南、北两侧的二层台上。盖板在二层台上的部分因为有二层台为依托，保存较好，或呈白色，或呈棕色，很多有清晰的木板纹理。各盖板两端均不同程度翘起，应是盖板跨越墓室部分塌陷时形成的。各盖板跨越墓室的部分均已塌落，墓室西部可能因为下有尸体为依托，隐约可见呈板状的板灰痕迹，东部则只见零星的板灰痕迹。

保留在南、北两侧二层台上的盖板上普遍发现麻布印痕，墓室中也散落有大量大小不一的印有麻布痕迹的泥块，因此推测原来盖板上全部都覆盖有麻布。这些麻布痕迹有的平整，经纬细密；有的扭曲变形，经纬疏离或纠结。整体而言，二层台上盖板上的麻布痕较平整细密，墓室中泥块上的印痕多已经变形。推测麻布的扭曲变形是在盖板横跨墓室以上部分塌陷过程中发生的，可见塌陷发生在葬礼后不久，其时填泥尚未干固，仍能留下变形麻布印痕。（图 2-27a；图版六六、六七、六八）

墓室上各盖板具体情况及麻布痕迹分布情况列表如下。

盖板编号	北侧二层台上部分长	南侧二层台上部分长	推测原长	估计原宽	备注
①	33	49	162	20	倒塌在墓室中的部分侧立，保存较好，上面有扭曲变形的麻布印痕（图版六八，1）
②	未见痕迹	57		21	隐约可见塌落在墓室内的板灰，靠近南侧
③	32	48	163	24	南侧部分保存有经纬疏离的麻布印痕。隐约可见塌落在墓室内南侧的板灰
④	87	67	255	22	北侧部分南端有清晰的细麻布印痕，北端被大片细麻布覆盖（图版六七，1、2）；南侧部分有清晰木纹。隐约可见塌落在墓室内的板灰
⑤	58	71	218	20	北侧部分南端有清晰的细麻布印痕，北端被大片细麻布覆盖（图版六七，1、2）；南侧部分北端有细麻布印痕。隐约可见塌落在墓室内的板灰
⑥	73	55	225	20	北侧部分北端破损严重；南侧部分北端有细麻布印痕（图版六七，3），南部有清晰木纹。隐约可见塌落在墓室内南侧的板灰
⑦	73	52	224	20	北侧部分北部有麻布印痕；南侧部分有清晰木纹（图版六七，4）。隐约可见塌落在墓室内南侧的板灰
⑧	65	63	228	20	北侧部分北部和南侧部分有经纬疏离的麻布印痕。隐约可见塌落在墓室内南侧的板灰

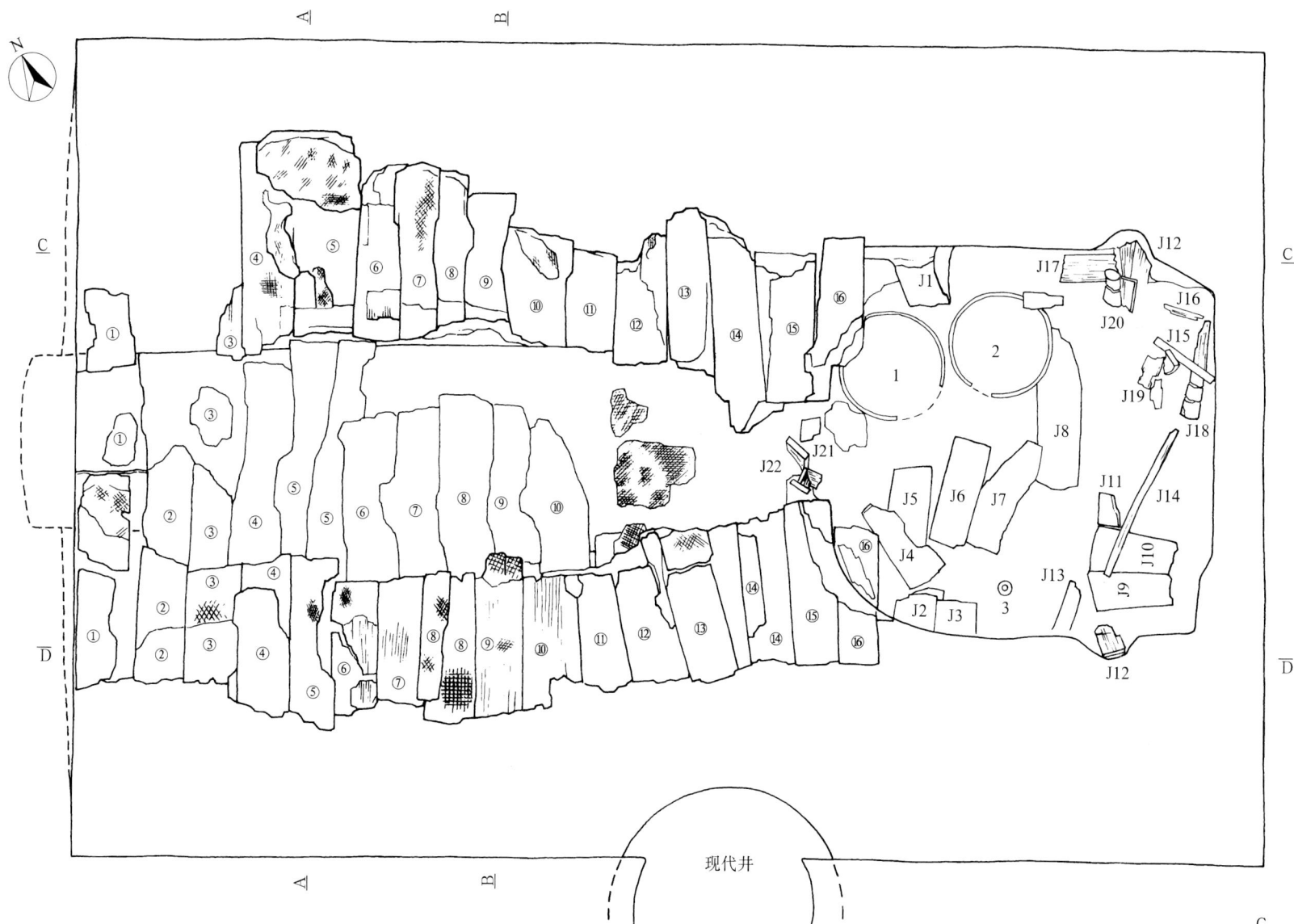

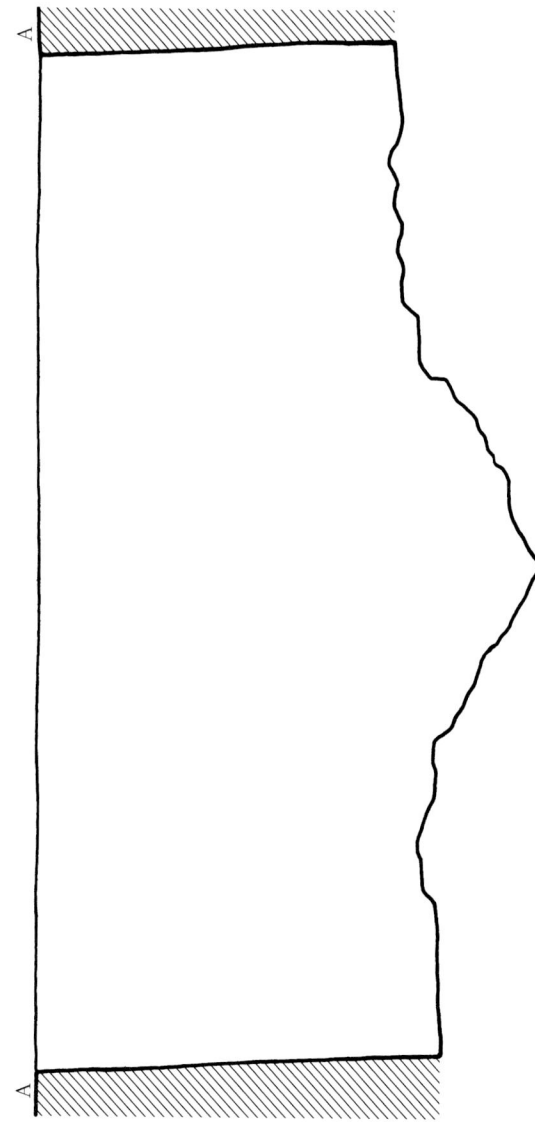

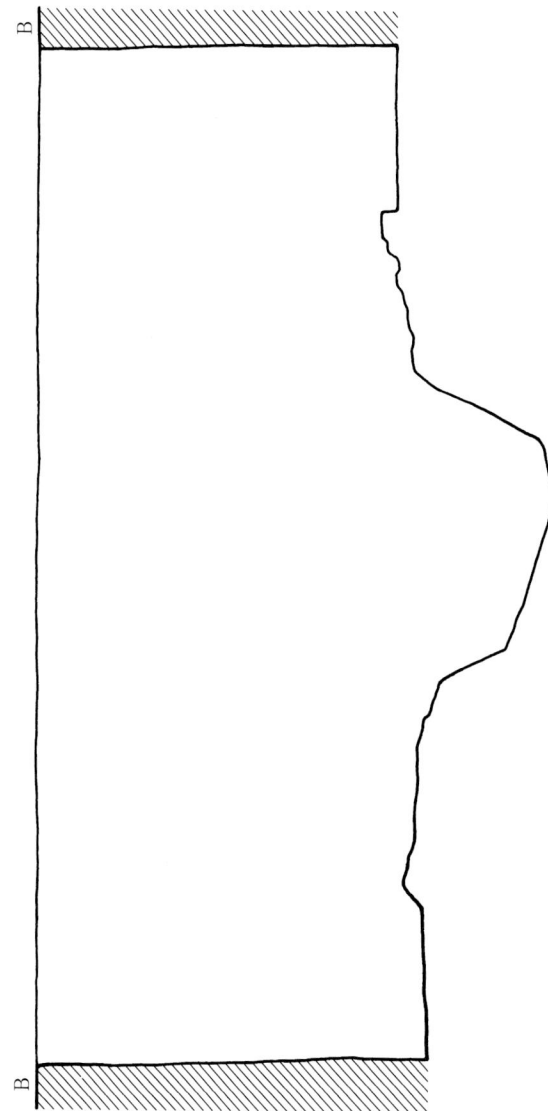

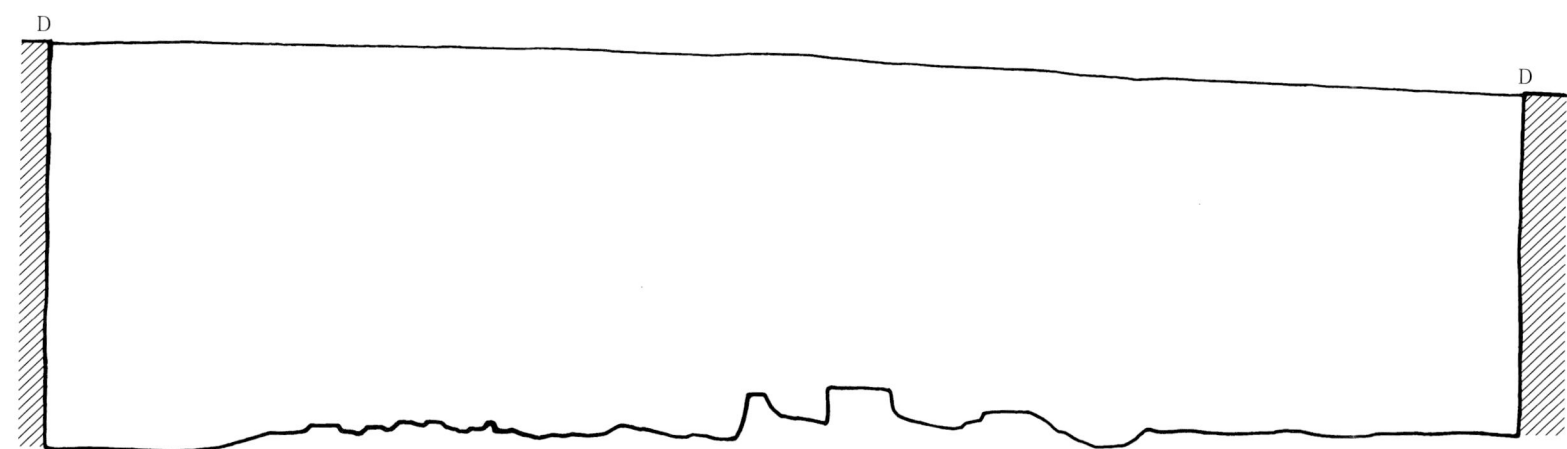

现代井

图2-27a　M27盖板遗迹图

0　　　　50cm

续表

盖板编号	北侧二层台上部分长	南侧二层台上部分长	推测原长	估计原宽	备注
⑨	55	68	213	20	南侧部分北端有经纬疏离的麻布印痕，南部有清晰木纹。隐约可见塌落在墓室内南侧的板灰
⑩	50	57	197	25	南侧部分有清晰木纹。隐约可见塌落在墓室内南侧的板灰
⑪	43	49	183	22	痕迹不清晰
⑫	55	61	186	22	南、北两侧部分均有南北向的断裂，西部宽而低平，东部窄而凸起。墓室中对应部分有大片经纬疏离的麻布印痕
⑬	70	63	195	20	南侧部分北端与主体断裂，较低，有经纬疏离的麻布印痕。墓室中对应部分有大片经纬疏离的麻布印痕（图版六八，2）
⑭	84	64	183	20	北侧部分北端翘起，与板⑬的高差约10厘米
⑮	59	68	167	20	墓室中部分有塌落的木板痕，斜立在墓室与脚坑之间
⑯	54	57	177	20	东半边搭在脚坑边缘，北侧部分的东南角塌落在大口缸 M27：1 口沿上（图版六六，2）；南侧部分的东北角塌落在脚坑中

注：长度和宽度单位均为厘米。

　　脚坑南、北、东侧二层台上均未见盖板痕迹，但脚坑内则有残断盖板痕迹（图版六八，4；图版六九，2）。坑西北角有板痕 J1，由坑壁向坑内以近 20 度角倾斜，残长 18、宽 20 厘米。坑西南角有板痕 J2 和 J3，均由坑壁向坑内以近 20 度角倾斜，J2 残长 17、宽 17 厘米，J3 残长 15、宽 17 厘米。在坑内西南及中部的近底部发现 5 块基本呈南北走向的板痕：J4 走向较偏，压在 J5 之上，残长 40、宽 18 厘米；J5 残长 65、宽 18 厘米；J6 走向略偏，高于 J5 约 5 厘米，残长 46、宽 18 厘米；J7 走向较偏，残长 45、宽 15 厘米；J8 低于 J7 约 5 厘米，残长 67、宽 19 厘米。在坑内东南角近底部发现 3 块基本呈东西走向的板痕：J9 残长 35、宽 15 厘米；J10 残长 36、宽 18 厘米；J11 只有一小段，残长 8、宽 14 厘米。脚坑内还发现有窄板和木条痕迹。J12 只保存了两端的部分，均搭在脚坑边缘，以近 70 度角向下倾斜，木纹清晰，北端部分残长 30、宽 10 厘米（图版六九，1），南端部分残长 30、宽 10 厘米。J13 在 J12 西侧，塌落在脚坑近底部，残长 18、宽 8 厘米。J14 发现于 J10 以上约 5 厘米处，残长 67.5、宽 4 厘米。J15 和 J16 均由脚坑东壁近口部向下呈 20 度角倾斜，J15 残长 30、宽 5 厘米，J16 残长 16、宽 4 厘米。J17 紧靠 J12 西侧，近东西向，残长 24、宽 10 厘米。此外，脚坑中发现 4 处柱状物遗迹。J18 和 J20 似为柱体遗迹。J18 从脚坑东北角以 60 度角斜下，残长 40、宽 6 厘米，青灰色，较硬，上有零星砖红色斑点（图版六九，3）；J20 紧靠 J12 下端，以近 70 度角斜立，残长 18、宽 7 厘米。J19 和 J21 为印有柱体痕迹的填泥，均有一下凹的光滑弧面，呈砖红色。J19 靠近 J18，断为 3 块，宽约 5 厘米；J21 靠近大口缸 M27：1，斜躺在填土中，残长 20、宽约 5 厘米（图版六九，4）。J22 为倒塌在墓室和脚坑间的木板痕迹（图版六九，2）。

　　综合上述迹象，脚坑原来也应以木板覆盖，因为盖板搭在二层台上的部分较短，在塌陷时几乎

现代井

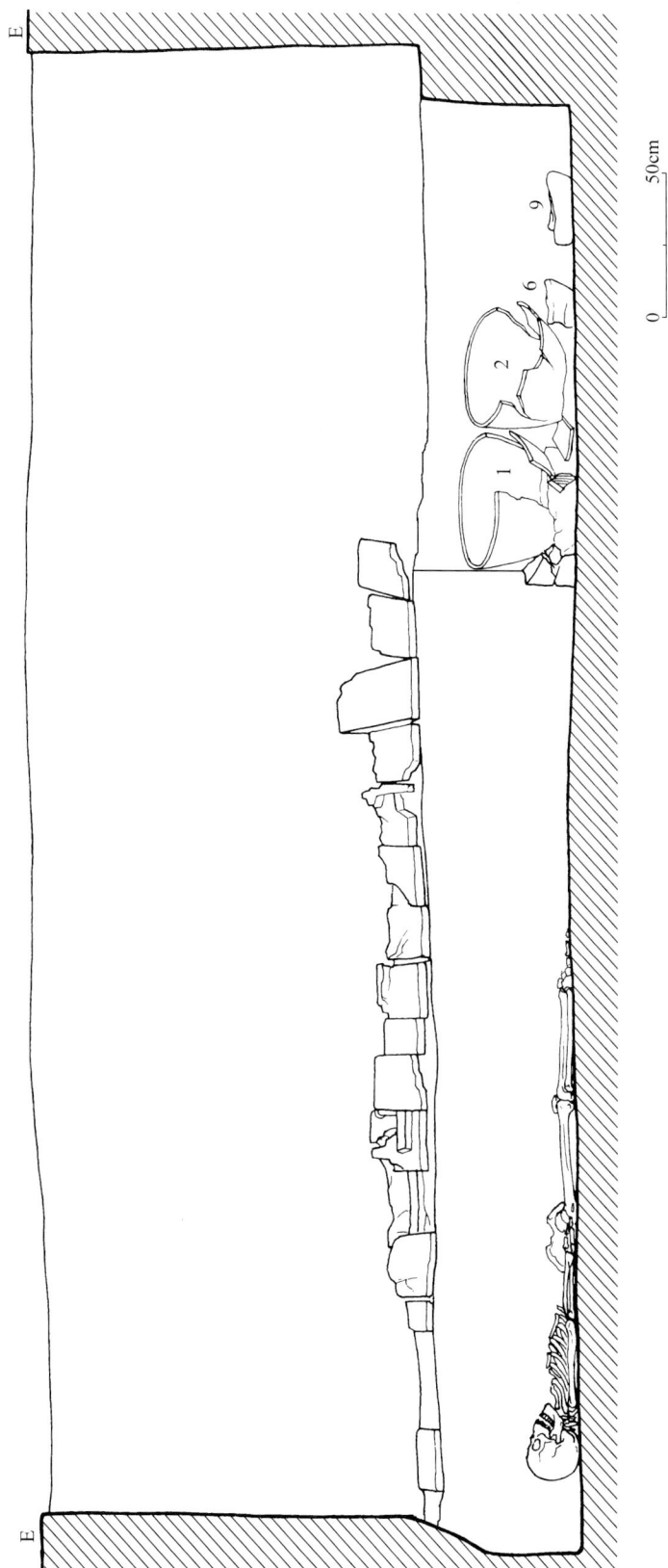

图2-27b M27平、剖面图

全部落入脚坑中，在二层台上没有留下痕迹。窄板、木条和柱状物痕迹表明，脚坑内可能还有其他木质设施，只是难以依据现存迹象推测其结构了。脚坑初暴露时，其周边有清晰的黄色泥条，泥条宽约 2 厘米，在窄盖板 J12 两端的部位对称凸出（图版六八，3）。清理过程中发现，泥条只有不足 1 厘米厚，J12 两端凸出部分略向下倾斜即转为脚坑的直壁，由现存的迹象难以解释此泥条的形成。

墓室和脚坑盖板的板灰厚度均不足 1 厘米，这些盖板的原厚度不明。墓室盖板在二层台上部分并未直接接触二层台面，其板灰与二层台面之间有 10 厘米左右的填泥。分析此板下泥层的形成有两个原因：一是因加工工艺和工期的限制，盖板的厚度并不一致，为了保证盖板表面基本平整以覆盖麻布，铺设盖板前先在二层台上布泥，通过调整不同部位的泥量，使得盖板表面基本平整；二是在盖板中部塌陷过程中，周围的填泥会渗入板底。

墓室和脚坑中的填土均较松软，呈棕灰色，混杂有大量泥块和板灰，估计原来墓室和脚坑均未填土，直接以盖板封盖，发掘时所见填土乃盖板塌陷时形成。

墓主仰身直肢，摆放位置偏西，头顶距西壁 28、足距墓室与脚坑交界处 140 厘米。头向 296 度，头略向右侧倾斜，面向上。右臂伸直，靠近体侧，手骨保存完好，手掌向下抚地，放在右腿根部；左臂略弯，手骨保存完好，手掌向下抚地，放在左腿根部。双腿伸直，双膝靠拢，间距约 1 厘米；髌骨均在原位；两小腿的腓骨均暴露在胫骨侧面。双足保存完好，足心相对，均足背弓起，足尖向下如跳芭蕾舞状，足跟部紧贴。（图 2－27b；图版七〇，1）

墓主头骨粗壮，眉弓、眉间发育特显，前额倾斜，乳突较大，枕外隆突明显，下颌粗壮，下颌角较小且角区内翻，坐骨大切迹深且窄，耻骨支角度较小，判断为男性。齿骨联合面比较平坦，周缘明显，颅缝正在愈合，牙齿磨耗 3~4 级，判断年龄 35 岁左右。根据肱骨、股骨和胫骨最大长推算身高为 165.3 厘米，现场测量为 165 厘米。

颅骨顶面观呈卵圆形；颅指数属于接近中颅型的圆颅型，颅高属高颅，颅宽属于中等；中斜额，面高属于中等，面宽属于阔面型；阔鼻，低眶；平颌。额中缝贯通整个额骨，与矢状缝连通。额中缝的发育情况、头骨其他重要特征（包括卵圆形颅、圆颅、高颅、中狭颅、面高中等、阔面、阔鼻、低眶、眉弓眉间突度强烈、鼻根凹较深、方形眶、齿列好、乳突大、颅骨最宽处位于顶结节附近）以及各项数据等，均与 M8 墓主非常相似。当然，两者之间也存在一些差异，如 M8 鼻根略高且窄，M27 鼻根略低且宽。两墓之间是否存在密切的直系亲属关系，尚需古 DNA 进一步分析。

颅骨人字点附近有呈正三角形的整体突起，以人字点为中心突出于颅骨表面，周围未见其他疾病或创伤现象，形成原因不明确，可能是个体变异的结果。

牙齿保存较好，齿列好，牙齿中等磨耗且磨耗均匀。上、下颌牙齿有明显牙结石现象，还有明显牙周炎痕迹。下颌左、右 I2 磨耗较重，从舌面向颊侧呈斜坡状，属于严重的切齿结构。下颌左、右 I1 生前缺失，齿孔闭合，齿骨萎缩。

摇椅形下颌。

右侧第 2、3 肋骨中部有骨折错位愈合现象，应与生前创伤有关。右侧锁骨近中端下部有蚕豆形状和大小的融蚀性凹坑，大小约 24×19 毫米，使锁骨近中端变得异常膨大，原因不明。

第 10、11、12 胸椎和第 1 至第 5 腰椎以及骶椎椎体上有程度不同的增生，其中腰椎增生比胸椎增生严重。第10胸椎椎体腹侧缘右前方有绿豆粒大小骨赘。第11胸椎椎体下部周缘有轻度增生。第12胸椎椎体下缘周缘和上缘中部有轻度增生。第1腰椎椎体上下周缘有唇状中度增生。第2腰椎椎体上缘唇状中度增生，下缘增生较轻。第3腰椎椎体上缘唇状中度增生，下缘增生较轻。第4腰椎椎体下缘右前部舌状中度增生，上缘较轻。第5腰椎椎体上缘左前部唇状中度增生，下缘较轻。骶椎上缘右侧有小的舌状骨赘。

左、右髋骨骨面中部和耳状关节面中下部有明显的区域性散在性小孔，呈骨质疏松状态，似乎与贫血有关。

肢骨保存极好，肢骨骨密度1级，粗壮度1级。股骨上端膨隆处偏小，与股骨干之间无明显变化，但未发现其他病理现象，可能属于个体变异，或与基因遗传有关。右肱骨较左肱骨明显粗壮，右股骨较左股骨粗壮度大，两侧胫骨差异很小。

两侧髌骨和跟骨上无明显骨赘，可能是因为年轻或从事繁重劳动较少。

共发现随葬品9件，均为陶器，集中在脚坑中（图版七〇，3）。脚坑西北部并列放置两件大口缸，M27∶1在西，M27∶2在东，均近直立，略向东南倾斜，而且东南部分的缸壁均破裂，应该是受到塌落的盖板和墓圹填泥的压迫所致。M27∶1口沿的凹弦纹中，填有红色朱砂（图版六六，2）。散落在缸内的填土中，有保留着朱红色麻布印痕的泥块（图版六六，3），推测此件大口缸在随葬时曾以涂有朱砂的麻布封盖。整个墓圹在被泥封填不久、填泥尚未干固的情况下，就发生了盖板塌落，塌落而下的填泥砸在封口麻布上，留下印痕，并掉落在缸底。M27∶2北侧放置带盖簋形器1件（M27∶5），发现时已经倾倒。M27∶2东侧亦放置簋形器1件（M27∶6），陶质极差，堆做一团。脚坑正中靠近东壁的位置，放置簋形器1件（M27∶9），也是陶质极差，堆做一团。脚坑南侧中部放置釜灶1套（M27∶7、8），陶质极差，堆做一团，只能辨认出釜的口沿。釜灶和脚坑南壁之间放置壶1件（M27∶3），出土时保持直立。釜灶东侧放置钵1件（M27∶4），出土时向东倾斜。（图2-27b；图版七〇，1）

随葬品具体情况如下：

M27∶1，陶大口缸。夹砂，砂主要为大小不一的白色石英颗粒。上半部分外表细腻，为棕红色；下半部表面粗糙，暴露出大量粗细不一的石英砂粒，呈褐色。敞口，唇面上有2道或3道凹弦纹，斜直壁，圜底。口径44.6、高32.5、胎厚1.4厘米。中部偏下有一道凸出的附加堆纹，上面有密集的戳压形成的小凹窝。此附加堆纹以上部分经过磨光，较细腻。此部分施加纹饰的顺序大致为：

1）在口沿和附加堆纹之间的部分普遍饰拍印的篮纹。2）修整从口沿向下约9厘米的宽度内的器身，修整过程中形成很浅的弦纹，并对已经拍印的篮纹形成破坏，造成与弦纹重合部分的篮纹较浅而模糊、弦纹部分以下的篮纹较深而清晰。弦纹上有若断若续的黑色线条。3）弦纹带以下、附加堆纹以上绘制一道宽约6厘米的红色彩带，暴露出16个近圆形空白点，或为胎体颜色，或呈白色，或呈黑色。这些点可能是绘制彩带时有意留出，也可能是空白部位原来贴附着某种有机附着物，然后才绘制彩带，附着物腐化后，暴露出空白点。4）在红彩带上以黑彩绘出3组斜线，其中两组包括两条大致平行的斜线，一组模糊不清将彩带分隔成三部分，其中一部分有8个空白点，一部分有5个空白

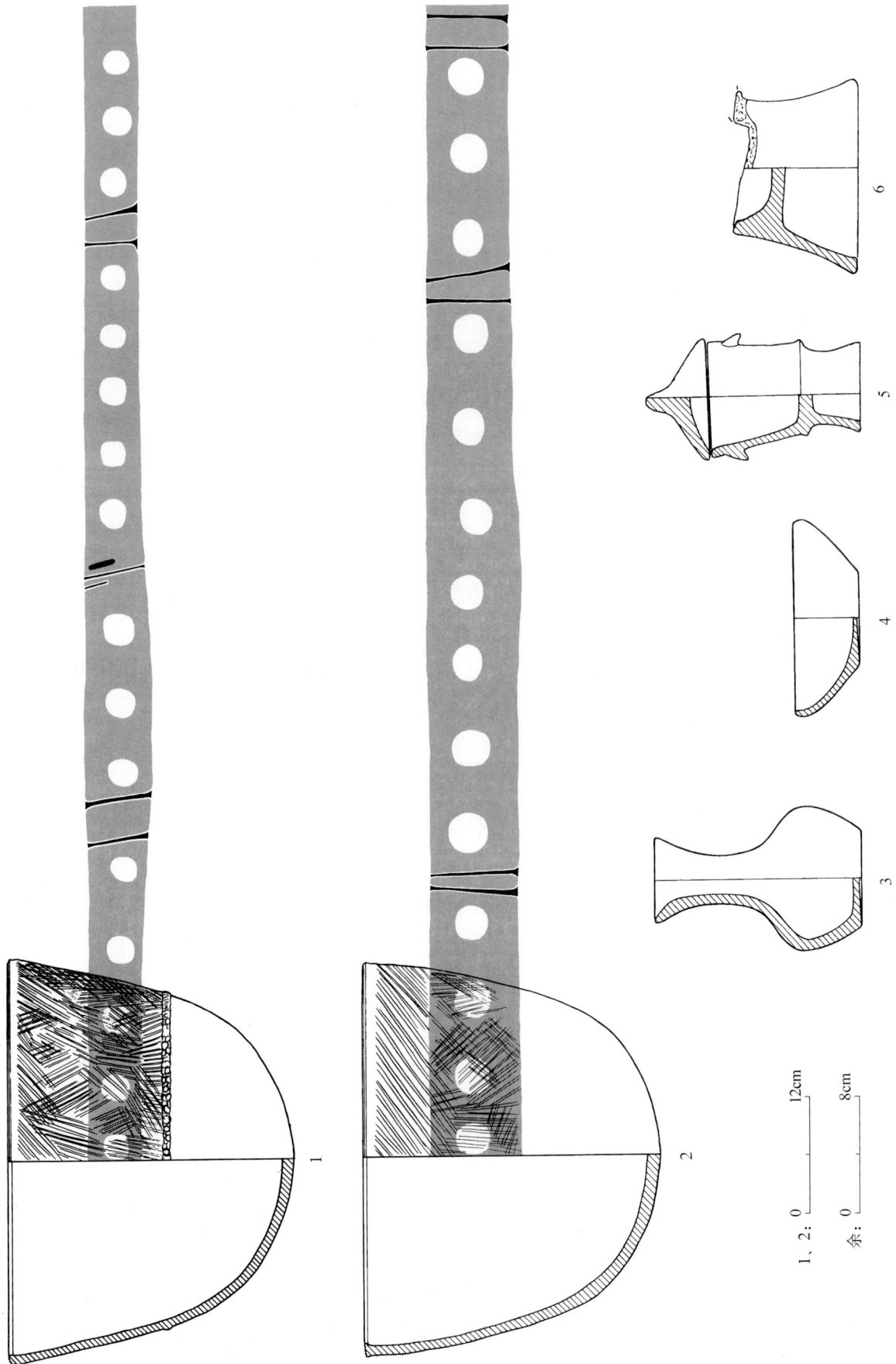

图2-27c　M27出土器物图

点，一部分有 3 个空白点。

红彩带和附加堆纹之间有黑色斑块，但很多部位已经模糊或完全脱落。附加堆纹以下部分未经过修整，除暴露粗砂粒外，还可见泥条盘筑痕迹。（图 2 - 27c；图版七一）

唇部的弦纹内有朱红色的朱砂痕迹，缸中发现有涂朱砂的麻布印痕（图版六六，3）。

M27:2，陶大口缸。夹砂，砂主要为大小不一的白色石英颗粒。上半部分外表细腻，为棕红色；下半部表面粗糙，暴露出大量粗细不一的石英砂粒，呈褐色。敞口，唇面上有 3 道凹弦纹，斜直壁，圜底。口径 40.5、高 31.2、胎厚 1.4 厘米。上半部分经过磨光，较细腻。此部分施加纹饰的顺序大致为：

1）在口沿和附加堆纹之间的部分普遍饰拍印的篮纹，篮纹较深而清晰。口沿下约 7 厘米的范围有平行黑线纹，但若断若续。2）在黑线纹下绘制一道宽约 9 ~ 10 厘米的红色彩带，暴露出 14 个近圆形空白点，或为胎体颜色，或呈白色，或呈黑色。3）在红彩带上以黑彩绘出 3 组斜线，每组包括两条大致平行斜线，将彩带分隔成三部分，其中一部分有 7 个空白点，一部分有 4 个空白点，一部分有 3 个空白点。

下半部分未经过修整，除暴露粗砂粒外，可见泥条盘筑痕迹。（图 2 - 27c；图版七二）

M27:3，陶壶。泥质。砖红色。敞口，尖圆唇，细长直颈，上部外敞后下弧成圆肩，腹部斜直，平底。口径 6、最大径 10、底径 6.4、高 14.4 厘米。素面。颈内侧可见泥条盘筑痕和刮抹痕；器身可见轮修和刮抹痕；底平整，有刮抹痕。（图 2 - 27c；图版七三，1、2）

M27:4，陶钵。泥质。砖红色。口微敛，方圆唇。斜腹，近口部略凸出，平底。口径 13.2、底径 8、高 4 厘米。素面。内外壁均可见刮抹痕；底面平整、粗糙，有刮痕。（图 2 - 27c；图版七三，3）

M27:5，陶带盖簋形器。簋形器为夹砂陶，砂主要为小白色石英颗粒。棕红色。上部为小盆形，口微敞，厚方唇，口下对称安装鹰嘴状小鋬一对，斜直壁，平底，壁、底结合部形成一尖圆凸棱；下部为圈足，近直壁，底部外撇。口径 7.8、足底径 6.1、通高 10.3 厘米。器身和圈足上可见不规则刮抹痕；器身内壁未经仔细修饰，有清晰的泥条盘筑痕迹，整个器身由泥条盘筑 6 层而成。器盖亦为夹砂陶，棕红色，斗笠形，中部凸出一尖状纽。直径 8.2、高 4.2 厘米。（图 2 - 27c；图版七三，4）

M27:6，陶簋形器。夹砂。棕红色。只复原了圈足部分。足径 13.2、残高 8.8 厘米。（图 2 - 27c；图版七三，5）

M27:7，陶釜，难以复原。

M27:8，陶灶。难以复原。

M27:9，陶簋形器。难以复原。

M28

位于墓地西北部 06T13 的西北部，靠近 M27 并与之基本平行。墓口距地表深 70 厘米，墓圹长 245、宽 140、深 56 厘米。在距现存墓口深 31 厘米处留出南、北两侧的生土二层台，在中部下挖出墓室。北侧二层台宽 44 ~ 54 厘米，南侧二层台宽 43 ~ 50 厘米；墓室长 245、宽

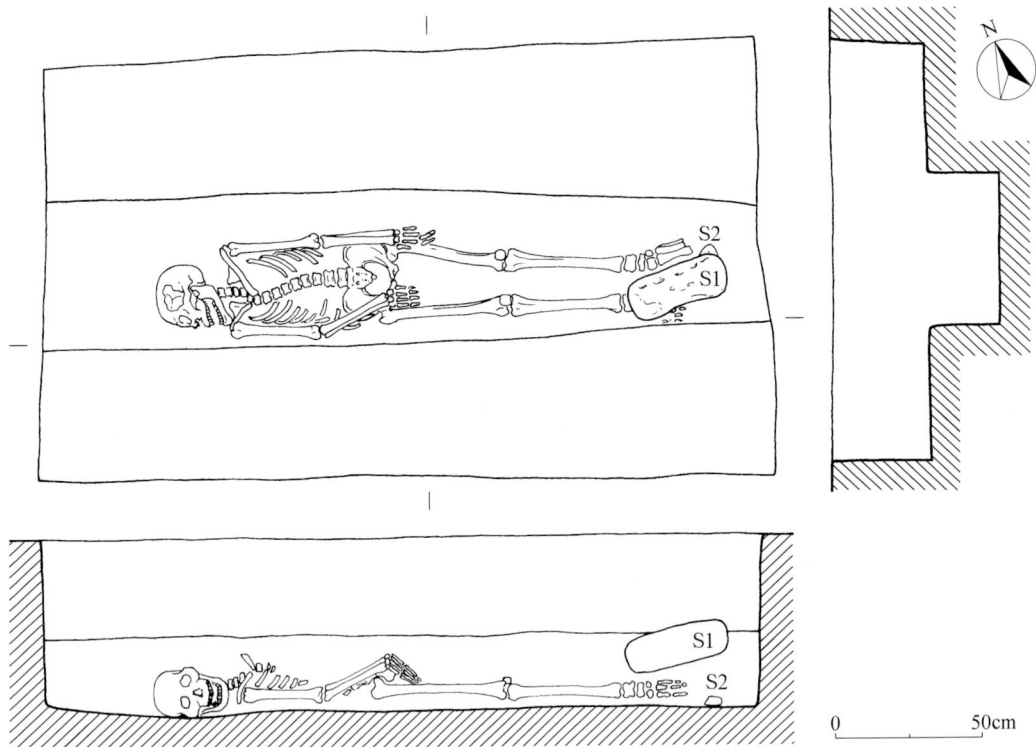

图 2 - 28　M28 平、剖面图

51、深 25 厘米。墓圹内填土为棕红色土、青灰色草拌泥和黄色生土混杂的花斑土，杂少量很小的碎陶片，四角黄土较为集中。墓室内填土为棕红色，杂少量青灰色草拌泥块。

墓主仰身直肢，摆放位置整体略偏东，头顶距西壁 38、左足尖距东壁 22 厘米。头向 292 度，面向南。双肩略耸。左臂伸直，紧贴体侧，手骨保存完好，手掌向下，手背略隆起，放在左腿边；右上臂紧贴体侧，下臂向内弯，手骨保存完好，手掌向下，手背略隆起，放在右腿根部内侧。双腿伸直，双膝间距离约 7 厘米；髌骨基本在原位。双足保存较好，足心相对，均足背弓起，足尖向下如跳芭蕾舞状，但足跟相距约 10 厘米。（图 2 - 28；图版七四，1、2）

墓主眉弓、眉间发育显著，前额倾斜，乳突较大，下颌粗壮，下颌角较小且角区外翻，坐骨大切迹深且窄，肢骨粗壮，颅壁厚度中等，眶上缘薄锐，综合判断为男性。颅骨矢状缝和人字点愈合，冠状缝和人字缝正在愈合，牙齿磨耗 4 级，判断年龄 40 岁左右。根据左股骨最大长推算身高为 169.5 厘米，现场测量为 163 厘米。

颅骨顶面观呈卵圆形；颅指数属于接近中颅型的圆颅型，颅高属高颅，颅宽属狭颅；斜额，面宽中等，面高中等；中鼻，中眶。

牙齿磨耗普遍偏重，口腔疾病的发生率较高：

下颌左侧 C 咬合面龋齿至齿根，M1 齿颈的远中面和近中面上出现龋孔、约呈绿豆粒大小；右侧 M1 和 M2 邻面产生齿颈龋，相邻的齿根亦被磨蚀掉，龋洞深约 7.5、宽约 5 毫米，M2 远中面齿颈龋，约为绿豆粒大小。上颌左侧 M1 产生轻度远中面齿颈龋，右侧 M1、M2 深度齿冠龋、仅余齿根。

上、下颌牙齿齿根暴露多超过 1/3，尤其臼齿齿根暴露较多，M2 多脱落为游离齿。下颌右侧 P1 齿根脓疡，牙齿脱落，齿根部残留椭圆形瘘道，大小约 10.5×8 毫米；下颌左侧

M2 生前脱落，齿孔闭合，但未见其他病症痕迹，可能与牙周炎等有关。

残碎的腰椎上有轻度增生。

肢骨粗壮度 1 级，呈男性化，但骨质疏松严重，骨密度 2 级。右股骨较左股骨粗壮；总体骨骼较为酥脆，骨密度小，骨质疏松，与内分泌型疾病有关。

仅余的右髋骨前端表面有轻度的增生现象。

在墓室东南角、墓主右足位置上放置一近圆角长方体的自然卵石（M28：S1），长 31、宽 14.5、高 11.3 厘米，无明确加工使用痕迹。下面高出右足约 10 厘米，上面略高于墓室开口（图版七四，3）。左足东靠近墓室东北角处有一小自然石块（M28：S2），石质为脉石英。

未见随葬品。

M29

位于墓地西北角 06T9 的东北角。墓口距地表深 70 厘米，墓圹长 400、宽 330、深 190 厘米。在距现存墓口深 135 厘米处留出南、北两侧的生土二层台，在中部下挖出墓室和脚坑。北侧二层台宽 110～130 厘米，南侧二层台宽 85～125 厘米。墓室长 320、宽 92、深 40 厘米。脚坑东、西两边为直边，南、北两边呈弧边，东西长约 100、南北长约 133 厘米，底部低于墓室底约 10 厘米。墓圹内填土为棕红色土、青灰色草拌泥和黄色生土混杂的花斑土，中有少量很小的陶器碎片。清理至距离墓口深约 120 厘米的层面上时，暴露出大片青灰草拌泥，几乎布满整个墓圹，最厚部分约 10 厘米，以西部和墓室周围最为集中（图版七五，1）。墓室内填土松软，但混杂大量青灰色草拌泥块，应系墓室中部塌陷时落入。

墓室和脚坑均以木板封盖。墓室西端的盖板板灰较平整，可见清晰的棕色木纹，似乎原为一块宽而薄的木板。墓室中部的盖板在二层台上未见痕迹，塌陷在墓室中的部分也未见板灰痕迹。但这部分木板上覆盖有麻布，板灰虽然已经荡然无存，麻布印痕犹在（图 2－29a；图版七六）。麻布经纬细密，基本未变形，仔细观察麻布印痕表面错落的形态，可以依稀辨认出 6 块盖板，多以近 45 度角向墓室内倾斜。具体情况列表说明。脚坑两侧二层台上亦未见盖板痕迹，脚坑内可见 3 块盖板倒塌在坑南、北两壁部分的痕迹，具体情况亦在表中说明。

编号	北侧长	南侧长	估计宽	备注
①	33	49	20	北侧残断，南侧表面较平整。麻布印痕模糊
②		57	21	北侧局部麻布印痕清晰
③	32	48	24	南侧局部保存清晰的麻布纹
④	87	67	22	北侧局部保存有面积较大的清晰麻布纹
⑤	58	71	20	两侧局部均保存有较清晰的麻布纹
⑥	73	55	20	南侧局部保存有清晰的麻布纹
J1	73	52	20	北侧部分断为两截，南侧部分较平整
J2	65	63	20	北侧部分以近 30 度角倾斜，南侧部分断为两截
J3	55	68	20	北侧部分错断为两截，南侧部分以近 45 度角倾斜而下

注：长度和宽度单位均为厘米。

陷落到墓室中的部分泥块上有麻布痕和板灰痕（图版七五，2）。

综合上述现象，推测埋葬时墓室和脚坑中未填土，墓室人骨上面部分和脚坑可能均以木板封盖，至少在墓室中部的盖板上覆盖有麻布。盖板并盖布后，整个墓室和脚坑又以厚 10 厘米左右的青灰泥封盖。二层台的大部分也覆盖了青灰泥。盖板搭在二层台上的部分较短，在塌落时完全滑入墓室内，故未能在二层台上留下痕迹（图版七七，1）。

　　墓主仰身直肢，摆放位置整体偏东，头顶距西壁 27、左足尖距墓室与脚坑交界 107 厘米。头向 293 度，面朝上，略向左侧。躯干上部受到严重扰乱：锁骨均错位，出现在胸部和右腹部；右侧肋骨错位或不见；腰椎和尾椎散乱。未见右臂；左臂只余尺骨和桡骨，被一条肋骨叠压，桡骨压在尺骨之上，其远端在尺骨远端内侧，原来左臂应伸直，紧贴体侧，手掌向斜下方。双手手骨均散落在躯体上部。盆骨左半部分在原位，右半部分发现于头骨的右上方墓室开口部位，距墓室底部约 10 厘米。右股骨发现于腰部右侧，以约 45 度角斜倚在墓室南壁上，股骨头端高出墓室口部 1 厘米；右胫骨和腓骨在原位，腓骨暴露于胫骨的右侧。左腿伸直，髌骨在原位，腓骨暴露于胫骨的左侧；双膝间距离约 6 厘米。双足跟部保存较好，趾骨

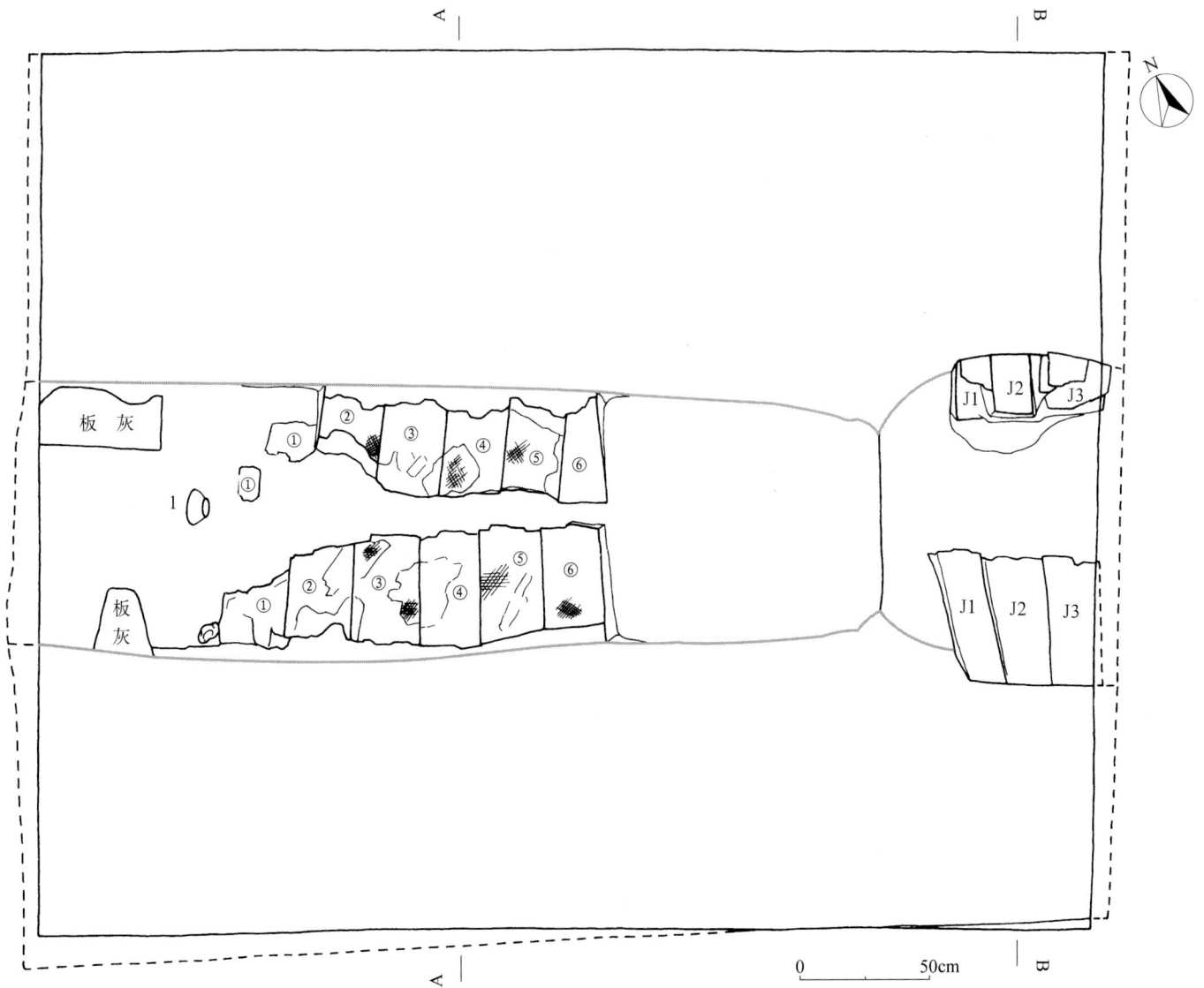

图 2－29a　M29 盖板遗迹图

（灰线为板灰未清理时辨认出的墓室脚坑轮廓线）

较散乱，但可以辨认出双足均足背弓起，足心相对，足尖向下如跳芭蕾舞状，足跟相距约 5 厘米。（图 2 - 29b；图版七七，2）

墓主头骨较小，眶上缘薄锐，但眉弓、眉间发育中等，前额倾斜，枕外隆突显著，乳突较大，下颌角较小且角区外翻，坐骨大切迹深而窄，肢骨粗壮，综合判断为男性。牙齿磨耗偏重，且磨耗不均匀，颅内缝多愈合，颅外矢状缝基本愈合，顶孔段和人字点段以及前囟处愈合，冠状缝和人字缝正在愈合中，判断年龄 40～45 岁。根据左股骨和两侧胫骨最大长推算身高为 169.6 厘米，现场测量为 167 厘米。

颅骨顶面观呈卵圆形；颅指数属于圆颅型，颅高属高颅，颅宽属于中等；面高中等，面宽属狭面型；阔鼻，低眶。

牙齿保存较差，缺失较多，仅残余上颌左侧 I2、C、P2、M1、M2 和右侧 C～M3，下颌左侧 I2～M2（P2 先天缺失）和右侧 I2、C、P2、M1。下颌左侧 M2 咬合面有绿豆粒大小的龋洞；上颌左侧 M1 咬合面深度龋孔，但龋孔较小。上颌左侧 M1、M2 和右侧 M1，下颌左侧 M1 和右侧 M3 皆深度齿根脓疡，多融蚀形成圆形凹坑，且牙齿多处于半脱落状态，其中下颌右

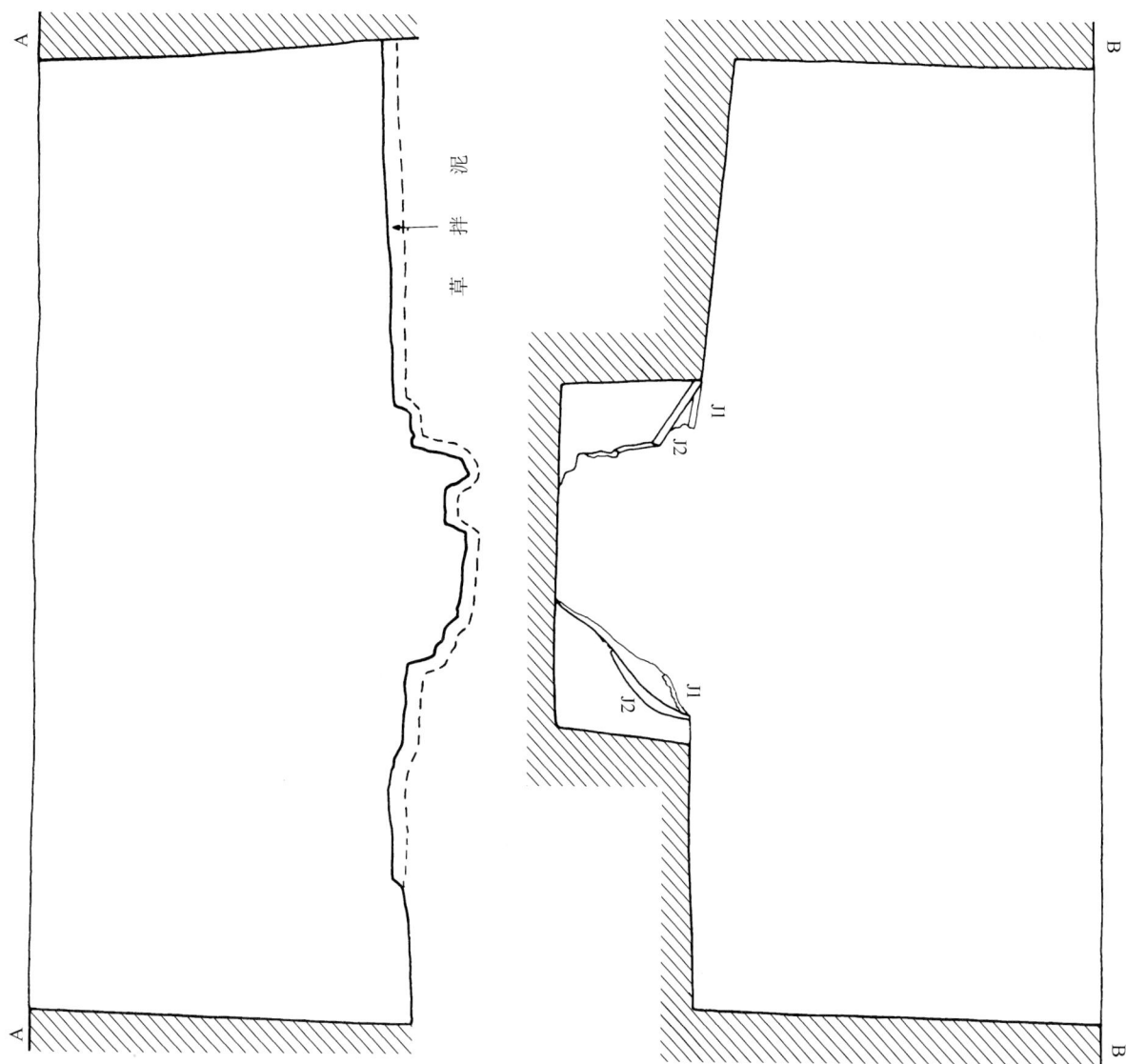

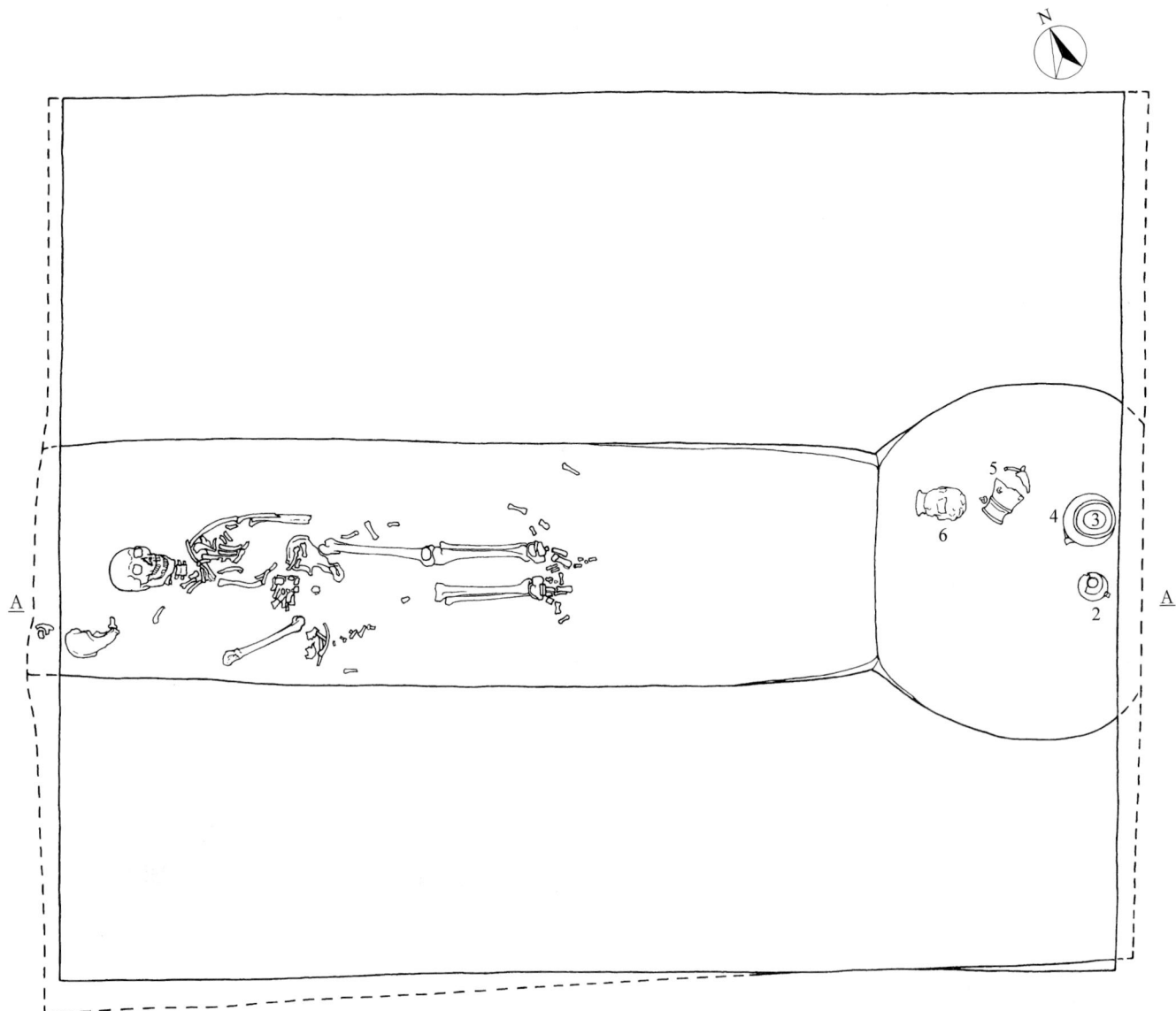

图 2 - 29b M29 平、剖面图

侧 M3 已经脱落，齿孔开始萎缩闭合。下颌右侧 P1 和 M2 生前脱落，齿孔闭合，齿骨萎缩，从萎缩后形成的凹坑痕迹看，可能与齿根脓疡有关。从齿根暴露情况看，此人生前患有严重的牙周病，与齿根脓疡共同导致牙齿脱落。部分牙齿齿冠显示轻度的牙结石。牙齿尤其是臼齿磨耗偏重，上颌左侧 M1 磨耗达 5 级，甚至骨髓腔暴露。口腔疾病是导致牙齿磨耗普遍偏重的重要原因。

右侧锁骨中部偏远端锁弓向后弯曲处有骨髓炎症状，表现为异常膨隆，延伸至锁骨头，表面上似骨折错位愈合状，击之如朽木，表明其骨骼内部已受到严重感染，骨密度减小，呈疏松状；同时，膨隆处下端不像一般锁骨那么光滑，而是如岩浆堆积状。经观察，应该是由于某种类似骨膜炎等骨质疾病导致骨质疏松和骨折而引发的骨质隆起和变形。同时，胸骨上端呈倒梯形部分两侧和上端也有类似锁骨的异常膨隆和骨质疏松现象，并伴随骨瘤样的骨质变化，其原因应类似。

残存的第 4、5 腰椎中度增生。第 4 腰椎椎体上缘右前方有碗状增生，长约 32、高约 4.5 毫米，同时椎体下缘周缘也有轻度增生；第 5 腰椎增生状态与第 4 腰椎类似，只是上缘增生如舌状。

肢骨保存相对较差，粗壮度 1 级，骨密度 2 级，两侧肢骨差异不大。股骨前后的曲度较小，即股骨干较平直，显示下肢骨的弹性较差，在一定程度上影响下肢的下蹲姿态和蹲踞时间以及行走和奔跑的力量和速度，也会对长时间站立或行走造成一定影响。两跟骨后端下侧与地面接触部分产生中度增生，骨赘呈芽状，左、右髌骨上有轻度增生，显示生前行走较多。

以上疾病现象均表明墓主人生前健康状况较差。

共出土随葬品 6 件，均为陶器。M29:1 陶碗发现于墓室填土中，倒扣在胸部以上约 3 厘米的位置（图版七八，3）。其余随葬品均发现于脚坑中（图版七八，1）。釜灶 1 套，靠近脚坑东壁中部略北（图版七八，2）。灶（M29:4）基本直立，略向东北倾斜，灶膛口向西；釜（M29:3）在灶口之上，向南倾斜。壶 1 件（M29:2），立于釜灶南侧，略北倾斜，耳向西南。带盖簋形器 2 件，在脚坑西偏北部，M29:5 向北略偏东倾倒，M29:6 向东倾倒。（图 2-29b）

随葬品具体情况如下：

M29:1，陶碗。泥质，泥中有金色细砂。砖红色。敞口，尖圆唇，斜直壁，平底。口径 12.4、底径 6、高 4.4 厘米。素面。内壁、内底和外壁均可见刮抹痕，底较平整。（图 2-29c；图版七九，1）

M29:2，陶壶。泥质，杂金色小细砂。砖红色。敞口，尖圆唇，细短直颈，颈下部凸出一锐棱，鼓肩，斜弧腹，肩下部安装有一桥形耳，平底。口径 8.4、肩径 11.6、底径 7.2、高 14.4 厘米。素面。器表有刮抹痕迹，口沿面有细密的轮修痕迹，底部有刮抹痕。颈部系单独制作后安装在器身上，交接处有清晰的刮抹整修痕迹；颈部上的凸棱系以一附加泥条捏制整形而成，可见清晰的未经过精细修整的泥条附着痕迹和刮抹痕；耳为单独制作后贴在器身上，贴附痕迹未经仔细修整。（图 2-29c；图版七九，2、3）

M29:3，陶釜。泥质，泥中有金色细砂。砖红色。敛口，有较宽的伸向斜上方的折沿，沿边缘出窄平面，尖圆唇，器身上部外撇、下部内弧，小平底。上、下部分交接的最大腹径部

图 2 - 29c　M29 出土器物图

位在中部偏上，形成尖圆的锐棱。口径 16.6、底径 5.2、高 8.1 厘米。素面。沿面有轮修形成的细平行弧线痕，器身外表上部有较细致的刮抹痕，下部和底部有粗草的刮抹痕。（图 2 - 29c；图版八〇）。

M29：4，陶灶。夹砂，砂多为粗细不一的白色石英颗粒，并有金色小薄片。砖红色。灶口为扁圆圈形，顶面向内上方凸出三个支垫。灶膛为直壁桶形，前面开膛口。灶底为圆形平面，较平整。有三灶足。二前足在灶膛口两侧，由灶口底部斜直贯通而下，灶底下面部分略向前突出，正面较平整，左足有刻划得较细致不同方向平行线纹形成的似菱格纹，右足有类似的但较粗疏的似菱格纹；后足安装在灶底的后端，呈扁长方形，微外撇。口径 20.5、底宽 15.6、高 19.1 厘米。灶口与灶膛分体制作后连接，连接部位有清晰的指捏痕和粗、细刮抹痕。灶膛外壁有竖向细刮抹痕，内壁有横向细刮抹痕，但仍然可见清晰的泥条盘筑痕迹；整个膛体以泥条盘筑 6 层而成。灶底也是分制，然后以一附加泥条包裹底与灶膛结合部使两者接合，连接部位形成凸棱，被压制成花边状。灶口顶面有细密轮修痕迹。（图 2－29c；图版八〇）。

M29∶5，陶带盖簋形器。簋形器为泥质。棕色。上部为小盆形，口微敞，厚方唇，口下对称安装鹰嘴状小錾一对，斜直壁，上有三个小穿孔，平底，壁、底结合部形成尖圆凸棱；下部为圈足，近直壁，底部外撇。口径 10.4、足底径 7.4、通高 13.5 厘米。器身和圈足上可见不规则刮抹痕。器盖泥质，棕色，斗笠形，中部凸出一尖状纽。内外均有刮抹痕。直径 10.3、高 5.7 厘米。（图 2－29c；图版七九，4）

M29∶6，带盖陶簋形器。簋形器泥质。灰棕色。上部为小盆形，口微敞，厚方唇，斜直壁，平底，壁、底结合部形成一尖圆凸棱。下部为圈足，近直壁，底部外撇。口径 11.2、足底径 8.3、通高 12.4 厘米。器身和圈足上可见不规则刮抹痕。器盖难以复原。（图 2－29c；图版七九，5）

M30

位于墓地北部 06T22 的西北角。墓口距地表深 70 厘米，墓圹长 290、宽 220、深 63 厘米。在距现存墓口深 25 厘米处留出南、北两侧的生土二层台，在中部下挖出墓室和脚坑。北侧二层台宽 55～78 厘米，南侧二层台宽 55～79 厘米；墓室长 210、宽 68、深 25 厘米。脚坑主体近圆角长方形，与墓室交界处收窄，南北长 105、东西宽 80 厘米，底部低于墓室底约 10 厘米。墓圹内填土为棕红色土、青灰色草拌泥和黄色生土混杂的花斑土。墓室和脚坑初暴露时，墓室上部和脚坑边缘有大量杂芦苇秆的青灰色草拌泥，厚度约 8 厘米。清理完此泥层，墓室和脚坑就显露出来。墓室和脚坑内的填土为较松软的黄土杂青灰色草拌泥块。在脚坑中发现有保留木板印痕的碎泥块，并清理出一些板痕，但难以辨别盖板的数量。推测脚坑原曾以木板封盖。

墓主仰身，上身直，下肢膝部略向上屈，头顶距西壁 29、左足尖距墓室与脚坑结合部 15 厘米。头向 294 度，面向上。双肩略耸。左臂伸直，靠近体侧，左手骨保存较好，手掌向下抚在左腿侧；右臂肘部向右弯出，桡骨脱离原位，手骨散落于各处。双膝均向上屈，距离墓室底约 10 厘米，且均略向左侧偏斜；右腓骨暴露于胫骨右侧，左腓骨在胫骨下。右足保存较好，足掌踩地，左足保存较差，足掌似朝向右足。（图 2－30a；图版八一，1、2）

墓主头骨较小，眶上缘薄锐，但眉弓、眉间发育中等，前额倾斜，枕外隆突显著，乳突较大，下颌角较小且角区外翻，坐骨大切迹深而窄，综合判断为男性。颅骨矢状缝基本愈合，冠状缝和人字缝正在愈合，下颌牙齿磨耗均匀，为 3～4 级，综合判断年龄 35～40 岁。根据现场测量身高为 165 厘米。

颅骨顶面观呈卵圆形；颅指数属于圆颅型，颅高属高颅，颅宽属中狭颅。

额骨和顶骨上有多处散在的弥散性小孔，同时在眶上缘内侧也有筛状小孔，与贫血症状极为相似。

牙齿保存较差。下颌齿根暴露严重，尤其是臼齿齿根暴露较多，显示生前患有较为严重的牙周炎。下颌牙齿齿颈内外侧多发现牙结石的痕迹。下颌右侧 M2、M3 颊侧齿颈，上颌右侧 P1 咬合面齿冠、右侧 M2 舌侧齿颈，都发现深度龋洞。

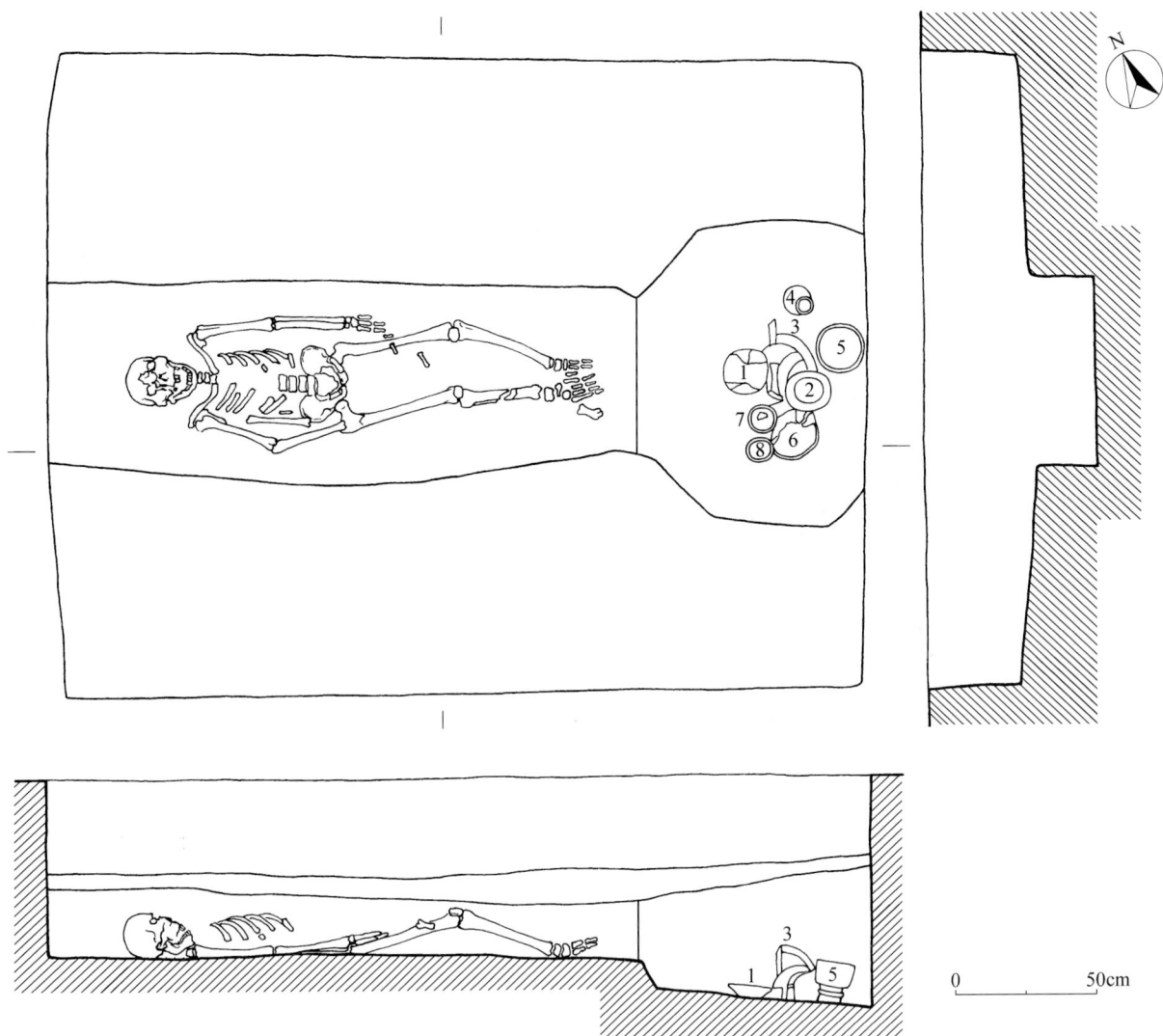

图 2 - 30a　M30 平、剖面图

第 2~5 腰椎轻度增生，椎体周缘开始出现骨赘，呈颗粒状。

肢骨骨密度 1 级，粗壮度 1 级。右肱骨较左肱骨粗壮，两侧股骨差异不大，但右胫骨较左胫骨略粗壮。左腓骨中部前端有骨髓炎类疾病形成的融蚀性瘘道，呈长条形，约 16.8 × 3.3 毫米，可能此人生前患有严重的骨髓炎症。左胫骨上部后侧嵴向外呈扭曲状，胫骨上部有多个骨性骨瘤。

两侧髌骨上有轻度增生。

共出土随葬品 9 件，其中 8 件陶器均放置在脚坑中（图版八一，3）。釜灶 1 套（M30:2、3），在接近脚坑正中的位置，出土时灶的火膛口向西，整体向南倾斜，偏南的部分已经断离，灶上的釜亦向南倾斜，滑落到灶口边缘。钵 1 件（M30:1），在灶的西侧，受到来自上面的压力，已破碎。簋形器 4 件：2 件较小（M30:7、8），并列在灶的南侧，基本保持直立状态，略向南倾斜；2 件较大（M30:5、6），其中 M30:5 在灶的东北，与灶紧贴，基本保持直立，M30:6 在灶的南侧，受到向南倾倒的釜灶的挤压，也向南倾倒。壶 1 件（M30:4），在灶的北侧，基

图 2 - 30b　M30 出土器物图

本保持直立。玉钺 1 件（M30:9），平放在右侧盆骨下，施管钻面向下，刃部向东，器身长轴与墓向基本一致（图版八一，4）。（图 3-30a；图版八一，1）

随葬品具体情况如下：

M30:1，陶碗。泥质。棕红色胎，外表磨光，施深褐色陶衣。但已经大片脱落。敞口，斜直壁，底中部略凹。口径 14.6、底径 5.2、高 4.2 厘米。内外均有清晰的粗细不同的刮抹痕迹；口沿内、外有轮修痕迹；底部有平行刮抹痕迹。（图 2-30b；图版八二，1）

M30:2，陶釜。夹细砂，砂主要为白色小石英颗粒，杂有金色细砂。砖红色。敛口，有较宽的微向上斜的折沿，尖圆唇，器身上壁外撇，下部内弧，上、下部分交接的最大腹径部位在中部，形成尖圆的凸棱，近平底。口径 15.6、底径 5.8、高 7 厘米。素面。沿上面、器内壁和器身上部有轮修形成的细平行弧线痕，下部有粗刮抹痕，与 M30:4 陶壶腹部刮抹痕相似。（图 2-30b；图版八三）

M30:3，陶灶。夹砂，砂多为粗细不一的白色石英颗粒，并有金色细砂。红褐色。灶口为上面平整、下面内侧凸出、剖面呈 L 形的圆圈，向内凸出三个支垫。灶膛为直壁桶形，前面开膛口，两侧和后端偏上部各有一圆通风孔，似烧制前制成。灶底为圆形平面，较平整。有三灶足。二前足在灶膛口两侧，由灶口底部斜直贯通而下，灶底下面部分突出，正面较平整，均刻划有菱格纹，一足刻划得较细致、一足刻划得较粗疏；后足安装在灶底的后端，呈扁长方形，微外撇。口径 22.6、底宽 17.1、高 15 厘米。灶口与灶膛分体制作后连接，连接部位有清晰的指捏痕和刮抹痕。灶底也是分制后向上包裹灶膛与之连接，连接部位有清晰的平行粗刮抹痕迹。灶底在膛口的部分有斜向平行粗刮抹痕迹，灶膛外表有竖向细刮抹痕迹，灶口顶面有细密轮修痕迹。（图 2-30b；图版八三）

M30:4，陶壶。泥质。砖红色胎，着褐色陶衣。敞口，尖圆唇，矮颈略束，溜肩，经过圆折过渡为斜弧腹，平底。口径 5.2、底径 6、高 11.6 厘米。素面。口部有细密轮修痕迹，肩部有粗而有规律的平行向刮抹痕，腹部有不规则的较细刮抹痕，底部也有细刮抹痕。（图 2-30b；图版八二，2）

M30:5，陶簋形器。泥质。灰棕色。上部为小盆形，口微敞，厚方唇，斜直壁，平底；下部为圈足，斜直壁，底略外撇。器身与圈足交接处形成一尖圆凸棱。口径 15.9、足底径 9.1、通高 12.7 厘米。器身内壁可见不规则刮抹痕，器身和圈足表面有较规则的粗平行刮抹痕迹。（图 2-30b；图版八二，3）

M30:6，陶簋形器。泥质。灰棕色。上部为小盆形，口微敞，厚方唇，斜直壁，平底；下部为圈足，斜直壁，底略外撇。器身与圈足交接处形成一尖圆凸棱。口径 15、足底径 10、通高 14 厘米。器身内壁可见不规则刮抹痕，器身和圈足表面有很规则的粗平行刮抹痕迹。（图 2-30b；图版八二，4）

M30:7，陶簋形器。泥质。灰棕色。上部为杯形，口微敞，沿面略外斜，尖圆唇，斜直壁，外面近口处有一对对称安装的小鹰嘴形錾，平底，近边缘有一小孔；下部为圈足，斜直壁，底部外撇。口径 8.4、足底径 6.5、通高 9.4 厘米。器身和圈足内外壁可见刮抹痕，表面粗糙。（图 2-30b；图版八二，5）

M30：8，陶簋形器。泥质。灰棕色。上部为杯形，口微敞，厚方唇，斜直壁，外面近口处有一对对称安装的小鹰嘴形錾，平底；下部为圈足，斜直壁，底部略外撇。口径9.4、足底径6.7、通高11厘米。器身和圈足内外壁可见刮抹痕，表面粗糙。（图2-30b；图版八二，6）

M30：9，玉钺。蛇纹石化大理岩。灰白色，有黑色小斑点。器身近长梯形，扁平，平顶，下为双面刃，微弧，最大弧度居中。长16.6、宽8.6、厚0.8厘米。近顶部有一孔，单面管钻而成，将透时将残存的薄面敲破。背面管钻面孔口为规则的圆形，直径1.2厘米；正面孔口为不规则圆形，直径0.7厘米。孔壁经过磨光，但仍保留纤细的管钻痕迹。顶部经精细磨制，左角有小破损；其余部分经精细磨制，非常光滑，但肉眼仔细观察，可见与器身长边平行或呈一定角度的竖向或竖斜向磨制细痕。两侧边缘大部分被磨制成很窄的平面，基本完好无损。刃部右半边破损，左侧有一处明显破损。穿孔及其周围部分无明确的系绳痕迹。（图2-30b；图版八四）

M31

位于墓地北部06T20的东南角。受到后期扰动，在第2层下距离地表60厘米的深度直接暴露出生土二层台、墓室和脚坑。原墓圹的范围难以确定。墓室长260、宽65、深28厘米。脚坑主体近圆角长方形，与墓室交界部分收窄，南北长105、东西宽95厘米，底部与墓室底部无高差。墓室和脚坑内的填土为棕红色土和黄色生土混杂的花斑土，杂少量青色草拌泥块。

因墓葬受到过严重扰动，墓主只存上半身大部分骨骼，下肢骨和右上肢骨缺失。上半身仰身直肢，头顶距西壁20厘米。头向290度，面向上。左臂伸直，靠近体侧，左手骨缺失。桡骨在尺骨上，其远端在尺骨远端内侧，原来左手掌应向侧下方，放置在左腿边。

墓主骨骼保存较差，骨质细腻，颅壁较薄，前额平直，眉弓、眉间发育弱，肢骨纤弱，坐骨大切迹宽而浅，判断为女性。颅骨冠状缝和矢状缝基本愈合，牙齿磨耗4级，骨密度较差，判断年龄45岁左右。（图2-31a；图版八五，1）

颅骨顶面观呈卵圆形；颅指数属于圆颅，颅高中等，颅宽属阔颅，颅骨最宽处位于顶结节，

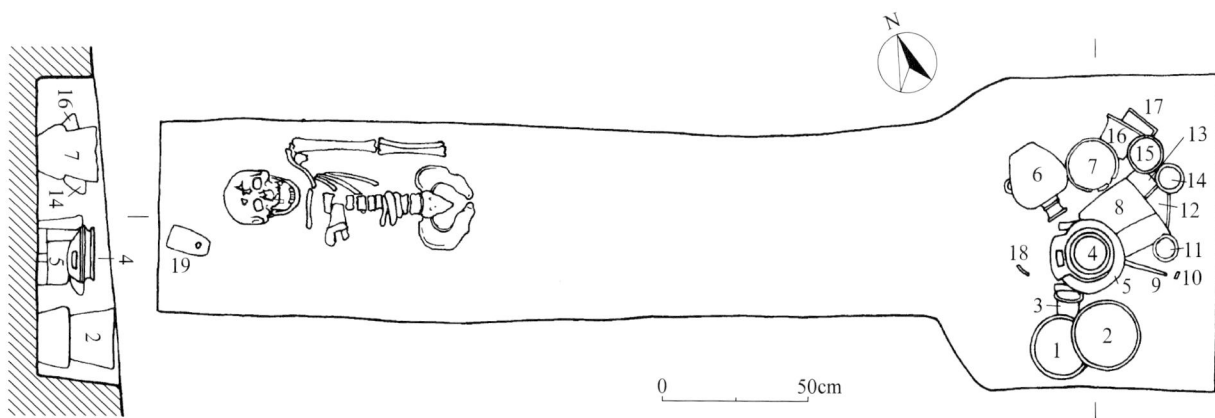

图2-31a　M31平、剖面图

即后 1/3 处，明显变宽，与 M29 和 M12 等相似；面高属中低面；面宽属中阔面；阔鼻，低眶；摇椅形下颌。

额骨前部和右侧顶骨中部有多个明显的融蚀性凹坑，未穿透颅壁，形状不规则，大小约 1~3 厘米，类似麻风病留下的痕迹。

牙齿脱落严重，仅余上颌左 M1、右 P1，下颌左、右 I1~C，其余皆生前脱落，尤其下颌犬齿后牙齿皆脱落，齿孔闭合。上颌左侧 M2 齿冠咬合面和远中临面齿颈部皆有绿豆粒大小的龋洞。

肢骨保存极差，仅余残段，骨密度 2 级，粗壮度 1 级。残余的腰椎有中度增生现象。

共出土随葬品 15 件。玉钺 1 件（M31:19），平置在头骨西南靠近墓室西壁处，施管钻面向上。刃部向西，器身长轴偏西北（图版八五，3）。其余 14 件为陶器和骨器，均放置在脚坑中（图版八五，2）。釜灶 1 套（M31:4、5），直立于脚坑中心位置，灶膛口向西，釜在灶口之上。灶口受到向下的压力，有破损。釜灶的南、北两侧对称摆设 2 件异形器，南侧的一件（M31:2）保持直立状态，因向下的压力，器座部分变形；北侧的一件（M31:7）也基本保持直立，因向下的压力，器身部分严重变形，其下部塌陷在器座部分中。钵 1 件（M31:1），在异形器 M31:2 西侧，出土时略向东倾斜。杯 1 件（M31:3），斜卧在釜灶和钵之间，杯口倒向釜灶。壶 1 件（M31:6），倒卧在异形器 M31:7 西侧，壶口倒向釜灶，单耳向西。簋形器 3 件（M31:11、14、15），环列于脚坑后部，M31:14、15 并列直立于东北角，M31:11 直立于釜灶正后方。残骨器 1 件（M31:9），平放在釜灶和簋形器 M31:11 之间。（图 2-31a；图版八五，1）

M31:8、12、13、16、17 似为一簋形器，过于破碎，且陶质酥松，难以复原。

此外，有 2 件器物发现于脚坑范围内的填土中：陶环残段 1 件（M31:18），发现于釜灶前方的填土中，高于脚坑底部 12 厘米；骨器残段 1 件（M31:10），出土于残骨器 M31:9 上的填土中，高于脚坑底部 7 厘米。

随葬品具体情况如下：

M31:1，陶钵。泥质。砖红色。敛口，方圆唇，斜腹，近口部略凸出，平底。口径 9.6、底径 3.8、高 8 厘米。素面。内、外壁均可见刮抹痕；底面平整，可见器壁包底痕迹。（图 2-31b；图版八六，1）

M31:2，陶异形器。泥质。棕色。上部为斜直腹盆形，敞口，方唇，斜直壁，底中部略凹；下部为器座形，估计原来应与 M31:7 相似，但上半部分已经被压塌，扭曲变形，其底部凹凸不平与下半部分底部压合成一体，下半部分保存较好，直壁，底中部略向上凸起。残口径 21.7、底径 15.7、残高 20.1 厘米。器表粗糙，有刮抹痕。（图 2-31b；图版八六，2）

M31:3，陶杯。泥质。半为黑灰色，半为棕褐色。盘口，近直壁，中部略弧凸，平底。口径 9.6、底径 6、高 8.8 厘米。素面。表面有刮抹痕。（图 2-31b；图版八六，3）

M31:4，陶釜。泥质，泥中有金色小细砂。砖红色。敛口，有较宽的微向上斜的折沿，尖圆唇，器身上壁外撇、下部内弧，上、下部分交接的最大腹径部位在中部偏上，形成尖圆的凸棱，圜底。口径 13.2、最大腹径 15.2、高 9.2 厘米。素面。沿上面、器内壁和器身上部有轮修形成的细平行弧线痕，下部有刮抹痕。（图 2-31b；图版八七）

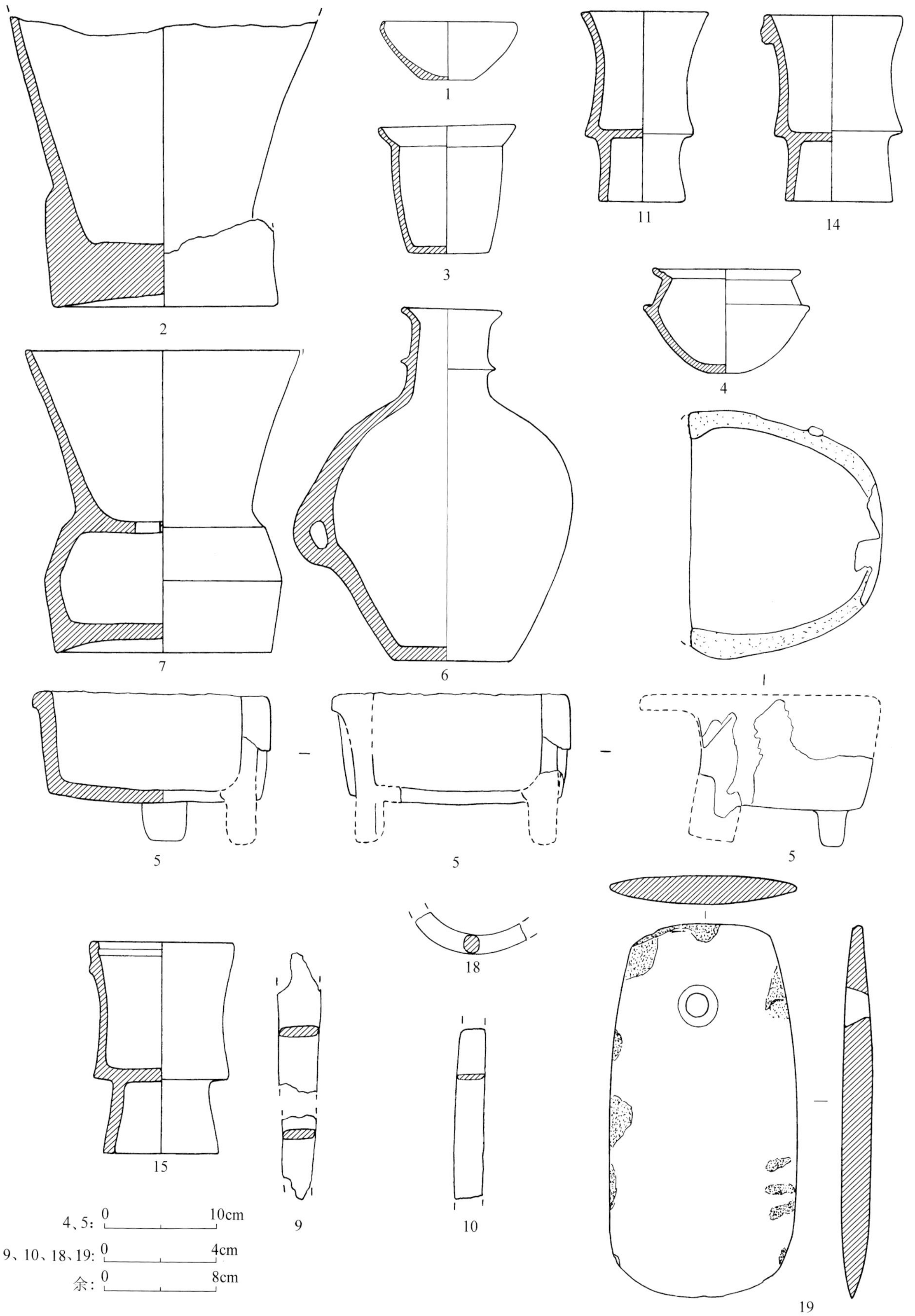

4、5: 0 —————— 10cm

9、10、18、19: 0 —————— 4cm

余: 0 —————— 8cm

图2－31b　　M31 出土器物图

M31：5，陶灶。夹砂，砂多为粗细不一的白色石英颗粒。浅棕色。灶口残破，形态不明。灶膛为直壁桶形，前面开膛口。灶底平面为 U 形，较平整。有三灶足。二前足仅残存灶膛口底部部分，正面形状不明。后足安装在 U 形灶底的后端，呈宽扁的倒梯形，微外撇。灶膛上端宽 16.8、残通高 10.4 厘米。表面粗糙。（图 2 - 31b；图版八七）

M31：6，陶壶。泥质。胎体为砖红色，外表有深褐色陶衣。敞口，圆唇，细短直颈，下部凸出一锐棱，鼓肩，肩下部安装有一桥形耳，斜弧腹，平底。口径 7.2、肩径 18、底径 8.4、高 24 厘米。素面。器表有刮抹痕迹，颈部有细密的轮修痕迹。颈部系单独制作后安装在器身上，交接处有清晰的裂缝。（图 2 - 31b；图版八八，1）

M31：7，陶异形器。泥质。浅棕色。上部为斜直腹盆形，敞口，方唇，斜直壁，底中部略凹，底部有三孔，一为三角形，两个为近圆形。下部为器座形，上半部分略外斜，与盆形身交接处形成一窄斜面；下半部分直壁，底中部略向上凸起。口径 19.4、底径 15.3、通高 20.8 厘米。器表粗糙，有刮抹痕。（图 2 - 31b；图版八六，4、5）

M31：9，残骨器。似为动物肋骨制成。残长 8.4、宽 1.4、厚 0.4 厘米。表面剥蚀严重。（图 2 - 31b）

M31：10，残骨器。残长 5.8、宽 1、厚 0.2 厘米。表面较光滑。（图 2 - 31b）

M31：11，陶簋形器。泥质。灰棕色。上部为亚腰杯形，口微敞，厚方唇，平底；下部为一圈足，斜直壁。口径 9.2、足底径 6、通高 13.1 厘米。器身和圈足内外壁可见刮抹痕。表面很粗糙。（图 2 - 31b；图版八八，3）

M31：14，陶簋形器。泥质。灰棕色。上部为亚腰杯形，口微敞，厚方唇，外面近口处残存一小錾，平底；下部为一圈足，斜直壁。口径 9.8、足底径 7.7、通高 12.8 厘米。器身和圈足内外壁可见刮抹痕。表面很粗糙。（图 2 - 31b；图版八八，4）

M31：15，陶簋形器。泥质。灰棕色。上部为亚腰杯形，口微敞，厚方唇，外面近口处残存一小錾，平底；下部为一圈足，斜直壁，底部向外撇。口径 10.2、足底径 8.3、通高 14.5 厘米。器身和圈足内外壁可见刮抹痕。表面很粗糙。（图 2 - 31b；图版八八，5）

M31：18，陶环。泥质。黑灰色。剖面近圆角长方形，上下两面平，外缘弧凸。宽 0.8、厚 0.5 厘米。（图 2 - 31b；图版八八，2）

M31：19，玉钺。蛇纹岩。深墨绿色，局部颜色较浅，有大量黄绿色斑纹。器身近长方形，正面中部微隆起，背面平，平顶，下为双面弧刃，最大弧度居中。长 13、宽 6.5、厚 1 厘米。近顶部有一孔，由正面单面管钻而成，将透时由背面将残存的薄面敲破。正面孔口为规则的圆形，直径 1.2 厘米；背面孔口为较规则圆形，直径 0.7 厘米。孔壁经过磨光，但仍保留纤细的管钻痕迹。顶部经精细磨制，但左角保留有原料的疤痕；其余部分经精细磨制，非常光滑，但肉眼仔细观察，可见与器身长边平行或呈一定角度的竖向或竖斜向磨制细痕，并隐约可见未完全磨平的琢制斑痕，局部有琢制不当留下的疤痕。两侧边缘大部分被磨制成很窄的平面，基本完好无损，有竖斜向细磨痕。刃部无明确的使用破损或磨光痕迹。穿孔及其周围部分无明确的系绳痕迹。（图 2 - 31b；图版八九）

M32

位于墓地西南部06T1西边中部，西端进入06T2。墓口距地表深60厘米，墓圹长190、宽125、深50厘米。在距现存墓口深25厘米处留出南、北两侧的生土二层台，在中部下挖出墓室。北侧二层台宽37厘米，南侧二层台宽45厘米；墓室长190、宽53、深20厘米。墓圹内填土为棕红色土、黄色生土和少量青灰色草拌泥混杂的花斑土。墓室无明显的封盖泥层。墓室内填土与墓圹填土基本一致。

墓主仰身直肢，膝部略向上屈，头顶距西壁24厘米，足尖紧抵东壁。头向271度，面向左侧，下颌脱臼，滑落在胸前。左臂伸直，靠近体侧，未见手骨，桡骨在尺骨上，其远端正在尺骨远端之上，原来左手应手掌向内侧立于左腿边；右臂弯曲，尺骨脱离原位，右手保存了部分指骨，散落于腹部左侧。双腿伸直，双膝距离约7厘米；右髌骨在原位，左髌骨滑落在左腿内侧；两腿的腓骨均暴露于胫骨之外。双足并拢，保存较好，脚尖向上，右足略向左斜。（图2-32；图版九〇）

墓主颅骨较粗壮，眉弓、眉间发育显著，乳突较大，枕外隆突明显，下颌粗壮，下颌角较小且角区外翻，肢骨粗壮，判断为男性。颅内缝多愈合，颅外缝多未愈合，残牙磨耗偏重，达4～5级，判断年龄40岁左右。根据左股骨最大长推算身高为161.1厘米，现场测量为155厘米。

颅骨顶面观呈卵圆形；颅指数属于中颅型，颅高属高颅，颅宽属狭颅；面高属高面，面宽中等；中阔鼻，中低眶。额中缝贯通整个额骨，与矢状缝连成一体，与M8、M27类似。蒙

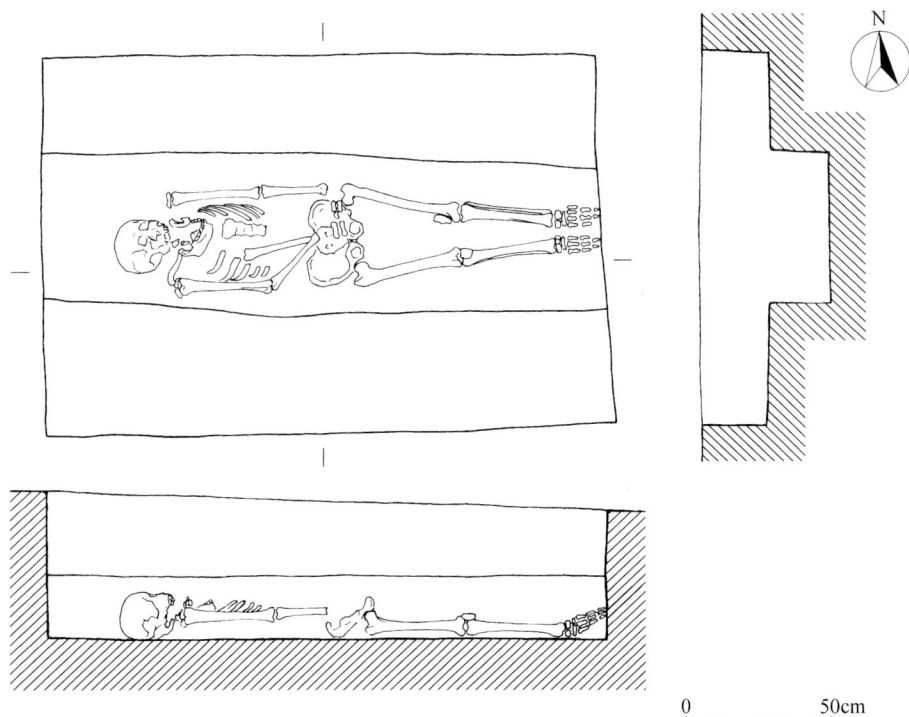

图2-32　M32平、剖面图

古人种中额中缝的发生率极低，而在西坡墓地34座墓葬中就发现了3例额中缝完全发育的个体，说明这些个体之间可能存在一定的亲缘关系，或者西坡仰韶人群与其他同时期人群存在一定的差异，具有较高的额中缝发育率。

摇椅形下颌，下颌支粗壮。

牙齿保存极差，下颌仅余左侧 C～M1 和 M3 以及右侧 I2～P1。下颌右侧臼齿生前脱落，齿孔闭合，齿骨萎缩变形。少数牙齿极度磨耗，齿质完全暴露，齿髓腔暴露，仅余齿根，例如上颌左、右 M1，下颌左 M1，上颌左 P1 等。上颌左 P2、右 M1 和下颌左 M1～M3 皆有严重的齿根脓疡，其中上颌左 P2 脱落并形成圆形瘘道，后来瘘道自我吸收，齿骨萎缩形成凹坑；右 M1 脱落，形成圆形瘘道，侵蚀齿骨表面，并影响右 P2。下颌左 M2 脱落，形成圆形瘘道，M1、M3 齿根部位已经开始发炎，并开始形成瘘道。

第 2、3 腰椎有轻度增生。

肢骨骨密度 1 级，粗壮度 1 级，两侧肢骨粗壮度基本无差异。

未见随葬品。

M33

位于墓地西南部 06T2 西北部。墓口距地表深 50 厘米，墓圹长 230、宽 175、深 100 厘米。在距现存墓口深 70 厘米处留出南、北两侧的生土二层台，在中部下挖出墓室。北侧二层台宽 69 厘米，南侧二层台宽 45～55 厘米；墓室长 230、宽 57、深 30 厘米。墓圹内填土为棕红色土、黄色生土和少量青灰色草拌泥混杂的花斑土。墓室以青灰色草拌泥封盖，泥层厚约 5 厘米；二层台上也散落有零星草拌泥。墓室内填土呈棕红色，较松软，内杂少量青灰泥块。

墓主仰身直肢，头顶距西壁 35、右足尖距东壁 28 厘米。头向 268 度，面向上。双肩上耸。双臂伸直，靠近体侧。手骨保存完好，双手均手掌向下，平抚在双腿两侧。双腿伸直，双膝距离约 8 厘米；右髌骨在原位，左髌骨滑落在左腿内侧，其侧有指骨 1 节；两腿的腓骨均在胫骨之下。双足保存较好，足跟紧贴，足心相对，足背弓，足尖向斜下方，双足之间形成 U 形空间。（图 2－33；图版九一）

墓主头骨粗壮，颅壁较厚，眉弓发育显著，眉间突度中等，眶上缘钝厚，乳突较大，下颌角较小且外翻，肢骨较为粗壮，坐骨大切迹深而窄，判断为男性。颅缝皆基本愈合，牙齿磨耗为 4～5 级，骨密度较小，判断年龄 45～50 岁。根据右肱骨和左股骨最大长推算身高为 168 厘米，现场测量为 162 厘米。

颅骨顶面观呈卵圆形；颅指数属于接近长颅型的中颅型，颅高属高颅，颅宽属狭颅；面高中等，面宽偏阔；中阔鼻，中低眶。

牙齿磨耗极重，且均匀，多为 4～5 级，齿冠磨耗殆尽，齿质暴露，臼前齿多仅余齿根。此人生前口腔卫生状况较差，患有多种牙齿疾病：口腔内有明显的牙周炎，下颌臼齿和上颌牙齿有的松动脱落，齿根暴露超过 1/3；还有严重的牙结石现象，从门齿到臼齿颊面皆覆盖明显的结石，臼前齿舌侧面齿颈部位的结石也很严重；上颌左 M3 近中齿颈有圆形龋洞，大小约

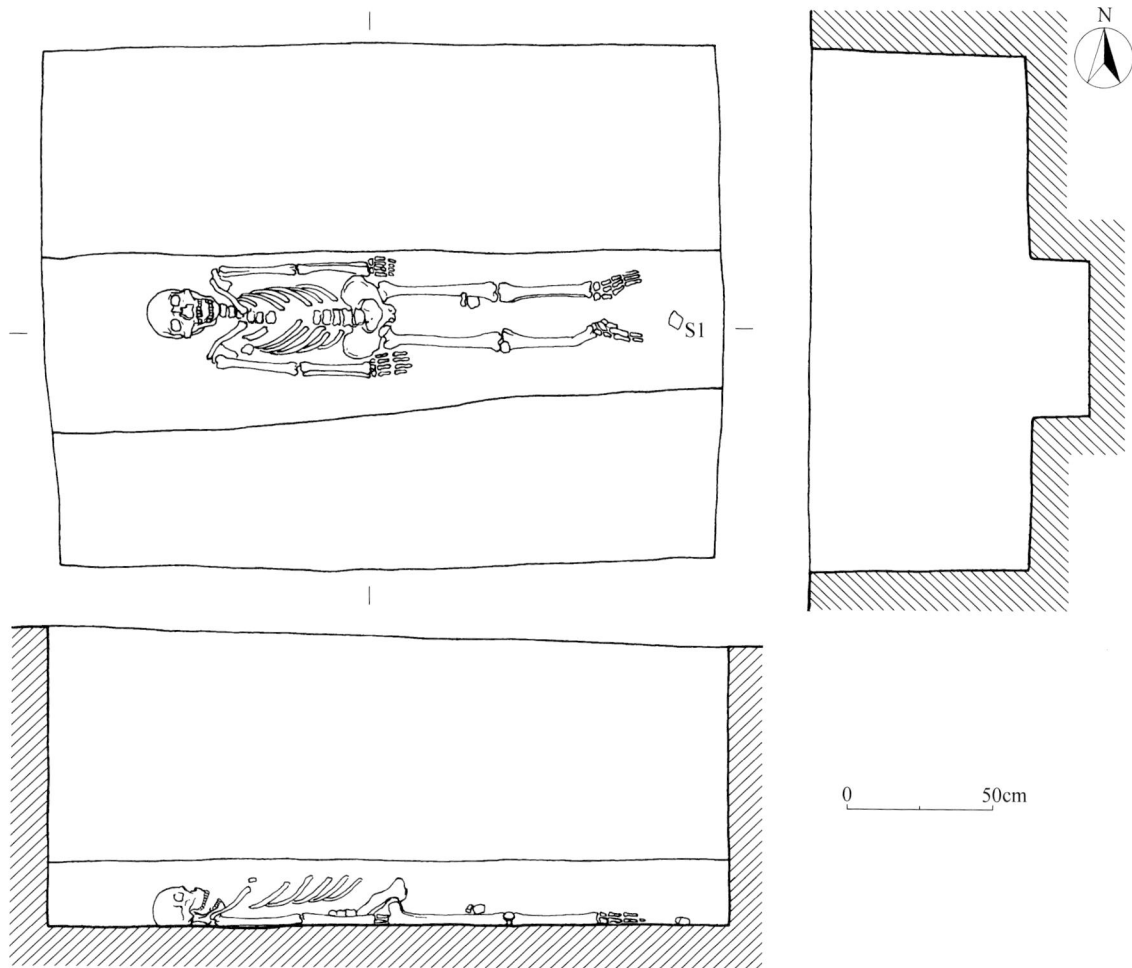

图 2-33 M33 平、剖面图

4 毫米。

第 9 胸椎至第 4 腰椎都有程度不同的骨质增生，其中第 11、12 胸椎和第 1、2、3 腰椎腹侧缘增生严重，呈舌状向两侧增生，其余增生呈唇状。枢椎和第 3 颈椎出现连桥现象，第 5 和第 6 颈椎也出现连桥，与过度增生有关。寰椎体和枢椎头的接触部位出现增生，第 4 颈椎产生明显的腹侧增生，与其他颈椎几乎连成一体，说明此人生前颈部无法正常活动，基本失去了生活自理能力。第 4 颈椎椎体出现塌陷性骨折，同时椎体周缘产生明显增生，形如碗状，且椎体明显偏向右侧，似为外力形成的错位性骨折，但并未立即死亡，而是生活和愈合了一段时间并产生椎体变形位移后才死亡。第 10 胸椎椎体从前至后有贯穿的圆形穿孔，长约 23、直径约 6.5 毫米。穿孔从椎体前部左侧贯入，穿透椎体，从椎体后部穿出，从前上方向后下方形成倾斜，并对椎弓板形成破坏。从穿孔形状和长度来看，应是尖头形、长圆形物体穿透椎体形成，方向来自死者的左前方，力量应该很大，可能是致死原因。

两侧髌骨前端产生明显的骨赘，重度增生，其中右髌骨内侧上部产生骨质缺损，呈月牙形凹陷，但缺损表面无明显创伤痕迹，可能属于陈年旧创伤，也在一定程度上影响了行动。

骨骼上出现退行性变化，出现骨质疏松和骨质增生现象。盆骨片呈退行性骨质疏松现象，尤其是髋臼底部和周缘呈现多发性弥散性疏松小孔现象，骨质变薄变脆，髋臼边缘呈唇状，略出现增生，使髋臼出现既深且宽的现象。对应在股骨头上，骨质疏松现象也很严重，四周多出现疏松小孔。同时，髋臼底部和股骨头上皆有小片象牙面痕迹，呈现集中的疏松性小孔，且表面光滑，髋臼相应的位置略突出表面，应属于股骨头韧带或髋臼韧带部分骨化、并长期摩擦所致，这与老年退行性变化有关，也可能与一定的疾病如骨质疏松等有关。右侧髋骨的耳状关节面上呈现瘤状突起和疏松性小孔相结合的现象，这与盆腔炎症迹象比较相似，也可能与骨质疏松等有关。

右侧胫骨、腓骨下端出现骨髓炎、骨折错位愈合和骨质融合的现象，经观察，其发生过程如下：首先是胫骨体下端发生骨髓腔炎症，融蚀胫骨壁，并穿透胫骨壁在胫骨下端后侧形成长条形瘘道；炎症继续侵蚀小腿肌肉和相邻的腓骨；同时，由于骨髓炎引发了胫骨体下端骨质疏松和肌肉溃烂，并导致骨折，使胫骨体下端产生逆向性骨折，骨折和骨髓炎的共同作用使胫骨体下端产生骨质融合现象；后来骨折逐渐愈合，但由于骨髓炎导致的骨质疏松，再加上后期护理的缺乏，骨折产生了错位愈合现象；之后该个体死亡，产生了胫骨体下端和胫骨体形成的钝角错位愈合、胫骨和腓骨体下端产生骨质融合、胫骨体下端后侧形成长条形瘘道现象。

同时椎骨上的疾病现象显示，此人生前行动不便，腰部无法正常活动，兼之颈椎增生和连桥现象明显，右下肢出现骨髓炎等病症，判断此人基本失去了生活自理能力。

肢骨保存相对较好，骨密度2级，粗壮度2级。左肱骨较右肱骨略粗壮，右股骨较左股骨相对粗壮，此人生前可能是"左撇子"。

足下有一自然小石块（M33∶S1），石质为石英闪长岩。

M34

位于墓地北部06T19南部。墓圹上部遭到严重破坏。墓口距地表深70厘米，墓圹长355、宽232、深43厘米。在距现存墓口5厘米处留出西、北两侧的生土二层台，在中部下挖出墓室和脚坑。北侧二层台宽50～92厘米，南侧二层台宽45～90厘米；墓室长240、宽62、深38厘米。脚坑近方形，边长约120厘米，底部低于墓室底约16厘米。墓室和脚坑内填土为棕红色土、青灰色草拌泥和黄色生土混杂的花斑土，未见明确的封盖泥层。

墓主仰身直肢，整体偏置于墓室北侧。头顶距西壁40、右胫骨末端距离墓室与脚坑结合部50厘米。头向291度，面向上。左臂略向外弯曲，抵在墓室北壁上，桡骨外撇，脱离原位，未见左手骨；右臂伸直，靠近体侧，未见手骨。双腿伸直，整体向右侧倾斜，未见髌骨。两膝相距10厘米，双腿腓骨均暴露在胫骨外侧。未见双足。（图2-34a；图版九二，1）

墓主骨骼保存极差，盆骨、头骨等皆成碎片，肢骨细弱，牙齿较小，综合判断倾向于为女性。头骨片未完全愈合，颅壁较薄，肢骨未完全发育，肢骨缝未愈合，M2刚萌出，牙齿基本未磨耗，判断年龄14～16岁。根据现场测量身高为158厘米。

骨密度2级，粗壮度3级，显示年龄较小。左、右肢骨也未表现出差异。

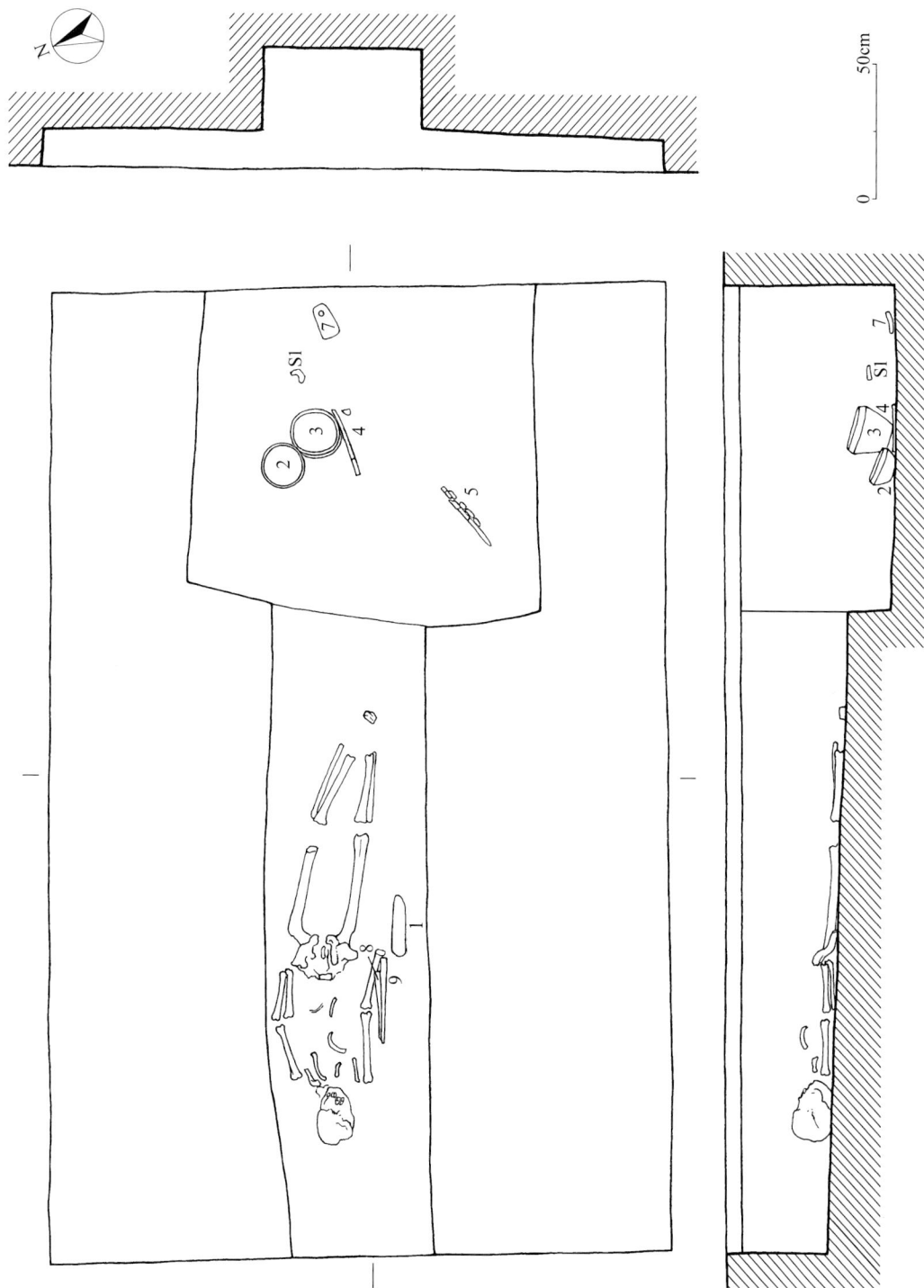

图2-34a　M34平、剖面图

　　共出土随葬品 8 件。身体右侧放置有玉钺 1 件和骨簪形器 2 件。玉钺（M34∶1）侧立于盆骨的右侧，器身长轴与墓室南壁基本平行，器身平面与墓室底部成约 70 度角，刃部向西（图版九二，2）。两件骨簪形器（M34∶8、9）平行紧贴，位于右臂中部的右侧，局部叠压在右小臂上。其余五件随葬品均被放置在脚坑中（图版九二，3）。陶钵 2 件，M34∶3 在脚坑中部偏北，向东北倾斜；M34∶2 紧靠在 M34∶3 的西北，受其压迫，略向东南倾斜（图版九五，1）。骨器 2 件，M34∶4 平放在钵 M34∶3 南侧；M34∶5 平放在脚坑西南角附近。玉钺 1 件（M34∶7），平放在脚坑东壁中部偏北，刃部向西，管钻面向下。（图 2 - 34a）

　　此外，在脚坑偏东北位置的填土中有石片 1 件（M34∶S1，出土时编号为 M34∶6），石质为脉石英，距离脚坑底部约 12 厘米。

　　随葬品具体情况如下：

　　M34∶1，玉钺。蛇纹岩。深墨绿色，局部颜色较浅，有乳白色短细的纹理。器身近窄长梯形，中部隆起，顶不规则，下为双面弧刃，最大弧度居中。长 23.4、宽 7、厚 1.8 厘米。顶面未经磨制，保留着坯料的原形；正面近顶部偏左部分略凹陷，保留着坯料的原表面；其余部分经精细磨制，非常光滑，但肉眼仔细观察，可见与器身长边平行或呈一定角度的竖向或竖斜向磨制细痕，并隐约可见未完全磨平的琢制斑痕；正面右下方略凹陷。两侧边缘大部分被磨制成很窄的平面，基本完好，可见横向和斜向的细磨痕。刃部无明确的使用破损或磨光痕迹。（图 2 - 34b；图版九三）

　　M34∶2，陶钵。泥质。外表有深褐色陶衣，斑驳脱落，露出砖红色胎体。口微敛，尖圆唇，壁上部近直略外弧，下部斜直内收，平底。口径 15.5、底径 6.3、高 5.9 厘米。素面磨光，施褐色陶衣。胎体轻薄。内壁近口部分有清晰的斜向细刮抹痕，外面斜直壁部分有刮抹整形痕。（图 2 - 34b；图版九五，2 左）

　　M34∶3，陶钵。泥质。砖红色。口微敛，圆唇，壁斜弧，口下部略凸出，平底。口径 17.6、底径 7.8、高 9.7 厘米。素面，外壁似挂薄浆，部分剥落。内外壁均未经精细修饰，可见清晰的刮抹痕；外壁近口处有清晰的轮修纹；底平整，有刮抹痕。（图 2 - 34b；图版九五，2）

　　M34∶4，骨器残段。由动物肋骨制作而成，保持原骨略弯曲的形状。首尾均残，扁长条形。残长 15.1、宽 1.1、厚 0.4 厘米。表面腐蚀严重，完全不见原来的骨面。（图 2 - 34b；图版九六，1、2）

　　M34∶5，骨器残段。由动物肋骨制作而成，保持原骨略弯曲的形状。首尾均残，扁长条形。残长 20、宽 1.3、厚 0.4 厘米。表面腐蚀严重，完全不见原来的骨面。（图 2 - 34b）

　　M34∶7，玉钺。蛇纹岩。深墨绿色，局部颜色较浅。器身近长梯形，中部隆起，平顶，下为双面弧刃，最大弧度居中。长 12.4、宽 6、厚 1.6 厘米。近顶部有一孔，单面管钻而成，将透时由背面将残存的薄面敲破。正面孔口为规则的圆形，直径 1 厘米；背面孔口为较规则圆形，直径 0.6 厘米。正面孔口右下部有一管钻跑偏留下的痕迹，但已经被修整得很圆滑。孔壁经过磨光，但仍保留纤细的管钻痕迹。顶部只略经磨制，仍保留有原料的疤痕，左、右角均有破损；其余部分经精细磨制，非常光滑，但肉眼仔细观察，可见与器身长边平行或呈一定角度的竖向或竖斜向磨制细痕，并隐约可见未完全磨平的琢制斑痕。两侧边缘大部分被磨制

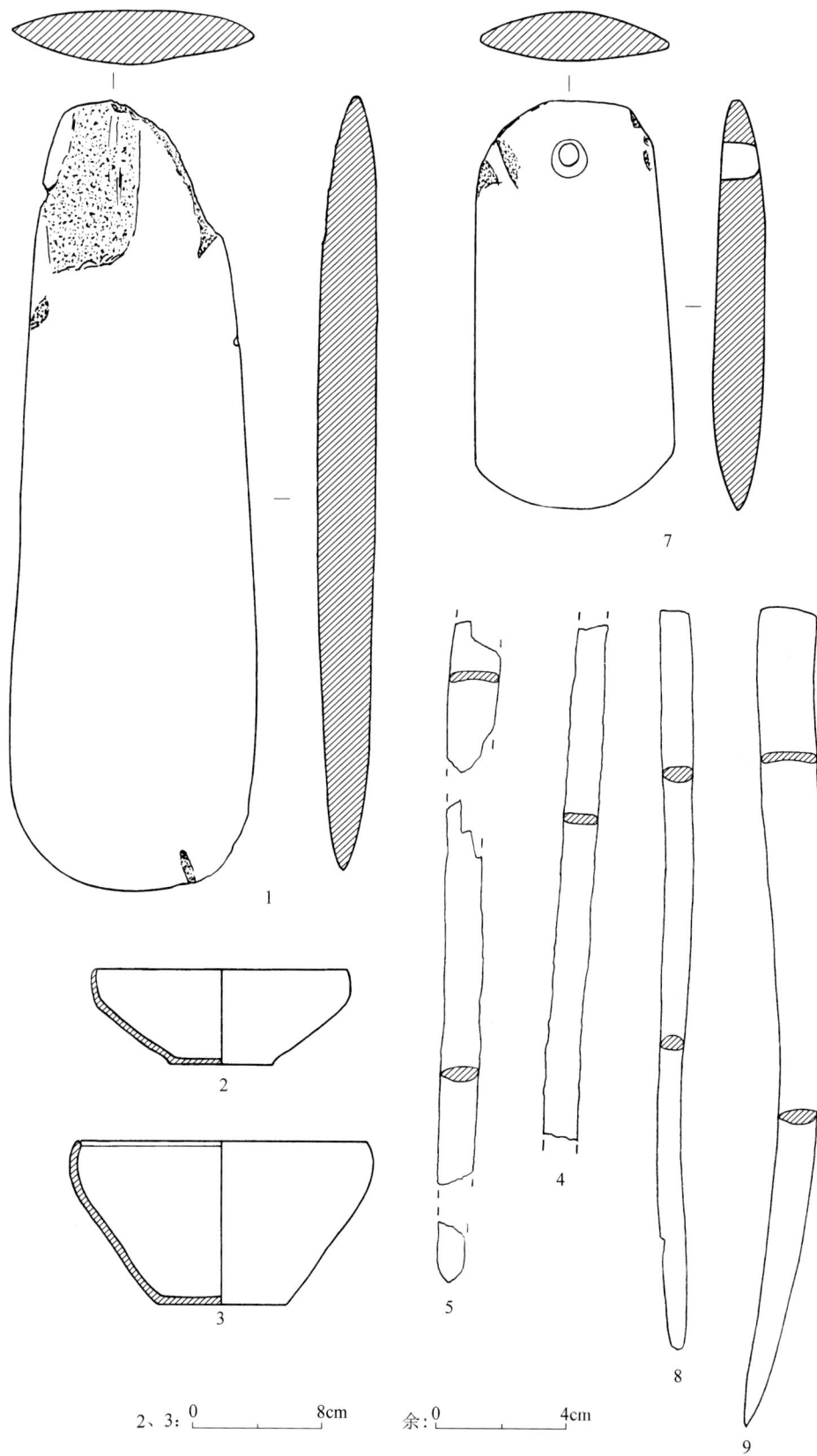

2、3: 0 ⎯⎯ 8cm   余: 0 ⎯⎯ 4cm

图 2－34b M34 出土器物图

成很窄的平面，基本完好无损，可见斜向的细磨痕。刃部无明确的使用破损或磨光痕迹。穿孔及其周围部分无明确的系绳痕迹。（图2－34b；图版九四）

M34：8，骨簪形器。由大型动物肋骨磨制而成，保持原骨的自然弯曲。尾端扁平，较宽，尖端呈剖面椭圆的尖锥状。长22.1、尾端宽1、中段厚0.6厘米。表面受严重侵蚀，基本不见原来的骨面。（图2－34b；图版九六，3、4）

M34：9，骨簪形器。由大型动物肋骨磨制而成，保持原骨的自然弯曲。尾端扁平，较宽，尖端呈剖面椭圆的尖锥状。长24.5、尾端宽1.8、中段厚0.6厘米。表面受严重侵蚀，基本不见原来的骨面。（图2－34b；图版九六，5、6）

第三章 人骨综合研究

第一节 性别年龄分析*

西坡墓地 34 座墓葬中，除 M11 为双人葬外，其余皆为单人葬，共有 35 个个体的骨骼，其中男性个体 23 个，女性和倾向于女性的个体 10 个，由于骨骼保存较差或年龄较小无法判断性别的有 2 个（即 M11 中的婴儿和 M17 墓主），男女两性比例为 2.30∶1。由于个体数量较少，这个两性比例可能无法确切反映西坡古代居民的实际性别比例，但它与仰韶文化的北首岭遗址（2.39∶1）和大汶口文化的王因遗址（2.34∶1）的两性比例很接近。根据相关研究，我国北方史前时代两性比例总体状态是男性明显高于女性[1]，西坡墓地情况与此相符。

表 3-1 西坡墓地两性死亡年龄分布表

年龄组	男性		女性		性别不明（%）	合计（%）
	数量	比例（%）	数量	比例（%）		
未成年（0-14 岁）	0	0	0	0	1（100）	1（3.03）
青年（15-24 岁）	1	4.3	2	22.2	0	3（9.09）
壮年（25-35 岁）	2	8.7	0	0	0	2（6.06）
中年（36-55 岁）	20	87	7	77.8	0	27（81.8）
合计	23	100	9	100	1（100）	33（100）

注：未统计 M11 中成年女性和 M17 中成年墓主。

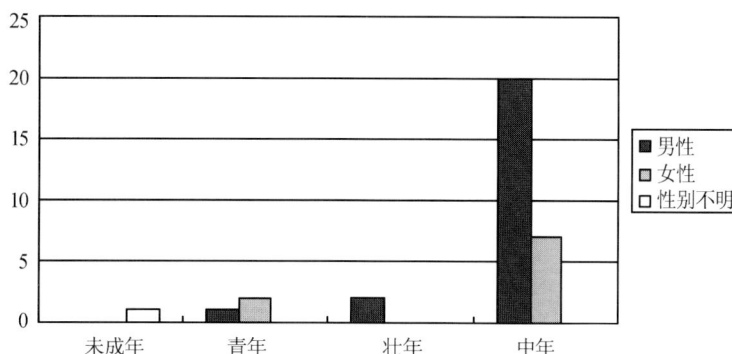

图 3-1 西坡墓地两性死亡年龄分布

* 本章第一节至第七节由中国社会科学院考古研究所王明辉撰写。

[1] 王仁湘：《我国新石器时代人口性别构成再研究》，《考古求知集》，中国社会科学出版社，1997 年，第 68-82 页。

　　如表 3-1 和图 3-1 所示，西坡墓主除了一例死于婴儿阶段外，其余皆死于成年（体质人类学上判断成年的标志是大于 14 岁），绝大多数死于中、壮年，但无一例死于老年（体质人类学上判断老年的标志是大于 55 岁）。一般而言，史前社会死亡年龄结构呈现中部高两头低的抛物线形，即死于未成年阶段和老年阶段的个体相对较少，死于中、壮年的个体较多。死亡高峰在中、壮年，可能与该年龄段的群体是各类社会活动的主体，生活压力最大有关。死于老年阶段的个体较少，也是正常情况：因为各种原因，很多个体是活不到老年的。但在史前墓葬中一般均会有少量的老年个体出现，例如在大河村遗址 T14 内发现的 24 座墓葬中有 24 具人骨，其中有 10 例为老年个体[①]。而史前社会由于产妇难产、婴儿营养不良、生存环境和医疗条件的恶劣等，婴儿的死亡率是较高的，例如在湖北枣阳雕龙碑遗址中有 44.4% 的个体属于未成年人，其中有一半为 3 岁以下的婴幼儿[②]。这两个例子虽然极端，但如西坡墓地这样，只发现一例婴儿，没有老年个体，也是比较特殊的。这既可能与发掘规模较小有关，也可能因婴儿骨骼不易保存，或是死亡婴儿有特殊的埋葬地点和埋葬方式，导致墓地中婴儿个体比例偏低。

　　西坡墓地的平均死亡年龄为 38.0 岁，其中男性平均死亡年龄为 41.3 岁，女性平均死亡年龄为 34.8 岁，男性明显高于女性。这与我国史前两性之间死亡年龄差别的总体情况基本一致。例如对贾湖、石固以及白家村等前仰韶时期遗址的统计显示，男性平均死亡年龄为 39.69 岁，女性为 33.07 岁；对仰韶时期元君庙、北首岭、大河村、史家等 20 个遗址出土人骨的统计显示，仰韶时期男性平均死亡年龄为 38.64 岁，女性为 34.45 岁[③]。就男性平均死亡年龄来看，西坡组与仰韶时期的北首岭组（41.03 岁）、姜寨二期组（41.27 岁）、福临堡组（42.13 岁）、史家组（42.61 岁）、洪山庙组（41.6 岁）和下王岗二期组（42.07 岁）[④] 极为接近，说明西坡组的男性平均死亡年龄在一定程度上反映了当时的实际状况。西坡墓地的女性也与上述组别的女性平均死亡年龄接近。西坡墓地男女性平均死亡年龄 34.8 岁与前仰韶时期的 33.07 岁和仰韶时期的 34.45 岁也非常接近。

　　一般而言，由于史前时期妊娠生育阶段的卫生条件差等原因[⑤]，妊娠生育阶段是青年女性死亡的一个小高峰期，因此，青年阶段的死亡人口中，女性比例偏高，这也是女性整体平均寿命偏低的主要原因。西坡墓地的个体数量虽少，也反映出了这一问题。9 个女性个体中有 2 个死于青年，占 22.2%；而 23 个男性个体中，只有 1 个死于青年，占 4.3%。在中、壮年期，男性死亡往往多于女性，这可能与中、壮年阶段男性承担繁重的体力劳动有关（这一点可以从其过早出现腰椎和四肢的骨质增生看出来）。但整体而言，西坡墓地中，无论男性还是女性，死于青年和壮年阶段的比例偏低，在 15.2% 左右，死于中年阶段的比例则偏高，超过 80%，这与多数史前遗址不完全一致。例如雕龙碑遗址死于青壮年阶段的超过 30%，真正死

① 陈万良：《大河村遗址 T14 新石器时代人骨鉴定》，《郑州大河村》附录一，科学出版社，2001 年，第 668-670 页。

② 张君：《湖北枣阳市雕龙碑新石器时代人骨分析报告》，《考古》1998 年 2 期，第 76-84 页。

③ 王建华：《黄河流域史前人口健康状况的初步考察》，《考古》2009 年 5 期，第 61-69 页。

④ 同注③。

⑤ 潘其风、韩康信：《柳湾墓地的人骨研究》，《青海柳湾》附录一，文物出版社，1984 年，第 261-303 页。

于中年阶段的只有不到10%①。在多数遗址，活到老年阶段的女性又明显多于男性②，因为西坡墓地未发现老年个体，难以对此进行讨论。

第二节　体质特征研究

一　西坡古代居民种族类型

为了明确地描述西坡古代居民的体质类型，确定他们的种族属性，我们对西坡头骨的细节特征进行了观察、测量和统计，并与蒙古人种各类型进行了对比。（彩图3－1~3－5）

1. 非测量性形态特征

表3－2　西坡墓地头骨的非测量性形态特征

项目		性别	非测量性形态特征及出现率（％）					项目	性别	非测量性形态特征及出现率（％）			
颅形			椭圆形	卵圆形	圆形	五角形	楔形	鼻棘		不显 I	稍显 II	中等 III	显著 IV
颅形		男	1 (4.3)	21 (91.3)			1 (4.3)	鼻棘	男		3 (60)	2 (40)	
颅形		女		6 (100)				鼻棘	女				
眉弓突度			弱	中等	显著	特显	粗壮	犬齿窝		无	浅	中等	深
眉弓突度		男	1 (5.3)	6 (31.6)	10 (52.6)	1 (5.3)	1 (5.3)	犬齿窝	男	1 (14.3)	6 (85.7)		
眉弓突度		女	5 (100)					犬齿窝	女				
眉间突度			I（弱）	II（中等）	III（显著）	IV（特显）	V（粗壮）	鼻根凹		无	浅		深
眉间突度		男	1 (6.3)	7 (43.8)	6 (37.5)	1 (6.3)	1 (6.3)	鼻根凹	男	1 (20)	2 (40)		2 (40)
眉间突度		女	5 (100)					鼻根凹	女		1 (100)		
额坡度			直		中等倾斜		斜	翼区		H 型	I 型	K 型	X 型
额坡度		男	1 (6.7)		1 (6.7)		13 (86.7)	翼区	男	9 (100)			
额坡度		女	3 (66.7)				2 (33.3)	翼区	女	2 (100)			
鼻骨			I 型		II 型		III 型	鼻梁		凹凸型		凹型	直型
鼻骨		男	4 (80)		1 (20)			鼻梁	男	3 (60)		1 (20)	1 (20)
鼻骨		女	1 (100)					鼻梁	女				
矢状缝	前囟段		微波	深波	锯齿		复杂	颧形		圆钝		欠圆钝	
矢状缝	前囟段	男	11 (68.8)	4 (25)			1 (6.2)	颧形	男	2 (22.2)		7 (77.8)	
矢状缝	前囟段	女	4 (100)					颧形	女	2 (100)			
矢状缝	顶段							矢状嵴		弱		中等	显
矢状缝	顶段	男	1 (5.9)	2 (11.8)	3 (17.6)		11 (64.7)	矢状嵴	男	18 (100)			
矢状缝	顶段	女		1 (25)	1 (25)		2 (50)	矢状嵴	女	5 (100)			
矢状缝	顶孔段							腭形		U 型		V 型	椭圆形
矢状缝	顶孔段	男	7 (50)	6 (42.9)			1 (7.1)	腭形	男	8 (66.7)		4 (33.3)	
矢状缝	顶孔段	女	4 (100)					腭形	女	1 (33.3)		2 (66.7)	
矢状缝	后段							腭圆枕		无	嵴状	丘状	瘤状
矢状缝	后段	男		2 (12.5)	4 (25)		10 (62.5)	腭圆枕	男	9 (75)	3 (25)		
矢状缝	后段	女		1 (33.3)	2 (66.7)			腭圆枕	女	3 (100)			

---

① 张君：《湖北枣阳市雕龙碑新石器时代人骨分析报告》，《考古》1998年2期，第76－84页。
② 刘铮等：《人口统计学》，中国人民大学出版社，1981年。

续表 3 – 2

项目	性别	非测量性形态特征及出现率（%）					项目	性别	非测量性形态特征及出现率（%）			
乳突		特小	小	中等	大	特大	颏形		方形	圆形	尖形	角形
	男		1 (5.9)		16 (94.1)			男	11 (57.9)	2 (10.5)	6 (31.6)	
	女	4 (80)		1 (20)				女	1 (20)	2 (40)	2 (40)	
枕外隆突		稍显	中等	显著	极显	喙状	下颌角		内翻		直	外翻
	男	7 (38.9)	5 (27.8)	5 (27.8)	1 (5.6)			男	1 (5.0)		1 (5.0)	18 (90)
	女	5 (100)						女	1 (25)		2 (50)	1 (25)
眶形		椭圆形	方形		长方形	斜方形	颏孔位置		P1P2 位	P2 位	P2M1 位	M1 位
	男		10 (100)					男		9 (47.4)	8 (42.1)	2 (10.5)
	女		2 (100)					女	2 (40)	3 (60)		
梨状孔		心形		梨形		三角形	下颌圆枕		无	小	中等	大
	男	1 (16.7)		5 (83.3)				男	7 (38.9)	7 (38.9)	4 (22.2)	
	女							女	4 (80)	1 (20)		
梨状孔下缘		人/锐形	婴儿/钝形	鼻前窝形	鼻前沟形		摇椅形（Rock）下颌		非		是	
	男	4 (66.7)	2 (33.3)					男	14 (73.7)		5 (26.3)	
	女							女	4 (80)		1 (20)	

注：括号前的数字为例数，括号内数字为百分率。

由表 3 – 2 可见，西坡古代居民男性头骨的非测量特征主要表现为：颅形以卵圆形为主，眉弓、眉间突度多显著和中等发育，前额坡度较为倾斜，矢状缝前囟段以微波型为主、顶段以复杂型为主、顶孔段以微波型和深波型为主、后段以复杂型和锯齿型为主，乳突发育多较大，枕外隆突以稍显为主、也有一定发育中等和显著的，方形眶，梨形梨状孔，梨状孔下缘以锐形为主，鼻棘发育稍显或中等，犬齿窝较浅，鼻根凹的发育浅，"H"形翼区，凹凸形鼻梁，"Ⅰ"型鼻骨，颧形欠圆钝，矢状嵴发育弱，"U"型或"V"型腭，多无腭圆枕，颏形以方形为主、也有一定的尖形下颏，下颌角多外翻，颏孔多位于 P2 位或 P2M1 位，下颌圆枕多未发育或较小，下颌多数不是摇椅形等。女性头骨与男性比较相似，只是在某些细节上略有差异，如眉弓和眉间突度发育更弱、前额较直，矢状缝发育较弱，乳突枕外隆突发育较弱，颧形圆钝，多"V"型腭，无腭圆枕，颏形多圆形或尖形，多无下颌圆枕等。这些差异属于性别差异，而非体质类型差异。因此，非测量特征研究显示，西坡古代居民属于同一体质类型。

2. 测量性形态特征

我们在考古现场对每个墓葬人骨进行了观察和初步测量，室内复原后可以获得精确测量数据的仅有 10 个个体（表 3 – 3），其中 9 个男性，1 个女性。为保证进行对比分析的准确性，我们在以下分析中采用室内精确测量数据。

表 3 - 3　西坡墓地个体头骨测量表

马丁号	项目	男性									平均值	女性
		M8	M12	M15	M24	M26	M27	M29	M32	M33		M6
1	颅长 g - op	176.2	181.2	181.8	190.7	180.2	181.4	171.4	184.2	183.0	181.12	169.5
8	颅宽 eu - eu	145.7	144.4	142.2	142.5	145.2	147.2	143.4	141.2	137.6	143.27	137.8
17	颅高 ba - b	145.0	—	—	150.5	—	143.2	137.6	—	—	144.08	137.5
20	耳上颅高	130.6	—	130.0	—	134.0	130.3	126.0	—	—	130.18	—
9	最小额宽 ft - ft	102.5	89.2	—	95.6	90.2	102.5	95.4	94.6	93.4	95.43	88.1
25	颅矢状弧 arc n - o	365.5	355.0	—	383.0	387.0	376.0	361.5	382.0	386.0	374.50	380.5
26	额弧 arc n - b	120.0	114.0	136.5	127.0	125.0	132.0	125.5	133.0	132.0	127.22	126.0
27	顶弧 arc b - l	120.0	131.0	123.5	136.0	132.0	123.0	117.0	127.5	128.0	126.44	136.5
28	枕弧 arc l - o	125.5	110.0	—	120.0	130.0	121.0	119.0	121.5	126.0	121.63	118.0
29	额弦 n - b	103.8	104.7	117.2	115.6	114.3	113.2	111.8	112.6	113.1	111.81	109.4
30	顶弦 b - l	107.3	113.8	110.7	125.6	113.5	112.8	102.6	114.8	112.3	112.60	116.0
31	枕弦 l - o	110.3	92.3	—	98.8	107.4	102.7	101.0	99.0	102.1	101.70	102.4
23	颅周长	520.0	—	—	537.0	516.0	529.0	501.5	530.0	520.0	521.93	497.0
24	颅横弧	322.5	—	342.0	347.0	334.0	332.0	312.0	321.0	332.0	330.31	333.0
5	颅基底长 ba - n	105.3	—	—	113.5	—	100.5	100.8	—	—	105.03	94.2
40	面基底长 ba - pr	102.2	—	—	—	104.6	93.7	—	—	100.17	—
48	上面高 n - pr	70.4	—	—	73.0	67.3	65.3	—	—	69.00	—
	上面高 n - sd	72.0	—	—	76.2	70.6	68.4	—	—	71.80	—
45	颧宽 zy - zy	145.2	—	—	143.0	143.8	141.0	—	—	143.25	—
46	中面宽 zml - zml	113.8	107.6	—	107.7	111.4	112.8	—	—	110.66	—
	中面高 sub. zml - ss - zml	30.8	26.8	—	31.6	26.8	27.8	—	—	28.76	—
47	全面高 n - gn	116.4	—	—	122.0	114.4	114.2	—	—	116.75	—
Jan - 43	两眶外缘宽 fmo - fmo	105.6	97.7	—	101.8	102.0	106.2	100.8	92.2	100.7	100.88	—
	眶外缘间高 sub. fmo - n - fmo	16.6	15.3	—	16.8	19.8	15.8	14.8	11.3	17.2	15.95	—
50	眶间宽 mf - mf	17.8	17.7	—	21.6	20.6	18.5	—	—	19.24	—
	眶间宽 d - d	22.6	20.2	—	24.0	25.2	21.7	—	—	22.74	—
	颧骨高 fmo - zm L	46.4	49.0	—	45.2	45.1	49.8	45.5	—	46.83	—
	颧骨高 fmo - zm R	43.5	49.2	—	47.4	46.7	49.6	—	—	47.28	—
	颧骨宽 zm - rim orb L	28.2	28.7	—	26.6	29.0	31.6	27.8	—	28.65	—
	颧骨宽 zm - rim orb R	26.2	28.2	—	27.2	27.8	31.0	—	—	28.08	—
SC	鼻骨最小宽	8.6	10.2	—	10.5	10.9	8.2	—	—	9.68	—
SS	鼻骨最小宽高	3.0	3.4	—	3.7	3.3	2.8	—	—	3.24	—
51	眶宽 mf - ek L	47.0	43.0	—	45.0	48.2	45.8	—	—	45.80	—
	眶宽 d - ek L	43.0	40.0	—	41.2	42.4	43.0	—	—	41.92	—
	眶宽 mf - ek R	46.5	42.9	—	45.3	45.4	43.4	—	—	44.70	—
	眶宽 d - ek R	42.2	40.9	—	39.6	41.6	41.4	—	—	41.14	—
52	眶高 L	32.6	36.6	—	32.2	31.6	32.7	—	—	33.14	—
	眶高 R	34.0	36.2	—	32.3	31.5	33.6	—	—	33.52	—
54	鼻宽	27.7	30.0	—	30.4	27.0	—	—	28.78	—
55	鼻高	53.0	59.0	—	53.0	49.7	51.5	—	—	53.24	—
60	齿槽长	58.7	—	—	53.0	55.3	57.6	50.3	—	—	54.98	—
61	齿槽宽	74.4	—	—	66.2	68.3	67.3	68.6	—	—	68.96	—
62	腭长 ol - sta	47.0	—	—	—	48.8	41.7	—	—	45.83	—
63	腭宽 ecm - ecm	45.7	—	—	39.2	41.2	39.7	44.8	—	—	42.12	—

续表 3 - 3

马丁号	项目	男性									平均值	女性
		M8	M12	M15	M24	M26	M27	M29	M32	M33		M6
7	枕大孔长 ba - o	39. 8	—	—	36. 0	—	38. 0	34. 0	—	—	36. 95	33. 3
16	枕大孔宽	31. 7	—	—	—	—	30. 0	29. 8	—	—	30. 50	28. 3
65	下颌髁间宽	132. 0	—	122. 8	135. 6	—	125. 5	132. 8	—	—	129. 74	—
66	下颌角宽 go - go	102. 5	—	101. 0	107. 6	102. 2	95. 1	102. 7	99. 2	104. 5	101. 85	95. 1
67	颏孔宽	54. 4	54. 4	51. 4	49. 9	49. 8	55. 0	50. 7	50. 0	49. 5	51. 68	47. 4
69	下颌联合高	57. 0	—	60. 6	68. 5	—	63. 5	60. 5	—	—	62. 02	—
70	下颌支高 L	56. 8	—	61. 2	70. 5	71. 8	64. 0	61. 0	61. 0	—	63. 76	59. 0
	下颌支高 R	56. 2	—	58. 5	66. 0	—	62. 8	59. 0	—	—	60. 50	—
71a	下颌枝最小宽 L	37. 7	34. 1	36. 4	34. 0	42. 8	42. 0	35. 0	39. 0	—	37. 63	32. 8
	下颌枝最小宽 R	37. 6	33. 2	37. 0	34. 6	41. 0	42. 0	34. 8	—	38. 5	37. 34	—
	下颌体高 - 臼齿位 L	28. 8	28. 5	—	31. 8	36. 0	31. 6	29. 2	35. 7	33. 2	31. 85	27. 2
	下颌体高 - 臼齿位 R	29. 0	30. 5	—	31. 0	37. 1	30. 0	29. 8	—	33. 0	31. 49	—
	下颌体厚 - 臼齿位 L	16. 4	17. 3	—	14. 4	17. 4	19. 8	14. 0	17. 5	16. 2	16. 63	14. 1
	下颌体厚 - 臼齿位 R	15. 8	13. 8	—	14. 4	16. 8	20. 1	14. 0	—	16. 2	15. 87	—
	鼻骨长 n - rhi	22. 2	—	—	—	24. 6	—	—	—	—	23. 40	—
	鼻尖齿槽长 rhi - pr	50. 8	—	—	—	51. 8	—	—	—	—	51. 30	—
	下颌角	123. 0	—	118. 0	131. 0	114. 0	113. 0	119. 0	—	—	119. 67	124. 0
	额角 n - b FH	61. 0	—	52. 0	—	58. 0	58. 0	56. 0	—	—	57. 00	—
32	额倾角 n - m FH	81. 5	—	73. 0	—	78. 5	80. 0	78. 0	—	—	78. 20	—
	额倾角 g - m FH	79. 0	—	90. 0	—	74. 5	73. 0	74. 0	—	—	78. 10	—
	前凸角 g - b FH	57. 5	—	49. 0	—	54. 0	55. 0	51. 0	—	—	53. 30	—
72	面角 n - pr FH	87. 0	—	—	—	84. 5	82. 5	88. 0	—	—	85. 50	—
73	鼻面角 n - ns FH	88. 0	—	—	—	86. 5	80. 5	90. 0	—	—	86. 25	—
74	齿槽面角 ns - pr FH	82. 5	—	—	—	90. 0	76. 0	91. 5	—	—	85. 00	—
75	鼻尖角 n - rhi FH	70. 5	—	—	—	66. 0	—	—	—	—	68. 25	—
	颧上颌角 zml - ss - zml	124. 0	127. 5	—	—	120. 0	129. 5	128. 0	—	—	125. 80	—
77	鼻颧角 fmo - n - fmo	145. 5	145. 0	—	143. 5	138. 0	146. 5	147. 0	152. 0	142. 5	145. 00	—
Jan - 75	鼻骨角 rhi - n - pr	25. 0	—	—	—	27. 0	—	—	—	—	26. 00	—
8:1	颅指数	82. 69	79. 69	78. 22	74. 72	80. 58	81. 15	83. 66	76. 66	75. 19	79. 17	81. 30
17:1	颅长高指数	82. 29	—	—	78. 92	—	78. 94	80. 28	—	—	80. 11	81. 12
17:8	颅宽高指数	99. 52	—	—	105. 61	—	97. 28	95. 96	—	—	99. 59	99. 78
54:55	鼻指数	52. 26	50. 85	—	—	—	61. 17	52. 43	—	—	54. 18	—
SS:SC	鼻根指数	34. 88	33. 33	—	—	35. 24	30. 28	34. 15	—	—	33. 58	—
52:51	眶指数 mf - ek L	69. 36	85. 12	—	—	71. 56	65. 56	71. 40	—	—	72. 60	—
	眶指数 mf - ek R	73. 12	84. 38	—	—	71. 30	69. 38	77. 42	—	—	75. 12	—
48:17	垂直颅面指数 pr	48. 55	—	—	—	—	47. 00	47. 46	—	—	47. 67	—
	垂直颅面指数 sd	49. 66	—	—	—	—	49. 30	49. 71	—	—	49. 56	—
48:45	上面指数 pr	48. 48	—	—	—	51. 05	46. 80	46. 31	—	—	48. 16	—
	上面指数 sd	49. 59	—	—	—	53. 29	49. 10	48. 51	—	—	50. 12	—
40:5	面突指数	97. 06	—	—	—	—	104. 08	92. 96	—	—	98. 03	—
48:46	中面指数 pr	61. 86	—	—	—	67. 78	60. 41	57. 89	—	—	61. 99	—
	中面指数 sd	63. 27	—	—	—	70. 75	63. 38	60. 64	—	—	64. 51	—
9:8	额宽指数	70. 35	61. 77	—	67. 09	62. 12	69. 63	66. 53	67. 00	67. 88	66. 55	63. 93
63:62	腭指数	97. 23	—	—	—	—	81. 35	107. 43	—	—	95. 34	—
61:60	齿槽弓指数	126. 75	—	—	124. 91	123. 51	116. 84	136. 38	—	—	125. 68	—

由于女性只有一例较为完整的头骨，数据较少，男性更能代表整个西坡墓地古代居民的体质特征，因此，我们对 9 个有精确测量数据的男性的主要测量性特征进行分类统计，结果见表 3 - 4。

表 3 - 4　西坡墓地头骨测量性特征分类表（男性）

项目	分类及比例（%）						
颅长宽指数	超长颅型 X ~ 64.9	特长颅型 65 ~ 69.9	长颅型 70 ~ 74.9	中颅型 75 ~ 79.9	圆颅型 80 ~ 84.9	特圆颅型 85 ~ 89.9	超圆颅型 90 ~ X
			1（11.1）	4（44.4）	4（44.4）		
颅长高指数	低颅型 X ~ 69.9		正颅型 70 ~ 74.9			高颅型 75 ~ X	
						4（100）	
颅宽高指数	阔颅型 X ~ 91.9		中颅型 92 ~ 97.9			狭颅型 98 ~ X	
			2（50）			2（50）	
鼻指数	狭鼻型 X ~ 46.9		中鼻型 47 ~ 50.9		阔鼻型 51 ~ 57.9		特阔鼻型 58 ~ X
			1（25）		2（50）		1（25）
眶指数 R（mf - ec）	低眶型 X ~ 75.9		中眶型 76 ~ 84.9			高眶型 85 ~ X	
	3（60）		2（40）				
上面指数（pr）	特阔上面型 X ~ 44.9	阔上面型 45 ~ 49.9	中上面型 50 ~ 54.9		狭上面型 55 ~ 59.9	特狭上面型 60 ~ X	
		3（75）	1（25）				
垂直颅面指数（sd）	很小 X ~ 47.8	小 47.9 ~ 51.1	中 51.2 ~ 54.8		大 54.9 ~ 58.1	很大 58.2 ~ X	
		3（100）					
鼻根指数	很弱 X ~ 23.4	弱 23.5 ~ 35.0	中 35.1 ~ 47.9		突 48.0 ~ 59.5	很突 59.6 ~ X	
		4（80）	1（20）				
面突指数	正颌型 X ~ 97.9		中颌型 98 ~ 102.9			突颌型 103 ~ X	
	2（66.7）					1（33.3）	
齿槽弓指数	长颌型 X ~ 109.9		中颌型 110 ~ 114.9			短颌型 115 ~ X	
						5（100）	
鼻颧角	很小 X ~ 135	小 136 ~ 139	中 140 ~ 144		大 145 ~ 148	很大 149 ~ X	
		1（12.5）	2（25）		5（62.5）		
总面角	特突颌型 X ~ 69.9	突颌型 70 ~ 79.9	中颌型 80 ~ 84.9		平颌型 85 ~ 92.9	特平颌型 93 ~ X	
			2（50）		2（50）		
鼻骨角	很小 X ~ 18.9	小 19 ~ 23	中 24 ~ 28		大 29 ~ 33	很大 34 ~ X	
			2（100）				

根据表 3 - 4 和考古现场的观测结果，西坡古代居民头骨的颅指数以圆颅型和中颅型为主、颅长高指数为高颅型、颅宽高指数多为狭颅型、少量呈现中颅型，鼻指数偏阔，眶指数偏低，上面指数显示面部偏阔，面高与颅高比例显示的垂直颅面指数较小，鼻根突起程度较弱，鼻骨角度较小，面部突起程度低，面部扁平度较大，上颌齿槽弓指数属于短颌型等。

3. 种族类型的确定

表 3 – 5　西坡墓地头骨测量值与亚洲蒙古人种各类型的比较（男性）

马丁号	比较项目	西坡组（个体）	亚洲蒙古人种				
			北亚蒙古人种	东北亚蒙古人种	东亚蒙古人种	南亚蒙古人种	变异范围
1	颅长	181.12 (9)	174.9 ~ 192.7	180.7 ~ 192.4	175.0 ~ 182.2	169.9 ~ 181.3	169.9 ~ 192.7
8	颅宽	143.27 (9)	144.4 ~ 151.5	134.3 ~ 142.6	137.6 ~ 143.9	137.9 ~ 143.9	134.3 ~ 151.5
8:1	颅指数	79.17 (9)	75.4 ~ 85.9	69.8 ~ 79.0	76.9 ~ 81.5	76.9 ~ 83.3	69.8 ~ 85.9
17	颅高	144.08 (4)	127.1 ~ 132.4	132.9 ~ 141.1	135.3 ~ 140.2	134.4 ~ 137.8	127.1 ~ 141.1
17:1	颅长高指数	80.11 (4)	67.4 ~ 73.5	72.6 ~ 75.2	74.3 ~ 80.1	76.5 ~ 79.5	67.4 ~ 80.1
17:8	颅宽高指数	99.59 (4)	85.2 ~ 91.7	93.3 ~ 102.8	93.3 ~ 100.3	95.0 ~ 101.3	85.2 ~ 102.8
9	最小额宽	95.43 (8)	90.6 ~ 95.8	94.2 ~ 96.6	89.0 ~ 93.7	89.7 ~ 95.4	89.0 ~ 96.6
32	额倾角	78.20 (5)	77.3 ~ 85.1	77.0 ~ 79.0	83.3 ~ 86.9	84.2 ~ 87.0	77.0 ~ 87.0
45	颧宽	143.25 (4)	138.2 ~ 144.0	137.9 ~ 144.8	131.3 ~ 136.0	131.5 ~ 136.3	131.3 ~ 144.8
48	上面高（n – pr）	69.00 (4)	72.1 ~ 77.6	74.0 ~ 79.4	70.2 ~ 76.6	66.1 ~ 71.5	66.1 ~ 79.4
48:17	垂直颅面指数	47.67 (3)	55.8 ~ 59.2	53.0 ~ 58.4	52.0 ~ 54.9	48.0 ~ 52.2	48.0 ~ 59.2
48:45	上面指数（pr）	48.16 (4)	51.4 ~ 55.0	51.3 ~ 56.6	51.7 ~ 56.8	49.9 ~ 53.3	49.9 ~ 56.8
77	鼻颧角	145.00 (8)	147.0 ~ 151.4	149.0 ~ 152.0	145.0 ~ 146.6	142.1 ~ 146.0	142.1 ~ 152.0
72	面角	85.5 (4)	85.3 ~ 88.1	80.5 ~ 86.3	80.6 ~ 86.5	81.1 ~ 84.2	80.5 ~ 88.1
52:51	眶指数（R）	75.12 (4)	79.3 ~ 85.7	81.4 ~ 84.9	80.7 ~ 85.0	78.2 ~ 81.0	78.2 ~ 85.7
54:55	鼻指数	54.18 (4)	45.0 ~ 50.7	42.6 ~ 47.6	45.2 ~ 50.2	50.3 ~ 55.5	42.6 ~ 55.5
SS:SC	鼻根指数	33.58 (5)	26.9 ~ 38.5	34.7 ~ 42.5	31.0 ~ 35.0	26.1 ~ 36.1	26.1 ~ 42.5

注：表中长度单位：毫米，角度：度，指数：百分比；
　　亚洲蒙古人种组间变异值取自潘其风、韩康信《柳湾墓地的人骨研究》，《青海柳湾》附录一，文物出版社，1984 年，第272 页。

　　如表 3 – 5 显示，在 17 个对比项目中，西坡古代居民头骨的测量特征有 12 项落入亚洲蒙古人种的变异范围，在变异范围之外的 5 项中，颅高、颅长高指数、垂直颅面指数和上面指数都很接近亚洲蒙古人种变异范围的上下限，仅眶指数略低于亚洲蒙古人种最低值，但高颅特征体现了东亚蒙古人种的特征，低眶体现了南亚蒙古人种的变化趋势，因此，西坡组头骨体质特征属于亚洲蒙古人种。

　　在与北亚蒙古人种比较中，西坡组头骨的各项测量特征中有 7 项落入其变异范围，主要包括颅长、最小额宽、颧宽等绝对测量值，额倾角、面角等角度项目和颅指数、鼻根指数等指数项目，这些项目主要体现的是亚洲蒙古人种的共性，而最能够体现北亚蒙古人种特征的与颅高和鼻面部有关的各项数据与西坡组之间差异较大，反映了西坡古代居民与现代北亚蒙古人种之间存在较大的距离。在与东北亚蒙古人种的对比中，西坡组头骨特征只有 6 项落入其变异范围，即颅长、最小额宽、颧宽等测量项目，额倾角、面角等角度项目和颅宽高指数等指数项目，真正代表颅面部特征的颅指数、鼻指数、眶指数以及上面指数等都不在其变异范围内，显示两者之间存在很大的差距。西坡组头骨数据落入东亚蒙古人种变异范围的有颅长、颅宽、颅指数、颅宽高指数、鼻根指数、鼻颧角和面角等 7 项，同时颅长高指数也接近东亚蒙古人种变异范围上限，说明在一些颅部特征上西坡墓地居民与现代东亚蒙古人种之间较为接近，但在面部特征上，如上面高、颧宽、上面指数、垂直颅面指数、鼻指数和眶指数等，西坡墓地居民与东亚人种之间存在较灵大的差异。

西坡组头骨各项特征落入南亚蒙古人种变异范围的有 9 项，占所有项目的 52.9%，包括颅长、颅宽、颅指数、颅宽高指数、最小额宽、上面高、鼻颧角、鼻指数和鼻根指数。同时颅长高指数、垂直颅面指数和上面指数亦十分接近南亚蒙古人种的变异范围，虽然眶指数偏低超出了亚洲蒙古人种的变异范围，但这种低眶特征与南亚蒙古人种的变化趋势是一致的。真正与南亚蒙古人种差异较大的是颅高、额倾角和颧宽，颅高较大与东亚蒙古人种变化趋势一致。颧宽值较大和额倾角偏小与北亚蒙古人种变化趋势一致，这说明西坡古代居民的颅面部特征与南亚蒙古人种最接近，但同时与东亚和北亚蒙古人种之间具有一定的相似性。

朱泓先生曾命名"古中原类型"，认为该类型居民的主要体质特征是卵圆形颅，偏长的中颅型以及高而偏狭的颅型，中等偏狭的面宽和中等的上面部扁平度，较低的眶型和明显的低面、阔鼻倾向，整体特征大致介于东亚蒙古人种和南亚蒙古人种之间，并且在若干体质特征上与现代华南地区居民颇为相似。这一类型居民在先秦时期曾经广泛分布在黄河中下游地区，属于该类型的人群主要包括仰韶文化、大汶口文化、庙底沟二期文化、山东龙山文化、河南龙山文化人群和殷墟中小墓代表的殷商平民等。[①] 西坡遗址居民在体质类型上应该属于"古中原类型"，只是在个别特征（例如颧宽偏大等）上略有差异。

二　与其他古代人群的比较

1. 与新石器时代居民的对比研究

为了探讨西坡古代居民与其他古代居民之间体质特征上的联系，我们选择了新石器时代的河南舞阳贾湖组、内蒙古赤峰敖汉旗兴隆洼组、广西桂林甑皮岩组、福建闽侯县石山组、陕西仰韶合并组（由同属于仰韶文化、体质形态相似的宝鸡北首岭组、华县元君庙组、西安半坡组和华阴横阵组合并而成）、河南淅川下王岗组、河南郑州西山组、河南陕县庙底沟组、山西襄汾陶寺组、山东泰安大汶口组、山东兖州王因组、河北阳原姜家梁组、内蒙古乌兰察布盟察右前旗庙子沟组、青海柳湾合并组和江苏高邮龙虬庄组等 15 个对比组与西坡组数据进行了对比[②]（表 3 – 6）。我们根据表 3 – 6 计算出西坡组与新石器时代居民之间的欧式距离系数（表 3 – 7），并根据欧式距离系数结果绘制了图 3 – 2。

---

① 朱泓：《中原地区的古代种族》，吉林大学边疆考古研究中心编《庆祝张忠培先生七十岁论文集》，科学出版社，2004 年，第 549 – 557 页。

② 上述遗址出土人骨的研究报告请参阅：陈德珍、张居中：《早期新石器时代贾湖遗址人类的体质特征及与其他地区新石器时代人的比较》，《人类学学报》17 卷 3 期，1998 年，第 191 – 211 页；张君、王明辉：《内蒙古敖汉旗兴隆洼遗址人骨》，待刊；颜訚、刘昌芝、顾玉珉：《宝鸡新石器时代人骨的研究报告》，《古脊椎动物与古人类》1960 年 1 期，第 33 – 44 页；颜訚、吴新智、刘昌芝等：《西安半坡人骨的研究》，《考古》1960 年 9 期，第 36 – 47 页；颜訚：《华县新石器时代人骨的研究》，《考古学报》1962 年 2 期，85 – 104 页；考古研究所体质人类学组：《陕西华阴横阵的仰韶文化人骨》，《考古》1977 年 4 期，第 247 – 250 页；张振标、陈德珍：《下王岗新石器时代居民的种族类型》，《淅川下王岗》附录一，文物出版社，1989 年，第 408 – 420 页；韩康信、潘其风：《大汶口文化居民的种属问题》，《考古学报》1980 年 3 期，第 91 – 122 页；韩康信：《山东兖州王因新石器时代人骨的鉴定报告》，《山东王因》，科学出版社，2000 年，第 388 – 413 页；朱泓：《内蒙古察右前旗庙子沟新石器时代颅骨的人类学特征》，《人类学学报》第 13 卷 2 期，1994 年，第 126 – 133 页；韩康信、潘其风：《陕县庙底沟二期文化墓葬人骨的研究》，《考古学报》1979 年 2 期，第 255 – 270 页；李法军：《河北阳原姜家梁新石器时代人骨研究》，吉林大学博士学位论文，2004 年；潘其风、韩康信：《柳湾墓地的人骨研究》，《青海柳湾》附录一，文物出版社，1984 年，第 261 – 303 页。

表 3 - 6　西坡组与新石器时代对比组头骨测量值的比较

马丁号 组别	项目	1 颅长	8 颅宽	17 颅高	9 最小额宽	48 上面高(n-sd)	45 额宽	51 眶宽(mf-ek)R	52 眶高(R)	54 鼻宽	55 鼻高	8:1 颅指数	17:1 颅长高指数	17:8 颅宽高指数	54:55 鼻指数	52:51 眶指数	48:45 上面指数	9:8 额宽指数	72 面角
1	西坡组	181.12	143.27	144.08	95.43	71.80	143.25	44.70	33.52	28.78	53.24	79.17	80.11	99.59	54.18	75.12	50.12	66.55	85.50
2	贾湖组	182.00	150.50	144.00	93.50	76.70	137.50	42.80	32.80	27.40	56.90	82.70	79.10	95.70	48.10	78.20	55.70	62.99	85.00
3	兴隆洼组	179.97	140.50	138.30	89.30	78.10	134.20	42.60	35.50	26.60	57.90	78.60	77.20	98.50	47.00	81.80	60.00	63.56	91.10
4	甑皮岩组	190.40	138.80	140.00	92.25	67.70	134.60	43.13	35.80	27.80	52.95	72.93	73.53	100.86	52.50	79.38	47.62	67.24	83.50
5	仰韶合并组	180.70	142.56	142.53	93.64	73.38	136.37	43.41	33.48	27.56	53.36	79.10	78.62	99.41	52.08	77.18	54.58	65.59	81.39
6	下王岗组	175.75	146.38	147.08	94.81	71.06	137.85	41.38	32.93	27.20	53.68	83.24	84.59	101.02	50.05	79.26	51.80	65.64	84.90
7	西山组	176.50	136.30	145.30	95.02	76.04	137.50	43.43	33.14	27.24	53.14	77.22	82.32	106.60	51.08	76.25	53.45	65.68	84.48
8	大汶口组	181.10	145.70	142.90	91.60	74.80	140.60	43.10	35.20	27.50	54.70	80.50	78.91	98.08	49.45	81.83	54.31	62.90	83.60
9	庙子沟组	177.63	137.03	140.93	90.36	73.50	136.64	43.93	32.93	26.23	52.63	77.22	79.57	102.95	49.90	76.76	53.68	66.03	82.33
10	庙底沟组	179.40	143.80	143.20	93.69	73.50	140.80	41.80	32.40	27.30	54.00	80.31	77.64	99.47	50.15	77.71	51.86	65.18	85.80
11	陶寺组	174.73	141.93	144.04	94.53	73.92	140.32	44.80	32.79	27.23	54.45	76.93	77.64	102.06	49.99	74.42	51.55	66.26	84.86
12	王因组	180.50	147.30	145.70	95.30	75.00	145.20	45.90	35.80	27.70	56.10	81.61	80.73	99.04	49.43	78.06	52.28	64.73	85.00
13	姜家梁组	178.27	134.20	138.10	88.60	75.53	135.63	44.41	33.39	27.04	55.58	75.76	78.74	102.33	49.00	77.39	55.71	66.02	82.59
14	龙虬庄组	178.30	141.91	140.17	96.04	73.02	141.25	43.83	33.86	27.98	55.07	79.72	78.67	98.82	50.89	77.39	51.70	67.71	82.10
15	柳湾合并组	185.93	136.41	139.38	90.30	78.19	137.24	43.87	34.27	27.26	55.77	73.92	74.74	100.96	49.09	78.46	57.60	65.94	89.21
16	昙石山组	189.70	139.20	141.30	91.00	71.10	135.60	42.20	33.80	29.50	51.90	73.40	73.80	99.50	57.00	80.00	52.50	65.40	81.00

表3-7 西坡组与新石器时代对比组之间的欧式距离系数

组别	欧式距离系数
贾湖组—西坡组	15.874
兴隆洼组—西坡组	21.888
甑皮岩组—西坡组	18.656
仰韶合并组—西坡组	10.369
下王岗组—西坡组	12.978
西山组—西坡组	14.432
大汶口组—西坡组	12.397
庙子沟组—西坡组	14.122
庙底沟组—西坡组	7.960
陶寺组—西坡组	9.927
王因组—西坡组	9.765
姜家梁组—西坡组	18.571
龙虬庄组—西坡组	8.385
柳湾合并组—西坡组	19.231
昙石山组—西坡组	17.786

表3-8 西坡组与新石器时代对比组之间的主成分分析结果

	主成分		
	1	2	3
颅长	-.213	-.689	.590
颅宽	.163	.700	.656
颅高	-.249	.833	.133
最小额宽	-.444	.774	.128
上面高（n-sd）	.824	.062	-.282
颧宽	-.172	.716	.168
眶宽	-.082	.144	-.312
眶高	.223	-.362	.449
鼻宽	-.621	-.098	.575
鼻高	.870	.103	.095
颅指数	.323	.868	.248
颅长高指数	.082	.817	-.278
颅宽高指数	-.323	-.108	-.817
鼻指数	-.858	-.226	.263
眶指数	.471	-.389	.598
上面指数	.862	-.221	-.162
额宽指数	-.710	-.166	-.411
面角	.675	-.024	-.016

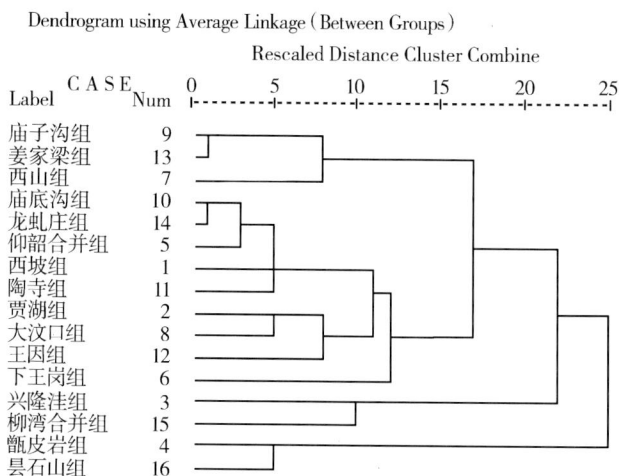

图3-2 西坡组与新石器时代对比组之间的聚类结果图

表3-7显示，西坡组与庙底沟组、龙虬庄组、王因组、陶寺组和仰韶合并组最为接近，与兴隆洼组、柳湾合并组、甑皮岩组、姜家梁组和昙石山组等距离较远。

从图3-2中可以看出，西坡组与陶寺组、仰韶合并组、庙底沟组等首先聚为一类，贾湖组、大汶口组、王因组等聚为一类，这两组同时与下王岗组相聚，而庙子沟组、姜家梁组和西山组聚为一类，这三类又在更大的范围内相聚，而与北方的兴隆洼组、西北的柳湾合并组以及南方的甑皮岩组和昙石山组等距离较远。

我们利用表3-6又进行了主成分的分析，分析结果见表3-8。主成分分析只提取前三个主成分。计算结果显示，第一主成分的方差贡献率为28.4%，第二主成分的方差贡献率为25.9%，第三主成分的方差贡献率为16.6%，前三个主成分累积贡献率超过了70%，代表了大部分变量的信息。主成分分析结果反映了18个变量在前三个主成分上的得分情况。第一主成分具有重要价值的因子主要包括上面高、鼻高、鼻指数和上面指数等，主要代表了面部的高度特征；第二主成分的重要因子有颅高、颅指数和颅长高指数，主要代表了颅部的高度特征；第三主成分上重要的因子有颅宽、鼻宽和颅宽高指数等，主要代表了颅面部宽度特征。

图 3 - 3 是西坡组与新石器对比组群在前三个主成分上的散点图。在散点图中，西坡组与新石器时代各组之间的空间关系虽然与聚类图不完全一致，但主体结构比较相似，西坡组与南方的甑皮岩组和昙石山组以及北方的兴隆洼组和柳湾组等距离较远，而与其他中原地区和黄河中下游地区其他新石器时代居民之间距离相对较小。总体上看，西坡组与黄河中下游地区新石器时代居民之间的关系还是比较密切的。

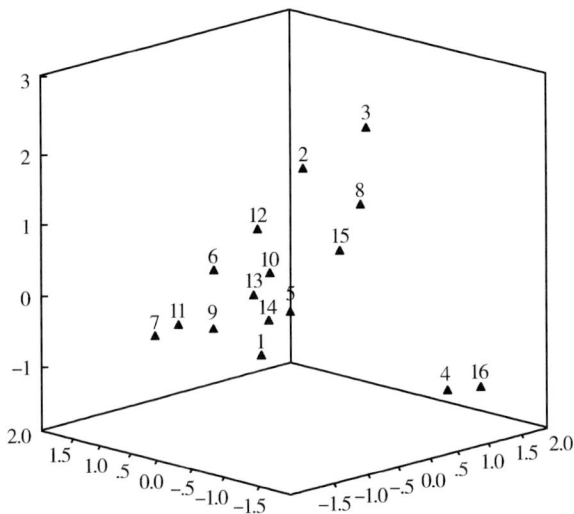

图 3 - 3　西坡组与新石器时代对比组之间的主成分分析散点图

上述分析结果表明：1）西坡古代居民与晋南、陕西东部以及河南西部的仰韶文化和龙山文化居民之间存在着密切的关系，他们之间在体质特征或遗传上可能具有承继关系；2）他们同时与黄河中下游地区其他新石器时代居民之间在体质特征上也有较为密切的联系，这与大的中原文化圈的范围比较一致，与朱泓先生的"古中原类型"的范围也相吻合；3）他们与我国北方地区和南方地区的古代居民之间存在较大的差距，无论在文化上还是在体质特征上都说明了这一点。

2. 与青铜时代居民的对比研究

为了考察西坡古代居民与后代、尤其是青铜时代居民之间在体质特征上的联系和差异，我们选择了黄河中下游和北方地区的忻州游邀夏代居民组、殷墟中小墓二组、殷墟中小墓三组、山西曲沃天马曲村周代居民组、陕西铜川瓦窑沟先周时期居民组、陕西临潼零口战国居民组、河南商丘潘庙春秋战国居民组、山东滕州前掌大商周居民组、内蒙古伊金霍洛旗朱开沟组、内蒙古敖汉旗大甸子夏家店下层文化组（大甸子一组、二组）、夏家店上层合并组、甘肃民乐东灰山四坝文化居民组共计十一个地点的十三组古代人群的材料进行比较分析。[①] 具体比较项目和数据参见 3 - 9。

---

① 上述遗址出土人骨的研究报告请参阅：朱泓：《游邀遗址夏代居民的人类学特征》，《忻州游邀考古》附录二，科学出版社，2004年，第 188 - 214 页；潘其风：《朱开沟墓地人骨的研究》，《朱开沟》附录一，文物出版社，2000 年，第 340 - 399 页；潘其风：《大甸子墓葬出土人骨的研究》，《大甸子——夏家店下层文化遗址与墓地的发掘报告》附录一，科学出版社，1996 年，第 224 - 322 页；韩康信，潘其风：《殷墟祭祀坑人头骨的种系》、《安阳殷墟中小墓人骨的研究》，《安阳殷墟头骨研究》，文物出版社，1985 年，第 50 - 81 页；朱泓：《夏家店上层文化居民的种族类型及相关问题》，《辽海文物学刊》1989 年 1 期，第 111 - 122 页；王明辉：《周人体质特征分析》，《二十一世纪的中国考古学——纪念佟柱臣先生八十五华诞学术文集》，文物出版社，2006 年，第 909 - 924 页；韩康信、张振标、曾凡：《闽侯昙石山遗址的人骨》，《考古学报》1976 年 1 期，第 121 - 129 页。

表3-9 西坡组与青铜时代对比组头骨测量值的比较

组别	项目 马丁号	1 颅长	8 颅宽	17 颅高	9 最小额宽	48 上面高 (n-sd)	45 颧宽	51 眶宽 (mf-ek R)	52 眶高 (R)	54 鼻宽	55 鼻高	8:1 颅指数	17:1 颅长高指数	17:8 颅宽高指数	54:55 鼻指数	52:51 眶指数 (R)	48:45 上面指数 (sd)	9:8 额宽指数	72 面角
1	西坡组	181.12	143.27	144.08	95.43	71.80	143.25	44.70	33.52	28.78	53.24	79.17	80.11	99.59	54.18	75.12	50.12	66.55	85.50
2	忻州游邀组	183.65	140.65	142.13	94.00	73.95	137.60	44.42	34.08	26.79	53.10	76.73	77.15	101.02	50.52	76.73	53.53	66.64	84.44
3	朱开沟组	179.07	139.89	138.10	90.84	71.77	135.20	43.93	33.36	26.97	52.35	78.22	77.58	98.75	51.74	76.00	52.45	69.65	87.33
4	大甸子一组	182.67	138.13	141.06	90.45	73.53	135.09	43.08	33.59	27.01	53.22	75.61	77.59	101.93	50.51	78.33	55.31	65.63	86.65
5	大甸子二组	174.23	145.07	141.08	92.86	72.65	136.86	43.51	33.18	27.14	53.08	83.44	82.40	96.85	51.37	75.99	53.21	63.43	86.63
6	殷墟中小墓二组	184.03	140.13	140.32	90.43	73.81	133.08	42.43	33.55	36.99	53.38	76.50	76.09	99.35	50.98	78.59	53.98	64.35	83.81
7	殷墟中小墓三组	187.18	142.67	134.83	93.86	75.08	145.40	44.88	35.52	28.96	56.52	76.27	72.08	94.53	51.41	79.32	52.66	65.46	84.63
8	天马曲村组	183.26	141.56	141.30	94.70	73.55	138.28	44.45	34.21	27.16	53.99	77.30	77.18	99.68	50.52	77.05	53.56	70.68	85.58
9	夏家店上层文化合并组	181.19	136.20	140.70	89.00	75.10	133.75	42.80	34.44	28.08	53.60	75.06	78.26	103.46	52.43	80.48	56.15	65.35	80.60
10	民乐东灰山组	176.70	137.63	136.05	88.28	73.10	133.33	42.40	34.33	26.30	51.95	78.39	77.01	98.08	50.63	81.16	55.66	63.97	83.83
11	铜川瓦窑沟组	181.33	140.08	139.45	91.50	72.50	136.33	41.92	33.38	26.38	55.00	77.25	76.90	99.55	48.21	79.87	53.24	65.27	83.33
12	临潼零口战国组	180.80	142.80	139.25	92.85	73.83	136.40	42.33	34.50	27.93	55.77	79.66	76.06	95.31	50.23	81.56	56.82	65.17	84.17
13	商丘潘庙组	182.00	137.70	141.70	94.00	74.90	135.00	43.60	34.20	27.70	54.90	75.90	77.90	101.70	50.50	78.50	55.60	68.26	85.70
14	滕州前掌大组	187.58	145.29	134.65	94.60	77.10	138.60	43.44	34.71	28.05	56.69	77.54	69.25	89.42	50.15	79.84	57.43	65.24	86.67

在此，我们使用了计算西坡组与青铜时代各组欧式距离系数、聚类分析以及主成分分析的方法。欧式距离系数计算结果见表3－10。

表3－10显示，与西坡组距离最近的是同属古中原类型的忻州游邀组和天马曲村组，这反映了西坡组古代居民与山西夏代和周代的古代居民具有体质形态上的相似性，他们之间可能存在着某种联系。同时，西坡组与北方地区的夏家店上层文化合并组和甘肃民乐东灰山四坝文化组之间的距离较大，显示他们之间的亲缘关系较远。在西坡组与其他青铜时代古代居民的对比中，相互间的关系不明显，似乎都有一定程度的偏离。

我们同时使用了聚类方法和主成分分析的方法研究他们之间的关系。图3－4是西坡组与青铜时代居民间的聚类关系结果图。

图3－4显示，西坡组与北方青铜时代居民之间存在一定程度的偏离倾向，他们之间的亲缘关系不太明朗。

我们还利用了主成分分析做了散点图，如图3－5。

该图显示，西坡组与各青铜时代各组之间似乎都有一定程度的偏离，与其他各组相比处于比较独立的位置。

表3－10　西坡组与青铜时代对比组之间的欧式距离系数

对比组	欧式距离系数
忻州游邀组—西坡组	10.173
朱开沟组—西坡组	12.016
赤峰大甸子一组—西坡组	13.777
赤峰大甸子二组—西坡组	12.489
殷墟中小墓二组—西坡组	16.610
殷墟中小墓三组—西坡组	16.848
天马曲村组—西坡组	9.369
夏家店上层文化合并组—西坡组	17.178
民乐东灰山组—西坡组	18.021
铜川瓦窑沟组—西坡组	13.538
临潼零口战国组—西坡组	15.070
商丘潘庙组—西坡组	13.993
滕州前掌大组—西坡组	22.743

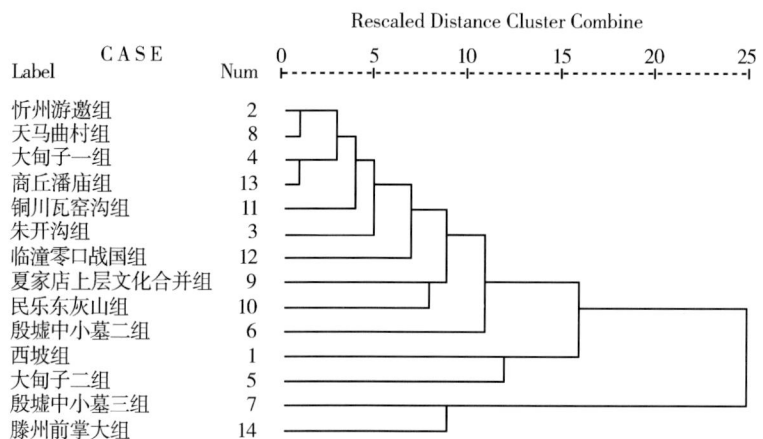

图3－4　西坡组与青铜时代对比组之间的聚类结果图

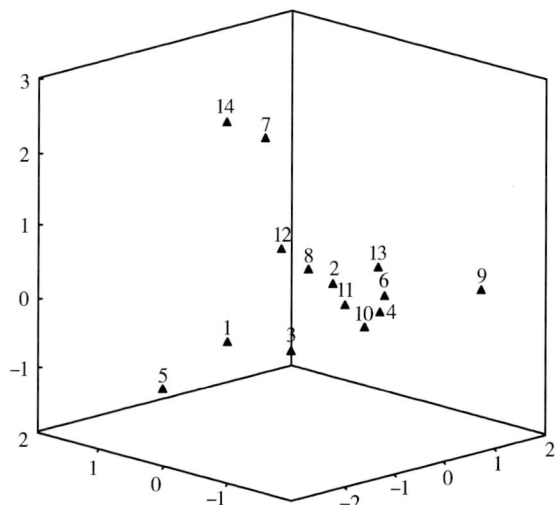

图3－5　西坡组与青铜时代对比组之间的主成分分析散点图

三　西坡古代居民的内部差异

依据现场和室内观测结果，西坡墓地出土头骨的形态特征，在面部特征上的表现较为一致，在颅骨特征上则存在一些差异，大致可以分为两种类型。

第一种类型，即典型的"古中原类型"，其特征为：卵圆形颅，颅长宽指数属于中颅型或圆颅型，颅高较高，颅宽中等偏阔，面高中等，面宽中阔，眶型中等，面部扁平度大等。西坡古代居民中多数个体属于这种类型，典型个体如 M8、M27、M29、M30、M32、M33 等的墓主。

第二种类型，颅骨虽然也主要呈卵圆形，但还有楔形和椭圆形的，而且头骨硕大，最大宽位于颅骨后端顶结节附近，颅长宽特征的圆颅型更为明显，颅高中等，颅宽更阔，面高中等偏低，面宽中等，眶型中眶偏低。这些特征，尤其是颅高（相对略低）和颅宽（更阔），都与典型的"古中原类型"有所不同。而且，根据观察，这种类型在西坡古代居民中还占有相当的比例，典型个体如 M1、M3、M12、M13、M18、M24、M25、M26、M31 等的墓主。

由于西坡墓地个体数量较少，第二种类型究竟是个体的变异，还是表明西坡聚落确实存在不同体质类型的人群，目前还没有明确的看法。但是西坡古代居民中的这种差异并不是孤例。笔者曾经关注过，在一些遗址中发现有类似的现象，例如同属于仰韶文化的北首岭组、元君庙组、半坡组和横阵组，虽然在主要体质特征上具有明显的一致性，但在一些细节方面还是存在一定的差异，甚至在一个遗址内部存在着不同体质类型的人群。只是由于各种条件所限，笔者没有进一步进行分类①。

类似西坡第二种类型的体质特征，在史前河南西部、陕西东部和山西南部的古代人群中都有不同程度的存在，例如山西陶寺墓地和清凉寺墓地出土的人骨材料中，这种类型的人骨即占有一定的比例。笔者建议目前可以暂时命名为"古中原类型"的"豫西亚型"。

目前所知，豫西亚型与位于长城沿线甚至以北的古代居民（如西辽河流域的新石器时代和部分青铜时代居民）的体质特征具有一定的相似性。但该区域居民属于高颅阔面的"古东北类型"，而西坡第二类型的面部特征属于中面型。我们认为，二者的相似性不是两种不同类型人混血的结果，至少到龙山阶段晚期以前，尚没有明确的证据显示中原地区与其他地区古代人群存在着明显的基因交流现象。豫西亚型更可能是同一地区内不同人群间的交流的结果。由于过去对这种亚型了解较少，尚无法明确它的位置和意义。但这一类型的存在可能暗示着史前中原地区存在不同族群。希望在以后的工作中随着材料的丰富和研究的深入，对这种类型有进一步的了解。

对于西坡墓地而言，我们还无法对这种类型进行更为详细的分析，原因是这种类型的个体保存都较差，多数仅保留部分颅骨，面部形态特征不明确，缺少足够的进一步分析的数据。因此，我们仅根据颅骨形态特征的差异提出"豫西类型"的概念和初步认识，期望体质人类学者在以后的工作中能够给予更多关注。

---

① 王明辉：《新石器时代晚期至青铜时代中国北方居民体质特征的变化及相关问题》，《科技考古》（二），科学出版社，2007 年，第161－179 页。

四 西坡古代居民个体间的关系

体质人类学研究中，骨骼形态特征分析通常被运用于对较大规模人群之间关系的研究中。对一个墓地内部个体间可能存在的亲缘关系的研究，主要采用提取和分析古 DNA 的方法，尚无使用形态学分析手段的先例。西坡墓地的一些个体间存在着引人注目的形态上的相似性，似乎暗示这些个体之间可能存在更为密切的联系，甚至遗传关系。因此，在这里我们尝试用统计学方法分析骨骼形态数据，探讨西坡墓地各个体之间可能存在的亲缘关系。

遗憾的是，在西坡墓地的 35 个个体中，只有保存相对较好的 10 个个体的测量数据较为全面（参见表 3－3）。在聚类分析中，为了尽量反映多数个体的特征，我们舍弃了测量数据较少的 M15 和女性墓 M6，选择了在其他 8 个个体上都能测量到的颅长、颅宽、最小额宽、两眶外缘宽、两眶外缘间高、鼻颧角、颅指数和额宽指数等 8 项变量，反映颅面部形态特征的一些变量因为缺乏某些个体的数据，只能舍弃，因此这些变量和数据不完全代表西坡组古代居民的真实特征。聚类结果参见图 3－6。

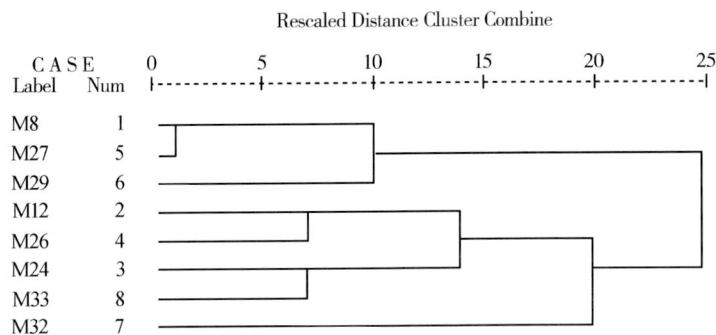

图 3－6 西坡古代居民内部个体聚类结果图

图 3－6 显示，M8、M27 和 M29 这三座高等级墓葬墓主的头骨形态有更强的相似性，首先聚类在一起，显示他们之间关系比较密切，与其他五个墓主的关系较为疏远。此外，M8 和 M27 这两座墓葬墓主的头骨上都有发育显著的完整额中缝。新石器时代以后至今，我国额中缝的出现率始终保持在较高水平，但完整额中缝出现率则较低。完整额中缝同时出现在两个个体上，应该不是偶然现象，显示高等级墓葬个体间可能存在更密切的联系。

第三节 身高的研究

身高的变化不仅体现了体质特征的变化，而且蕴含了食物结构、疾病现象以及功能压力等方面的信息。这些信息不仅反映人类健康状况的变化，也反映经济模式甚至生活风俗等的变化，对于全面研究古代人群具有重要的作用。例如通过对希腊和土耳其古代骨骼的研究表明，在冰期末的狩猎采集人群中，男性的平均身高是 5 英尺 9 英寸（约合 175.26 厘米），女性为 5 英尺 5 英寸（约合 165.1 厘米）；而到了公元前 3000 年的农业社会，男性身高降至 5 英尺 3.3 英寸（约合 160.78 厘米），女性为 5 英尺（约合 152.4 厘米）①。也有学者通过研究认为，裴李岗时代男性平均身高为 169.1 厘米，仰韶时代男性平均身高为 167.79 厘米，龙山时代为 165.75 厘米，黄河流域史前居民身高同样有逐渐降低的趋势②。

一　西坡古代居民身高

我们在第二章中对西坡墓地居民的身高采用两种方法进行了记录，对肢骨保存较差无法测量肢骨长度的个体，我们以考古发掘现场测量的头顶至脚跟长度为准；对肢骨保存较好，可以进行长度测量的，以公式推算的结果为准，同时也把现场测量的结果进行记录以资对照。

通过对比可以看出，现场测量结果与根据肢骨最大长推算的身高有的比较接近，如 M8，现场测量结果是 163 厘米，推算的结果是 162.8 厘米；有的差异则比较大，如 M33，现场测量的结果是 162 厘米，而推算的结果是 168.0 厘米，两者相差近 6 厘米。这些误差可能是由以下三种原因造成的，一是骨骼出土时保存较差，关键部位缺损，造成测量的误差；二是存在一定程度的肢骨弯曲或肢骨存在创伤，影响测量准确度；三是由于股骨保存较差，身高推算只能根据保存相对较好的肱骨或胫骨，而根据这些骨骼推算的身高显然不如根据股骨推算的准确。总体上看，现场测量的身高与根据肢骨长度推算的身高之间差距不大，一般在 2 ~ 3 厘米。从平均值上看，现场测量较据肢骨推算的身高数据小约 3 厘米。

西坡墓地男性居民身高的变异范围是 161.1 ~ 181.3 厘米，平均身高是 168.59 厘米。以推算身高计算，男性身高可以分为三个层次，M3 和 M26 墓主身高最高，在 175 厘米以上；其次为 M13、M15、M4、M7、M10、M29 和 M33 墓主，身高在 165 ~ 170 厘米之间；其余低于 165 厘米，包括 M8、M20、M27 和 M32 墓主。值得注意的是 M3 和 M26 墓主在肢骨形态特征上也很相似；而高等级墓葬 M8 和 M27 的墓主身高都不高，而且在头骨形态特征上具有相似性。他们各自之间可能存在较为密切的亲缘关系。

根据肢骨推算的身高，女性身高变异范围为 157.2 ~ 160.8 厘米，平均身高为 159.23 厘米。

二　与我国北方其他古代居民身高的比较

我们选择了北方不同地区、不同时期和不同文化类型居民组与西坡组进行了身高比较研究。这些组别包括贾湖组、宝鸡组、半坡组、华县组、西夏侯组、大汶口组、横阵组、仰韶组、石固组、姜家梁组、大甸子组、西村周组、上马组、新店子组、井沟子组、饮牛沟组和平洋组等（表 3 - 11）。

从表 3 - 11 可以看出，西坡组男性居民的身高与我国北方先秦时期居民的身高差异不大。具体来看，西坡组身高较贾湖组、西夏侯组、大汶口组、仰韶组、姜家梁组等略低，但高于其他各组，且较平均身高高约 2.42 厘米。从女性身高来看，西坡组身高较姜家梁组、新店子组等略低，高于其他各组，较平均身高高约 1.38 厘米。

---

① 贾里德·戴蒙德：《人类史上最大的失误》，《考古学的历史·理论·实践》，中州古籍出版社，1996 年，第 315 - 322 页。
② 王建华：《黄河流域史前人口健康状况的初步考察》，《考古》2009 年 5 期，第 61 - 69 页。

表 3 - 11　西坡组与古代对比组身高的比较

组别	地点	时代/文化	身高	
			男性	女性
贾湖组	河南舞阳	裴李岗文化	171.2	—
宝鸡组	陕西宝鸡	仰韶文化	167.69	—
半坡组	陕西西安	仰韶文化	167.78	—
华县组	陕西华县	仰韶文化	165.42	—
西夏侯组	山东曲阜	大汶口文化	169.63	—
大汶口组	山东泰安	大汶口文化	171.68	—
横阵组	陕西华阴	仰韶文化	167.70	—
仰韶组	河南渑池	仰韶文化	171.10	—
石固组	河南长葛	裴李岗/仰韶文化	167.00	153.50
姜家梁组	河北阳原	仰韶/龙山文化	169.69	160.39
大甸子组	内蒙古赤峰	夏家店下层文化	163.28	154.40
西村周组	陕西凤翔	先周、西周文化	165.52	155.95
上马组	山西侯马	两周	165.15	—
新店子组	内蒙古和林格尔	东周	164.76	159.31
井沟子组	内蒙古林西	东周	165.59	155.73
饮牛沟组	内蒙古凉城	东周	166.48	158.60
平洋组	黑龙江泰来	战国	164.31	157.74
平均身高			166.17	157.85
西坡组	河南灵宝	仰韶文化	168.59	159.23

注：本表多数数据转引自原海兵等《天津蓟县桃花园明清家族墓地人骨的推算（Ⅰ）》，《人类学学报》27 卷 4 期，2008 年，第 318 - 324 页。

同时，我们也可以看出，北方青铜时代各组的身高较新石器时代有所下降，多数在 165 厘米左右或以下。有学者提出，农业的产生和发展使得劳动强度增加，功能压力增强，导致一系列人体骨骼机能的变化，并进而影响了人体的身高。[①]

<h1 style="text-align:center">第四节　肢骨的研究</h1>

我们按照邵象清提出的各项测量标准，在室内对保存较好的西坡墓地成年男、女两性肢骨标本的各项测量项目分别进行了测量。具体数据参见表 3 - 12。

对肢骨进行观察和测量一方面可以推断个体的性别，另一方面，肢骨的尺寸还能够提供个体生活的环境信息，肢骨的大小、粗细、肌嵴的发达程度等能够反映出个体或群体的行为特点。对肢骨进行观察和测量研究对农业起源的讨论也有重要的参考价值。

有研究表明，与采集狩猎人群相比，农业社会的食物来源范围缩小，造成农业人群食物营养降低，引起了骨骼的薄化；农业人群相比采集经济人群更多的是定居生活，其骨骼形态一般表现出粗壮度的降低和肢骨尺寸的减小。

过度的身体活动会引起长骨特征上的变化，当骨骼的横切面从一般的圆周形被压缩或扁

---

① 王建华：《黄河流域史前人口健康状况的初步考察》，《考古》2009 年 5 期，第 61 - 69 页。

表 3 – 12　西坡墓地人骨肢骨数据表

	男性																																							女性								
	M2		M3		M4		M7		M8		M10		M12		M13		M15		M20		M21		M24		M26		M27		M28		M29		M30		M32		M33		平均值	M14		M16		M18		M23		平均值
	左	右	左	右	左	右	左	右	左	右	左	右	左	右	左	右	左	右	左	右	左	右	左	右	左	右	左	右	左	右	左	右	左	右	左	右	左	右		左	右	左	右	左	右	左	右	
	—	—	—	—	—	—	317.0	—	299.0	297.0	—	—	—	—	324.0	—	—	330.0	301.0	299.0	—	—	—	—	—	342.0	307.0	306.0	—	—	—	—	—	—	—	—	—	317.0	312.64	—	285.0	—	—	298.0	—	—	—	291.50
	—	—	—	—	—	—	315.0	—	297.0	293.0	—	—	—	—	320.0	—	—	327.0	299.0	295.0	—	—	—	—	—	339.0	303.0	304.0	—	—	—	—	—	—	—	—	—	—	309.20	—	284.0	—	—	296.0	—	—	—	290.00
	22.3	24.2	23.0	24.6	24.0	25.4	22.2	23.2	20.3	21.7	20.5	20.4	23.2	23.8	21.0	22.0	21.2	23.8	21.8	21.0	23.0	23.6	22.2	22.5	19.8	22.2	23.2	—	—	25.2	—	—	22.5	23.3	24.0	24.0	25.5	25.0	22.79	—	20.3	—	—	20.3	21.3	22.6	22.7	21.44
	17.7	19.6	18.7	19.0	19.4	20.0	20.0	19.6	15.5	16.1	15.0	15.0	18.7	19.0	18.0	17.8	16.7	17.2	16.3	15.2	19.5	18.6	19.6	19.8	15.0	17.3	17.6	—	—	19.2	—	—	20.0	19.3	18.2	18.6	19.2	18.8	18.01	—	15.3	—	—	14.4	14.2	17.4	16.7	15.60
	66.0	70.5	68.5	72.0	70.5	74.0	71.0	72.0	59.5	61.5	62.0	60.0	69.0	69.0	65.0	65.5	65.0	66.0	63.0	62.0	70.5	73.5	65.0	69.0	61.0	66.0	69.5	70.5	72.0	—	—	—	72.0	71.0	69.0	69.0	72.5	75.0	69.78	—	62.0	—	—	58.5	59.0	64.5	66.0	62.00
	62.0	66.0	66.0	70.0	67.5	69.5	66.0	67.0	58.5	61.0	57.0	56.0	61.0	60.0	60.5	61.0	60.5	63.0	62.0	60.0	64.0	64.0	61.5	65.0	—	64.5	64.5	67.5	66.5	—	—	—	64.0	65.0	63.0	63.0	64.0	62.0	63.19	—	57.0	—	—	55.0	55.0	60.0	62.0	57.80
	79.37	80.99	81.30	77.24	80.83	78.74	90.09	84.48	76.35	74.19	73.17	73.53	80.60	79.83	85.71	80.91	78.77	72.27	74.77	72.38	84.78	78.81	88.29	88.00	75.76	77.93	75.86	—	76.19	—	—	—	88.89	82.83	75.83	77.50	75.29	75.20	79.03	—	75.4	—	—	70.9	66.7	77.0	73.6	72.71
							20.82		19.57	20.54					18.67		19.09		20.60	20.07					18.86		21.01	22.06									19.56		20.08		20.0			18.5				19.25
	—	—	—	—	508.0	—	441.0	—	425.0	452.0	451.0	452.0	—	—	431.0	429.0	—	—	—	—	—	—	485.0	438.0	436.0	—	456.0	—	—	—	—	—	418.0	—	—	449.0	—	—	446.14	—	436.0	431.0	423.0	417.0	—	—	—	426.75
	—	—	—	—	503.0	—	440.0	—	420.0	421.0	449.0	451.0	—	—	426.0	425.0	—	—	—	—	—	—	479.0	434.0	431.0	—	452.0	—	—	—	—	—	414.0	—	—	447.0	—	—	442.29	—	426.0	426.0	420.0	413.0	—	—	—	421.25
	28.1	29.0	33.5	34.0	30.4	29.2	30.3	—	25.8	25.7	26.8	29.8	31.4	31.3	29.8	26.8	32.0	32.2	—	26.2	28.1	28.5	30.8	31.3	31.2	31.4	29.5	31.1	31.3	32.0	26.4	26.6	32.3	33.4	28.8	28.8	28.6	30.0	29.71	—	24.8	24.7	25.5	25.5	24.5	26.0	—	25.17
	30.5	30.2	29.3	31.5	28.2	27.4	28.5	—	28.8	29.1	25.3	24.2	28.4	28.4	—	32.6	27.0	27.2	—	30.2	28.9	29.8	28.5	27.1	27.0	27.3	26.4	29.4	29.5	29.6	28.5	28.7	29.0	25.7	26.6	26.5	25.2	—	28.35	—	28.8	29.2	27.2	25.7	30.2	30.4	—	28.58
	91.0	92.5	97.0	98.5	92.0	90.0	90.5	—	83.0	82.0	88.0	92.0	92.0	—	89.0	85.0	85.0	95.0	92.5	92.0	92.0	87.0	90.0	94.5	94.5	87.0	87.0	95.0	98.0	86.0	85.0	86.0	87.0	—	—	—	—	—	90.09	—	83.5	84.0	81.0	78.0	86.5	88.0	—	83.50
	—	24.5	27.2	26.5	25.0	24.2	24.2	23.5	22.5	22.8	22.2	22.8	28.5	26.8	26.8	25.7	24.6	23.5	23.8	23.1	24.2	26.3	25.7	24.8	26.0	25.0	26.1	27.2	27.3	24.0	23.6	25.6	26.8	23.8	22.7	27.3	26.3	—	25.14	—	22.6	23.3	22.7	22.2	—	24.2	—	23.00
	—	34.9	33.6	35.3	32.5	32.5	35.5	35.0	33.6	32.6	31.1	31.2	31.3	30.4	31.2	30.3	31.7	32.2	33.6	34.3	34.1	33.0	37.4	37.6	33.3	34.2	28.8	28.6	34.6	33.6	32.6	31.3	36.2	35.8	32.0	32.8	30.0	30.5	33.01	—	33.4	33.3	29.8	29.3	—	33.4	—	31.84
			—	19.58	—	20.45	—	—	19.76	19.48	18.26	19.51			—	—	20.94				—	—	19.21	20.05	20.88		—	19.25			—	—	20.77		—	19.24			19.80	—	19.60	19.72	19.29	18.89				19.37
			—	13.02	—	12.86	—	—	13.00	13.02	11.60	11.97			—	—	13.27				—	—	12.19	13.09	13.34		—	12.39			—	—	13.16		—	12.33			12.71	—	12.58	12.65	12.55	12.40				12.54
	108.54	104.14	87.46	92.65	92.76	93.84	94.06	—	111.63	113.23	94.40	81.21	90.45	90.73	—	121.64	84.38	84.47	—	115.27	102.14	98.25	96.75	91.05	86.86	85.99	92.54	84.89	93.93	92.19	112.12	107.14	88.85	86.83	89.24	92.36	92.66	84.00		—	116.1	118.2	106.7	100.8	123.3	116.9		
	70.20	80.95	75.07	76.92	74.46	68.17	67.14	66.96	69.94	69.16	73.08	91.05	88.16	81.07	76.40	69.94	69.39	67.74	73.33	70.32	68.35	74.47	76.02	86.81	91.26	78.61	81.25	73.62	75.40	69.89	74.86	74.38	69.21	91.00	86.23				76.52	—	67.66	69.97	76.17	75.77	—	72.46		72.41
	92.13	96.03	114.33	107.94	107.80	106.57	106.32	—	89.58	88.32	105.93	123.14	110.56	110.21	—	82.21	118.52	118.38	—	86.75	97.91	101.29	103.36	109.82	115.13	116.30	108.01	117.80	106.46	108.47	89.19	93.33	112.54	115.17	112.06	108.27	107.92	119.05	105.23	—	86.11	84.59	93.75	99.22	81.13	85.53		88.39
			—	348.0	348.0	—	348.0	—									409.0	—	360.0	362.0	—		373.0	366.0															364.25	—	336.0	334.0	—					335.00
			—	338.0	335.0	—	342.0	—									394.0	—	352.0	354.0	—		262.0	355.0															341.50	—	327.0	324.0	—					325.50
			—	25.4	—	23.2	25.7	25.6	19.5	19.5	18.6	19.0	—	24.0	24.0	21.2	21.4	21.3	20.2	—	22.0	23.3	23.8	21.8	—	21.0	—	20.7	21.4	20.4	22.5	20.5	21.6	20.5					21.85	18.3	—	18.1	—	19.2	18.8			18.60
			—	36.5	—	32.0	33.0	33.4	31.6	31.1	30.4	29.8	—	30.5	32.7	30.5	30.6	31.8	33.0	—	34.3	31.0	34.0	31.0	—	30.2	34.6	31.6	32.5	31.7	32.6	31.4	29.2	28.8					31.84	30.2	—	26.4	—	28.8	29.1			28.63
			—	24.8	27.2	24.5	23.8	27.4	28.2	21.6	21.2	22.0	21.0	—	26.8	26.6	23.4	23.6	24.2	24.0	—	24.6	26.6	23.5	23.4	23.2	23.1	23.3	—	23.2	23.8	23.7	25.4	24.4	24.2	21.3			24.11	19.0	—	21.2	21.2	—	22.0	21.6		21.00
			—	42.2	42.8	37.6	36.6	37.5	35.0	33.7	36.4	34.2	34.3	—	37.5	39.3	34.7	34.0	35.3	37.5	—	38.8	38.8	39.0	37.2	32.4	33.2	41.1	—	37.4	38.0	39.4	38.5	36.0	34.5	33.4			36.87	33.2	—	31.2	31.8	33.5	32.2	34.0		32.65
			—	96.0	—	90.5	90.0	90.0	80.0	81.0	75.5	75.5	—	84.0	87.5	82.5	82.5	82.0	85.0	—	88.5	89.5	90.0	83.0	—	79.5	—	81.0	83.0	81.5	88.0	80.5	79.0	75.0					83.87	74.0	—	73.0	—	74.0	79.5			75.13
			—	89.0	85.0	—	74.0	80.5	81.5	72.0	72.0	71.0	72.0	—	75.0	77.0	73.0	73.5	77.0	79.5	—	83.5	80.0	82.0	—	71.0	70.0	81.5	—	72.0	73.0	76.0	79.0	72.5	71.0	71.0			76.23	69.0	—	69.0	—	65.0	71.0			68.50
			—	69.59	—	72.50	77.88	76.65	61.71	62.70	61.18	63.76	—	78.69	73.39	69.51	69.93	66.98	61.21	—	64.14	75.16	70.00	70.32	—	69.54	—	65.51	65.85	64.35	69.02	65.29	73.97	71.18				68.85	60.60	—	68.56	—	66.67	64.60			65.11
			—	58.77	63.55	65.16	65.03	73.07	80.57	64.09	58.24	64.33	61.22	—	71.47	67.68	67.44	69.41	68.56	64.00	—	63.40	68.56	60.26	62.90	71.60	69.58	56.69	—	62.03	62.63	60.15	65.97	67.78	70.14	63.77			65.54	57.23	—	67.95	66.67	68.32	63.53			64.74
							80.48	79.57	—				80.47		—		—				81.11	82.13	—	57.96	—														76.95	—	76.76	76.06	—					76.41
							21.30	21.49	—				23.25		—		20.81		20.17	19.77		27.48	20.56	—															21.85	—	22.32	—						22.32
	c	c	c	c	c	c	c	c	c	c	c	c	c	c	c	c	c	c	c	c	c	c	c	c	c	d	d	c	c	c	c	c	c	c	—	—	c	c		c	c	—	c	c	c	c	c	
	c	c	c	c	b	b	b	b	b	b	c	c	a	a	b	b	b	d	d	c	c	c	c	c	a	a	a	a	a	c	c	a	a							b	b	b	b	b	b	b	b	
	3	2	2	2	1	1	2	1	1	3	3	3	2	2	3	3	2	3	2	2	2	2	4	4	2	2	2	3												1	1	2	2	2	2	2	3	
	—	a	b	b	a	b	a	a	a	a	a	a	c	c	e	c	b	c	c	b	b	c	c	c	a	a	b	c	c	a	a	b	b							—	a	a	b	a	a	a		
	2	2	1	1	1	1	1	1	1	1	1	1	1	1	0	0	1	1	2	1	1	1	1	2	2	1	1	1												2	1	1	1	1	1	1	1	
	b	b	b	b	b	b	b	c	c	c	b	b	c	c	c	b	b	c	c	b	b	c	c	b	b	c	c	b	b											b	b	c	c	c	b	b		
	b	b	b	b	b	b	c	c	c	c	c	c	c	b	c	c	b	b	c	c	c	c	b	b	c	c	d	c	c											b	c	c	c	c	c	c		
	2	2	1	1	1	1	2	2	1	1	2	2	1	1	1	1	1	1	2	2	2	1	2	2	1	1	2	2												1	1	2	2	2	2	2	—	

平化时，一般认为它更有承受负荷的能力。有人指出，采集狩猎人群的高强度的劳动负荷导致了长骨的扁平化[1]。

一　肢骨各相关指数

1. 肱骨各相关指数

可供测量的肱骨共 42 根，其中男性 37 根，女性 5 根，有关肱骨的各项平均值见表 3 – 13。

表 3 – 13　西坡墓地人骨肱骨各项测量值及指数

项目		男性		女性	
		例数	平均数	例数	平均数
最大长	L	5	309. 60	/	/
	R	6	315. 17	2	291. 50
全长	L	5	306. 8	/	/
	R	5	311. 6	2	290. 00
骨干中部最大径	L	19	22. 45	2	21. 45
	R	17	23. 17	3	21. 43
骨干中部最小径	L	19	17. 93	2	15. 90
	R	17	18. 11	3	15. 40
骨干中部周长	L	19	67. 16	2	61. 50
	R	18	68. 67	3	62. 33
骨干最小周长	L	18	62. 67	2	57. 50
	R	18	63. 72	3	58. 00
横断面指数	L	19	79. 84	2	73. 96
	R	17	78. 12	3	71. 87
粗壮指数	L	5	20. 13	/	/
	R	6	20. 03	2	19. 23

注：平均值中除指数外，单位为毫米。以下同。

在肱骨的粗壮指数（Caliber index of the humerus）方面，男性的平均值近似为 20.08（依左、右两侧的平均值计算得出，下同），其中左侧为 20.13，右侧为 20.03，两侧大体相等，但长度方面右侧略大于左侧。女性肱骨粗壮指数的平均值为 19.23，其中左侧缺如；其他项目两侧差异不大。总体上女性肱骨的粗壮程度要比男性发育弱。

2. 股骨各相关指数

可供测量的股骨共 46 根，其中男性 40 根，女性 6 根，有关股骨的各项平均值见表 3 – 14。

在股骨的粗壮指数（Caliber index of the femur）方面，男性左侧为 12.60，右侧为 12.81，两侧平均值为 12.71，右侧较左侧略粗壮；女性左侧为 12.56，右侧为 12.52，两侧平均值为 12.54，两侧粗壮程度接近。两性相比，男性较女性粗壮。

股骨骨干上部的发育程度，依股骨扁平指数（Platymeric index of the femur）来分析，男性左

---

[1]　Larsen，C.，1982，The anthropology of St. Catherines Island：Prehistoric Human Biological Adaptation，*Anthropological Papers of the American Museum of Natural History* 57（3）：157 – 270. 转自 Barbara Li Smith，2005，*Diet*，*Health*，*and lifestyle in Neolithic North China*，Dr. Dissertation，Harvard University，2004.

侧为 76.72，右侧为 76.31，左侧的扁平程度略强于右侧，两侧平均值为 76.52，属于扁型（Platymeric type）；女性的平均值为 72.41，其中左侧为 71.92，右侧为 72.73，右侧的扁平程度略强于左侧，属超扁型（Hyperplatymeric type）。可见西坡组古代居民的股骨骨干上部较为扁平，女性较男性更为扁平。

表 3-14　西坡墓地人骨股骨各项测量值及指数

项目		男性		女性	
		例数	平均数	例数	平均数
最大长	L	7	438.29	2	429.50
	R	7	454.00	2	424.00
生理长	L	7	434.57	2	423.00
	R	7	450.00	2	419.50
中部矢径	L	19	29.65	3	24.93
	R	19	29.76	3	25.40
中部横径	L	18	28.34	3	28.73
	R	19	28.36	3	28.43
中部周长	L	20	80.90	3	83.67
	R	19	90.29	3	83.33
上部矢径	L	19	25.26	2	22.65
	R	20	25.02	3	23.23
上部横径	L	19	33.09	2	31.60
	R	20	32.93	3	32.00
长厚指数	L	6	19.56	2	19.44
	R	7	20.01	2	19.30
粗壮指数	L	6	12.60	2	12.56
	R	7	12.81	2	12.52
扁平指数	L	19	76.72	2	71.92
	R	20	76.31	3	72.73
嵴指数	L	18	104.89	3	87.00
	R	19	105.55	3	89.78

股骨嵴的发育程度，依嵴指数（Pilastric index the femur）来分析，男性左侧为 104.89，右侧为 105.55，右侧的发育程度略强于左侧，两侧平均值为 105.23，属中等发育类型；女性的平均值为 88.39，其中左侧为 87.00，右侧为 89.78，左侧的发育程度略弱于右侧，属发育极弱类型。总体来看，女性股骨嵴的发育程度明显弱于男性。

股骨骨干的厚度，依长厚指数分析，男性左侧为 19.56，右侧为 20.01，两侧平均值为 19.80，右侧略厚于左侧；女性左侧为 19.44，右侧为 19.30，两侧平均值为 19.37，两侧厚度相近。两性相较，男性骨干厚度略大于女性。

另外男性在各项测量值上都较女性大；同时在长度测量值方面，男性右侧长度普遍较左侧大；女性则相反，普遍左侧大于右侧。

3. 胫骨各相关指数

可供测量的胫骨共 37 根，其中男性 31 根，女性 6 根，有关胫骨的各项平均值见表 3-15。

表 3 – 15　西坡墓地人骨胫骨各项测量值及指数

项目		男性		女性	
		例数	平均数	例数	平均数
最大长	L	4	372.50	1	336.00
	R	4	356.00	1	334.00
生理长	L	4	336.50	1	327.00
	R	4	346.50	1	324.00
中部横径	L	12	21.52	3	18.40
	R	14	22.14	1	19.20
中部最大径	L	13	31.86	3	28.57
	R	14	31.83	1	28.80
滋养孔横径	L	17	23.84	3	20.60
	R	14	24.44	2	21.60
滋养孔矢状径	L	17	36.88	4	32.98
	R	14	36.86	2	32.00
骨干中部周长	L	12	82.54	3	75.50
	R	14	85.00	1	74.00
骨干最小周长	L	15	76.47	2	70.00
	R	13	75.96	2	67.00
中部断面指数	L	12	68.03	3	64.59
	R	14	69.54	1	66.67
胫骨指数	L	17	64.84	3	62.90
	R	14	66.39	2	67.49
胫股指数	L	3	73.18	1	76.76
	R	3	80.73	1	76.06
长厚指数	L	4	22.44	1	22.32
	R	4	21.27	/	/

依胫骨指数（Cnemic index）来分析，男性左侧为 64.84，右侧为 66.39，平均值为 65.54，属中胫型（Mesocnemic type）；女性左侧为 62.90，属于扁胫型（Platycnemic type），右侧为 67.49，属中胫型，平均值为 64.74，属于中胫型。

从胫股指数（Tibio-femoral index）来分析，男性左侧为 73.18，右侧为 80.73，平均值 76.95，均为短胫型（Brachycnemic type）；女性左侧为 76.76，右侧为 76.06，平均值 76.41 也属短胫型。由此推测西坡组古代居民的胫骨骨干在形态上为中等偏宽，长度偏短。

从胫骨中部断面指数分析，男性左侧 68.03，右侧 69.54，平均值 68.85；女性左侧 64.59，右侧 66.67，平均值 65.11，显示男性胫骨中部较女性更偏圆一些，说明男性胫骨更为粗壮。

从长厚指数分析，男女两性差异不大。

另外男性在各项测量值上都较女性大；同时在长度测量值方面，左侧长度普遍较右侧大。

4. 肢骨的非测量性特征

我们还对西坡墓地出土人骨肢骨的非测量特征进行了观察研究。对肱骨的观察我们选择了表示肱骨发育强度的骨干中部横切面，在可观察的35例男性肱骨中，除了M21左、右两侧肱骨均属于d型即近半圆形外，其余皆为c型即近梯形，表示绝大多数男性肱骨发育，显示了男性上肢强壮和粗壮程度较高。对女性的6例肱骨骨干中部横切面观察显示，都属于c型，显示女性在上肢发育强度上也与男性一样，强度较大，粗壮度较高。在这方面两性差异不明显。

我们对股骨干中段横切面形状、股骨粗线发育程度、股骨上部扁平指数和骨干骨密度进行了观察和比较。在观察到的男性40例股骨中，有12例中段横切面形状属于扁圆形，即骨干矢状径小于横径，显示骨干发育程度中等，占总数的30%；有14例为卵圆形，即矢状径大于横径，显示骨干较为粗壮，占总数的35%；有2例为近菱形，表示股骨极为粗壮，占5%；其余12例为近三角形，显示股骨发育程度较弱，占总数的30%。说明股骨干多数较为粗壮。在对表示股骨嵴发育程度的粗线的观察中，6例属于稍显，18例属于中等即条柱形，14例为显著即呈条状粗嵴，2例属于粗壮型即呈显著粗壮突出的嵴，分别占总数的15%、45%、35%和5%，说明多数股骨嵴发育比较显著。在对39例股骨上部扁平指数的统计中，有21例属于超扁型，10例属于扁型，8例属于正型，显示多数股骨干上部较为扁平，部分股骨上部接近圆形。在对40例股骨骨干密度的观察中，2例属于0级，即骨干密度特别大，27例属于1级，这两项占总数量的72.5%，11例属于2级，总体上股骨密度都较大。

女性的股骨中段横切面指数都是b级，即扁圆形，矢状径小于横径，显示女性股骨粗壮度较低。在对股骨嵴粗线观察中，2例为1级，其余为2级，说明股骨嵴不发达，股骨干后侧较为扁平。这与股骨上部扁平指数显示的结果一致。骨密度上，4例属于1级，4例属于2级，显示股骨密度较大，这可能与年龄较小和生活条件有关。

男性胫骨的中段横切面形状显示，17例属于等腰三角形、16例属于凹槽形，女性在这方面都属于等腰三角形，说明男性胫骨较女性粗壮。这与胫骨指数显示的结果一致（男性11例扁胫型、17例中胫型、5例宽胫型，女性1例扁胫型、4例中胫型）。胫骨密度上，男性有24例属于1级、9例属于2级，女性有2例属于1级、5例属于2级，总体上男性胫骨的骨密度较女性大。

总之，在肢骨的各项对比中，同性之间在侧别上并没有明显差异，但在男女两性之间存在较大的差异。在上肢上，男女两性在粗壮度上差异不大，即两性都较多使用上肢劳作。而在股骨和胫骨的比较中，男性多较粗壮，发育更加显著，骨密度更大，此结果与测量特征一致。

二　肢骨数据分析

前面我们对西坡墓地人骨的肢骨数据进行了不同性别和侧别的对比分析，下面对这些肢骨数据进行个体间的对比，分析不同个体之间的关系和差异。

女性肱骨最大长和全长的测量数据只包含M14和M18两墓的墓主，M14墓主的肱骨长度属于比较短小的女性特征，M18墓主肱骨的最大长298毫米，与男性中肱骨长度最小的M8和

M20 墓主基本一致。在反映肱骨中部形态的骨干横断面指数上，女性的数值普遍偏小，说明女性肱骨中部剖面大体呈扁圆形；男性相对数值较大，显示男性肱骨中部剖面大体呈方形；M14 和 M23 中女性墓主此项指数相对较大，与近一半男性的骨干横断面接近。在反映上肢粗壮程度的肱骨粗壮指数上，2 例女性的粗壮指数分别为 20 和 18.5，平均值为 19.23，与多数男性的肱骨粗壮指数差异不大，尤其是与 M8 和 M20 等个体更接近，与男性平均值 20.08 也很接近。总之，在上肢粗壮程度上两性之间差异并不明显，女性和男性一样从事上肢方面的劳动。有学者指出，女性的采集和耕作行为对上肢发育有明显的促进作用。

2 例女性（M16 和 M18）的股骨最大长相对较小，但是 M16 墓主的最大长比 M8、M20、M32 的男性墓主还要大，与 M27 的男性个体很接近，显示在身高上与部分男性相当，甚至高于一些男性个体。在反映股骨粗壮程度的粗壮指数上，这两个女性平均值在 12.54，与男性墓 M10、M26、M29 和 M33 的墓主接近，说明她们下肢的粗壮程度与部分男性相当。反映股骨嵴发育程度的股骨嵴指数显示，M18 墓主的股骨嵴较为发育，与 M1、M2 和 M21 中的男性个体相当，大于 M8、M13 和 M20 中的男性个体。扁平指数反映的是股骨上部的粗壮程度，M16 的女性墓主扁平指数较小，M18 和 M23 墓主相对较大，尤其是 M18 墓主扁平指数很大，与 M1、M4、M26、M29 男性墓主扁平指数相当，甚至大于 M7、M8、M10、M20、M21、M24、M30 和 M32 墓主，表明在股骨上部的粗壮程度上与多数测量的男性个体相当、甚至还要粗壮。

胫骨长度数值女性只有 M16 墓主一个个体可以测量，数值小于所有可测量的男性个体。在反映胫骨粗壮程度的中部断面指数上，女性个体有一定差异，M14 墓主相对较小，M16 和 M23 墓主相对较大，与 M3、M15、M27、M29 和 M30 的男性个体相当，大于 M8、M10 和 M20 的男性个体，说明 M16 和 M23 的墓主胫骨粗壮程度与部分男性接近，甚至比部分男性胫骨还要粗壮。

在肢骨非测量特征上，股骨粗线女性只有 M14 墓主稍显，其余三个个体（M16、M18 和 M23）皆为中等，男性个体中 M1、M8 和 M21 墓主为稍显，M3、M7、M13、M15、M24、M27、M29 和 M32 墓主均是中等发育，说明在股骨粗线的发育程度上，多数女性与部分男性具有相似性，这与股骨嵴测量项目结果较为一致。在胫骨指数的分类上，女性个体只有 M14 墓主左侧为扁胫型，余多为中胫型，这与男性墓 M1、M3、M4、M8、M10、M15、M20、M24 和 M30 墓主相似，说明在胫骨形态上，女性个体与近半男性个体接近。

通过以上对比，可以看出 M16 和 M18 的女性个体与近半男性个体在肢骨的形态和测量特征上存在较大的相似性，各项数值都比较接近。同时，M8、M20、M27 和 M29 的男性墓主在肢骨特征上呈现女性化特征，尤其是高等级墓葬的三个个体（M8、M27 和 M29）都呈现这种状态，一方面可能与其生前"养尊处优"的生活等有关，另一方面则暗示他们之间可能存在更近的关系。

三　与其他古代居民的比较

对肢骨及其形态（大小、粗细、肌嵴的发达程度）的研究能够间接推测古代的经济形态、文化、习俗和经济类型等，例如从渔猎经济进入农业经济以后，人体肢骨骨密度和粗壮度都呈现逐渐下降的趋势①。为了进一步分析西坡组古代居民肢骨的发育状况，揭示当时的社会生活状态，我们选择了不同地区、不同时代和不同经济类型的新石器时代和青铜时代几组古代居民的肢骨进行比较分析，其中包括：贾湖组、兴隆洼组、甑皮岩组、石固组、半坡组、宝鸡组、姜寨组、华县组、大汶口组、仰韶村组、西夏侯组、殷墟组、西村周组等13个组，这里我们仅选择最能体现差异的股骨的指数项目进行比较，具体的比较项目详见表3-16。

表3-16　西坡组与古代对比组股骨指数的比较

指数 组别	干中部指数		嵴指数		扁平指数	
	男性	女性	男性	女性	男性	女性
西坡组	96.05	113.67	105.23	88.39	76.51	72.41
贾湖组	88.00	90.41	113.35	109.4	76.7	74.05
兴隆洼组	88.19	94.87	114.51	105.72	76.12	74.89
甑皮岩组	95.15	86.4	105.1	115.95	67.09	74.95
长葛石固组	91.01	103.47	110.61	97.21	/	/
半坡组	111.58	111.1	91.34	90.38	70.55	72.06
宝鸡A组	96.35	90.25	104.21	104.5	78.86	77.36
宝鸡B组	95.15	99.88	106.39	100.3	75.24	76.05
姜寨I期A组	89.93	93.16	111.89	107.29	68.29	75.10
姜寨I期B组	89.37	103.21	111.79	97.18	75.46	72.12
华县组	89.31	92.05	111.47	108.04	77.6	71.89
大汶口A组	90.29	98.04	111.98	102.76	79.8	74.34
大汶口B组	92.76	103.67	109.02	97.74	82.34	75.54
西夏侯组	99.5	103.0	100.9	97.5	75.85	75.0
仰韶村组	90.8	101.6	110.1	89.0	75.5	67.7
殷墟组	93.70	89.30	106.98	100.00	81.89	75.80
西村周组A组	100.17	94.32	99.83	97.74	82.34	75.54
西村周组B组	102.11	90.25	97.9	92.39	73.73	75.99

干中部指数和嵴指数表现的是股骨中部的基本形态和粗壮程度，可以使我们直观地了解到西坡古代居民股骨的发育情况。西坡男性居民，在股骨干中部指数上比较接近于甑皮岩组、宝鸡组、西夏侯组和殷墟组；在嵴指数上与甑皮岩组、宝鸡组和殷墟组等比较接近；股骨扁平指数上与贾湖组、兴隆洼组、宝鸡组、姜寨组、西夏侯组和仰韶村组等接近；西坡女性股骨在干中部指数上与半坡组、大汶口组、长葛石固组、姜寨组和仰韶村组等比较接近；在嵴指数上与半坡组、石固组、姜寨组、大汶口组、西夏侯组以及西村周组等接近；在股骨上部扁平指数上与半坡组、姜寨组、华县组等比较接近。总体来看，西坡古代居民在股骨各项测量特征上与中原地区的仰韶文化和大汶口文化以及青铜时代的商周文化居民具有一定的相似性，在骨骼形状和粗壮度上具有明显的一致性。同时西坡男女两性之间在股骨的形状和发育程度上具有明显的差异，男性居民拥有发达粗壮的下肢，而女性的下肢发达程度则处于一般水平。整体上看男性居民身体应该较为强壮，肌肉发达。

① Larsen, C., 1982, The anthropology of St. Catherines Island: Prehistoric Human Biological Adaptation, *Anthropological Papers of the American Museum of Natural History* 57 (3): 157 - 270. 转自 Barbara Li Smith, *Diet, Health, and lifestyle in Neolithic North China*, Dr. Dissertation, Harvard University, 2004。

第五节 骨骼上反映的疾病与创伤

对考古遗址出土人骨的病理现象进行调查和认定是古病理史研究的重要内容。对古代人类遗骸及其他遗存所提供的有关病理学信息的研究称为古病理学（Palaeopathology），它是对人类历史上各种疾病的发生、发展、分布及其规律进行探讨，同时对各古代人群的健康状况以及人与自然环境之间的关系进行研究的科学。古病理学研究的目的就是要寻找各种病理现象（包括疾病、创伤和畸形）在历史上各人群中的发生、发展和分布的证据，从而进一步分析各种时空概念上的人类群体的健康状况以及各种疾病发生、发展的历史及其原因，并对古代人类与自然环境之间的关系进行更深入的探讨。

通过第二章对墓葬出土人骨个体的描述，我们已对西坡古代居民骨骼上反映的疾病和创伤有了大体了解，下面进行系统的统计和分析。应该指出，并不是所有的疾病和创伤都能在骨骼上有所反映，也并不是所有在骨骼上反映的疾病和创伤都能够保留下来，保留下来的疾病和创伤痕迹并不一定都能够被辨识出来，因此所有对古代人群进行的疾病和创伤研究只能部分反映古代居民健康状况，不能替代其他方法对古代居民健康状况的研究。

一 骨骼上反映的疾病信息

西坡古代居民骨骼上能够观察到的疾病现象主要有以下几类。

1. 口腔疾病

（1）龋齿

龋齿在人骨遗骸中是最普遍和最容易观察到的牙齿疾病。它可能由不同的病因所致，一般认为，龋齿的产生与食物成分中糖或碳水化合物的含量存在正比的关系，所以，龋齿的调查能为我们提供饮食的信息。一般女性较男性更容易受龋齿影响。美国体质人类学家对全球范围龋齿与经济类型的关系进行研究后指出，采集—狩猎居民龋齿发生率在 0~5.3%（平均 1.3%），混合经济居民为 0.44~10.3%（平均 4.8%），农业型居民为 2.1~26.9%（平均 8.6%）[1]。由此可见，古代居民龋齿的发生率与经济类型存在密切关系。因次，龋齿的发生率常被作为推测农业经济与采集狩猎经济的一个重要参考指标。

西坡墓地人骨有 13 例个体（M2、M3、M6、M8、M13、M14、M18、M26、M28、M29、M30、M31 和 M33 墓主）上有不同程度的龋齿发生（彩图 3 - 6：1 ~ 5），占个体总数的 37.1%，远远超过了典型农业社会居民龋齿发生率，显示西坡遗址的经济模式应属于农业社会。从发生位置上，上下颌的发生概率几乎一样；在发生齿种上，龋齿现象多发生于 P1、P2 和 M1、M2，犬齿和门齿则未发现；在发生部位上，多发生于咬合面上，其次是两枚牙齿相邻面，少量发生在颊侧面；在牙齿位置上，多发生于齿冠，有少量齿颈龋；在发生的严重程度上，多属于比较严重的龋齿（重度龋齿），并形成数毫米大的龋洞，甚至齿冠齿颈完全侵蚀，

---

① Barbara Li Smith, 2005, *Diet, Health, and lifestyle in Neolithic North China*, Dr. Dissertation, Harvard University, 2004.

仅余齿根部。这些说明，西坡古代居民碳水化合物的摄入比例是比较高的。碳水化合物是大部分人摄取能量最经济和最主要的来源，一般而言，远古时期农业社会碳水化合物的主要来源是各种谷物和少量坚果或水果等。可以说，西坡古代居民的食物结构以各种谷物为主。

在 13 例发生龋齿的个体中，有 9 例为男性，4 例为女性，分别占男性和女性个体总数的 39.1% 和 40%，显示在西坡古代居民中，龋齿出现率性别差异不大。与此形成鲜明对比的是，陕西史家墓地男、女龋齿出现率的差异显著，显示女性摄入更多的碳水化合物①。

在等级较高的 M8 和 M29 中也发现程度不同的龋齿现象，可能显示当时等级不同的个体在食用碳水化合物方面差异并不明显。

（2）齿根脓疡

齿根脓疡是指牙齿的根尖部有脓腔形成，脓液在脓腔中聚集最后突破牙槽骨骨板和唇侧牙龈粘膜，在唇侧牙龈的近牙根处形成一个瘘管，脓液可以通过这个瘘管排出。主要表现为牙齿根部周围骨骼组织形成溶蚀性变异，产生瘘道或穿孔，导致牙齿松动或脱落，齿骨萎缩变形等，主要与龋齿、牙周炎、创伤以及细菌性炎症有关，是古病理学研究的重要内容，与口腔卫生状况密切相关。

在西坡墓地中有 15 例个体（M2、M3、M4、M5、M10、M12、M13、M14、M21、M23、M25、M26、M28、M29 和 M32 墓主）患有不同程度的齿根脓疡（彩图 3－6：6、3－7：1～4），这个比例较现代人的发病率高。在发病的个体上，与龋齿的发病个体有较高的重合率（7例）；在发病性别上，有 12 例男性，只有 3 例女性，无论从数量还是比例上都说明男性较容易患齿根脓疡，女性患病率则相对较低；患病年龄显示，齿根脓疡发病个体都在中年阶段。这似乎说明该病具有年龄和性别的倾向，但目前个体相对较少尚无法确定。在发病位置上，上下颌并无明显差异；发病齿种以 P2 和 M1、M2 为主，也有少量 P1 和 M3 以及个别犬齿。多数发病较为严重，形成圆形瘘道或溶蚀性凹坑，牙齿多脱落，齿骨开始萎缩变形，造成生前口腔肿痛。在等级较高的个体上，只有 M29 墓主上、下颌患有严重的齿根脓疡，M8 和 M27 墓主牙齿上未发现明显患病现象。

（3）牙周炎

牙周炎是侵犯牙龈和牙周组织的慢性炎症，是一种破坏性疾病，其主要特征为牙周袋的形成及袋壁的炎症，牙槽骨吸收和牙齿逐渐松动，它是导致成年人牙齿丧失的主要原因。它与人群饮食和营养状况密切相关，可能与维生素 C 的缺乏、维生素 D 和钙、磷的缺乏或不平衡、营养不良等有关。牙菌斑是引起牙周病的主要致病因素。在对牙周炎的鉴定和判断上一般以齿骨萎缩和臼齿齿根暴露达 1/3 以上为标准。在牙周炎初期，齿骨未产生明显变化，齿根暴露也较少，在颌骨上能够观察到的牙周炎现象一般都属于较为严重的。

西坡墓地居民中，有 14 个个体（M1、M3、M5、M6、M10、M13、M21、M23、M25、M26、M27、M28、M30 和 M33 墓主）有明显的牙周炎现象（彩图 3－7：5、6），占总个体数的 40%。其中，11 例为男性，3 例女性，显示男性患病率略高于女性。患病部位齿骨明显萎

---

① Barbara Li Smith，2005，*Diet，Health，and lifestyle in Neolithic North China*，Dr. Dissertation，Harvard University，2004.

缩，牙齿齿根暴露三分之一，甚至二分之一以上。牙周炎的高发病率说明西坡古代居民营养状况较差，维生素 C、D 缺乏、微量元素不平衡且营养不良。

（4）牙结石

牙结石是一种附着在牙面和龈缘上或龈缘下的石状物，通常存在于唾液腺开口处的牙齿表面（例如：下颌前牙的舌侧表面，上颌后牙的颊侧表面）和牙齿的颈部等处，呈现出黄色、棕色或者黑色。牙结石是牙周炎发生、发展的重要因素。它与食物结构和使用牙齿习惯等密切相关，尤其是如果食物中含沙量较大，则容易形成牙结石和过度牙齿磨耗，并经常与牙周炎等结伴出现。在观察时以牙齿齿颈部周围是否有结石现象为标准。

西坡墓地中的 12 例个体（M1、M2、M7、M13、M18、M21、M24、M25、M27、M29、M30 和 M33 墓主）患有程度不同的牙结石（彩图 3 - 8：1 ~ 3），占个体总数的 34.3%。其中有 11 例男性，1 例女性。主要发生部位在臼齿和前臼齿的舌侧以及门齿和犬齿的颊侧的齿颈部，一半的个体牙结石现象不太发育，表现为轻度结石，但少量个体（M21、M27 和 M33 墓主等）牙结石较为严重，还有个别个体结石发育中等。

（5）釉质发育不良

牙齿釉质发育不良表现为釉质厚度的缺乏，造成釉质表面出现坑、线或沟的结构（彩图 3 - 8：4），在牙齿发育时形成，在恒齿上不会消失。一般认为釉质发育不良的直接原因是因为造釉细胞的功能障碍所致，营养不良、系统性疾病、甚至心理性刺激都可以引起造釉细胞的功能障碍。因此，对牙齿釉质发育不良的调查可以用来评估人群的营养状况。

西坡 M9 墓主牙齿釉质发育较差，未覆盖全部牙冠，釉质无光泽，属于釉质发育不良症状（彩图 3 - 8：5）。联系到 M9 墓主属于 14 ~ 16 岁的青少年个体，恒齿刚完全萌出，牙齿釉质发育不良应与恒齿萌出时期（6 ~ 12 岁）食物结构不合理或营养不良等有关。

2. 退行性关节病

退行性关节病也称为骨关节炎，其病理特征是由于关节内或周围骨和软骨的退化而在关节表面或边缘形成骨赘，或者骨与骨直接摩擦出现象牙化或多孔现象，有时甚至导致相邻关节的融合。对它出现的位置和比例的分析能够提供关于生活方式的大部分信息。虽然致病的因素很复杂，但身体的活动是引发的主要原因，持续的、重复的机械压力能够反映在退行性关节病的发生率、发生位置和严重程度上。它主要表现为老年性的骨质增生和骨质疏松。

（1）老年性骨质增生

骨质增生症是中老年的常见病、多发病，一般在 45 岁以上的人发病率最高，男性多于女性，最常见于膝、髋、腰椎、颈椎、肘等关节。一般与年龄、性别、营养状况、生活习惯、食物结构等有关。一般认为上肢的骨质增生与过度使用上肢劳动有关；髌骨的增生与跪坐姿势有关，例如被认为与跪着加工坚果类食物的活动有关；下肢的增生与过度劳作和奔跑等有关，例如狩猎过程中长距离的走路会使腿受到更多的压力。

西坡墓地出土骨骼的退行性关节病主要出现在髌骨、椎骨和肢骨上，除了少量个体由于年龄较小没有产生退行性变化或由于骨质保存较差无法观察外，绝大多数成年个体无论男女，都存在不同程度的退行性关节病。因此西坡古代居民的退行性关节病比较普遍。具体而言，椎骨增生的个体有 22 个（M1、M4、M5、M7、M8、M10、M12、M13、M14、M15、M16、M18、M21、M23、M26、M27、M28、M29、M30、M31、M32 和 M33 墓主），其中男性 16 例，女性 6 例，分别占男、女性总数的 69.6% 和 60%。椎骨增生的两性发病率没有太大的差异。增生程度各有不同，轻度增生主要表现在椎体周缘形成米粒状突起，如 M8 个体；中度增生在椎体周缘形成碗状或唇状突起，如 M4 个体（彩图 3－9：1、2）；重度增生在椎体周缘形成舌状增生，甚至形成两个椎体融合连桥现象，如 M7、M12 和 M16 个体等。这些应该属于老年性增生，也可能与营养状况不良有关。高等级墓 M8、M27、M29 及 M31 个体，都有轻度、中度或重度增生（彩图 3－9：3），说明腰椎增生在西坡古代居民中比较普遍存在。

髋骨增生有 19 个个体（M2、M3、M4、M5、M6、M7、M8、M10、M12、M13、M15、M16、M18、M20、M21、M26、M28、M29 和 M30 墓主）（彩图 3－9：4），多数与腰椎增生重合，也有少量个体仅见髋骨增生。两性疾病发生率是男性明显高于女性。部分个体由于无法观察到髋骨，实际的髋骨增生可能比观察的结果更多。一般认为髋骨增生与长期跪坐膝盖摩擦过度有关。西坡古代居民髋骨增生的高发现象可能与当时居民长期以跪为坐的生活方式有关，也可能由营养不良所致。

有三个个体（M8、M16 和 M29 墓主）脚跟骨下部后端与鞋跟接触的部位产生了明显的增生。这明显与过度行走有关。

有两个个体（M24 和 M33 墓主）的骨盆中的髂骨嵴发生了增生。这种增生可能与生活习惯无关，应该属于老年性增生，也与营养不良有关。

M2 墓主跖骨增生，其仅余的左侧第一跖骨上部前端有棱嵴状增生，跖骨前端呈碗状。这属于一种跪踞面痕迹，应与长期双膝着地、双脚尖向前跪坐等姿势有关。由于脚尖向前的跪坐姿势，跖骨（位于脚面上的长骨）会与前端的脚趾骨形成一种钝角接触性摩擦，脚趾骨后端上部压迫趾骨前端的上部，使得趾骨前端上部产生应力性增生，第一脚趾骨后端上部呈半圆形，在趾骨上部前端的增生也呈半月形棱嵴状。在河南平顶山蒲城店龙山文化墓葬中有少量个体的趾骨上有类似的增生变异，而在殷墟遗址和河南荥阳关帝庙商代晚期墓葬的成年个体中则无一例外地存在。这可能与从小以跪为坐的行为方式有关，这种坐式以双膝为着力点，双膝并拢，臀部置于两脚跟上，两脚尖方向向前，身体力量压在膝盖和脚骨之间，髋骨和脚骨受力较大，因此在髋骨和趾骨上产生明显的应力性增生。这种跪坐姿势在妇好墓出土的跪坐玉人雕像和甲骨文的"人"字上都可以找到痕迹。这种跖骨增生当是行为方式所致，不属于老年性增生。

（2）老年性骨质疏松

骨质疏松的病因主要与年龄、内分泌紊乱、钙吸收不良以及免疫、营养、遗传等因素有关。青少年个体的骨质疏松一般与钙吸收不良以及营养、遗传等因素有关。老年性骨质疏松与年龄关系密切，也与营养状况有关。

西坡墓地出土骨骼中存在大量的骨质疏松现象，计有 9 例（M1、M2、M4、M12、M14、M26、M28、M29 和 M33 墓主），其中男性 8 例。骨质疏松表现不同，例如 M1、M2、M12 和 M28 墓主肢骨骨质疏松（彩图 3－9：5），骨密度下降。还有一些个体在腰椎部位产生骨质疏

松和变形或塌陷，例如 M4 墓主腰椎椎体骨质较为疏松，表面有极细的弥散性小孔；M14 墓主第一腰椎椎体骨质疏松、椎体塌陷；M26 墓主第五腰椎椎体产生塌陷性骨折，椎体上部向后下方塌陷，形成凹坑，椎体下缘伴随轻度增生和弥散性小孔等。

还有个别个体属于退行性骨质疏松，与某些疾病可能存在一定的关系，如 M33 墓主，盆骨片呈退行性骨质疏松现象，尤其是髋臼底部和周缘呈现多发性弥散性疏松小孔现象，骨质变薄变脆，髋臼边缘呈现唇状，略出现增生，使髋臼既深且宽。股骨骨质疏松现象也很严重，四周多出现疏松小孔。同时，髋臼底部和股骨头上皆有小片象牙面痕迹，呈现集中性的疏松性小孔，这与老年退行性变化有关。右侧髋骨的耳状关节面上呈现瘤状突起和疏松性小孔相结合的现象，这与盆腔炎症迹象比较相似，也可能导致骨质疏松。右侧胫骨、腓骨因病理性骨质疏松导致了骨折。

M29 墓主胸骨上端和右侧锁骨产生病理性变化导致骨质疏松症。

3. 贫血

贫血是一种单位容积血液内红细胞数和血红蛋白含量低于正常值所引起的病理状态的总称，反映在骨骼上是一种病理损伤。贫血的观察一般以筛状眶和额骨及顶骨多孔性肥厚为判断标准。它主要与缺铁性贫血有关。很多研究证据表明，农业社会人群的筛状眶和多孔性肥厚现象多发，主要原因是从采集狩猎向农业经济的转变过程中，食物的改变造成更多地依赖种植产品，同时人口密度的增加和定居的生活方式，也势必导致各种疾病的增加，使得贫血多发。

西坡墓地人骨中，有 5 例个体（M4、M10、M24、M27 和 M30 墓主）骨骼上发现了类似贫血的现象，皆为男性，占个体总数的 14.3%，占男性个体总数的 21.7%，看来男性更易受到贫血困扰。由于部分个体头骨和眼眶部位保存较差而无法观察，真正的贫血发生率可能更高。其中 M4 个体颅骨额中嵴和矢状缝内部两侧各有小区域的散在性小孔分布，同时在额骨上有少量散在的弥散性小孔；M10 个体额骨中部和左侧顶骨上有散在性的弥散性蜂窝状小孔；M24 个体左侧眼眶内壁呈现轻度筛状（彩图 3-10：1），但在额骨和顶骨上并未发现贫血造成的肥厚现象；M27 个体发现在左右髋骨骨面中部和耳状关节面中下部有明显的区域性散在性小孔，呈骨质疏松状态；M30 个体额骨和顶骨上有多处散在的弥散性小孔，同时在眶上缘内侧也有筛状小孔（彩图 3-10：2、3）。

贫血与生业模式、营养状况、饮食结构、生活习惯、健康状况、遗传等有密切的关系。在中国新石器时代居民中较为多发，例如山东广饶新石器时代居民和安徽尉迟寺大汶口文化居民贫血发生率都在 30% 以上[①]。这与史前居民的生产力发展水平低下，经济以原始农业为主，作为主要食物结构的粟含铁量少又抑制铁的吸收等有关，也与卫生状况差等有关。

总之，不均衡的食物结构，恶劣的生活环境容易诱发营养不良和贫血，从而造成史前居民贫血的患病率较高。西坡古代居民骨骼上正反映了这一点。

---

① 尚虹、韩康信：《山东新石器时代人类眶顶筛孔样病变》，《第八届中国古脊椎动物学学术年会论文集》，海洋出版社，2001 年，第 281-287 页；张君：《尉迟寺新石器时代出土人骨的观察与鉴定》，《蒙城尉迟寺（第二部）》，科学出版社，2007 年，第 410-423 页。

4. 头骨疾病

西坡墓地出土人骨的头骨内壁上经常发现一些病理性变化，如：M1 墓主右侧顶骨内侧中部颅中动脉沟前方有融蚀性圆形凹坑，四周高，中部低，未穿透颅壁形成穿孔；M2 墓主颅内壁出现多处因颅内膜炎症融蚀愈合产生的骨质吸收现象，最明显处位于右侧冠状缝靠近前囟点位置，骨质吸收面积较大，表现为吸收性的散在性稀疏小孔，中部略凹陷；M18 墓主颅骨内壁位于矢状缝前段左侧、距离冠状缝 2 厘米处，有一个椭圆形融蚀性凹坑，未穿透颅壁，周围有弥散性小凹坑。M23 个体颅骨内壁左侧额骨额结节下方有大致呈圆形的融蚀性穿孔穿透颅壁，内壁孔径大于外壁孔径，额骨外壁较为光滑，内壁穿孔呈现融蚀性，形成穿孔，内板的融蚀性痕迹非常明显；在其下方 8.3 毫米处，还有一个如绿豆粒大小的穿孔，此穿孔与上一穿孔共同由一个融蚀痕迹形成，和内壁的融蚀痕迹已连为一体；同时在额嵴内壁中部也开始出现融蚀性凹坑，尚未形成穿孔；在额骨穿孔内壁周围尚有两处融蚀痕迹，但不明显，尚处于初步发育阶段（彩图 3 - 10：4）。这些现象与颅内炎症导致的溶蚀性凹坑或穿孔极为相似，因此这些个体在生前曾遭受颅内炎症的困扰。颅内炎症可造成剧痛、精神损伤甚至死亡，这些个体的死亡原因可能与颅内炎症有关。

5. 其他骨骼疾病

（1）骨瘤

M5 个体枕骨右侧人字缝下部有一个骨性骨瘤，呈突起状，大小约 23 × 23 毫米，属于骨性骨瘤（彩图 3 - 9：6）；M27 颅骨人字点附近有呈正三角形的整体突起，以人字点为中心突出于颅骨表面，周围未见其他疾病或创伤现象，也应该属于骨瘤的变异形态。

（2）类风湿性关节炎

M12 个体右侧手指骨近端异常肥大，可能是生前患有类风湿性关节炎导致。

（3）风湿性关节炎

M12 个体两侧肱骨头也有类似异常肥大现象，应属于风湿性关节炎导致；股骨下端和胫骨上端也有类似疾病的痕迹。

（4）骨髓炎

属于非特异性感染，多由细菌引起，在肢骨上形成不规则的骨腔和大小不等的死骨，有窦道形成。例如：M30 个体左侧腓骨中部前端有骨髓炎类疾病形成的融蚀性瘘道，呈长条形；M33 个体右侧胫骨、腓骨下端出现骨髓炎引发的骨折错位愈合和骨质融合的现象（彩图 3 - 11：1）。这两个个体生前患病部位剧烈疼痛，肌肉有保护性痉挛，常可伴有病理性骨折。

M29 个体右侧锁骨中部偏远端锁弓向后弯曲处有骨髓炎症症状，表现为异常膨隆，延伸至锁骨头，表面上似骨折错位愈合状，骨骼内部已受到严重感染，骨密度减小，呈疏松状；同时胸骨左右上端也有类似的异常膨隆和骨质疏松现象，并伴随骨瘤样的骨质变化。锁骨骨髓炎发病率低，约为 0 ~ 7%[1]。

还有一种骨髓炎是由于外力造成的骨折创伤未得到及时有效地治疗引发的。例如 M2 个体

---

[1]　转引自王诗波等：《锁骨骨髓炎的诊断和治疗》，《中国矫形外科杂志》2001 年 8 期，第 825 - 826 页。

左侧尺骨骨折部位有穿孔穿透骨壁形成瘘道，可能是由于某种外力造成的骨折没得到很好的恢复和骨骼复位，引发了骨髓炎，最后造成了错位愈合现象。

（5）骨肉瘤

是最常见和恶性度最大的骨肿瘤，70%以上的病例发生在股骨远端和胫骨近端。疾病所累及的长管状骨干骺端可见偏性融骨破坏现象，有较高致死率，幸存者的生活自理能力较差。M4 个体两侧股骨下端异常膨胀，整体呈钟摆状，与股骨下端接触的胫骨上端也有类似膨大现象，同时左右尺骨中下部有异常肿瘤状突起。这是典型的骨肉瘤症状，显示此人生前已丧失自理能力。

（6）椎骨发育异常

①寰椎发育异常：M3 个体寰椎两侧块之间的距离较小，与枢椎头之间空隙较小，明显妨碍枢椎的活动，但未见明显病理性变化；这可能与遗传有关，也可能与由某种内分泌类疾病有关，显示此人生前头骨的正常转动受到一定影响。

②脊柱侧弯：一般在儿童或青少年期发病，并逐渐加重，主要是不利于儿童心肺的器官发育，成年后容易出现腰背疼痛，不能承担高强度劳动。M15 个体脊柱整体严重扭曲变形，整体呈"S"形，从第七胸椎到第五腰椎皆有程度不同的增生现象，且依次逐渐加重，第 2、3 腰椎椎体呈亚腰形病变（彩图 3 - 11：2）。此人生前可能无法正常活动，甚至生活不能自理。

（7）不明原因的病变

M31 个体额骨前部和右侧顶骨中部有多个明显的融蚀性凹坑，未穿透颅壁，形状不规则，大小约 1 ~ 3 厘米，类似麻风病留下的痕迹，但与典型的麻风病骨骼变异不完全相同。M27 个体右侧锁骨近中端下部有蚕豆形状和大小的融蚀性凹坑，大小约 24 × 19 毫米，最深约 5 毫米，使锁骨近中端变得异常膨大，但具体原因尚不明确。

二　骨骼创伤的观察与分析

骨骼创伤的种类很多，在实际工作中最多见的是各种类型的骨折（如四肢骨、椎骨部位的骨折）。它是研究古代人群健康状况、生活情况和致死原因以及社会关系的重要内容。除明显是由于外力造成的之外，还应考虑到病理性骨折的可能。还有一类骨骼创伤是由特殊风俗或治疗所致的骨骼损伤，如剥头皮习俗、头骨穿孔或开颅术等。

西坡古代居民骨折有病理性骨折和创伤性骨折两种。病理性骨折主要发生在椎骨和肢骨等部位。例如 M2 个体左侧尺桡骨中部靠下的部位有骨折错位愈合现象，形成骨骼发育异常，并导致继发性骨髓炎；M14 个体第一腰椎椎体呈塌陷性骨折，与椎间盘炎症导致椎体骨质疏松有关；M21 个体第 2、3 腰椎椎体塌陷性骨折，属于压缩性骨折；M26 个体第五腰椎椎体产生塌陷性骨折，椎体上部向后下方塌陷，形成凹坑，与骨质疏松和椎体受重过度有关；M29 个体右侧锁骨由于骨髓炎等疾病导致骨质疏松和骨折，并引发的骨质隆起和变形；M33 个体右侧胫骨、腓骨下端出现骨髓炎并导致骨折错位愈合。

创伤性骨折主要发生在肢骨、椎骨和肋骨上。M4 个体右侧肱骨中部有骨折愈合痕迹，愈合线明显，且骨骼在愈合线上下形成钝角；M8 个体左侧肋骨有断裂愈合痕迹，愈合处明显膨大，显示此人生前曾受肋部创伤，后来愈合；M27 个体右侧第 2、3 肋骨中部有骨折错位愈合

现象，应与生前创伤有关；M33 个体第 4 颈椎椎体出现塌陷性骨折，似为外力造成的错位性骨折；第 10 胸椎椎体从前至后有贯穿的圆形穿孔（彩图 3 - 11：3），应是尖头圆柱形物体穿透椎体形成，方向来自死者的左前方，力量应该很大，可能是致死原因。发生在肢骨、肋骨和椎骨上的物理性创伤可能与个体间矛盾产生的暴力有关，当然也不完全排除偶然的因素。尤其第 10 胸椎的穿孔与镞类产生的创伤较为相似，可能体现了人群间的暴力冲突。但这种创伤较少，难以据此判断是否属于集团战争或族群争斗等。

还有一类创伤是死后由于埋葬环境导致，与生前创伤较为相似。例如 M16 左、右胫骨上端（左上端内侧和右上端前侧）有明显塌陷性骨折，周围未发现辐射线和愈合痕迹，应属于死后土压形成；M20 个体左侧胫骨下端正面有一椭圆形塌陷性骨折，大小如蚕豆，无辐射线，无愈合现象，也属于死后形成。

总之，通过对西坡墓地出土人骨的疾病和创伤研究，可以发现，西坡古代居民的健康状况仍然普遍较差，医疗卫生条件低下；虽然产生了等级分化，但骨骼显示的营养和健康状况并没有太明显的差异，时常会发生一些暴力冲突和疾病，给人们的生活造成了极大的不便，有些个体甚至失去了生活自理能力。

第六节 牙齿磨耗的研究

一 西坡古代居民的牙齿磨耗

牙齿磨耗是指牙齿相互间直接接触或牙齿与食物等外来物质接触造成的齿冠釉质、牙本质、甚至牙齿骨质的磨耗损失。年龄是影响牙齿磨耗的首要因素，但牙齿磨耗也受到食物结构、牙齿健康状况、生业模式以及人类行为特征的影响。通过对古代居民牙齿磨耗程度与方式、牙齿疾病、生活方式以及与环境有关的对比研究，可以获得当时人类的食物构成、健康状况、行为模式等方面信息。不同人群牙齿磨耗方式和速度的差异，反映了食物和生存方式的不同。几年来，中国人类学家正试图通过牙齿磨耗的研究探讨古代居民的行为方式、食物结构和经济模式，并取得了一些成绩[1]。

我们对西坡墓葬出土人骨的牙齿进行了磨耗方面的研究。首先将全部牙齿标明牙位，肉眼观察并记录每一颗牙齿的磨耗程度（彩图 3 - 12：1 ~ 4）。根据吴汝康等对华北人男性颅骨上第一、第二臼齿磨耗与年龄变化的研究[2]，臼齿磨耗大体可以分为六个等级。0 级：齿尖顶和边缘部分微有磨耗；1 级：齿尖磨平或咬合面中央凹陷；2 级：齿尖大部分磨去，齿质点暴露；3 级：齿质点扩大，互相连成一片；4 级：齿冠部分磨耗，齿质全部暴露；5 级：齿冠全部磨耗，齿髓腔暴露。个体牙齿的具体磨耗数据见表 3 - 17。我们利用表 3 - 17 的全部数据进行了初步的统计，具体统计结果见表 3 - 18 和表 3 - 19。

---

① 何嘉宁：《陶寺、上马、延庆古代人群臼齿磨耗速率的比较研究》，《人类学学报》26 卷 2 期，2007 年，第 116 - 124 页；刘武等：《新疆及内蒙古地区青铜——铁器时代居民牙齿磨耗及健康状况的分析》，《人类学学报》24 卷 1 期，2005 年，第 32 - 53 页。

② 吴汝康、吴新智、张振标：《人体测量方法》，科学出版社，1984 年。

表 3-17　西坡墓地人骨牙齿磨耗登记表

性别	墓号	牙位	左侧 M3	M2	M1	P2	P1	C	I2	I1	右侧 I1	I2	C	P1	P2	M1	M2	M3
男性	M1	上颌	—	—	—	—	—	—	—	—	—	—	—	—	—	—	—	—
		下颌	—	—	4	5	5	—	—	—	—	—	—	—	5	4	4	—
	M2	上颌	5	4	5	5	5	—	—	5	5	—	—	5	5	5	5	5
		下颌	5	5	5	5	4	4	—	—	4	4	4	4	—	—	—	5
	M3	上颌	2	2	5	—	5	5	—	—	—	5	5	—	5	—	—	—
		下颌	—	—	4	4	5	5	5	5	5	5	4	4	—	—	5	3
	M7	上颌	3	3	4	3	3	3	2	2	—	3	4	3	3	3	2	—
		下颌	3	3	4	3	3	3	3	3	3	3	3	4	3	4	—	—
	M8	上颌	—	2	3	1	1	2	2	2	—	—	—	—	2	2	1	—
		下颌	—	3	3	1	0	2	—	2	2	2	3	2	3	2	2	—
	M10	上颌	4	5	5	4	4	4	4	4	4	4	4	4	4	5	5	4
		下颌	4	5	4	4	4	4	4	4	4	4	3	4	3	4	4	4
	M20	上颌	—	2	2	—	—	—	—	—	—	1	1	1	—	3	3	—
		下颌	2	3	3	1	1	2	2	2	2	2	1	1	1	3	2	1
	M21	上颌	—	—	—	—	—	—	—	—	—	—	5	—	5	5	—	—
		下颌	—	—	5	5	5	5	5	5	5	5	5	5	5	5	5	5
	M24	上颌	—	—	5	5	5	5	4	4	4	5	5	5	5	5	5	5
		下颌	5	5	5	5	5	4	3	—	4	4	4	3	5	5	4	3
	M25	上颌	—	5	5	5	5	5	4	—	—	—	—	—	—	—	—	—
		下颌	—	5	5	5	5	4	4	—	—	—	4	5	4	4	—	—
	M26	上颌	5	5	5	4	4	4	—	—	—	—	4	4	4	5	5	4
		下颌	5	5	—	4	4	4	4	4	5	4	4	4	4	4	4	4
	M27	上颌	—	4	4	4	3	3	3	3	3	3	3	2	3	4	4	—
		下颌	—	4	4	3	3	3	—	—	—	3	3	3	3	3	—	—
	M28	上颌	—	—	—	—	—	—	—	—	—	—	—	—	—	—	—	—
		下颌	—	—	4	—	5	5	—	—	—	3	4	—	3	4	4	—
	M29	上颌	—	4	5	4	—	3	—	4	—	—	—	3	3	4	2	1
		下颌	—	0	2	—	1	3	3	3	3	3	—	3	4	—	—	—
	M30	上颌	—	—	—	—	—	—	—	—	—	—	—	—	—	—	—	—
		下颌	—	—	3	4	4	4	3	—	3	3	3	3	3	3	3	3
	M33	上颌	—	3	—	—	4	4	5	—	—	4	4	—	—	5	—	—
		下颌	5	—	5	5	5	4	5	5	5	5	4	4	5	5	5	—
女性	M5	上颌	—	—	—	4	4	4	—	—	—	—	4	4	4	—	—	—
		下颌	—	—	—	—	4	4	—	—	—	—	4	4	4	4	—	—
	M14	上颌	—	—	5	5	—	5	3	4	5	3	5	4	5	2	—	—
		下颌	—	—	—	—	—	3	3	—	3	3	—	5	—	—	—	—
	M18	上颌	3	3	4	3	3	3	2	3	3	—	—	3	1	4	—	—
		下颌	—	4	4	—	3	3	3	3	3	3	3	2	3	4	4	—
	M23	上颌	4	4	5	5	—	—	—	—	—	3	4	4	5	4	3	—
		下颌	—	4	4	—	4	4	4	3	3	3	3	3	3	4	4	4

注：本表为室内观测记录结果。

表 3 – 18　西坡墓地人骨牙齿的磨耗程度统计表（男性）

牙位		上颌			下颌		
		磨耗度	中位数	分布范围	磨耗度	中位数	分布范围
中门齿	左侧	3.17	3	2～5	3.60	3	2～5
	右侧	4.00	4	2～5	3.90	3	2～5
侧门齿	左侧	3.50	3	2～5	3.69	4	2～5
	右侧	3.57	3	1～5	3.57	3	2～5
犬齿	左侧	3.80	4	2～5	3.80	4	2～5
	右侧	3.89	3	1～5	3.47	3	1～5
第一前臼齿	左侧	3.90	4	1～5	3.69	3	0～5
	右侧	3.86	3	1～5	3.54	3	1～5
第二前臼齿	左侧	3.89	4	1～5	3.86	4	1～5
	右侧	3.78	3	1～5	3.57	3	1～5
第一臼齿	左侧	4.36	4	2～5	4.00	4	2～5
	右侧	4.25	4	2～5	3.86	4	2～5
第二臼齿	左侧	3.55	3	2～5	3.80	3	0～5
	右侧	3.56	4	1～5	3.83	4	2～5
第三臼齿	左侧	3.80	3	2～5	4.14	4	2～5
	右侧	3.80	4	1～5	3.29	4	2～5
平均值		3.82			3.75		

表 3 – 19　西坡墓地人骨牙齿的磨耗程度统计表（女性）

牙位		上颌	下颌
中门齿	左侧	3.50	3.00
	右侧	4.00	3.00
侧门齿	左侧	3.00	3.33
	右侧	3.00	3.25
犬齿	左侧	4.00	3.50
	右侧	4.00	3.25
第一前臼齿	左侧	3.50	4.00
	右侧	3.75	3.00
第二前臼齿	左侧	4.25	—
	右侧	3.50	3.75
第一臼齿	左侧	4.67	4.00
	右侧	3.67	4.00
第二臼齿	左侧	3.50	4.00
	右侧	4.00	4.00
第三臼齿	左侧	3.50	—
	右侧	3.00	4.00
平均值		3.80	3.58

二　西坡古代居民牙齿磨耗初步分析

1. 全部牙齿的磨耗情况

如表 3 - 18 所示，以西坡古代居民的男性为例，牙齿磨耗的中位数为 3 和 4，即牙齿的颊、舌、咬合面或切缘牙本质暴露，面积大于牙面的三分之一，牙颈部缺损深度在 1~2 毫米和牙齿的颊、舌、咬合面或切缘釉质全部丧失，牙髓或继发性牙本质的暴露，牙颈部缺损深度 > 2 毫米，磨耗平均值也达到了 3.82 级，显示多数个体牙齿磨耗较重。除了两个个体（M8 和 M29）有一枚牙齿没有磨耗外，其余皆有不同程度的磨耗，且多数磨耗达 2 级以上，甚至达 4~5 级。女性牙齿的磨耗与男性情况类似。反映当时的食物结构仍然比较原始和粗糙。

2. 对称位牙齿磨耗度分析

对称位牙齿即左右和上下对称的牙齿。表 3 - 18 显示，男性上下颌牙齿之间略有差异，主要表现为在门齿上颌磨耗略轻于下颌，第二前臼齿和第一臼齿则上颌磨耗略重于下颌，其他齿种上下颌之间磨耗差异不大。同样在左右侧牙齿的比较上，虽然也存在着差异，但都属于非显著性差异。女性的牙齿磨耗与男性类似，对称位牙齿的磨耗比较相似，没有形成显著性差异。

3. 不同齿种的磨耗比较

无论男性还是女性，西坡古代居民的臼齿磨耗明显重于门齿的磨耗，这是由于不同齿种所担负的不同职能造成的。门齿的主要职能是切割和撕裂，属于垂直运动；臼齿的职能是研磨，属于水平运动。有研究认为，不同类型食物的咀嚼方式也有一定差异：对于肉食，更多采用撕裂和上下颌的垂直运动；对于素食，较多采用臼齿的水平研磨运动，尤其对于含沙量较大的素食或食用坚果类素食，会加速牙齿的磨耗速度。同时由于素食的热量较低，为了达到身体所需热量需要摄入更多食物，造成牙齿的经常性磨耗，使得磨耗速度加快。当然，以牙齿为工具也会加速对应牙齿的磨耗速度[①]。根据这个理论，西坡古代居民可能更多地食用植物性食物，即其生业模式以农业为主。

4. 男女两性牙齿磨耗比较

比较表 3 - 18 和表 3 - 19，可以初步看到，女性在臼齿的磨耗上明显大于男性。说明女性的食物结构较男性可能略差，在正常食物无法满足生活需要的情况下，女性可能还经常食用采集的坚果类食物，或者使用相对粗糙、富含粗纤维或含沙量较大的食物，因此造成了牙齿的过度磨耗。这也从另一方面暗示了西坡古代居民在普遍从事农业经济的同时，采集经济在当时的生产生活中可能还扮演着重要的角色。女性在这方面还有重要作用，可能说明两性在生业模式上还存在差异。

三　与其他古代居民的比较

表 3 - 20 显示，西坡古代居民的牙齿磨耗与河南淅川下王岗新时期时代居民的牙齿磨耗

---

① 何嘉宁：《陶寺、上马、延庆古代人群臼齿磨耗速率的比较研究》，《人类学学报》26 卷 2 期，2007 年，第 116 - 124 页。

最为接近，与畜牧经济比较发达、动物性食物居多的甘肃礼县早期秦人组以及畜牧业占很大比重的内蒙古水泉组居民牙齿的磨耗存在一定差异。

表 3 - 20 西坡组与古代对比组牙齿磨耗的比较

齿种 组别	中门齿	侧门齿	犬齿	第一 前白齿	第二 前白齿	第一 白齿	第二 白齿	第三 白齿
西坡组	3.75	3.63	3.64	3.62	3.72	3.93	3.82	3.72
甘肃礼县西山秦人组	3.20	3.30	2.90	2.50	2.60	3.58	3.30	2.00
新疆青铜时代组	4.10	3.90	4.00	3.60	3.60	4.17	4.00	3.10
内蒙古水泉战国组	3.80	3.80	3.10	4.00	3.90	4.50	4.50	3.10
山西游邀青铜时代组	4.00	3.90	4.10	4.40	4.00	4.25	4.60	2.60
河南下王岗组	3.70	3.50	3.80	3.20	3.40	3.75	4.00	2.70

注：本表以男性下颌为例。

四 非正常磨耗

牙齿会随着年龄的增长产生釉质和齿质的磨损和变化，我们称之为磨耗。磨耗的变化因年龄、性别、食物结构、生活习惯等的不同而不同；其中食物结构和生活习惯是造成磨耗的重要因素。咀嚼食物一般会造成牙齿咬合部位平均磨耗，即牙齿咬合部位相对较平坦，这些磨耗称为正常磨耗；而生活习惯、咬合习惯以及将牙齿作为非咀嚼性工具使用造成的牙齿磨耗程度和方式则有较大的差异，这种磨耗称为非正常磨耗。正常磨耗我们已经在上面进行了分析，这里我们仅对生活习惯造成的牙齿非正常磨耗进行简单分析。

西坡墓地居民的牙齿普遍磨耗偏重，有一些属于非正常磨耗（彩图 3 - 12：5、6），例如 M2、M24 和 M27 个体等，皆为男性。其中 M2 个体左侧下颌白齿咬合面从舌侧向颊侧呈斜坡状，釉质几乎磨耗殆尽，齿质几乎完全暴露（彩图 3 - 12：6）；上颌白齿磨耗极重，咬合面从颊侧向舌侧呈斜坡状。M24 个体上下颌左右白齿深度磨耗，咬合面由舌侧向颊侧呈斜坡状，齿冠仅余周缘。M27 个体下颌左右侧门齿磨耗较重，从舌面向颊侧呈斜坡状，属于严重的切齿结构。

美国人类学家 Turner 在研究史前印第安人时发现一种前部牙齿舌侧过度磨耗现象，主要表现为门齿和犬齿舌侧釉质磨耗过度，并认为这种磨耗是由于处理或食用富含颗粒或粗纤维成分的食物（如用牙齿剥离根茎植物的外皮等）所致，这与 M27 个体门齿从舌面向颊侧呈斜坡状磨耗极为相似，相信与长期将门齿作为工具使用（如剥离食物外皮、树皮或坚果外壳等）有关。还有一种磨耗主要出现在白齿上，咬合面从舌侧向颊侧呈斜坡状磨耗，例如 M2 和 M24 等，刘武等认为这与将牙齿作为工具（如用牙齿作为鞣皮工具）或习惯用牙齿啃咬坚硬食物或非食物性物品所致。我们认为西坡古代居民的这种磨耗可能与将牙齿作为工具使用有关，同时也不排除由于食物粗糙和含颗粒较多等引起过度磨耗。

第七节　人骨上其他特征的分析与讨论

西坡墓地出土人骨上还有一些特殊现象需要深入分析。

一　额中缝的观察与分析

额中缝是额骨中间的缝隙。人类的额骨在胚胎期由两个骨化中心产生，在 2 岁左右开始愈合，7 ~ 8 岁完全愈合为一块额骨。但少数人不愈合而形成两半额骨，或者部分愈合。额骨中间这条不愈合的骨缝叫额中缝（metopism），自鼻根点起，长短不一。根据额中缝的长度，又可分为小于额骨纵径的 1/3、1/3 ~ 2/3、大于 2/3 以及完全额中缝等。

额中缝的存在有明显的族群差异。目前材料看，现代中国人和欧洲人的出现率最高（8 ~ 13%），多的可达 15%，澳大利亚和黑人出现率较低，一般在 1% 左右。我国在新石器时代以后至今，额中缝的出现率始终较高，但完整额中缝出现率则较低。河南长葛石固新石器时代居民额中缝出现率只有 6.67%，且是不完整额中缝[1]。郑州洼刘两周遗址 385 例能够观察到额骨的个体中只有 11 例出现额中缝，占 2.86%[2]。

西坡墓地有 3 个个体颅骨上存在额中缝，且是发育完整的额中缝（彩图 3 - 13：1），即 M8、M27 和 M32 墓主，占总数的 8.57%。考虑到某些个体因额骨不完整无法观测，真正的额中缝出现率可能更高。值得注意的是，等级较高的 M8 和 M27 墓主之间在体质特征以及局部的额中缝等方面都存在极为相似的特征，他们之间可能存在更为密切的亲缘关系。因此对于额中缝等特征的细微观察也不失为一种判断个体间亲缘关系的依据。

二　关于拔牙习俗的讨论

拔牙风俗是出于某种原因有意识地拔除某些健康牙齿的行为，这种风俗习惯在古代和现代一些少数民族中都存在。考古资料已经证明，拔牙风俗的历史可以追溯至约距今 6800 年前的山东滕县北辛文化中期，而盛行于山东—苏北的大汶口文化时期（公元前 4300 ~ 前 2600 年），到了山东龙山文化开始衰落。在东南地区的苏、沪、浙、鄂、闽、粤、港、台等地史前遗址中也发现了拔牙遗迹，并随着纬度的下降，拔牙遗迹的年代越往南越晚[3]。对拔牙风俗的原因有不同的解释：有"成年"、"婚姻"、"服丧"、"族别"、"装饰"、"美容"乃至"自然神灵崇拜"等等诸多说法[4]，但尚没有统一看法。拔牙习俗一般是在青少年阶段拔除臼前齿（门齿、侧门齿、犬齿），一般左右成对拔除，也有拔除单枚牙齿的。除沿海地区外，在河南淅川下王岗、湖北房县七里河和枣阳雕龙碑以及四川成都南郊十字街等新石器时代遗址，也发现拔牙现象。但截至目前，还没有在黄河中游的仰韶和龙山文化遗址中发现有拔牙习俗的

---

① 李应义：《额中缝的观察与分析》，《人类学学报》2 卷 3 期，1983 年，第 301 页。

② 张松林等：《郑州西北郊洼刘两周遗址出土人骨的观测》，《河南医学研究》13 卷 1 期，2004 年，第 1 - 6 页。

③ 韩康信、潘其风：《我国拔牙风俗的源流及其意义》，《考古》1981 年 1 期，第 64 - 76 页。

④ 彭书琳：《岭南古代居民拔牙习俗的考古发现》，《南方文物》2009 年 3 期，第 80 - 88 页。

现象①。

西坡遗址也发现了某些个体存在臼前齿早期脱落导致齿孔闭合的类似拔牙习俗的特征（彩图 3 - 14：1 ~ 4）。M27 下颌左右中门齿生前缺失，齿槽闭合，齿骨萎缩；其他个体如 M8 上颌右侧中门齿脱落，但齿孔未闭合（彩图 3 - 14：5）。一般判断是否属于拔牙习俗要考虑这种现象在人群中出现的频率和普及率、拔牙的对称性、齿槽的变化和对侧牙齿的变化等②。参考这些标准，我们尚无法根据这些个体的牙齿缺失情况做出该地区仰韶文化阶段存在拔牙习俗的判断，拔牙至少不是普遍存在的现象。

三　高等级墓葬出土人骨的骨骼特征

随葬品和墓葬规模显示，M8、M27 和 M29 是西坡墓地中的高等级墓葬，这三座墓葬中出土的人骨与其他个体之间是否存在差异，这些骨骼上的差异是否反映了不同个体之间的等级差异，也是我们所关注的。

首先这三个个体都是男性，死亡年龄在 35 ~ 45 岁之间。第二节个体间关系的聚类分析中，M8、M27 和 M29 三个个体首先聚类在一起，与其他个体之间处于不同的聚类关系中，显示这三个个体之间可能存在较与其他个体更为密切的关系。若这三个个体是亲属关系，即表明当时已经存在财富向家族化集中，并可能产生了财富的继承。当然这还需要古 DNA 对个体之间的遗传关系进行检验。

在身高上，这三个个体身高都较低，尤其是 M8 和 M27，身高还不到西坡墓地居民男性的平均身高，M29 也仅为平均身高。从股骨粗壮指数判断三个个体都较为粗壮，且骨密度都较高，显示营养状况良好。该三个个体肱骨和胫骨粗壮指数相对较低，有女性化倾向，显示其生前从事繁重体力劳动少。在口腔疾病的发病率上，三个个体与其他个体之间并没有太大的差异，都患有不同程度的龋齿、齿根脓疡、牙周炎和牙结石等，只是 M8 个体仅患有龋齿，其他口腔疾病未见。在骨质增生和骨质疏松以及其他疾病的发病率上，高等级墓葬个体与其他个体之间似乎也没有太明显的差异。

从额中缝的发生率上，M8 和 M27 有贯通额骨的额中缝，M29 则缺少这样的变异；在类似拔牙习俗上，只有 M27 下颌中门齿生前脱落，齿孔闭合，与拔牙习俗现象比较吻合，其余个体与拔牙习俗无关。

总体来看，高等级墓葬的三个个体之间似乎存在着某种联系，但在对骨骼形态和变异的观察和统计上，三个个体与其他个体的差异又不太明显。还需要与其他材料综合分析。

四　下颌圆枕的观察与分析

下颌圆枕是指出现于下颌骨舌侧面的骨质隆起结构。旧石器时代的北京猿人和蓝田猿人都有下颌圆枕。根据不同形态一般将下颌圆枕分为微弱、中等、显著①。男性下颌圆枕的发育

---

① 韩康信、潘其风：《我国拔牙风俗的源流及其意义》，《考古》1981 年 1 期，第 64 - 76 页。
② 韩康信、中桥孝博：《中国和日本古代仪式拔牙的比较研究》，《考古学报》1998 年 3 期，第 289 - 306 页。

程度和出现概率都大于女性。新石器时代，下颌圆枕的出现率较高，高于青铜时代和近现代[2]。出现位置多在第一、二前臼齿舌侧面。

西坡墓地出土人骨上有两例有比较明显的下颌圆枕：M7 个体下颌圆枕极为明显（彩图3 – 13：2），M26 个体下颌圆枕中等发育，皆为男性。出现概率为 5.89%，远低于河北阳原姜家梁墓地 37.5% 的出现率。

下颌圆枕的出现一般认为应与食物的硬度和粗糙程度有关，下颌骨承受很大的咀嚼压力，使得下颌体出现代偿性增厚而产生圆枕。西坡古代人群中下颌圆枕的低出现率暗示西坡古代居民的食物可能硬度相对较低，或者食物中有一定的含沙量。

第八节　人骨病理分析[*]

考古遗址出土人骨是研究过去人类生活的一种有价值的信息资源。创伤种类、病理损伤、骨骼的形态和大小、牙齿的磨耗和健康状况，都能为分析古代居民的日常生活提供有用的信息（Larsen 1987，1997）。这里将考察西坡遗址揭露的 34 座墓葬人骨的病理，并把观察的结果与墓葬的背景联系起来分析。根据生物考古学领域所建立的标准（Buikstra and Ubelaker 1994），我们对西坡人骨的外伤、关节炎、慢性病损伤及口腔健康状况进行了观察。

西坡人骨中有一些现象引起了生物考古学家和古病理学家的很大兴趣。首先，骨骼是在体质人类学者的指导下清理的，因此，虽然骨骼保存得不很理想，但是骨骼和牙齿并不存在选择性遗失。比如手、脚和肋骨等这些很细小的骨头都得到了很好的采集。因为龋齿易碎，所以在清理下颌骨的时候很小心，那些患有龋病的牙齿都没有丢失或损毁。认真的清理确保了各种病理的出现率能准确反映西坡人疾病的发生状况。其次，外伤和牙齿异常磨耗在西坡人骨中有很高的出现率，说明西坡人从事了一些特殊的活动，可能跟手工业专业化的发展或宗教仪式行为有关。下面，我们将详细介绍观察的情况。

一　骨骼创伤

1. 观察结果

骨折可以用肉眼直接观察，也可以借助 X 光片，其评估则可以 Lovell（1997）和 Judd（2004）的建议为依据。骨折分为完全骨折和不完全骨折，单纯骨折、粉碎性骨折或压缩性骨折，以及横向、斜向和纵向骨折。根据骨折的原因，分为折弯性、压缩性、扭转性和剪切性骨折，或者直接性、间接性骨折，以及锐利性、钝性骨折。根据骨折愈合的程度，分为未愈合、愈合中和已愈合。对于那些没有愈合迹象的骨折，应该仔细地把发生于死亡时或死亡后不久的新损伤与经常是在考古发掘时造成的埋藏后骨骼损坏区分开来。有几例骨折不能确切

---

[*]　本节由美国纽约市立大学（New York City University）叶 – 卡特琳娜（Ekaterina Pechenkina）撰写，河南省文物考古研究所马萧林译，中国社会科学院考古研究所王明辉校。

[1]　吴汝康、吴新智、张振标：《人体骨骼测量方法》，科学出版社，1984 年。

[2]　李海军：《中国现代人群下颌骨的形态变异与功能适应》，中国科学院古脊椎动物与古人类研究所博士学位论文，2010 年，第 90 – 100 页。

地被区分开，就列入原因不明的一种，但它们很可能是由埋藏因素引起的。

西坡人骨的骨折率相当高，但未见头盖骨骨折。骨折的绝大部分发生于个体死亡前，并得到了很好的愈合。西坡人骨中前臂骨折的高出现率在仰韶文化里是罕见的，这可能表明西坡人曾从事一种特殊的活动。表3－21提供了西坡人骨外伤和关节疾病的情况。从表中可以看出，2例个体发现锁骨骨折（彩图3－16），4例个体发现了前臂骨折，其中一例（M4）是左、右尺骨骨折（彩图3－15：1），而另一例（M12）是左尺骨和右桡骨骨折（彩图3－15：2）；3例个体存在肋骨骨折（彩图3－16：1）；4例个体出现了手掌骨骨折，一例个体右侧胫骨和腓骨均骨折（彩图3－11：1）。另外，M13（彩图3－16：4）和M27个体的下颌前牙都有外伤性缺失。

表3－21　西坡墓地人骨骨折和退行性骨关节炎统计表

墓号	性别	年龄	症状描述
M2	男	40－45	完整的左侧尺骨和桡骨单纯骨折，错位愈合。左侧尺骨断于骨干中部，而左侧桡骨则断于骨干远端处。错位极为严重，这说明前臂在骨折前曾遭受了非常严重的扭曲 腿骨有明显的骨质疏松；股骨的外层薄且多孔；骨干轻 虽然仅有部分脊椎骨保存下来，但这也显示出颈椎、胸椎和腰椎都有中度的骨关节炎
男 M4		35－40	两侧尺骨骨折但均已愈合，很可能是拦挡致使的骨折。左侧尺骨断于骨干中部，断处几乎没有错位，并且得到了相当好的愈合。右侧尺骨在骨干远端1/4处骨折，远端部分有轻微的错位。通过尺骨愈合和再生的情况判断，右侧尺骨先于左侧骨折（彩图3－15：1） 第5手掌骨骨折并愈合 脊柱存在严重的骨关节炎；隆椎和第一胸椎融合；腰椎存在严重的骨关节炎
M5	女	30－40	骨骼相当零碎且不完整；脊椎和骨关节上有轻微至中度的骨关节炎
M6	女	40＋	骨骼相当零碎且不完整；骨骼外层很薄且骨轻；骨质流失和骨质疏松可能与较大的年纪有关
M7	男	45－55	胸椎下部和腰椎上部有压缩性骨折并融合（彩图3－16：3）；颈椎和胸椎的上部仅有轻微的骨关节炎 右侧手掌的第3掌骨骨折，并错位愈合 右侧锁骨的错位愈合导致其与胸骨的关节脱臼。近端关节面有严重的骨关节炎 脚趾骨融合 上肢骨关节面有轻微至中度的骨关节炎
M8	男	30－40	肘关节和膝关节有骨关节炎 右侧肋骨骨折并愈合 脊椎显示退行性关节炎：第2和第3腰椎有严重的关节炎；颈椎的下部和腰椎有中度关节炎
M12	男	40＋	右侧桡骨在骨干远端1/4处有柯莱斯骨折，愈合并有轻微错位。这种骨折很可能是伸胳膊阻止某物坠落引起的（彩图3－15：2a） 左侧尺骨在骨干中部骨折并愈合，可能是因挡住击打引起的，有轻微的错位。根据尺骨骨折愈合的情况判断，它可能晚于桡骨骨折（彩图3－15：2b） 第5手掌骨骨折并愈合，在近端1/3处有轻微错位 所有观察到的长骨关节面都有轻微至中度的退行性骨关节炎，右侧肘关节尤为严重 虽然当前的肋骨都破碎，但可知右侧肋骨骨折后得到了很好的愈合
M15	男	50＋	左侧尺骨骨折并错位愈合，发生于骨干中部稍上部，可能是挡拦击打形成 左上肢关节面（肩膀和肘关节）有严重的退行性骨关节炎；很可能是在尺骨骨折时发生的脱臼引起的 足部距骨和趾骨之间有蹲踞面，证明有习惯性的髋关节屈曲（彩图3－17：4） 胳膊和脚骨的小关节面上可能有类风湿性关节炎 脊椎有退行性骨关节炎：腰椎有严重的关节炎；其他则有中度至轻微的病变
M21	男	35－45	右侧手掌骨可能有骨折，并得到很好的愈合 脊椎有轻微至中度的关节炎：第3腰椎尤为严重，并有压缩性骨折

续表 3 – 21

墓号	性别	年龄	骨折症状描述
M27	男	30 – 40	右侧第 11 根和第 12 根肋骨骨折，并愈合（彩图 3 – 16：1） 枢椎和第 3 颈椎融合（彩图 3 – 17：1） 脊椎有轻微至中度退行性骨关节炎；腰椎尤为严重
M29	男	40 – 50	右侧锁骨在骨干中部骨折，愈合并有轻微错位（彩图 3 – 16：2） 胸骨异常的宽，并和第 1 肋骨融合
M33	男	50 +	右侧胫骨和腓骨有波特骨折，骨折发生于骨干远端 1/4 处，可能是扭转脚踝引起的。两个骨干均严重错位，并且胫骨和腓骨融合在一起。骨折处骨膜增生，说明其存在一个慢性发炎的过程 脊椎上有中度至重度的退行性关节炎，在颈椎下部及腰椎中部尤为严重。枢椎和第 3 颈椎融合，第 4 颈椎和第 5 颈椎融合。第 4 颈椎的椎体有爆裂性骨折，它在矢状面上大致分裂开，说明该个体曾遭受了一次突然的撞击，骨折愈合（彩图 3 – 17：2、3）

2. 结果分析

西坡人骨中，骨折率及其分布很特殊。一方面，头盖骨骨折现象的缺失似乎说明严重暴力对抗的发生率较低。另一方面，尺骨因拦挡造成的骨折、肋骨骨折及三例手掌骨骨折则似乎说明西坡人群中存在相当数量的侵犯行为。尺骨骨折是旧大陆古代社会中人骨最常见的骨折（Djuric et al. 2006）。除了拦挡，还有很多原因会使尺骨骨折。然而，因为尺骨与腕骨并不组成关节，而是通过一种三角纤维软骨复合体连接腕骨，所以，当人在跌倒过程中伸出胳膊着地时，尺骨骨干并不会骨折。伸出的胳膊与地面发生的剧烈撞击力往往会传递到桡骨上。当然，当人跌倒时，胳膊碰撞地面产生的强大应力会引起尺骨的骨折，但因跌倒而引起的骨折，通常发生在桡骨上，而尺骨骨折则多是桡骨骨折的继发性创伤。在主要因跌倒而致伤的现代病例中，桡骨、肱骨和小腿的骨折比尺骨骨折更常见（Judd 2004）。因此，虽然西坡 M2 男性个体的左侧桡骨和尺骨骨折可暂时归因于跌倒，但是，西坡墓地人骨尺骨骨折的绝大部分很可能是拦挡引起的。肋骨和手掌骨的骨折也很可能是在暴力事件中形成的。

我们对西坡和仰韶早期的骨折类型进行了比较。仰韶早期因暴力行为造成的骨折既发生在男性身上，也发生在女性身上。例如，姜寨遗址 M75：2 的额骨遭受了钝器致命的袭击，史家人骨 M2：8 右侧顶骨上有正在愈合的骨折现象，这两例严重创伤的受害者均为女性，都遭到了钝器的重击。西坡遗址中，骨折主要发生在男性个体上，并且仅限于躯干和上肢。

考古资料显示，西坡遗址是一处中心性聚落，可能是附近村落的人们参加宴飨、庆祝和宗教仪式活动的场所，依据某些规则而举行的打斗或对抗竞赛可能是这些集会的内容之一。Walker（2001）在解释古代创伤类型时，曾就这种竞赛问题进行过讨论。

遗憾的是，本研究观察到的一些人骨只是墓地人骨的一部分，保存状况也欠佳，不利于我们对观察到的差异进行全面的评估和统计学分析。将来的发掘及对可用资料的分析会有助于我们检验上述推测的可靠性。

西坡人骨关节面的一系列退行性变化对于研究该人群的一些习惯性姿势能提供有用的信息。M15 脚掌骨远端骨骺的关节面向背面延伸，并且有相当大的退行性变化（彩图 3 – 17：4）。该个体的脚跖骨与其相应的脚趾骨近端关节连接的方式表明他有长时间蹲曲的习惯。他的这种脚趾向背面过度屈曲的姿势也常见于较晚时期的中国陶俑中。

西坡人群中退行性关节炎和脊椎骨关节炎的出现率都相当高。一方面，这反映了西坡人群的寿命较长；另一方面，脊柱的压缩性骨折（M14、M21）、许莫氏结节（M7、M20）和椎体融合（M7、M33）都表明该人群曾长期从事举、搬重物等繁重的劳动。仅仅一些未成年个体（M9、M34）才没有退行性关节炎。而 M4、M7、M15、M16、M21 和 M33 的脊椎和主要关节面都出现了十分严重的退行性病变。

墓葬随葬品的多寡似乎跟外伤或退行性关节炎的发生没有关系。例如，M8 的男性个体有肋骨骨折、许莫氏结节和腰椎中度退行性关节病变，但他却有包括玉器在内的 11 件随葬品。M18 墓主的脊柱和多数关节存在中度退行性关节炎，也有大量随葬品。然而，那些随葬品很少或完全没有的墓主与同年龄段随葬品很多的墓主相比，有更为严重的退行性关节炎。M4、M7、M15、M21 和 M33 完全没有随葬品，这些墓主都有非常严重的退行性关节病变。M16 是一个例外，有 6 件随葬品，但病变严重。不过，需要对仰韶中期墓葬做大量抽样来检验随葬品的数量与墓主的体质特征之间是否具有关联性。

二 牙齿的疾病与磨耗

农业居民的口腔健康状况很差是众所周知的（Turner 1979；Larsen 1997；Schneider 1986；Larsen 1991；Schollmeyer & Turner 2004）。随着农业的发展，龋齿的出现率也在增加，引起齿根脓疡及并发的生前牙齿脱落的高发病率，以玉米为主食的地区发病率尤其高，以小麦／大麦和小米为主食的地区发病率略低（Eshed at al. 2007；Molnar & Molnar 2007；Pechenkina et al. 2007）。大米的生产似乎并没有引起泰国或越南口腔健康状况的下降（Tayles et al. 2000；Oxenham 2007；Domett & Tayles 2007），然而在日本弥生时期，却导致了相当明显的龋齿增加（Temple and Larsen 2007）。谷物类膳食对口腔健康产生不利影响的原因是，所有农作物中都含有高比例的碳水化合物。龋齿是由大量的成酸菌，尤其是变形链球菌和一些乳酸杆菌引起的，当这些成酸菌与碳水化合物在牙齿上发酵时，会生成乳酸（Fitzgerald & Keyes 1960；Geddes 1994）。乳酸会导致牙釉质软化，并对牙齿表面造成不可逆转的破坏。

1. 牙齿疾病

依据肉眼观察做出的龋齿诊断只会因不同观察者产生无关紧要的细微误差（Rudney et al. 1983）。但是，受多种因素的影响，对比不同作者发表的牙病出现率是个相当复杂的问题（Wesolowski 2006）。我们一般以观测到的龋齿数量推算全部牙齿牙病出现率，但后部的牙齿尤其是臼齿，比前部的牙齿更易形成龋齿（Erdal & Duyar 1999），而且前部的牙齿更易在埋葬后丢失，因此，在很多情况下，我们不能确定龋齿出现率的不同反映的是不同人群的口腔健康状况不同，还是牙齿保存状况的不同。而且，受到严重损害和与齿根脓疡有关联的龋齿，更易在埋葬后遗失。一些牙齿会在发掘时破裂，即使是很小心地保存，也会变得粉碎。因此，博物馆里保存的人骨中常常会缺失受严重损害的牙齿，所以，我们很可能错误地认为这些标本中有较低的龋齿出现率。为了排除保存方面的偏差，我们需要知道在一个给定的样本中臼齿的数量和因埋葬后因素而丢失的牙齿的数量。

在这方面，西坡人骨牙齿有利于我们的研究。西坡人骨送至实验室时，仍封于土中。它们在专业的骨骼专家的监督下被清理，这样就最大限度地避免了牙齿的丢失，相对于那些长时间存放于博物馆中的人骨来说，这很可能减小了牙病观察上的误差。

我们用肉眼和放大镜对牙齿的 12 个项目进行了观察：龋齿，穿孔的根尖脓，生前牙齿脱落，无牙齿槽的愈合程度，牙结石堆积层，牙周炎，颌骨与牙齿尺寸之间的差异，上下颌圆枕，下颌颞颌关节炎，齿根骨质增生，牙齿磨耗的强度，牙齿磨耗的类型，牙釉质豁口及牙齿断裂。所有这些指标都有复杂的病因，绝大多数是相互关联的（Hillson 2000：250），并且受膳食构成及其纤维状况，以及咀嚼活动引起的机械载荷的强烈影响。

龋齿用放大镜可直接观察。使用牙齿探针可以知道龋面的深度。根据 Buikstra 和 Ubelaker（1994）的建议，龋齿可分别出现于咬合面、齿间、齿冠表面、牙齿骨质交界处、齿根及大面积损伤所涉及的多个牙面上。对因极度磨耗而引起的非龋外伤性牙髓暴露也做了记录。

穿透性的根尖损伤又叫齿根脓疡，依据其发生于下颌唇侧和舌侧或鼻窦的位置进行记录。因为人骨变得破碎，所以，一些死前未发生穿透的根尖损伤也可以看到。为了保持记录的一致性，这种情况在此不予考虑，也没有展开讨论。所以，齿根脓疡的实际出现率比我们在这里记录的要高（Lukacs 1989）。

判断生前牙齿脱落的依据是齿槽愈合情况。保持了锐利边缘和显示轻微愈合的空齿槽，应是后埋葬因素而非生前牙齿脱落造成的。

根据 Hillson（1979）的界定，牙结石堆积层可分为无、轻微、中度或严重。

依照 Clarke（1986）等人的记录，我们以齿槽骨脊和牙间隔的形态变化来记录牙周炎。诊断牙周炎的标准有：疏松的、不规则的边缘和牙间隔、外生骨赘的形成和骨内袋。即使从牙骨质交界处到齿槽骨脊的距离超过了 2 毫米，单单水平方向的骨损也并不是一个充分的标准。

齿根骨质增生，即齿根上有过多的齿质沉积（Lukacs 1981），导致不平滑的齿根异常增粗，此现象用肉眼就可判断出来。

我们依据 Scott（1979）对于臼齿和 Molnar（1971）对于前臼齿、犬齿的记录规则来评估完全萌出牙齿咬合面的磨耗情况。每个臼齿的咬合面分为四个区域（唇侧近中面、唇侧远中面、舌侧近中面和舌侧远中面），根据每块区域的磨耗程度和齿质点暴露的数量，分别对每块区域进行评估。磨耗的类型可分别记为：平面、凹面、角或不整齐。有特殊磨耗的沟和面也被观察，包括齿间沟、上颌牙齿舌侧、前牙磨耗及牙釉质豁口（Molnar 1972；Lukacs & Pastor 1988；Milner & Larsen 1991；Turner & Machado 1983；Formicola 1988）。

表 3 - 22 总结了西坡古代居民口腔健康不同指标的出现率。从表中可知，西坡人骨与其他从事谷物农业的人群相似，龋齿出现率均为中等。西坡古代居民龋齿发病率为 11.6%，比仰韶早期的姜寨（2.6%）和史家（3.9%）居民高出很多，比仰韶中晚期的关家（17.2%）和西山（17.3%）居民稍低，这可能归因于西坡人群的老龄化及大量的生前牙齿脱落（18.4%）。因为龋齿常在生前就脱落，在生前脱齿率高的齿列中，龋齿率可能会被低估。另外，下面要讨论的牙齿快速磨耗很可能磨掉了一些咬合面上的龋齿迹象。

表 3 - 22　西坡墓地人骨牙齿常见疾病统计表

墓号	现存牙齿	龋齿	牙齿生前脱落	根尖/齿槽脓肿	牙周炎	牙结石
1	8	0	0	0	轻微	0
2	21	6	0	2	中度	轻微
3	22	4	4	2	轻微	0
4	8	3	7	2	轻微	0
5	9	0	18	2	中度	0
6	6	2	7	0	中度	0
7	25	1	2	0	轻微	0
8	25	0	0	0	0	0
9	25	0	0	0	0	0
10	31	1	0	1	中度	0
11	7	0	1	0	0	轻微
12	5	2	16	4	中度	0
13	17	3	11	3	中度	0
14	20	4	7	2	中度	0
15	8	5	11	2	中度	0
16	无牙齿	—	—	—	—	—
17	无牙齿	—	—	—	—	—
18	24	2	0	0	轻微	轻微
19	6	2	4	0	中度	0
20	7	0	—	0	—	0
21	24	3	3	3	中度	中度
22	24	1	0	0	0	0
23	28	6	3	3	轻微	轻微
24	31	2	0	1	轻微	0
25	23	0	5	2	中度	轻微
26	23	0	1	4	轻微	0
27	26	0	2	0	轻微	轻微
28	21	6	3	3	中度	轻微
29	21	5	4	4	中度	轻微
30	18	6	2	0	中度	轻微
31	6	0	11	1	轻微	0
32	15	0	8	6	中度	轻微
33	26	4	2	3	中度	中度
34	26	0	0	0	0	0
total	586	68	132	50	26	12
%		11.6%	18.38%	—	83.87%	37.5

西坡古代居民龋齿主要发生于后部牙齿的咬合面和齿间处，虽然牙周炎会使得齿根暴露，但是齿根处的龋齿却罕见。在大多数齿列中，龋齿损伤仅仅影响少数牙。西坡未见像晚期居民那样大量的龋感染。可是，不少西坡古代居民的龋病侵入齿槽，引起齿槽骨的感染和齿根脓疡，在一些情况下，甚至引起牙齿坏死，完全变色牙齿就是坏死的明证（例如 M2 人骨的左侧下颌第二臼齿，彩图 3 - 18：1）。在世界范围内，龋齿通常女性多于男性（分别为 20% 和 15%）。然而，因为西坡女性标本量较少，所以两性的差别不具统计学的意义。

西坡古代居民中 83.9% 都有牙周炎，这很可能会引起生前牙齿的大量脱落。牙周炎高发病率的原因并不完全清楚，因为牙结石程度都不重而且也不普遍。我们认为过重的咀嚼负荷是导致牙周炎高发病率的一个原因，同时也会引起齿冠快速异常的磨耗、齿根暴露、齿冠断裂和齿根骨质增生（肿胀根）。西坡古代居民很可能用牙齿进行某种超负荷工作，对齿冠造成严重压力，引起齿间的活动和齿根的微创。齿断裂、牙釉质豁口和牙齿特殊磨耗的多发支持这一假设。

2. 牙齿特殊磨耗

大体上，西坡古代居民牙齿的一个重要特征是牙齿严重磨耗不均，且伴有牙釉质豁口和牙齿断裂现象（表3-23）。这说明西坡古代居民常让他们的咀嚼器官承受超负荷工作，用嘴处理坚硬且粗糙的物品。这种严重的磨耗可能是由食物中的沙粒引起的，因此正常的咀嚼也会产生这种结果。为了获取动物身上更多的营养，习惯性地咬碎鱼、鸟或家畜的骨头，会造成牙釉质豁口和严重的磨耗；或者把牙齿当做另一只手，加工处理非膳食的物质，也使牙齿表面遭受严重和不规则的磨耗。

表3-23 西坡墓地人骨可能与特殊活动有关的牙齿磨耗统计表

墓号	性别	年龄	特殊磨耗和牙齿损伤
M2	男	40-45	上颌前牙舌侧有大面积磨耗 上颌犬齿和前臼齿之间有较大的垂直齿间沟，似乎为龋齿 左侧中门齿与臼齿之间有齿间沟 牙釉质豁口 右上中门齿断裂 左下第二臼齿齿冠处的颊侧明显减小；并有锐利的角形磨耗（彩图3-18：1）
M3	男	35-50	上下前牙严重磨耗 下颌门齿于唇侧有倾斜磨耗（彩图3-18：2、3）
M7	男	45-55	右上第一臼齿和第二臼齿之间及右上第二臼齿和第三臼齿之间存在齿间沟（彩图3-19：1） 上颌右侧臼齿的咬合面上有轮廓分明的凹陷磨耗，是颊侧远中沟 牙釉质豁口
M10	男	40-50	左下第一臼齿远中面严重磨耗 牙釉质豁口
M14	女	30-60	上颌前牙舌侧严重磨耗
M21	男	35-45	下颌前牙唇侧有严重的倾斜磨耗 右下第一臼齿因过度磨耗而只存齿根 上颌右侧臼齿和前臼齿有凹陷磨耗（彩图3-18：4）
M23	女？	45-55	右上第三臼齿和第二臼齿间、第二臼齿与第一臼齿间、第一臼齿与第二前臼齿之间，左上第二臼齿与第三臼齿，右下第三臼齿与第二臼齿，右下第二臼齿和第一臼齿之间都有齿间沟（彩图3-19：2） 臼齿上有牙釉质豁口 上颌左右第一前臼齿皆有断裂
M24	男	40+	上颌前齿舌侧有磨耗 上颌前齿有牙釉质豁口
M25	男	50-60	后牙上有牙釉质豁口 左上第二臼齿颊侧有齿间沟并有龋齿
M26	男	45-50	右上第一臼齿和左上犬齿有断裂 前牙有牙釉质豁口 右上第一臼齿与第二臼齿间有非龋性齿间沟（彩图3-19：3）
M27	男	30-40	下颌前齿的唇侧有严重磨耗；下颌左右中门齿生前脱落 后齿咬合面上有牙釉质豁口
M28	男	30-40	后牙有龋齿，之间有齿间沟 左上第一前臼齿有断裂

续表 3 – 23

墓号	性别	年龄	特殊磨耗和牙齿损伤
M29	男	40 – 50	左上侧门齿有齿槽洞，并有断裂 后牙磨耗得不平滑 右上第一臼齿有牙釉质豁口
M30	男?	30 +	左上第一臼齿与第二臼齿连接处有龋齿，并有齿间沟 左上犬齿断裂 下颌前臼齿有轻微的牙釉质豁口
M32	男?	45 +	有严重的倾斜磨耗 左下第一臼齿断裂 严重的肿胀根
M33	男	50 +	左上侧面齿断裂 左上第一前臼齿的舌侧有沟

西坡牙齿中有许多特殊的可能与过度咀嚼行为有关的磨损类型，值得我们更仔细地研究。这些异常磨耗在西坡非常普遍，而在其他仰韶遗址中却少见。西坡遗址 M3、M21 和 M27 中墓主下颌门齿唇侧磨圆和严重磨耗的现象，在因纽特人、澳大利亚土著人、布须曼人（Merbs 1968；Lous 1970；Hinton 1981；Richards 1990；Wallace 1975）及部分尼安德特人（Brace 1964；Wallace 1975）中都有发现。河南中部裴李岗文化贾湖遗址（前 7000 – 前 5800）唯一的完整下颌骨——M363 墓主人下颌上也有相似的磨耗（Li et al. 2003；Zhang et al. 2004）。

产生这种类型磨耗的可能原因包括饮食过程（如咀嚼含有大量沙子的粗糙食物）和非饮食过程（Wallace 1975）；还包括臼齿生前脱落使咀嚼压力转移到前牙（Hinton 1981），用前牙加工原材料，或者惯常把嘴当做另一只手完成诸如咬碎鸟头、在双手不得闲时咬住挣扎的鱼、咬碎海豹骨头、折弯木头等许多其他的行为（Brace 1964；Lous 1970；Merbs 1983：143 – 147）。Larsen（1985）在研究美国西部大盆地地区的狩猎采集者时注意到，编篮子会导致下颌前牙的过度磨耗，但这样门齿和犬齿的咬合面上就会有明显的深沟，而西坡牙齿中却不见这种沟。

西坡牙齿前牙的严重磨耗的确与后牙的缺失有关。然而，因为剩余的牙槽脊仍保存完好，所以牙齿的遗失应接近于死亡时，只对前牙的咀嚼产生短暂的影响。另外，后牙尤其是下颌第二和第三臼齿比犬齿和门齿磨耗得更轻。M3 墓主门齿齿根暴露，下颌侧门齿齿根有脓肿，这说明大量的机械应力曾作用于前齿。可惜的是，前齿保存得较差，上颌所有后齿埋葬后都丢失，所以，整体的磨耗类型并不完全清楚。

西坡饮食中有大量的沙子确实可造成前牙磨耗严重。但含沙的谷物是在口腔后部被咀嚼的，咀嚼含沙食物不能解释为何前牙磨耗比后牙还严重，并有唇侧倾斜磨耗的现象。因为西坡古代居民颇注重养猪，所以，加工猪皮时用前牙拉扯猪皮或除掉猪皮上粘着的软组织都是对上述前牙特殊磨耗合理的解释。把猪或鸡的骨头咬碎来获得骨髓也是可能的原因，但这会造成牙釉质的豁口，而我们在 M3 牙齿上并未见此现象（彩图 3 – 18：2、3）。M21 墓主在具有这种特殊前牙磨耗的同时，左上牙还有锐利的凹形磨耗，左下第一臼齿生前脱落，右下第一臼齿齿冠变得很短，这可能是加工植物纤维时，用前牙咬住纤维，再将纤维从第一臼齿向下、向外拉扯造成的损伤（彩图 3 – 18：4）。

西坡 M2 和 M24 的墓主人上颌门齿、犬齿的舌侧面磨耗很严重，而下门齿的唇侧面却未见磨圆现象。来自于美国科罗拉多、圣女群岛、巴西、巴拿马和历史时期塞内加尔的牙齿上发现有类似现象，基本被认为是用上门齿剥甘蔗和红薯这种含糖植物造成的（Turner & Machado 1983；Irish & Turner 1987；Irish & Turner 1997；Larsen et al. 1998）。植物中酸甜的汁液对牙表面产生化学腐蚀，使其磨光的牙表面出现斑点。显然只要用手和舌头配合上牙挤压植物即可，下颌牙齿不必参与，因此不会造成损伤。

西坡 M14 墓主人的上颌左侧犬齿和第一前臼齿的咬合面上有一个近中面至远中面的浅沟，虽然下颌前牙未显出相应的磨耗，但左下第一前臼齿的齿冠有重度磨耗，并有严重的唇侧倾斜。植物纤维或动物肌腱似乎被左侧上颌第一前臼齿和下颌第一前臼齿咬住并被用手拉扯，从而产生重度磨耗及出口沟。上前牙舌侧面的磨耗是在此过程中纤维摩擦舌侧面形成的，而化学腐蚀更加剧了这种磨耗。

西坡牙齿常见齿间沟。然而，齿间沟多伴随有齿间龋，这说明它们可能是在牙齿损伤时病菌侵入形成的。用电子显微镜观察 M25 臼齿的齿间沟，发现这类沟并不是拉扯绳子产生的，而是一种硬物的旋转运动造成的（彩图 3－19：4）。所以，西坡齿间沟很可能是用木棍剔牙形成的。从旧石器时代中期开始，世界其他地区的人骨也有相似的齿间沟（Weidenreich 1937；Brace 1975；Frayer & Russell 1987；Berryman et al. 1979；Formicola 1991）。关于这种齿间沟的形成，主要有两个解释：一个是治疗性或习惯性的剔牙或刺牙（Ubelaker et al. 1969；Formicola 1988；Turner 1988；Formicola 1991；Lukacs & Pastor 1988；Frayer 1991）；另一个是工匠在齿间拉动动物肌腱或植物纤维（Molnar & Brown 1990；Lukacs & Pastor 1988）。齿间的化学腐蚀和沙粒的影响也可能是一种解释（Molnar & Brown 1990；Lukacs & Pastor 1988）。

Formicola（1991）概括了一系列由习惯性剔牙形成的齿间沟的特征，以区别于与手工艺活动有关的牙齿磨耗，其中包括相邻牙齿远中面至近中面均有沟槽，颊侧至舌侧的斜向沟轴，多发生于上颌齿等。西坡 M7 墓主人的上颌第一臼齿的远中面和上颌第二臼齿近中面、远中面上都存在齿间沟（彩图 3－19：1）。上颌第二臼齿远中面上的沟位于牙齿的齿质交界处，而与之相邻的第三臼齿近中面上则只受到了极微小的影响。此沟并未向近中面倾斜，而是在第二臼齿的颊侧远中面边缘有一个出口沟。因此，M7 墓主人的上颌牙齿齿间沟更像是手工艺的磨耗形成的，而不是剔牙产生的（尽管不能完全排除剔牙行为的影响）。

上述异常牙齿磨耗的高发是西坡人群口腔状况的重要特征。关家、史家和姜寨人群中都未见下颌前牙磨耗和齿间沟。姜寨只有 2 例上颌前牙舌侧磨耗，史家和关家未见（Pechenkina et al.，2002）。西坡异常磨耗的高出现率可能反映了手工艺专业化的开始，或者也许显示该地区有独特的文化活动。有趣的是，这些特殊磨耗却未见于 M8 和 M18 这种有较多随葬品的墓葬，而多见于随葬品只有一件或空无一件的男性墓葬中。这种情况表明，咬合功能异常与个体的身份可能存在联系。

三　人骨反映的生活压力状况

人骨上有几种标记可以检验群体的健康状况。最常用的是成年人的身高、线性牙釉质发育不全症、筛状眶、多孔性肥厚和骨膜病变。这里我们仅讨论贫血的指标——多孔性肥厚、筛状眶和成人身高。西坡前牙保存得不好，这不利于我们分析牙齿发育不全症。

依据长骨的长度及 Gleser & Trotter（1958）计算男性身高的公式和 Pearson（1899）计算女性身高的公式，我们推测西坡男性平均身高为 169. 2 厘米，女性为 154. 5 厘米。这些推测和关家（男 169. 7、女 154. 5 厘米）及姜寨（男 169. 9、女 154. 9 厘米）男女两性平均身高很接近。裴李岗（男 173. 7 厘米、156. 1 厘米）男女两性平均身高更高些，而后期人群身高则有下降的趋势（Pechenkina et al. 2007）。

西坡人群的筛状眶和多孔性肥厚的发病率很低——分别为 14% 和 8%，这说明他们曾摄取了足够多的肉食。这些出现率和新石器时代中期人群相似，而低于新石器时代晚期和青铜时代的人群。新石器时代晚期和青铜时代的人群贫血症的出现率均超过了 20%。我们认为，西坡人群在幼年期经受了相当低的生理压力，进而能在成年时长得很高并很少出现贫血。

四　小结

西坡人群骨骼和牙齿方面有一些非常值得关注之处。

西坡人群骨折发生率很高，多愈合，而且多数关节面和脊椎存在退行性病变，这些都表明他们经历了一种活跃的生活方式，并每天从事着繁重的劳动。许多愈合的骨折可能说明该遗址男性常有不会致命的正面对抗。换言之，这些对抗可能以训练、运动或展示/仪式为目的。

在口腔健康方面，西坡牙齿存在相当多的口腔疾病，这说明西坡饮食中含有许多能产生龋病的碳水化合物。食物中有大量的沙粒，会导致牙齿快速磨耗、牙周炎和生前牙齿脱落。然而，西坡人群中其他的健康指标表明，他们在生长过程中享受着健康的生活，吮吸着足够的营养，所以才会有较高的身材，较低的贫血发生率。西坡古代居民还有多种可能与手工艺专业化有关的超负荷行为引起的异常牙齿磨耗。

附第八节原文

Pathological Analysis of Human Skeleton

Human skeletons recovered from an archaeological context are a valuable source of information about human life in the past. Pattern of traumatic injury, pathological lesions, shape and size of bones, condition of teeth and dental wear, all can render valuable information about daily routine of people whose skeletons are being analyzed (Larsen 1987, 1997). The goal of this paper is to examine bone pathology for human remains from 34 burials excavated from the vicinity of Xipo archaeological site and to relate these observations to the burial context. We describe patterns of trauma and osteoarthritis, lesions related to chronic diseases, as well as oral health of Xipo skeletons, following the standards established in the field of bioarchaeology (Buikstra and Ubelaker 1994).

There are several aspects of Xipo skeletal series that make it of particular interest to a bioarchaeologist and paleopathologist. First and foremost, the skeletal materials were cleaned under a supervision of a physical anthropologist. Therefore, although the bone preservation is not ideal, there was no selective loss of skeletal or dental elements. Great care was taken to preserve small skeletal elements such as foot and hand bones as well as ribs. Caution was exercised when cleaning jaw bones so as not to loose or destroy teeth with carious lesions, since such teeth are particularly fragile. These precautions should insure that frequencies of various pathological conditions reported here accurately reflect the occurrence of such conditions among the dead of Xipo. Second, Xipo skeletal series displays remarkably high frequency of traumatic injuries and unusual types of dental wear that suggest that Xipo individuals participated in unusual activities, probably connected to development of craft specialization or ritual related behaviors. Below, we provide a detailed account of our observations.

Traumatic Injuries

Fractures were directly examined visually, as well as on radiographs, and evaluated following the recommendations of Lovell 1997 and Judd 2004. They were classified as complete or partial; simple, comminuted, or compression; transverse, oblique, or longitudinal. Where possible, the type of force causing the fracture was classified as bending, compression, torsion, or shear; direct or indirect; sharp or blunt. According to the degree of healing, fractures were classified as unhealed, healing (consolidated or not), or healed with remodeled callus. Fractures that displayed no evidence of healing were carefully examined to discriminate between green bone damage, which could have occurred at the time of death or soon thereafter, and postdepositional damage, occurring most frequently during excavation. In the several cases where this distinction could not be made with a sufficient degree of certainty, the fractures are classified as uncertain origin, likely postdepositional.

In Xipo skeletal collection shows a fairly high frequency of postcranial fractures and no cranial fractures was observed. The overwhelming majority of fractures occurred some considerable time prior to the individual's death and were well healed. High incidence of forearm fractures observed in Xipo series is unusual for Yangshao Neolithic collections and might point at a specific activity the members of Xipo community were engaged in. Table 3-21 provides descriptions of traumatic injuries and degenerative joint disease in Xipo series. As seen from this table, clavicle fractures were observed in two individuals, forearm fractures were found in four individuals - one of them (M4) fractured both ulnae (fig. 3-15:1), while another one-M12-fractured left ulna and right radius (fig. 3-15:2); rib fractures - in three individuals (fig. 3-16:1); fractures of metacarpal bones - in four individuals, and one individual fractured both bones of right ankle (fig. 3-11:1). In addition, individuals from M13 (fig. 3-16:4) and M27 display traumatic loss of lower anterior teeth that could have been produced by an fist blow during a face to face confrontation.

Table 3 - 21　Bone fractures and degenerative osteoarthritis

Burial #	sex	age	Description
M2	male	40-45	complete simple fractures of left radius and ulna; misaligned healed. The ulna was broken in the area of the midshaft while the radius was fractured distally to the midshaft. Misalignment is very strong suggesting that the forearm was subjected to a very strong twisting before it fractured bones of the legs show evidence of osteoporosis; cortical bone of femora is very thin and porous; bones are light although only partially preserved, the vertebral column shows moderate osteoarthritis affecting all segments: neck, chest, and lumbar area
M4	male	35-40	healed fractures of both ulnae; likely parrying fractures. The left ulna was fractured around the midshaft; there is almost no misalignment and the fracture is fairly well healed. The right ulna was fractured in the distal quarter. There is slight misalignment of the distal portion in relation to the rest of the shaft. Judging by the degree of healing and bone remodeling the left ulna was fractured later than the right one (fig. 3-15:1) healed fracture of the 5th metacarpal-possible bixer's fracture severe osteoarthritis of the vertebral column affecting all segments; fusion of C7 with T1; severe osteoarthritis on the lumbar vertebrae
M5	female	30-40	the skeleton is fairly fragmentary and incomplete; mild to moderate osteoarthritis observed on vertebral column and observable joint surfaces
M6	female	40 +	the skeleton is fairly fragmentary and incomplete; bones are light with thin cortical areas: bone loss and osteoporosis related to old age are likely
M7	male	45-55	Compression fracture and fusion of the lower thoracic and upper lumbar vertebrae (fig. 3-16:3); only mild osteoarthritis observed on cervical and upper thoracic vertebrae healed and misaligned fracture of the 3rd right metacarpal (boxer fracture) healed misaligned fracture of right clavicle resulting in dislocated articulation with sternum. Proximal articular surface displays severe osteoarthritis fusion of foot phalanx mild to moderate osteoarthritis of the articular surfaces of arm bones
M8	male	30-40	osteoarthritis of elbow and knee joints healed fractures of right ribs vertebral column displays degenerative osteoarthritis throughout: severe osteoarthritis affects the second and third lumbar vertebrae; moderate osteoarthritis is found on the lower cervical vertebrae and all other lumbar vertebrae
M12	male	40 +	Coles' fracture of the right radius in the distal quarter of the shaft; slightly misaligned and healed. This fracture was likely caused by extending one's arm to brake the fall (fig. 3-15:2a) Healed fracture of left ulna around the midshaft; likely caused by parrying a blow; slightly misaligned and healed. Judging by the degree of healing the fracture of ulna occurred later than the fracture of the radius (fig. 3-15:2b) Healed fracture of the fifth metacarpal; proximal 1/3, slight misalignment-possible boxer's fracture Mild to moderate degenerative osteoarthritis is present on all observable articular surfaces of long bones; right elbow was particularly strongly affected Although ribs are present as fragments, there appears to be well healed fracture of the right ribs
M15	male	50 +	Healed and misaligned fracture of the left ulna-likely parrying fracture-occurred slightly above the midshaft severe degenerative osteoarthritis affecting the joint surfaces of the left arm: the shoulder joint and the elbow joint-probably as a consequence of the dislocation that occurred at the time of ulnar fracture squatting facets between pedal phalanx and metatarsals suggesting habitual dorsal hiperflexion of the foot (fig. 3-17:4) possible rheumatoid arthritis affecting the small joints of arm and foot bones degenerative osteoarthritis of the vertebral column: severe arthritic changes of the lumbar segment of the vertebral column; moderate to mild changes affecting the other segments
M21	male	35-45	possible fracture of the right metacarpal; well healed mild to moderate osteoarthritis of all segments of the vertebral column: third lumbar vertebra is particularly strongly affected and has a compression fracture
M27	male	30-40	healed fractures of the right 11th and 12th ribs (fig. 3-16:1) fusion between the bodies of the 2nd and 3rd cervical vertebrae (fig. 3-17:1) mild to moderate degenerative osteoarthritis of the vertebral column; the lumbar vertebrae are the most severely affected

3-21（continued）

Burial #	sex	age	Description
M29	male	40-50	fracture of the right clavicle at the area of the midshaft; slightly misaligned and healed (fig. 3-16:2) sternum is fused with the first rib and is abnormally wide
M33	male	50 +	Pott's fracture of the right tibia and fibula. Both bones are fractured in the distal quarter likely as a consequence of twisted ankle. The shafts of both bones are strongly misaligned and the tibia is fused with the fibula. Periosteal bone growth surrounds the area of fracture suggesting a chronic inflammatory process(fig. 3-11:1) moderate to severe degenerative osteoarthritis of the vertebral column, particularly severe in the area of lower cervical and mid-lumbar area. C2 is fused with C3, while C4 is fused with C5. The body of C4 displays a burst fracture; it is split roughly in the sagittal plane suggesting that the individual experienced a sudden blow. The fracture is healed (figs. 3-17:2,3)

The frequency and distribution of fractures in the Xipo assemblage is unusual. On the one hand, the lack of cranial fractures would seem to suggest a relatively low frequency of violent confrontations. On the other hand, fractures of the ulna that are frequently interpreted as parrying injuries, rib fractures, and three fractured metacarpal - boxer fractures, seem to suggest a fair amount of aggression. Fractures of the ulna have been found to be the most common bone breaks in many ancient skeletal collections from the Old World (summarized in Djuric et al. 2006). Apart from parrying, a variety of causes can result in ulnar fractures. However, the diaphysis of this bone is usually not broken by landing on an outstretched arm as a result of falling, because the ulna does not form a joint with the carpal bones, but is connected to them via a triangular fibrocartilage complex. Consequently, the shock from striking an overextended arm on the ground tends to pass through the radius. Of course, strong bending stress generated by uncontrolled contact of the arm with the ground or direct stress from its collision with a vertical support or a horizontal surface above the level of the floor while falling can produce ulnar fractures. Nevertheless, fractures caused by falls more commonly affect the radius; when the ulna is fractured it tends to be secondary to a radial fracture. In modern samples where falls are the leading cause of injury, fractures of the radius, humerus, and lower leg are more common than those of the ulna (Judd 2004). Therefore, it seems likely that the majority of Xipo ulnar fractures were caused by parrying, although fractures of the left radius and ulna in Xipo Male M2 can be tentatively attributed to falling.

Comparing the pattern of fracture in the Xipo assemblage to that observed in the Early Yangshao collections, several observations can be made. During Early Yangshao, fractures that can be linked to violence affected both males and females. The victims of the two most serious injuries, a blunt perimortem depression on the frontal bone of a Jiangzhai individual from burial 75:2 and a healing fracture of the right parietals on Shijia skeleton M2:8 - both inflicted by heavy blunt objects - were female. At Xipo, fractures were predominantly found on the remains of males and were limited to the trunk and forearms. If Xipo was indeed a place where people from satellite settlements participated in feasting, celebration, and worship - as proposed from the archaeological evidence - then socially mandated "non-confrontational" fighting or sparring that followed certain rules might have been one aspect of these gatherings.

The salience of such competitions in explaining patterns of ancient trauma has been discussed by

Walker (2001). The lack of cranial injuries at Xipo and Guanjia seems to suggest a decline in overt confrontational violence during Middle Yangshao. Unfortunately, the partial nature of the skeletal remains examined in this study and their poor state of preservation limits our ability to fully evaluate the observed differences and to perform statistical analyses. Future excavation and analysis of available collections are necessary to test the validity of the trends suggested here.

A set of degenerative changes in joint surfaces observed in Xipo are informative about habitual postural behavior practiced by the people at the settlement. The articular surface on the distal epiphysis of the metatarsals from M15 extends dorsally and had developed considerable degenerative changes (fig. 3-17:4). The manner of articulation between the metatarsals of this individual and corresponding proximal phalanges suggests that the individual habitually squatted for extended periods of time. His habitual posture involved dorsal hyperflexion of toes in a manner frequently displayed by Chinese figurines from later time periods.

High frequency of degenerative joint disease and osteoarthritis of vertebral column in Xipo collection is also remarkable. On the one hand, these pathological changes reflect that Xipo people lived until fairly old age. On the other hand, frequent compression fractures of lumbar vertebrae (in M14, M21), Schmorl's nodes - observed on skeletons from M7 and M20, and fusion of vertebral bodies (as in M7 and M33) imply that these people routinely engaged in strenuous labor, which often involved lifting and carrying heavy loads. Of the skeletons in the series only the bones of subadults (M9 and M34) did not display any degenerative joint disease. Particularly severe degenerative changes in vertebral column and major joints were observed in skeletons from M4, M7, M15, M16, M21, and M33.

There seems to be little relation between the richness of the funerary assemblage and the occurrence of traumatic injury or degenerative joint disease. For instance, the male skeleton from burial M8 - which contained a total of 11 offerings including a jade implement had rib fractures and displayed Schmorl's nodes and moderate degenerative changes of lumbar vertebrae. Moderate degenerative joint disease was also observed on the vertebral columns and major joints of skeletons from M3 and M18, the other two burials with a large number of offerings. However, it can be noticed that the skeletons from burials with only few offerings, or that lacked offerings entirely, display a considerably greater severity of degenerative joint disease than the individuals of similar age from richer burials. Among the skeletons that we named as having the most severe degenerative joint disease in the series, burial M4, M21, and M33 contained only one item, while burials M7, M15 - no items. An exception is the skeleton from burial M16 with 6 items. A considerably larger sample of Middle Yangshao burials is needed to test the validity of the association between the burial context and skeletal markers of physical activity outlined here.

Oral Health and Dental Wear

The poor state of oral health among farmers is well known (Turner 1979, Larsen 1997, Schneider 1986, Larsen et al. 1991, Schollmeyer and Turner 2004). An increase in the frequency of carious lesions with the transition to farming and as a consequence, high rates of pariapical abscesses, along with antemortem tooth loss, is well documented for areas where maize was a staple, and also to a lesser extent with the transition to wheat/barley and millet farming (Eshed at al. Molnar and Molnar, Pechenkina et al. 2007). While an increasing focus on rice production does not seem to have resulted in declining oral health in Thailand or Vietnam (Tayles et al 2000, Oxenham 2007, Domett and Tayles 2007), in Japan there was a notable increase in the rate of carious lesions during the Yayoi period (Temple and Larsen 2007). The adverse consequences of cereal-rich diets for oral health are attributed to the high carbohydrate content of the seeds of all domesticated grasses. Caries is caused by a proliferation of acidogenic bacteria, particularly Streptococcus mutans and some species of Lactobacilli, which produce lactic acid when fermenting carbohydrates on the dental surface (Fitzgerald and Keyes 1960; Geddes 1994). Lactic acid causes demineralization of the enamel and effects irreversible damage on the dental surface.

Methods: Caries diagnosis based on visual observations generally produces small and insignificant interobserver errors (Rudney et al. 1983). Even so, comparing the frequencies of oral health indicators across publications by different authors is complicated by multiple factors (Wesolowski 2006). The overall frequencies of carious teeth are most often presented as pooled frequencies for all teeth. As posterior teeth, especially molars, are more susceptible to caries than anterior teeth (Erdal and Duyar 1999; Hillson 2001) - and because anterior teeth are subject to greater rates of postdepositional loss in some collections - it is not always possible to assess whether reported differences in caries frequencies reflect actual differences in oral health between the studied populations or preservation bias. Moreover, carious teeth, especially those with large lesions and associated with periapical abscesses, are subject to greater postdepositional loss. Some affected teeth fall apart during recovery, transformed into tiny fragments, even when extreme care is taken to preserve them. Thus, in museum curated collections there is a risk of finding misleadingly low rates of carious lesions, because these samples tend to be biased against teeth with severe lesions. In order to account for preservation bias, it is desirable to know the proportion of molars in a given sample, as well as the fraction of teeth lost postdepositionally.

In this respect, the analysis of Xipo dentitions has one advantage over other studies. Xipo skeletons were delivered to the lab still enveloped in soil. They were cleaned under the supervision of a professional osteologists, which minimized the loss of individual teeth and likely reduced the bias against pathological teeth expected for other skeletal collections, especially those that were curated in museums for a duration of time.

We examined visually with a magnifying glass for 12 oral parameters, including: carious lesions, fenestrated periapical lesions; antemortem tooth loss; degree of remodeling of the edentulous sockets; calculus accretion; periodontal disease; discrepancy between jaw and tooth size; mandibular and maxillar torii; osteoarthritis of the temporomandibular joint; root hypercementosis; intensity of occlusal wear; patterns of dental wear, enamel chipping and tooth fractures. All of these indicators have multiple etiologies; most are interrelated (Hillson, 2000:250) and under strong influence from dietary composition and texture, as well as mechanical loadings on the masticatory apparatus generated by chewing and parafunctional activities.

Caries was evaluated by visual observation using a magnifying glass. A dental probe was used to assess the depth of black or necrotic areas. Following recommendations by Buikstra and Ubelaker (1994), carious lesions were classified, according to their location, as originating on either the occlusal, interproximal, or smooth surface of the crown, the cementoenamel junction, on the root, or as large lesions involving more than one dental surface. Non-carious traumatic pulp exposure due to extreme wear was also recorded.

Fenestrated periapical lesions, also known as periapical abscesses, were recorded according to location as opening on the buccal or lingual aspect of the jaw or into a paranasal sinus. Some periapical lesions that had not fenestrated before death were visible because of the fragmentary nature of the skeletal remains; in order to maintain consistency, these were not taken into account in this study and will not be discussed in this paper. Consequently, the actual frequency of periapical abscesses is probably somewhat higher than reported here (Lukacs, 1989).

Antemortem tooth loss was recorded based on remodeling of the dental sockets. Empty sockets retaining sharp margins and showing minimal remodeling were considered as evidence of postdepositional, rather than antemortem tooth loss.

Calculus accretion was classified as absent, mild, moderate, or severe according to the protocol of Hillson (1979). Periodontal disease was recorded following Clarke et al. (1986), based on alteration in the morphology of the alveolar crest and interdental septa. The necessary criteria for a skeletal individual to be diagnosed with periodontal disease included a porous appearance, uneven margin and septa, exostosis buildup, and/or intrabony pockets. Horizontal bone loss alone was not a sufficient criterion, even if the distance from the cementoenamel junction to the alveolar crest exceeded 2mm.

Root hypercementosis, excessive cementum deposited on the dental root of a tooth (Lukacs, 1981), resulting in an abnormally thick root with an uneven texture, was evaluated visually.

Fully erupted teeth in occlusion were scored for occlusal wear, following the protocols of Scott (1979) for molars and Molnar (1971) for premolars and canines. The occlusal surface of each molar was divided into four quadrants (mesiobuccal, distobuccal, mesiolingual, distolingual); a score was assigned to each quadrant according to the degree of wear facet development and the amount of dentine exposed in each quadrant. The pattern of wear was recorded as flat, concave, angled, or irregular. Teeth were also examined for the presence of unusual wear grooves and facets, including interproximal grooves, lingual surface attrition of the maxillary teeth, and/or anterior abrasion, as well as enamel chipping (Molnar, 1972; Lukacs & Pastor, 1988; Milner & Larsen, 1991; Turner & Machado 1983; Formicola, 1988).

Table 3-22 summarizes frequencies of various indicators of oral health observed in Xipo. As can be seen from this table Xipo collection displays an overall moderate frequency of caries similar to that

Table 3-22　Oral pathology in Xipo dental sample: caries. calculus accretion,

periodontal disease, periapical abscesses, antemortem tooth loss

M	teeth present	teeth with caries	teeth lost before death	abscesses	periodontal disease	calculus
1	8	0	0	0	mild	0
2	21	6	0	2	moderate	mild
3	22	4	4	2	mild	0
4	8	3	7	2	mild	0
5	9	0	18	2	moderate	0
6	6	2	7	0	moderate	0
7	25	1	2	0	mild	0
8	25	0	0	0	0	0
9	25	0	0	0	0	0
10	31	1	0	1	moderate	0
11	7	0	1	0	0	mild
12	5	2	16	4	moderate	0
13	17	3	11	3	moderate	0
14	20	4	7	2	moderate	0
15	8	5	11	2	moderate	0
16	no teeth	–	–	–	–	–
17	no teeth	–	–	–	–	–
18	24	2	0	0	mild	mild
19	6	2	4	0	moderate	0
20	7	0	–	0	–	0
21	24	3	3	3	moderate	moderate
22	24	1	0	0	0	0
23	28	6	3	3	mild	mild
24	31	2	0	1	mild	0
25	23	0	5	2	moderate	mild
26	23	0	1	4	mild	0
27	26	0	2	0	mild	mild
28	21	6	3	3	moderate	mild
29	21	5	4	4	moderate	mild
30	18	6	2	0	moderate	mild
31	6	0	11	1	mild	0
32	15	0	8	6	moderate	mild
33	26	4	2	3	moderate	moderate
34	26	0	0	0	0	0
total	586	68	132	50	26	12
%		11. 6%	18. 38%	–	83. 87%	37. 5

found in other dental series from populations practicing cereal farming. At 11.6% of teeth with cari-
ous lesions, Xipo series has a significantly higher rate of caries than early Yangshao series from Jiang-
zhai (2.6%) and Shijia (3.9%). This rate is slightly lower than that observed in other Middle to Late
Yangshao skeletal series including the series from Guanjia, with 17.2% of teeth with caries, and Xi-
shan (17.3%). The slightly lower frequency of caries in Xipo collection than in other roughly con-
temporaneous series can be attributed to a somewhat older age composition and a very large propor-
tion of antemortem tooth loss in this series (18.4%). As carious teeth are more likely to be lost ante-
mortem, their undernumeration in a series with high proportion of teeth lost antemortem is expec-
ted. In addition, rapid wear that will be discussed below, likely removed some of the occlusal lesions.

Carious lesions in Xipo predominantly affected occlusal and interproximal surfaces of posterior
teeth, while root caries was fairly rare despite considerable root exposure as a consequence of frequent
periodontal disease. In most dental sets carious lesions affected a small number of teeth only. No mas-
sive carious infections, as observed in skeletal series from later time periods is seen in Xipo. However,
in multiple instances carious infection penetrated into the dental socket leading to bone infection, peri-
apical abscesses, and, in some instances tooth death as evidenced by the general discoloration of the
whole tooth (e.g. left M2 of the skeleton from M2; see fig. 3-18:1). As is common in skeletal series
throughout the world (Lukacs and Largaespada 2006), carious lesions occurred more frequently on fe-
male than on male dentitions (20% vs. 15% respectively). However, this difference is not statistically
significant likely as a consequence of the small size of female sample.

Periodontal disease was preponderant, affecting 83.9% of individuals and probably also contribu-
ted to the high rate of antemortem tooth loss. What caused such high frequency of periodontal disease
is not entirely clear as build up of calculus was fairly modest and infrequent. We explain such high oc-
currence of periodontal disease by heavy masticatory loads leading also to rapid and unusual wear of
dental crowns, traumatic pulp exposure, fractures of crowns, and root hupercementosis (swelling of
the root). Most likely many of Xipo individuals used their teeth for some parafunctional tasks, exer-
ting heavy pressures on dental crowns, causing interproximal movement of teeth and microtraumas of
the dental roots. This hypothesis is corroborated by the common occurance of dental fractures, enamel
chipping, and unusual patterns of dental wear, as summarized by table 3-23.

Overall, Xipo dentitions are characterized by severe wear which is often uneven and accompanied
by enamel chipping and occasional tooth fractures. Taken together, these characteristics of dental wear
in Xipo indicate that the individuals at this site frequently subjected their masticatory apparatus to
heavy loads and processed hard and abrasive substances in their mouths. This heavy wear could have
been caused by the presence of grit particles in food substances and, consequently, can be attributed
to normal masticatory functions. Habitual crushing bones of fish, birds, or of domestic animals, with
the purpose of extracting maximal nutritional value of animal carcass, could also explain enamel chip-
ping and heavy wear. Alternatively, using teeth as a third hand, for processing non-dietary materials

Table 3-23 Possible Cases of Activity Related Wear in the Xipo Collections

Burial #	sex	age	unusual wear and dental traumas
M2	male	40-45	-large wear facets on lingual surfaces of anterior maxillary teeth -large vertical interproximal groove between upper canine and premolar associated with caries -interproximal groove between first and incisors molars on the left -enamel chipping -fracture of right I1 -severe buccal reduction of left M2 crown; sharply angled wear(3-18:1)
M3	male	35-50	-heavy wear of anterior teeth (both upper and lower) -labial tilt of the occlusal plane on lower incisors (fig. 3-18:2,3)
M7	male	45-55	-interproximal grooves between right M1 and M2 and between M2 and M3 (fig. 3-19:1) -well defined cupped wear associated with mesiodistal grooving of occlusal surfaces of the right mandibular molars -enamel chipping
M10	male	40-50	-strong distal reduction of left M1 -enamel chipping
M14	female	30-60	-severe lingual wear of anterior maxillary teeth
M21	male	35-45	-heavy wear and labial tilt of wear on lower anterior teeth (fig. 3-18:4) -right M1 is reduced to a stub by severe wear -cupped wear on right maxillary molars and premolars
M23	possible female	45-55	-interproximal grooves between upper right M3 and M2, M2 and M1, M1 and P2, as well as between upper left M2 and M3, and lower right M3 and M2, M2 and M1 (fig. 3-19:2) -enamel chipping on molars -dental fractures of upper first premolars on both sides
M24	male	40 +	-lingual surface attrition of anterior maxillary teeth (LSAMAT) -enamel chipping on upper front teeth
M25	male	50-60	-enamel chipping especially stong on back teeth -interproximal groove between on the mesial surface of the upper left M2 associated with caries
M26	male	45-50	-dental fractures of upper right M1 and left canine -enamel chipping of anterior teeth -non-carious interproximal groove between upper right M2 and M1 (fig. 3-19:3)
M27	male	30-40	-severe wear and labial rounding of lower anterior teeth; left and right I1 were lost antemortem -enamel chipping on occlusal surfaces of posterior teeth
M28	male	30-40	-interproximal grooves between posterior teeth all associated with caries -fracture of upper left P1
M29	male	40-50	-fracture of the upper left I2 associated with periodontal pocket -posterior teeth are worn unevenly -enamel chipping on upper right M1
M30	possible female	30 +	-interproximal groove on upper left M1 is associated with caries on adjacent M2 -fracture of the upper left canine -slight enamel chipping on lower premolars
M32	possible male	45 +	-severe tilted wear -fracture of lower left M1 -paramount root hypercementosis
M33	male	50 +	-fracture of the upper left I2 -oblique groove along the lingual surface of the upper left P1

and manipulating objects could also inflict damage to dental surfaces and result in heavy and irregular wear.

A number of special wear types observed on Xipo dentitions that could potentially be related to extramasticatory activity deserve closer examination. These special types of wear were unusually common in the Xipo collection, but generally infrequent on the remaining Yangshao dentitions. Labial rounding and severe wear of the lower incisors, similar to that seen on mandibles M3, M21, and M27 from Xipo has previously been documented for the Inuit, Australian aborigines, and Bushmen (Merbs, 1968; Lous, 1970; Hinton, 1981; Richards, 1990; Wallace, 1975), as well as for some Neanderthals (Brace, 1964; Wallace, 1975). We also found a similar wear pattern on the only fully preserved mandible recovered at the Peiligang archaeological site of Jiahu (7000-5800 BC), in central Henan (Li et al., 2003; Zhang et al., 2004), that of individual M363.

Proposed causes of this pattern have included dietary processes, such as regular chewing of very abrasive foods with a high grit content (Wallace, 1975), as well as non-dietary processes. These include antemortem loss of molars with a subsequent shift of chewing pressure to the anterior teeth (Hinton, 1981), or processing raw materials with the anterior teeth (Merbs, 1968; Lous, 1970), along with habitual use of the mouth as a third hand (Brace, 1964; Lous, 1970; Merbs, 1983:143-147) to crush the heads of birds, hold onto a struggling fish while the hands are otherwise occupied, crack seal bones, and bend wood, among many other behaviors. Heavy wear of the lower anterior teeth, attributed to basket weaving activities, has also been described by Larsen (1985) for Western Great Basin hunter-gatherers. However, in that case deep grooves were apparent on the occlusal surfaces of the incisors and canines. These are not preseent on the Xipo dentitions.

With regard to Middle Yangshao dentitions, heavy anterior wear was indeed associated with some loss of posterior teeth. However, because residual ridges are still present to their full height, this loss was fairly recent at the time of death and would have affected anterior chewing only briefly. Moreover, posterior teeth, especially M2 and M3, exhibit less occlusal wear than canines and incisors. For individual M3, traumatic pulp exposure on the incisors and an abscess below the root of I2, apparently pressure induced, suggest that considerable mechanical stress had been applied to the front teeth. Unfortunately, the anterior teeth of this individual were poorly preserved and all the upper posterior teeth were lost postdepositionally, so the overall pattern cannot be fully understood.

A high proportion of grit in the diet at Xipo could certainly have contributed to heavy anterior dental wear. However, grit laden cereals would have been chewed at the back of the mouth, so this could not explain heavier wear of the front teeth and the labial/buccal tilt of that wear. Considering that Xipo animal husbandry focused on pigs, processing their skins by pulling on them while clenched between the anterior teeth or otherwise scraping away the clinging soft tissue using the teeth seems a plausible explanation of this wear. Cracking pig or chicken bones to access the marrow is also a possible cause, but would likely have resulted in enamel chipping that we do not find on the dentition of

M3 (fig. 3-18:2,3). Sharply concave wear on the upper left teeth of M21, along with antemorten loss of the left M1 and considerable shortening of the crown of the right M1, suggest the processing of plant fibers by clenching them between the teeth while pulling out and down across the first molars as another possible explanation of the observed pattern (fig. 3-18:4.)

Lingual surface attrition of the upper incisors and canines was rather severe on Xipo M2 and M24 while no labial rounding of the lower incisors was detectable. Lingual surface attrition of the anterior teeth in skeletal collections from Colorado and the U. S. Virgin Islands, Brazil, and Panama, as well as among historic Senegalese, has primarily been attributed to the use of those teeth in scraping/peeling sugary plants such as sugar cane and manioc (Turner & Machado, 1983; Irish & Turner, 1987; Irish & Turner, 1997; Larsen et al. , 1998). Chemical erosion of dental surfaces through exposure to the acidic and sugary juices of these plants results in wear patches with a polished appearance. As plant matter is apparently pressed against the superior teeth using the hands and tongue, the lower teeth are uninvolved and develop no corresponding wear facets.

For Xipo M14, a shallow mesiodistal groove on the occlusal surfaces of the upper left canine and P1 seems more consistent with pulling fibrous materials along the lingual surfaces of the upper teeth. Although the lower anterior teeth do not show matching wear, the crown of the left P1 is severely worn and has a strong buccal tilt. It seems likely that plant fibers or animal sinew were clenched between the left P1 and P1 while being pulled down with the hands, resulting in severe wear and exit groove formation. Lingual wear facets on the upper anterior teeth of this individual could have been caused by fibers pulled along the lingual surfaces of these teeth and exacerbated by chemical erosion.

Interproximal grooves were quite common in Xipo dental sets. However, overwhelming majority of them were associated with interproximal caries, suggesting that they might have formed as a consequence of obsessive probing between hurting teeth. Rachel Shoichet examined a cast of interproximal groove from M25 molar under an SEM. As is clear from her image, this groove was not produced by pulling a string between the teeth, but rather by a rotational movement of a hard object (fig. 3-19:4). Consequently, picking between teeth with a wooden stick seems to be a likely explanation of Xipo interproximal grooves.

Similar interproximal grooves are also common in skeletal collections from other parts of the world, beginning with the Middle Paleolithic (Weidenreich, 1937; Brace, 1975; Frayer & Russell, 1987; Berryman et al. , 1979; Formicola, 1991). There are two principal modes of explanation for the formation of interproximal grooves. One is tooth picking or probing, whether therapeutic, palliative, and/or habitual (Ubelaker et al. , 1969; Formicola, 1988; Turner, 1988; Formicola, 1991; Lukacs & Pastor, 1988; Frayer, 1991). The other is pulling animal sinew or plant fibers between the teeth by some craftspeople (Molnar & Brown, 1990; Lukacs & Pastor, 1988). Chemical erosion and the effect of grit particles passing through interproximal spaces between the teeth are also possible explanatory factors (Brothwell, 1963; Wallace, 1975).

Formicola (1991) outlined a suite of characteristics that tend to be prevalent on interproximal grooves induced by habitual probing, as opposed to craft-related wear. These include the presence of grooves on the distal and mesial surfaces of adjacent teeth, a bucco-lingually oblique axis, and greater incidence on the maxillar teeth. The interproximal grooves on Xipo M7 affected the distal side of M1 and both the distal and mesial surfaces of M2 (see fig. 3-19:1). The groove on the distal surface of M2 is deeply imbedded into the tooth in the area of the cementoenamel junction, while the mesial surface of the adjacent M3 is minimally affected. The groove is not tilted mesially and has a clearly defined exit furrow on the distobuccal margin of M2. Thus, the interproximal grooves on the maxillar teeth of M7 are more consistent with craft-induced wear than with tooth picking, although the latter behavior cannot be decisively excluded.

What is remarkable about the Xipo collection is the high frequency of these unusual wear patterns. Neither anterior wear of the mandibular teeth nor interproximal grooves were present in the collections from Guanjia, Shijia, or Jiangzhai. Lingual wear of the anterior maxillary teeth was present on two Jiangzhai dentitions (Pechenkina et al. , 2002), but on none from Shijia or Guanjia. The high incidence of unusual wear patterns at Xipo might reflect the beginning of craft specialization, or perhaps are a manifestation of distinctive cultural practices at that locality. Interestingly, these unusual wear patterns were not observed in dental sets of individuals from the wealthier burials, such as M8 and M18, but were especially pronounced in males from burials with one or no offerings. This again, tentatively points at possible link between the parafunctional use of teeth and the status of the individual at death.

Non-specific Indicators of Stress

Several types of bone markers can be employed to measure community health based on a skeletal series.The most commonly used include achieved adult stature, linear enamel hypoplasias, cribra orbitalia and porotic hyperostosis, and periosteal lesions.In present report we restrict the discussion to the indicators of anemia-porotic hyperostosis and cribra orbitalia-and achieved adult stature.Analysis of dental hypoplasia in Xipo was hampered by poor preservation of dental enamel particularly on front teeth.

Based on long bone length and using formulas developed by Trotter and Gleser (1958) for males, and Pearson (1899) for females we estimate average stature of Xipo males at 169.2 cm and for females at 154.5 cm.These estimates are very similar to stature we estimated for the Guanjia series (169.7 cm-males and 154.5 cm-females) and Jiangzhai series (169.9cm and 154.9cm). Statures estimated based on Peiligang series were taller for both males and females (173.7cm vs 156.1cm), while human remains from later time periods tend to produce lower adult statures (Pechenkina et al.,2007).

Frequencies of cribra orbitalia and porotic hyperostosis were fairly low among adults of Xipo - 14% and 8%, suggesting adequate consumption of animal products.These frequencies are similar to those observed in other Middle Neolithic collections and lower than those observed in the series from the

Late Neolithic and Bronze Age.In these later series frequencies of anemia indicators tend to exceed 20%.Thus we can conclude that individuals of Xipo experienced a fairly low amounts of physiological stress during their childhood allowing them to achieve a fairly tall adult statures and leading to a low occurrence of anemia.

Conclusions

Summarizing our findings we would like to notice that several aspects of Xipo collection are of great interest. This collection displays an unusually high incidence and wide array of healed postcranial fractures and multiple instances of degenerative changes in major joints and vertebral column suggesting that Xipo people had a physically active lifestyle and participated in strenuous labor on a daily basis. Many of the healed fractures tentatively suggest that males at this site often participated in face to face confrontation that did not, however, result in individual's death. Thus, these confrontations could have been for the purpose of training, exercise, or display/ritual.

With respect to oral health, Xipo dentitions display a fairly high level of oral pathology suggesting diet that contained a large fraction of carbohydrates supporting progression of caries. Large amounts of non-food particles in the food-sand/grit-have likely contributed to rapid dental wear, progression of periodontal disease and antemortem tooth loss. Nevertheless, other skeletal indicators of health suggest that during their growth period Xipo people enjoyed a fairly healthy life and adequate nutrition resulting in tall adult stature and low incidents of anemia. In the Xipo series we find multiple incidents of unusual patterns of dental wear some of which might be related to parafunctional activity that could be related to craft specialization.

Berryman HE, Owsley DW, Henderson AM. 1979. Non-carious interproximal grooves in Arikara Indian dentitions. *American Journal of Physical Anthropology* 50:209-212.

Brace CL. 1964. The fate of the "classic" Neanderthals: a consideration of hominid catastrophism. *Current Anthropology* 5: 3-43.

Brace CL. 1975. Comment on 'Did La Ferrassie I use his teeth as tools'. *Current Anthropology* 16: 396-397.

Brothwell DR. 1963. The macroscopic dental pathology of some earlier populations. *Dental Anthropology*. D. R. Brothwell (ed). Oxford: Pergamon Press; 271-288.

Buikstra JE, Ubelaker DH (eds). 1994. *Standards for data collection from human skeletal remains: proceedings of a seminar at the field Museum of Natural History*. Arkansas Archaeological Survey research series No. 44, Feyetteville, Arkansas.

Clarke NG, Carey SE, Srikandi W, Hirsch RS, Leppard PI. 1986. Periodontal disease in ancient populations. *American Journal of Physical Anthropology* 71:173-183.

Djuric MP, Roberts CA, Rakocevic ZB, Djonic DD, Lesi AR. 2006. Fractures in late medieval skeletal populations from Serbia. *American Journal of Physical Anthropology* 130: 167-178.

Domett KM, Tayles N. 2007. Population Health from the Bronze to the Iron Age in the Mun River Valley, Northeast Thailand. In *Ancient Health: Skeletal Indicators of Agricultural and Economic Intensification*. M. Cohen and G. Kramer (eds). University Press of Florida.

Erdal YS, Duyar I. 1999. A new correction procedure for calibrating dental caries frequency. *Journal of Physical Anthropology* 108:237-240.

Eshed V, Gopher A, Hershkovitz I. 2006. Tooth wear and dental pathology at the advent of agriculture: New evidence from the Levant. *American Journal of Physical Anthropology* 30:145-159.

Fitzgerald RJ, Keyes PH. 1960. Demonstration of the etiologic role of streptococci in experimental caries in the hamster. *Journal of the American Dental Association* 61: 9-19.

Formicola V. 1988. Interproximal Grooving of Teeth: Additional Evidence and Interpretation *Current Anthropology* 29: 663-671.

Formicola V. 1991. Interproximal grooving: Different appearances, different etiologies. *American Journal of Physical Anthropology* 86:85-86.

Frayer DW, Russell MD. 1987. Artificial grooves on the Krapina Neanderthal teeth. *American Journal of Physical Anthropology* 74:393-405.

Frayer DW. 1991. On the etiology of interproximal grooves. *American Journal of Physical Anthropology* 85:299-304.

Geddes DAM. 1994. Diet patterns and caries. *Advances in Dental Research* 8:221-224.

Hillson S. 2000. Dental pathology. In *Biological Anthropology of the Human Skeleton*, M. A. Katzenberg, S. R. Saunders (eds). New York: Wiley-Liss; 249-286.

Hillson S. 2001. Recording Dental Caries in Archaeological Human Remains. *International Journal of Osteoarchaeology* 11: 249-289.

Hillson SW. 1979. Diet and dental disease. *World Archaeology* 11: 147-162.

Hinton RJ. 1982. Differences in interproximal and occlusal tooth wear among prehistoric tennessee indians: Implications for masticatory function. *American Journal of Physical Anthropology* 57:103-115.

Irish JD, Turner CG 2nd. 1987. More lingual surface irritation of the maxillary anterior teeth in American Indians: Prehistoric Panamanians. *American Journal of Anthropology* 73: 209-213.

Irish JD, Turner CG 2nd. 1997. Brief communication: first evidence of LSAMAT in non-native Americans: historic Senegalese from West Africa. *American Journal of Physical Anthropology* 102: 141-146.

Judd M. 2004. Trauma in the city of Kerma: ancient versus modern injury patterns. *International Journal of Osteoarchaeology* 14: 34-51.

Larsen CS, Shavit R, Griffins MC. 1991. Dental caries evidence for dietary change: an archaeological context. In *Advances in Dental Anthropology*. M. A. Kelly, C. S. Larsen (eds). New York: Wiley-Liss; 179-202.

Larsen CS, Teaford MF, Sandford MK. 1998. Teeth as tools at Tutu: extramasticatory behavior in prehistoric St. Thomas, U. S. Virgin Islands. In *Human Dental Development, Morphology, and Pathology: A tribute to AA Dahlberg*. J. R. Lukacs (ed). University of Oregon Anthropological Papers; 401-420.

Larsen CS. 1985. Dental modifications and tool use in the western Great Basin. *American Journal of Physical Anthropology* 67: 393-402.

Larsen CS. 1997. *Bioarchaeology: Interpreting Behavior from the Human Skeleton*. Cambridge: Cambridge University Press.

Li X, Harbottle G, Zhang Z, Wang C. 2003. The earliest writing? Sign use in the seventh millennium BC at Jiahu, Henan Province, China. *Antiquity* 77: 31-44.

Lous I. 1970. The dental system as a tool. *Dental Abstracts* 15: 457-458.

Lovell NC. 1997. Trauma analysis in paleopathology. *American Journal of Physical Anthropology* 104:139-170.

Lukacs JR. 1981. Dental Pathology and Nutritional Patterns of South Asian Megalith-Builders: The Evidence from Iron Age Mahurjhari. *Proceedings of the American Philosophical Society* 125: 220-237.

Lukacs JR, Largaespada LL. 2006. Explaining sex differences in dental caries prevalence: Saliva, hormones, and "life-history" etiologies. *American Journal of Human Biology* 18:540-555.

Lukacs JR, Pastor RF. 1988. Activity-induced patterns of dental abrasion in prehistoric Pakistan: Evidence from Mehrgarh and Harappa. *American Journal of Physical Anthropology* 76:377-398.

Lukacs JR. 1989. Dental paleopathology: Methods for reconstructing health status and dietary patterns in prehistory. In *Reconstructing Life from the Skeleton*. Y. Iscan and K. A. R. Kennedy (eds). New York: Alan R. Liss; 261-286.

Merbs CF. 1983. *Patterns of Activity-induced Pathology in a Canadian Inuit Population*. Archaeological Survey of Canada, Paper 119. Ottawa: National Museums of Canada.

Milner GR, Larsen CS. 1991. Teeth as artifacts of human behavior: intentional mutilation and accidental modification. In *Advances in Dental Anthropology*, M. A. Kelley, C. S. Larsen (eds). New York: Wiley-Liss; 357-378.

Molnar S, Molnar I. 1985. Observations of dental diseases among prehistoric populations of Hungary. *American Journal of Physical Anthropology* 67:51-63.

Molnar S. 1971. Human tooth wear, tooth function and cultural variability. *American Journal of Physical Anthropology* 34: 27-42.

Molnar S. 1972. Tooth wear and culture: A survey of tooth functions among some prehistoric populations. *Current Anthropology* 13: 511-526.

Oxenham MF, Nguyen LC, and Nguyen KT. The oral health consequences of the adoption and intensification of agriculture in

Southeast Asia. In: Oxenham M, and Tayles N, editors. *Bioarchaeology of Southeast Asia* . Cambridge: Cambridge University Press, pp:263-289.

Pearson K. 1899. Mathematical contributions to the theory of evolution. On the reconstruction of the stature of prehistoric races. *Philosophical Transactions of the Royal Society of London* 192:169-244.

Pechenkina EA, Benfer RA Jr, Zhijun W. 2002. Diet and Health Changes with the Intensification of Millet Agriculture at the End of Chinese Neolithic. *American Journal of Physical Anthropology* 117: 15-36.

Pechenkina EA, Benfer, RA, Jr, Ma Xiaolin. 2007. Diet and health in the Neolithic of the Wei and Yellow River Basins, Northern China. In *Ancient Health: Skeletal Indicators of Agricultural and Economic Intensification* . Edited by Cohen MN and GMM Crane-Kramer. University Florida of Press;255-272.

Richards LC. 1990 Tooth wear and temporomandibular joint change in Australian Aboriginal populations. *American Journal of Physical Anthropology* 82:377-384.

Rudney JD, Katz RV, Brand JW. 1983. Interobserver reliability of methods for paleopathological diagnosis of dental caries. *American Journal of Physical Anthropology* 62:243-248.

Schneider KN. 1986. Dental caries, enamel composition, and subsistence among prehistoric Amerindians of Ohio. *American Journal of Physical Anthropology* 71: 95-102.

Schollmeyer KG, Turner CGI. 2004. Dental caries, prehistoric diet, and the pithouse-to-pueblo transition in southwestern Colorado. *American Antiquity* 69: 569-582.

Scott EC. 1979. Dental wear scoring technique. *American Journal of Physical Anthropology* 51: 213-218.

Tayles N, Domett K, Nelsen K. 2000. Agriculture and Dental Caries? The Case of Rice in Prehistoric Southeast Asia. *World Archaeology* 32: 68-83.

Temple DH, Larsen CS. 2007. Dental caries prevalence as evidence for agriculture and subsistence variation during the Yayoi period in prehistoric Japan: Biocultural interpretations of an economy in transition. *American Journal of Physical Anthropology* 134: 501-512.

Trotter M, and Gleser GC (1977) CorrigendaTurner CG, II, Machado LM. 1983. A new dental wear pattern and evidence for high carbohydrate consumption in a Brazilian Archaic skeletal population. *American Journal of Physical Anthropology* 61:125-130.

Trotter M, Gleser GC. 1952. Estimation of stature from long bones of American Whites and Negroes. *American Journal of Physical Anthropology* 10: 463-514.

Turner CG, II. 1979. Dental anthropological indications of agriculture among the Jomon people of central Japan: X. peopling of the Pacific. *American Journal of Physical Anthropology* 51: 619-636.

Turner CG, II. 1988. Interproximal grooving of teeth: Additional evidence and interpretation. *Current Anthropology* 29: 664-665.

Ubelaker DH, Phenice TW, Bass WM. 1969. Artificial interproximal grooving of the teeth in American Indians. *American Journal of Physical Anthropology* 30:145-149.

Walker PL. 2001. A bioarchaeological perspective on the history of violence. *Annual Review of Anthropology* 30: 573-596.

Wallace JA. 1975. Did La Ferrassie I Use His Teeth as a Tool? *Current Anthropology* 16: 393-401.

Weidenreich F. 1937. The dentition of Sinanthropus pekinensis: A comparative odontography of the hominids. *Palaeontologia Sinica* , N. S. 1 (Whole Series No. 101): 1-180.

Wesolowski V. 2006. Caries prevalence in skeletal series-is it possible to compare? *Memórias Do Instituto Oswaldo Cruz, Rio de Janerio* 101: 139-145.

Zhang J, Xiao X, Lee YK. 2004. The early development of music. Analysis of the Jiahu bone flutes. *Antiquity* 78: 769-779.

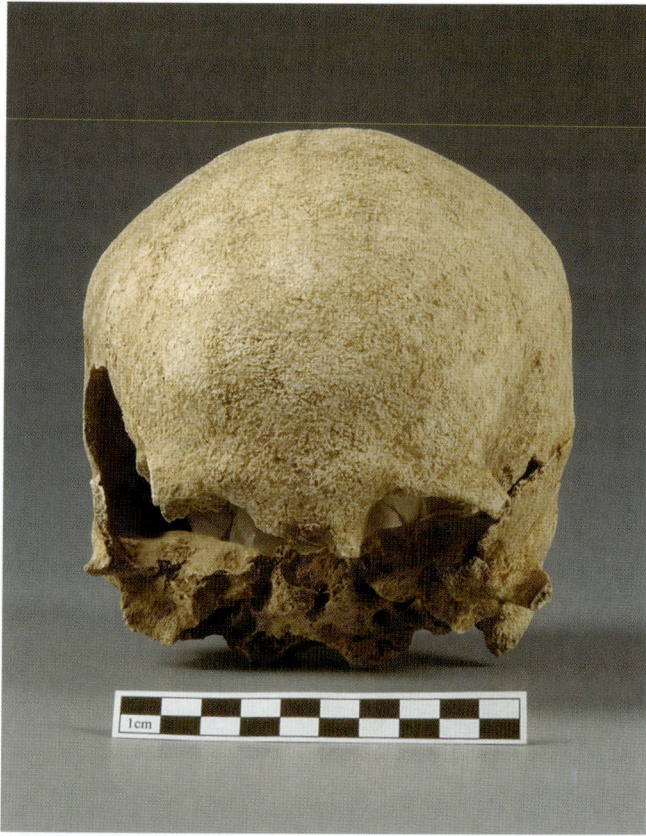

1. 正视

2. 侧视

3. 后视

4. 顶视

彩图3-1　M6墓主头骨

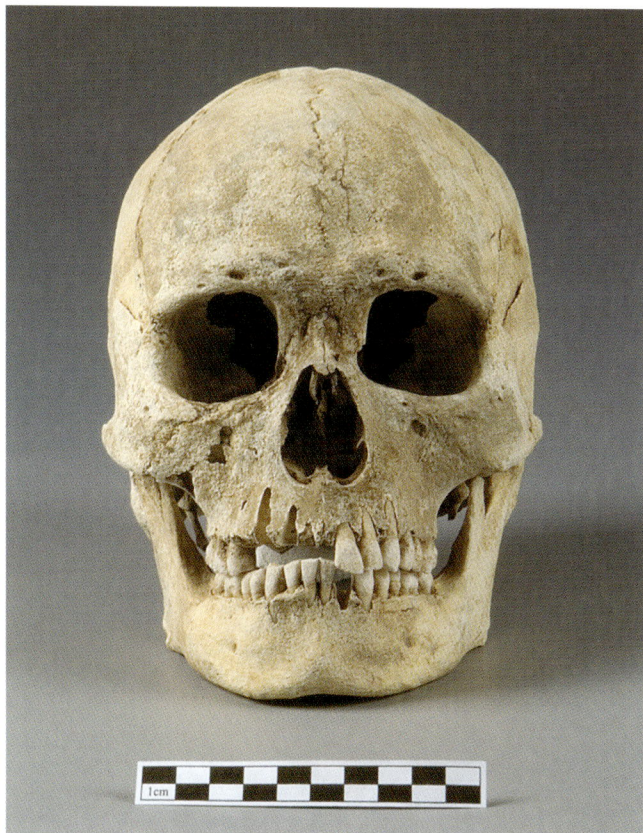

1. 正视

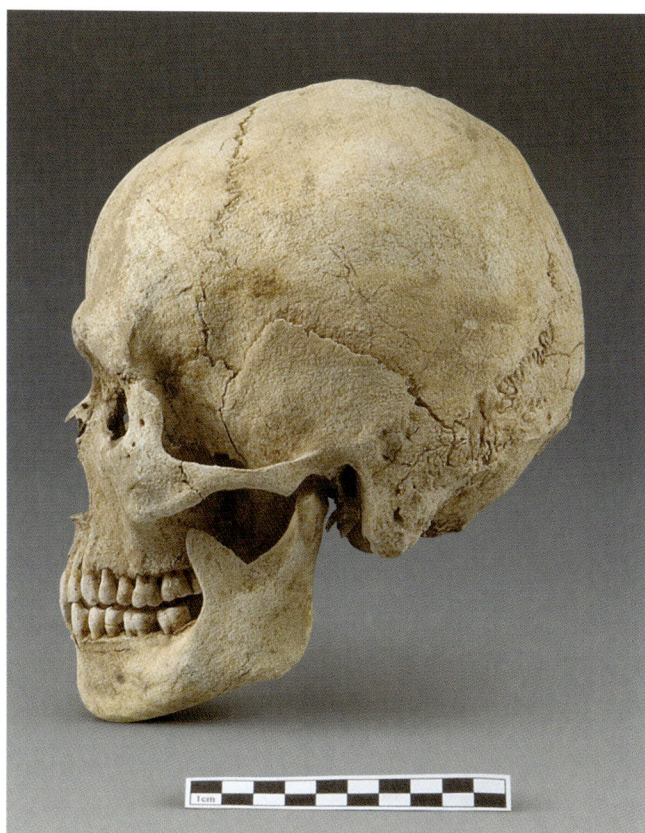

2. 侧视

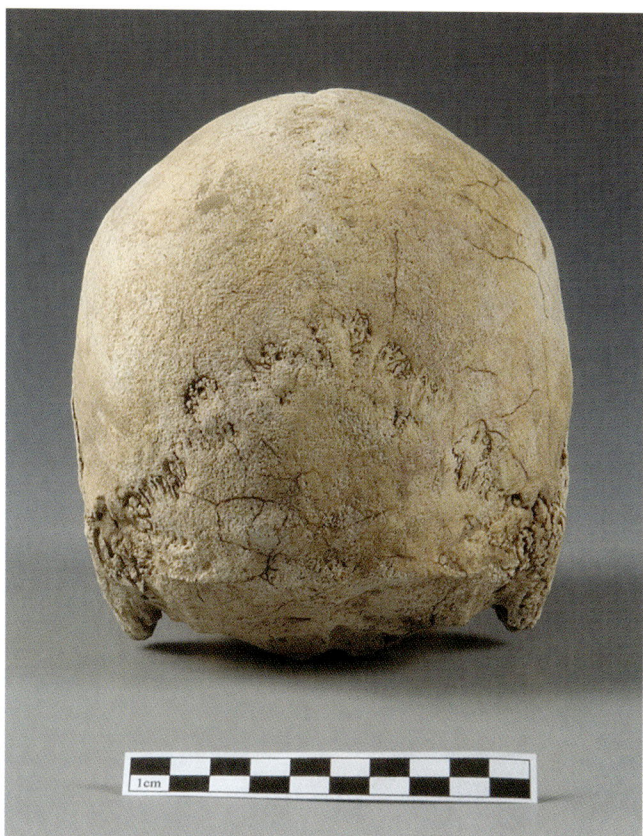

3. 后视

4. 顶视

彩图3-2　M8墓主头骨

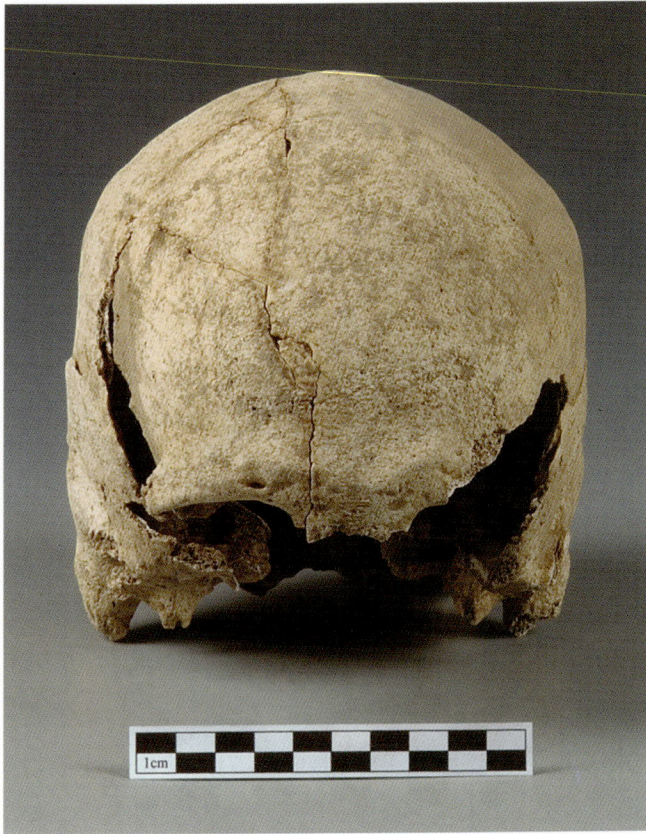

1. 正视

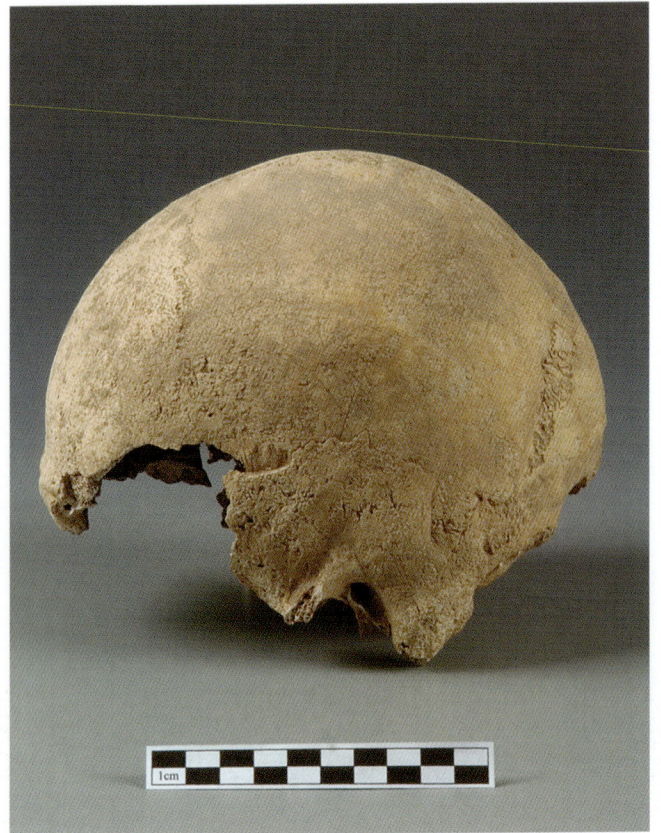

2. 侧视

3. 后视

4. 顶视

彩图3-3　M24墓主头骨

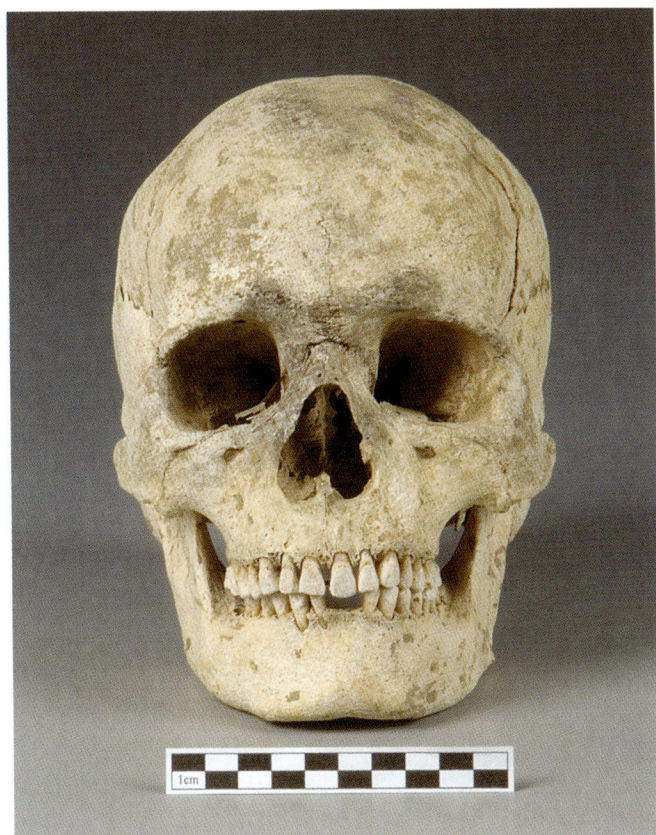

1. 正视

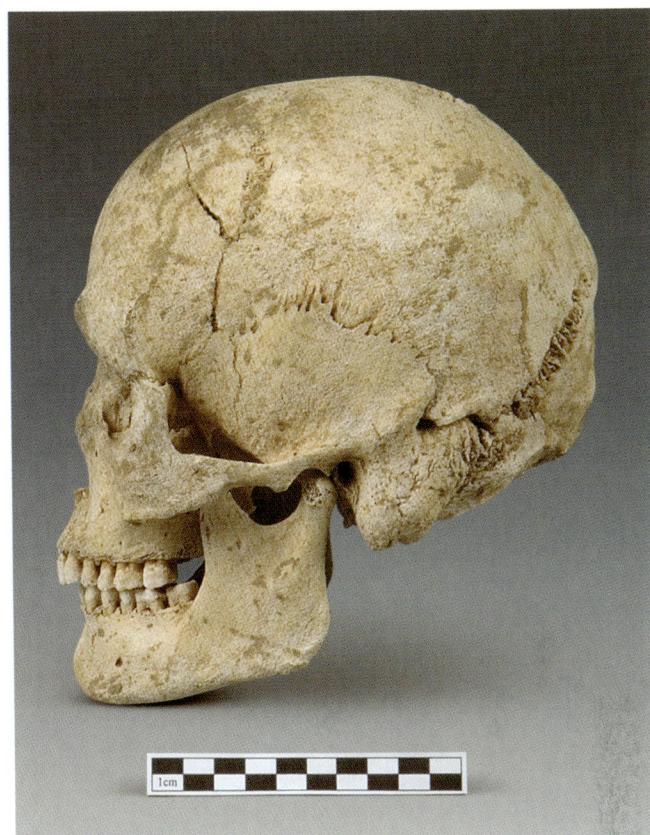

2. 侧视

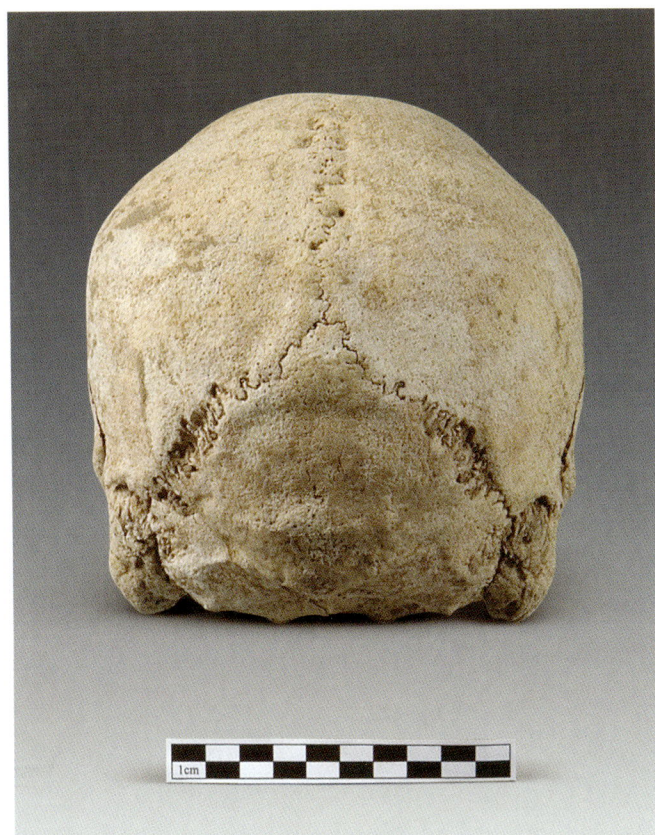

3. 后视

4. 顶视

彩图3-4　M27墓主头骨

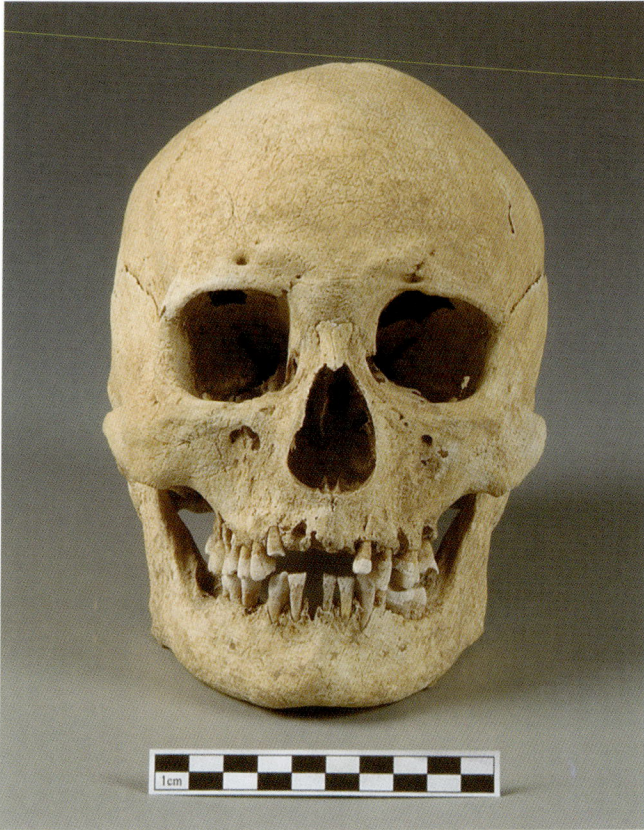

1. 正视

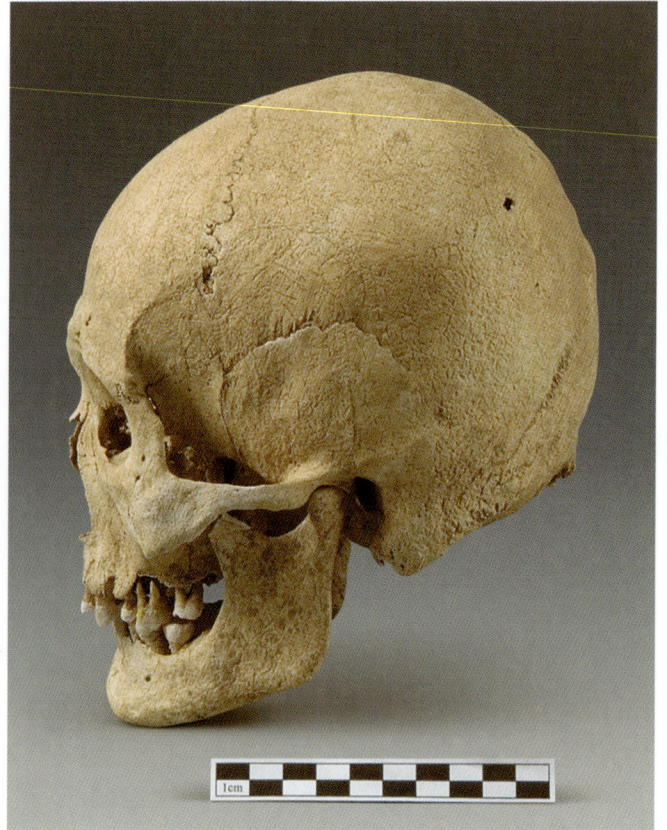

2. 侧视

3. 后视

4. 顶视

彩图3-5　M29墓主头骨

1. M6墓主下颌右侧P1深度龋齿

2. M2墓主上颌左侧P1、M1中度龋齿

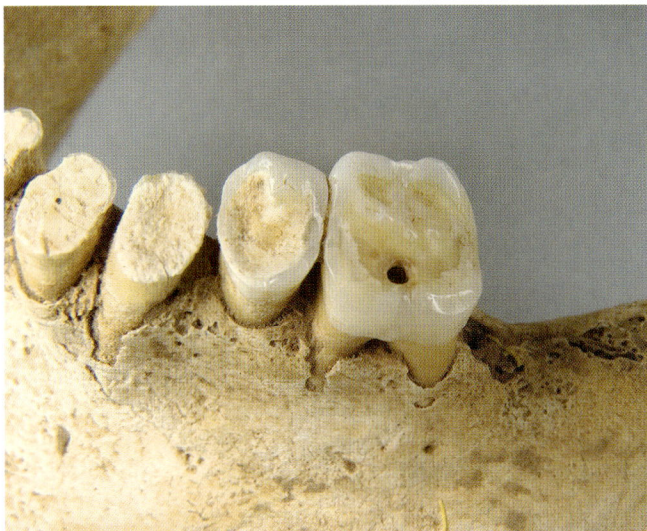

3. M3墓主下颌左侧M1轻度龋齿

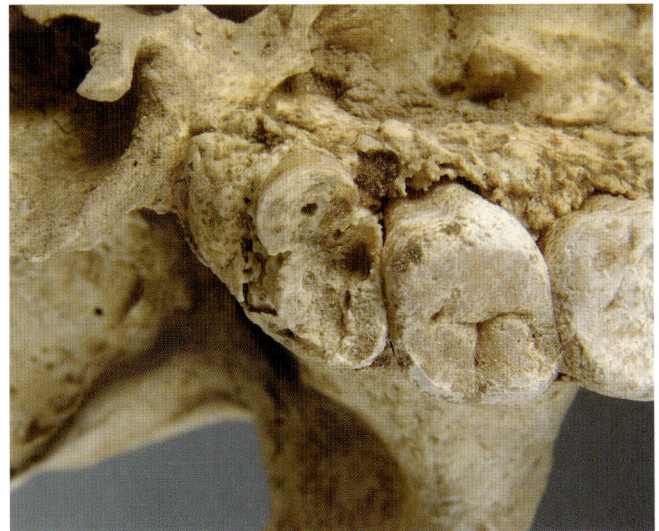

4. M8墓主上颌左侧M2深度龋齿

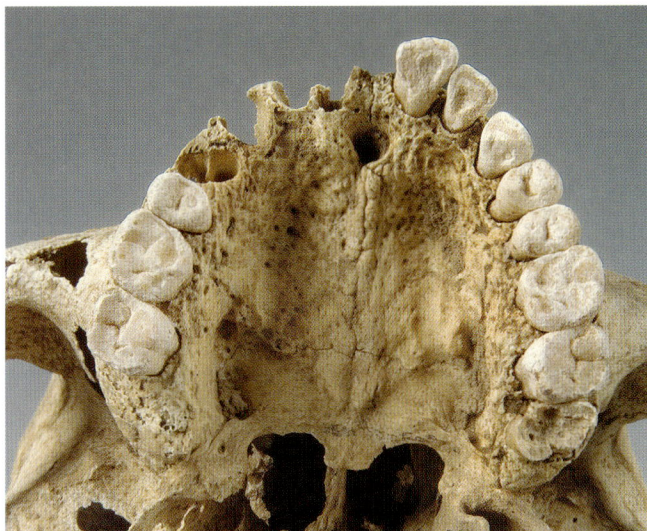

5. M8墓主上颌齿列，左侧M3龋齿

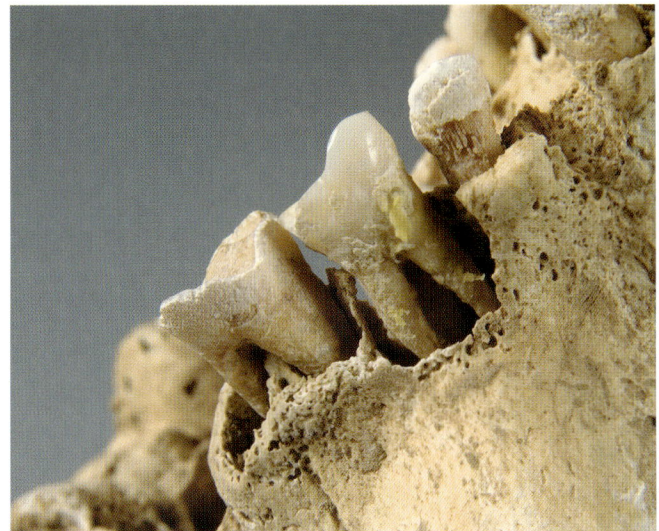

6. M29墓主上颌左侧M1齿根脓疡

彩图3-6　龋齿与齿根脓疡

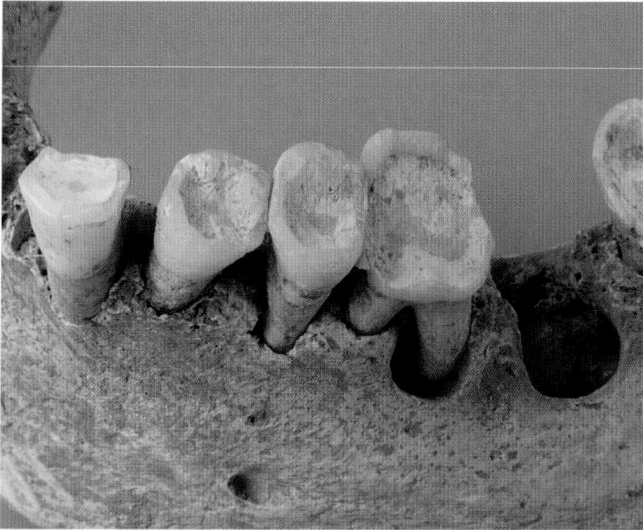

1. M2墓主下颌左侧M1、M2齿根脓疡

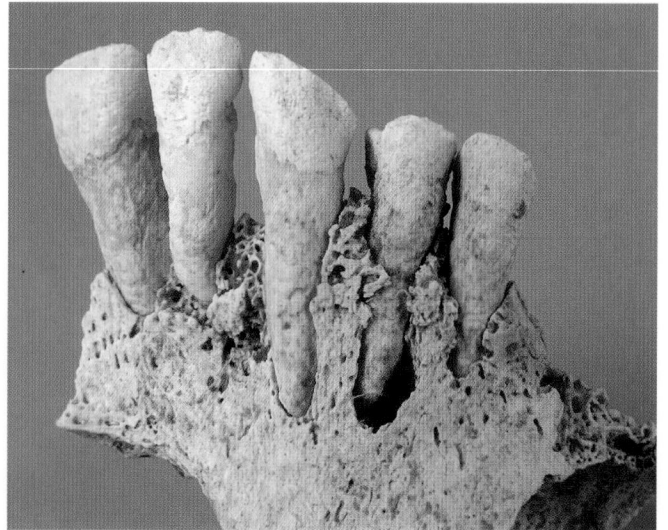

2. M13墓主上颌右侧P1轻度齿根脓疡

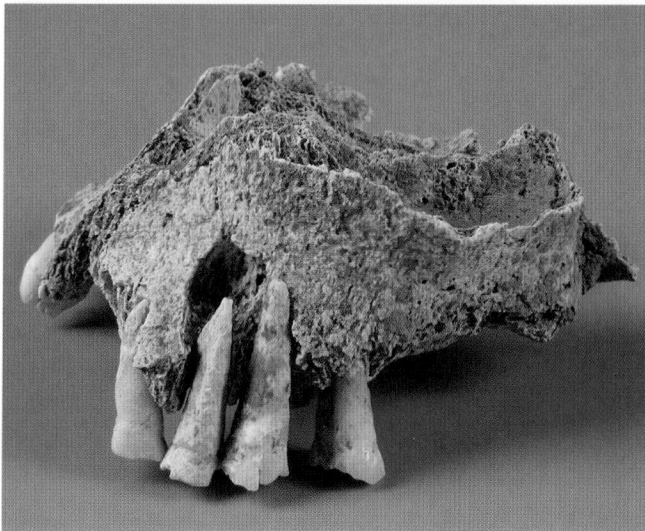

3. M5墓主上颌左侧P1齿根脓疡

4. M25墓主牙齿咬合状态显示牙周炎和上颌轻度齿根脓疡

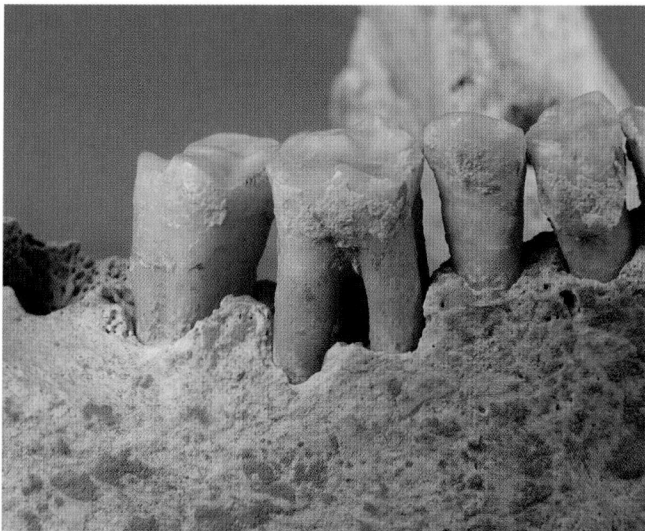

5. M33墓主下颌轻度牙周炎

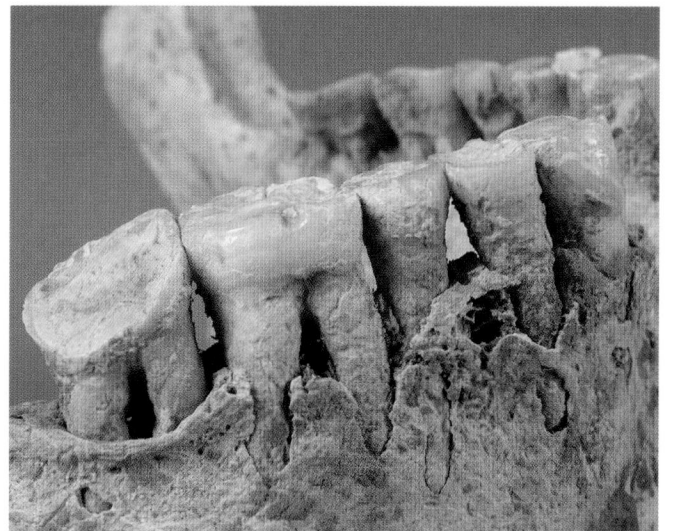

6. M25墓主下颌右侧牙周炎

彩图3-7　齿根脓疡与牙周炎

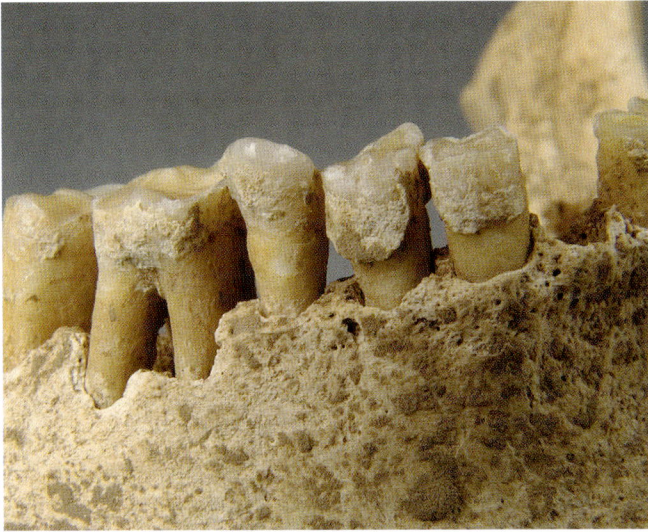

1. M33墓主下颌右侧P1颊侧牙结石

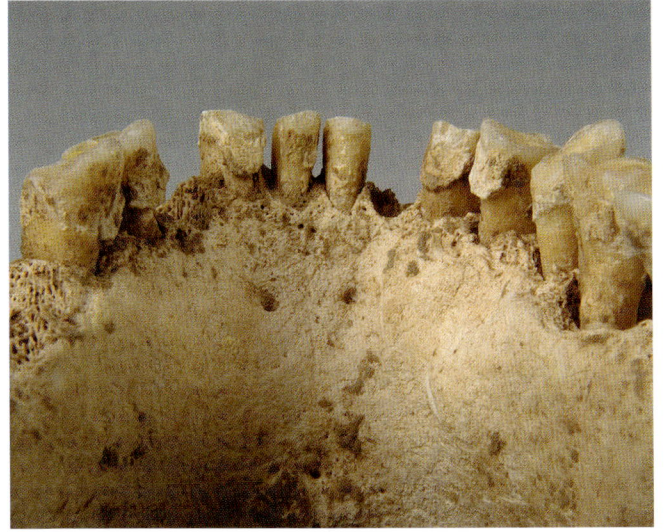

2. M33墓主下颌舌侧牙结石

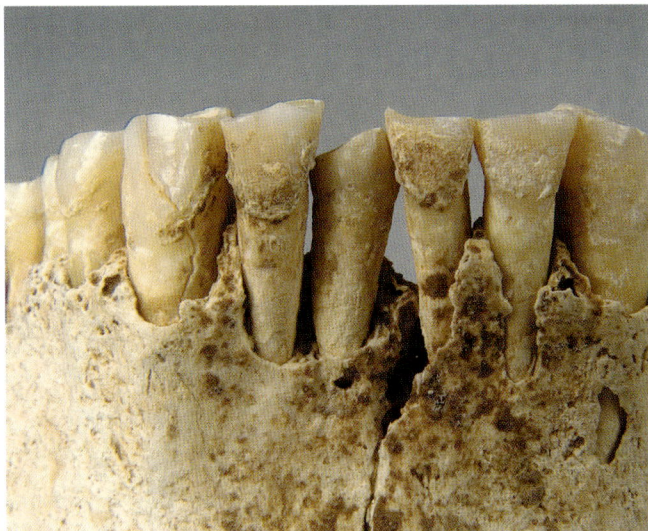

3. M7墓主下颌左右I1、I2、C轻度牙结石

4. M29墓主下颌左侧P1、P2、M1釉质发育不良

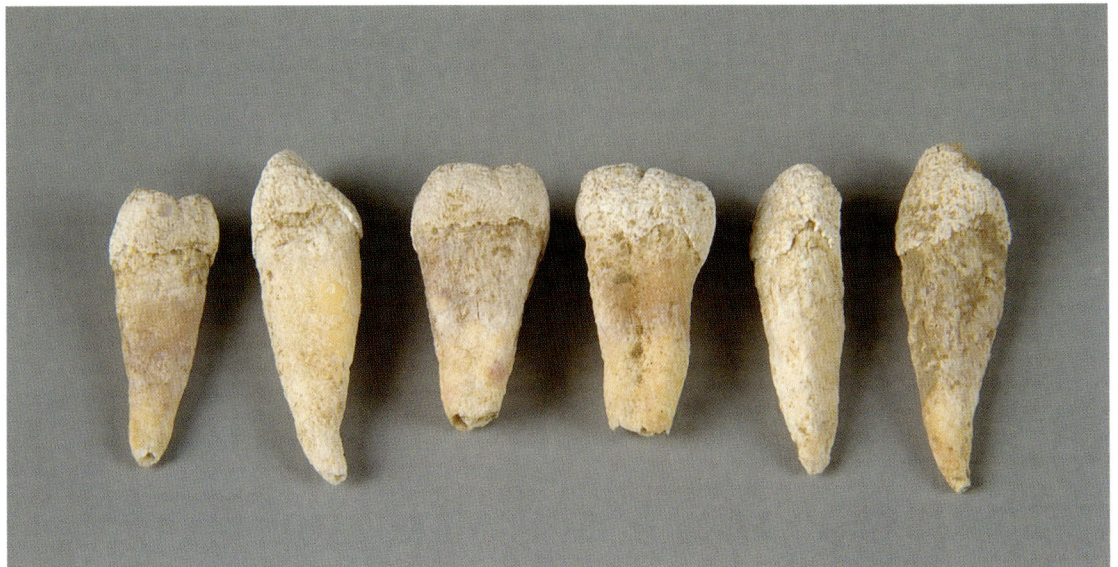

5. M9墓主牙釉质发育不良

彩图3-8　牙结石与牙釉质发育不良

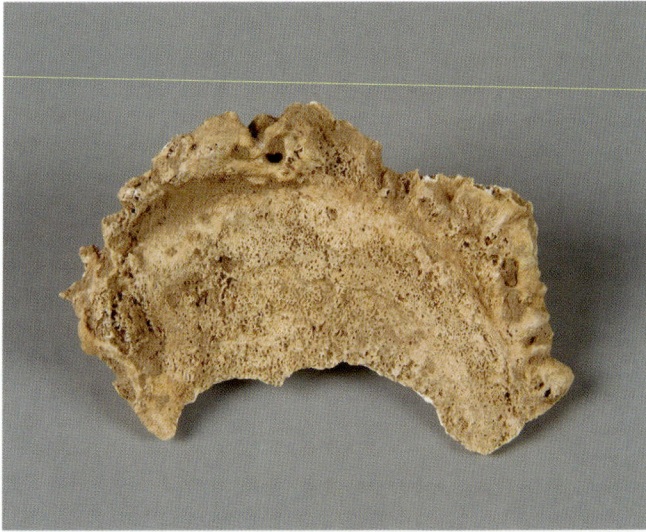

1. M4墓主椎骨增生

2. M4墓主椎骨增生

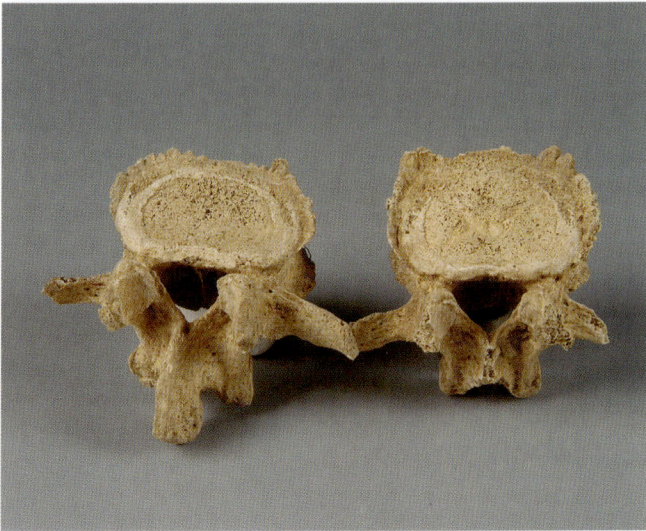

3. M27墓主椎骨增生

4. M7墓主右侧髌骨增生

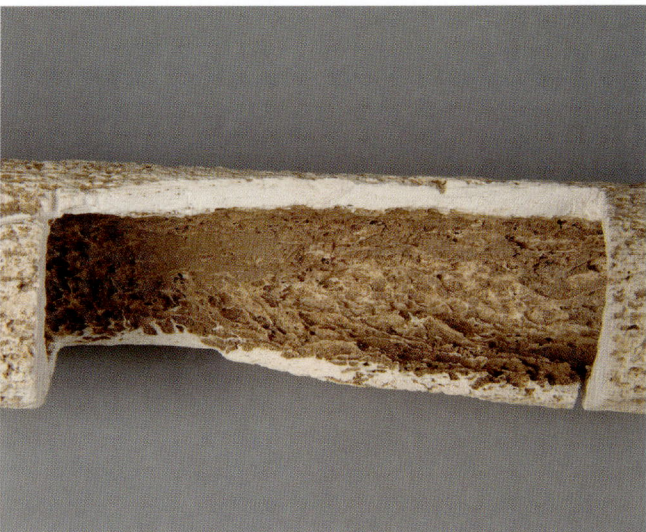

5. M2墓主左侧股骨骨质疏松

6. M5墓主骨瘤

彩图3-9　骨质增生、骨质疏松与骨瘤

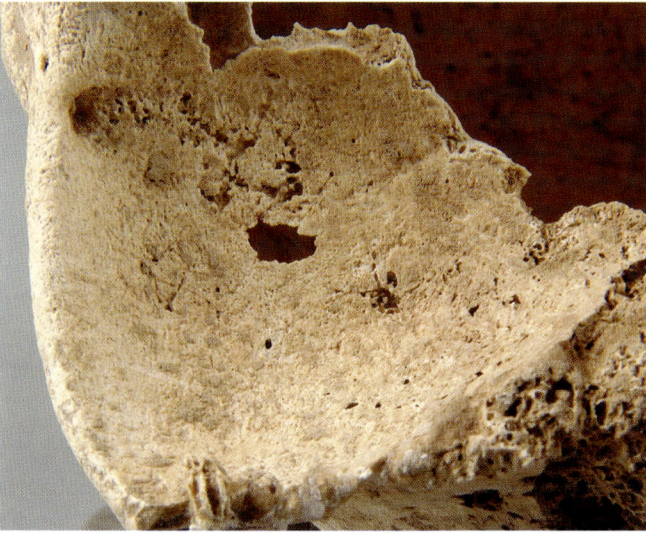

1. M24墓主筛状眶

2. M30墓主筛状眶

3. M30墓主左侧顶骨多孔性肥厚

4. M23墓主颅内面额骨融蚀性凹坑

彩图3-10　贫血与颅骨疾病

1. M33墓主右侧胫、腓骨骨髓炎

2. M15墓主脊柱侧弯

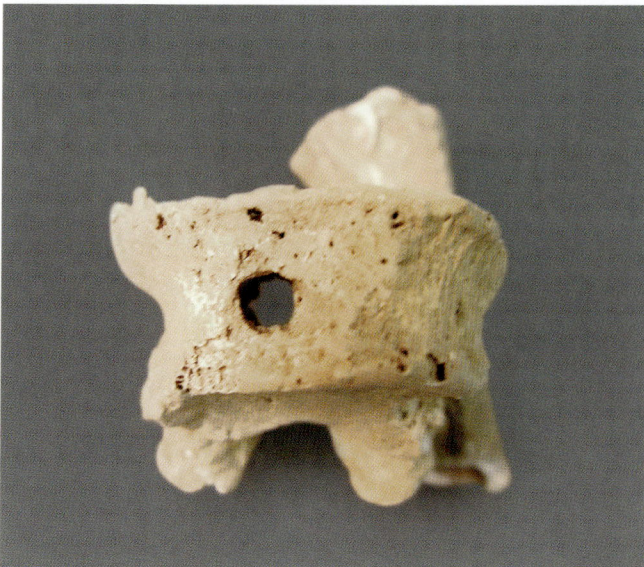

3. M33墓主椎骨穿孔

彩图3-11　骨髓炎、脊柱侧弯与骨骼创伤

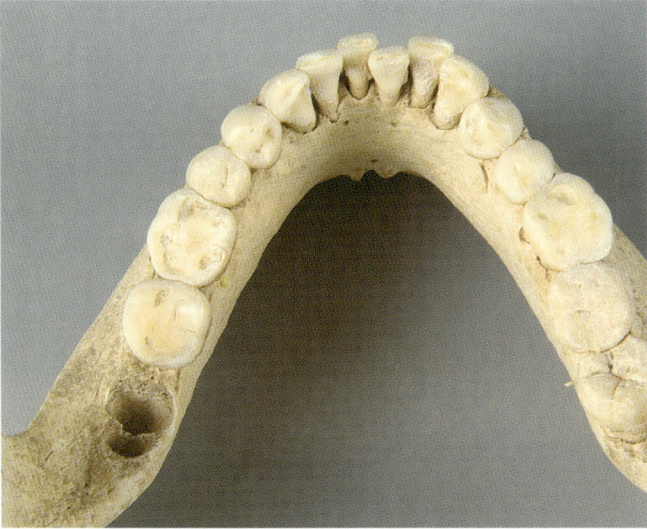
1. M20墓主下颌牙齿轻度磨耗

2. M29墓主上颌左侧M1重度磨耗

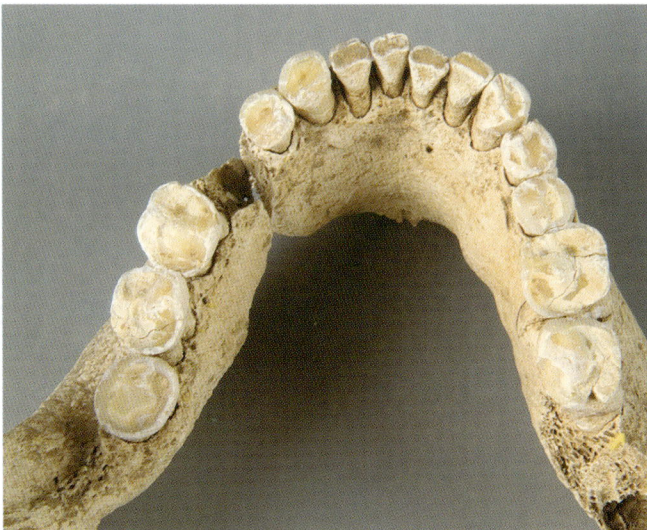
3. M10墓主下颌牙齿重度磨耗

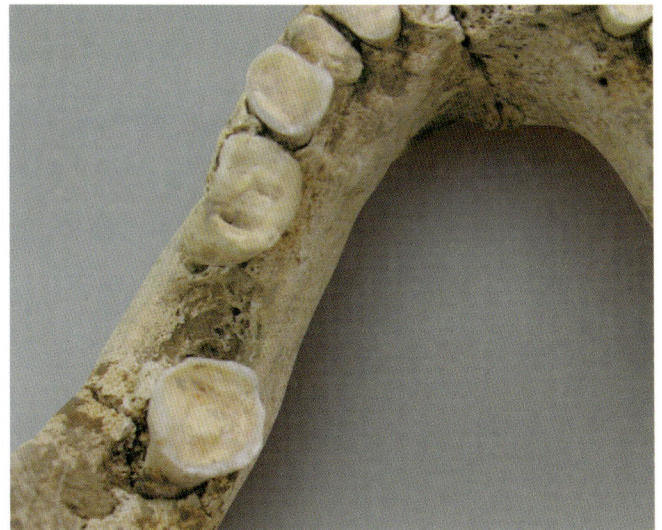
4. M32墓主下颌左侧M1、M3重度磨耗

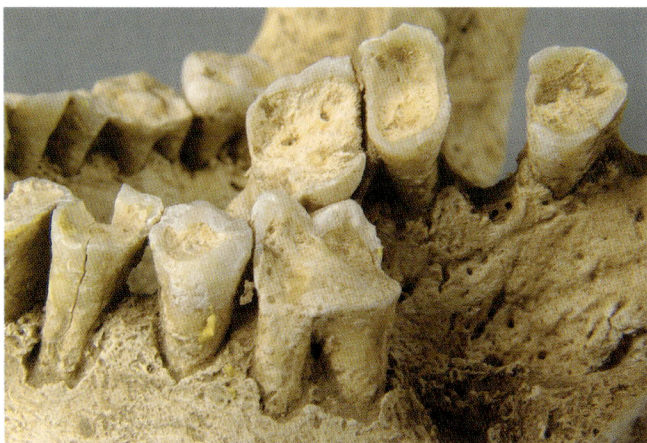
5. M21墓主下颌左侧M1、上颌右侧M1特殊磨耗

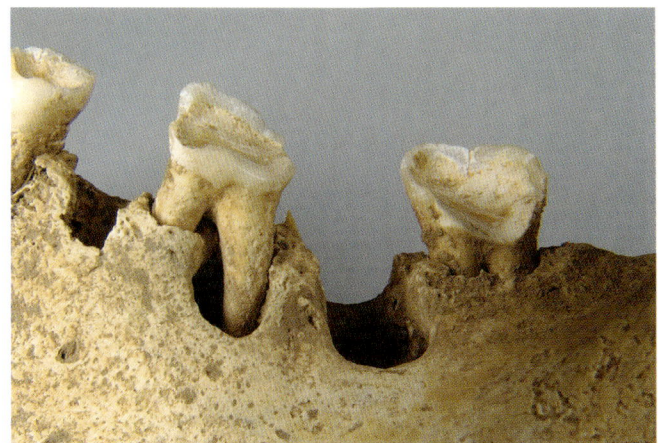
6. M2墓主下颌左侧M1、M3特殊磨耗

彩图3-12　牙齿磨耗

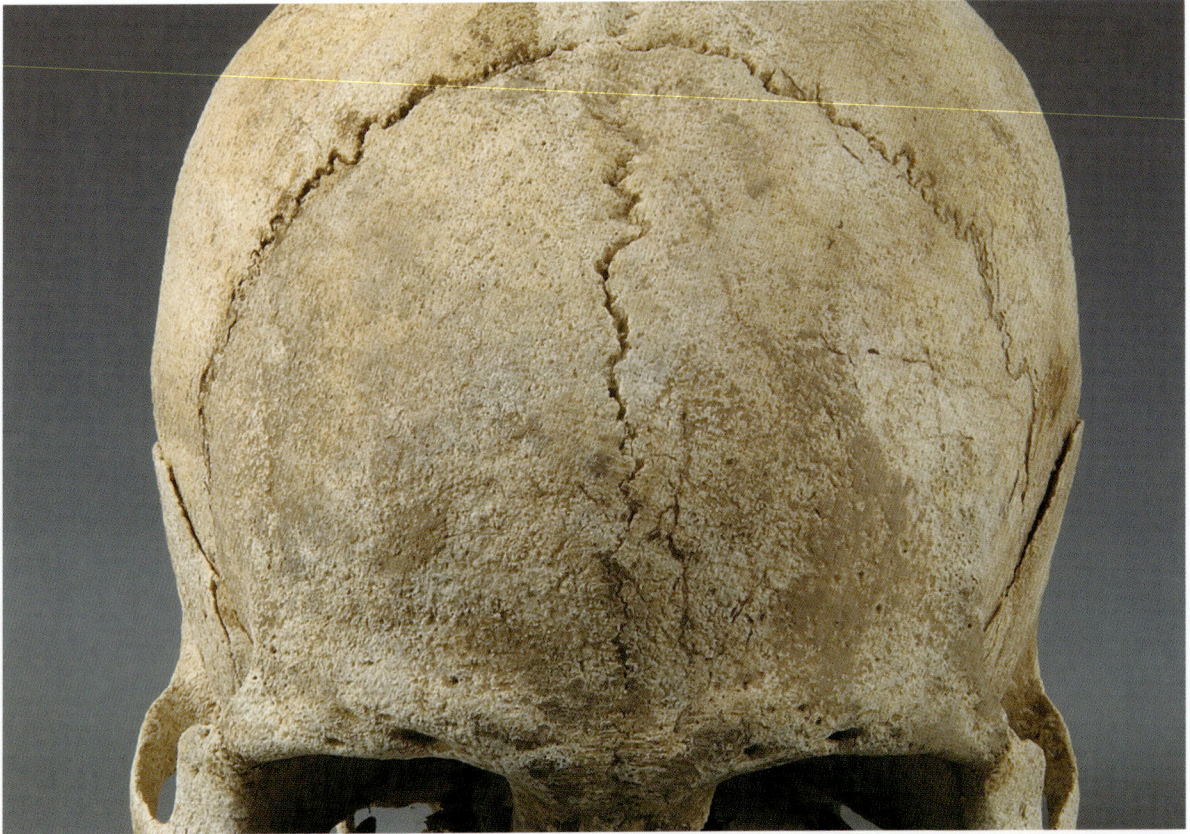

1. M8墓主头骨额中缝

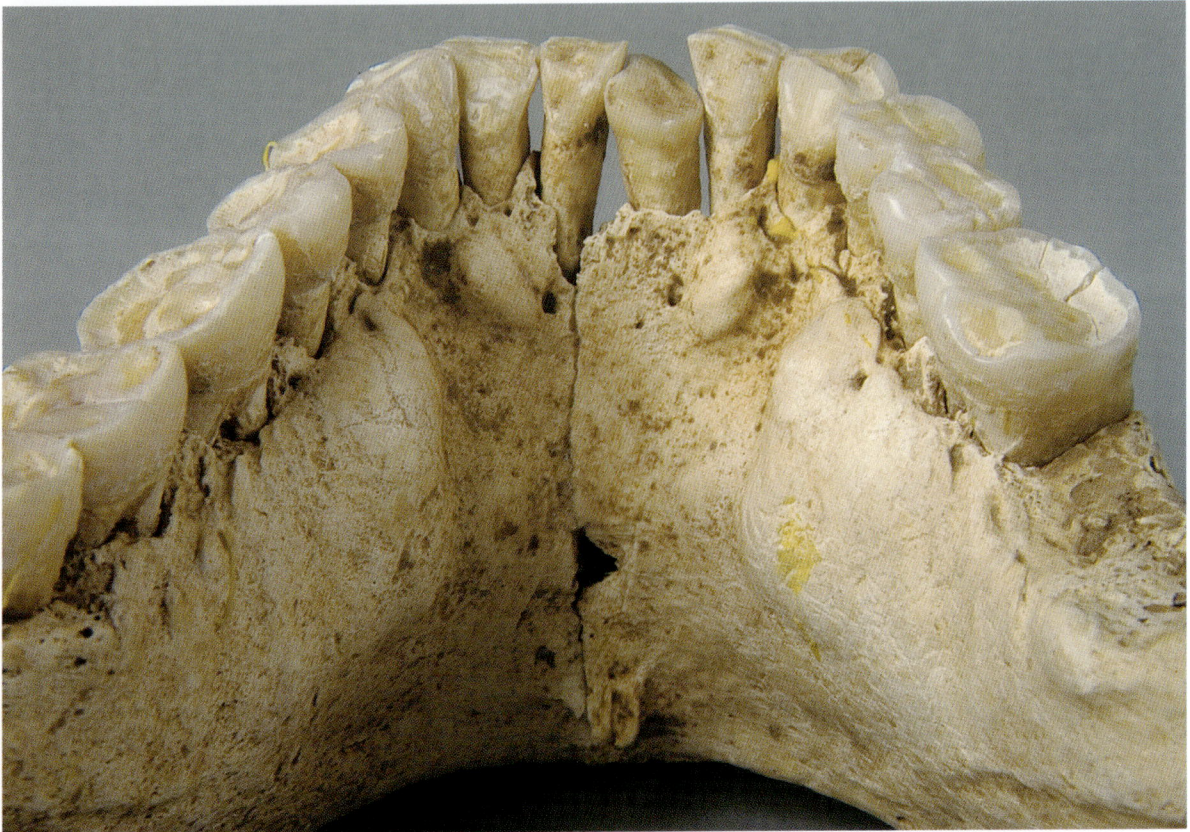

2. M7墓主下颌圆枕明显

彩图3-13　额中缝与下颌圆枕

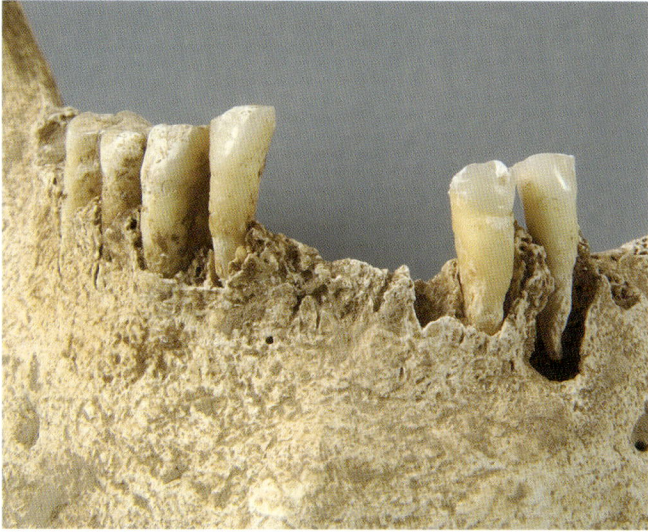

1. M5墓主下颌门齿生前脱落齿孔闭合

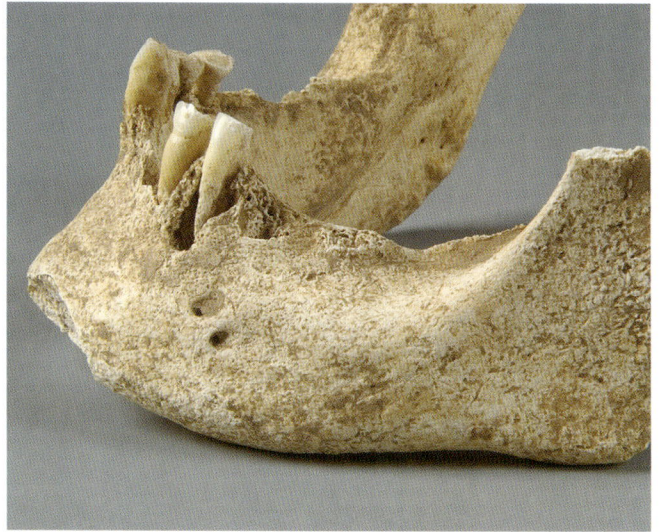

2. M5墓主下颌白齿生前脱落齿孔闭合

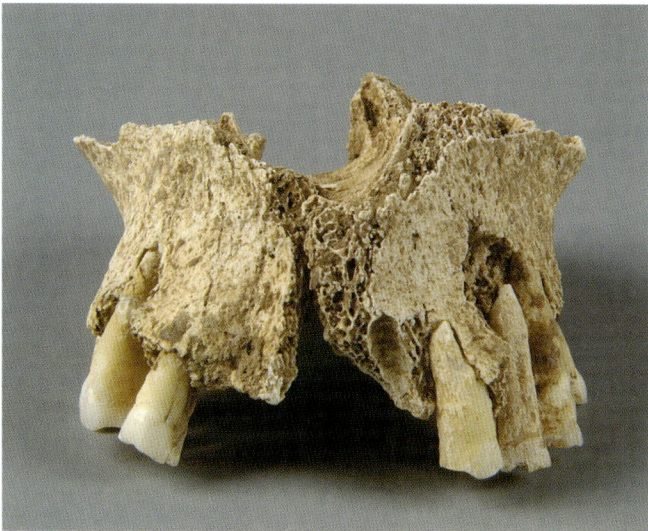

3. M5墓主上颌右侧门齿生前脱落齿孔闭合

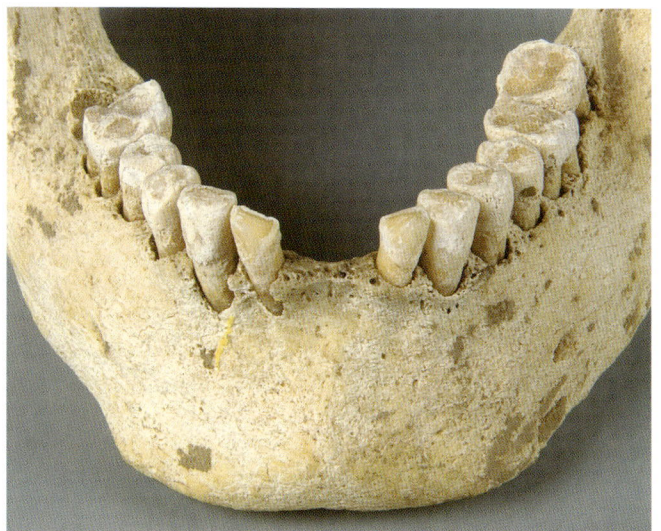

4. M27墓主下颌左右中门齿生前脱落齿孔闭合

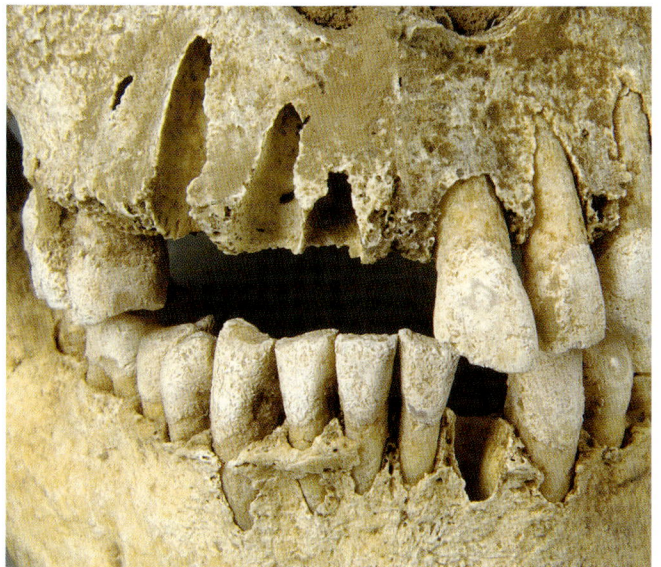

5. M8墓主上颌右侧门齿脱落齿孔未闭合

彩图3-14　牙齿脱落与齿孔闭合情况

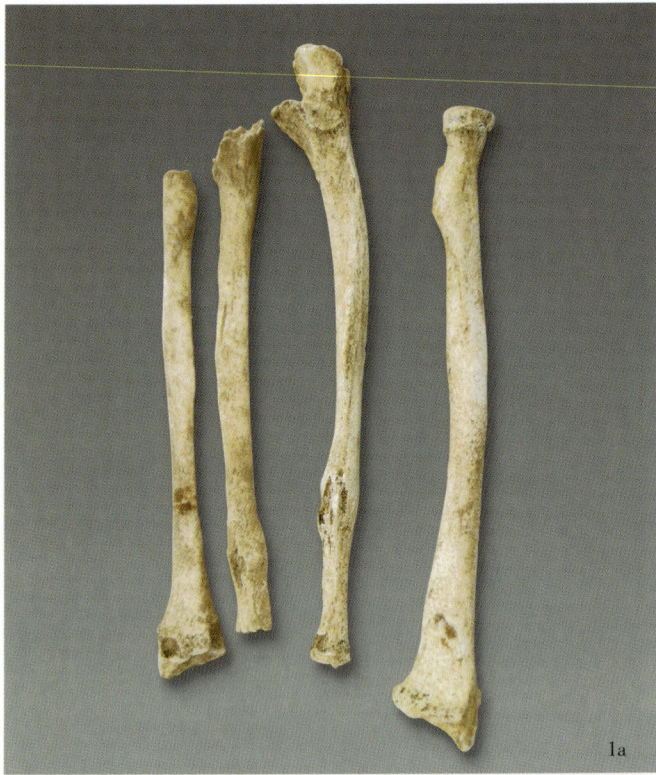

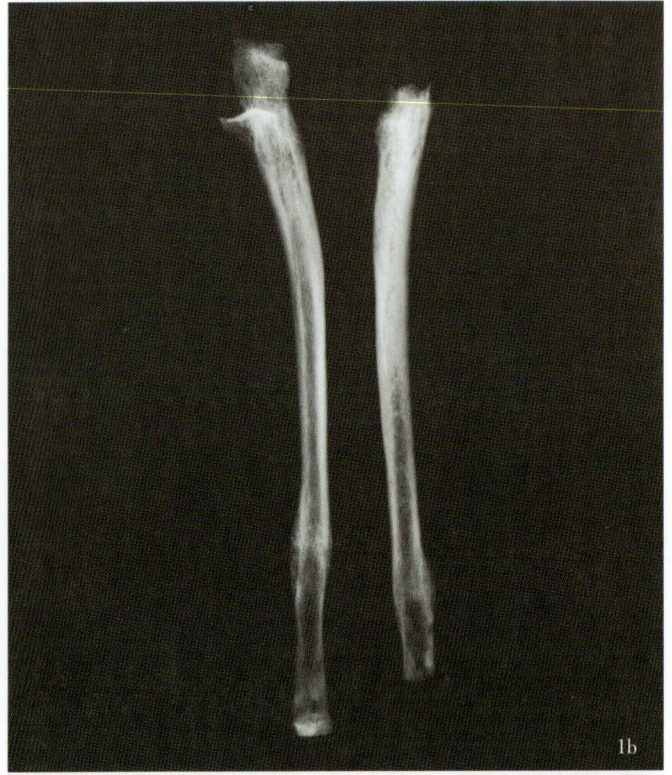

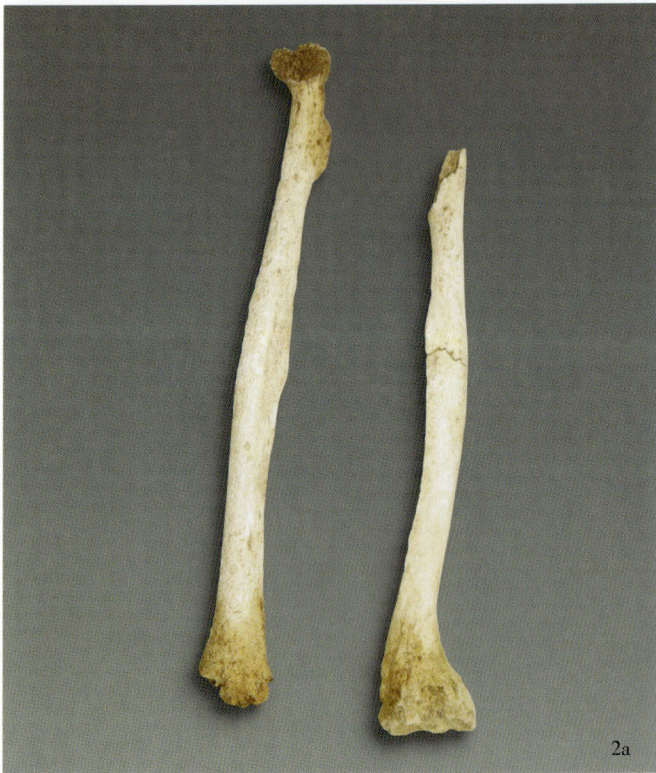

1. a：M4墓主前臂骨；b：M4墓主尺骨X光片，显示骨折愈合情况
   Forearm bones of the skeleton from M4. Healed fractures of both ulnae.
2. M12墓主前臂骨。a：左右桡骨，右侧桡骨骨折愈合情况；b：左右尺骨，左侧尺骨骨折愈合情况
   Forearm bones of the skeleton from M12. Healed fractures of right radius and left ulna.

彩图3-15　尺骨、桡骨骨折与创伤

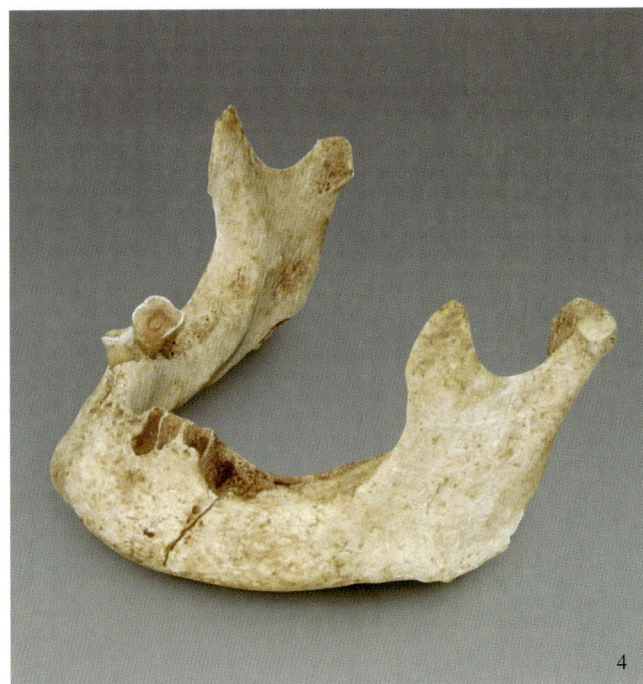

1. M27墓主右侧第11根肋骨骨折愈合情况

   Healed fracture of the 11th rib from the right side.

2. M29墓主右锁骨中部骨折及错位愈合情况

   Right clavicle from M29. Fracture of the clavicle at the area of the midshaft; slightly misaligned and healed.

3. M7墓主下部胸椎和上部腰椎的压缩性骨折及融合情况

   Lower thoracic and upper lumbar vertebrae of the skeleton from M7. Compression fracture and fusion of vertebral bodies.

4. M13墓主下颌，可能因击打造成的前齿缺失

   Mandible from M13. A possible case of traumatic loss of anterior teeth as a result of anterio–posterior blow.

彩图3-16　肋骨、锁骨、下颌骨、椎骨骨折与创伤

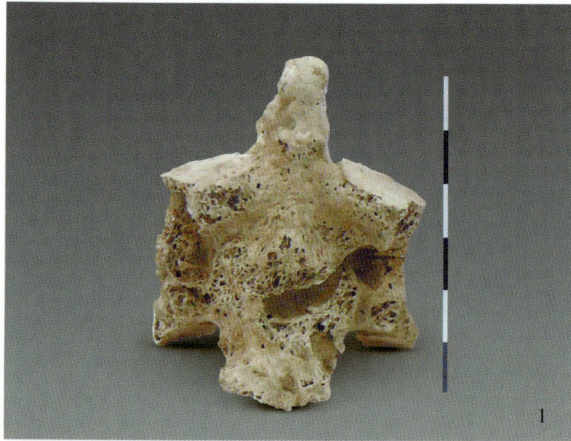

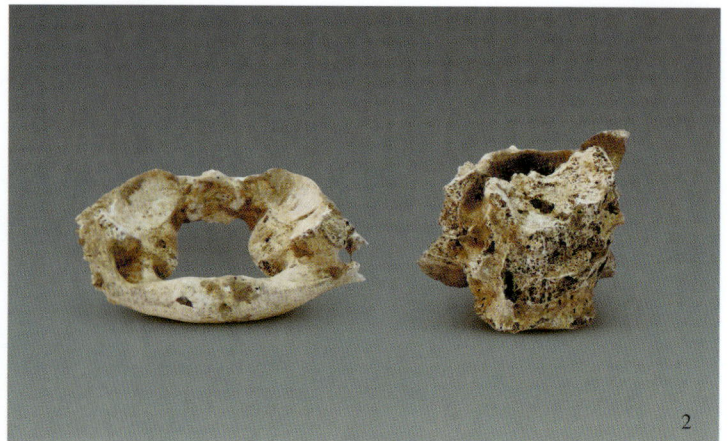

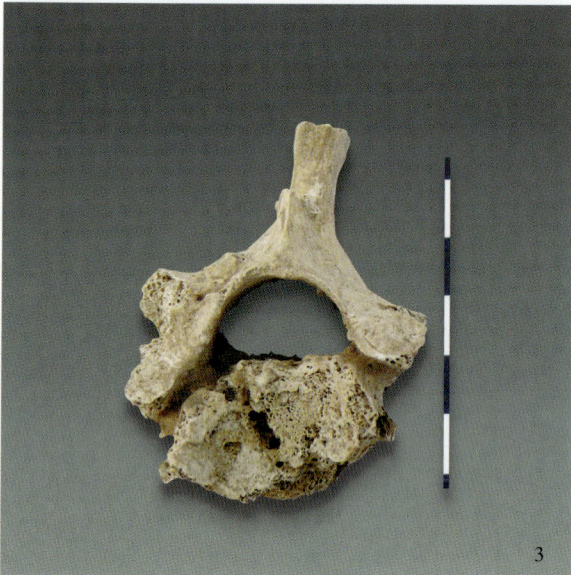

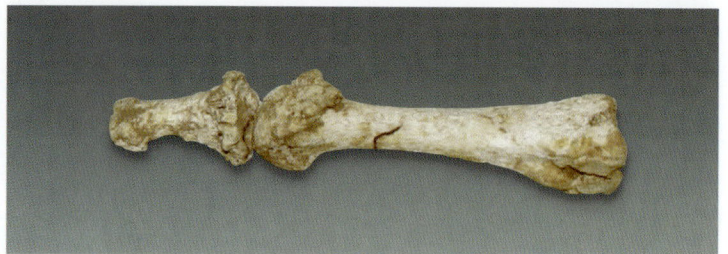

1. M27墓主枢椎与第3颈椎病理性融合

Fused second and third cervical vertebrae.

2. M33墓主颈椎的退行性变化，注意第4颈椎与第5颈椎的病理性融合

Degenerative changes in the cervical vertebrae. Notice the fusion between C4 and C5.

3. M33墓主第4颈椎骨折愈合情况

Healing burst fracture of C4.

4. M15墓主趾骨和跖骨间的蹲踞面

Squatting facets between pedal phalanx and metatarsals on the foot from M15.

彩图3-17　椎骨融合与跖骨变形

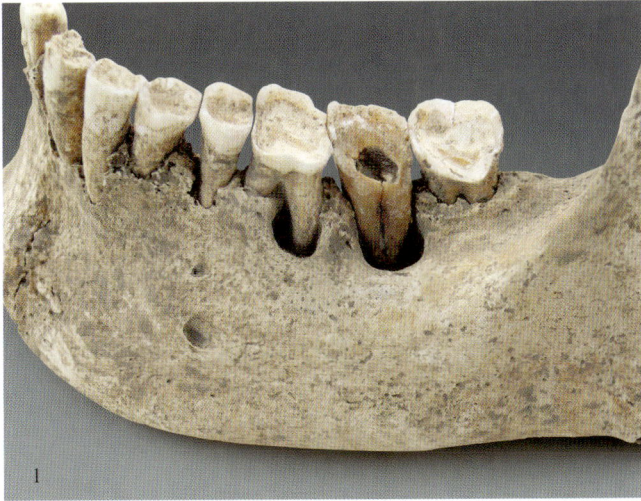
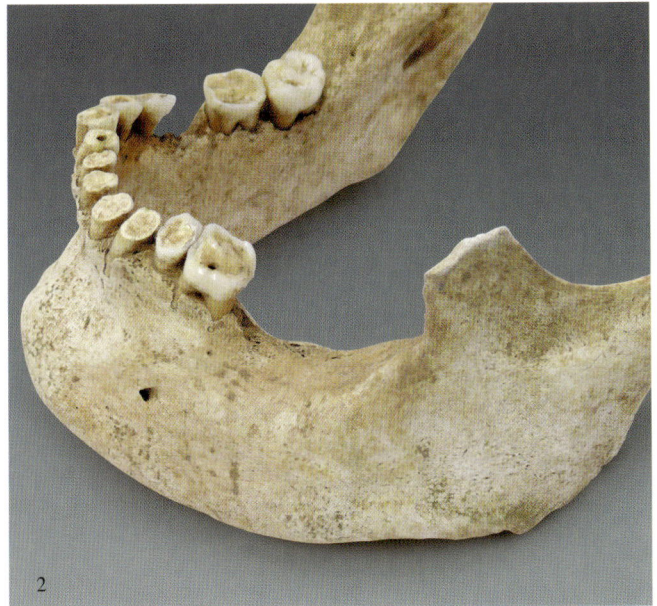
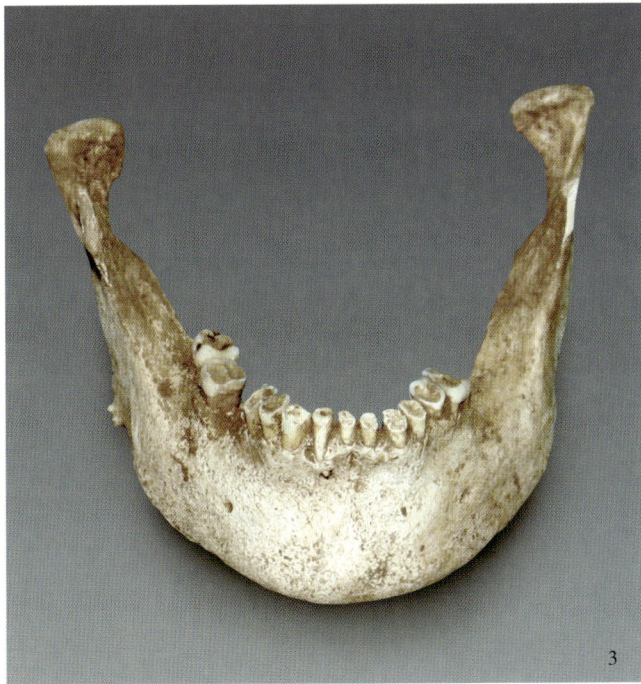
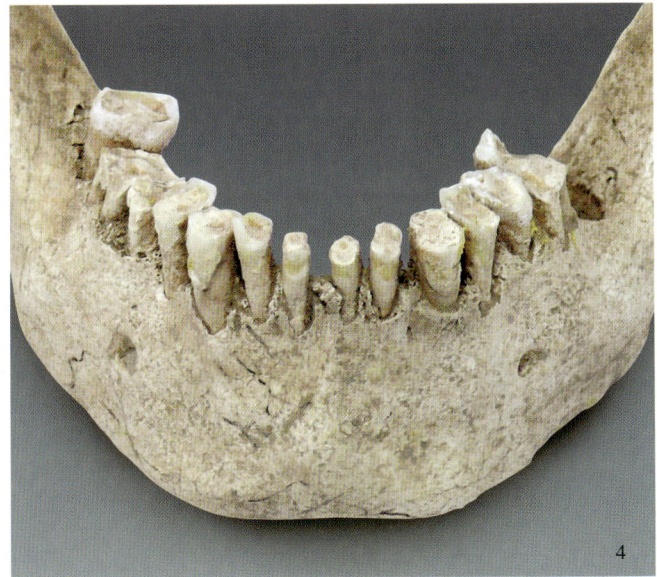

1. M2墓主左下颌第2白齿龋齿，其褪色情况显示生前坏死

The mandible of the skeleton from M2 displaying a large occlusal caries on M2, fenistrated abscesses at the roots of M1 and M2, the discoloration of the M2 suggests antemortem tooth death.

2. M3墓主下颌侧视，注意前齿唇侧磨耗

Lateral view of the mandible from M3. Notice the disproportionaly heavy wear of anterior teeth and the labial tilt of the wear planes.

3. M3墓主下颌正视，注意前齿唇侧磨耗

Anterior view of the mandible from M3. Notice the disproportionaly heavy wear of anterior teeth and the labial tilt of the wear planes.

4. M21墓主下颌正视，注意前齿唇侧磨耗

Anterior view of the mandible from M21. Notice the disproportionaly heavy wear of anterior teeth and the labial tilt of the wear planes.

彩图3-18　牙齿疾病与磨耗

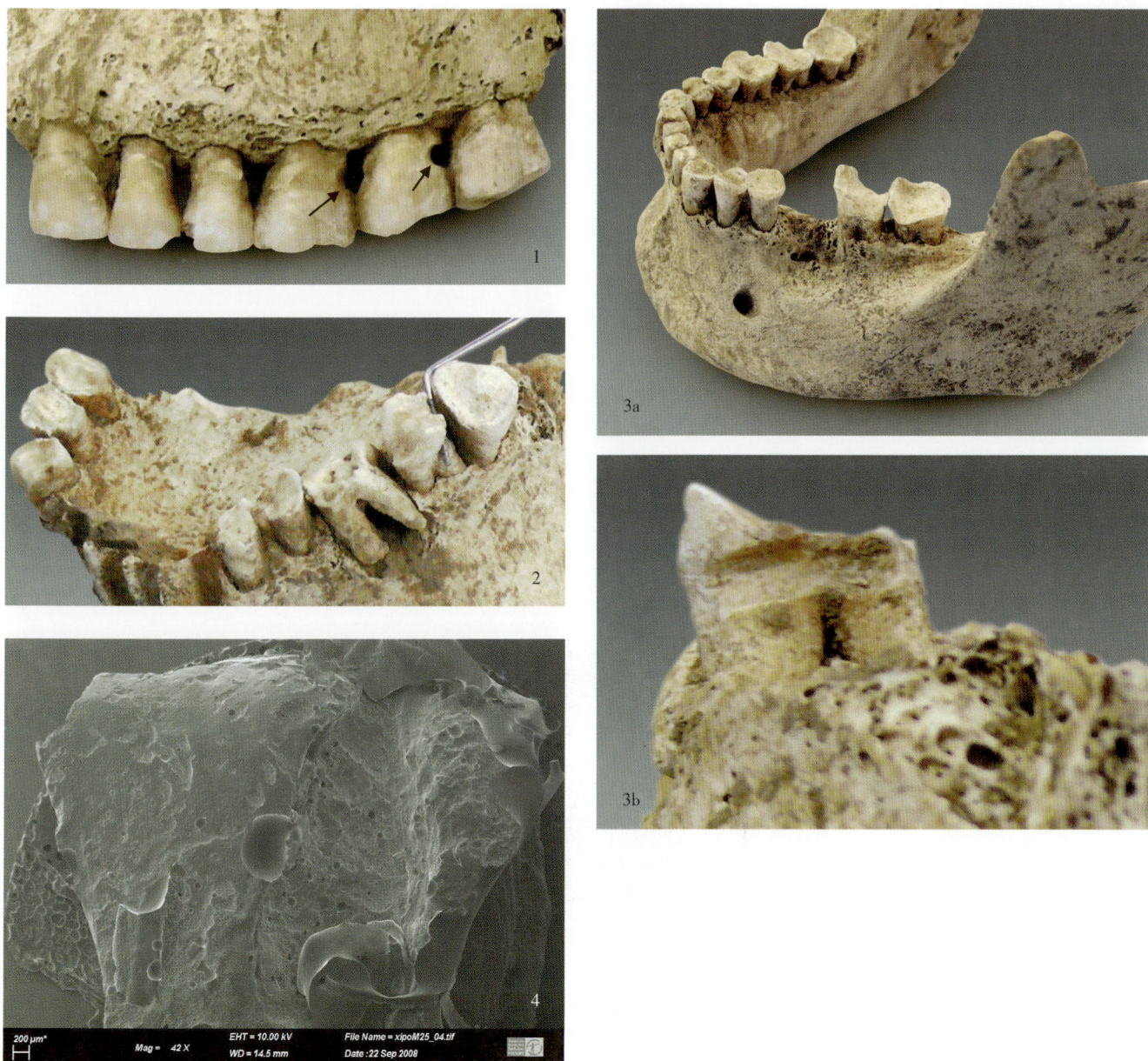

1. M7墓主上颌牙齿，注意第1、2臼齿间和第2、3臼齿间的齿间沟

The maxillary teeth of the individual from M7. Notice interproximal grooves between right M1 and M2 and between M2 and M3.

2. M23墓主上颌牙齿，注意牙医工具旁第2、3臼齿间的齿间沟

The maxillary teeth of the individual from M23. Notice interproximal groove between M2 and M3.indicated by the dental probe.

3. M26墓主下颌臼齿。a：下颌臼齿的重度磨耗；b：右侧第1、2臼齿间的齿间沟

The the mandible and maxillary M1 of the individual from M26. Notice the heavy wear of lower molars (A) and an interproximal groove between right M1 and M2

4. M25墓主臼齿齿间沟的显微观察

An SEM image of the interproximal groove on the molar of the individual from M25. Courtesy of Rachel Shoichet.

彩图3-19　牙齿磨耗

第四章　食性分析

第一节　人骨碳十三、氮十五同位素分析*

一　方法简介

考古学研究的是人类的过去。人类对食物的获取和消费是其生活的重要组成部分，与社会生产力发展水平、自然环境状况以及社会文化风俗等密切相关，是考古学研究的重要内容。

关于人类过去吃什么的问题，研究方法已有多种，如：通过遗址、墓葬中出土的植物和动物遗存等来分析人类的食物构成；对出土器物中的食物残留进行分析；通过对出土生产工具的种类、用途等的分析来研究其耕作方式，从而对其作物种类做出判断等等。通过对人骨本身的研究获得关于人类食性的直接信息，是日益受到重视的技术手段，主要包括以下方法：

人骨元素如钙、铜、锌、铁等的分析；

人骨、牙齿同位素锶等的分析；

人骨碳十三（^{13}C）、氮十五（^{15}N）分析。

本研究应用的是人骨碳十三、氮十五分析方法。

最初，考古界试图通过对碳十三的分析校正碳十四年代，其后，学者们发现碳十三本身也有一个精彩的世界。1960 年，碳十四测年方法的创建人美国科学家利贝（W. F. Libby）捧回诺贝尔奖，第二年，另一位美国科学家卡尔文（M. Calvin）由于对光合作用途径的研究也获得了同样的殊荣。用于人类主食结构研究的碳十三分析方法依据的就是光合作用途径的研究。

碳十三是碳的一种稳定同位素，它在生物体中的含量通常用与一种标准物质的比较值来表示，其符号为 δ^{13}C。比较标准一般选择美国卡罗来（Caroline）南部白垩纪庇地层中的箭石（Cretaceous Belemnite, Belemnitella Amercana），称为 PDB 标准（Peedee Belemnite Chicago Limestone Standard）。

生物体中 δ^{13}C 的变化是同位素分馏效应造成的。所谓同位素分馏效应是指化学性质相同而原子质量不同的同位素在参与各种化学或生理变化过程中，由于活泼程度不同使反应前后

---

*　本节由中国社会科学院考古研究所张雪莲撰写。

的同位素组成发生变化。

科学研究发现，植物在最初生成时，由于其光合作用的途径不同，而导致了最初产物的不同。而不同的最初产物的植物又具有彼此不同的 $\delta^{13}C$ 值。

自然界中的植物千差万别，但依据植物最初生成时的光合作用的途径来划分，主要只有三大类：C_3 类、C_4 类和 CAM 类。与人类生活更为密切的为前两类。C_3 类植物生成时遵循的是卡尔文途径，其最初产物是三个碳的化合物，人类的主食中稻米、小麦等属于这一类。C_4 类植物生成时遵循的是哈斯途径，其最初产物为四个碳的化合物，小米、玉米、高粱等属于这一类。CAM 类为多汁类的植物，如甜菜等即属此类。每一类植物由于光合作用的途径不同，其各自的碳十三比值范围不同，具体而言，C_3 类植物的 $\delta^{13}C$ 值范围为 $-23‰ \sim -30‰$，平均值为 $-26‰$。C_4 类植物的 $\delta^{13}C$ 值范围为 $-8‰ \sim -14‰$，平均值为 $-11‰$。CAM 类植物的 $\delta^{13}C$ 值范围为 $-12‰ \sim -23‰$，平均值为 $-17‰$。无论人类还是动物，如果长期以某一类植物为生，其体内碳十三比值就会对此做出反应，因此，通过分析人体组织如人骨中的碳十三比值就可得知其食物种类。

从上世纪 60 年代以来，应用碳十三分析研究人类及动物的食物结构，从而为与之相关的社会文化背景、社会发展状况以及环境变迁等等的研究提供线索或依据的实例有许多，如在美洲，关于玉米种植的引进对玛雅文化所产生的影响的研究中，碳十三分析功不可没。

与碳十三的表征类似，生物体中氮十五的变化以 $\delta^{15}N$ 表示。$\delta^{15}N$ 的比较标准为大气。其符号与表达式分别为：

$$\delta^{15}N = \{[({}^{15}N/{}^{14}N)_{sample} - ({}^{15}N/{}^{14}N)_{standard}] / ({}^{15}N/{}^{14}N)_{standard}\} \times 1000‰$$

人体中吸收的氮主要有两个来源，一是固氮吸收，另一种是吸收已转化了的氮的化合物。固氮吸收是通过食用豆科类植物。这类植物由其本身根瘤菌的固氮作用将大气中的氮截留下来，并将其转化为氨和氮的其他化合物进行吸收。直接吸收已转化了的氮的化合物是通过非豆科类植物、陆相动物、海洋生物等食物的食用。这类植物或动物能够吸收周围环境中已转化了的氮的化合物，使其体内富含氮。简言之，人体中氮的主要来源为豆科类植物和非豆科类植物、陆相动物、海洋生物等等。

一般豆科类植物的 $\delta^{15}N$ 值相对较低，约为 $0 \sim 1‰$，9‰非豆科植物的 $\delta^{15}N$ 值较高些，为 $3‰$ 左右。陆相食草动物的 $\delta^{15}N$ 值为 $6‰$ 左右，陆相食肉动物与食草动物之间的差别约为 $3‰$，海洋动物的 $\delta^{15}N$ 值约为 $15‰$ 左右。如果人类长期以植物为主食，其体内 $\delta^{15}N$ 值相应较低，如果食用较多的肉类或鱼类，其体内 $\delta^{15}N$ 值就会相应较高。

国外氮十五分析方法的建立是在 20 世纪 70 年代末，随着这一方法的建立，新的研究进展层出不穷。例如，法国学者应用该方法对法国查伦特（Charente）地区马里拉克（Marillac）遗址出土的 45 000 ~ 40 000 年前人骨及兽骨进行分析，证明了那里的尼安德特人以肉类为主食[1]。

---

① Marc Fizet, etc, 1995, Effect of Diet, Physiology and Climate on Carbon and Nitrogen Stable Isotopes of Collagen in a Late Pleistocene Anthropic Palaeoecosystem: Marillac, Charente, France, *Journal of Archaeological Science* 22：67 - 69.

20 世纪 80 年代，我国学者蔡莲珍、仇士华首次运用碳十三分析方法对诸多考古遗址出土人骨、兽骨样品进行了分析研究[①]。氮十五分析在国内的起步相对较晚。由于氮自身的特征使得氮气的收集比较困难，在没有专用设备的情况下，这一分析有较大的难度。2001 年以来，中国社会科学院考古研究所碳十四实验室通过实验研究，应用元素分析仪进行气体制备与收集，获得了进行氮十五分析的氮气，建立了氮十五分析方法，这样就使整套碳十三和氮十五分析方法得到完善[②]。近年来，随着分析技术的不断发展，新的仪器设备的市场化，使得碳十三和氮十五分析越来越便捷、易行，由此也推动了研究的普及和发展。

二　样品的采集与处理

西坡遗址的正式发掘从 1999 年开始，至 2006 年共进行过六次发掘[③]。墓葬的发掘是在 2005 年 4～7 月期间的第五次发掘和 2006 年 3～5 月期间进行的第六次发掘中完成的，共发掘墓葬 34 座。我们在 2006 年 10 月赴河南郑州进行取样工作。

由于取样时详细的体质人类学测量工作尚未进行，为了尽量减少取样对体质人类学测量造成的影响，专门请了体质人类学家一同前往。我们提出了进行食性分析工作希望得到的样品的条件，体质人类学家则依据其研究需要提出了对保留部分的要求。这样，通过双方的沟通，在对体质人类学研究影响尽量小的前提下获得了符合检测要求的样品。取样工具是微型电动细砂轮切割刀、小型手术刀等，目的是在对较复杂或较精细的部位取样时，不至于对取样点相邻部分造成损伤或破坏。比如我们希望取骨壁较厚的肢骨上的部分，但为了体质人类学测量数据尽可能完整，不能把一段完整的肢骨拦腰截断，而要在不影响观察的部位切割取样。对于出土时已经破碎的骨骼，由体质人类学家观察之后确定是否可以取样。样品的大小视骨骼的保存状况而定，保存较好的样品仅需较小的量就可以，比如肢骨部分面积在 2 平方厘米左右即可，如果保存状况不好，所需的量就要相应多一些。有条件的情况下，提供稍多一点的样品量会有利于样品的处理工作。提取的样品放置在塑料袋内，并在样品标签上注明样品物质、原编号、所取样品部位、取样时间以及取样人等。标签先放置在小塑料袋内封好，然后才放到取样袋中。

我们从 33 座墓葬中各提取样品一份，共取样 33 份。墓葬 M2 因人骨保存状况极差，没能取样。M11 中提取的是女性成人的样品。

取好的骨样品拿到实验室后，经过样品前处理、骨胶原提取，之后进行质谱分析。

样品前处理是通过机械方法清除骨样品表面的污渍，比如埋藏过程中骨表面黏结的土结

①　蔡莲珍、仇士华：《碳十三分析和古代食谱研究》，《考古》1984 年 10 期，第 949－954 页。

②　张雪莲、王金霞、冼自强、仇士华：《古人类食物结构研究》，《考古》2003 年 2 期，第 62－75 页。

③　a. 中国社会科学院考古研究所河南一队、河南省文物考古研究所、三门峡市文物工作队等：《河南灵宝市西坡遗址试掘简报》，《考古》2001 年 11 期，第 3－13 页；b. 中国社会科学院考古研究所河南一队、河南省文物考古研究所、三门峡市文物考古研究所等：《河南灵宝西坡遗址发现一座仰韶文化中期特大房址》，《考古》2005 年 3 期，第 3－6 页；c. 河南省文物考古研究所、中国社会科学院考古研究所河南一队、三门峡市文物考古研究所等：《河南灵宝西坡遗址 2005 年春季墓地发掘简报》，《考古》2008 年 1 期，第 3－13 页。

核等。所用工具为小型毛刷、小型外科手术刀、小型细齿木锉或细砂纸等。将骨表面清理干净后，再进行清洗，然后用去离子水冲洗，烘干。

接下来的工作是骨胶原的提取。首先将骨样品切割成小块，置于稀酸中浸泡。视浸泡情况更换酸液，直到将无机物去除干净。之后进行清洗，洗至中性，然后加入2% NaOH 浸泡，约1小时后将骨样品取出清洗，洗至中性。之后加入稀酸使溶液的 PH 值为 3 左右，恒温80℃过夜水解，离心取上层清液，冷冻干燥。

最后，取制备好的胶原样品进行质谱分析。质谱分析所用设备为 Thermo Finnigan 系列的 DELTA plus. 质谱分析仪，前面一般接一台元素分析仪。制备好的胶原样品首先进入元素分析仪，经过其中的燃烧系统燃烧生成碳的氧化物和氮的氧化物，然后经过还原和分离成为纯净的二氧化碳气体和氮气，进入质谱仪进行分析。分析碳、氮所用标准物质分别为 USGS－24 和 IAEA－N1。

食性研究样品的前期制备和骨质测年样品的前期制备是相同的。夏商周断代工程中，对骨样品的制备进行了专门研究。实验表明，通过选择保存较好的骨样品提取骨胶原，并进一步水解成明胶，基本可以保证测年的可靠性[①]。近些年，国际上在判断骨样品是否可用方面也有了明显的进展，如通过红外测定是否仍然存在氨基酸基团，通过碳和氮的比值（C/N 值）测定，看是否在理想的范围之内[②]。这些都给骨样品的选择和制样提供了简洁明了的参照。一般来讲，如果我们严格按照操作程序要求的去做，就可以保证数据结果的可靠性。西坡遗址出土骨样品中有些保存状况不是太好，但通过仔细操作，只有 M19 和 M34 出土的人骨没能提取出骨胶原来，其余的样品基本能保证分析需要。有学者通过实验分析认为[③]，样品 C/N 值处于 2.8～3.6 的样品为基本符合分析要求的样品，由表 4－1 中可见，只有出自 M22 的 SP1711 号样品的 C/N 值为 3.77，超出了正常范围，这里予以保留，仅作参考。

表 4－1　西坡墓地人骨碳十三、氮十五分析结果

序号	样品编号	墓号	性别	C/N	$\delta^{13}C$ (‰)	C_4 (%)	$\delta^{15}N$ (‰)
1	SP1701	M1	男	3.22	－8.89	85.48	8.75
2	SP1702	M3	男	3.21	－8.27	90.27	8.80
3	SP1703	M8	男	3.18	－11.95	61.91	12.65
4	SP1704	M11	女	3.19	－8.92	85.26	9.00
5	SP1705	M13	男	3.17	－9.73	78.98	8.18
6	SP1706	M21	男	3.19	－9.79	78.55	9.43
7	SP1707	M14	女	3.18	－8.71	86.83	9.23
8	SP1708	M17	?	3.15	－8.00	92.69	9.85

① 张雪莲、仇士华、蔡莲珍：《琉璃河西周墓葬的高精度年代测定》，《考古学报》2003 年 1 期，第 137－160 页。

② Ambrose S. H., 1990, Preparation and characterization of bone and tooth collagen for stable carbon and nitrogen isotope analysis, *Journal of Archaeological Science* 17：431－451.

③ DeNiro M. J., 1985, Post-mortem preservation of alteration of in vivo bone collagen isotope ratios in relation to palaeodietary reconstruction, *Nature* 317：806－809.

续表 4 - 1

序号	样品编号	墓号	性别	C/N	$\delta^{13}C$ （‰）	C_4 （%）	$\delta^{15}N$ （‰）
9	SP1710	M20	男	3.20	-9.54	80.45	10.21
10	SP1711	M22	女	3.77	-12.44	58.14	8.93
11	SP1712	M16	女	3.13	-8.34	89.67	9.65
12	SP1713	M18	女	3.15	-10.86	70.32	11.45
13	SP1714	M4	男	3.19	-11.31	66.82	9.61
14	SP1715	M5	女	3.13	-9.77	78.73	9.24
15	SP1716	M6	女	3.12	-10.12	76.04	9.14
16	SP1717	M12	男	3.13	-9.63	79.77	9.29
17	SP1718	M7	男	3.17	-9.87	77.95	9.37
18	SP1719	M9	男	3.31	-9.61	79.94	6.85
19	SP1720	M10	男	3.15	-7.91	93.02	8.78
20	SP1721	M15	男	3.16	-8.26	90.28	9.47
21	SP1722	M24	男	3.16	-8.20	90.76	8.59
22	SP1723	M23	女	3.12	-9.15	83.47	8.74
23	SP1724	M30	男	3.17	-9.57	80.25	9.83
24	SP1725	M29	男	3.23	-10.22	75.20	10.78
25	SP1726	M26	男	3.16	-10.15	75.75	9.05
26	SP1727	M25	男	3.14	-8.67	87.12	9.23
27	SP1728	M28	男	3.15	-11.27	67.18	9.45
28	SP1729	M27	男	3.14	-9.96	77.26	10.83
29	SP1731	M33	男	3.11	-10.87	70.25	9.51
30	SP1732	M32	男	3.20	-9.84	78.135	8.73
31	SP1733	M31	女	3.17	-9.45	81.15	9.57

依据检测获得的 $\delta^{13}C$ 数据进行食物中植物种类百分比的计算，是根据自然界植物分布状况。因 C_3 和 C_4 类植物的分布较普遍，而且是人类植物类食物最主要的来源，所以在数据分析中只以这两类植物为分析对象，亦即假设人类只吃这两类食物。其计算表达式为[①]：

$$B = 6 - [26 (1 - x) + 13x]$$

式中 B 为测得的 $\delta^{13}C$ 值（千分值），x 为 C_4 类所占的比例，1 - x 为 C_3 类所占的比例。数值 6 为骨胶原发生富集 $\delta^{13}C$ 的变化值（千分值），26 为 C_3 类植物 $\delta^{13}C$ 的平均值（千分值），13 为 C_4 类植物 $\delta^{13}C$ 的平均值（千分值）。上式简化后有

$$x = (20 + B) / 13$$

由于计算中所取 C_3、C_4 类植物的 $\delta^{13}C$ 值分别是两者的平均值，而实际 C_3 或 C_4 类 $\delta^{13}C$ 值本身分别是一分布范围，所以在应用上述公式计算百分比时，所得到的数值有可能出现超过

---

① Marc Fizet, etc, 1995, Effect of Diet, Physiology and Climate on Carbon and Nitrogen Stable Isotopes of Collagen in a Late Pleistocene Anthropic Palaeoecosystem: Marillac, Charente, France, *Journal of Archaeological Science* 22: 67 - 69.

100％的情况，为了避免误解，此类情况均写作100％。另外这样得到的计算结果，并非严格意义上的百分比，再加之考虑到所取样品的代表性，因此所描述的只能是大致的情况。

三 结果分析与讨论

1. 西坡古代居民食物结构

（1）主食和肉食状况

由表4-1可见，西坡墓地31个人骨标本的碳十三平均值为 -9.66‰，由此获得的 C_4 类植物百分比平均值为80％左右，表明西坡墓地所葬人群的主食为 C_4 类植物（图4-1）。对西坡遗址土样水选后发现大量粟和黍的颗粒，粟和黍可能是西坡古代居民的主要食物[①]。

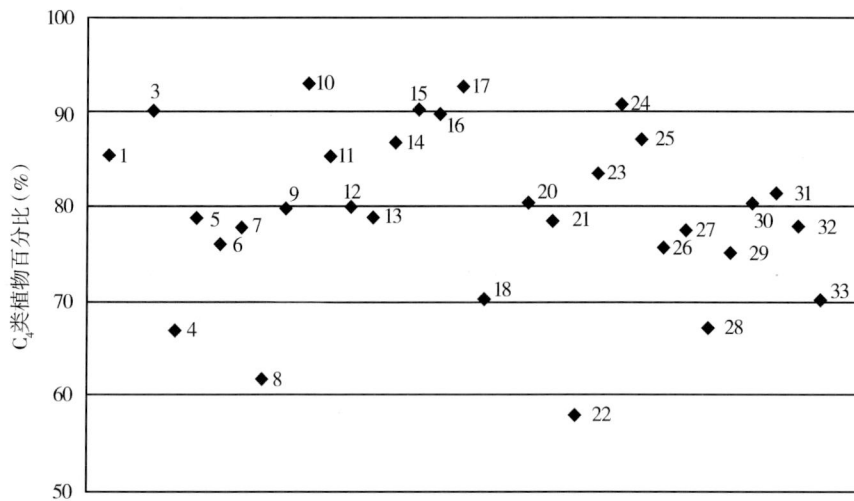

图4-1 西坡墓地人骨 C_4 类植物百分比分布图

（数据点边的编号为墓葬号）

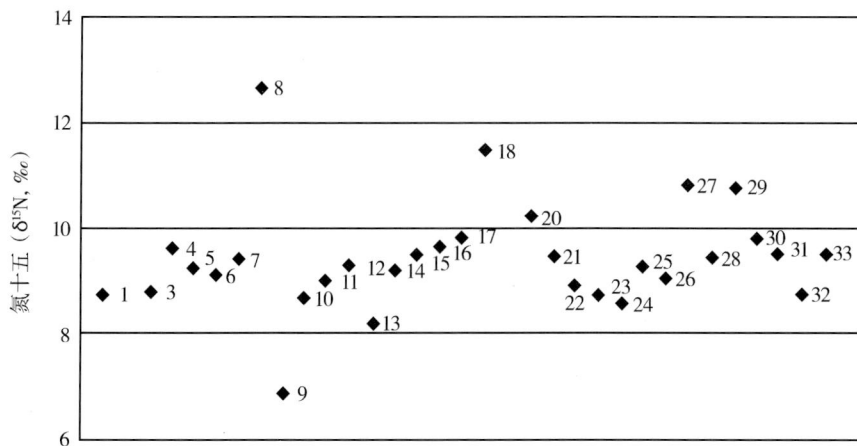

图4-2 西坡墓地人骨氮十五分析结果

（数据点边的编号为墓葬号）

---

① 西坡遗址植物浮选样品由中国社会科学院考古研究所赵志军进行了分析，结果待发表。

西坡遗址 31 个人骨个体的氮十五平均值为 9.4‰（图 4 - 2），我们知道，一般食草类动物的氮十五平均值在 5‰ ~ 7‰左右，假如以氮十五值相差 3‰为一个营养级的话，则西坡人氮十五平均值比之一般食草类动物差不多要高出一个营养级，表明西坡人群食物中有一定程度的肉类。对西坡遗址动物遗存的分析表明，家猪和野生鹿是西坡古代居民的主要肉食来源。

（2）与其他遗址居民食物结构的对比

通过与其他遗址的对比，可以对西坡古代居民食物结构有更深入的认识。

目前，已对国内多处遗址的人骨资料进行过碳十三和氮十五分析，现选取部分列表如下（表4 - 2、4 - 3）。需要说明的是，各遗址所分析的人骨个体数多寡不一，数量较少的难以具有代表性，只能反映大致的状况。

表 4 - 2　部分遗址人骨碳十三分析平均值

遗址	个体数	$\delta^{13}C$ 平均值 （‰）	C$_4$ 类植物百分比 （%）	C$_3$ 类植物百分比 （%）
兴隆洼	7	-8.91	85.30	14.70
姜寨	5	-10.00	76.90	23.10
史家	9	-10.02	76.80	23.20
西山	39	-8.21	90.21	9.79
西山（二期）	15	-8.13	91.35	8.65
西山（三期）	16	-7.77	94.08	5.92
西坡	31	-9.66	80.00	20.00
北庄	1	-7.89	93.10	6.90
陶寺	12	-6.30	100.00	0.00
二里头	20	-8.60	88.00	12.00
殷墟	38	-7.87	93.30	6.70
河姆渡	4	-18.24	13.50	86.50
崧泽	2	-19.90	0.80	99.20
上孙家	18	-16.12	29.90	70.10
焉不拉克	2	-14.63	41.30	58.70

由表 4 - 2 可以看出，黄河流域中下游遗址以 C$_4$ 类植物为主食，也即小米类的可能性较大。内蒙古兴隆洼遗址也基本属于这种情况。青海上孙家和新疆焉不拉克遗址的主食中 C$_4$ 类植物的比例明显较低，C$_3$ 类植物比例较高，可能以麦类为主食。长江流域的河姆渡、青浦崧泽文化遗址等则以 C$_3$ 类植物为主食，应该是稻类。西坡遗址地处中原，也以 C$_4$ 类植物为主，其比值与关中地区的姜寨和史家遗址最为接近，低于东部各遗址，这可能与不同遗址之间小环境的差别有关。

表4-3 部分遗址人骨氮十五分析平均值

遗址	个体数	$\delta^{15}N$ 平均值（‰）
兴隆洼	2	10.02
姜寨	5	8.78
史家	9	8.10
西山	39	9.01
西山（二期）	15	8.75
西山（三期）	16	8.83
西坡	31	9.40
北庄	1	13.17
陶寺	7	8.88
二里头	4	10.2
殷墟	1	5.88
河姆渡	2	11.40
崧泽	2	10.85
上孙家	2	8.79
焉不拉克	2	13.79

由表4-3可以看出，焉不拉克和北庄遗址居民的氮十五值均超过13‰，明显高于其他遗址居民。长岛地处海岛，在该遗址中也发现了用于捕鱼的工具①，其居民食物中很可能有鱼类，而鱼类的营养级别较之一般陆生食草动物或食肉动物都要高。焉不拉克居民较高的氮十五值表明在他们的食物中可能有大量的肉类，或许也有鱼类。氮十五值超过10‰的有兴隆洼、河姆渡、崧泽和二里头的居民。兴隆洼遗址房址居住面上及相关堆积中发现了较多的兽骨，如鹿骨、猪骨和狍骨，研究表明，狩猎采集经济仍然占主导地位，其居民食谱中包括较多的肉食。河姆渡和崧泽遗址地处陆生和水生动物资源丰富地区，均出土大量陆生和水生动物骨骼，其居民的食物中应包括数量较多的陆生和水生动物。

比较而言，黄河流域古代居民肉食状况稍差一些，其氮十五值均在8‰～9‰左右。反映出这一地区人群的食物中普遍植物类比例高。相比之下，西坡古代居民肉食状况较好，比仰韶文化的西山、姜寨、史家等遗址的居民都稍高。

（3）与动物骨骼碳十三值的比较

我们对西坡遗址7个动物样品进行了碳十三值检测（表4-4）。其中4个是猪的样品②，碳十三值都比较低，平均值为-7.025，相应的 C_4 类植物百分比为99.81%。另外两个中型动物属于猪的可能性也比较大，它们的碳十三结果分别为-6.6和-9.9，相应的 C_4 类植物百分比分别为100.00%和77.69%。马萧林对两个猪骨骼样品（标本26和27）的检测也发现 C_4 类植物百分比均高于95%。他选取的1件狗骨骼样品的 C_4 类植物百分比也高于90%。样品1735据鉴定可能为鹿的样品，碳十三结果显示，其 C_4 类植物百分比为0，应是野生。

---

① 北京大学考古实习队、烟台地区文管会、长岛县博物馆：《山东长岛北庄遗址发掘简报》，《考古》1987年5期，第385-394页。

② 西坡遗址动物由马萧林鉴定。

表 4 - 4　西坡遗址部分动物碳十三分析结果

样品编号	原编号	动物	$\delta^{13}C$ 值（‰）	C_4 类植物百分比（%）
SP1734	H104:011，左，股骨远端	猪	-7.5	96.15
SP1735	H116:117，左，胫骨远端	？	-29.6	0
SP1736	F102 ①:022，左，肱骨	中型	-6.6	100.00
SP1737	H22:323，右，尺骨近端	猪	-6.5	100.00
SP1738	H107:025，左，肱骨远端	猪	-7.0	100.00
SP1739	H110:026，左，尺骨骨干	猪	-7.1	99.23
SP1740	H114 ④:041，左，胫骨近端	中型	-9.9	77.69
26		猪	-7.4	96.90
27		猪	-7.65	95.00
28		狗	-8.18	90.92

上述结果表明，西坡的猪和狗均为人工喂养，而且主要食物为 C_4 类食物。当时的种植农业应该已经发展到较大规模，不仅能满足人类的主食需要，也有足够剩余，成为家养动物稳定的食物来源。另外，西坡遗址人和家养动物均以 C_4 类植物为主食，我们先前提出的同一个区域中动物的食性与人的食性之间具有相关性的结论在这里得到进一步的证实。

需要指出的是，上述检测结果显示西坡猪食物中的 C_4 类植物百分比较人类高，而我们对陶寺等遗址的研究结果则显示，人的主食中 C_4 类植物百分比在 90% 以上到 100%，猪的食物中 C_4 类植物百分比略低于人或与人的相近。蔡莲珍、仇士华在 20 世纪 80 年代分析的同样是陶寺遗址，其结果也同样是猪的食物中 C_4 类植物百分比较人的食物中的 C_4 类植物百分比低一些。来自二里头和偃师商城等遗址的样品也都有类似的结果。相比之下，西坡的现象有些特殊。有学者认为，这可能与饲养方式有关。西坡古代居民可能对猪采取了圈养的方式，为其提供谷物的籽粒，还有茎、叶等作物饲料，造成猪的食物结构比较单调。这还需进一步研究。当年蔡莲珍、仇士华依据碳十三分析对于陶寺遗址的猪的食物的推论是可能食用了谷糠。

2. 西坡古代居民食物结构中的社会因素

（1）食物结构与性别

表 4 - 5　部分遗址男女两性碳十三、氮十五平均值

遗址	性别	$\delta^{13}C$ 平均值（‰）（个体数）	$\delta^{15}N$ 平均值（‰）（个体数）
姜寨	男	-9.90（2）	9.15（2）
	女	-10.07（3）	8.53（3）
史家	男	-9.93（5）	8.10（5）
	女	-10.18（3）	8.22（3）
西山	男	-8.26（18）	9.00（18）
	女	-8.30（8）	8.83（8）

续表 4-5

遗址	性别	碳十三平均值（δ¹³C，‰） （个体数）	氮十五平均值（δ¹⁵N，‰） （个体数）
西山（一期）	男	-11.58（2）	9.32（2）
	女	-11.29（1）	8.47（1）
西山（二期）	男	-8.39（6）	8.80（6）
	女	-7.85（6）	8.98（6）
西山（三期）	男	-7.51（10）	9.06（10）
	女	-7.98（1）	8.26（1）
西坡	男	-9.69（21）	9.40（21）
	女	-9.75（9）	9.44（9）

由表 4-5 可见，西坡遗址 21 个男性个体的碳十三平均值为 -9.69‰，其相应 C_4 类植物的百分比为 79.30%。9 个女性个体的碳十三平均值为 -9.75‰，其相应 C_4 类植物的百分比为 78.85%，男性和女性在主食上没有明显的差别。21 个男性个体的氮十五平均值为 9.40‰，9 个女性个体的氮十五平均值为 9.44‰，显示男性和女性在肉食上也无明显差别。

整体而言，西坡古代居民的食物结构并无性别上的差异。

姜寨、史家和西山遗址的资料也显示，男、女居民碳十三和氮十五值基本一致，差别均小于 1‰。男、女在食物结构上的平等在仰韶文化似乎是普遍现象。

（2）食物结构与等级

墓葬规模和结构是反映西坡古代居民社会等级身份的重要指标。墓葬规模越大，其墓主生前的社会地位可能就越高。为探讨西坡古代居民肉食情况和社会等级的关系，我们制作了以墓口面积为指标的墓葬规模曲线与氮十五比值曲线对应关系图（图 4-3），并计算出两条曲线的相关系数为 0.64071，显示出两者之间的相关性颇强。也就是说，社会身份越高的人，食肉可能越多。仔细观察墓葬规模曲线可以看出，前 24 个数据缓慢匀速增长，增长轨迹接近较平缓的斜直线。第 25 个数据（M18，墓口面积 8.09 平方米）出现一个小的跳跃式增长，第 26 个数据（M16，墓口面积 8.37 平方米）略有增长，此后的 4 个数据（分别为 M8，墓口面积 12.21 平方米；M17，墓口面积 12.42 平方米；M29，墓口面积 13.2 平方米；M27，墓口面积 16.9 平方米）均为跳跃性增长，增长轨迹近似陡直上升的斜直线。与此大体对应，氮十五比值曲线的前 24 个值虽然有波折起伏，但起伏幅度在一定范围之内，总体趋势是比较平稳的。同样是自第 25 个数据开始（M18，氮十五值位 11.449‰），出现明显的跳跃式增长，其后的 5 个数据虽然有起伏，但其中 3 个在 10‰ 以上。全部 5 个氮十五值超过 10‰ 的墓主中，有 4 个出自墓口面积最大的 6 座墓葬中。因此，对西坡古代居民肉食情况更准确的表达应该是：多数居民的肉食量相差不多，少数社会上层有更多的机会获得肉食。

需要指出的是，墓葬规模与墓主人死亡时的社会身份有更密切的关系，而通过人骨分析得到的墓主肉食状况则反映的是墓主在相对较长时间过程中的饮食状态，在这一过程中，墓主的社会等级有可能会发生改变，一些人的等级会提升，一些人的等级会降低。人体食物状态的特征反映是滞后的，跟不上社会的变化。如果某人在死亡前的一段时间内社会等级提升，可能会出现墓葬规模大，营养级却较低的情况；相反，如果某人在死亡前社会地位下降，则可能会出现墓葬规模较小，而营养级较高的情况。这种肉食情况变化与社会等级变化的"时间差"可能是西坡墓葬规模与氮十五值反映出的墓主食肉量不能完全对应的一个原因。

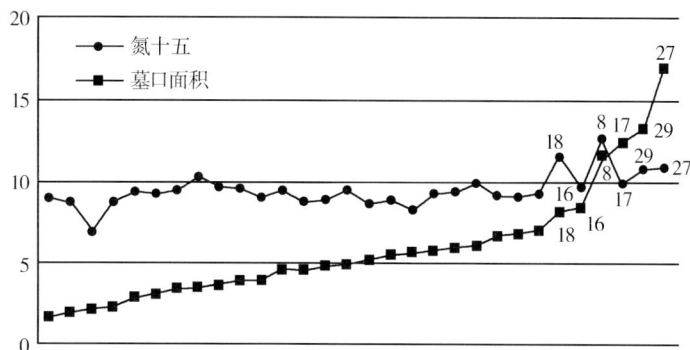

图 4 - 3　西坡墓地墓葬开口面积与人骨氮十五比值对应图

（数据点边的编号为墓葬号）

还应注意到的是，肉食较多墓主骨骼中的碳十三值明显偏低，也就是说其主食中 C_4 类植物比例往往偏低。如 M8 墓主骨骼碳十三值为 -11.95‰，相应的 C_4 类植物百分比为 61.91%，低于该遗址墓葬整体平均值 17% 左右。M18 墓主骨骼碳十三值为 -10.86‰，相应的 C_4 类植物百分比为 70.32% 。M29 墓主骨骼碳十三值为 -10.22‰，相应的 C_4 类植物百分比为 75.20% 。M27 墓主骨骼碳十三值为 -9.96‰，相应的 C_4 类植物百分比为 77.26% ，也均低于整体平均值。

在二里头、前掌大等遗址中也发现过这类现象。二里头遗址 M6 墓主的氮十五值为 18.9‰，是所分析的 5 个样品中最高者。该个体的碳十三值为 -15‰，其他四个人骨个体的氮十五值分布为 8.2‰ ~ 12.4‰，相应的 C_4 类植物百分比为 92% ~ 95% 。

由于食肉量多产生的食物链效应当然是产生这一现象的重要原因，但这也可能反映出有较多机会食肉的社会上层同样有较多机会实现主食植物种类上的多样化。

（3）食物结构与年龄

获得了同位素分析结果的 27 座墓葬墓主可划分为如下年龄组（M11 和 M17 墓主年龄难以鉴定，M3 和 M7 墓主年龄为 40 ~ 50 岁，跨度太大，均未计算在内）：

20 岁以下的 2 例：M9 和 M22；

30 ~ 40 岁的 4 例：M18、M20、M27 和 M30；

40 岁左右的 10 例：M4、M5、M6、M8、M12、M14、M16、M21、M28 和 M32；

40 ~ 45 岁的 4 例：M1、M10、M23 和 M29；

45 ~ 50 岁的 4 例：M24、M26、M31 和 M33；

50 岁左右的 3 例：M13、M15 和 M25。

各年龄组食物结构见表 4 - 6 和图 4 - 4。

表4-6　西坡墓地人骨显示的各年龄组食物结构

年龄范围 （个体数）	$\delta^{13}C$ 平均值 （‰）	C_4 类百分比 （%）	$\delta^{15}N$ 平均值 （‰）	墓口面积 平均值（平方米）
20 岁以下（2）	-11.03	69.67	7.89	1.87
30～40 岁（4）	-9.98	77.07	10.58	8.67
40 岁左右（10）	-10.07	76.36	9.64	6.03
40～45 岁（4）	-9.67	84.29	9.26	6.13
45～50 岁（4）	-9.74	78.92	9.18	5.33
50 岁左右（3）	-8.89	85.46	8.96	4.43

注：墓口面积平均值未计算墓圹已经被破坏的 M31。

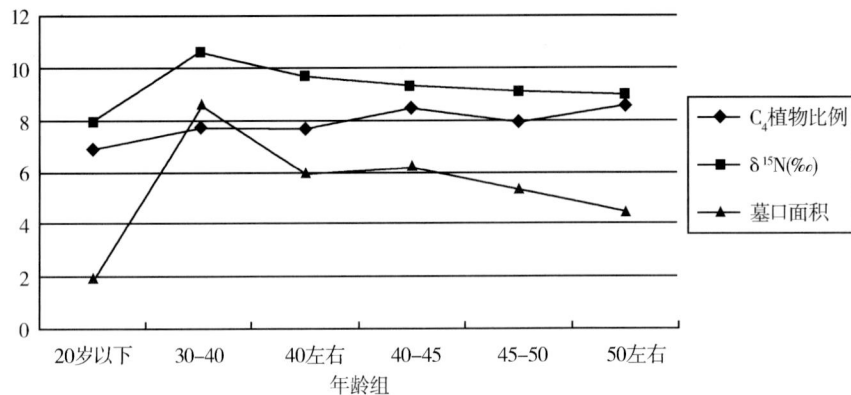

图4-4　西坡墓地各年龄组食物结构与墓葬开口面积曲线图

我们以 20 岁以下为青年组，30 至 40 岁、40 岁左右和 40 至 45 岁为中年组，45 至 50 岁和 50 岁左右为老年组。由表 4-6 可见，20 岁以下组的氮十五值明显偏低，因为标本量少，这两个数据可能并不能完全反映真实情况，但也可以部分说明年轻人食肉的机会可能相对较少。中年组的氮十五值明显高于其他组，这固然与规模最大的几座墓葬的墓主均在此年龄组内有关，但也在某种程度上表明，整体而言，此年龄组内的人员应该是各种社会活动的主要参加者，是社会的骨干力量。由墓口平均面积看，此年龄组成员的社会身份较高，食肉机会可能多于其他年龄组。老年组的氮十五值低于中年组，似乎表明食肉的机会并没有随着年龄增长而增长，从氮十五值看，反倒有递减的趋势。

青年组食肉量小，但 C_4 类植物百分比反倒最低，这也许是标本量小造成的，也许反映青年组的植物类食物的构成较复杂。中年和老年组的 C_4 类植物百分比与其氮十五值基本对应：氮十五值高的中年组 C_4 类植物百分比偏低，如上所述，这既可能与食物链效应有关，也说明中年组成员可能有较多机会实现主食植物种类上的多样化；老年组较高的 C_4 类植物百分比说明其成员更多地依赖以小米为主的 C_4 类植物。

我们对不同年龄组墓葬的墓口面积与氮十五值之间的相关性做了考察（图 4-5），其结果显示，属于中年组的三个年龄段的墓葬规模与氮十五值的相关性最强，即在中年组中，一般来说，墓葬规模如果较大，墓主骨骼的氮十五值则较高。也就是说，中年组社会等级较高者食肉也较多的可能性最大。这从一个侧面表明中年组作为社会的主体，是实行社会等级制度的主要力量。

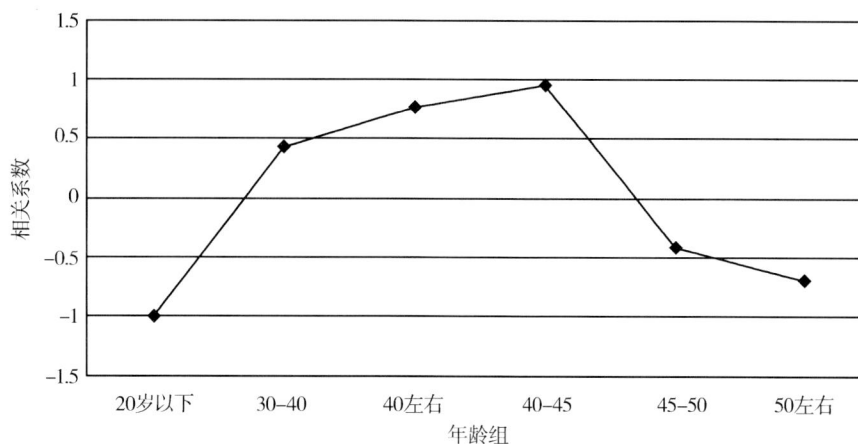

图 4 - 5　西坡墓地各年龄组氮十五值与墓葬开口面积相关性曲线图

第二节　牙结石内淀粉颗粒研究 *

一　概述

为了对西坡遗址古代居民的食物构成有更多了解，我们决定对他们牙结石中的淀粉粒进行研究。微小的淀粉粒可以在较大的植物遗存难以保存的环境下留存下来，因此，近十年来，对古代淀粉的研究成为植物考古学研究的焦点。在淀粉粒分析方法被应用到考古学之前，植物考古学主要关注那些易于在考古工作中被发现的植物遗存，比如各类禾本科植物，因为它们的种子可以在很多情况下接触到火，被炭化并保存下来。因为种子植物在考古遗存中无所不在，植物考古学家倾注了巨大的精力研究它们的驯化，尤其是玉米、小麦和水稻的栽培史。与此形成鲜明对比的是，除非在特别干燥、矿化或饱水环境下，块茎植物很难在一般考古遗存中保留下来，相对来讲，它们在维持人类生存中的重要性便较少受到重视（Hather 1991；Ugent 1982，1997）。因为淀粉粒分析可以弥补其他方法进行考古遗址植物遗存鉴别的不足，很快就成了所有古植物分析的基本组成部分。淀粉粒分析作为大植物遗存研究的重要补充，不仅扩展了可辨识有机物的范围（如增加了对块茎植物的辨识），而且丰富了已有的对种子植物驯化史的研究。

二　什么是淀粉

淀粉是植物的主要能量来源，像备用食物一样存储在植物的叶、茎、种子和根等各个部

---

* 本节由美国哈佛大学人类学系黛玉（Jade D'alpoim Guedes）和中国科学院地理科学与资源研究所杨晓燕共同撰写，中国社会科学院考古研究所李新伟译，杨晓燕校改。

位。植物内的淀粉主要有两种。一种是过渡淀粉（transient, temporary or transitory starch），存在于植物的叶中，在夜间向植物提供能量并还原成糖，因此极少在考古遗存中被发现。此外，过渡淀粉的"种属特异性（species specific）"低，即不同物种的过渡淀粉的颗粒很难区分，它们的形状主要是由其形成的空间造成的。另外一种是贮藏淀粉（Storage starch），以颗粒的形态存在于植物的种子、根、块茎、球茎、根茎和果实中，是长期的"战略性"能量。在干旱、酷热、洪水或严寒等极端环境下，植物会利用这些储存的淀粉颗粒，在逆境中生存下来。因为贮藏性淀粉的"种属特异性"强、数量大，且通常在考古遗存中保存完好，它们成为考古学家关注的焦点。

淀粉是一种具有半晶体结构的葡萄糖聚合物。在偏振光显微镜下，淀粉的特殊分子结构使其表现出强双折射性，也就是说淀粉粒会在偏振光中发亮。淀粉粒在偏振光下还会显示出消光十字（extinction cross or maltese cross），而且会随偏振光的变化而旋转。不同物种的淀粉粒的大小和形状差别非常大，大小的幅度为 1～100 微米，形状有球形、椭圆球、多面体等等形态。对考古遗存中发现的淀粉粒的种属鉴定基本上依据的就是上述淀粉粒的光学特征。其他方法，比如碘染色法（Barton 2007；Loy, et al. 1992；Torrence and Barton 2006）或淀粉酶反应法（Hardy, et al. 2009）也可以用来确定淀粉粒的存在。刚果红（Congo red）被用来识别烹调过的或被破坏的淀粉粒（Lamb and Loy 2005）。

对古代淀粉的研究是近一二十年来才真正发展起来的新领域。20 世纪初，学术界表现出对淀粉研究的兴趣，一些淀粉粒分析领域最重要的成果就是那时完成的。本领域的早期研究者包括 Reichert（1913），他辨别并描述了 300 个不同种属的淀粉颗粒。他的开山之作至今仍然是古植物学家们的参考书。真正的对考古遗存中发现淀粉的研究始于 20 世纪 80 年代。D. Ugent（1982，1997）对出自秘鲁的干燥块茎植物进行了研究。T. H. Loy（1986，1994；Loy, et al. 1992）则第一次在考古遗存中辨别出了淀粉粒。自从这些开创性的研究后，淀粉粒分析被应用于对多种考古遗物的研究中，如石制工具和磨石（Babot and Apella 2003；Barton 2007；Barton, et al. 1998；Dickau, et al. 2007；Fullagar, et al. 2006；Loy 1994；Loy, et al. 1992；Perry 2004；Piperno and Holst 1998；Piperno, et al. 2000；Piperno, et al. 2004；Zarillo and Kooyman 2006）、陶器内炭化残余物（Zarillo, et al. 2008）、牙结石（Boyadjian, et al. 2007；Henry and Piperno 2008；Juan-Tresserras, et al. 1997；Lalueza Fox, et al. 1996；Lalueza Fox and Perez-Perez 1994；Piperno and Dillehay 2008；Scott Cummings and Magennis 1997），甚至土样（Balme and Beck 2002；Horrocks 2005；Lentfer, et al. 2002）。研究涉及地域主要是新大陆和太平洋地区，近来也开始在欧洲和利凡特（Levant）地区展开。中国的淀粉粒分析研究最早开始于吕烈丹在甑皮岩遗址的工作，近年来又陆续开展了对石器表层残留物、炭化残留物、古人牙结石、文化层沉积物的淀粉粒提取和分析（Lu, et al. 2005；陶大卫等 2009；Yang, et al. 2009，2010；Li, et al. 2010；李明启等 2010），但总的来说中国的淀粉粒研究仍然很少。

虽然淀粉粒分析为古植物研究开辟了新道路，但对这一新方法并非毫无非议。这些批评指出了这个新分析方法的很多潜在问题。一些学者关注现代淀粉的污染问题，包括现代淀粉在土壤中移动到古代地层和发掘后的污染（Haslam 2004；Therin 1998，2006；Williamson

2006）。对于淀粉在土壤中移动的实验证明，淀粉颗粒能够在土壤中缓慢运动，并可以附着在石器上（Therin 1998，2006；Williamson 2006）。淀粉粒太小，难以做 AMS 测年，因而也就不可能获得其绝对年代数据。为了使分析更为可靠，研究者尽力从陶器内炭化残余物和牙结石等保存较好而且相对"封闭"的考古背景中提取淀粉颗粒。例如，在最近对厄瓜多尔 Loma Alta 遗址（距今 5300～4960 年）的研究中，Zarillo 等学者（2008）就对与陶器内壁淀粉粒共存的炭化残留物进行了测年，以确定淀粉粒的年代。这种做法确实提高了淀粉粒分析的可靠性，但仍然很难避免样品在实验室受到污染的可能。

对人类牙结石内淀粉粒的分析是相对新的进展，已经被运用于对来自近东（Henry and Piperno 2008）、欧洲（Hardy，et al. 2009）、南美洲（Piperno and Dillehay 2008），甚至黑猩猩的样品的研究中（Hardy，et al. 2009）。与从一般沉积物或石器上提取的淀粉粒相比，牙结石内的淀粉粒具有受埋藏后污染的可能性较小的优势。

三　西坡样品

我们从西坡墓地的 18 座墓葬中提取到了牙结石。对西坡遗址土样的浮选虽然发现了少量稻（*Oryza sativa*），但主要发现是粟（*Setaria italica*）和黍（*Panicum miliaceum*）的炭化种籽。浮选中也发现了一件块茎植物的残留。这些发现表明西坡古代居民以粟和黍为主食，也食用其他食物，这些食物是我们展开探寻的主要线索。

四　方法

在描述分析西坡样品的方法前，我们先回顾一下学者们提取古代淀粉的不同方法。

从牙结石中提取淀粉粒有多种不同的方法。总体来说，这些方法首先要用牙医工具从牙齿表面上刮下牙结石。为了溶解牙结石周围的附着物和其他植物遗留，Henry 和 Piperno（2008）及 Hardy（2009）发明和使用了盐酸清洗法（HCL）。很多学者（包括 Linda Cummings）仍然在运用这一方法。但在近期发表的文章中，Piperno 等学者却避免使用 HCL 处理法。这些研究中没有用 HCL 清洗牙结石样品的无机物，牙结石样品被直接压在显微镜载物片上，使其悬浮在水和甘油的溶液中。在发表的文章中，没有提及这一方法上的突然改变的原因。但这可能与长时间的盐酸清洗会破坏淀粉粒或盐酸处理的多重步骤会大大减少淀粉粒的数量有关。也可能这只是为了节约处理样品的时间。

虽然用牙医工具从牙齿上刮取大量牙结石并非难事，但对于只保存有少量牙结石的牙齿，需要采取其他方法。为了获取用机械方法不可能提取的微量牙结石中的淀粉粒，Boyadjian 等（2007）发明了被称为"洗牙"的技术，从牙齿表面提取牙结石。首先将牙齿放在水中数分钟，然后再将其放入浓度为 4% 的盐酸中，再用单独的牙刷刷每颗牙齿，然后将牙刷放在盛有盐酸的烧杯内漂洗。用这种方法处理会对牙齿造成损伤，保存差的牙齿会变得更脆弱。发明者建议降低盐酸的浓度可能会减少损伤。

对于西坡的牙结石样品，我们决定采用 Piperno 的方法，直接将其压在显微镜载物片上，以减少处理程序，避免淀粉粒的额外损失。牙结石是用牙医工具从牙齿上剔出的，随后被直接放入事先经过 45 分钟水煮的塑料管中。所有的载物片和相关器具都经过 45 分钟水煮，并在使用前用擦拭纸沾丙酮擦拭所有器具。在将样品放置在载物片上之前，预先向每一个装有样品的塑料管中滴一滴超纯净水，放置一夜，以使牙结石软化。第二天，用一个经过消毒的金属棒将牙结石从管中沾出，直接放置在载物片上，滴上一滴 1:1 水和甘油溶液以延缓牙结石干燥，然后加上覆盖片。每个载物片都使用一个新巴斯德吸管滴上指甲油密封，以避免污染。最后载物片被放置在显微镜下，以 400 倍的放大率仔细观察。

我们在使用这一简化方法的过程中发现一个问题：虽然对牙结石进行了精心制备，载物片上仍然可见大量无机物。为此，我们减少了每个载物片上的牙结石样品量。此外，我们又发现，很难在给牙结石样品足够压力以使淀粉粒析出的同时避免过度压磨造成对淀粉粒的损伤。因此，虽然强化的处理技术可能造成淀粉粒的损失，这些方法对无机附着物的剔除效果无疑可以产生更好的观测效果。

五　结果

我们在 20 枚牙齿上提取了牙结石样品，各牙齿上的牙结石量差别很大。一些墓主的牙齿上牙结石很多（彩图 4-1：1），而另一些则很少或没有。我们将牙结石量分为 1～3 级，1 级最少，3 级最多。虽然西坡墓地的所有人骨均保存较好，但一些牙齿的珐琅质已经被破坏并发生了某种程度的岩化（diagenesis）现象（彩图 4-2：2）。

表 4-7　西坡墓地人骨牙结石样品中淀粉粒含量

号	墓号	牙结石量	载物片数额	淀粉粒数额	含淀粉的载物片	岩化作用
X1	33	3	39	5	4	没有
X3	18	2	10	0	0	没有
X4	27	1	3	0	0	有
X5	19	1	6	0	0	有
X7	21	3	11	0	0	没有
X8	13	1	2	0	0	有
X9	12	1	2	0	0	有
X10	30	2	4	0	0	有
X12	29	1	8	0	0	没有
X15	8	1	5	0	0	有
X16	32	1	6	0	0	有
X17	28	1.5	8	0	0	有
X18	7	0.5	5	0	0	有
X20	3	1	5	0	0	有
X21	1	1	8	0	0	没有
X22	2	1	7	4	4	没有
X25	25	1	6	0	0	没有
X26	24	2	11	0	0	没有

表 4-7 中记录了岩化现象的有无。我们在珐琅质受到破坏的牙齿上仍然提取到了牙结石。但在全部 146 个样品载物片中，我们只在 8 片上发现有 9 个淀粉粒。

在世界其他地区，如秘鲁（Piperno and Dillehay 2008）和近东（Henry and Piperno 2008）开展的淀粉粒研究中均从样品中获得大量淀粉粒，有时从每颗牙齿上可以获得多至 100 个淀粉粒。从西坡样品上获得的淀粉粒数量远低于以前文献中的样品。目前还不清楚保存环境对淀粉粒发现率的影响。但我们确实注意到从没有受到恶劣保存环境影响的牙齿上能够获得较多淀粉粒。其他因素也可能影响了西坡墓葬淀粉粒的保存。西坡土样的水选结果显示，西坡古代居民主要依赖粟和黍，以及少量稻提供淀粉。粟、黍和稻的淀粉粒非常小，稻的平均粒径在 5 微米左右，粟和黍的粒径则均小于 10 微米。Franco 等人（1992）和 Haslam（2004）进行的研究表明，随着颗粒的减小，淀粉酶的降解性会增强（因为颗粒小意味着比表面积的增加）。淀粉酶含量的减少也会增强淀粉降解性（Franco, et al. 1992）。粟、黍和稻淀粉粒因其微小，会在口中很快被消化，难留踪影。在西坡样品中发现的淀粉粒均超过 12 微米。除了因为其颗粒小，不易存留外，食物加工方式也有可能不利于淀粉粒的保存。水煮和过度碾磨可以造成淀粉粒在口中更易酶化。

表 4-8　西坡墓地人骨牙结石样品中淀粉粒形态统计表

图片号	宽(μm)	长(μm)	形状	消光臂特征	层纹	脐点	受压面	裂隙	鉴定
X1m33hlx6871	16.07	17.42	不规则/多面体	横断型，清晰，端直	弱层纹	开放，微偏心	不清楚	没有	粟
X1m33hlx6155cpx	15.4	15.53	卵形	横断型，清晰，端直	不清楚	开放，微偏心	有，近脐点一端	没有	？
X1m33hlx102954cxp（grain 1）	12.29	12.97	球形，近球形	横断型，清晰，端直	清楚	开放，居中	有	有	？
X1m33hlx102954cxp（grain 2）	15.4	13.51	球形，近球形	横断型，弯曲	弱层纹	开放，居中	没有	没有	？
X1m33hlxioffcpx	26.47	26.74	球形/双凸透镜形	横断型，清晰，微弯	？	闭合，居中	没有	？	禾本科早熟禾亚科小麦族
X22m2hlx10964cpx	13.78	15.13	不规则/多面体	横断型，扩散，端直	弱层纹	开放，微偏心	有	？	粟
X22m2hlx12344cx40	31.61	51.27	锥形椭球体	横断型	清楚	闭合，偏心	？	？	
X22m2hlx12656cpx	15.14	15.61	不规则/多面体	横断型，扩散	弱层纹	开放	有	有，Y 型	粟
X22m2hlx22143cpx	39.29	62.15	长椭圆形	径向	？	闭合，偏心	没有		可能为睡莲或百合科的某种

我们发现的 9 个淀粉粒中，只有 3 个可以鉴定到种或属，均为粟（*Setaria italica*）（彩图 4-2：1、2）。种属鉴定除了参考上述已经发表的文献外，主要参考了中国科学院地理科学与资源研究所淀粉粒分析实验室的现代植物淀粉粒形态图库，对粟类淀粉粒的鉴定依据杨晓燕等（2010）的判别特征。这一结果肯定了粟在西坡古代居民食谱中的重要性。在采自 M2 的样品中发现 1 粒特殊的淀粉粒（彩图 4-2：3），因为我们参照的样品淀粉粒形态图库不够完备，

难以确认此淀粉粒的种属，参照我们有限的标本库，此淀粉粒在大小和形态上与藕（*Nelumbo mucifera*）（彩图 4 - 2：4）、山药（*Dioscorea opposita*）（彩图 4 - 3：1）、川贝母（*Fritillaria cirrhosa*）（彩图 4 - 3：2）和 兰州百合（*Lilium davidii*）等相似（彩图 4 - 3：3），但这两个物种的淀粉粒的变化幅度均较大，可能与其他物种淀粉粒形态有重合，因此，也不能排除 M2 中的这粒淀粉粒可能属于我们标本库未收录的物种。无论如何，此淀粉粒肯定来自块根和块茎类植物，它的出现表明其他经济作物在当时也发挥了重要作用。很明显，需要建立更完备的植物淀粉粒形态图库才能解决我们面临的问题。近来还有学者指出，没有电脑自动统计分析软件的帮助，我们正确识别淀粉粒种属的能力是很有限的（Wilson, et al. 2010）。此外，来自 M33 标本的 1 粒禾本科早熟禾亚科小麦族植物的淀粉粒（彩图 4 -4）也颇为重要，应引起我们的关注。

六 结论

我们对西坡淀粉粒的研究引发出了与淀粉粒在考古遗存中的保存相关的一些重要问题。西坡样品中淀粉粒数量与其他已发表的研究相比如此之低的原因仍然难以确定，岩化作用是否在牙结石中淀粉粒的降解中起了作用？或者，西坡古代居民食物的淀粉粒过小，难以在酶化过程中存留成为考古遗存？西坡古代居民的食物加工方式是否也对淀粉粒的降解有影响？很明显，需要更多的研究来回答这些与牙结石中淀粉保存相关的问题。从西坡牙结石中发现的淀粉粒证明了粟确实是西坡古代居民的主食。研究还发现其他种类植物，比如块根块茎类，可能在西坡古代居民的食物构成中扮演了重要角色。不能确定种属的淀粉粒的存在表明，西坡古代居民食谱的内容比我们目前所知更为丰富，为了更好地利用淀粉粒分析技术研究古代饮食，我们需要建立更为完备的植物淀粉粒形态图库。此外，虽然淀粉粒分析的前景非常诱人，但若要明确鉴定种属，还需要对于种属内部淀粉粒的差异性有更深入的认识。

附第二节原文

Starch Grain Analysis and Dental Calculus： New Insights from the Site of Xipo

Introduction

In order to increase our understanding of the diet of the ancient inhabitants at the site of Xipo, we decided to carry out a study on the starch preserved their dental calculus. Research on ancient starch has become an important focus of archaeobotanical research over the past decade thanks to its ability to survive in climates where macrobotanical remains are otherwise impossible to retrieve. Prior to the invention of starch grain analysis, archaeobotanical research focused largely on plant parts which can easily enter the archaeological record such as grasses whose seeds are often brushed into fires, where they are charred and preserved. Because of their ubiquity in the archaeological record, archaeobotanists have invested huge amounts of effort into studying the domestication of seedy plants: in particular many research efforts have focused on the history of maize, wheat and rice. Tubers on the other hand are rarely preserved in the archaeological record except for unusual desiccated, mineralized or water-logged conditions and comparatively speaking less attention has been paid to the important role they played in human subsistence (Hather 1991; Ugent 1982, 1997). Because of its ability to reveal the history of species whose importance in the archaeological record might otherwise go unrecognized, starch grain has quickly become an essential complement to any kind of paleobotanical analysis. Starch grain analysis forms an important complement to the study of macrobotanical remains allowing us not only to extend the range of potentially identifiable organic materials such as tubers but also allows us to further document the history of uses of seedy plants.

What is starch?

Starch is the main energy source for plants, and is stored as a food source in various parts of the p lant structure including leaves, stems, seeds, roots, etc. There are two main types of starch in plants. These include *transient, temporary or transitory starch* , which are found in the leaves of plants and acts as an ongoing energy source for the p lant during the night where they are reconverted back to sugar: they are thus rarely recovered from the archaeological record. The shapes of transient starch granules are further not species specific and are heavily determined by the space in which they are formed. Storage starch, on the other hand forms in granules within the seeds, tubers, roots, corms, fruits and rhizomes of plants. Storage starch is a long-term energy strategy that allows the plant to survive during adverse climate situations by accessing the protected granules during extremes of drought or heat or flood or cold. Because this form of starch appears to be species specific and occurs in large quantities and appears to survive well in the archaeological record, this form of starch formed the focus of attention of archaeologists.

Starch is a glucose polymer with a quasi-crystalline structure. When viewed under a polarizing microscope, the molecular structure of starch makes the grains exhibit strong birefringence, which means that they appear bright in polarizing light. Starch grains also exhibit a characteristic extinction cross (or maltese cross) when viewed under polarizing light, which rotates as the polarizer is turned. Starch grains are highly variable in size and shape and range 1-100 microns and in shapes from spherical to ellipsoid. Starch grains uncovered in from archaeological record are identified as such primarily on the basis of these optical characteristics, however techniques such as Iodine staining (Barton 2007; Loy, et al. 1992; Torrence and Barton 2006) or amylase reactions (Hardy, et al. 2009) can also be used to confirm the presence of a starch granule. The use of Congo red has also been implemented for the i-dentification of cooked or damaged starch grains (Lamb and Loy 2005) .

Research on ancient starch is relatively new and has only truly begun within the last 10-20 years. An interest in the study of starch has been present since the beginning of the century and some of the most important contributions to the field of starch grain analysis date to this period. Early researchers in the field include Reichert (1913), who identified and described 300 different species-specific starch grains. His seminal publication is still a reference work for paleobotanists. Real research on archaeological starch began in the 1980s with the experiments of D. Ugent (1982, 1997) on desiccated tubers from Peru and T. H. Loy (1986, 1994; Loy, et al. 1992) who first identified starch grain species in archaeological contexts. Since these preliminary studies, starch grain analysis has been applied to a wide variety of archaeological media including artifacts such as stone tools and grinding stones (Babot and Apella 2003; Barton 2007; Barton, et al. 1998; Dickau, et al. 2007; Fullagar, et al. 2006; Loy 1994; Loy, et al. 1992; Perry 2004; Piperno and Holst 1998; Piperno, et al. 2000; Piperno, et al. 2004; Zarillo and Kooyman 2006), carbonized ceramic residue (Zarillo, et al. 2008), dental calculus (Boyadjian, et al. 2007; Henry and Piperno 2008; Juan-Tresserras, et al. 1997; Lalueza Fox, et al. 1996; Lalueza Fox and Perez-Perez 1994; Piperno and Dillehay 2008; Scott Cummings and Magennis 1997) and even soil samples (Balme and Beck 2002; Horrocks 2005; Lentfer, et al. 2002). Research has focused largely on the New World and the Pacific, although studies have also recently been carried out in Europe and the Levant. Up until now little research has been carried out on starch grain analysis in China, however some exceptions include Tracey Lu's work at the site of Zengpiyan.

Although starch grain analysis presents an exiting avenue for research in paleobotany, this new technique is not without its critics. Its critics have identified a number of potential problems with this new mode of analysis. Concerns have been raised by several scholars about contamination of samples by modern starch, by the migration of modern starch through the soil or post excavation contamination (Haslam 2004; Therin 1998, 2006; Williamson 2006). Experiments done on the migration of starch in soils have established that these particles are susceptible to slow movement through soils and that these particles can adhere to stone tools (Therin 1998, 2006; Williamson 2006). Starch grains are also too small to be dated by AMS radiocarbon dating and it is hence practically impossible to fully insure their authenticity. In order to try lend more reliability to their analysis, researchers have tried to extract starch grains from protected and enclosed environments such as carbonized ceramic residue and dental calculus. In a recent study on the site of Loma Alta in Ecuador (5300 - 4960 cal BP), Zarillo et al. (2008) dated the charred residues associated with starch grains from the interior surfaces of pottery. While this does increase the reliability of starch grain analysis, it is still difficult to protect from the possibility of contamination in the laboratory.

Starch grain analysis on residues from human dental calculus is a relatively recent development and has been employed on samples from the Near East (Henry and Piperno 2008), Europe (Hardy, et al. 2009), South America (Piperno and Dillehay 2008) and even on chimpanzee samples (Hardy, et al. 2009). Compared to starch grains derived from sediment or from stone tools, starch enclosed in dental calculus presents the advantage of being less susceptible to post-depositional contamination.

Description of the Xipo sample

Samples from dental calculus were extracted from a series of 18 tombs dating to roughly cal. 3300 BC to 2900 BC. Flotation carried out at the site of Xipo showed that the inhabitants of the site were primarily reliant on *setaria* and *panicum* millets although small amounts of rice were also found at the site. One piece of unidentified parenchyma from a tuber was also recovered. Confirming the presence of millet consumption as well as identifying other food sources exploited by the inhabitants of the site of Xipo was our main line of inquiry.

Methods

Prior to giving a description of the methodology used at the site of Xipo we carried out a review of the different methods used by scholars to process ancient starch.

Several different methods have been employed to extract starch grains from the matrix of dental calculus. In general these methods involve scraping the dental calculus from the surface of the tooth using a dental scaler or pick. In order to dissolve the surrounding calculus matrix and other plant material, methods developed by Henry and Piperno (2008), and following them Hardy (2009) used a hydrochloric acid (HCL) wash[1]. This technique of processing dental calculus is still used by a number of scholars including Linda Cummings etc. Recent publications by Piperno et al. have avoided the use of HCL based processing methods. In these publications the HCL wash is not used to dissolve the mineral matrix and the dental calculus is crushed directly on a microscope slide and suspended in a water and glycerol solution. The reason behind the sudden change in their methodology is unclear from their publications. However this may have to do with the fact that HCL may damage starch grains over time or that too many grains are lost through the multiple stages of this processing method. It is also possible that this is a time saving measure.

While removing large amounts of dental calculus from teeth is easy with a dental pick, for teeth with only small quantities of dental calculus others methods have been adopted.

In order to remove the starch grains associated with small amounts of mechanically impossible to remove dental calculus Boyadjian et al. (2007) developed a technique called "dental wash" to extract dental calculus from the surface of teeth. Teeth were first placed in water for a few minutes and were then treated with a 4% hyrdrochloric acid (HCL) solution. Each tooth was then brushed with an individual toothbrush which was then rinsed in the beaker with hydrochloric acid. The teeth treated in this manner did however suffer and already poorly preserved teeth became more friable. The authors

---

[1] It is worth noting that the strength of the HCL solution used to process dental calculus is misleading in both of their publications. The strength of the solution in Hardy's article is stated as being 0.6 M and Henry suggests the use of a 10% HCL solution. Both solutions are far too strong and it is clear that both authors mixed their solution from an already prepared and diluted solution.

suggest that lowering the content of HCL might decrease the amount of damage.

For our examination of dental calculus preserved on the teeth from Xipo we decided to adopt the Piperno and Henry's method of direct crushing on a slide in order to minimize processing and to avoid additional loss of starch granules. Samples of dental calculus were taken from the teeth using a dental pick to dislodge the calculus following which the calculus was placed in a plastic vial which had been boiled for 45 minutes. All slides and instruments were boiled for 45 minutes and a kimwipe was used to wipe down all instruments with acetone prior to use. Before crushing on the slide a drop of ultra-pure water was placed in each vial and left overnight to soften the dental calculus. The next day a small piece of dental calculus was removed from the vial and crushed directly on the slide using a sterilized metal rod. A drop of 1-1 water to glycerol solution was added to the calculus to retard drying and a cover slip placed on the slide. The slide was sealed using nail polish which was applied using a new Pasteur pipette for each slide in order to avoid contamination. The whole slide was then carefully scanned under the microscope at 200x magnification.

Several problems were observed with this processing method: despite finely crushing the dental calculus, large quantities of mineral material on the slide clouded visibility. Following this observation smaller amounts of dental calculus were applied to each slide. It was additionally found to be difficult to crush the dental calculus enough to adequately release starch grains while at the same time avoiding overgrinding to avoid damage. Although the heavier processing techniques may result in loss of grains, their dissolving of the mineral matrix would doubtlessly have resulted in better visibility.

Results

Dental calculus was sampled from a total of 20 teeth. The amount of calculus on the teeth at Xipo was highly variable. Some of the individuals had accumulated large amounts of dental calculus whereas other teeth presented little to none. Calculus deposits were scored on a 1-3 scale with 1 being the least and 3 being the most calculus. While all of the skeletons at Xipo were relatively well preserved, the enamel on some of the individuals was found to be damaged and some degree of diagenesis appears to have taken place. Diagenesis was recorded as presence or absence in table 4-7 (See Fig. 4-1). Dental calculus was still recovered on the individuals with damaged enamel. Only 9 out of 146 slides contained starch grains and a total number of 10 of grains were recovered.

Studies carried out on starch grains in other areas of the world such as Peru (Piperno and Dillehay 2008) and the Near East (Henry and Piperno 2008) yielded large amounts of starch grains, sometimes up to 100 grains per tooth. The numbers of starch grains recovered from the Xipo samples was clearly much lower than in previously reported samples. It is unclear how preservation conditions affect the recovery of starch grains. We did however notice that a higher proportion of grains were extracted from the teeth which had not been affected by poor preservation conditions. Other factors may also have affected the preservation of starch grains at Xipo. Results from flotation show that the population at Xipo was highly reliant on *panicum* and *Setaria* millets as well as small amounts of rice as a source of starch. Starch from *panicum* millets and rice are very small, ranging from 0. 8-10 μm. Research carried out by Franco et al. (1992) and Haslam (2004) has suggested that susceptibility to degradation by the enzyme amylase increases with decreased granule size (because of an increase in relative surface area). Decreased amylose content also increased susceptibility to starch degradation (Franco, et al. 1992). The small size of millet and rice starches may have led to their fast digestion in the mouth and to their absence in the starch record. All the starch grains recovered from the site of Xipo were over 12 μm. In addition to small size being unfavorable to starch grain preservation, it is also possible that the food processing techniques used by the inhabitants of Xipo may have also been unfavorable to their preservation. Boiling and excessive grinding could have also made these grains more susceptible to amylase digestion in the mouth.

Table 4-7　Numbers of starch grains recovered and degree of diagenesis

Sample No.	Burial No.	Calculus quantity	Slides	Starchgrains	Slides with starch grains	Diagenesis
X1	33	3	39	5	4	N
X3	18	2	10	0	0	N
X4	27	1	3	0	0	Y
X5	19	1	6	0	0	Y
X7	21	3	11	0	0	N
X8	13	1	2	0	0	Y
X9	12	1	2	0	0	Y
X10	30	2	4	0	0	Y
X12	29	1	8	0	0	N
X15	8	1	5	0	0	Y
X16	32	1	6	0	0	Y
X17	28	1. 5	8	0	0	Y
X18	7	0. 5	5	0	0	Y
X20	3	1	5	0	0	Y
X21	1	1	8	0	0	N
X22	2	1	7	4	4	N
X25	25	1	6	0	0	N
X26	24	2	11	0	0	N

Only five of the 9 starch grains recovered from Xipo were identifiable to the species or genera. An additional starch grain found in M2 (Fig. 4-2: 3) may point to the economic importance of other species, however a positive identification for this species was not possible given our limited reference collection. We were not able to positively identify this starch grain to the species as the reference collection of starch grains for China is still limited. This grain showed similarities in size and structure to that of the Nelumbo and Lilium sp within our reference collections, however the range of variability within both species is large. It is also possible that this grain may belong to a species not documented in our reference collection. Clearly a larger reference collection of starch grains for China is necessary in order to answer this question. Recent studies have questioned researchers ability to positively identify starch to the species without an automated computer statistical analysis (Wilson, et al. 2010) The unidentified pooid grass is shown in Figure 4-4:1. Starch grain analysis confirmed the importance of Foxtail millet or *Setaria* (Figs.4-2:1,2) in the diet of the inhabitants of the site of Xipo, however also revealed the presence of other economically important plants such as Lotus root (*Nelumbo nucifera*) (Figs. 4-2:3,4).

Talbe 4-8

pls. No.	w (μm)	l (μm)	shape	arm morphology	lamellae	hilum	pressure facets	fissures	ID
X1m33hlx6871	16.07	17.42	irregular/ polyhedral	transverse, sharp, straight	faint lamella	open, slightly eccentric	unclear	no	*Setaria Millet*
X1m33hlx6155cpx	15.53	15.4	oval	transverse, sharp, straight	unclear	open, eccentric	yes on end near hilum	no	?
X1m33hlx102954cxp (grain 1)	12.97	12.29	spherical	transverse, sharp, straight	clear	open, centric	yes	yes	?
X1m33hlx102954cxp (grain 2)	15.4	13.51	spherical	transverse, bent	faint lamella	open, centric	no	no	?
X1m33hlxioffcpx	26.74	26.47	spherical/ plano-concave	transverse, sharp, slightly bent	?	closed, centric	no	?	unidentified pooid grass
X22m2hlx10964cpx	15.13	13.78	irregular/ polyhedral	transverse, diffuse, straight	faint lamella	open, slightly eccentric	yes	?	*Setaria Millet*?
X22m2hlx12344cx40	31.61	51.27	tapered oval	transverse	clear	closed, eccentric	?	?	
X22m2hlx12656cpx	15.14	15.61	irregular/ polyhedral	transverse, diffuse	faint lamella	open	yes	yes, three central	*Setaria Millet*
X22m2hlx22143cpx	39.29	62.15	oblong	longitudinal	?	closed, eccentric	no		possibly Nelumbo, lilium species

Conclusion

our study on starch grains from the site of Xipo raises important questions about the preservation of starch in the archaeological record. The reasons why the numbers of starch found at Xipo are so much lower than other published studies is still unclear but merits further examination. Could diagensis have played a role in degrading the starch grains in the dental calculus or were the kind of starch grains eaten by the population at Xipo too small to have survived amylase digestion and hence to have entered the archaeological record? Could food processing techniques used by the inhabitants of the site have contributed to starch grain degradation? Clearly more studies on the preservation of starch in dental calculus are needed in order to answer these questions. The starch grains recovered from dental calculus at Xipo did however confirm the presence of millet in the diet. It has revealed that other species such as lotus (Nelumbo nucifera) may have played an important role in the diet of the inhabitants of Xipo. While this study was able to confirm that the inhabitants of Xipo ate *Setaria* species, we were not able to positively identify the other plants consumed by the inhabitants of this site. This study demonstrates the need for an adequate reference collection of starch grains for Chinese plants. While starch grain analysis holds exciting prospects for future research, a better understanding of the range of variability within these species is necessary before positive identifications can be made.

Babot, M. d. P. and M. C. Apella, 2003. Maize and bone: residues of grinding in Northwestern Argentina. *Archaeometry* 45 (1): 121-132.

Balme, J. and W. E. Beck, 2002. Starch and charcoal: useful measures of activity areas in archaeological rockshelters. *Journal of Archaeological Science* 29: 157-166.

Barton, H., 2007. Starch resides of museum artifacts: implications for determining tool use. *Journal of Archaeological Science* 34 (10): 1752-1762.

Barton, H., R. Torrence and R. Fullagar, 1998. Clues to Stone Tool Function Re-examined: Comparing Starch Grain Frequenceies on Used and Unused Obsidian Artefacts. *Journal of Archaeological Science* 25 (12): 1231-1238.

Boyadjian, C. H. C., S. Eggers and K. Reinhard, 2007. Dental wash: a problematic method for extracting microfossils from teeth. *Journal of Archaeological Science* 34: 1622-1628.

Dickau, R., A. J. Ranere and R. Cooke, G., 2007. Starch grain evidence for the preceramic dispersals of maize and root crops into tropical dry and humid forests of Panama. *Proceedings of the National Academy of Sciences of the United States of America* 104 (9): 3651-3656.

Franco, C. M. L., C. F. Ciacco and B. Geraldo, 1992. Factors that affect the enzymatic degradation of natural starch granules: effect of the size of the granules. *Starch* 44: 422-426.

Fullagar, R., J. Field, T. Denham and C. Lentfer, 2006. Early and Mid-Holocene tool-use and processing of taro (Colocasia esculenta), yam (Dioscorea sp.) and other plants at Kuk Swamp in the highlands of Papua New Guinea. *Journal of Archaeological Science* 33 (5): 595-614.

Hardy, K., T. Blakeney, L. Copeland, J. Kirkham, R. Wrangham and M. Collins, 2009. Starch granules, dental calculus and new perspectives on ancient diet. *Journal of Archaeological Science* 36: 248-255.

Haslam, M., 2004. The decomposition of starch grains in soils: implications for archaeological residue analyses. *Journal of Archaeological Science* 31: 1715-1734.

Hather, J. G., 1991. The identification of charred archaeological remains of vegetative parenchymatous tissues. *Journal of Archaeological Science* 18: 661-675.

Henry, A. and D. R. Piperno, 2008. Using plant microfossils from dental calculus to recover human diet: a case study from Tell al-Raqa'i, Syria. *Journal of Archaeological Science* 35 (7): 1943-1950.

Horrocks, M., 2005. A combined procedure for recovering phytoliths and starch residues from soils, sedimentary deposits and similar materials. *Journal of Archaeological Science* 32 (8): 1169-1175.

Juan-Tresserras, J., C. Lalueza, R. M. Albert and M. Calvo, 1997. Identification of phytoliths from prehistoric human dental remains from the Iberian Peninsula and the Balearic Islands. In *Primer encuentro Europeo sobre el estudio de fitolitos*, edited by A. Pinilla, J. Juan-Tresserras and M. J. Machado. Graficas Fersan, Madrid.

Lalueza Fox, C., J. Juan and R. M. Albert, 1996. Phytolith analysis on dental calculus, enamel surface, and burial soil: information about diet and paleoenvironment. *American Journal of Physical Anthropology* 101 (1): 101-113.

Lalueza Fox, C. and A. Perez-Perez, 1994. Dietary information through the examination of plant phytoliths on the enamel surface of human dentition. *Journal of Archaeological Science* 21: 29-34.

Lamb, J. and T. Loy, 2005. Seeing red: the use of Congo Red dye to identify cooked and damaged starch grains in archaeological residues. *Journal of Archaeological Science* 32: 1433-1440.

Lentfer, C., M. Therin and R. Torrence, 2002. Starch Grains and Environmental Reconstruction: a Modern Test Case from West New Britain, Papua New Guinea. *Journal of Archaeological Science* 29 (7): 687-698.

Li, M., Yang, X., Wang, H., et al., 2010. Starch grains from dental calculus reveal ancient plant foodstuffs at Chenqimogou site, Gansu Province. Sci China Earth Sci, doi: 10. 1007/s11430-010-0052-9.

Loy, T., 1986. Potential applications of organic residues on ancient tools. In *Proceedings of the 24th International Archaeometry*

Symposium , edited by J. Olin and M. Blackman, pp. 179-186. Smithsonian Institution Press, Washington. 1994. Methods in the analysis of starch residues on prehistoric stone tools. In *Tropical Archaeobotany* , edited by J. G. Hather, pp. 86-114. Routledge, London.

Loy, T. , M. Spriggs and S. Wickler，1992. Direct evidence for human use of plants 28，000 years ago: Starch residues on stone artifacts from the northern Solomon Islands. *Antiquity* 66 (253): 898-912.

Lu, H. , Yang, X. , Ye, M. , *et al* . , 2005. Millet noodles in late Neolithic China, *Nature* 437, 967-968.

Perry, L. , 2004. Starch analyses reveal the relationship between tool type and function: an example from the Orinoco valley of Venezuela. *Journal of Archaeological Science* 31 (8): 1069-1081.

Piperno, D. R. and T. D. Dillehay, 2008. Starch grains on human teeth reveal early broad crop diet in northern Peru. *Proceedings of the National Academy of Sciences of the United States of America* 105 (50): 19622-19627.

Piperno, D. R. and I. Holst, 1998. The presence of Starch Grains on Prehistoric Stone tools from the Humid Neotropics: Indications of Early Tuber Use and Agriculture in Panama. *Journal of Archaeological Science* 25 (8): 765-776.

Piperno, D. R. , A. J. Ranere, I. Holst and P. Hansell, 2000. Starch Grains Reveal Early Root Crop Horticulture in the Panamanian Tropical Forest. *Nature* 407 (6806): 894-897.

Piperno, D. R. , E. Weiss, I. Holst and D. Nadel, 2004. Processing of wild cereal grains in the Upper Paleolithic revealed by starch grain analysis. *Nature* 430: 670-673.

Reichert, E. T. , 1913. *The Differentiation and Specificity of Starches in Relation to Genera, Species, etc.* Carnegie Institution of Washington, Washington DC.

Scott Cummings, L. and A. Magennis, 1997. A phytolith and starch record of food and grit in Mayan human tooth tartar. In *Primer encuentro Europeo sobre el estudio de fitolitos* , edited by A. Pinilla, J. Juan-Tresserras and M. J. Machado, pp. 211-218. Graficas Fersan, Madrid.

Therin, M. , 1998. The movement of starch grains in sediment. In *A Closer Look: Australian Studies of Stone Tools* , edited by R. Fullagar, pp. 61-72. University of Sydney Archaeological Computing Laboratory, Sydney.

Therin, M. , 2006. Starch Movement in Sediment. In *Ancient Starch Research*，edited by R. Torrence and H. Barton, pp. 91-93. Left Coast Press, Walnut Creek, California.

Torrence, R. and H. Barton (editors), 2006. *Ancient Starch Research*. Left Coast Press, Walnut Creek, California.

Ugent, D. S. , 1982. Archaeological potato tuber remains from the Casma Valley of Peru. *Economic Botany* 36: 182-192.

1997　The Tuberous plant remains of Monte Verde In *Monte Verde: A late Pleistocene Settlement in Chile: The Archaeological Context and Interpretation* , edited by T. D. Dillehay, pp. 903-910. vol. 2. Smithsonian University Press, Washington.

Williamson, B. S. , 2006. Investigation of potential contamination on stone tools. In *Ancient Starch Research* , edited by R. Torrence and H. Barton, pp. 89-90. Left Coast Press Inc, Walnut Creek.

Yang, X. and Jiang L. , 2010. Starch grain analysis reveals ancient diet at Kuahuqiao site, Zhejiang Province. *Chinese Sci Bull* , 55 (12)：1150-1156.

Yang, X. , Yu, J. , Lu, H. , et al. 2009. Starch grain analysis reveals function of grinding stone tools at Shangzhai site, Beijing. *Sci China Ser D-Earth Sci* , 52 (8): 1164-1171

Zarillo, S. and B. Kooyman, 2006. Evidence for Berry and Maize Processing on the Canadian Plains from Starch Grain Analysis. *American Antiquity* 71 (3): 473-499.

Zarillo, S. , D. M. Pearsall, S. J. Raymond, M. A. Tisdale and J. D. Quon, 2008. Directly dated starch residues document early formative maize (Zea mays L.) in tropical Ecuador. *Proceedings of the National Academy of Sciences of the United States of America* 105 (13): 5006-5011.

李明启、葛全胜、王强等：《青海丰台遗址灰坑古代淀粉粒揭示的植物利用情况》，《第四纪研究》总 30 期 (2)，2010 年，第 363 - 367 页。

陶大卫、杨益民、黄卫东等：《雕龙碑遗址出土器物残留淀粉粒分析》，《考古》2009 年 9 期，第 92 - 96 页。

杨晓燕、孔昭宸、刘长江等：《中国北方粟、黍及其野生近缘植物淀粉粒形态数据分析》，《第四纪研究》总 31 期 (2)，2010 年，第 355 - 362 页。

第三节　锶同位素分析*

一　基本原理

钙是人体骨骼的重要成分。锶与钙具有化学相似性，并且根据饮食状况按一定比例进入骨骼。生物体对锶和钙的吸收程度不同，相较于锶，生物体更倾向于吸收钙，哺乳动物的消化管吸收钙多于锶，肾也优先排泄锶。于是生物体骨骼中 Sr/Ca 的比例会低于食物中的 Sr/Ca 的比例，这个过程叫做"生物纯化"[①]。食草动物的锶含量会低于其所消费的植物，食肉动物的锶含量会低于其所消费的食草动物。在食物链中每上升一级，其锶含量就会降低。通常动物骨骼中沉积的 Sr/Ca 为原食物中的 1/5[②]。这样，原则上根据古人类骨骼中的锶含量或 Sr/Ca 比例，就可以揭示其食谱信息，即植食更多还是肉食更多。使用 Sr/Ca 比例和单独使用锶含量很相似。钙是骨骼的一种主要成分，不同个体相同部位（牙对比牙，骨密质对比骨密质）间钙含量差距不会很大。在精度要求不高的情况下，可以认为不同个体的相同部位钙含量是相同的，这样使用 Sr/Ca 比例和使用锶含量效果一样。受实验条件限制，本次研究工作只使用锶含量作为指标。

当然，实际分析的时候，情况要更复杂，要考虑很多其他因素的影响。如土壤中锶浓度的地区性差异（环境差异）的影响。有人曾分析了威斯康星州的鹿群，其中一部分来自北部威斯康星与密歇根州的交界处，另一部分来自威斯康星南部。尽管鹿是完全的植食动物，但是这两个区域的样品的锶含量却表现出了不同，这是因为区域地质环境内在的锶含量水平不同[③]。不同植物种类锶含量差别也很大，系统地改变饮食中的植物种类将大大影响摄食者体内的锶含量，这种不同种类的植物之间的可变性甚至可能超过不同营养级的生物纯化。另外，同一植物的不同部分，锶含量也不同，如一般植物根茎部分的锶含量比叶子和芽等部分的要高[④]。海水相对于淡水，锶含量明显更高。因此，海洋食物中的锶含量也比淡水食物要高。一些埋葬在海岸贝冢里的史前人骨中较高的锶含量，也可能是含锶较多的贝类和埋藏人骨之间的离子交换的结果[⑤]。

---

* 本节由中国科学技术大学科技史与科技考古系石磊、张居中、尹若春共同撰写。本研究得到国家自然科学基金的资助（资助号：40772105）。

① James H. Burton, T. Douglas Price and William D. Middleton, 1999, Correlation of Bone Ba/Ca and Sr/Ca due to Biological Purification of Calcium, *Journal of Archaeological Science* 26：609-616.

② 胡耀武、王昌燧：《中国若干考古遗址的古食谱分析》，《农业考古》2005 年 3 期，第 49－54 页；胡耀武、James H. Burton、王昌燧：《贾湖遗址人骨的元素分析》，《人类学学报》24 卷 2 期，2005 年，第 158－165 页。

③ J. H. BURTON, T. D. PRICE, L. CAHUE AND L. E. WRIGHT, 2003, The Use of Barium and Strontium Abundances in Human Skeletal Tissues to Determine their Geographic Origins, *International Journal of Osteoarchaeology Int. J. Osteoarchaeol* 13：88-95.

④ 张雪莲：《应用古人骨的元素、同位素分析研究其食物结构》，《人类学学报》22 卷 1 期，第 75－85 页，2003 年。

⑤ 王轶华：《古食谱与微量元素分析》，《华夏考古》2003 年 3 期，第 98－108 页。

二　样品的来源与处理

1. 样品来源

这次实验提取了西坡遗址出土的牙齿和骨骼共50个样品（表4-9）。其中1~6号为猪牙牙釉质，7~28号为人牙牙釉质，29~50号为人骨。西坡遗址出土的猪骨骼和牙，经鉴定全为家猪。为行文简洁，本文所说的猪全指家猪。

表4-9　西坡遗址锶同位素分析样品表

样品号	出土单位	性别	样品号	出土单位	性别
1	T3③:006		26	M28	男
2	T5③H110:006		27	M33	男
3	T7H107:025		28	M34	女
4	T8③:001		29	M1	男
5	T117H22:096		30	M2	男
6	F104		31	M3	男
7	M1	男	32	M4	男
8	M2	男	33	M8	男
9	M3	男	34	M10	男
10	M4	男	35	M11	女
11	M8	男	36	M12	男
12	M10	男	37	M13	男
13	M11	?	38	M14	女
14	M12	男	39	M15	男
15	M13	男	40	M18	女
16	M14	女	41	M20	男
17	M15	男	42	M21	男
18	M18	女	43	M22	女
19	M20	男	44	M24	男
20	M21	男	45	M25	男
21	M22	女	46	M26	男
22	M24	男	47	M27	男
23	M25	男	48	M28	男
24	M26	男	49	M33	男
25	M27	男	50	M34	女

注：M11实际有2个个体，一个3岁左右的儿童，一个成年人，成年人倾向为女性。本实验牙样品取自儿童。

2. 样品的处理

（1）前期准备

先清洗瓷坩埚。将瓷坩埚擦洗干净，放于硝酸中加热一段时间后用纯净水清洗，再用去离子水冲洗，放置烘干备用。然后切取样品。对于骨骼样品，先打磨表面，除去可见的污染物质和表面质地疏松的部分，切取骨密质的中间部分。对于牙齿样品，首先打磨牙釉质样品外表面，除去任何可见的污染，然后切取牙釉质中间的晶体部分。

（2）清洗样品

将样品超声振荡清洗，然后再用去离子水冲洗。加入5%的高纯稀醋酸，超声振荡清洗，倒去稀醋酸，然后重复清洗一次，密封静置一夜。次日用去离子水清洗，洗去残余的稀醋酸。然后将样品放于电热板上蒸干。

（3）样品灰化

将蒸干的样品放入瓷坩埚中，向瓷坩埚中加入少量超纯浓硝酸，放入马弗炉中，调节至825℃持续一段时间，使样品完全灰化。

（4）溶样测定

取0.01克的灰化样品，溶解定容后，在ICP-MS仪器上测定锶的浓度。

整个处理过程都要求在洁净的实验室环境中，尽量避免污染。

三　实验结果与分析

表4-10　西坡遗址锶同位素分析样品中的锶含量

样品号	锶含量（ppm）	样品号	锶含量（ppm）	样品号	锶含量（ppm）
1	314.6	18	155.2	35	345.6
2	180.8	19	121.2	36	251.7
3	465.1	20	178.1	37	299.9
4	228.2	21	124.1	38	340.0
5	405.5	22	127.1	39	275.2
6	258.9	23	239.3	40	576.3
7	200.2	24	126.8	41	311.3
8	87.8	25	353.4	42	400.9
9	230.7	26	305.2	43	357.6
10	154.6	27	121.6	44	251.4
11	253.0	28	108.7	45	248.2
12	337.3	29	439.1	46	296.3
13	126.2	30	671.6	47	364.2
14	227.0	31	541.2	48	271.0
15	229.8	32	453.8	49	273.3
16	97.2	33	402.7	50	545.7
17	181.8	34	458.3		

观察表4-10数据可以发现，各类型样品个体间的锶含量数值差距很大，而且数据的分布也很分散。这是由于影响个体锶含量的因素很多，几种影响因素叠加，可以造成不同个体间的差距非常大。而由于这些影响因素具有一定随机性，把同类型多个个体加起来作为一个整体，在很大程度上就能拉平这种随机波动。又由于数据的分布很分散，基本没有分布规律，故采用平均值代表整体。

计算可得：猪牙釉质样品的平均锶含量为308.9，人牙釉质样品的平均锶含量为185.7，人骨样品的平均锶含量为380.7。

可以看出，人骨中的锶含量要显著超过牙釉质中的锶含量。这是因为牙釉质形成于人体生长发育的早期（恒牙虽然萌生晚，但牙体早已在牙床中形成），而这一时期受母体影响巨大。由于胎盘和乳腺都排斥锶，一方面，通过母体传送给胎儿的营养物质中的锶含量比较低；另一方面，母乳中的锶含量也比较低，而婴幼儿时期的食物中，有相当大一部分是母乳。所以形成于这一时期的牙釉质锶含量也低。牙釉质形成后就不再与外界交换更新，而在个体生活期间，骨骼中的物质会不断与外界交换更新。随着以后食物结构的改变，骨骼中的锶含量会比婴幼儿时期提高。这就导致了埋藏保存下来的样品中，骨骼的锶含量要高于牙釉质。

人牙釉质中的锶含量要明显低于猪牙釉质中的锶含量。这是因为人的营养级要高于猪，猪基本上是植食动物（略带杂食），而人是杂食动物。营养级越高的锶含量越低，这个结果符合"生物纯化"作用。根据人牙釉质和猪牙釉质中的锶含量，可以大致估算一下西坡古代居民的食物中猪肉所占的比重。前文已经提到多个影响锶含量的因素，仅仅根据锶含量，并不能得到一个准确的结果。这里根据一些假设和近似，仅仅做一下简单的定性分析。由于这是同一个遗址中的样品，环境的影响基本可以排除。猪和人所吃的植物食品的种类和部位也不尽相同，但食物来源基本相近。当时的人们的食物有相当一部分是小米，而猪则吃糠，可能还有少量人类的剩余粮食。根据 Bartlett 和 Gunn 的检测，谷类植物胚和糠中的 Sr/Ca 值是胚乳中的 2 倍，人吃小米吃的是胚和胚乳部分，所以猪摄入的锶含量会比人高一些。另外猪还有一部分时间是放养，吃一些杂草野菜，而当时的人们也会吃一些野菜，这也有一部分是相同的。而根据碳十三分析，猪的食物中 C_4 植物的比例极高[①]，也就是说基本上属于喂养，放养所占的比例很小。综合来看，猪从植物食品中摄入的锶含量会比人略高一些。为了计算方便，在粗略计算时，先假设猪和人从植物品中摄入的锶含量是一样的。在人的肉类食物中，除了猪以外还有其他动物来源。但是到了仰韶文化中期，在以西坡为例的遗址中，家猪已经取代野生动物成为人们的主要肉食来源[②]。另外，在对 2000 年秋至 2001 年春的一次发掘中出土的动物骨骼统计发现，手选法收集的骨骼中猪骨在数量上占了 80% 以上，重量占了 90% 以上[③]。据此可以认为，在这一时期西坡的古人类的肉食来源中，猪肉占了绝大部分，在近似处理的时候，可以忽略其他肉食的影响。综上可以建立一个粗略模型：猪的食物来源为植物，人的食物来源为相同的植物 + 猪肉。由猪牙釉质样品的平均锶含量为 308.9，人牙釉质样品的平均锶含量为 185.7，得人牙釉质样品的平均锶含量为猪牙釉质样品的 0.6 倍。由于牙釉质中的锶有相当大一部分来自母体，如果是研究某个个体自身的饮食状况，不能拿牙釉质中的锶含量作为依据。但在两个物种之间进行整体的对比时，具体来自哪个个体并不重要，只要是相同条件下的对比就行。在此对比的是人和猪两个物种的情况，所以只要是相同部位的对比就能作为依据。由人牙釉质样品的平均锶含量为猪牙釉质样品的 0.6 倍，可以近似认为当时人群整体的锶摄入量是猪的 0.6 倍。根据动物骨骼中沉积的 Sr/Ca 为原食物中的 1/5，设植物中锶含量为 5，则猪体内为 1，人体内为 0.6[④]。设人的食物来源中猪肉比例为 a，得

---

① 张雪莲：《人骨碳十三、氮十五同位素分析》，参见本书第四章第一节。

② 马萧林：《灵宝西坡遗址的肉食消费模式——骨骼部位发现率、表面痕迹及破碎度》，《华夏考古》2008 年 4 期，第 73－87 页。

③ 马萧林、魏兴涛：《灵宝西坡遗址动物骨骼的收集与整理》，《华夏考古》2004 年 3 期，第 35－43 页。

④ 对于植物中的锶含量，这里采用的是按常理估计。如果有当时的植物遗存，比如小米、糠等保存下来并测出其锶含量，当然更准确。但现在没有这些材料，故在粗略计算时采用估计值。

$$a/5 + 1/5 \times 5 \ (1-a) \ = 0.6$$

求得 a = 50%。但在此计算中忽略了人和猪从植物食品中摄入的锶的差异，实际上，猪因为主要吃含锶量高的谷糠，从植物食品中摄入的锶含量要高一些，所以这个结果应该偏大了。

假设猪只吃高锶的糠。而人吃的既有高锶部分也有低锶部分，猪从植物食品中摄入的锶是人的 1.5 倍[1]，这样，设植物中锶含量为 5，猪体内为 1.5，人为 1.5 × 0.6，同样设人的食物来源中猪肉比例为 a，这样计算式变为

$$1.5 \times a/5 + 1/5 \times 5 \ (1-a) \ = 1.5 \times 0.6$$

求得 a = 15%，这也许是更接近实际的比例。

男性个体牙釉质的平均锶含量为 204.4，女性个体牙釉质的平均锶含量为 121.3。男性个体骨骼中的平均锶含量为 365.7，女性个体骨骼中的平均锶含量为 433。可以看出，骨骼中的锶含量两性差异较小。考虑到这批样品中女性个体只有 5 个，样本较少，可以认为这点差异是在实验本身的误差范围内，这批样品所代表的人群两性间在饮食结构上基本没什么差异。在碳氮同位素分析中，两性间碳十三和氮十五的平均值差异都很小[2]。这也说明当时这一地区的人们男女饮食结构基本相同。而在牙釉质中的锶含量，两性间反而表现出了一定的差距。前文已经提到，牙釉质形成于人体生长发育的早期，某种程度上是反映了母体中的锶含量（将母体中的锶含量按一定比例降低），按理说两性差距应该更小。另外，男性个体骨骼中的平均锶含量是牙釉质中的 1.79 倍，而女性个体骨骼中的平均锶含量是牙釉质中的 3.54 倍。相较而言，女性骨骼与牙釉质中的锶含量差距也显得较大。这两处结果都有点反常，原因可能是因为样本量太小，导致随机性太大。还有一种可能，那就是这其中有的个体是从外地迁徙来的，由于两地环境锶含量不一样，而且其母体并不属于本遗址，在饮食结构上可能与本地人群有较大区别，故在幼年时形成的牙釉质锶含量与本地人群有较大差异。由于时间和精力有限，在本次研究工作中，关于人类迁徙方面的研究还在进行之中，这里仅仅提出这种可能性。

在这批墓葬中，M8、M18、M27 为较大规格墓葬。这几个墓葬中的个体牙釉质的平均锶含量为 253.9，骨骼中的平均锶含量为 447.7。这两个值都要高于总体平均水平。按照常理，较大规格墓葬的主人营养等级应该更高，锶含量应该偏低，而实验结果却相反。可能当时的社会等级不明显，饮食结构差异不大。另一方面可能还是因为样本量太小，加上实验方法本身的局限性，导致了这个看似不合理的结果。而氮十五分析的结果则显示这几座墓的主人营养级比他人要高[3]。另外，从随葬品来看，M3、M8、M11、M14、M18、M27、M34 都较多，而这几座墓出土个体骨骼中的平均锶含量为 445.1，也高于总体平均水平。结合起来分析，比较可能的情况是当时已有一定的社会等级，饮食结构有一定差异，但是不大。还有一种可能性就是当时有一种或几种植物食品只有社会地位较高的人食用，而恰好这些植物食品的锶含量较高，高于当时被大量食用的植物种类。植物食品中的锶对最终人体中的锶含量有决定性

---

[1]　估计数据，仅供参考。人吃的小米中既有高锶的胚又有低锶的胚乳，如果各占一半，那猪和人从小米中摄入锶的比例为 2∶1.5 = 1.33，但胚乳部分要大于胚，故大致估计此值。

[2]　张雪莲：《人骨碳十三、氮十五同位素分析》，参见本书第四章第一节。

[3]　同注[2]。

影响，部分锶含量高的植物食品的影响完全有可能掩盖营养等级的差异。如果要做进一步的研究，还需要借助其他手段，对当时存在的植物种类做详细、清晰的分析。另外还有一种可能，社会等级高的人外出访问、赴宴的机会更多，有可能在外地吃了锶含量高的食物。同样，要做进一步的分析，还需要知道附近其他遗址的环境锶含量水平。

几座较大规格的墓葬中出土的样品和女性牙釉质样品分析中出现的问题，主要原因应该是大规格墓和女性样本量都太小，加上方法本身的一些局限，比如某个个体食用的植物种类和部位不同，都可能造成这种结果（如食用了锶含量比别人高的植物种类或部位，就会造成营养级低的假象）。在样本量较小的情况下，这种分析方法的可靠性较差。而在人牙釉质和人骨样品的对比中，结果基本符合理论预期，说明只要样本量足够大，就可以排除这种个体方面的随机性误差，这种分析方法就会比较可靠。

第四节　人骨腹土寄生物考古学研究[*]

一　研究回顾

寄生物考古学（paleoparasitology）是把寄生物学引入考古学研究，利用寄生物学理论、方法和手段，通过对考古遗址中寄生物材料的分析来研究古代人类行为模式、健康状况、卫生状况及其所处的自然和社会环境的科学。

最早对考古材料的寄生物研究可追溯到 1910 年，Ruffer 在 3200 年前的埃及木乃伊中发现血吸虫卵[①]。到了 20 世纪 80 年代，寄生物考古才作为一门考古领域的学科真正迅速发展起来。原来仅仅停留在对古寄生虫卵的找寻和鉴定的层面上的古寄生物学家们，开始利用获得的古寄生物资料对古代人类生存环境及生活习性等在更大范围给予解释，并取得了许多重要的成果。美国学者 Reinhard 通过对美洲考古遗址发现的古寄生物进行分析，提出在史前人类中寄生虫疾病的感染与生业模式相关，是这些成果的代表之一[②]。我国从 20 世纪 50 年代也开始了对考古材料中寄生物遗存的研究。1956 年，中山医学院在两具明代干尸肠内发现华枝睾吸虫卵、姜片吸虫卵、鞭虫卵和蛔虫卵[③]。湖南医学院在 1972 年出土的长沙马王堆 1 号汉墓古尸中发现鞭虫卵、蛲虫卵和大量的血吸虫卵[④]。在这之后也时常有零星的在古尸中发现寄生虫卵的报道，但这些报道大多没有深入探讨其中包含的考古学意义，仅限于对古尸中寄生虫卵的鉴定分析。因此，在我国考古遗址中寄生物遗存的研究价值没有被充分利用起来，开展

[*]　本节由中国科学技术大学科技史与科技考古系蓝万里、张居中、刘嵘共同撰写。本研究得到国家自然科学基金的资助（资助号：40772105）。

[①]　转引自 Araújo, A., Reinhard, K., Bastos, O. M. et al., 1998, Paleoparasitology: perspectives with new techniques, *Rev. Inst. Med. Trop. S. Paulo*, Vol 40: 371 – 376.

[②]　Karl J. Reinhard, Scott L. Gardner, Jean Pierre Hugot, The Pathoecology of Enterobiasis in the Prehistoric Southwest USA. This paper was presented at the 1996 meetings of the Paleopathology Association, Durham.

[③]　黄文宽：《戴缙夫妇墓清理报告》，《考古学报》1957 年 3 期，第 109 – 118 页。

[④]　湖南医学院主编：《长沙马王堆 1 号汉墓古尸研究》，文物出版社，1980 年，第 201 – 214 页。

寄生物考古研究有相当重要的意义。

目前，国际上寄生物考古的主要研究材料是木乃伊和干尸的腹部内含物、粪化石、粪土堆积等。在我国史前时代遗址中，木乃伊、干尸很少被发现，粪化石和粪土堆积也不常见，但是一种通常在考古发掘中被忽视的材料——墓葬腹土——却普遍存在。"腹土"即墓葬内位于人体腹部的土壤，其范围上至肋骨下缘，下到耻骨联合处。当人体死亡并被埋葬后，随着尸体的腐烂，腹腔内的物质就会逐渐渗入周围的土壤中，其中所含的寄生虫卵也就随之进入人体腹部填土之中，所以，腹土是进行寄生物考古研究的极有价值的材料之一。在对舞阳贾湖的腹土研究之后[1]，我们总结经验，对灵宝西坡墓地部分墓主的腹土进行了寄生物考古研究。（彩版六五，3）

二　材料与研究方法

本次研究的土样取自西坡墓地墓葬 M23、M24、M26、M27、M28、M30、M31、M32 和 M33。

1. 采样方法

墓葬腹土寄生物的研究对象主要是肠道寄生虫卵遗存。人体在埋葬后，腹部内容物随人体腐烂降解，其中包含的寄生虫卵也慢慢随之沉降，最后附着在相应部位的填土中。对于仰身直肢葬而言，腹土中寄生虫卵最集中的部位是骨盆部位贴近骨骼的填土。

Reinhard 在取墓葬腹土样品进行人类食性分析时，对取样工作曾有以下建议（1992）：样品收集应集中在盆腔内，以竖直柱状体方式提取。竖直柱状体要取三个：两个取自骨盆水平位置，另一个则取自下面，即位于骶骨的表面和孔内[2]。他通过实验得出这样的结论：取样最有效的区域就是骶骨孔以及骶骨上部分。Reinhard 的取样方法对我们有很好的借鉴和启发作用，然而在实际工作中还是有着各种限制。因为受到骨骼保存程度的影响，在不破坏骨盆骨骼的前提下，要准确地在骶骨表面取样很困难。因此，我们也采了髂骨表面的土样，结果证明，髂骨表面的土样也非常有价值。

2. 取样步骤

首先，小心清理骨盆内填土，直至髂骨表面和骶骨上仍余 0.5 厘米左右厚度的土样；

然后，用洁净小勺刮取这一薄层土样，取 10～20 克即可，于密封袋中低温保藏；

再后，同样刮取上肢或下肢长骨表面薄层土壤及头骨侧填土，密封低温保藏，作为腹土样品的阴性对照。

3. 分析方法

采用国外古寄生物研究常用的方法，并根据对贾湖腹土研究的经验做了改进。每次称取 2 克土样放入试管内，加入 20 毫升 0.5% 磷酸钠溶液，充分震荡让其均匀分散开来；随后用孔

---

[1]　张居中、任启坤、翁屹等：《贾湖遗址墓葬腹土古寄生物研究》，《中原文物》2006 年 3 期，第 86－90 页。

[2]　Reinhard, Geib, Callahan and Hevly, 1992, Discovery of colon contents in a skeletonized burial: soil sampling for dietary remains, *Journal of Archaeological Science* 19: 679－705.

径 250 微米的标准筛过滤，除去大颗粒的杂质；再将此悬浊液用滤网（孔径不超过 10 微米）过滤，将残留物用 3 毫升 0.5% 磷酸钠溶液收集于培养皿中；然后制片，在光学显微镜下观察，将虫卵类似物找出，拍照、测量并鉴定。

三　结果与鉴定

在各个墓葬的腹土样品中均发现了一种虫卵类似物，是一些黑色圆球状物体（彩图 4-5：1）。各样品中所含疑似物数量不等。

为了解疑似物的内部结构，使用氧化剂 30% 过氧化氢脱色，得到如彩图 4-5：2 的结果。

从彩图 4-5：2 中可看到，疑似物直径为 40 微米左右，为球壳状物体，处理时间过长后破裂，似有内容物溢出。在相应的对照阴性样品中，都未发现这样的疑似物，由此可以确定只存在于墓主腹腔中。因此，这种疑似物最有可能是食物中的孢粉和肠道寄生虫卵。经过孔昭宸先生的鉴定，排除了其为孢粉颗粒的可能性。经过对比，它与带绦虫卵的大小、形态极相近。然而，经过多年的埋藏，其内部结构已破坏，形态颜色也发生了变化，未能观测到绦虫卵的特征——壳膜上的放射性条纹和内部的六钩蚴（彩图 4-5：3）。我们将现代的带绦虫卵同样经过氧化剂过氧化氢处理，并暴露在室温下空气中 1 周，内容物被破坏，只剩下胚膜，在显微镜下观察到了和疑似物非常相似的结果（彩图 4-5：4）。

根据上述观察和分析，我们初步断定疑似物为带绦虫卵。

为了进一步检验这一推断，我们在扫描电子显微镜下观察疑似物和现代绦虫卵，进行表面形态对比。通过观察发现，疑似物与现代带绦虫卵表面都有着相同的结构特征，特别是均有一个直径 8 微米左右的壶口状突起（彩图 4-6：1）。

国内外罕有对腹土内古寄生物的研究，对于形态已发生改变的古寄生虫卵如何鉴定更鲜见研究。本次实验除了对虫卵采用光学显微镜观察、氧化剂处理、扫描电镜观察外，还尝试使用能量色散型 X 射线荧光法（EDXRF）分析了虫卵表面的元素组成。为了检验这种方法是否能够区分开虫卵和孢粉，以及不同种类的虫卵，在设置对照时，采用了现代绦虫卵和蛲虫卵和梅花花粉（彩图 4-6：2）。

因为虫卵小且卵壳薄，X 射线易穿透虫卵，打在下面的载玻片上，所以获得的元素能谱图上带有玻璃的成分，但背景玻璃成分是相同的，四种样品的差异还是能在图上反映出来。由于背景成分的存在，对单个元素的定量分析意义不大，因此，主要从整体曲线和元素的相对含量来比较这四种样品。分析结果显示，西坡样品与现代绦虫卵最相近，整体曲线非常相似，现代绦虫卵在检测前保存在生理盐水中，故 Na、Cl 元素含量相对略高；与蛲虫卵和梅花花粉有明显的区别，蛲虫卵样品 C 元素含量远小于 O 元素，Si 元素相对含量很高，而梅花花粉的则相反，C 元素含量远高于 O、Si 等元素。这次尝试证明，使用对表面进行元素分析的方法可以将不同的样品区分开来。EDXRF 分析对样品无损，且前处理操作简单，不失为腹土寄生物研究的一个良好鉴定手段。

据此，我们确认在腹土中发现的疑似物为带绦虫卵。

虫卵在各个墓葬的检出情况如表 4-11。每个样品（包括腹土和对照）的受检量均为 2 克土样。

表 4 - 11　西坡墓地人骨腹土中虫卵检出数量表　　　　　　　　（单位：个）

	M23	M24	M26	M27	M28	M30	M31	M32	M33
髂骨上	0	2	0	85	1	3	2	1	6
骶骨上	1	3	1	4	5	5	2	2	8
对照	—	—	—	—	—	—	—	—	—

四　讨论

目前寄生物考古研究的材料主要是古尸和粪化石或者是粪土堆积，相对这些材料，腹土是一个比较开放的体系，周围土壤中的水分、氧气及真菌等都会对腹土中虫卵的保存产生影响。不同种类的肠道寄生虫卵，其形态结构的良好保存，所需要的环境是不一样的。因此，在本次实验的样品中，只发现了绦虫卵，不能由此推论墓主当时体内只有绦虫，只能证明在西坡墓土这种条件下，绦虫卵能够保存下来并为我们观察到。并且，保存下来的虫卵在外观上也发生了很大的变化，无法观察到现代虫卵鉴定所需的一些关键特征，这也体现了腹土在古寄生物研究中的特殊性。

在古尸和粪化石或者是粪土堆积这些材料中发现的寄生虫卵，虽然多少也会受到岩化作用的影响，但在显微镜下都能观察到内部结构，根据形态就能鉴定到种属。我们之前在贾湖遗址腹土材料中发现的寄生虫卵，也能在光学显微镜下观察到内部特征并鉴定种类[1]，而西坡墓葬腹土中的寄生虫卵单从外观难以确认，这两个遗址年代不同，埋藏的土壤环境不同，可能是造成寄生虫卵保存状态存在差异的原因。实际上任何两个遗址的土壤环境不可能完全相同，观察到的古寄生虫卵状态都有可能不同，因此在进行古寄生物研究时，必须认识到虫卵鉴定的复杂性。

绦虫是人体常见的寄生虫，成虫寄生于人体小肠，属生物源性蠕虫。最常见的种类是猪带绦虫和牛带绦虫，它们的中间宿主分别是猪和牛，二者的虫卵形态非常相似，难以区别。在西坡遗址所发现并能鉴定出种属的动物骨骼遗骸中约有 84% 为家猪[2]，因此，推测我们发现的绦虫卵应为猪带绦虫卵。猪带绦虫的生活周期须经过一个中间宿主的环节，虫卵从人体排出，被中间宿主即猪吞食后，胚膜被消化，蚴虫逸出，寄生在肌肉部位。人食用被感染的猪肉后，若其中的蚴虫未被杀死，将进入人体小肠发育成成虫，完成生活史[3]。从生活史来看，猪的饲养方式和人粪便的处理影响很大，人粪便未经有效处理，被牲畜误食，或是像有些地区将人茅厕与猪圈相通，直接用粪便喂猪，容易造成人、猪的循环感染。西坡遗址没有发现能确认为猪圈的遗迹单位，无法探讨当时猪的喂养方式。另外，肉食的加工方式和饮食习惯与人感染绦虫病有很大关系，生食猪肉或煮食不够熟的猪肉，或者切割生肉和熟肉的工具混用，都可导致摄入蚴虫而感染绦虫病。在西坡遗址这样一个以猪为主要家畜和肉食来源的聚落中，古人若未形成这方面的意识和良好的卫生习惯，感染绦虫病似乎是不可避免的。

① 张居中、任启坤、翁屹等：《贾湖遗址墓葬腹土古寄生物研究》，《中原文物》2006 年 3 期，第 86 - 90 页。

② 马萧林：《灵宝西坡遗址家猪的年龄结构及相关问题》，《华夏考古》2007 年 1 期，第 55 - 74 页。

③ 谢明权、李国清主编：《现代寄生虫学》，广东科技出版社，2003 年，第 494 - 496 页。

从墓葬的虫卵检出表来看，每个墓葬都发现了虫卵，说明绦虫病在当时相当的普遍。其中 M27 发现的最多，且数量上远远超过了其他墓葬。造成这种现象的原因是什么呢？M27 是这批墓葬中规格最高的。墓圹全部以草拌泥封填，墓室和脚坑上搭有木板，上铺麻布，骨骼保存状态最好，是否这样的埋藏环境使得该墓腹土保存下来的虫卵最多？从实验中发现的虫卵来看，各个墓葬虫卵之间没有发现有保存程度上的差异，也就是说骨架的保存程度并不影响到虫卵的保存。实验中还发现，在强酸强碱条件下，虫卵的耐受力也非常强。所以，保存条件好造成 M27 腹土发现虫卵多的可能性不大。那么，M27 墓主的感染程度远高于其他墓主的原因，很有可能是其身份地位造成的。人是通过食用被感染的猪肉而患病的，猪带绦虫的感染情况不同反映了宿主消费猪肉的机会不同。M27 规格最高，墓主的社会地位较高，很可能比其他人有更多的机会食用猪肉。

总之，寄生虫卵所反映的肉食消费量上的差异，暗示西坡古代居民肉食资源的生产、分配、消费呈现出等级化的趋势。这一发现，为深入认识西坡遗址的社会复杂化程度提供了新资料。

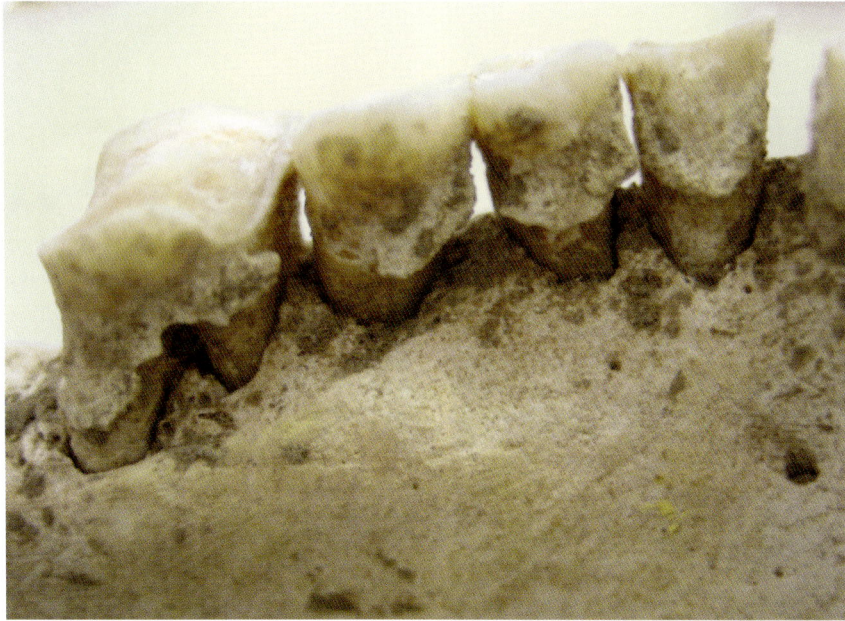

1. M33墓主牙齿上的结石

2. 西坡墓地墓主牙齿的高度岩化情况

彩图4-1 牙结石与牙齿岩化情况

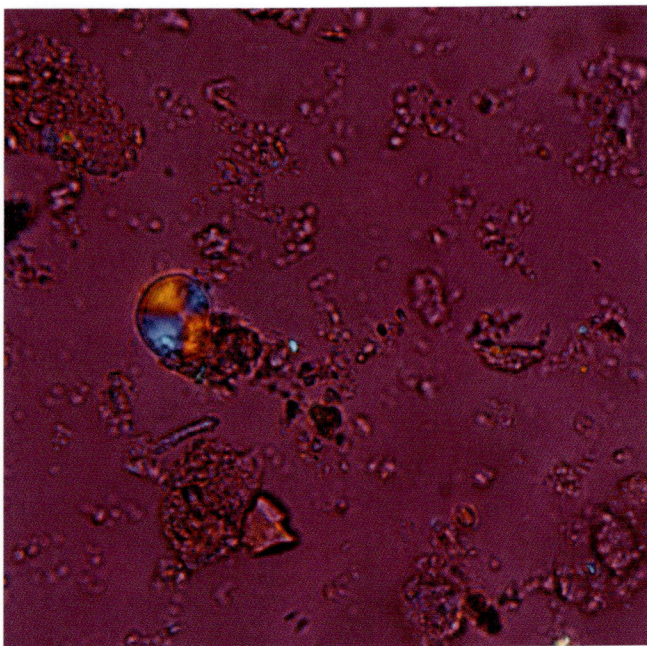

1. 样品载片X1m33hlx6871中的粟淀粉粒

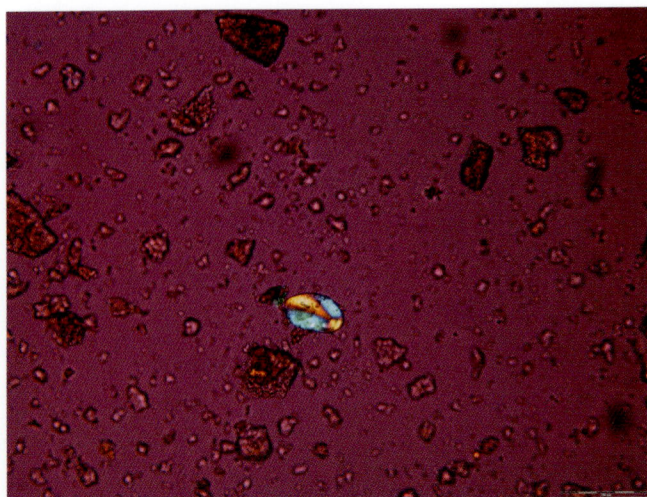

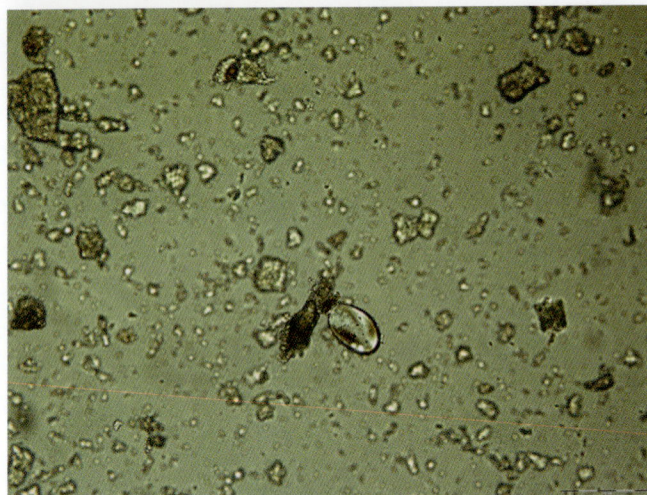

2. 样品载片X22m2hlx10964cpx中的粟淀粉粒

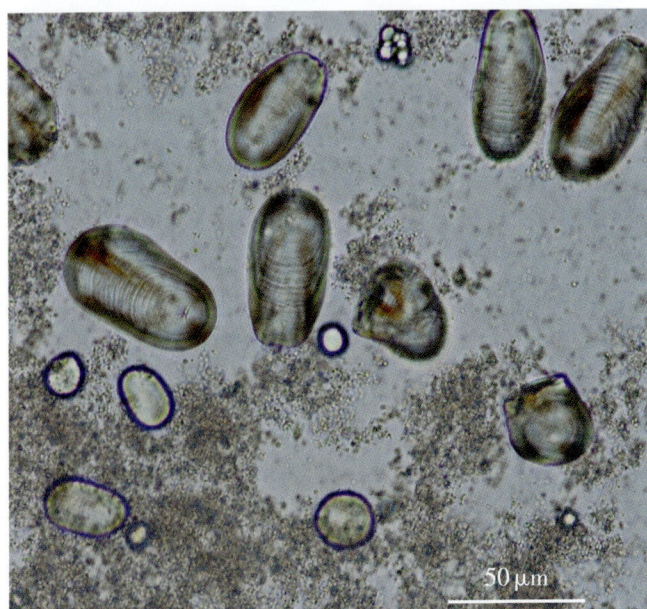

3. 样品载片X22m2hlx22143中的块根（茎）类植物淀粉粒

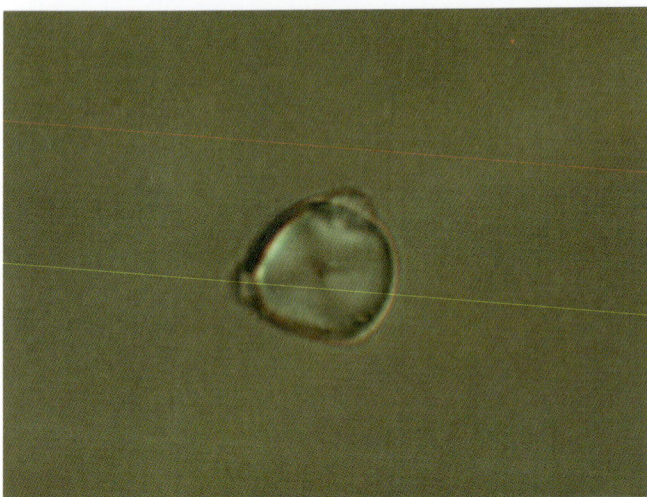

4. 藕（*N. nucifera*）的淀粉粒。粒径范围：17.0~68.7微米；平均粒径：45.4±12.6微米

彩图4-2　样品中的粟淀粉粒与块根（茎）类植物淀粉粒

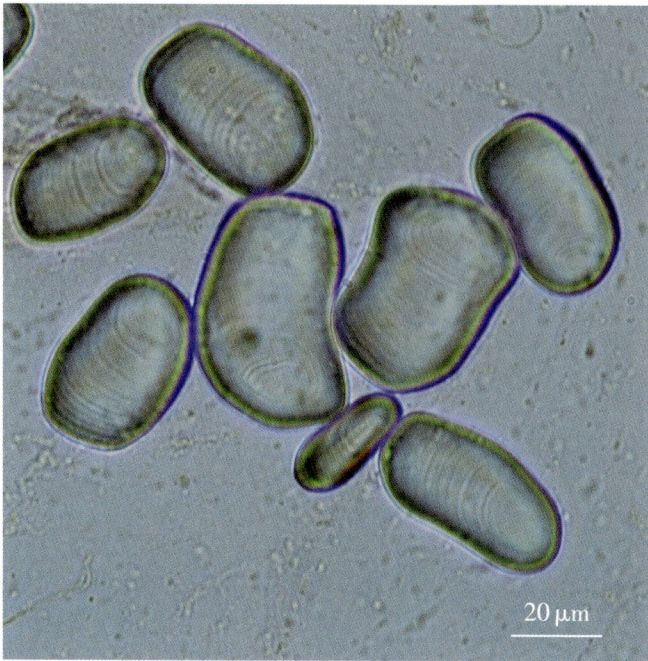

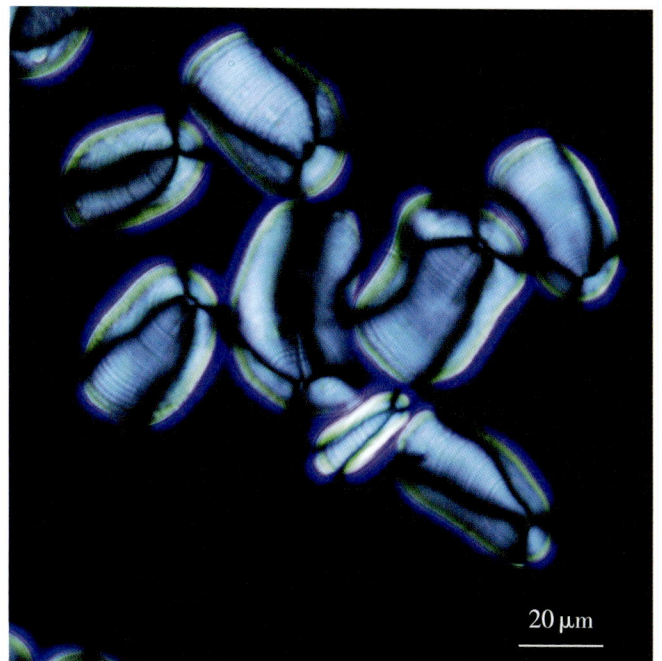

1. 山药（*Dioscorea opposita*）的淀粉粒。粒径范围：15.8–54.2微米；平均粒径：33.8±8.2微米

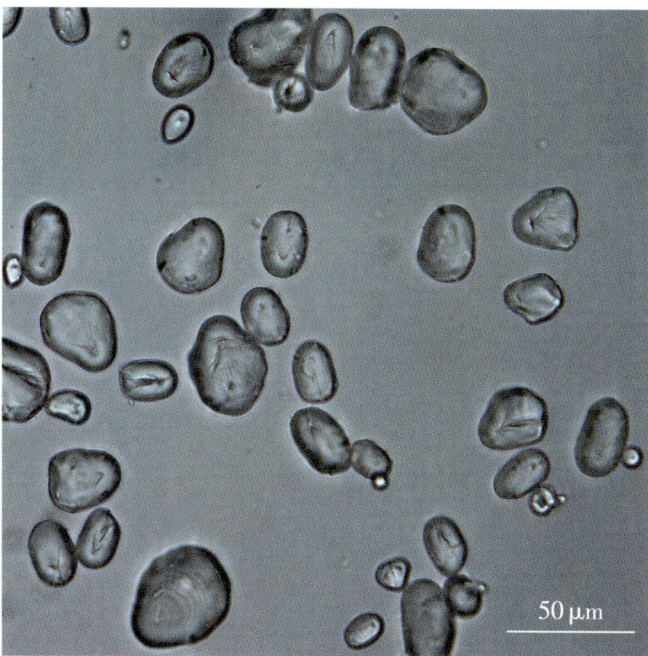

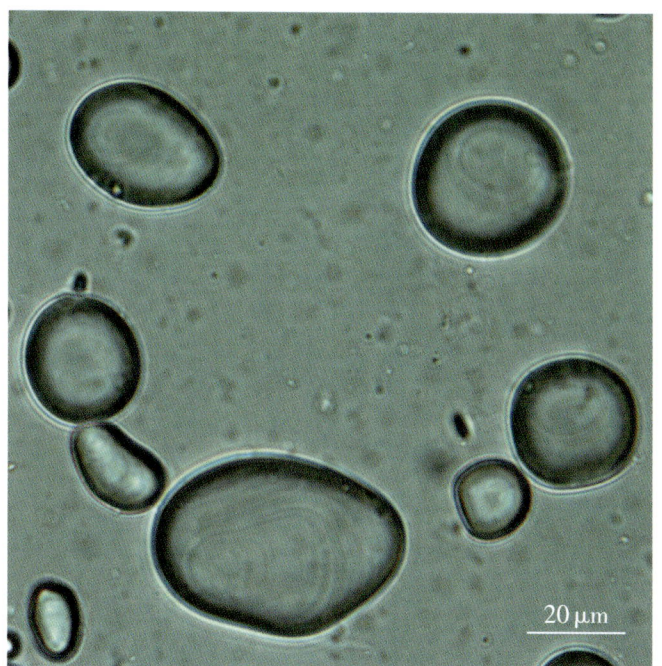

2. 川贝母（*Fritillaria cirrhosa D. Don*）的淀粉粒。粒径范围：3.1–46.2微米；平均粒径23.1±11.9微米

3. 兰州百合（*Lilium davidii*）淀粉粒。粒径范围：8.3–74.4微米；平均粒径：27.9±14.0微米

彩图4-3　山药、川贝母、兰州百合淀粉粒

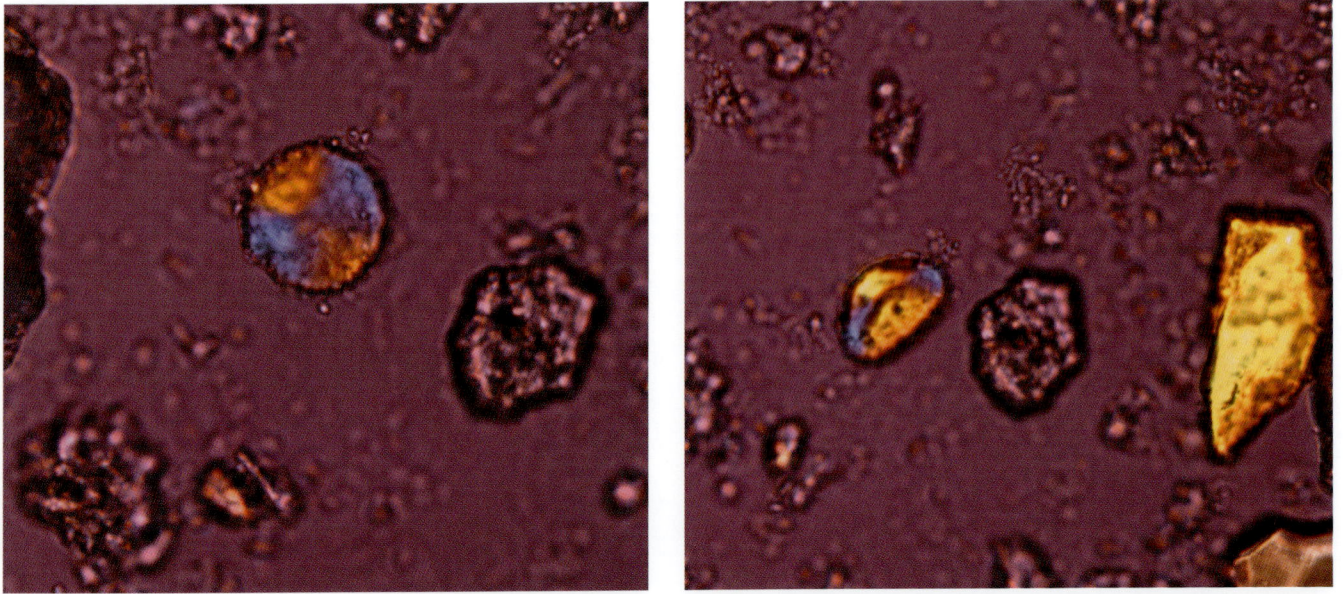

1. 样品载片X1m33hlxioffcpx中的禾本科早熟禾亚科植物淀粉粒（左图：正视；右图：侧视）

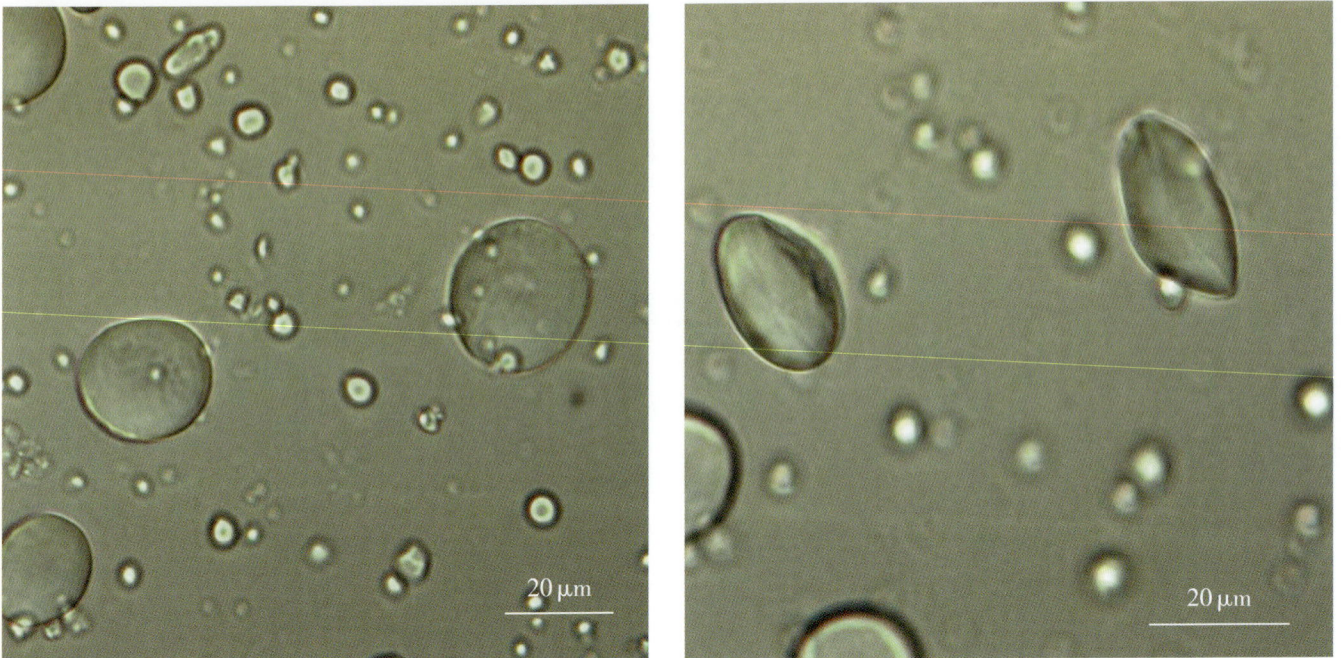

2. 小麦族小麦属普通小麦（*Triticum aestivum*）淀粉粒的正面观（左）和侧面观（右）。粒径范围：5.7–39.4微米；平均粒径：18.7 ± 8.8微米。

彩图4-4　样品中的禾本科早熟禾亚科植物淀粉粒与普通小麦淀粉粒

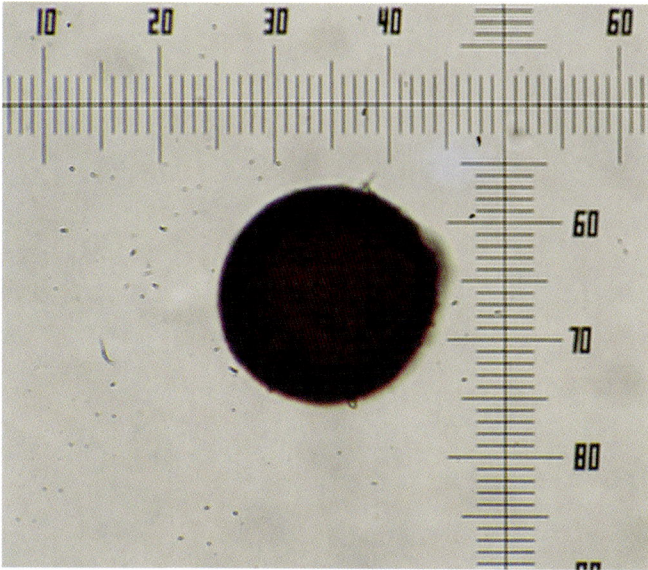

1. 腹土中的虫卵疑似物（400倍镜下，标尺每刻度为2.5微米）

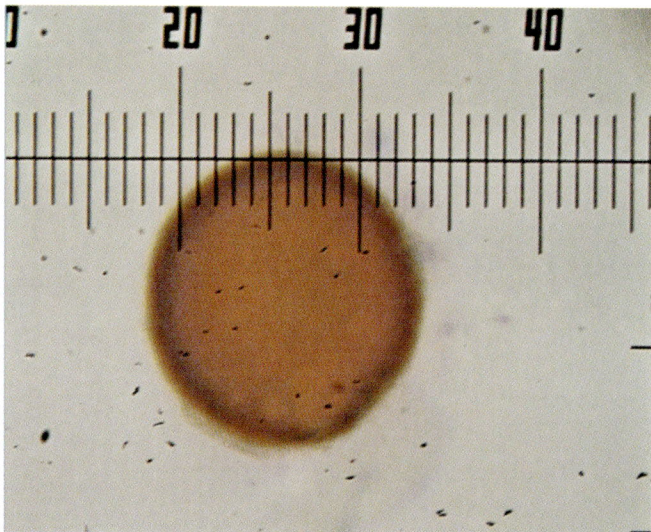

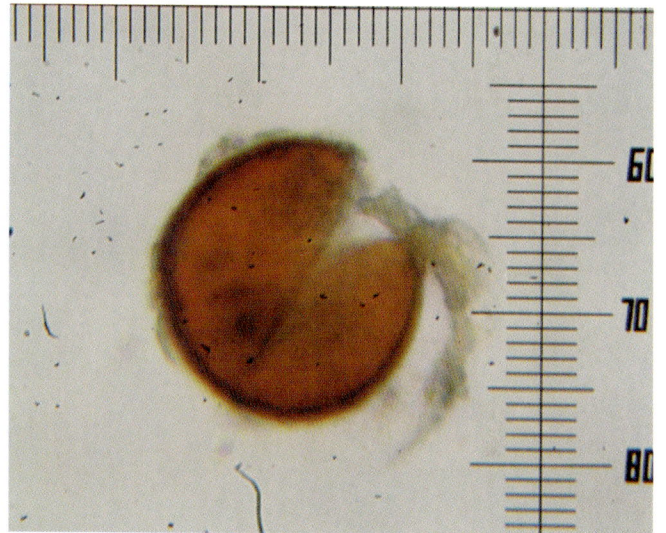

2. 疑似物经30%过氧化氢脱色后（左）、处理时间过长后裂开（右）（400倍镜下，标尺每刻度为2.5微米）

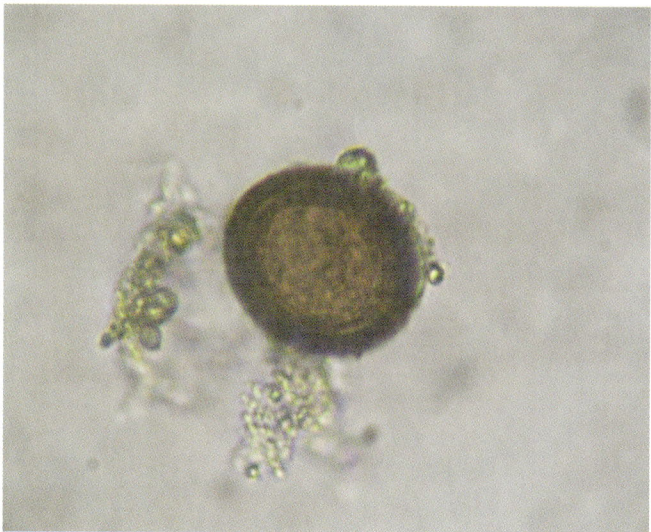

3. 现代带绦虫卵图

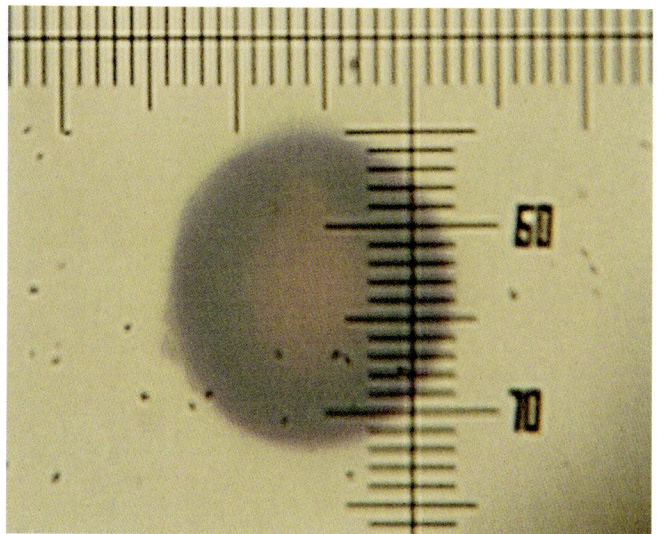

4. 现代带绦虫卵经30%过氧化氢处理后（400倍镜）

彩图4-5　腹土中的虫卵疑似物与现代带绦虫卵图

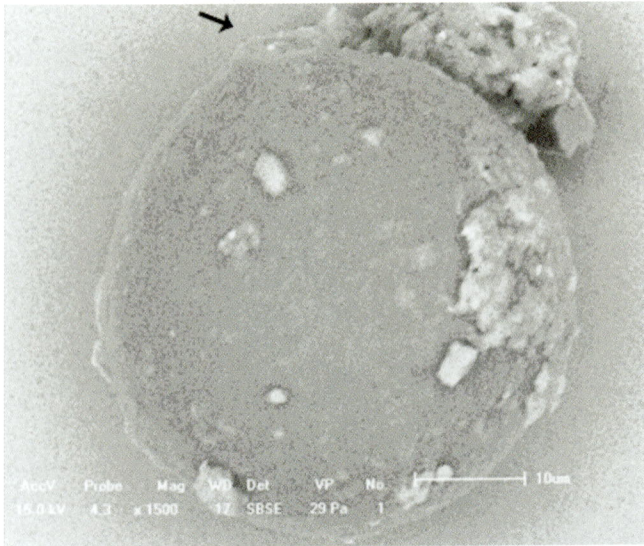

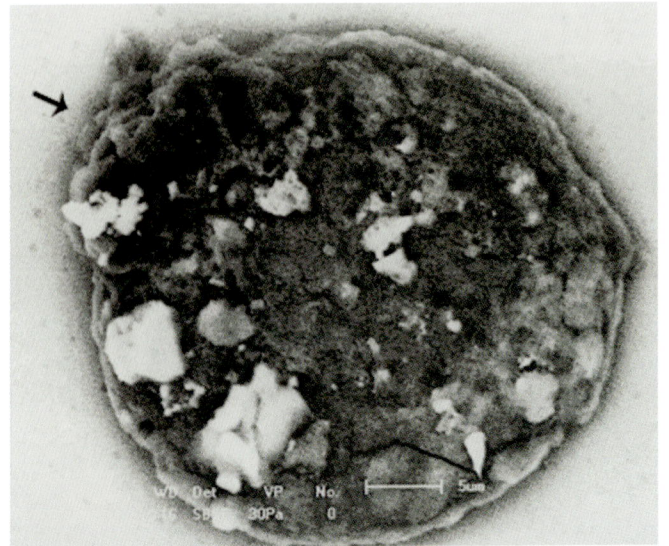

1. 扫描电镜下疑似物照片（左）、扫描电镜下现代带绦虫卵照片（右）

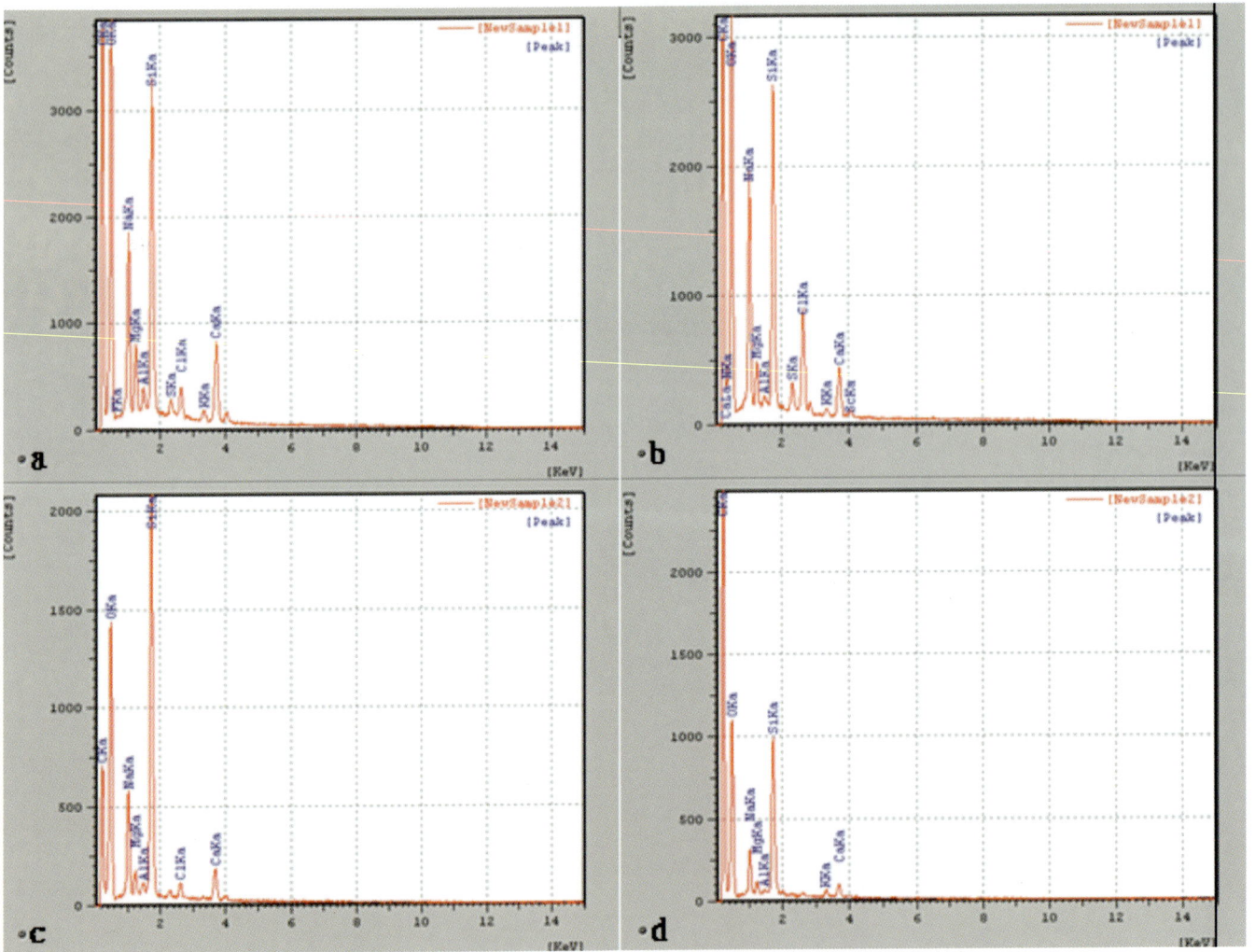

2. 西坡腹土虫卵（a）、现代带绦虫卵（b）、现代蛲虫卵（c）、梅花花粉（d）

彩图4-6　腹土中的虫卵疑似物与现代带绦虫卵、现代蛲虫卵、梅花花粉的对比

第五章　M27 填泥中植物印痕分析[*]

西坡墓地规模最大的墓葬 M27 有许多其他墓葬没有的特殊现象，用泥封填整个墓圹即是其中之一。该墓墓室盖板以上部分均用泥封填，填泥约 22 立方米。特别值得关注的是，泥中夹杂大量植物叶和禾本科的秸秆，虽然其有机质已经被腐蚀殆尽，但泥块上面保存了清晰的印痕，有些印痕虽不很完整，但残存部分结构很清晰，为我们提供了珍贵的植物分析材料。

因为填泥质地坚硬，用手铲等一般发掘工具难以清理，而且容易破坏植物印痕，我们经过反复实验，特制了小型的三齿耙，可以一小块一小块地揭取泥块，并保证植物印痕的基本完整。发掘过程中，对于几乎每块揭起的泥块中均有的芦苇印痕，只选择保存较好者进行了拍照和采集；对于其他种类的植物印痕，则全部进行了拍照和采集。因此，通过统计采集的标本和这些标本的照片基本可以反映各类植物在填泥中的大体数量和比例。

第一节　种属鉴定

大量植物印痕上还能看出叶子的基本构造特征，包括叶片大小、叶柄长度、叶片形状、叶尖形状、叶缘形状、叶基形状及叶脉的种类、数量和脉序等，参考《河南植物志》^①和《中国高等植物图鉴》^②中的植物学性状描述，可以推断这些植物的种类。需要说明的是，植物分类依据的主要指标包括植物的多种形态学特征，尤其是花和果实的形态特征，同时要参考解剖学、染色体数目、分子遗传学的分类信息，植物叶子的形态只是形态学特征的一部分。此外，一些叶子印痕不很完整，比如有的没有叶尖，有的没有叶缘等，妨碍了准确鉴定，有些我们只能判断为"疑似"某种植物的叶子，还有些无法确定其种属。下面是具体的植物种属鉴定结果。

一　芦苇

芦苇（*Phragmites communis* Trin.）属多年生草本植物，具有粗壮的根状茎。秆高 1～3

---

* 本章由中国社会科学院考古研究所王树芝撰写。
① 丁宝章、王遂义主编：《河南植物志》，第 1–4 册。
② 中国科学院植物研究所主编：《中国高等植物图鉴》，第 1–5 册，科学出版社。

米。叶片二列互生，呈条状披针形，中部或中部以下最宽，向上下两端渐狭。叶片纵径 15～45、横径 1.5～3.5 厘米。边缘光滑或粗糙。平行叶脉，即中脉和侧脉自叶片基部发出，大致平行，至叶片顶端汇合。侧脉与中脉之间有很小的叶脉连接。叶的基部扩大成鞘，包围着茎秆，称为叶鞘，为禾本科植物和兰科植物特有。芦苇秸秆上有节，叶鞘圆筒形（图 5-1）。

芦苇种下变种很多，广泛分布于世界各地，一般生于江河流域和湖区低洼沼泽地，也可在沙荒和盐碱地上生长，它的适应性很强，生态幅度广。嫩时可作饲料，秆可供编织。[①]

M27 填泥中芦苇叶、秆的印痕最多，清理填泥过程中，几乎每揭起一块泥均可见芦苇印痕（彩图 5-1），其他植物印痕往往与芦苇印痕同时出现，我们选取了 5 件标本。

标本 1，叶，披针形。保存上部和中部，可见清晰的主脉和平行侧脉，纵径 9.5、横径 1.5厘米。（彩图 5-1）

标本 2，叶，披针形。仅保存中部，平行叶脉，局部侧脉与主脉一样清晰，残纵径 5.5、横径 1.8 厘米。（彩图 5-1）

标本 3，叶，披针形。残段，可见清晰的平行叶脉，局部侧脉与主脉一样明显，残纵径3.8、横径 1.8 厘米。（彩图 5-1）

标本 4，叶，披针形。残段，平行叶脉，局部侧脉与主脉一样明显，残纵径 3.9、横径1.6 厘米。有叶鞘。（彩图 5-1）

标本 5，秸秆。残长 8.6、宽 1.1 厘米。秸秆上有突起的节。（彩图 5-1）

二 枣

枣树（*Zizyphus jujuba* Mill.），为落叶小乔木，高可达 10 米。枣树的枝有枣头、枣股和枣吊之分。枣头着生在枝的顶端，分为一次枝和二次枝，一次枝主要是营养生长，构成树体的骨架，二次枝又叫结果基枝，其上着生枣股，抽生枣吊开花结果。枣股是短缩的结果母枝，生长量小，每年只长 0.2 厘米左右。枣股顶端每年簇生 3～7 个呈螺旋状排列的小枝，称为"枣吊"。枣吊纤细，黄绿色，上边着叶、开花结果，所以称为果枝。秋后叶子先脱落，然后枣吊再脱落，因此，枣吊又称脱落性枝。枣叶生在枣吊之上，叶互生（一个叶着生每一节的一个面，而其上或其下的一个叶着生于节的另一面），叶片自枣吊基部向上，呈渐小的趋势。

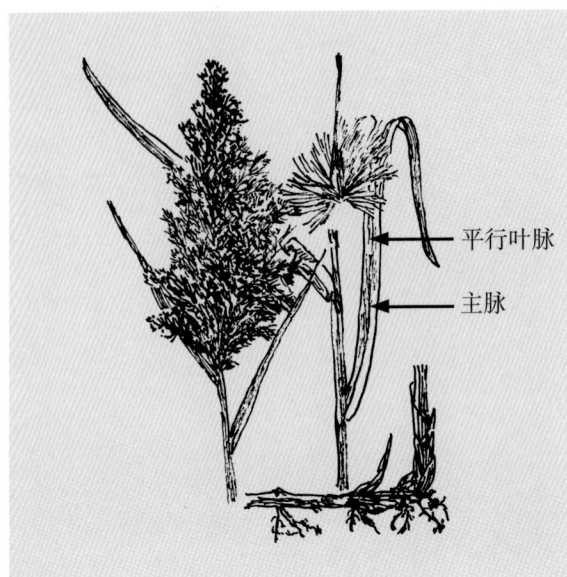

图 5-1　芦苇叶、秆的形态特征
（引自《中国高等植物图鉴》，科学出版社。以下正文中所引插图均同此出处，不再一一注明）

平行叶脉
主脉

① 中国科学院植物研究所主编：《中国高等植物图鉴》，第 5 册，科学出版社，2002 年，第 48 页。

叶形有长圆形、卵圆形至卵状披针形，叶片纵径 2.5～7、横径 1.5～3.5 厘米，叶柄长 2～7 毫米。叶端尖或钝，叶基不对称，呈楔形、心脏形或近圆形，稍偏斜。叶边缘具细钝锯齿。叶表面光滑，上有三主脉，均由基部发出，即所谓"基生三出脉"。中脉延至叶顶，两侧主脉至近上部几乎成环，基部侧脉与中脉的夹角为 30°～60°。二次脉（从主脉上分出的叶脉）明显，三次脉呈网状。（图 5 -2）

对酸枣（*Zizyphus jujube* var. spinosa Hu）的形态学特征、生物学特性、细胞学、同工酶几个方面的研究显示，枣与酸枣具有亲缘关系，枣由酸枣演化而来，在演化过程中性状逐渐发生变化。与枣叶相比，酸枣叶的枣吊短、枣叶小、叶缘锯齿细密。现

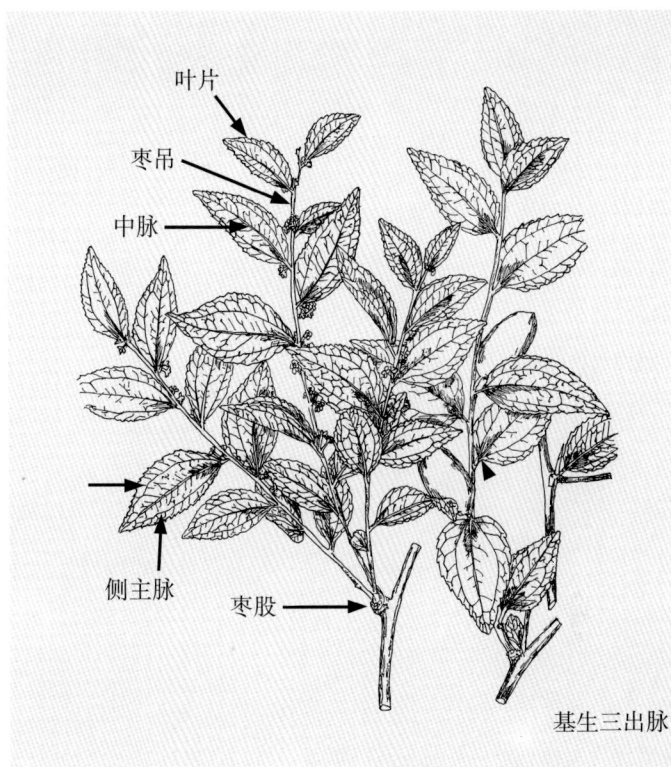

图 5 - 2　枣树枝叶的形态特征

代酸枣叶叶形有椭圆形、长椭圆形、卵圆形至卵状披针形等，叶片纵径 2.2～6、横径 1.2～2.8 厘米，叶柄长 1～3 毫米。先端钝尖，叶基不对称，基部主要呈圆形，少数呈楔形。基生三出脉，中脉较粗而长，近直伸，侧主脉与中脉夹角 30°左右，弧曲，向前伸至叶顶处。叶革质。[1]

基生三出脉、二次脉、三次脉、侧脉夹角、锯齿类型等特征是植物叶片中较稳定的性状，利用这些特征进行鉴定，可以较准确地辨别枣和酸枣。

枣树为我国特产，主要分布在黄河中下游地区。河北、河南、山东、陕西、山西等省为主要产区。河南各地均有栽培，以内黄、新郑、中牟、永城、濮阳、开封、灵宝等县最多。枣的栽培历史悠久，品种繁多，灵宝的圆枣是其中的一个主要栽培品种，驰名中外。灵宝圆枣也叫灵宝大枣、屯屯枣、疙瘩枣，分布于河南西部和陕西西南部交界的黄河两岸。集中产区有河南的灵宝、陕县和新安等。据《灵宝县志》[2] 记载，该县明朝时已大量栽种，距今有 400 多年的历史，现在当地还有树龄 300 多年的大枣树。

枣的营养价值很高，含糖量高达 62.41%～77.35%，可生食，也可加工成各种食品，有滋补强壮的功效，根和树皮供药用；木材坚实，纹理细致，可供农具、车辆等用。[3]

酸枣产于辽宁、内蒙古、河北、山东、山西、河南、陕西、甘肃、宁夏、新疆、江苏、

---

①　曲泽洲、王永惠主编：《中国果树志·枣卷》，中国林业出版社，1993 年，第 36 页。

②　灵宝县地方史志编纂委员会：《灵宝县志》，中州古籍出版社，1992 年，第 32 页。

③　丁宝章、王遂义主编：《河南植物志》，第 1 册，河南人民出版社，1978 年，第 575 - 576 页。

安徽，生于低山、丘陵、平原。核仁入药，有镇静安神之效，主治神经衰弱、失眠等症。果肉富含维生素 C，可生食及做果酱。花芳香多蜜腺，为华北地区重要蜜源树种。①

M27 填泥里有较多的枣吊和枣叶，酸枣吊和酸枣叶，我们选取了其中 6 件较完整的标本。

1. 枣

标本 1，残枣吊，保留 3 片叶子。叶片 1，左边缘与叶片右半片已残，由残存部分估计，纵径2.5、横径1.5 厘米，保留了基生三出脉的中脉和叶基部左侧的一个侧主脉，侧主脉与中脉的夹角为 45°，中脉延至叶顶，二次脉清晰，三次脉较清晰，呈网状。叶片 2，左侧被叶片 1 叠压，顶端、右侧和下部破损，仅保存中部，可见清晰的中脉。叶片 3，只可见右半部，可见清晰的侧主脉、二次脉和网状三次脉。（彩图 5 - 2）

标本 2，叶片。左边和右上部残，有叶柄。叶片纵径2.5、横径1.5 厘米，叶柄2.2 毫米，保留了基生三出脉的中脉、左侧主脉的下部和右侧主脉的大部分，侧主脉与中脉的夹角为 60°，中脉延至叶顶，二次脉清晰，三次脉呈网状。（彩图 5 - 2）

2. 酸枣

标本 1，残枣吊，保留 4 片叶子。叶片 1，边缘残损，先端钝，纵径约2.5、横径1.3 厘米，保留了基生三出脉的中脉和叶基部的左侧主脉，侧主脉与中脉的夹角小于 30°，中脉延至叶顶，二次脉，三次脉呈网状。叶片 2，大部分被叶片 3 遮住，仅露出叶尖部分，叶尖稍尖。叶片 3，纵径1.5、横径0.8 厘米，有清楚的中脉。叶片 4，右下部被叶片 3 遮住，纵径约2.5、横径1.3 厘米，保留了基生三出脉，中脉和侧主脉间夹角小于 30°。（彩图 5 - 2）

标本 2，叶子。纵径1.8、横径0.6 厘米，保留了基生三出脉的中脉和叶基部的右侧主脉，二次脉清晰，三次脉呈网状。侧主脉与中脉的夹角小于 30°。（彩图 5 - 2）

标本 3，叶子。左下部残，顶部被一芦苇秸秆覆盖，纵径约2.0、横径1.3 厘米，保留了基生三出脉的中脉和叶基部的一对侧主脉，三次脉呈网状。侧主脉与中脉的夹角小于 30°。（彩图 5 - 2）

标本 4，叶子。上部有残破处，纵径约2.0、横径1 厘米。保留了基生三出脉的中脉和叶基部的一对侧主脉，三次脉呈网状。侧主脉与中脉的夹角明显小于 30°。（彩图 5 - 2）

三　野茉莉

野茉莉（*Styrax japonica* Sieb. et Zucc.），又名灰驴腿。落叶小乔木，高 3 ~ 8 米，胸径 12 厘米。树皮暗褐色。嫩枝细长伸展，被星状柔毛。叶互生，椭圆形至长椭圆状椭圆形，纵径 2 ~ 8、横径1.5 ~ 4 厘米，先端急尖至渐尖，基部楔形，边缘有浅锯齿。叶脉在背面突起，侧脉7 ~ 8 对，第三级小脉近平行，叶柄长 3 ~ 5 毫米。花芳香，总状花序，花多数有柄，排列于一不分枝的主轴上，花梗纤细下垂，花萼钟状，有 5 条浅裂。果实球形至卵形，长 8 ~ 13 毫米，顶端具短尖头。种子淡黄色，平滑，有 5 条浅纵裂。花期5 ~ 6 月，果期7 ~ 9 月，果熟期9 ~ 11 月。（图 5 - 3）

分布于秦岭及黄河以南各省区。在河南，产于大别山、桐柏山和伏牛山区，生于山坡或

① 郑万均主编、《中国树木志》编辑委员会编：《中国树木志》，第 3 卷，中国林业出版社，1997 年。

山谷杂木林中。

共发现 4 件标本，包括 1 件叶子标本和 3 件果实标本。

标本 1，残叶。椭圆状椭圆形，纵径约 3.3、横径 1.7 厘米，第三级小脉近平行。（彩图 5 - 3）

标本 2，果实。总状花序。花梗纤细，果实球形至卵形，长 8 毫米，顶端具短尖头。（彩图 5 - 3）

标本 3，果实。总状花序。花梗纤细，果实球形至卵形，长 7 毫米，顶端具短尖头。（彩图 5 - 3）

标本 4，果实。总状花序。花梗纤细，果实球形至卵形，长 7 毫米，顶端具短尖头。（彩图 5 - 3）

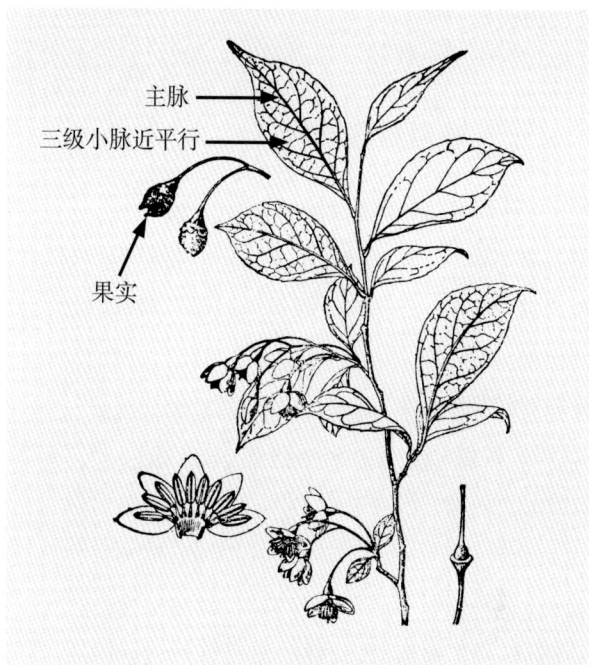

图 5 - 3　野茉莉叶子和果实的形态特征

四　疑似旱柳

旱柳（*Salix matsudana* Koidz.），落叶乔木，高可达 14 米。树皮暗灰色，粗糙，深裂。横径 1 ~ 1.5 厘米，少数横径可 2 厘米。叶中部或中部略下最宽，向上、下两端渐狭，顶端尖，基部圆形、少数近楔形，边缘有尖锐小锯齿，叶柄短。托叶（即叶柄基部、两侧或腋部所着生的细小绿色或膜质片状物，通常先于叶片长出，并于早期起着保护幼叶和芽的作用）披针形，无或有腺齿（托叶边缘的齿状物），早落（有些植物的托叶的存在是短暂的，随着叶片的生长，很快就脱落，仅留下一个不为人所注意的着生托叶的痕迹，称为托叶早落），羽状脉（侧脉由中脉分出排成羽毛状）。（图 5 - 4）

分布于我国东北、西北、华北、中南及

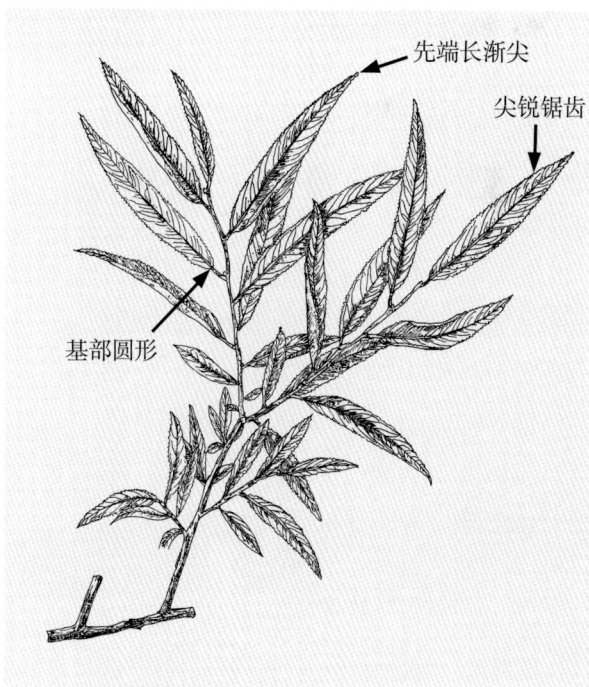

图 5 - 4　旱柳叶的形态特征

安徽、江苏、四川等省（区）。木材柔韧，可供建筑、器具、薪炭等用。枝条可编筐。花期早而长，为早春的主要蜜源植物。根及叶入药。①

①　丁宝章、王遂义主编：《河南植物志》，第 1 册，河南人民出版社，1978 年，第 199 页。

取到 1 件标本，为叶子背面。叶披针形，纵径 4.1、横径 1 厘米，基部圆形，边缘有腺状尖锐锯齿，叶柄短，侧脉由中脉分出排成羽毛状。（彩图 5-4）

五　疑似五蕊柳

五蕊柳（*Salix pentandra* L.），灌木或小乔木。叶呈卵状长圆形或椭圆状披针形，纵径 5 ~ 13、横径 2 ~ 4 厘米。顶端渐尖或呈钝形，尖头延长，但有内弯的边，中部以下向基部两边渐狭、形如楔子，边缘有腺锯齿，叶柄长 2 ~ 14 毫米，上端边缘有腺点。托叶长圆形或宽卵形，羽状脉。（图 5-5）

今主要产于河南伏牛山区的卢氏、栾川、嵩县、西峡、南召、内乡、淅川等县，生于海拔 1000 米以下的山坡或山谷河边。树皮及叶可提制栲胶，枝条可供编织。①

取到 3 件叶子标本。

标本 1，叶。除无叶柄外，保存完好。椭圆状披针形，纵径 5.5、横径约 2 厘米，顶端钝形，边缘有具腺锯齿，羽状脉。（彩图 5-4）

标本 2，叶。无叶柄，上面残缺。椭圆状披针形，残叶纵径 1.5、横径约 1.2 厘米，羽状脉。（彩图 5-4）

标本 3，叶。叶尖和叶柄基本残缺。椭圆状披针形，残叶纵径 4.2、横径 1.5 厘米，羽状脉。（彩图 5-4）

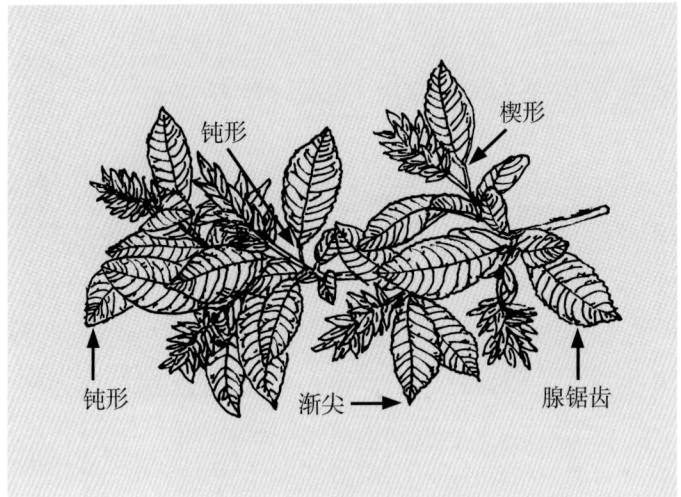

图 5-5　五蕊柳叶的形态特征

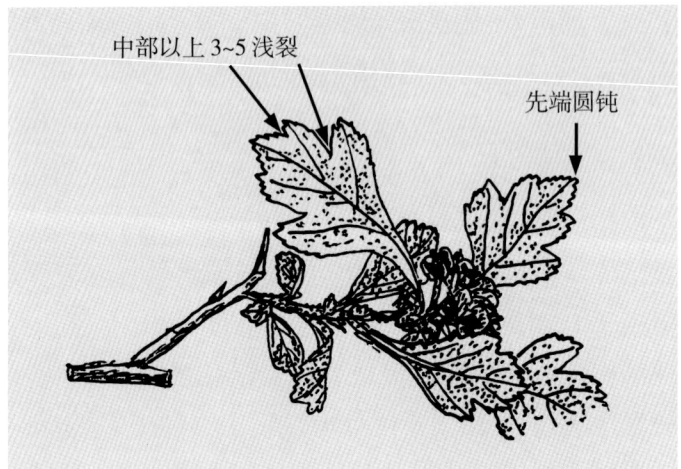

图 5-6　野山楂叶的形态特征

六　疑似野山楂

野山楂（*Crataegus cuneata* Sieb. et Zucc.），又名华中山楂，落叶灌木，高约 7 米。刺粗壮，长 1 ~ 2.5 厘米。幼枝具白色绒毛，老枝灰褐色，无毛或近无毛。叶卵形或倒卵形，形如鸡卵，中部以上较宽，少数近三角圆形，顶端急尖或圆钝，边缘有锐锯齿，纵径 2 ~ 6、横径 1 ~ 4.5 厘米，基部楔形，边缘有尖锐重锯齿，中部以上常有 3 ~ 5 处浅裂。叶柄长 2 ~ 2.5 厘米。主脉、侧脉明显。（图 5-6）

---

① 丁宝章、王遂义主编：《河南植物志》，第 2 册，河南科学技术出版社，1988 年，第 173 页。

今分布于陕西、甘肃、浙江、湖北、四川、云南等省；在河南，主要产于伏牛山区、卢氏、栾川、嵩山、西峡、南召、内乡等县；生于海拔 1000 米以上的山坡或山谷杂木林中。果实可食或酿酒。[①]

取到 1 件叶片标本。叶子保存中部以上部分，可见浅裂部位。纵径 1.7、横径 2 厘米，主脉、侧脉明显，边缘有尖锐重锯齿，中部以上有 4 处浅裂。（彩图 5 - 4）

七　疑似柿

柿（*Diospyros kaki* L. f.），落叶乔木，高 5～12 米。树皮鳞状片开裂，灰黑色。小枝灰褐色。叶革质，呈椭圆状卵圆形、长圆状卵圆形、长圆形或倒卵形，纵径 7～20、横径 4～12 厘米，顶端渐尖，基部呈宽楔形或近圆形；网状叶脉，沿叶脉密生淡褐色的柔毛。叶柄粗壮，长 1～1.8 厘米。（图 5 - 7）

今分布于长江流域以南各省区，河南产 1 属、3 种、1 变种、1 变型。果品可酿酒或制柿饼，柿霜及柿蒂入药，柿漆供油伞。木材坚硬，纹理细致，可作器具、家具，心材带黑色，称乌木。[②]

取到 1 件叶片标本。保存 1/2 叶片大小。残纵径 3.7、残横径 2.2 厘米，主脉、侧脉明显，侧脉尾部几乎与主脉平行，网状叶脉。（彩图 5 - 4）

八　疑似毛白杨

毛白杨（*Populus tomentosa* Carr.），落叶乔木，高 25～30 米。树皮灰白色，光滑。小枝幼时被灰色绒毛。长枝上的叶三角状卵圆形，纵径 10～15、横径 8～12 厘米，顶端锐尖，基部心脏形或截形（基部平截而近直线）；老树上的叶较小，有波状齿；短枝上的叶更小，卵圆或三角状卵圆形。叶柄长 2.5～5.5 厘米。叶扁平，主脉明显，分出多重枝脉，小脉互相联结，形成网状叶脉。（图 5 - 8）

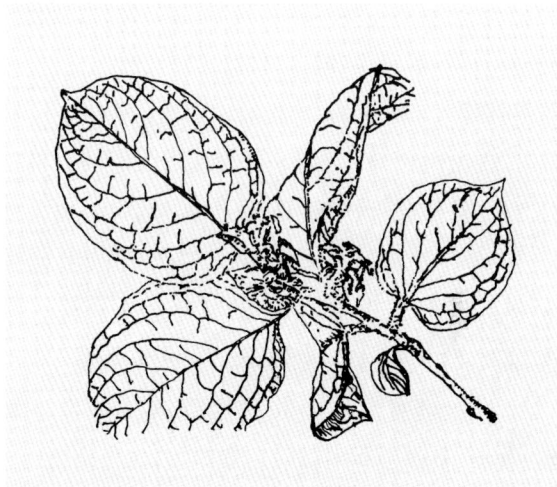

图 5 - 7　柿叶的形态特征

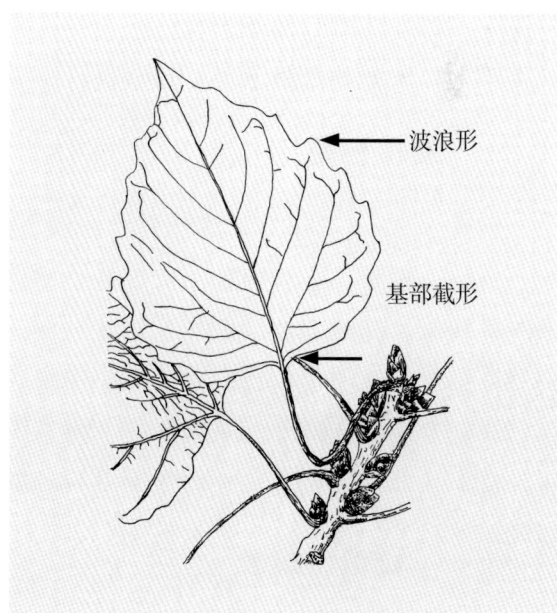

波浪形

基部截形

图 5 - 8　毛白杨叶的形态特征

---

① 丁宝章、王遂义主编：《河南植物志》，第 2 册，河南科学技术出版社，1988 年，第 173 页。

② 丁宝章、王遂义主编：《河南植物志》，第 3 册，河南科学技术出版社，1997 年，第 225 页。

今河南各地均有栽培。为本属中材质优良的速生用材树种。木材可供建筑、家具等用。树皮含鞣质 5.18%，可提制栲胶。嫩枝及叶入药，有消肿解毒之效，煎水外洗治无名肿疡。[①]

取到 1 件叶片标本。只保存下部的 1/3 大小，叶柄和上部残缺。残纵径长 3.9、横径 3 厘米（正在生长的小叶子），网状叶脉，基部截形，有波浪状齿。（彩图 5 - 5）

九 疑似山杨

山杨（*Populus davidiana* Dode.），落叶乔木，高 25 米。萌发枝上的叶较大，三角状卵圆形，基部为心脏形，叶柄较短；长枝和短枝上的叶多变化，呈三角状圆形、卵状圆形、菱状圆形至近圆形，纵径 3.5 ~ 6、横径 3 ~ 5.5 厘米，先端短尖，基部钝圆形或多少有点楔形，边缘有波状浅齿。叶柄扁，细长，长 4 ~ 5 厘米。网状脉。（图 5 - 9）

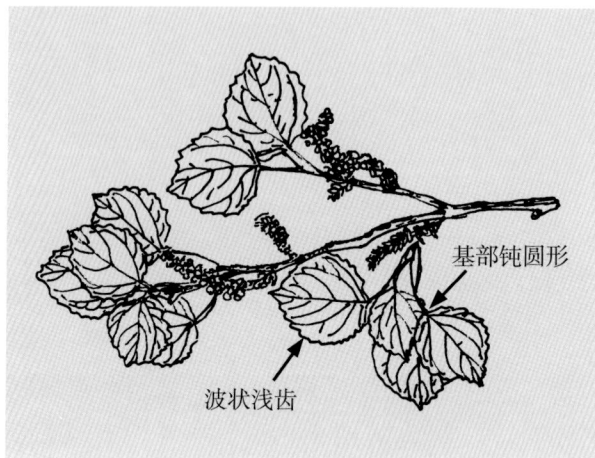

图 5 - 9 山杨叶的形态特征

今产河南太行山和伏牛山区，多生于海拔 1000 米以上的山坡，与其他阔叶树混生，也可形成块状纯林。为强阳性树种，对土壤要求不严。木材轻软而有弹性，为建筑、家具原料。叶可作饲料。树皮含鞣质，可作栲胶原料。根皮入药，驱蛔虫、治腹痛及肺热咳嗽。[②]

发现了 1 件叶片标本。无叶柄，叶尖不完整，但基本上保存了半个叶身。残纵径 5.0、横径 3 厘米，主脉和枝脉明显，呈网状，边缘有波状浅齿。（彩图 5 - 5）

十 疑似杨属

杨属（*Populus* sp.），落叶乔木，树干端直，树皮光滑或有纵沟，多为灰白色。枝有顶芽，具数个鳞片，常有树脂。叶互生，多呈卵圆形、卵圆状披针形或三角状卵圆形，边缘有锯齿或牙齿（边缘具尖锐的齿，齿端外向），有时有浅裂。叶柄长，圆柱形，基部常有腺体。

今分布于北温带，我国主要分布于东北、华北、西北及西南各省区。[③]

取到 1 件叶片标本。只保存叶子的 1/3 大小。残叶纵径 3.6、横径 3 厘米，主脉、侧脉明显，有网状叶脉以及边缘牙齿状锯齿。（彩图 5 - 5）

十一 疑似山胡椒

山胡椒（*Lindera glauca* Sieb. et Zucc.），又名牛筋条、车轮条、假死柴、小叶甘橿，落叶灌木或小乔木，高达 6 米。树皮平滑，灰白色。小枝深灰色或灰棕色，幼时有毛。叶互生或

① 丁宝章、王遂义主编：《河南植物志》，第 1 册，河南人民出版社，1978 年，第 173 页。

② 丁宝章、王遂义主编：《河南植物志》，第 1 册，河南人民出版社，1978 年，第 172 页。

③ 丁宝章、王遂义主编：《河南植物志》，第 1 册，河南人民出版社，1978 年，第 164 页。

近对生，叶革质，椭圆形或倒卵形，纵径 4~9、横径 2~4 厘米，顶端宽急尖，基部圆形或渐尖，有羽状叶脉，叶柄长 3~6 毫米。冬季叶枯而不落。（图 5-10）

　　今产于河南大别山、桐柏山和伏牛山，生于山坡灌丛及疏林中。种仁含油量 39.24%，供制肥皂及润滑油。叶与果皮含芳香油，可配制皂及化妆品香精。叶、根及果入药，叶有清热解毒、消肿止痛之效，可治各种疮疖肿毒；根治风湿麻木、筋骨疼痛、跌打损伤等症；果治中风不语。根、枝、叶还作兽药，治牛咳嗽、膨胀、喉风、风湿、软脚病等症。木材坚硬致密，可作农具柄，常用以作车轴。①

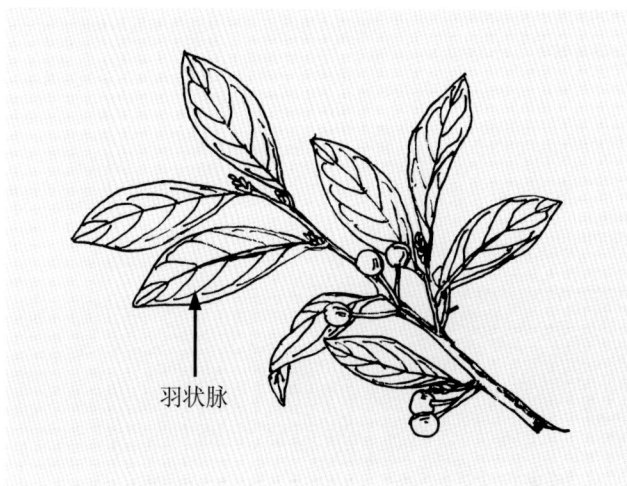

图 5-10　山胡椒叶的形态特征

　　共取到 3 件叶片标本。

　　标本 1，叶子。近顶部残。椭圆形，残纵径 3.7、横径 2 厘米，基部渐尖，主脉、侧脉明显，网状叶脉。（彩图 5-5）

　　标本 2，叶子背面。椭圆形，残纵径 3.8、横径 2 厘米，基部渐尖，主脉、侧脉明显，网状叶脉。（彩图 5-5）

　　标本 3，2 片叶子。上面的 1 片叶子较大，下面的 1 片叶子较小。上面的叶子呈倒卵形，残纵径 3.3、横径 2 厘米。两片叶子均主脉、侧脉明显，网状叶脉。（彩图 5-5）

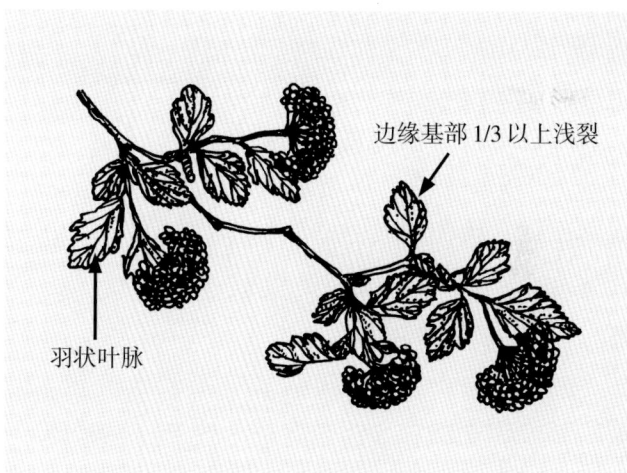

图 5-11　毛花绣线菊叶的形态特征

十二　疑似毛花绣线菊

　　毛花绣线菊（*Spiraea dasyantha* Bunge.），又名石棒子，灌木，高 1~3 米。枝呈"之"字形弯曲，幼时被密绒毛，老时脱落。叶菱状卵圆形，纵径 2~4.5、横径 1.5~3 厘米，边缘基部 1/3 以上有缺刻状锯齿或浅裂，羽状叶脉，叶柄长 2~5 毫米，具绒毛。（图 5-11）

　　产河南太行山区济源、辉县、林县及伏牛山区灵宝、登封卢氏等县，生于山坡或灌丛中。枝叶煎水服治腹泻。②

　　共发现 4 件叶片标本。

①　丁宝章、王遂义主编：《河南植物志》，第 1 册，河南人民出版社，1978 年，第 545 页。
②　丁宝章、王遂义主编：《河南植物志》，第 2 册，河南科学技术出版社，1988 年，第 153 页。

标本1，上下2片叶。保存较完整。叶菱状卵圆形，纵径2.3、横径1.5厘米，边缘基部1/3以上具浅裂，羽状叶脉。（彩图5-6）

标本2，叶子。保存较完整。叶菱状卵圆形，纵径2.7、横径1.5厘米，边缘基部1/3以上具浅裂，羽状叶脉。（彩图5-6）

标本3，叶子。保存较完整。叶菱状卵圆形，纵径3.4、横径1.5厘米，边缘基部1/3以上具浅裂，羽状叶脉。（彩图5-6）

标本4，上下2片叶。保存不完整。叶菱状卵圆形，上片残叶纵径3.2、横径2厘米，下片叶边缘基部1/3以上具浅裂，羽状叶脉。（彩图5-6）

十三　疑似苦参

苦参（*Sophora flavescens* Ait.），亚灌木，高1.5~3米。羽状复叶（两片至多片分离的叶片生在一个总叶柄或叶轴上，又可分为羽状复叶和掌状复叶。羽状复叶是指侧生小叶排列在总叶柄的两侧呈羽毛状的复叶）。复叶长20~25厘米，一片复叶包括小叶11~25个，小叶呈披针形或线状披针形，少量为椭圆形，纵径3~5、横径1.2~2厘米，顶端渐尖，基部圆形或宽楔形，近无柄或短叶柄。（图5-12）

今产于河南各山区及沙区，生于沙地、河岸及山坡向阳处。根入药，有利尿、健胃、驱虫、清热解毒之效，又治赤痢、肠出血及血痔等症，民间用来治痢疾及肠炎效果显著。茎皮纤维可纺织麻袋。种子可作农药。[1]

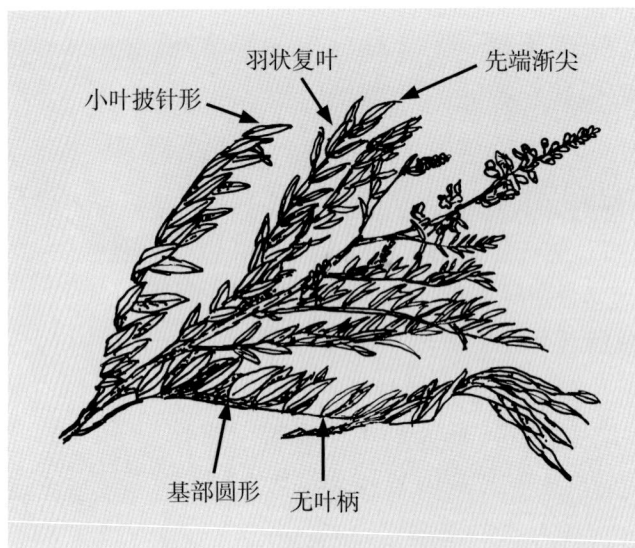

图5-12　苦参叶的形态特征

共发现了4件叶片标本，小叶纵径均不足3厘米，可能处于生长期。

标本1，羽状复叶，残存5个小叶片。小叶披针形，纵径2.5、横径1.0厘米，顶端渐尖，基部圆形或宽楔形。（彩图5-7）

标本2，羽状复叶，残存3个小叶片。小叶披针形，纵径3.1、横径0.7厘米，顶端渐尖，基部圆形或宽楔形。（彩图5-7）

标本3，羽状复叶，残存5个小叶片。小叶披针形，纵径2.0、横径0.7厘米，先端渐尖，基部圆形或宽楔形。（彩图5-7）

标本4，羽状复叶，残存3个小叶片。小叶披针形，纵径2.0、横径0.7厘米，先端渐尖，基部圆形或宽楔形。疑似苦参。

---

① 丁宝章、王遂义主编：《河南植物志》，第2册，河南科学技术出版社，1988年，第298页。

十四　疑似菱叶海桐

菱叶海桐（*Pittosporum truncatum* Pritz），灌木，高 1~3 米。小枝圆形，呈轮生状。叶聚生枝端，革质，菱状倒卵形，纵径 2.5~9、横径 1.5~4 厘米，顶端短渐尖，基部渐狭，全缘（叶缘成一连续的平线，不具任何齿或缺刻）或微波状。叶柄长约 5 毫米，少量长 10~15 毫米，侧脉 7~9 对。（图 5－13）

产于河南伏牛山区南部的西峡、内乡、南召、淅川及大别山区的信阳、罗山、商城、新县等县，生于山坡及山谷杂木林中。①

共发现了 3 件叶片标本。

标本 1，1 个叶片。菱状倒卵形，纵径 3.1、横径 1.5 厘米，基部渐狭，叶脉 5 对。（彩图 5－7）

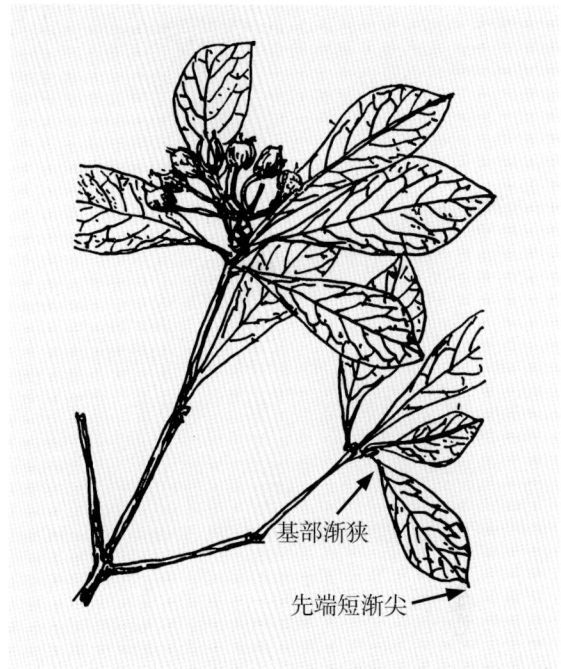

基部渐狭

先端短渐尖

图 5－13　菱叶海桐叶的形态特征

标本 2，2 个叶片。两片叶子基部相对。菱状倒卵形。右边叶子保存状况较好，纵径 4.0、横径 1.5 厘米，基部渐狭，叶脉 7 对。（彩图 5－7）

标本 3，1 个叶片。菱状倒卵形，纵径 1.7、横径 1.0 厘米，基部渐狭，叶脉 4 对。基部包裹泥块。（彩图 5－7）

上述鉴定结果除了芦苇、野茉莉、枣和酸枣之外，旱柳、五蕊柳、苦参、菱叶海桐、毛花绣线菊、山胡椒、毛白杨、山杨、杨属、柿和野山楂只能鉴定为疑似。

另外，还有一些叶子印痕杂乱叠加，或是叶尖、叶缘被泥土包裹残断，叶子印痕很不完整，无法确定其种属，现也择一些发表（彩图 5－8），以展现 M27 填泥中植物叶子的总体面貌。

第二节　几点认识

一　M27 墓主人下葬的时间

从树叶的大小和保存状况看，它们都是处于生长期的嫩叶。

首先，从叶片出土情况看：未看到叶子折断、皱缩的情况，一些叶子包裹泥块并且表面很舒展。如果是干燥的落叶，叶子应该有折断和褶皱现象。叶子包着泥块，说明叶子是未失水的新鲜叶子，而不是秋后落叶。

其次，泥中包含一些枣和酸枣的带叶枣吊。枣树自然脱落应该是叶子先脱落，然后枣吊

---

① 丁宝章、王遂义主编：《河南植物志》，第 2 册，河南科学技术出版社，1988 年，第 123 页。

再脱落，脱落后叶子和枣吊是分离的，而遗址出土的枣吊上面着生叶子，说明枣吊和枣叶均非自然脱落。

枣树的物候期比一般果树短，生长发育要求较高的温度，春季气温 13～14℃时芽才开始萌动，气温达 18～20℃时，枝叶才达到生长高峰。例如，婆枣 5 月 3 日前后展叶，10 月中下旬落叶①。我们在 2006 年 5 月 3 日观察了遗址附近的枣树，发现其叶子比出土的枣树叶子偏小，说明出土枣树叶子晚于 5 月 3 日。向当地果树工作者询问，枣树落叶在 10 月下旬。由此推断，墓主人死亡时间应该在相当于现在 5 月中旬与 10 月中旬之间的季节中。

野茉莉的叶子和果实的识别为我们提供了更精确的下葬时间。野茉莉的果期在 7～9 月，果熟期在 9～11 月②，由于发现的果实印痕偏小，说明果实尚处于果期，而没到果熟期，因此，可进一步判定墓主人下葬的时间为相当于现代 7～9 月的季节。

二　泥里加入叶子很可能是一种有意识的活动

在泥中加入芦苇是西坡遗址的普遍现象。除 M27 外，在其他墓葬封盖墓室的泥中也常见芦苇印痕；西坡遗址房屋居住面均包含多层垫土，其中也有掺杂了芦苇的泥层。芦苇属多年生草本植物，具有粗壮根状茎，但在对 M27 和其他墓葬填泥内所含芦苇的鉴定中，未发现粗壮根状茎，泥中所加的只是芦苇的地上部分。这表明芦苇不是在取泥过程中自然混入的，而是制泥者选取有效部分，特意加在泥中的。芦苇应该是西坡古代居民常用的固泥掺和料。

那么，M27 中其他植物叶子是如何进入泥内的呢？

泥里掺杂叶子可能有三种原因：一是 M27 的下葬时间为秋季之后，地表布满自然落叶，在取泥和加工泥的过程中，这些落叶混入泥内；二是在制泥环境中有暴风雨、动物侵扰等非人力因素，造成处于生长期的落叶在制泥过程中混入泥内；三是泥里的叶子是制泥或填埋过程中特意加入的。

上面已经说明 M27 的下葬时间相当于现代 7 月至 9 月的季节，再考虑到泥中叶子的保存状态，可以排除第一种可能。

根据泥中叶子的保存状态难以确认或否定第二种可能，需寻找另外的证据。

首先，如果第二种可能成立，泥中应该包括遗址周围各优势树种的叶子，而不应该只包含其中若干种。

遗址所在地区现今属于暖温带落叶阔叶林地带的南部落叶栎林亚地带，在长期地史演变过程中，形成了独特的植物区系成分，含有许多特有种属和独有的单种属，应为油松、栓皮栎、锐齿槲栎林区，油松、白桦、侧柏、榛等是本区植物群落的建群种和优势种。目前遗址所在地区主要为农业生产区，除一些栽培树种外，自然植被几乎不存在。经过调查，现今遗址周围生长有杨柳科的毛白杨、旱柳，桑科的构树、葎草，蓼科的酸模叶蓼，藜科的猪毛菜，

①　河北农业大学主编：《果树栽培学各论》，农业出版社，1979 年，第 262 页。
②　丁宝章、王遂义主编：《河南植物志》，第 3 册，河南科学技术出版社，1997 年，第 229 页。

苋科的刺苋，十字花科的荠菜，蔷薇科的苹果、杏，玄参科的地黄、泡桐，柿科的柿，豆科的合欢，蒺藜科的蒺藜，苦木科的臭椿，鼠李科的枣、酸枣，旋花科的田旋花，茄科的枸杞，车前科的平车前，菊科的黄花蒿、苦苣菜、蒲公英、苍耳，禾本科的芦苇、狗尾草等，遗址西面灵湖河岸边有芦苇、酸枣、榆和枸杞等，遗址的东部主要是农作物小麦。

与西坡遗址时代相近且处于同一气候和植被区的姜寨遗址，其仰韶文化层木本花粉分析显示，当时遗址周围有柏科、松属、栎、桦、榆、柳、椴、枫香等树木[1]。庙底沟时期，西坡遗址周围应分布有针叶树和阔叶树栎属，最可能存在的树种包括松属和栎属。如果真是风吹雨打等外力把生长的叶子打落到取泥和制泥的环境中，泥里应该有针叶树的针叶和特征非常明显的栎、桦、榆等树种的叶子，而我们未发现这些树种的叶子，因此，泥中叶子种类情况不支持第二种可能性。

其次，可以设想，西坡墓地各墓中普遍存在用泥封盖墓室和脚坑现象，各墓的取泥和制泥过程及环境很可能是相同的，如果泥中叶子是取泥和制泥环境所固有，则各墓的填泥中都应该有植物叶子。但实际情况是，各墓中的泥只含有芦苇，唯有 M27 填泥中有多种植物叶子。

至此，我们基本可以排除第二种可能性，推断 M27 填泥中的叶子最有可能是在制泥或填埋过程中有意加入的。

有意加入植物叶子的目的之一可能和加入芦苇叶、秆的目的一样，是为了形成所谓"草拌泥"，加强泥的牢固性。但考虑到这些植物叶子多为生长期的叶子，而且包括枣、柿等果树和苦参等药用植物，不排除加入植物叶子是葬礼的一个环节，加入的植物种类是经过刻意选择的，有着特殊的用意。

墓中随葬植物的现象在新石器时代以后的墓葬中屡有发现。商代晚期大司空 M303 内的敞口折肩尊，口部盖有数层叠压在一起并朝向一个方向的有药用作用的卫矛科南蛇藤属短梗南蛇藤植物枝叶[2]。属于周文化范畴的高家堡戈国墓地 91SJGM2 和 91SJGM4 内出土的敞口簋、甗等器物内以及带盖卣上均粘附着沙参叶，沙参具有药用价值[3]。1975 年陕西省咸阳市博物馆清理的咸阳马泉西汉墓木棺底板上铺针形植物叶子和薏苡米一层[4]。1981 年韩城县文化馆清理的韩城姚庄坡东汉墓前室随葬的敛口鼓腹陶罐内有一种切细的草状物，间有淡黄色的小花，经鉴定为薄荷。研究者认为从薄荷经过人工切细，单独放进陶罐的情况看，其可能是作为药物或饮料使用的，墓主人可能生前常需服用薄荷饮料，以防治某种经常可能发作的疾患，或有饮薄荷茶的习惯[5]。这些资料可以为我们探讨西坡 M27 填泥中掺杂植物叶子的用意提供有益的启示。

---

[1] 王开发：《姜寨遗址孢粉分析》，见半坡博物馆、陕西省考古研究所、临潼县博物馆《姜寨——新石器遗址发掘报告》，文物出版社，1988 年，第 539－542 页。

[2] 王树芝、路超、岳洪彬、岳占伟、赵志军：《殷墟大司空 M303 出土的植物叶子研究》，《考古》，待刊。

[3] 陕西省考古研究所编著：《高家堡戈国墓》，三秦出版社，1995 年，第 136 页。

[4] 咸阳市博物馆：《陕西咸阳马泉西汉墓》，《考古》1979 年 2 期，第 125－135 页。

[5] 张厚塘：《浅论韩城姚庄坡东汉墓出土的薄荷、薏苡和枣核》，《考古与文物》1983 年 3 期，第 68－71 页。

三　出土植物反映的生态环境

从姜寨遗址仰韶文化层的孢粉组合看，当时应属于半干旱性气候，和目前的气候相近，但有水生植物花粉和淡水藻类存在，说明当时比现今略湿。从西坡 M27 填泥中叶子的鉴定结果看，多数树种如杨属、柳属、柿、枣、酸枣、芦苇在现今遗址周围仍有生长，而且，未发现干凉的植物，也未发现亚热带和热带经常出现的植物，进一步说明当时气候与现今相近。印痕中有孢粉分析没发现的植物，这可能是因为孢粉分析反映的是较大的区域植被，如松树孢粉就可能是从较远的山上飞翔至此的，而印痕分析反映的是局域植被。M27 填泥中的植物叶子多是一些与人类活动有关的树种，如柿、枣、酸枣等，这些直至今天仍是当地人种植食用的重要果品。

值得注意的是，经鉴定的较完整的叶子都处于该种植物叶片大小范围的较低值，是当时的物种特性，还是由于叶子在生长过程中遇到逆境，如干旱、低温等不利环境因素造成的，我们还无法做出判断，有待今后进一步的研究。

附记：在出土叶子拍照过程中得到了王明辉的帮助，在此深表谢意。

填泥中的芦苇

芦苇标本1

芦苇标本3

芦苇标本2

芦苇标本5

芦苇标本4

彩图5-1　芦苇标本

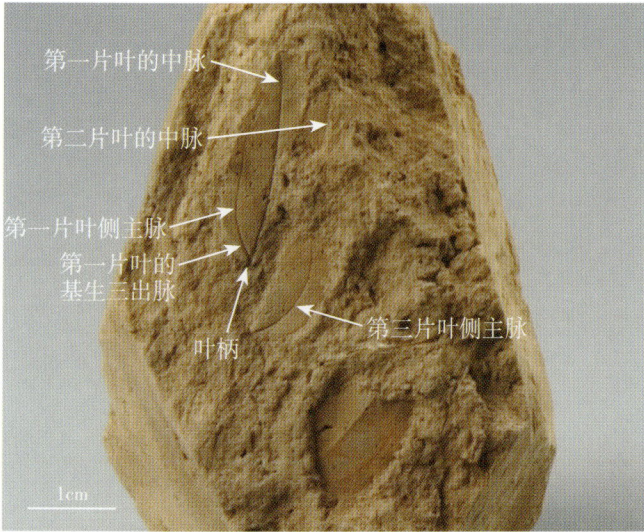

第一片叶的中脉
第二片叶的中脉
第一片叶侧主脉
第一片叶的
基生三出脉
叶柄
第三片叶侧主脉

枣叶标本1

中脉　　　　一个侧主脉

酸枣叶标本2

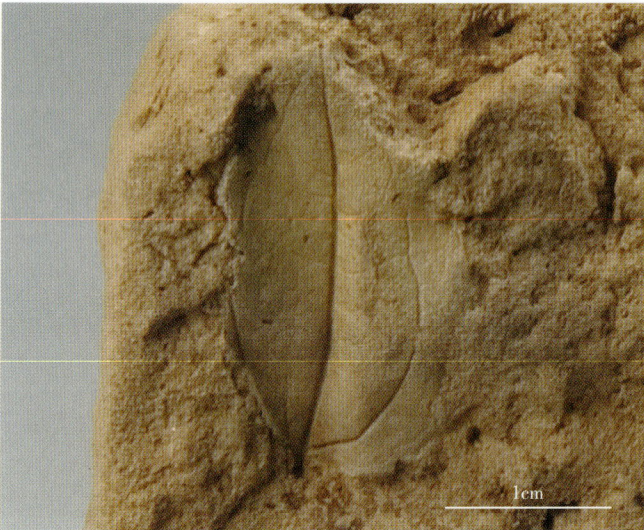

枣叶标本2

酸枣叶标本3

酸枣叶标本1

酸枣叶标本4

彩图5-2　枣叶与酸枣叶标本

野茉莉叶标本1

野茉莉果标本1

野茉莉果标本2

野茉莉果标本3

彩图5-3　野茉莉叶、果标本

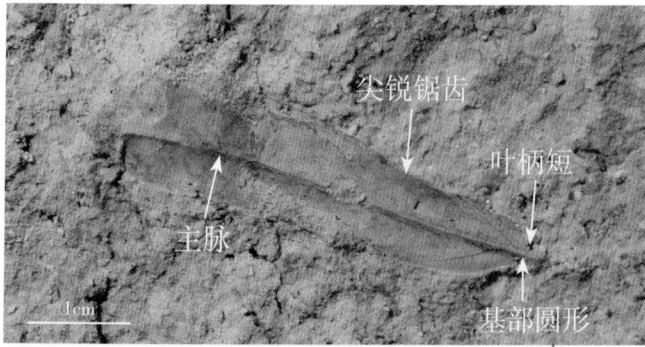

疑似旱柳叶标本1

疑似五蕊柳叶标本2

疑似五蕊柳叶标本1

疑似五蕊柳叶标本3

疑似野山楂叶标本1

疑似柿叶标本1

彩图5-4　疑似旱柳叶、五蕊柳叶、野山楂叶与柿叶标本

疑似毛白杨叶标本1 基部截形 波浪状锯齿

疑似山胡椒叶标本1 羽状脉

疑似山杨叶标本1 边缘牙齿

疑似山胡椒叶标本2

疑似杨属叶标本1

疑似山胡椒叶标本3

彩图5-5　疑似毛白杨叶、山杨叶、杨属叶与山胡椒叶标本

第一片叶
子叶缘基
部1/3以上
浅裂

第一片叶
子羽状叶
脉

第二片叶子
叶缘基部1/3
以上浅裂

1cm

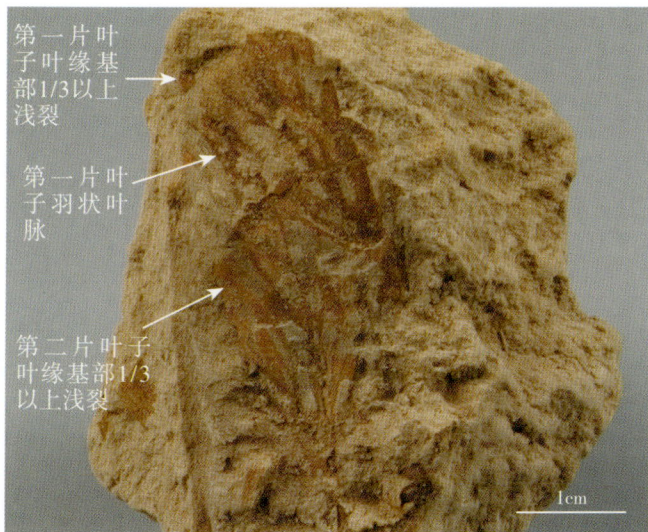

疑似毛花绣线菊叶标本1

羽状叶脉

1cm

疑似毛花绣线菊叶标本2

羽状叶脉

1cm

疑似毛花绣线菊叶标本3

1cm

疑似毛花绣线菊叶标本4

彩图5-6　疑似毛花绣线菊叶标本

先端渐尖

小叶披针形

疑似苦参叶标本1

基部渐狭

疑似菱叶海桐叶标本1

疑似苦参叶标本2

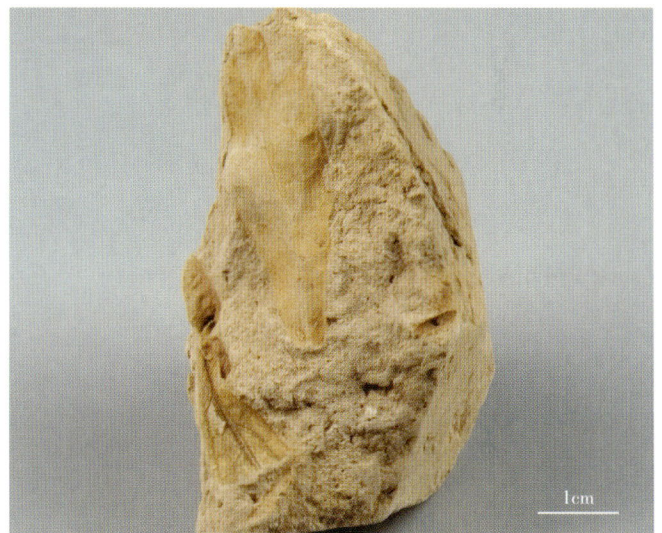

疑似菱叶海桐叶标本2

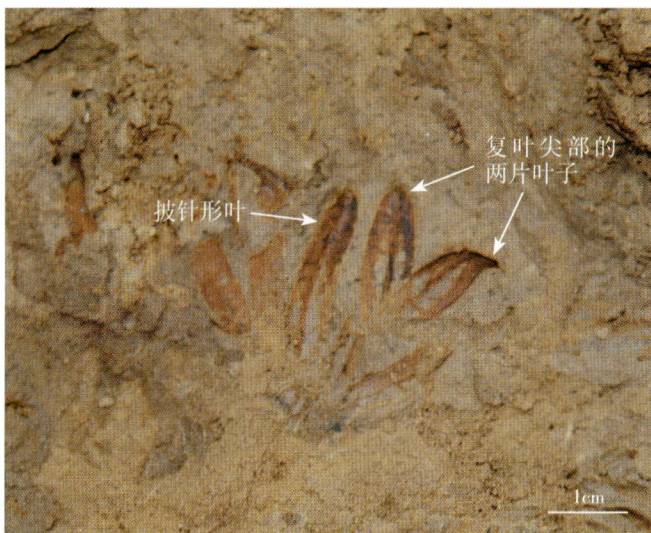

披针形叶

复叶尖部的
两片叶子

疑似苦参叶标本3

主脉

疑似菱叶海桐叶标本3

彩图5-7　疑似苦参叶与菱叶海桐叶标本

彩图5-8　填泥中的其他植物叶标本

第六章 墓葬内土样分析[*]

第一节 前 言

土壤化学分析在考古学中的应用开始于 20 世纪初期。农业学家最早发现古人类居住地土壤中磷含量高于周围相同时期自然土壤磷含量现象，瑞典学者阿罕缪斯（O. Arhenius）据此提出在没有遗物出土的地域也可以用富磷现象来探测人类活动的范围[①]。20 世纪 50 年代以后，古土壤中其他化学元素也成为考古诊断工作有效的指标，而低洼地带泥炭和湖泊沉积中的地球化学元素分析则为研究古人类在冲积流域的活动提供了有用的信息。这一时期古遗址土壤的化学分析大多仍然是被用来探测和描述古人类活动范围[②]。近年来，土壤化学分析也被用于研究古人类具体的活动方式（比如施肥、耕作等）[③]，而且开始与其他研究手段，比如孢粉分析、土壤微结构分析和植硅石分析结合起来，重建古人类生活的环境以及他们的生活方式。

随着考古学研究的不断深入和发展，人们开始关注器物在埋藏时内存物的研究。但考古出土器物经过长期的埋藏，其内存物大多已与土壤混合在一起，在上千年的时间里其性质不可避免地要发生变化，而这种变化也因埋藏时间和埋藏环境的不同而不同，若想在这千变万化中找寻到当初埋藏时内存物的蛛丝马迹，实在是一项非常艰巨的工作。

由于种种客观因素的影响，目前国内外这一方面的研究尚处于探索阶段。因此，我们只能参考有关土壤的分析方法，对出土器物内存积土中的无机及有机成分同时进行分析，最大限度地挖掘出其中蕴涵的古代文化及古代人类生活方式的信息，从而为进一步的研究打下基础。如果要达到上述研究目标，选择一个切入点是关键所在，墓葬内器物内存积土是最佳选择之一，其优点是：第一，较准确的时间背景；第二，相对密闭的空间背景，特别是一些没被扰动的墓葬，其埋藏环境相对稳定，埋藏物与环境达成某种程度的平衡，便于

---

[*] 本章由中国社会科学院考古研究所赵春燕撰写。

[①] Arrhenius, O., 1954, Chemical penudation in Sweden, *Tellus.* 6 (4)：326 – 341.

[②] Parnell, J. J., Terry, R. E., Nelson, Z., 2002, Soil chemical analysis applied as an interpretive tool for ancient human activities in Piedras Negras, Guatemala, *J. Archaeol. Sci.* 29：379 – 404.

[③] Entwistle, J. A., Abrahams, P. W., Dodgshon, R, A., 1998, Multi-element analysis of soils from Scottish historical sites, *J. Archaeol. Sci.* 25：53 – 68.

分析其埋藏条件；第三，有确切的考古学背景，比如墓主的身份与地位、器物的组合等，便于进行综合分析。

西坡墓葬的墓室和脚坑多数没有受到后来的扰动，墓中随葬的各种容器在埋藏时如果盛装着某种物质的话，这些物质的残留部分应当还存留在容器内，这为我们通过化学分析认识这些物质的成分和结构提供了可能性。因此，我们选择了部分墓中出土器物内存积土作为我们的研究对象。容器内残留物的性质可分为有机物和无机物两大类，有机物包括动植物残余。构成动植物的主要成分有蛋白质、糖类以及脂肪，这些成分长期埋藏在土壤中会逐渐发生分解，但有一部分仍然会保存下来，特别是动植物体内存在的无机元素不会消失，通过化学分析，可以对残留物的结构及成分做出判断，为我们认识这些容器的日常用途、随葬功能以及当时人类的饮食结构及其他相关问题提供依据。经过长期的埋藏，随葬器物原有内存物大多已经与土壤混合在一起，采用何种技术手段将混杂在土中的内存物的信息提取出来就成为解决问题的关键所在。因此，我们将首先建立容器内存积土的化学分析方法，包括土壤样品的采集、室内加工、分析测试、数据处理等，然后将其应用到对西坡随葬陶容器内存积土的分析，在大量实验数据的基础上，通过对实验结果的分析和比对，对西坡随葬陶容器内残留物的结构及成分做出判断。

此外，为确定墓葬填土中棕红色土的来源，我们选取了含有棕红色土的填土标本和墓地南部原生棕红色土层标本。为了解 M27 脚坑中保留有柱状器红色印痕的泥块的成分，我们提取了 J21 的样品。我们还提取了黄色生土样品和墓室封泥样品以便进行对比分析。

第二节　容器内存积土的化学分析方法的建立

一　土样的采集

科学、准确地获得有代表性、典型性的土壤样品，是各种土壤分析的基础。

西坡墓葬的墓室多数没有受到后来的扰动，墓中随葬的各种容器相对完好。因此，我们选择保存较好的完整陶器，用不锈钢土铲分别取样；每次取样时土铲都要清洗干净。每份样品重量不少于 50 克。采集的样品用锡箔纸包好，以免产生污染。取样后，写好标签。标签除出土地点、器物名称、采样人等以外，还注明了器物的保存状态。

二　土样的室内加工

西坡样品加工处理程序包括：风干、磨细、过筛、混合、分装和制成待分析样品。加工工作分别在风干室、粗磨室、细磨室三处进行，以尽量避免加工时互相混样和交叉污染。所用的工具与容器包括：晾干样品用的白色搪瓷盘、放盘用的木架和木夹、分装土壤样品用的250ml 和 500ml 带塞磨口玻璃瓶、筛子一套、玛瑙研磨机、特制牛皮包装纸袋等。

三　土样分析方法的选择

土壤样品分析方法的选择是由研究目的决定的。在实际工作中主要应考虑方法灵敏度、抗干扰能力、重现性、简洁性和成本等因素，此外，对分析对象的透彻了解和认识也是非常必要的。因此，有必要了解土壤的一些基本性质。

1. 土壤的构成

土壤是由固相、液相、气相组成的疏松多孔体。固相物质包括土壤矿物质、有机质和土壤生物。在固相物质之间存在大小不同的孔隙，在孔隙中存在土壤水分（土壤溶液）和空气。

土壤内的原生矿物是母岩经物理风化作用而成。土壤内的次生矿物主要是黏土矿物。

土壤与岩石显著不同的特点之一，就是在土壤中生活着一个生物群体，包括土壤微生物和土壤动植物。土壤有机质主要来源于动植物和微生物的残体，经生物分解形成各种有机化合物，包括糖类化合物、含氮化合物、有机磷和有机硫化合物，这部分有机质经进一步的生物化学分解形成土壤腐殖质。

土壤固相物质的主体元素是氧（O）、硅（Si）、铝（Al）、铁（Fe）、钙（Ca）、镁（Mg）、钾（K）、钠（Na）、钛（Ti）等九种元素，平均约占土壤总重量的97%。土壤学上常把这九种元素称为大量元素或常量元素。植物体和动物体主要是由碳（C）、氢（H）、氧（O）和氮（N）四种元素构成，其次为钙（Ca）、镁（Mg）、磷（P）、钾（K）、钠（Na）、硅（Si）、硫（S）和氯（Cl）。除这些元素外，土壤内可检测到的其他元素的数量都很低，也叫做微量元素或痕量元素。在分析化学中通常根据被测组分的百分含量将其分为常量组分（>1%）、微量组分（0.01~1%）和痕量组分（<0.01%）。为方便实验数据的分析与解释，统一采用分析化学中对元素含量的定义。

在土壤中还有一类叫做稀土元素（rare earth element，简称 REE），土壤科学家也常把稀土元素归属于微量元素。[①]

将上述内容概括起来说，土壤大体上可以分为两部分，一部分是无机物质，另一部分是有机物质。因此，我们在选择土壤分析方法时，就要分别从无机分析和有机分析两方面去考虑。

2. 土壤样品分析方法

土壤样品中有机物质分析方法有重铬酸钾法、气相色谱—质谱法及同位素分析方法等。无机物质分析方法有原子吸收光谱、电感耦合等离子体—发射光谱、电感耦合等离子体—质谱、中子活化分析、X 射线荧光光谱、X 射线衍射等方法。因为在实际工作中，往往需要采用多元素同时分析技术，研究和测定多种成分，还要特别注意统筹规划，巧妙组合不同方法，从一份试液中去测定多个成分，提高工作效率。[②]

在对各种分析测试方法的技术特点及使用范围进行仔细研究与比较后，我们首先采用

---

① 南京大学等合编：《土壤学基础与土壤地理学》，高等教育出版社，1980 年。
② 中国环境监测总站主编：《土壤元素的近代分析方法》，中国环境科学出版社，1992 年。

重铬酸钾法对西坡遗址出土陶容器内存积土进行有机质测定以判断其是否曾装过某种物质，然后采用气相色谱—质谱法对其中的生物标志物进行检测以初步确认物质的种类，最后采用电感耦合等离子体—发射光谱方法测定土壤中的常量和微量元素以初步确认墓葬填土的来源。

重铬酸钾法是土壤有机质测定的主要方法。其原理是用重铬酸钾—硫酸溶液，在加热条件下氧化有机质，剩余的重铬酸钾以邻非罗啉为指示剂，用硫酸亚铁标准溶液进行滴定，以氧化耗去重铬酸钾的量来计算出碳的含量。按有机质平均含碳58%作为计算标准，用求得碳的含量乘以系数1.724和校正系数1.1，即得有机质含量。[①]

气相色谱—质谱方法的原理是利用试样中各组分在气相和固定液液相间的分配系数不同，当汽化后的试样被载气带入色谱柱中运行时，组分就在其中的两相间进行反复多次分配，由于固定相对各组分的吸附或溶解能力不同，因此各组分在色谱柱中的运行速度就不同，经过一定的柱长后，便彼此分离，按顺序离开色谱柱进入检测器，经检测和记录系统得到离子的质荷比和相对强度的谱图（质谱图）。质谱图提供了有关物质的分子量、元素组成及分子结构的重要信息，从而鉴定物质的分子结构[②]。

电感耦合等离子体—发射光谱（ICP - AES）属于原子发射光谱中的一种。其原理是依据每种化学元素的原子或离子在热激发或电激发下，发射特征的电磁辐射，辐射的波长与元素的种类、辐射的强度与元素的含量密切相关的原理进行元素的定性与定量分析的方法。电感耦合等离子体—发射光谱具有多元素同时检测能力，可同时测定一个样品中的多种元素。检出限低，稳定性好，精密度高，基体效应小，准确度高，相对误差为1%；自吸效应小，分析速度快，是土壤多元素同时测定的优良技术[③]。

第三节　西坡墓地出土容器内存积土的分析

一　土壤有机质的测定

土壤有机质是土壤中形成的和外部加入的所有动、植物残体不同分解阶段的各种产物和合成产物的总称。土壤有机质测试结果有助于对出土陶容器内存土壤样品进行定性判断。我们采用重铬酸钾法对西坡遗址墓葬出土陶容器内存积土的有机质进行了测定。测试结果见表6-1和图6-1。

① 全国农业技术推广服务中心编：《土壤分析技术规范》，中国农业出版社，2006年。
② 苏立强：《色谱分析法》，清华大学出版社，2009年。
③ 吴谋成主编：《仪器分析》，科学出版社，2003年；孙凤霞主编：《仪器分析》，化学工业出版社，2004年；Matthews, M. R. Pierce, C., Adams, K. R., Stewart, J. D., 1998, Determining the fuel constituents of ancient hearth ash via ICP-AES analysis, *J. Archaeol. Sci.* 25: 493 – 503.

表 6 – 1 西坡墓地土壤有机质含量测定结果

样品标号	样品名称	有机质含量（g/kg）
1	遗址南部距墓地 71 米处黄土	14.41
17	遗址南部红土	12.90
2	M31:6 单耳壶内存积土	12.79
3	M31:11 篹形器内存积土	20.64
7	M31:15 篹形器内存积土	25.70
5	M31:7 异形器内存积土	15.04
11	M31:5 釜内存积土	14.44
13	M8:3 陶壶内存积土	14.63
8	M8 墓室封泥	15.42
28	M8 墓室封泥	13.50
19	M8 距墓口 1.55 米深处棕红色填土	11.93
9	M24 墓室封泥	12.43
10	M24:5 壶内存积土	24.33
33	M24:4 杯内存积土	16.32
12	M24:6 杯内存积土	17.61
6	M24:1 釜内存积土	17.13
14	M34:3 钵内存积土	15.90
4	M34:2 钵内存积土	13.01
18	M29:5 篹形器内存积土	27.34
24	M29:6 篹形器内存积土	20.63
21	M27 编织残余物下土	15.92
22	M27:J21 红色柱状器	16.42
23	M30:8 篹形器内存积土	21.33
26	M30:6 篹形器上部内存积土	10.91
30	M30:6 篹形器下部内存积土	20.51
29	M30:7 篹形器内存积土	24.20
15	M19 棕红色填土	19.90
20	M11:12 钵内存积土	19.14

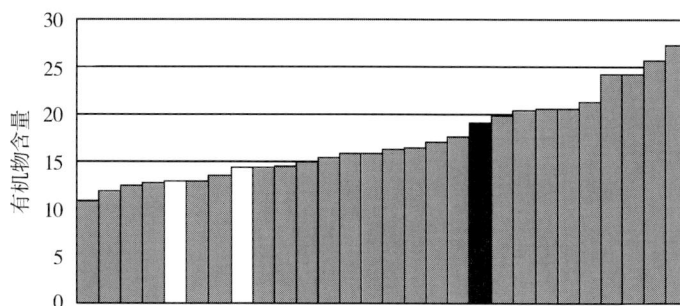

图 6 – 1 西坡墓地土样内有机物含量

遗址附近的两种生土内有机物的含量可以作为我们判断容器内是否装盛过有机物的参考标准。黄色生土（标本 1）的含量为 14.1，红色生土（标本 17）的含量为 12.9，理论上说，如果器物内存积土有机质含量超过 14.1，就存在装盛过某种有机物质的可能，有机质含量越高，装盛过有机物质的可能性就越大。

由图 6-1 可见，多数样品的有机质含量均大于生土（图 6-1 中以白色柱表示），各数值形成的序列整体呈逐渐增长的趋势，在左起第 19 个数值有一个比较明显的小跳跃增长（图 6-1 中黑色柱），该数值来自 M11∶12 陶钵内存积土，有机质含量为 19.14。因此，在本研究中，我们可以认为，内存积土有机质含量超过 19 的器物内装盛过某种有机物质的可能性较大，在 19 和 14.1 之间的不能确定。据此标准，可以初步得到以下结果：

①　2、3、7、5 及 11 号样品同为 M31 出土的陶容器内存积土。有机质测试结果表明，两件簋形器内积存土的有机质含量高于其他容器，有可能原来盛装过某种有机物质；异形器和釜内存积土有机质略高，不能确定是否盛装过有机物质；单耳壶内存积土的有机质含量最低，可能未盛装过有机物质。

②　8、13、19 及 28 号样品均来自 M8。陶壶内存积土的有机质含量仅略高于生土，不能确定是否盛装过有机物质。

③　6、10、12 及 33 号样品同为 M24 中出土的陶容器内存积土，9 号样品来自同墓的墓室封泥。测试结果表明陶容器内存积土的有机质含量均高于封泥。陶壶内有可能盛装过某种有机物质；杯和釜内存积土有机质含量略高，不能确定是否盛装过有机物质。

④　4 和 14 号样品均来自 M34，是陶钵内存积土。M34∶3 内积存土有机质含量略高于生土，不能确定是否盛装过有机物质；M34∶2 内存积土有机质含量低于生土，可能未盛装过有机物质。

⑤　18 和 24 号样品来自 M29 中的两件簋形器，有机质含量均很高，18 号样品的有机质含量达到 27.34，为所有样品中的最高值，此两件簋形器很有可能盛装过某种有机物质。

⑥　23、26、29 及 30 号样品均来自 M30。23、29 和 30 号样品来自三件簋形器，有机质含量均高于 20，且明显高于取自簋形器 M30∶6 上部的 26 号样品，这三件簋形器盛装过某种有机物质的可能性非常大。

⑦　15 号样品为 M19 墓室内填土，其有机质含量较高，有可能与其靠近人骨有关。

⑧　22 号样品 M27∶J21 红色柱状器有机质含量略高，需要其他技术手段才能判断其性质。

综上所述，西坡遗址出土的陶容器中，簋形器内存积土的有机质含量较高，均超过 20，该类器物内装盛过某种有机物质的可能性最大。考虑到簋形器是西坡墓地最重要的随葬器物之一，经常成对出现，我们选取了部分簋形器内存积土标本进行了生物标志物检测，以进一步确认容器内物质的性质。

二　簋形器内存积土中生物标志物检测

土壤中的生物标志物种类繁多，其中正构烷烃主要分布于动植物体中，脂肪酸的来源主要有细菌、藻类和高等植物等。现代分子有机地球化学的研究结果显示，土壤中来源于陆生高等植物的正构烷烃碳链较长（C$_{25}$），通常草本植物的正构烷烃的主峰碳为 C$_{31}$，木本植物的正构烷烃的主峰碳为 C$_{27}$，因此，可以根据土壤提取物谱图中正构烷烃的分布特征，对土壤中有机物的性质进行判别。[①] 为了进一步确认西坡遗址出土的陶容器中有可能盛装的物质，我们选择了 5 件陶簋形器内存积土中的正构烷烃作为研究对象。

首先将自然风干的土样研磨并过 100 目筛子，称量 15 克放入 100 毫升具塞三角烧瓶中，加入 50 毫升二氯甲烷和甲醇（体积比为 2∶1）混合溶剂，超声震荡 30 分钟提取，浓缩后抽提液加入 6% 氢氧化钾—甲醇溶液皂化，用正己烷萃取中性组分，剩余组分用 6mol L^{-1} 盐酸酸化至 pH≤1，再用正己烷萃取脂肪酸组分。仪器分析之前，将脂肪酸组分用 14% BF3 - 甲醇溶液进行甲酯化，然后进行 GC - MS 分析。所用仪器为 HP6890GC/5973MS。分析结果见表 6 - 2。

表 6 - 2　西坡墓地出土陶簋形器内存积土中生物标志物检测结果

样品编号	正构烷烃		内存物类型
	碳数范围	主峰	
M 29∶5	C$_{16}$ ~ C$_{33}$	C$_{31}$	草本
M 29∶6	C$_{16}$ ~ C$_{33}$	C$_{31}$	草本
M 30∶8	C$_{16}$ ~ C$_{31}$	C$_{31}$	草本
M 30∶6	C$_{16}$ ~ C$_{31}$	C$_{31}$	草本
M 30∶7	C$_{16}$ ~ C$_{31}$	C$_{31}$	草本

根据表 6 - 2 的数据，我们可以初步判断陶簋形器中有可能盛装过陆生草本植物类物质。

三　西坡墓地土壤的元素分析

通过土壤的元素分析可以推测该土壤的来源，为了判断西坡遗址墓葬的填土的来源，我们利用电感耦合等离子体—发射光谱方法对部分墓葬的填土及来自遗址周边的土壤样品进行了元素分析。

首先，必须对土壤样品进行分解。分解方法可分为酸分解法和碱熔法。酸分解法必须使用氢氟酸（HF），因为氢氟酸是唯一能分解二氧化硅和硅酸盐的酸类。但氢氟酸在溶样过程中有一定的危险性，对实验操作有特殊要求，同样，对操作人员的要求也较高。最近几年世界各国分别采用了不同的酸分解方法代替氢氟酸分解法，但这些方法都不是全分解方法，而且有研究表明这些溶样方法对各种微量元素的溶出效果也因土壤类型而异。碱熔法能彻底破坏土壤晶格，操作简便、快速，且不产生大量酸蒸气，但由于使用的试剂量较大，在测定微量元素时往往空白较高。因此，应根据研究目的而选择土壤样品的分解方法。为了更好地检测西坡土壤样品，我们采用了酸分解法。

具体操作过程如下：称取 0.1 克风干过 100 目筛的土壤样品于聚四氟乙烯坩埚中，加少量水润湿；然后加 5 毫升硝酸、5 毫升氢氟酸和 1 毫升高氯酸，在电热板上加热分解至样品消解

① Meyers P. A. , Ishiwatari R., 1993, Lacustrine organic geochemistry: An overview of organic sources and diagenesis in lake sediments, *Org. Geochem.* 20(7):867 - 900.

完全；取下坩埚稍冷，加 2 毫升盐酸，温热溶解残渣，移入 100 毫升容量瓶中，加水定容；同时置备一份全程序试剂空白溶液；上机测试。所用仪器型号为美国 Perkin Elmer 公司产 OPTI-MA 3000，测试条件在已发表的论文中曾详细介绍，不再赘述。① 西坡遗址土壤元素分析结果见表 6 - 3。

表 6 - 3　西坡墓地土壤样品元素分析结果

样品标号	样品名称	元素含量（ppm）					
		Zn	Cu	Ni	Cr	Hg	As
1	遗址南部距墓地 71 米处黄土	444.111	22.24	22.453	77.87	6.006	9.045
9	M24 墓室封泥	84.435	60.7	22.046	22.85	2.958	4.404
15	M19 填土	76.231	53.08	20.912	17.48	4.029	11.81
17	遗址南部红土	70.959	61.31	23.103	18.25	2.840	9.355
19	M8 距墓口深 1.55 米处填土	39.471	20.16	22.167	25.41	3.891	1.385
25	M8 填土	145.448	19.94	23.843	29.39	2.953	18.52
28	M8 墓室封泥	79.093	62.92	20.53	15.79	6.678	6.355

根据表 6 - 3 的测试数据，利用 SPSS 软件对数据进行了统计分析，按其元素含量对这些样品进行了分类。得到上述样品的聚类分析图（图 6 - 2）。根据聚类分析结果，西坡土壤样品共分为两类。1 号土壤样品自成一类，这个样品是在距墓地 71 米的地方采集的黄色生土。其余的土壤样品聚为另一类，包括 M24、M19 的填土及 M8 中不同部位的填土，因其中编号为 17 的土壤样品采集于遗址南部红土，也许暗示着西坡墓地的填土也取自同一地点的红土。

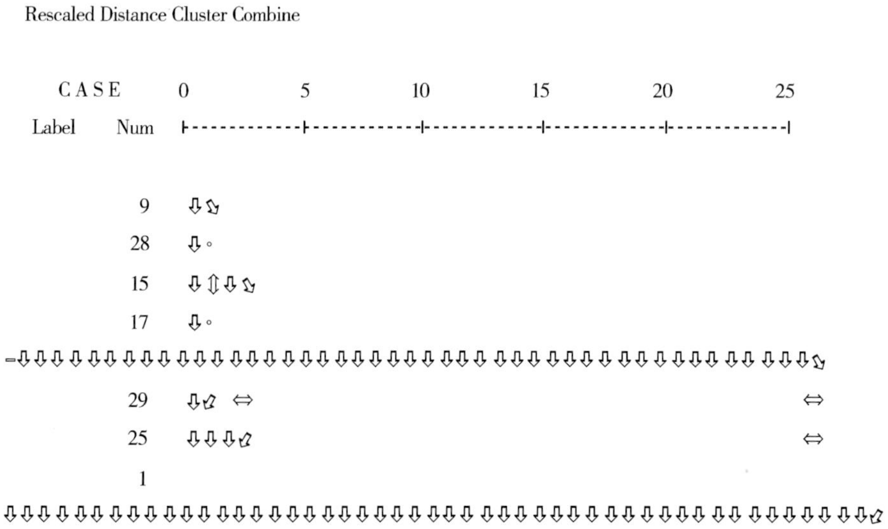

图 6 - 2　西坡墓地土样的聚类分析树形图

---

① 赵春燕：《安阳殷墟出土青铜器的化学组成再研究》，中国社会科学院考古研究所编《21 世纪中国考古学与世界考古学》，中国社会科学出版社，2002 年，第 632 - 638 页。

第四节　结果和讨论

1. 建立正确的分析方法是我们探索器物内存积土蕴涵的信息的有力武器，因此我们在对西坡遗址墓葬出土陶容器内存积土进行研究的过程中，建立了容器内存积土样品的采集方法、土壤样品室内加工方法、分析测试方法及数据处理方法等。

2. 土壤有机质测试结果有助于对出土陶容器内存土壤样品进行定性判断，比如可以初步判断出器物原来是否有可能盛装过某种物质。西坡遗址墓葬出土陶容器内存积土的有机质测试结果显示有部分容器有可能盛装过某种物质。

3. 土壤中的生物标志物种类有助于对土壤中有机物的性质进行判别。通常草本植物的正构烷烃的主峰碳为 C_{31}，木本植物的正构烷烃的主峰碳为 C_{27}，因此，根据西坡遗址墓葬出土的 5 件簋形器内存积土的土壤提取物谱图中正构烷烃的分布特征，初步判断这 5 件簋形器中有可能盛装过陆生草本植物类物质。

4. 利用电感耦合等离子体发射光谱方法对部分墓葬的填土及来自遗址周边的土壤样品进行元素分析的结果显示，西坡墓地的部分墓葬填土微量元素特征与采集于遗址南部的红土特征相似，因此这些墓葬填土有可能取自遗址南部同一地点。

5. 出土于不同墓葬中的 5 件簋形器有可能盛装过陆生草本植物类物质的现象值得进一步研究。目前我们正在进行碳、氮同位素分析，以便进一步确认草本植物的种类，进而可以探讨这种现象所蕴涵的意义。

第七章 结 语

第一节 分期、年代和文化性质[*]

一 墓葬分期

西坡墓地已经发掘的 34 座墓葬均开口在第 2 层下，打破生土，从开口的层位上难以分期。墓葬间存在两组打破关系，分别为 M10 打破 M11 和 M20 打破 M21，但这两组墓葬与其说是因年代相隔久远造成无意打破，不如说是有意并列，正如 M24 和 M25 的紧密并列关系一样。而且，这两组墓葬中，只有 M11 有随葬品，难以据之讨论分期问题。玉器、石器和骨、牙器的型式变化较缓慢，难以作为可靠的分期依据，在此也不进行分类。因此，墓葬分期只能完全依赖随葬陶器的类型学排比。

随葬陶器计有釜灶组合、簋形器、壶、钵、碗、曲腹钵、大口缸、带盖小杯形器、筒形杯和异形器 10 种共 99 件（未算 M26 残破带盖小杯形器）。大口缸见于 M8 和 M27，形制和纹饰基本相同；曲腹钵只见于 M11；异形器只见于 M31；带盖小杯形器虽然见于 M3、M13 和 M26 这 3 座墓中，但制作随意，且多残破。对这些器物我们不进行类型学分类。其他 6 种器物的型式分类结果如下。

釜灶组合 釜和灶均成组出现，共有 11 套，出土于 11 座墓葬中（M6、M8、M13、M14、M16、M18、M24、M27、M29、M30、M31），除 M27 出土者难以复原外，其余 10 套可分为 3 式。（图 7 - 1）

Ⅰ式 3 套，分别出自 M6、M14 和 M18。釜唇厚沿窄，口径小于最大腹径。灶口部呈无底的覆盆状，口缘上凸出 3 个弧形支垫，口壁外弧，与灶膛相接处形成尖圆凸棱。灶的两个前足向前略弧出，如蹲踞的鸟足状，上有可能是表现羽毛的粗疏人字纹或小圆圈纹。灶膛壁有圆孔。

Ⅱ式 完整的只有 M8 出土 1 套。釜唇略薄，口径略小于最大腹径。灶口部与Ⅰ式相同，灶前足正视较平直，侧视灶膛部分略斜、灶底以下部分直立。M31 釜与 M8 非常相似，也属于此式，但灶残破特甚。

Ⅲ式 釜口沿宽，口径大于最大腹径。灶口为扁平圈，膛口上部分下垂出沿，前足直立。

＊ 本节由中国社会科学院考古研究所李新伟、河南省文物考古研究所马萧林撰写。

I M14：4-1、4-2　　　　　　　　　　　　　ⅢaM29：3、4

Ⅱ M8：5-1、5-2　　　　　　　　　　　　　Ⅲb M13：3-1、3-2

图 7-1　陶釜灶类型图

可分 2 个型。

　　Ⅲ式 a 型　4 套，分别出自 M16、M24、M29 和 M30。灶前足扁平、直立，有的饰菱格纹。

　　Ⅲ式 b 型　1 套，出自 M13。灶前足为上略细、下略粗的扁圆柱，近直立。通体饰绳纹。

　　簋形器　共 21 件，出自 8 座墓葬（M8、M14、M16、M18、M27、M29、M30、M31，这些墓葬同时出釜灶组合），每墓至少出 2 件，也有出 3 件、4 件的，有些带盖。M27 有 2 件、M31 有 1 件均难以复原，其余 18 件可分 2 型。（图 7-2）

　　A 型　形体较大，器身通高均在 18 厘米以上，可分 2 式。

　　A I 式　M14 和 M18 各出 1 对。上部为斜直腹盆形，圈足直壁，足壁上有圆孔，底部向外折出。盖圆形，中心设一倒梯形小纽，顶面略凹。

　　A Ⅱ 式　1 对，出自 M8。口略敞，圈足下略外撇，整体较瘦长。

　　B 型　形体较小，器身通高均在 15 厘米以下，可分 2 亚型。

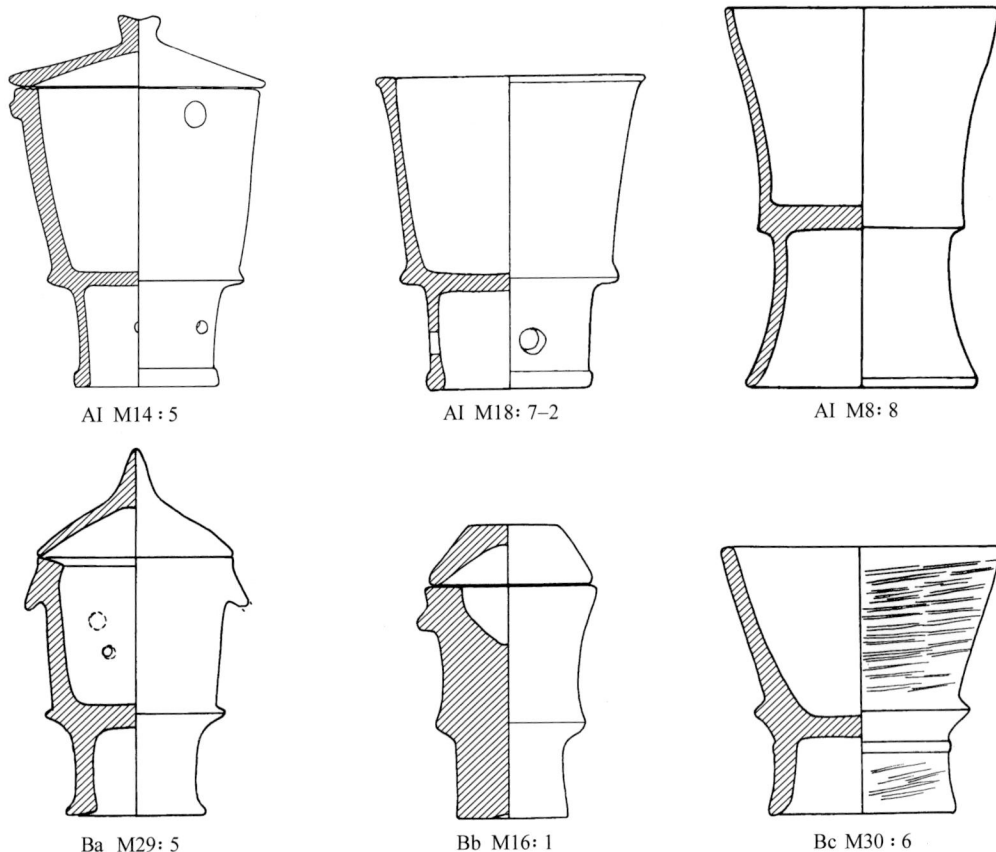

图 7 - 2　陶簋形器类型图

　　Ba 型　出自 M27（1 件）、M29（1 对）、M30（1 对）、M31（3 件）。上部小杯形，口微敞，厚方唇，外面近口处有小錾，下部圈足斜直壁。

　　Bb 型　1 对，出自 M16。上部为亚腰形泥柱，近底处内折，其顶面正中按压出一斜弧壁、圜底凹窝，口外缘有小錾；下部为一实心圆柱状足。盖呈碗形，为一块泥按压中部而成，敞口，厚尖圆唇，平底。

　　Bc 型　1 对，均出自 M30。为形体相对较大者。上部为小盆形，口微敞，厚方唇，斜直壁，平底。下部为圈足，斜直壁，底略外撇。整体较矮胖。

　　壶　共 11 件，出自 11 座也出釜灶组合的墓葬，每墓出土 1 件。M6 所出难以复原，其余 10 件可分为 2 型。（图 7 - 3）

　　A 型　通高在 24 厘米以上。可分 2 式。

　　A I 式　2 件，为 M14：3 和 M31：6。敞口，尖圆唇，细短直颈，颈下部凸出一锐棱。鼓肩，斜弧腹，最大径偏上。肩下部安装有一桥形耳。

　　A II 式　1 件，即 M13：2。小敞口，近圆唇，细直颈，身上部向外斜弧，中部凸出成鼓腹，最大径居中，下部向内斜弧，平底，最大腹径处有一桥形耳。

　　B 型　通高在 15 厘米以下。可分 3 个亚型。

　　Ba 型　颈较长，分 3 式。

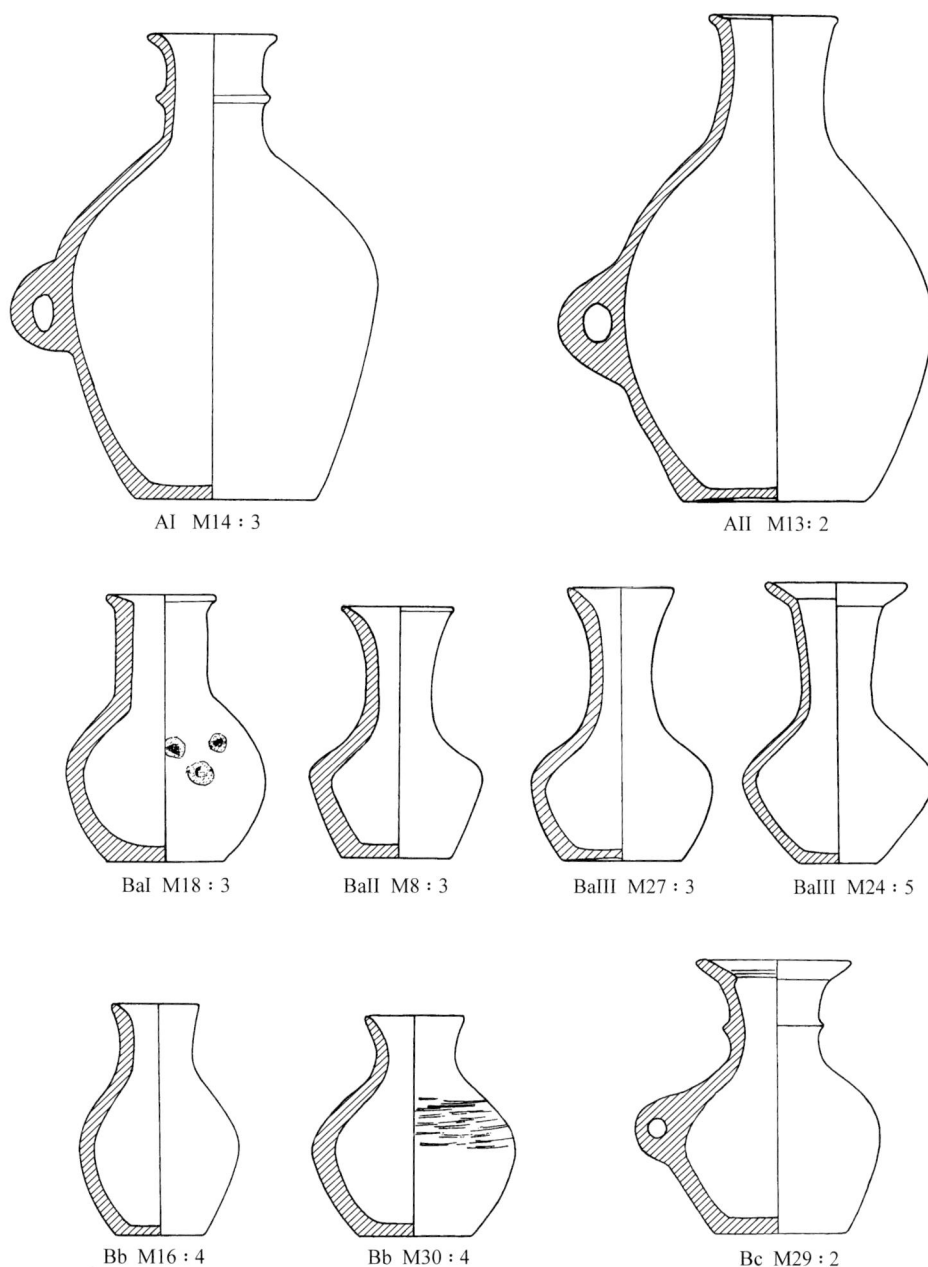

图 7 - 3　陶壶类型图

　　Ba I 式　1 件，即 M18:3。小直口，外折成沿，尖圆唇。细直颈，身上部下弧，中外凸成鼓腹，最大腹径近中部，下部内弧。

　　Ba II 式　1 件，即 M8:3。敞口，尖圆唇，细颈中部略收束，溜肩向下圆折成斜直腹。

　　Ba III 式　2 件，即 M24:5 和 M27:3。敞口，尖圆唇。细颈，较 II 式略长，中部略收束，溜肩圆折成斜直腹。

　　Bb 型　2 件，为 M16:4 和 M30:4。口略敞，颈短，向内收束。

　　Bc 型　1 件，即 M29:2。敞口，尖圆唇，细短直颈，颈下部凸出一锐棱。鼓肩，斜弧腹。肩下部安装有一桥形耳。

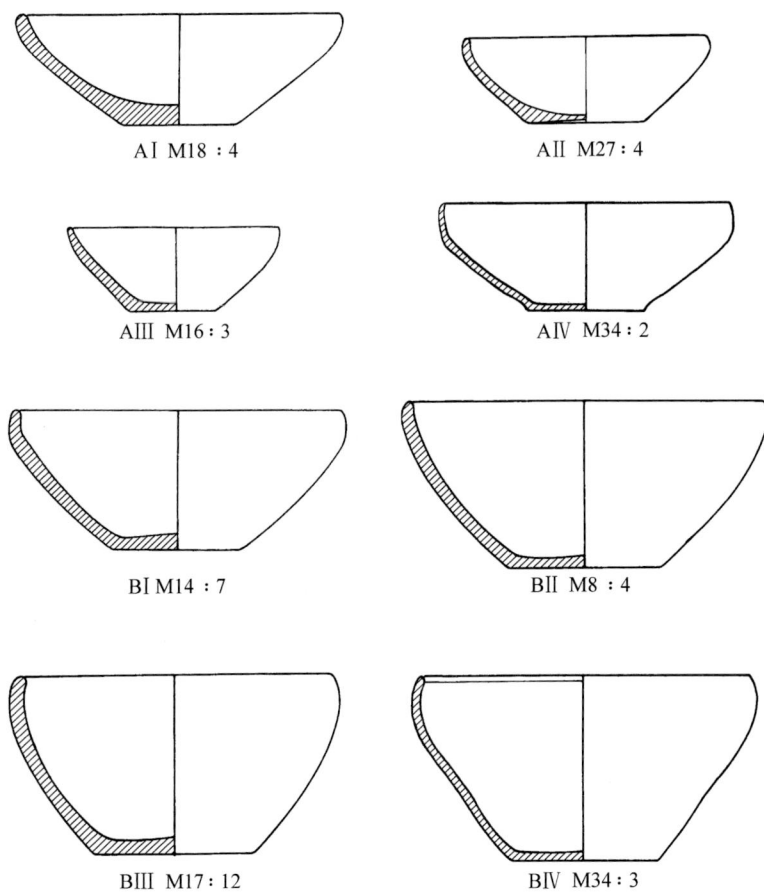

图 7-4 陶钵类型图

钵 共 12 件，出自 9 座墓葬（M8、M11、M14、M16、M17、M18、M27、M31、M34），可分 2 型。（图 7-4）

A 型 个体较小，高接近或略大于口径的三分之一，相对较浅，分 4 式。

A Ⅰ 式 1 件，为 M18:4。相对较浅，腹斜度大。

A Ⅱ 式 2 件，为 M11:10 和 M27:4。比 A Ⅰ 式略深，腹斜度略小。

A Ⅲ 式 1 件，为 M16:3。比 A Ⅱ 式略深，腹斜度略小。

A Ⅳ 式 1 件，为 M34:2。口下弧凸，侧视略如曲腹。

B 型 个体较大，高大于口径的三分之一，接近其二分之一，相对较深，分 4 式。

B Ⅰ 式 2 件，为 M14:7 和 M8:6。相对较浅，腹斜度稍大。

B Ⅱ 式 2 件，为 M8:4 和 M31:1。较 B Ⅰ 式略深，腹斜度略大。

B Ⅲ 式 2 件，为 M11:12 和 M17:12。较 B Ⅱ 式略深，腹斜度略大。

B Ⅳ 式 1 件，M34:3。口下弧凸，侧视略如曲腹。

碗 共 8 件，出自 7 座墓葬（M6、M13、M14、M17、M24、M29 和 M30），可分 2 型。（图 7-5）

A 型 高小于或接近口径的三分之一，相对较浅。分 2 式。

AⅠ式 2件，为 M14：8 和 M30：1。略浅，腹斜度大。

AⅡ式 2件，为 M24：3 和 M29：1。比 AⅠ式略深，腹斜度小。

B 型 高大于口径的三分之一，相对较深。分2式。

BⅠ式 2件，为 M6：2 和 M6：3。相对较浅，腹斜度大。

BⅡ式 2件，为 M13：4 和 M17：11。相对较深，腹斜度较小。

筒形杯 共3件 M24 出土1对（M24：4、6），M31 出土1件（M31：3）。可分2型。（图7－6）

A 型 即 M31：3。小盘形口。

B 型 即 M24：4、6，直口。有与小篮形器相似的盖。

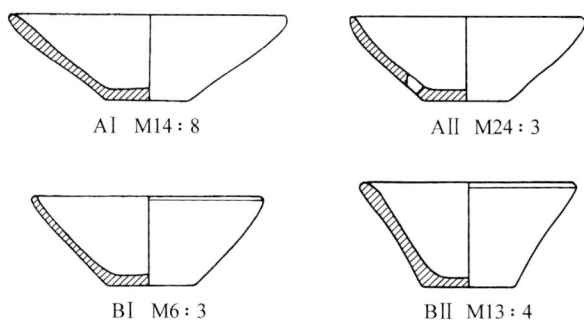

图7－5 陶碗类型图

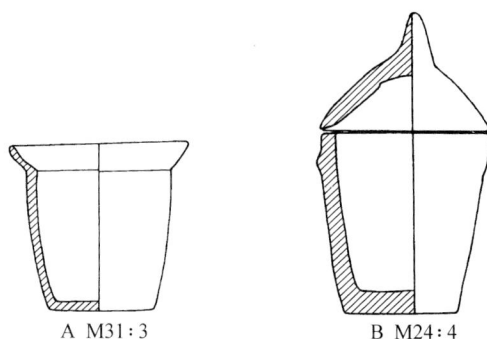

图7－6 陶筒形杯类型图

根据对上述陶器，特别是釜灶组合的类型学分析，可以粗略地将西坡墓地有陶器随葬的16座墓葬分为3组。

第一组包括：M6、M14 和 M18 共3座墓葬，典型陶器包括Ⅰ式釜灶组合，AⅠ式篮形器，AⅠ式和 BaⅠ式壶，AⅠ式和 BⅠ式钵，AⅠ式和 BⅠ式碗等。

第二组包括：M8 和 M31 共2座墓葬，典型陶器包括Ⅱ式釜灶组合，AⅡ式和 Ba 型篮形器，AⅠ式和 BaⅡ式壶、BⅡ式钵、A 型筒形杯、大口缸和异形器等。与第一组共有 AⅠ式壶。

第三组包括：M3、M11、M13、M16、M17、M24、M26、M27、M29、M30 和 M34 共11座墓葬，典型陶器包括Ⅲ式釜灶组合，B 型篮形器，AⅡ式、BaⅢ式和 Bb 型、Bc 型壶，AⅡ式、AⅢ式、AⅣ式、BⅢ式和 BⅣ式钵，A 型和 B 型碗、B 型筒形杯、大口缸、带盖小杯形器和曲腹杯。与第二组共有 Ba 型篮形器、BⅡ式钵和大口缸，与第一组共有 AⅠ式碗。

其余18座无陶器随葬的墓葬难以分组。

三组墓葬间并无叠压打破关系，它们之间的差异是否为年代不同造成的，孰早孰晚，还是要依赖类型学证据。

西坡第一组的 M14 和第二组的 M31 所出 AⅠ式壶与陕西华县泉户村遗址太平庄 M701 随葬之壶（M701：2）相似[1]。M701 之釜（M701：3）和与之同时期的 T121③：01 釜均口径略大于腹径，与西坡第二组的Ⅱ式釜相似。M701 随葬的著名的"鹰鼎"（M701：1）位置在釜之东侧，似与灶有关，西坡第一组Ⅰ式灶前足略曲，有似鸟羽之纹饰，后足如鸟尾羽，灶口如无底覆盆，正与"鹰鼎"相似。M701：2 壶与西坡 AⅠ式壶类似。可以由此推定，西坡第一组和

---

[1] 北京大学考古系著、中国社会科学院考古研究所编：《华县泉护村》，科学出版社，2003 年。

第二组的时代应该与太平庄 M701 相当。

泉护村发掘报告编写者认为 M701 属于泉户村一期文化第Ⅲ段，即仰韶文化中期庙底沟类型的最晚阶段，是可以接受的，下文将详细讨论。釜灶组合是庙底沟类型的典型器物，在各庙底沟时期遗址均有出土，如新近发现的三门峡南交口遗址即发现大量庙底沟类型中期的釜，口小，折腹，腹径远大于口径。[1] 在泉护村遗址，釜灶组合自泉护村一期文化Ⅰ段即已出现，Ⅰ段的釜口径只约相当于腹径的二分之一（如 H1059：01），窄沿略外折；Ⅱ段釜口径明显增大，沿较宽，与西坡Ⅰ式釜相似；Ⅲ段釜如前所述，与西坡Ⅱ式釜相似，西坡Ⅲ式釜则继续口径增大的趋势，口径大于腹径，沿更显宽。（图 7 - 7）

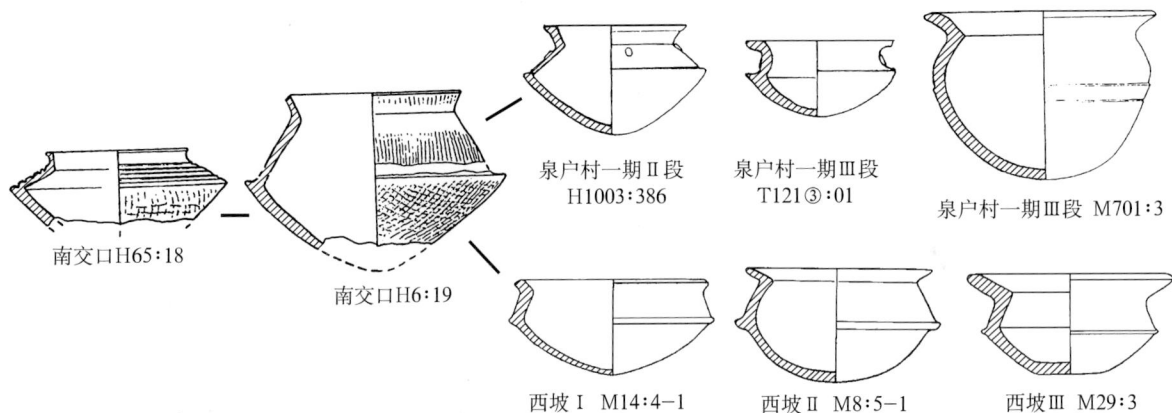

图 7 - 7　庙底沟类型陶釜演变图

由此清晰的釜的式样演变，我们推测，西坡三式釜灶组合的年代顺序为Ⅰ式最早，Ⅱ式居中，Ⅲ式最晚，也就是说，上述三组墓葬中，第一组年代最早，第三组年代最晚，第二组处于早晚之间的过渡阶段。三个阶段的陶器之间紧密承袭，且共有个别器型，显示它们没有时间上的缺环。

需要说明的是，上述分期只是依据类型学排比，没有打破关系的支持，其结论还需要更多资料的验证。

二　年代

1. 相对年代

对与西坡墓地类似的遗存的梳理有助于我们认识西坡墓地的相对年代。（图 7 - 8）

如上所述，陕西华县泉护村遗址泉户村一期文化第Ⅱ、Ⅲ段均有与西坡墓地相似器物。太平庄 M701 随葬品中，除了上面提及的釜、壶和鹰鼎外，骨簪、石斧（即西坡之钺）也与西坡墓地同类器相同。M701 表现出的葬俗，如墓主头向西，头上斜插骨簪，石斧放置于右臂边，刃部朝西，陶器被放置在脚坑内，釜的火候低等，也均与西坡墓地相似。[2] 此外，该遗

① 河南省文物考古研究所：《三门峡南交口》，科学出版社，2009 年。
② 马萧林、李新伟：《华县泉护村遗址的墓地在哪里》，《中国文物报》2007 年 1 月 5 日第 7 版。

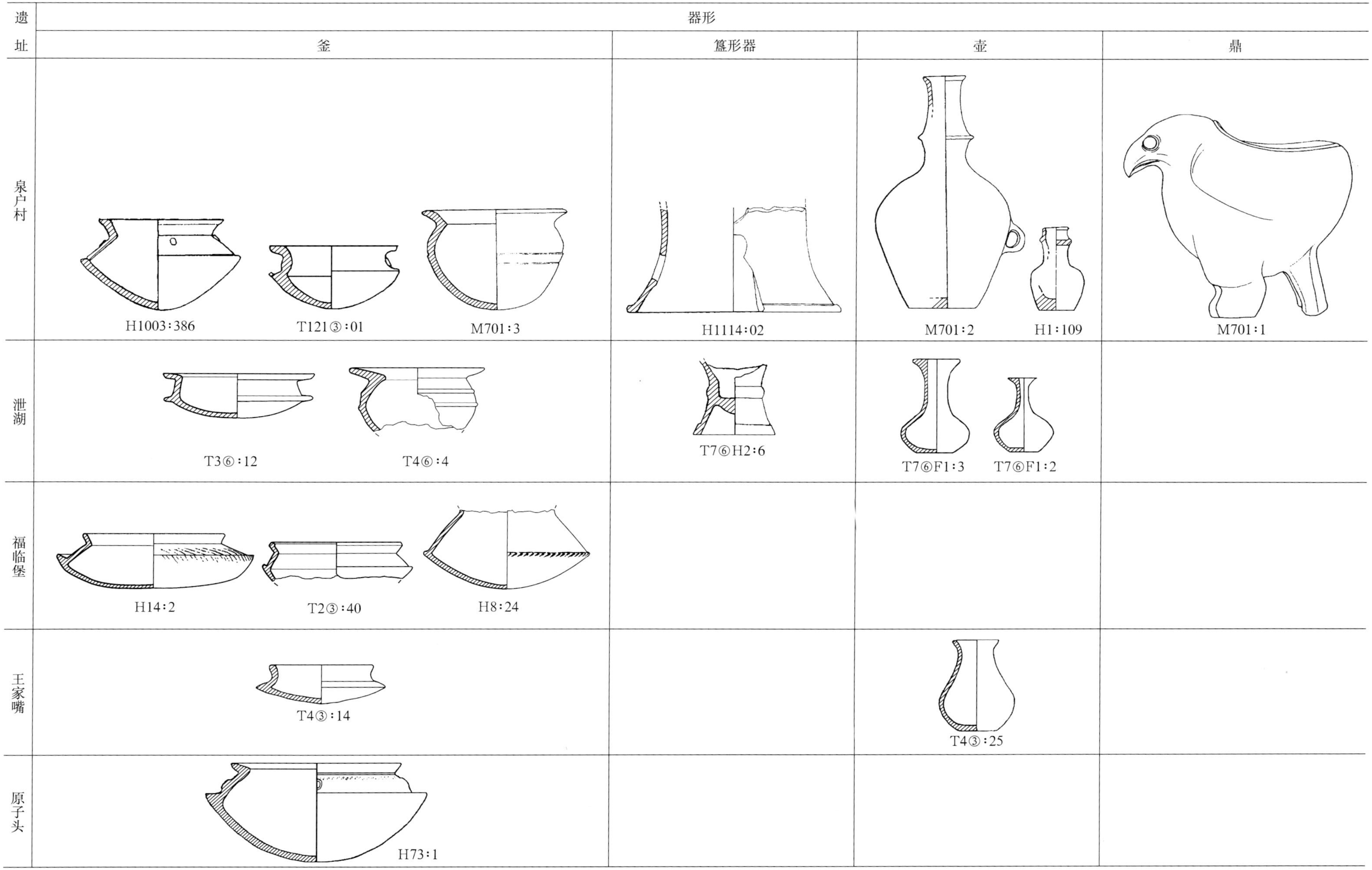

图 7 - 8　各遗址所见与西坡墓地类似器物

遗址	器形			
	鼎	壶	簋形器	釜
泉户村	M701:1	M701:2　H1:109	H1114:02	M701:3　T121③:01　H1003:386
泄湖		T7⑥F1:3　T7⑥F1:2	T7⑥H2:6	T4⑥:4　T3⑥:12
福临堡				H8:24　T2③:40　H14:2
王家嘴		T4③:25		T4③:14
原子头				H73:1

址泉户村一期文化第Ⅲ段的 H1114：02 有圆孔的圈足，颇似西坡Ⅰ式簋形器圈足；H1008：645杯与西坡 B 型筒形杯相似；H325：16 小杯与西坡带盖小杯形器的杯身相似；H1：109 小壶与西坡 BaⅠ式壶相似；H234：498 钵上的彩陶图案与西坡大口缸上的图案颇相似。

陕西蓝田泄湖遗址被发掘者归入西王村类型的陶器中，多有与西坡墓地相似者。[1] T3⑥：12 釜和 T4⑥：4 釜（简报误称为罐）口径大于腹径，与西坡Ⅲ式釜相似；T7⑥F1：2、3 瓶和西坡 BaⅢ式壶相似；T7⑥H2：6 杯圈足与西坡 B 型簋形器圈足相似。

陕西宝鸡福临堡遗址也有与西坡墓地类似的器物[2]。被归入该遗址第一期的 H14：2 釜和被归入第二期的 H8：24 釜口径小于腹径，与西坡Ⅰ式釜相似；被归入第一期的 T2③：40 釜口径略小于腹径，腹部出沿，与西坡Ⅱ式釜相似。

陕西岐山王家嘴遗址晚期遗存所出 T4③：14 釜（简报误为器盖），口径小于腹径，与西坡Ⅰ式釜相似；T4③：25 罐与西坡 Bb 型壶相似。[3]

再向西，陕西陇县原子头遗址仰韶文化第六期 H23：11 釜与西坡Ⅰ式釜类似。[4]

上述出有与西坡类似遗物的遗存的年代，或相当于仰韶文化中期庙底沟类型时期，或相当于仰韶文化晚期的西王村类型时期，总体而言，西坡墓地的相对年代应处于这两个时期间的过渡阶段。

西坡 M8 和 M27 所出的两对大口缸是极具时代特征的器物，在海岱地区、江淮地区和太湖周围地区多有发现。有学者对这种又被称作"大口尊"的器物的源流进行过系统梳理[5]，其中方向明的结论颇为精当[6]，西坡所出腹部有附加泥条者，与他划分的 AaⅠ式相似，无附加泥条者与他划分的 AbⅠ式相似。目前发现的此类大口缸有：江苏刘林[7] M192：1，江苏高邮龙虬庄[8]第三期 T4526（05）：42，吴县张陵山 M5 随葬者[9]，昆山少卿山[10] M2：2，昆山[11] M9：13、M8：13，上海青浦崧泽文化中层[12] 61T2：31，福泉山墓地[13] M151：16 和浙江嘉兴南河浜 G2：1等（图 7－9）。这些遗址均相当于大汶口早期向中期过渡阶段和崧泽文化向良渚文化过渡阶段，绝对年代在公元前 3300 年左右，西坡墓地年代应该与之接近。

① 中国社会科学院考古研究所陕西六队：《陕西蓝田泄湖遗址》，《考古学报》1991 年 4 期，第 415－447 页。

② 宝鸡市考古工作队、陕西省考古研究所宝鸡工作站：《宝鸡福临堡》，文物出版社，1993。

③ 西安半坡博物馆：《陕西岐山王家咀遗址的调查与扰掘》，《史前研究》1984 年 3 期，第 78－90 页。

④ 陕西省文物考古研究所：《陇县原子头》，文物出版社，2005 年。

⑤ 王吉怀等：《论大汶口文化大口尊》，《中原文物》2001 年 2 期，第 45－54 页；《新石器时代大口尊研究》，郑铎硕士论文，南京航空航天大学，2008 年。

⑥ 方向明：《史前东方大口尊初论》，《东南文化》1998 年 4 期，第 37－44 页。

⑦ 南京博物院：《江苏邳县刘林新石器时代遗址第二次发掘》，《考古学报》1965 年 2 期，第 9－48 页。

⑧ 南京博物院：《龙虬庄》，科学出版社，1999 年。

⑨ 南京博物院：《江苏吴县张陵山遗址发掘简报》，《文物资料丛刊》（6），1982 年，第 25－36 页。

⑩ 苏州博物馆、昆山县文管会：《江苏省昆山县少卿山遗址》，《文物》1988 年 1 期，第 52－57 页。

⑪ 浙江省文物考古研究所：《昆山》，文物出版社，2006 年。

⑫ 上海市文管会：《崧泽——新石器遗址发掘报告》，文物出版社，1987 年。

⑬ 上海市文物管理委员会：《福泉山——新石器时代遗址发掘报告》，文物出版社，2000 年。

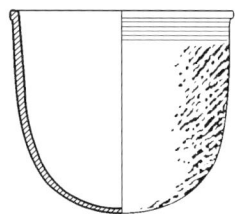
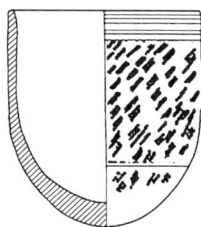
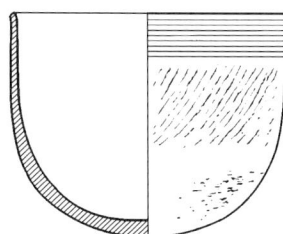

崧泽 61T2:31　　　　　张陵山遗址M05　　　　　少卿山M2:2

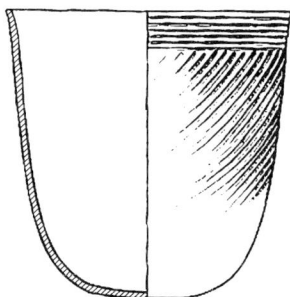
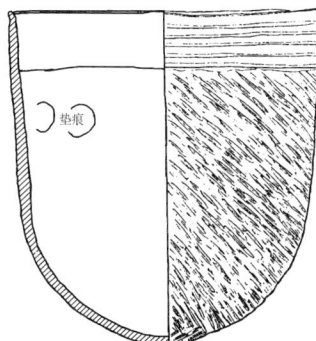

南河浜G2:1　　　　　　　　　　　　昆山 M9:13

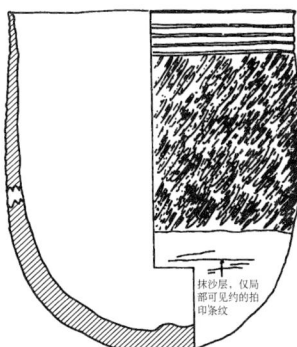
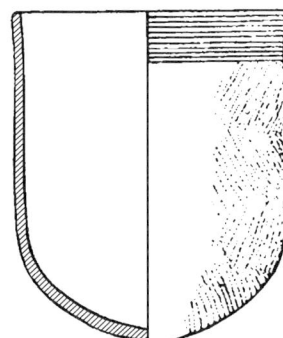

昆山M8:13　　　　　　　　　　　　刘林M192:1

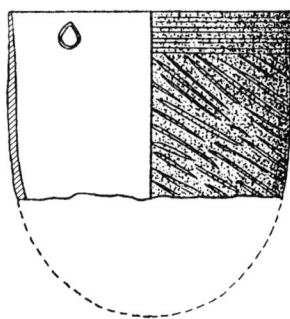
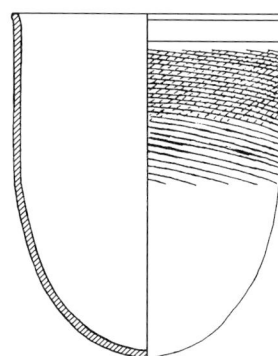

龙虬庄T4526(05):42　　　　　　　福泉山M151:16

图7-9　大口缸对比图

2. 绝对年代

我们提取了西坡墓葬的13个人骨样品进行碳十四年代测定，测定结果见表7－1和图7－10。

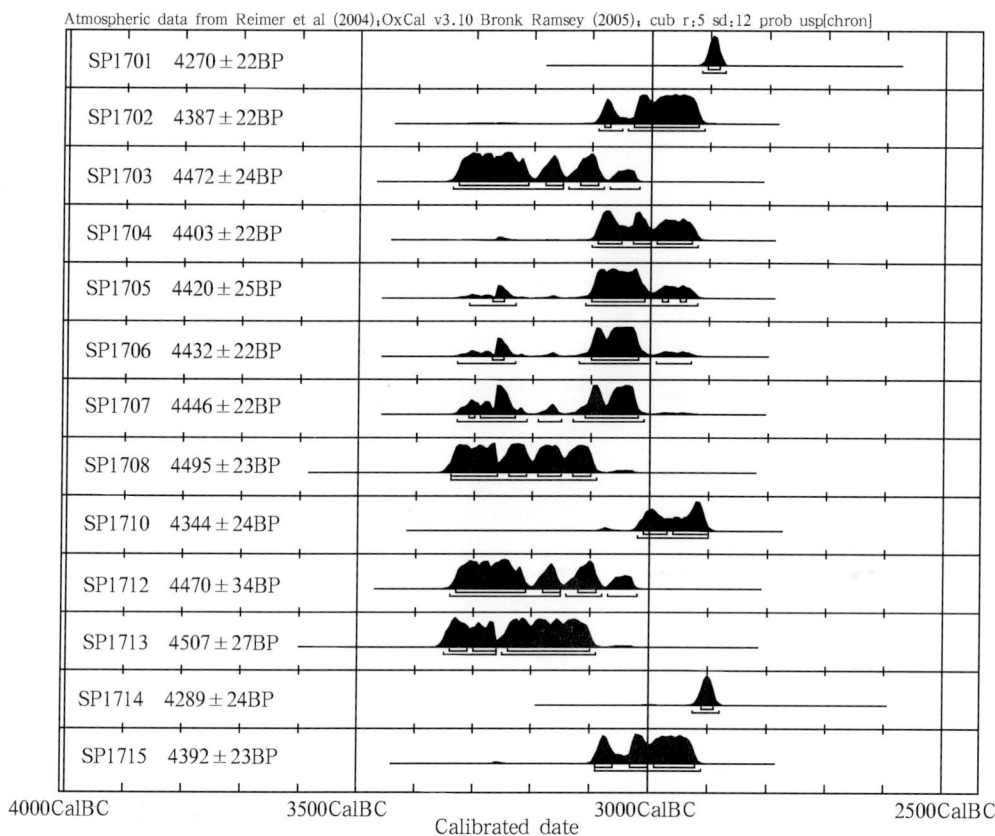

Atmospheric data from Reimer et al (2004);OxCal v3.10 Bronk Ramsey (2005); cub r:5 sd:12 prob usp[chron]

SP1701	4270±22BP
SP1702	4387±22BP
SP1703	4472±24BP
SP1704	4403±22BP
SP1705	4420±25BP
SP1706	4432±22BP
SP1707	4446±22BP
SP1708	4495±23BP
SP1710	4344±24BP
SP1712	4470±34BP
SP1713	4507±27BP
SP1714	4289±24BP
SP1715	4392±23BP

4000CalBC　　　　3500CalBC　　　　3000CalBC　　　　2500CalBC

Calibrated date

图7－10　西坡墓地人骨样品碳十四结果树轮校正图

表7－1　西坡墓地人骨样品碳十四数据结果

序号	实验室编号	墓号	碳十四年代（BP, 5568）	树轮校正年代（OxCal 3.10, 1σ）
1	SP1701	M1	4270±22	2905BC（68.2%）2885BC
2	SP1702	M3	4387±22	3080BC（0.8%）3070BC 3030BC（67.4%）2920BC
3	SP1703	M8	4472±24	3330BC（50.1%）3210BC 3180BC（6.3%）3150BC 3120BC（11.8%）3090BC
4	SP1704	M11	4403±22	3090BC（22.2%）3050BC 3030BC（15.9%）3000BC 2990BC（30.2%）2930BC
5	SP1705	M13	4420±25	3270BC（1.6%）3250BC 3100BC（64.2%）3010BC 2980BC（1.1%）2970BC 2950BC（1.3%）2940BC
6	SP1706	M21	4432±22	3270BC（4.4%）3250BC 3100BC（63.8%）3020BC
7	SP1707	M14	4446±22	3310BC（2.8%）3300BC 3290BC（17.6%）3230BC 3110BC（47.8%）3020BC
8	SP1708	M17	4495±23	3340BC（28.7%）3260BC 3240BC（13.6%）3210BC 3190BC（14.7%）3150BC 3130BC（11.2%）3100BC

续表 7 - 1

序号	实验室编号	墓号	碳十四年代（BP，5568）	树轮校正年代（OxCal 3.10，1σ）
9	SP1710	M20	4344 ± 24	3010BC（28.0%）2970BC 2960BC（40.2%）2900BC
10	SP1712	M16	4470 ± 34	3330BC（49.9%）3210BC 3180BC（6.1%）3150BC 3120BC（12.2%）3090BC
11	SP1713	M18	4507 ± 27	3340BC（10.9%）3310BC 3300BC（5.6%）3260BC 3240BC（51.7%）3100BC
12	SP1714	M4	4289 ± 24	2910BC（68.2%）2890BC
13	SP1715	M5	4392 ± 23	3090BC（8.8%）3060BC 3030BC（14.9%）3000BC 2990BC（44.5%）2920BC

据表 7 - 1，树轮校正后的年代大致在公元前 3300 年至前 2900 年之间。从图 7 - 10 可以看出，主要数据均在公元前 3300 至前 3000 年之间。参考上面对相对年代探讨，我们推测，西坡墓地的年代上限可到公元前 3300 年，考虑到西坡三组墓葬之间相互紧密衔接，西坡墓地的延续时间不会很长。

三　文化性质

如上所述，西坡墓地年代应相当于仰韶文化中期庙底沟类型向仰韶文化晚期西王村类型的过渡阶段，将其归入哪种类型是需要进一步探讨的问题，我们在此只提出些初步认识。

西坡墓地随葬陶器显示出与庙底沟类型陶器的密切继承和演变关系（图 7 - 11）。

釜灶组合是西坡墓地最典型的重要器物，上文已经指出釜灶组合为庙底沟类型的标志性器物之一，在几乎所有已经发表的同类遗存资料中均有发现，西坡遗址发掘中也曾出土。组合中

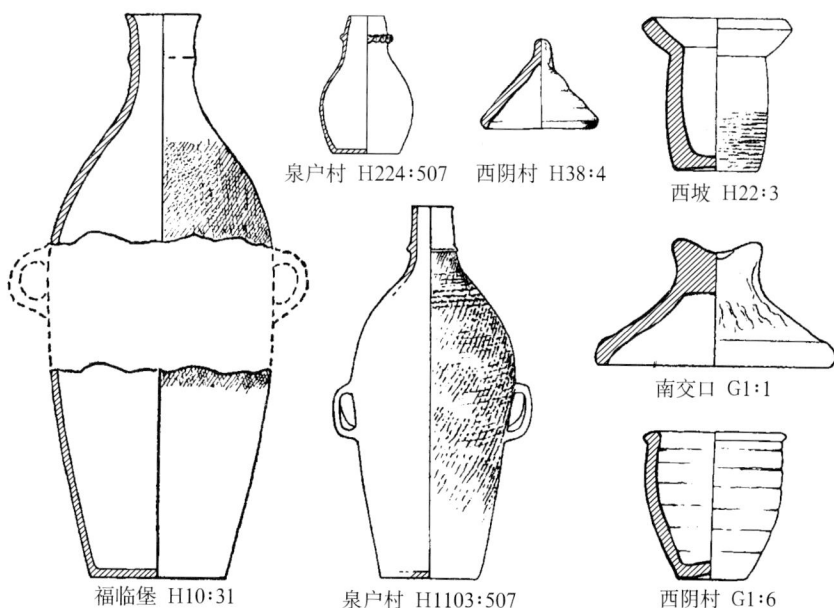

泉户村 H224:507　西阴村 H38:4　西坡 H22:3

南交口 G1:1

福临堡 H10:31　泉户村 H1103:507　西阴村 G1:6

图 7 - 11　与西坡墓地典型器物有演变关系的庙底沟类型陶器

的釜有清晰的演变规律，其口径与腹径的比例逐渐加大。主流型式的灶则由灶口两侧向前大幅度斜伸、灶口下装短足，到灶口两侧前伸幅度减小、形成弯曲的鸟腿式前足，再到灶口两侧竖直、前足亦竖直。西坡墓地之釜灶组合明显处于这一演变序列之中，是其中重要的组成部分。

西坡簋形器是另一种颇具特征的重要随葬品，在庙底沟类型遗存中也可以找到其原型。如陕西华县西关堡遗址[①]的"彩陶豆"，饰有庙底沟类型中期典型的花瓣纹，上部如直腹盆，但略浅，盆下部略向外凸出，矮圈足，上有圆孔，足下缘凸出形成一圆棱，这些特征均与西坡簋形器相似[②]。

西坡墓地所出短颈上有凸棱的单把壶及小壶在庙底沟类型中也可寻到线索。泉护一期Ⅱ段的小口平底瓶 H1103：507 颈部开始出现凸棱，腹有双耳，可对应该文化Ⅲ段的 M701：2 和西坡墓地 AⅠ式壶，山西垣曲下马遗址出土彩陶壶杯形口、单耳、上腹饰典型的庙底沟风格花瓣纹样，应是西坡 AⅠ式壶的直接原型[③]。福临堡第二期 H10：31 与之类似。泉护一期Ⅱ段的小口瓶 H224：507 可对应该文化Ⅲ段小口瓶 H1：109 和西坡墓地 B 型壶。

西坡墓地所出 A、B 两种类型的筒形杯也是庙底沟类型的典型器物之一，西坡遗址 H22：3 与西坡墓地 A 型筒形杯相似；西阴村相当于庙底沟类型的 G1：6 杯则与西坡墓地 B 型筒形杯相似；泉护一期Ⅰ段 H1024：326 和 H1046：457 也分别与 A 型和 B 型两种筒形杯相似。

西阴村属于庙底沟类型的 H38：4 器盖上有尖状纽，南交口遗址 G1：1 器盖的纽中部下凹，均与西坡墓地所出器盖相似。

钵和碗是庙底沟类型的主流器物之一，型式复杂多样，更不难找到西坡墓地同类器的原型，兹不赘述。

此外，M31 所出 2 件异形器与内蒙古凉城王墓山坡下遗址所出火种炉外形颇为相似，上部均为敞口罐形，下部均在中部转折。王墓山坡下火种炉多为上下贯通，但ⅠF4：15 上部有底，上有圆孔，与 M31 所出最相似。这些火种炉的年代与庙底沟时期相当[④]。

由此可见，西坡墓地的几乎所有典型器物均可在庙底沟类型遗存中找到对应的原型，而且表现出密切的演变关系或高度相似性。因此，虽然在泄湖、王家嘴和原子头遗址中，与西坡墓地类似的釜、壶等器物在被发掘者认定为相当于仰韶文化晚期的单位中出土，我们还是倾向于将西坡墓地归入庙底沟类型，作为该类型的最晚阶段。

第二节　丧葬礼仪*

丧葬礼仪可以定义为自死者死亡时刻起到死者被安葬完毕止这一时间段内所有与死者相

＊　本节由中国社会科学院考古研究所李新伟撰写。

①　中国社会科学院考古研究所陕西工作队：《陕西华阴西关堡新石器时代遗址发掘》，《考古学集刊》第六集，第 52－61 页。

②　严文明：《仰韶文化研究》（增订本），文物出版社，2009 年，图版一九：1。

③　严文明：《仰韶文化研究》（增订本），文物出版社，2009 年，扉页彩色照片"爱不释手"。

④　内蒙古文物考古研究所及北京大学中国考古研究中心"聚落演变与早期文明"课题组：《岱海考古》（三），科学出版社，2003 年。
　ⅠF4：15 见该书第 39 页图三四：3。

关活动的总和，即郑玄为《仪礼·士丧礼》解题时所云"自始死至于既殡之礼"[①]。考古发现的墓葬只是丧葬礼仪尾声下葬阶段的残留，我们很难依据墓葬复原全部丧葬礼仪。但正如很多研究者所强调的，把墓葬当做丧葬礼仪的一部分去理解和分析是墓葬研究非常重要的视角。单纯静态地分析墓葬这一结果，而不考虑整个仪式过程，往往会忽视很多重要信息，甚至会产生误解[②]。因此，在分析西坡墓葬反映的社会结构问题之前，我们先尝试以考古资料为依据，参考文献记载和民俗观察，推测西坡古代居民丧葬礼仪的主要内容。

国内外民族志和中国古代文献记载的丧葬礼仪内容丰富多彩，在此难以尽述。发掘期间，恰巧赶上西坡遗址所在的南涧村的两次葬礼，古风淳淳，结合当地民俗志记载，颇可作为推测远古丧葬礼仪的参考[③]。《礼记》、《仪礼》和《周礼》中有先秦丧礼的系统记载，也可以作为我们试图复原西坡丧葬礼仪的重要参考。需要说明的是，我们无力在此对文献进行全面考据和综述，而只是引用有助于认识西坡墓地资料的内容，并借助文献构建我们的叙述框架。

依据灵宝民俗志相关内容和上述文献中的相关记载，我们可将西坡丧葬礼仪分为下葬前、下葬和下葬后三个阶段，因下葬后阶段的遗存难以确认，我们只能对前两个阶段进行考察。

一　下葬前阶段

确定死亡到死者下葬前的阶段有一套复杂的礼仪，比如死亡刚被确认以后的移尸和复（招魂）等，但能够通过考古资料被认识的只有下列少量内容。

1. 对尸体的处理

（1）尸体的清洗和带簪入葬之俗

我们可以依据考古资料推测出的此阶段的第一个程序是对尸体的清洗，依据主要是在某些墓主头顶部位发现的骨簪。

M14、M17、M18 和 M19 墓主头顶位置均发现骨簪。M14 和 M18 的墓主为女性，M19 墓主为男性，M17 人骨无存，女性多 1 例。M14 中出有 1 枚（M14∶2），为短簪，出土时尖部斜向左上方，原应由右向左插入发内。M18 出有 2 枚，M18∶1 出土时尖部斜向左上方，原应从右向左插入发内。其旁有一断簪 M18∶2。M19 墓主头顶发现 4 枚骨簪。M19∶1 在上，尖部斜向左下方；M19∶4 在其下，斜向左上方；M19∶2 又在其下，尖部斜向左上方；M19∶3 在最下，尖部斜向左上方。四根簪原均为从右向左插入发内。不能完全排除骨簪是死者生前自己插上去的可能。但考虑到死者在临终前很可能经历过卧床阶段，不宜盘发插簪，更大的可能是，这些簪是在墓主死后整理尸体过程中由生者插上的，因此这些保持原位的簪，可以作为存在整理尸体活动的证明。

《礼记·丧大记》[④] 和《仪礼·士丧礼》中记载的整理尸体内容包括以清水浴尸和以谷物汁沐发，各有一套复杂的礼仪。关于沐发，《仪礼·士丧礼》更有"乃沐擳，挋用巾"和

---

① 本文引用《仪礼》均见上海古籍出版社 2008 年版汉郑玄注、唐贾公彦疏《仪礼注疏》。

② 唐际根：《殷商时期的"落葬礼"》，《一剑集——北京大学考古专业八六届毕业十周年纪念文集》，中国妇女出版社，1996 年，第 54 – 61 页。

③ 周家樵主编：《灵宝民俗志》，中州古籍出版社，1993 年，第 168 – 183 页。

④ 本文引用《礼记》内容均见中华书局 1995 年第 2 次印刷版孙希旦撰、沈啸寰、王星贤点校《礼记正义》。

"鬠用组，乃笄。"的记载，即沐发后要梳理，擦干净，以组束发，再插上簪笄。史前西坡古代居民很可能也有此沐发之俗，骨簪便是在沐发后插上的。上述3座墓葬中，骨簪均由右向左插入，因习惯使用右手者多于左撇子，而要用右手将簪从死者发髻的右侧插入，则插簪者的位置应在死者头顶之外，面朝死者双足方向，那也正是适宜沐洗死者头发的位置。

（2）敛尸和葬式

敛尸是清洗尸体后的一个重要程序。大致包括给死者穿上衣服并将其包裹起来。

西坡墓葬的大部分墓主都有被包裹的迹象（表7-2）。

表7-2 西坡墓葬可能与尸体包裹有关的迹象

墓号	肘距肋骨	手位置	膝距	锁骨	足姿态
M1	4厘米	腕局部在盆骨下	5厘米	45度	双足紧靠，左足尖似向上；右足背绷直，足尖向右下方
M2	紧贴	左腕在盆骨下	9厘米	45度	双足骨散乱，姿态不明
M3	5厘米	紧靠体侧	7厘米	45度	双足根部紧靠，右足背略弓，足尖向右下，左足足骨散乱
M4	紧贴	右手在体侧，左手在股骨上	11厘米	45度	双足根骨靠近，足心相对，足背绷成弓形，足尖向下
M5	1厘米	靠近体侧	8厘米	正常	双足足骨散乱，足尖原来似向上
M6	10厘米	靠近体侧	7厘米	错位	双足足骨散乱不全
M7	5厘米	紧靠盆骨	8厘米	正常	左足背部绷直，足尖向下，右足足尖略左倾
M8	5厘米	靠近体侧	7厘米	正常	双足足跟相对，足背弓形，脚尖向下，如跳芭蕾舞状
M9	2厘米	靠近体侧	7厘米	错位	双足足骨保存差，散乱不全
M10	2.5厘米	紧靠体侧	7厘米	正常	双足根部靠近，足背大幅度弓起，足尖向下
M12	3厘米	紧靠体侧，右腕在盆骨下	8厘米	竖立	双足骨保存较好，均足尖向上，侧面紧贴在一起
M13	紧贴	紧靠体侧	10厘米	45度	双足足尖均朝向斜上方
M14	1厘米	紧靠体侧	6厘米	45度	足骨散乱，姿态不明
M15	4厘米	双腕部均局部在盆骨下	10厘米	45度	右足压在左足之上
M16	缺失	靠近体侧	7厘米	缺失	左足尖基本向上，右足向左斜，足尖与左足尖紧贴
M18	2厘米	紧靠体侧，左腕骨在盆骨下	10厘米	正常	右足背弓起绷紧，足尖向右下；左足与右足靠拢，未见掌骨和趾骨
M19	2厘米	紧靠体侧	15厘米	45度	足骨散乱，姿态不明
M20	紧贴	紧靠体侧	7厘米	45度	右足背绷直，足掌向下，足尖向东。左足略向右斜，与右足紧靠，足心向下，足尖向东南
M21	2厘米	紧靠体侧	5厘米	45度	双足紧靠，但骨散乱，姿态不明
M22	6厘米	缺失	9厘米	45度	未见双足
M23	紧贴	右手紧靠体侧，左手在左腿根部上	12厘米	正常	双足足骨散乱，原来足尖似应朝上
M24	紧贴	紧靠体侧	8厘米	正常	左足背弓起，足尖向下如跳芭蕾舞状。右足只存根骨
M26	紧贴	紧贴	8厘米	正常	足背弓起，足尖向下如跳芭蕾舞状
M27	3厘米	3厘米	1厘米	45度	双足均足背弓起，足根部紧贴，足尖向下如跳芭蕾舞状
M28	紧贴	左手紧靠体侧，右手在裆部	7厘米	正常	足跟相距约10厘米，足背均弓起，足尖向下如跳芭蕾舞状
M29	扰动	扰动	6厘米	扰动	足跟相距约5厘米，均足背弓起，足尖向下如跳芭蕾舞状
M30	8厘米	紧贴体侧	15厘米	正常	右足保存较好，足心踩地。左足保存较差，足心似朝向右足
M32	紧贴	左手紧贴体侧，右手在左腹	7厘米	正常	双足并拢，保存较好，脚尖向上。右足略向左斜
M33	3厘米	紧贴体侧	8厘米	45度	足跟紧贴，足背弓，足尖向斜下方，双足尖形成U形空间
M34	左臂外屈右臂靠近	靠近体侧	15厘米	扰动	未见

注：未统计人骨保存不佳的M11、M17、M25和M31。

最普遍的迹象包括：肘部离肋骨很近，有些几乎贴靠在肋骨上；手离腿根部很近，有些墓主的手腕在盆骨下；双膝距离很近，多在 10 厘米以下，M27 双膝间只有 1 厘米；锁骨本应与肱骨大体垂直，但很多墓葬中均与肱骨成 45 度角，M12 墓主锁骨几乎与肱骨平行，虽然不能完全排除有筋肉腐烂过程中的自然变位和后期扰动的因素，但这一现象更可能是双肩受到束缚力所致；双足足跟靠拢，足心相对，足背绷直，足尖向下，如跳芭蕾舞状是西坡墓地典型的双足姿态，可在 11 座墓葬（M3、M4、M8、M10、M18、M24、M26～M29、M33）中明确辨识，这明显不是自然姿态，应与绑缚有关。

包裹尸体是非常普遍的习俗。现代爱尼族人死后，即将尸体抬至木柱背靠而坐，用温水沐浴，更衣仰卧，由直系亲属按年龄大小，依次用布给死者盖脸，其后，便开始裹尸。裹尸布分为两种：一种是黑布；一种是白布。成年人死后（指已婚），用黑布裹尸；死者是未婚，父母又健在，则用白布裹尸。裹尸布一般都比较长，有的长达三四米，先把头脚两端用布盖蒙，将手置于胸前，用红绳把手脚的两个大拇指捆住，然后开始裹尸，并将眼睛、鼻子和嘴巴等部位剪一小孔，使眼、鼻、嘴露于外面，包裹停当则入殓。

礼书中更有"小敛"和"大敛"之分。《礼记·丧大记》云："小敛，布绞，缩者一，横者三。君锦衾，大夫缟衾，士缁衾，皆一，衣十有九称。"郑玄注认为，绞为"既敛所用束坚之者"，则布绞为包束尸体之布带。孔颖达疏认为小敛的程序是，先铺设绞，"纵者一幅，横者三幅。纵者在横者之上，舒衾与绞上，衣布于衾上，然后举尸于衣上，屈衣裹，又屈衾裹之，然后以绞束之。"小敛之后还有大敛，再次重重包裹。《礼记·丧大记》还记载："始死，迁尸于床，幠用敛衾，去死衣，小臣楔齿用角柶，缀足用燕几，君、大夫、士一也。"可见对足之拘束在清洗尸体前即已进行。《仪礼·士丧礼》记载，给死者穿上鞋以后，要把鞋系牢，并要"连絇"。郑玄注云："絇，履饰，如刀衣鼻，在履头上，以余组连之，止足跰也。"即要把鞋头系在一起，防止双足分开。亦可见处理双足是敛尸的重要步骤。M12 墓主双足骨保存较好，均足尖向上，侧面紧贴在一起；M16 墓主左足尖基本向上，右足向左斜，足尖与左足尖紧贴，有可能正是与"连絇"类似的行为造成的。

西坡墓葬没有保存下包裹尸体的有机制品，我们难以知晓穿衣和包裹的具体情况，但由墓主骨骼的姿态看，我们倾向于认为当时存在包裹尸体的葬俗。我们看到的仰身直肢、双臂紧靠身体、双膝并拢、足如跳芭蕾状等典型葬式均可能是此包裹葬俗的结果。

2. 下葬准备

敛尸后，对尸体的处理结束，应该有一定的停灵时间，供亲友吊唁，举行相关仪式活动，这些活动在考古遗存中已经难觅踪迹，我们很难确定哪些考古资料与停灵期间的仪式活动有关，也就难以推测这些活动的具体情况，能够从考古资料推测出的是下列下葬筹备工作。

（1）打圹和墓向及墓葬结构

墓穴地点自然要选择固定的公共墓地。墓穴在墓地中的具体位置应与社会身份和血缘有关。具体位置选定后，要确定墓向。除 M19 外，西坡墓地其余 33 墓葬头向均大体朝西，2 座墓略偏西南，1 座墓朝向正西，其余 30 座墓不同程度偏西北。这 33 座墓的头向角度变化范围从 266 至 296 度，有 30 度之多（图 7-12），这是个值得深思的问题。

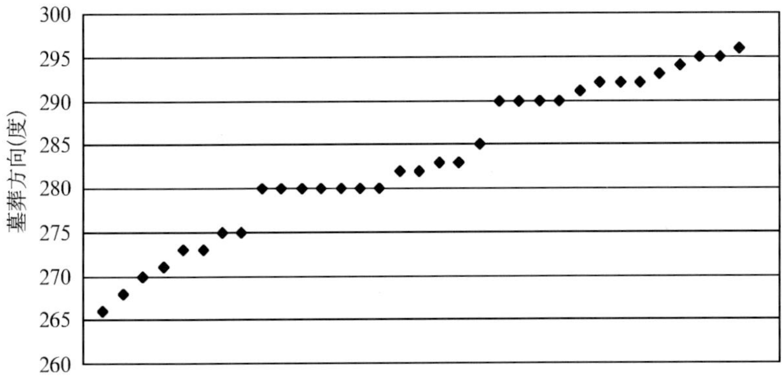

图 7 - 12　西坡墓地墓向

　　对于史前西坡聚落居民来说，想要使得墓葬朝向基本完全相同，应该并不是很难的事情，比如可以在墓地设置固定的指示方向的标志。墓向的差别如此之大，应该不是因为定向技术方面的原因。葬礼是很郑重的事情，也不太可能在选择墓向时随便选择大体朝西的方向即可。《礼记·檀公上》云："夏后氏尚黑，大事敛用昏，戎事乘骊，牲用玄。殷人尚白，大事敛用日中，戎事乘翰，牲用白。周人尚赤，大事敛用日出，戎事乘骤，牲用骍。"可见三代敛尸是颇重时辰的。《周礼·冢人》记载，冢人的一个职责是"大丧既有日，请度甫竁，遂为之尸。"各注家均认为"请度甫竁"即度量在何处开挖墓穴①。《仪礼·士丧礼》也记载，开挖墓圹前要请筮者"筮宅"。西坡古代居民下葬可能也要考虑时辰和度量方位。

　　王仁湘曾对我国史前墓向问题进行过系统归纳②，提出有些古代居民以日落方向确定墓向。西坡墓向变化范围如此之大，一个可能的解释是，定向时参照的标准是西方的可移动物体，很可能是落日的位置。

　　西坡墓地处于遗址南部的高地，向西可以望到地平线。墓葬的朝向，可能就是死者故去当日或挖掘墓坑当日落日降落到地平线时的方向。众所周知，太阳在不同季节落入地平线的方向是不同的。西坡墓地位置大致为北纬 34°29′，东经 110°41′，海拔高度约为 475 米。运用 CyberSky 软件计算，在公元前 3100 年，西坡墓地所在地点的太阳落入地平线位置随季节在真北 241 度到 300 度之间变化。我们给出的西坡墓向为磁北，若以 2010 年磁偏角计算，较真北偏西约 3 度，则西坡墓葬的真北方向应为 263 度至 293 度。公元前 3100 年西坡所在地太阳此角度范围落入地平线的日期大致为 4 月 1 日左右至 6 月 10 日左右，以及 8 月 26 日左右至 10 月 30 日左右。M27 墓向为真北 293 度，太阳以该角度落入地平线的时间为 6 月 21 日左右和 8 月 26 日左右。该墓中填泥内有初开而未结果的野茉莉花，在现代季候中，野茉莉开花而未结果的时间为 7 月至 9 月之间。公元前 3100 年左右的夏至日为 7 月中旬，则当时的季候约比现代晚约 20 多天，野茉莉花季应为当时的 7 月下旬到 9 月中下旬。若假设该墓墓主死于 8 月 26 日左右，并在死亡的若干天内按照日落方向（真北 293 度左右）选定墓向，则正与野茉莉花期相符。

①　本文引用《周礼》均见中华书局 1999 年版孙诒让撰、王文锦、陈玉霞点校《周礼正义》。

②　王仁湘：《我国新石器时代墓葬方向研究》，《中国原始文化论集——纪念尹达八十诞辰》，文物出版社，1989 年，第 320 - 333 页。

虽然 M27 内植物印痕的分析支持我们墓向与落日方位有关的推断，但一个不利于此推断的现象是，按照我们现在发现的墓葬的墓向推算，所有墓主均在 4 月 1 日左右至 6 月 10 日左右，以及 8 月 26 日左右至 10 月 30 日左右这 4 个半月左右内死亡，这很不合理。一个可能的解释是只有部分死者以日落定墓向。

墓圹的标准式样是长方形竖穴土坑，两侧留生土二层台，中间为墓室。有陶器随葬的墓葬一般有脚坑，简单的脚坑只是将墓室东端再挖低一些，更标准的脚坑则将墓室东端向南、北两侧拓宽，使二层台之间的部分呈"凸"字形。

（2）准备下葬物品及相关葬俗

在准备墓穴的同时，备办埋丧葬用品的工作也应在开展。这些用品的种类很多，但考古学家能够发现的只是其中保存在墓葬内的部分，对于西坡墓地来说，主要包括封填墓圹和墓室用的草拌泥、墓室盖板、覆盖盖板的麻布、少量朱砂、各种随葬品及陶容器内将装盛的物品。

西坡墓地的一个特有葬俗是所有墓葬都用泥封填墓室，大墓甚至用泥封填整个墓圹。泥多呈青灰色，其内夹杂大量芦苇茎叶，M27 泥中还夹杂植物叶。这些泥的主体可能来自河边湿地淤泥，简单掺杂些干土调节其干湿度，便可用于封填。但在冬季最寒冷时淤泥干燥冻结恐怕难以获得，因此有些泥中掺杂大量棕红色土。泥应是在下葬当天制备的，在封填时要保持合适的湿度。因为没有实验考古学的研究，难以确定制备这些泥需用的人力和时间，但可以想见，M27 需要用泥 20 余立方米，不是能够轻易制备的。

盖板并在板上覆盖麻布也是西坡墓地特殊葬俗，盖板可能在死者病重期间已经制作完成，也可能在故去才后制备。麻布可能是日用之物，也可能是为丧葬特制的。

M8 墓主头顶部和 M27 填泥中均发现零星朱砂痕迹，M27：1 大口缸可能以涂有朱砂的麻布封盖，故在缸口留下朱砂痕迹（见附录一）。这些对朱砂的使用均为西坡葬俗的组成部分。考虑到朱砂是常用之物，可能平时有所储备。葬礼需要时比较容易获得。

从制备过程的角度，随葬品可以分为两类，一类是已经存在者，一类是需要及时制作者。敛尸时佩戴的骨簪很可能就是死者生前的实用品。M11 象牙镯、M17 象牙箍形器和 M8 骨箍形器从选料到制作需要较长的时间，有可能也是已经存在之物，但不排除因为墓主身份重要，特别赶制的可能性。

玉钺和石钺尤其是玉钺的选料和制作同样要耗费较长时间，但也不是不能为葬礼临时制作。玉料可能有备存，但如果需要也可临时获得。绝大部分玉钺和石钺的刃部均无明确的使用痕迹，也没有装柄痕迹，但这些并不能证明绝大部分玉钺和石钺是临时为了随葬制作的。这些精心制作的器物可能在平时也不是实用品，而是仪式用品。其中可能系柄的，因为不使用，系绳不会与器身产生摩擦，也就不会产生磨光痕迹。少量钺加工较粗糙：如 M6：1 尚留有线切割痕迹，M22：1 双面管钻未对齐；M24：7 石钺制作粗草，未开刃；M34：1 顶部保留着坯料的原状且未钻孔。它们有很大的可能是临时赶制的。因为作为重要珍贵的仪式用品，如果有充足的时间，应该做更精细加工使之尽量接近完美。

随葬陶器中少量个体比较大的壶可能是实用器，不需要特别制作。由形制推测，其余绝大部分为明器，应该是特意赶制的①。有些器物，如 M3 和 M26 中的随手捏制的小陶杯和盖，只需很短的时间便可完成。有些器物则需要更多时间。虽然有些器物保存状况非常差，但取自 M27 堆做一团的灶的样品，经测定，烧成温度近 900℃（见附录二），与一般日用陶器相当。可见，从烧制看，明器的制作并不潦草。值得注意的是，有些钵、簋形器的底部有穿孔，M18:3 壶上腹部有 3 个鼎足而立的小凹窝，这可能是准备随葬品时完成的，应有特殊含义。

釜灶组合、壶、簋形器和钵（碗）是最常见的陶器组合。玉器共 13 件，出自 9 座墓中，12 件为钺，只有 1 件是残环。石钺 3 件，出自 3 座墓中，其中 2 件与玉钺共出。这些器物构成了西坡随葬品的主体。其他器物数量较少，出土于少量墓葬中，各有其特殊内涵。

完成上述下葬前的准备工作后，便可开始下葬的各项程序。

二　下葬阶段

1. 运输死者、随葬品和葬具

将包敛好的尸体、随葬品和木板等葬具运到墓地，即所谓"出殡"，是丧葬礼仪的重要内容。但在考古遗存中很难获得相关信息。只能推测大型墓葬的出殡仪式会动用更多人力和物力。

2. 垫器

西坡墓葬墓室底部未见任何铺垫设施的痕迹，M30 随葬玉钺 1 件（M30:9），平放在墓主右侧盆骨下，施管钻面向下，刃部向东，器身长轴与墓向基本一致。这应是尸体下葬前放置的。在下葬前先放置器物的习俗中凌家滩墓地颇为盛行，如该墓地最大墓葬 07M23 下铺设大量石锛②。但垫器在西坡墓地属特殊葬俗，只见 M30 一例。

3. 下葬和头向

下葬即将尸体放入墓圹中，是葬礼的关键环节，有繁复的仪式。如果墓圹深，有棺椁等葬具的话，还需要些特殊设备。《周礼·冢人》的职责之一是"及窆，以度为丘隧，共丧之窆器。"窆器即下棺用具。《礼记·丧大记》云："凡封，用绰去碑负引。君封以衡，大夫、士以咸。"郑玄注谓封与窆同，均为下棺之意，碑、衡、绰、咸（即缄）均为下棺所用器具。

西坡墓葬无棺椁，墓圹也不很深，可能不需要器具就能把尸体放入墓室中。下葬的具体细节我们已无从知晓，只知道一般情况下，包裹好的尸体被放置在墓室正中，整体位置多偏西，头向西。即使在二次葬中，头骨也是摆放在西端。M29 骨骼散乱，不知是有意摆放还是后期扰动。

4. 放置随葬器物

《周礼·冢人》云："及窆，执斧以涖，遂入藏凶器。"郑玄注谓凶器即明器，可知下葬后即开始放置随葬品。《仪礼·既夕礼》云："藏器于旁，加见，藏苞筲于旁。"是类似的记载。

西坡墓葬随葬品分为两部分：放置在墓室内靠近身边的器物和放置在脚坑中的器物。

放置在墓室内的器物以玉钺和石钺最为普遍，9 座墓葬中均有发现（未计算 M30），大致

---

① 黄卫东：《长江流域史前冥器》，《二十一世纪中国考古学——纪念佟柱臣先生八十五年华诞学术文集》，文物出版社，2006 年，第 290 - 301 页。

② 安徽省文物考古研究所：《安徽含山凌家滩遗址第五次发掘的新发现》，《考古》2008 年 3 期，第 7 - 17 页。

有 5 种摆放方式。

其中 3 例在右小臂外侧。M8:2 和 M34:1 的摆放方式基本相同，均在右小臂边，刃部向西，器身长轴与墓主身体大致平行，靠近墓室南壁的一侧略高起。M11:5 和 M11:6 首尾相叠，紧靠墓室南壁，平放在相当于婴儿右臂边的位置。两件器物的顶端均有残缺，残缺部位均向北。

有 3 例在墓室西端，均平放，刃端向西。M6:1 和 M31:19 均平置在墓主头右上侧墓室西南角。M24:7 石钺放置在头骨左上方，墓室的西北角。

有 2 例靠近墓主脸右侧。M22:1 玉钺在面部右侧偏西。M9:1 石钺平放在墓主头右侧，局部被压在墓主面下。器身长轴方向与墓向一致，刃部向西。

此外，M11:4 玉钺侧立在墓室东部靠近北壁的位置，刃端向西，器身长轴与墓主身体大致平行。M17 的 2 件钺（M17:7、8）侧立在墓室中部，刃部向北略偏东和北偏西。

由钺的摆放情况看，放置在体侧和脸边的玉钺或石钺很可能都是不带柄的，放置在墓室西端者的附近也没有发现柄的痕迹。

其他在墓室中放置的器物有骨箍（M8:1）、玉环（M22:2）和骨器（M34:8、9），均为个案。

M29:1 陶碗倒扣在胸部以上约 3 厘米的位置，因 M29 墓室有木板封盖，可能未填土，估计此碗是直接放置在尸体上的，应有特殊用意。

放置在脚坑中的器物主要为陶器。事实上，除了 M29:1 陶碗外，所有随葬陶器均被放置在脚坑中。釜灶组合、壶、篹形器和钵（碗）这一最常见的陶器组合的摆放明显有一定之规：釜灶组合常被放置在居中的位置上，灶口向西，其他器物多围护在釜灶两侧和后部。其他器物似无固定的位置。如两座大型墓 M8 和 M27 各随葬大口缸 1 对，M8:9、10 被分别放置在脚坑的东南角和东北角；M27:1、2 则被并列放置在脚坑西北角。

《礼记·丧大记》记录了在墓中放置食物的情况，云："熬，君四种八筐，大夫三种六筐，士二种四筐，加鱼、腊焉。"郑玄注谓："熬者，煎谷也。"根据随葬器物内土样分析的结果，篹形器等器物内应该是放置了某种食物的（参见第六章）。M27:1 大口缸以涂朱砂的麻布封盖，缸内应该也放置了物品，只是难以检测到。

脚坑中除陶器外还放置有玉器和骨器。M17:10 玉钺平放在脚坑西边中部，在其东略偏北，与其顶端直线距离约 45 厘米处的脚坑底部，发现骨管状器 1 件（M17:13），或许是此玉钺柄末端的骨镦，但两件器物间未见木柄痕迹。M34:7 玉钺平放在脚坑东壁中部偏北。两座墓中均有放置在墓室中的玉钺或石钺。同类器物放置位置不同，应该是有特殊用意的，比如一种可能性是墓室中的钺为墓主所有之物，而脚坑中的可能为参加葬礼的亲朋的赠品。具体原因需要积累更多的资料才能展开讨论。

此外，多座墓葬中放置有小石块，或在墓室，或在脚坑，用意不明。

5. 填平墓室和脚坑

除 M27 和 M29 等以木板覆盖墓室和脚坑外，其余墓葬的墓室和脚坑均以土填至与二层台面齐平。根据壶、釜灶等器物站立出土的姿态，可以推测填土时相当小心，以防器物倒塌。

值得注意的是，3 座墓葬的墓室或脚坑填土内放置有随葬器物。M5 的石纺轮（M5:1），发现于墓室填土中，大致相当于墓主右腿股骨外侧的位置，下距人骨约 6 厘米。M9 的玉钺

（M9:2），平放于胸部上面的墓室填土中，下距胸部约 6 厘米。M17 中有 3 件骨簪形器出自墓室和脚坑的填土内。M17:1 出土于墓室中部填土中，距离墓室底部约 39 厘米；M17:3 出土于墓室东部填土中，距离墓室底部约 33 厘米；M17:4 出土于脚坑东南部填土中，距离脚坑底部约 48 厘米。这种葬俗也应有特殊用意。

6. 以草拌泥封盖墓室和脚坑

填平墓室和脚坑后的程序是用特制的草拌泥将脚坑和墓室封盖起来。各墓葬的用泥量不尽相同，大型墓葬铺泥面积大，泥层也厚。多数墓葬中的二层台上只有少量零星散落的泥块，但 M29 的封泥则几乎覆盖了整个墓圹底部。M27 则以木板覆盖脚坑和墓室，再在木板上覆盖麻布。推测泥应该是在墓圹附近调制的，这样更便于使用。但因为当时的原始地面已经不存在，也就难以发现和泥的痕迹。

7. 填埋墓圹

除 M27 外，其余墓葬均以挖掘墓圹时挖出的生土、可能取自墓地附近土层的棕红色土填埋。一些墓的填土中杂少量青灰色草拌泥，这种填土是需要特别调制的，各种土的比例较随意，一般而言，大中型墓葬填土内的棕红色土和草拌泥较多。M27 则独树一帜，整个墓圹均以夹杂了芦苇和植物叶的特制泥封填。泥中发现了零星朱砂痕迹，可能是偶然混入，但也不排除与某种特殊葬仪有关。有几个墓葬，四角的填土更纯净些，近似黄色生土，好像是在填土过程中有意造成的，含义不明。

8. 封丘

通过观察西坡现代居民的埋葬过程，发现了一个其实是常识的问题，即挖掘墓圹时挖出的生土，即使不考虑墓中放置的尸体、随葬品和封泥的体积，也是难以完全回填到墓中的，更何况生土中还掺杂了棕红色土和草拌泥，体积更大，因此，回填墓圹后必然有大量余土。当然可以把这些余土运走或摊平，但更合理的推测是正好用这些土在墓圹上堆起封丘。现代西坡古代居民正是如此行事的。墓圹的体积越大、封盖墓室和脚坑的泥越多、填土中掺杂的棕红色土和草拌泥越多，封丘就越大。M27 本身规模就最大，又全以草拌泥填充墓圹，封丘应该也最大。如果以挖掘墓圹得土 20 立方米土，封丘为圆锥形计算，若封丘底部直径为 5 米，则封丘高度约为 3 米，相当高大。

以上按照时间顺序，对西坡墓地反映的古代西坡丧葬礼仪进行了复原，为下面对西坡墓葬反映的社会问题的分析提供了基础。

第三节　西坡丧葬礼仪反映的社会问题*

墓葬资料主要从两个方面为我们提供了剖析当时社会的信息：一是丧葬礼仪方面，一是人骨方面。通过人骨分析获得的食性、营养状况、创伤和疾病等信息反映的社会问题在前面相关章节已经讨论过，在此，我们只讨论西坡丧葬礼仪反映的社会问题。

---

* 本节由中国社会科学院考古研究所李新伟撰写。

对社会复杂化程度的分析一直是墓葬研究的主要目标之一。在西方考古学界，20 世纪 70 年代初，美国学者塞克斯（A. Saxe）[1] 和宾福德（L. Binford）[2] 充分论证了墓葬中反映的各种差别与古代社会复杂化程度之间的关系，开创了通过墓葬资料认识古代社会结构的新局面。20 世纪 80 年代，"后现代考古学"兴起，对墓葬研究产生深刻影响。其代表人物霍德（I. Hodder）提出，墓葬中反映的各种社会关系可能只是现实社会中各种社会关系的扭曲反映，比如，社会等级制度可能会在丧葬礼仪中被强化，也可能被弱化。[3] 但目前大多数西方学者承认，墓葬资料对认识古代社会有不可替代的作用。[4] 我国学者也一直非常关注通过墓葬资料分析古代社会的研究，着力最多之处是通过墓葬规模和随葬品的数量、质量和种类探讨社会等级分化，成果丰硕。[5] 我们试图在吸取前人创见的基础上，贯彻上面提出的把墓葬当做整个丧葬礼仪的结果的思路，对西坡墓葬反映的西坡史前社会进行初步探讨。社会复杂化和社会差别内涵丰富，我们在此只讨论性别差别、年龄差别和等级差别三个方面。

一　性别差别

西坡墓地的 34 座墓葬中，有 9 座为女性单人墓（M5、M6、M14、M16、M18、M22、M23、M31 和 M34），此外 M11 埋葬的是一个幼儿和一位女性成人骨骼。

性别明确的戴簪墓主有 3 位，其中 2 位是女性（M14 和 M18）。M19 墓主为男性，有 4 枚骨簪，该墓墓向基本为正南，这在墓地中是唯一的，墓中除此 4 枚簪外无其他随葬品，也十分特殊，因此，该墓可能因为某种我们难以获知的原因，执行了特殊的葬仪。如果不考虑此超出常规的特例，则戴簪者均为女性。M14 和 M18 是女性墓中规模较大、随葬品较多者，似乎表明身份较高之女性执行了更复杂的沐发插簪仪式。一般女性死者和男性死者则可能在沐发后只是以组束发，不插簪。

女性墓中足骨保存较好者只有 M5、M16、M18 和 M23，其中除 M18 墓主右足足心向左，足背直，足尖向右下，似跳芭蕾舞状外，其余 3 座墓之墓主的双足均似足尖向上，并靠拢。与此形成鲜明对照的是，24 座男性墓葬中，19 个墓主的足骨保存较好，其中 10 座墓（M3、M4、M8、M10、M24、M26～M29、M33）墓主的双足呈跳芭蕾舞状，只有 4 座墓（M12、M13、M15 和 M32）墓主双足姿态与女性相似，足尖向上，双足靠拢。这表明在敛尸过程中，对男女两性可能采用了不同的方式。

在墓圹方向和形制方面，男女两性几乎无差别。

由发掘的墓葬分布情况看，女性墓似有聚集的现象（图 7 - 13）。M5 和 M6 独居东部，M22、M31 和 M34 聚集在北端。

[1]　A. Saxe, 1970, *Social dimensions of mortuary practices*, Ph. D. dissertation, University of Michigan.

[2]　L. Binford, 1971, *Mortuary practices：Their study and their potential*, Society for American Archaeology.

[3]　I. Hodder, 1984, *Burials, houses, women and men in the European Neolithic*, Cambridge University Press.

[4]　Shelach, G. 2002, Apples and oranges? A cross - cultural comparison of burial data from northeast China, *Journal of East Asian Archaeology* 3：53 - 90.

[5]　魏峻：《中国史前埋葬习俗的研究》，严文明主编《中国考古学研究的世纪回顾》，科学出版社，2008 年，第 59 - 69 页。

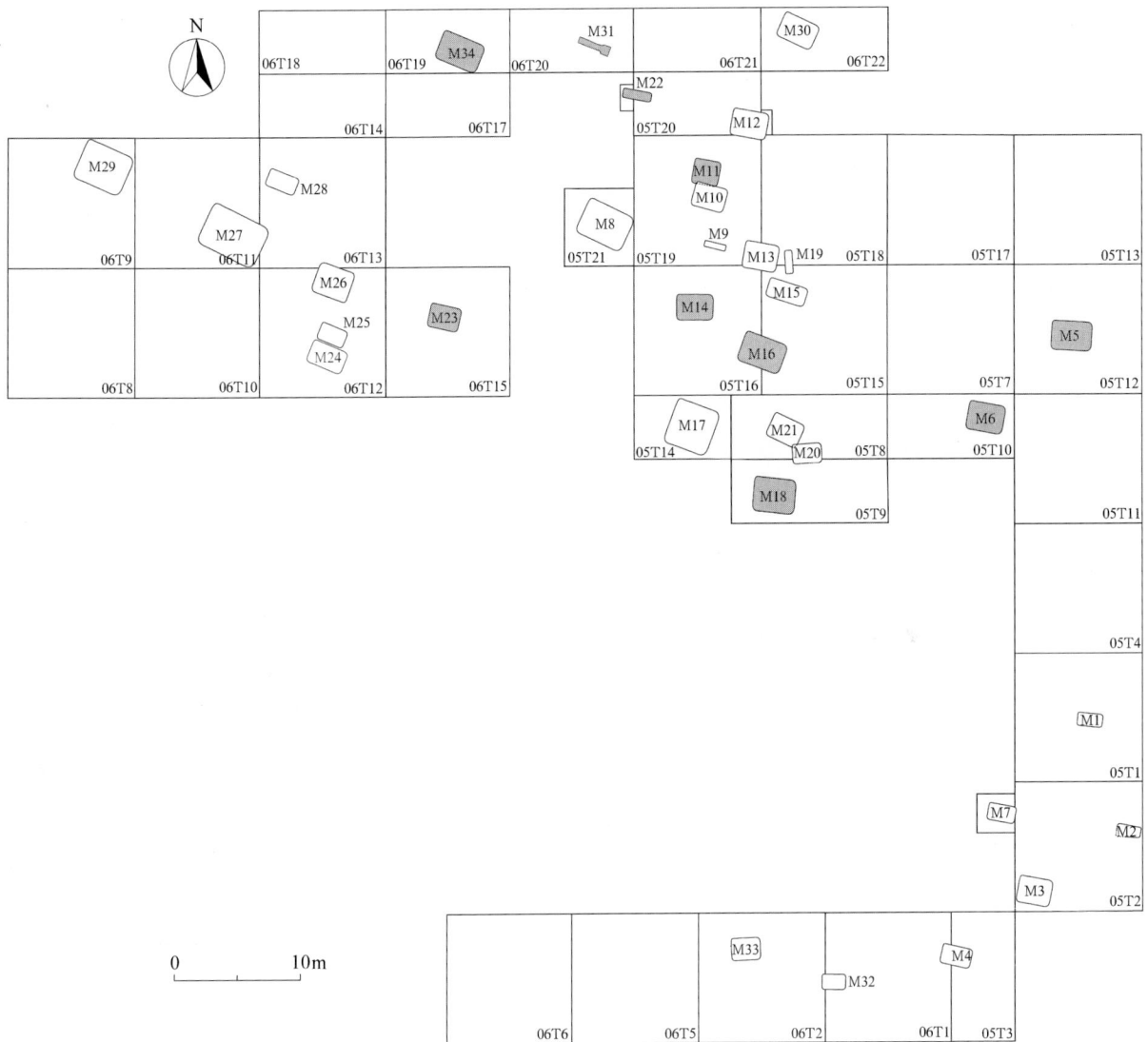

图 7－13 西坡墓地女性墓位置

　　在随葬品种类方面，唯一的 1 件纺轮出自女性墓 M5，表明纺织应该是与女性关系更密切的生产活动，我国大量史前墓葬资料反映了同样的现象①。唯一的 1 件玉环出自女性墓 M22，唯一的 1 件象牙镯出自有 1 个女性二次葬的 M11，表明装饰品与女性的关系更密切。西坡墓地中有 3 座墓葬——M11、M17 和 M34——均随葬 2 件陶钵或陶碗，其中 M17 墓主性别不明，M11 有一女性成人二次葬，M34 墓主为女性。这也许不是巧合，反映了某种特殊观念。但 M11 中有一 3 岁左右的幼儿，M34 墓主年龄为 14 至 16 岁，因此也不排除只以陶钵、碗随葬与下面要谈及的年龄差别有关。其他随葬品方面看不出男女两性的差别，被一些学者认为与男性相关的钺，也多见与女性墓葬中，西坡墓地共出土玉钺 13 件，其中 5 件在女性单人墓中，3 件在 M11 中。

　　在随葬品数量方面，如果不计 M11，9 座女性单人墓的平均随葬品数量为 6.6 件，只有

① 刘莉：《中国新石器时代——通向早期国家之路》，文物出版社，2007 年，第 29－44 页。

M23 一座墓无随葬品；而 22 座男性墓葬（未计算随葬品数量不明的 M26）的平均随葬品数量仅为 3 件，不足女性墓葬的一半，13 座墓葬中无随葬品。（图 7 - 14）

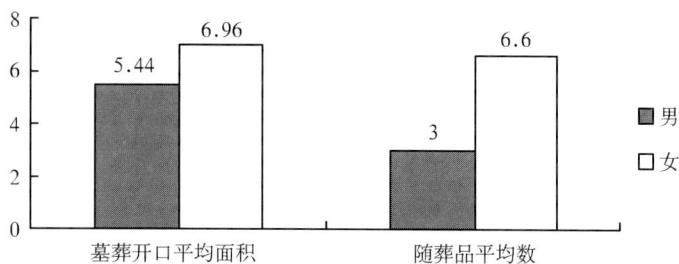

图 7 - 14　西坡墓地男女两性墓葬开口面积与随葬品数量对比

墓葬规模方面，女性墓葬开口面积平均为 6.96 平方米（未计算 M11、M22 和 M31），男性墓葬开口面积平均仅为 5.44 平方米（未计算 M19）。

墓葬规模和随葬品数量是衡量社会等级的重要指标，下面还会论及。由这两个指标的情况看，女性的社会地位普遍较高，至少在葬礼这一环节上，是颇受尊重的。

二　年龄差别

墓地中 M9、M22 及 M34 的墓主年龄在 20 岁以下，加上 M11 中的幼儿，均属于早殇者。他们的丧葬礼仪中有两个特点值得关注。

其一是 M22 和 M34 墓主均为女性，但头上均无发簪，可能插簪与否不但与性别、身份相关，也与年龄相关。

其二是在随葬品种类上，M9 和 M22 中均无陶器，M11 和 M34 中也均只有 2 件陶钵，与此形成对比的是，M9 和 M34 各有 2 件石钺或玉钺，M11 幼儿骨骼旁边有 3 件玉钺，M22 有 1 件玉钺和 1 件玉环，4 座墓的玉、石器平均数量远大于整个墓地平均数。这种从玉、石器角度上的"厚葬"和不随葬釜灶组合和簋形器等陶器的现象，也许与对早殇者的特殊葬仪有关。

M13、M15 和 M25 墓主的年龄在 50 岁以上，只有 M13 有 6 件随葬品，墓葬规格也属中等，可见至少从这两个指标上看，对年长者在葬仪上并无特殊照顾。

三　社会等级差别

1. 等级划分

墓葬规模和随葬品数量是最常用的墓葬等级划分标准。

西坡墓葬现存深度差别显著，其原始深度也应如此，但因为很难推算原始墓深，我们只能以墓口面积作为衡量墓葬规模的标准。墓口面积的分布图上有 3 处间隔（图 7 - 15），将墓葬分为四组，但考虑到最高一组只有 M27 一例，我们将其与 M29、M17 和 M8 合并为第一级，面积均在 12 平方米以上；M16、M18 和 M34 为第二级，面积均在 8 ~ 9 平方米；其余墓葬虽然墓口面积有差别，但其间没有跳跃，只是墓口面积在 3 ~ 4 平方米之间者数量最多，有 7 座，可以之为界，将 4 ~ 8 平方米的 13 座墓列为第三级，将 4 平方米以下的 11 座墓列为第四级。

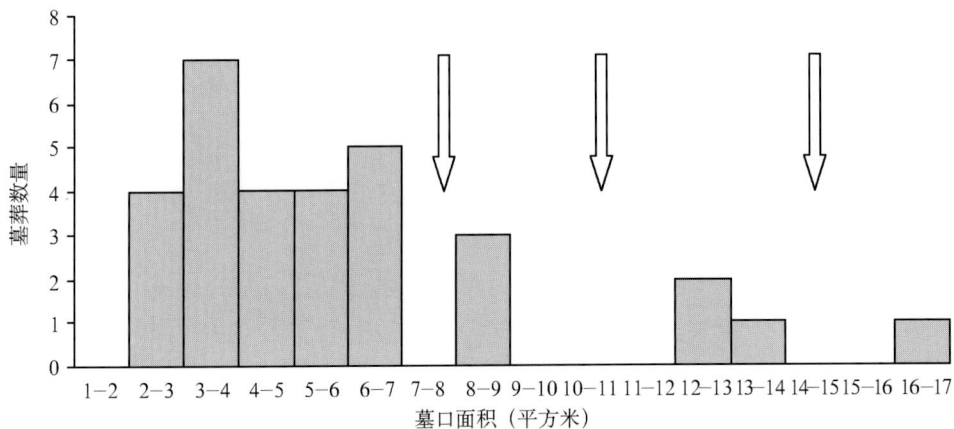

图 7 - 15　西坡墓葬墓口面积分布图

（未计算 M19、M22 和 M31）

　　与墓葬规模形成鲜明对照的是，随葬品数量的分布呈无间隔的连续状态（图 7 - 16），显示这一指标的等级差别性没有墓葬规模明确。如果以第一个分布谷底（4～5 件）为分界点的话，可以将 32 座参与统计的墓葬分为两组，第一组包括随葬品在 4 件以上的 15 座墓葬，第二组包括随葬品在 4 件以下的 17 座墓。第一组又可分为两级：第一级包括随葬品在 10 件以上的 5 座墓葬，第二级包括随葬品在 6～9 件的 9 座墓和 4～5 件的 1 座墓。第二组的 17 座墓可为第三级，其中包括无随葬品的墓葬 14 座。M27、M29、M17、M8、M16、M18 和 M34 这 7 座规模属第一和第二级的墓葬均在第一级和第二级中，但此两级中还包括 7 座规模属第三级的小墓。

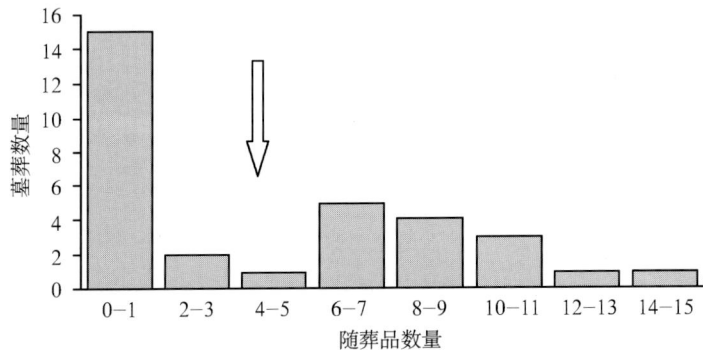

图 7 - 16　西坡墓葬随葬品数量分布图

（未计算 M3 和 M26）

　　早有学者洞悉单以随葬品数量衡量墓葬等级的弊病，指出随葬品种类也是与等级相关的关键因素，提出"类型价值"（type value）的概念①。其倡导者丹麦考古学家 Jorgensen 设计的计算类型价值的公式是：某种随葬品的类型价值 = 墓葬总数/出有该种随葬品的墓葬数。例如，在西坡墓地的 34 座墓中，有两座出有大口缸，则大口缸的类型价值为 17（34/2）。但这

---

① 秦岭：《类型价值（TYPE VALUE）和墓葬价值（GRAVE VALUE）——介绍墓葬研究中的一种量化方法》，《华夏考古》2003 年 3 期，第 133－137 页。

一公式只能用以判断可能是等级标志物的随葬品在表达社会等级方面的价值，而不能用于评判所有类型随葬品在表现等级时的价值。比如西坡墓地中只出有 1 件纺轮，按照此公式，其类型价值为 34，比大口缸还要高，但很难令人相信在表达社会等级时，这件纺轮的重要性要比大口缸高一倍。

在西坡墓地，大口缸只出现在两座规模属第一级的大型墓葬中，是明显的等级标志物；钺在公元前 3300 年左右的社会转型期的重要意义也有学者曾经论及[①]；象牙制品也属贵重之物，因此，为了较准确地表达西坡各类随葬品在表达社会等级方面的不同价值，我们只将这三类随葬品作为等级标志物。按照类型价值公式，大口缸的类型价值为 17；象牙器出于两座墓中，类型价值也为 17；钺（含 M22:2 玉环）出土于 10 座墓葬中，其类型价值为 3.4（34/10）。我们将其他各类随葬品（包括除大口缸以外的陶器、各类骨器和 1 件纺轮）视为一类，可称一般随葬品，它们出土于 16 座墓葬中（不计算 M3 和 M26），每件的类型值为 2（32/16）。据此，我们计算了各个墓葬的墓葬价值（即墓中各随葬品类型价值的和）。（图 7 - 17）

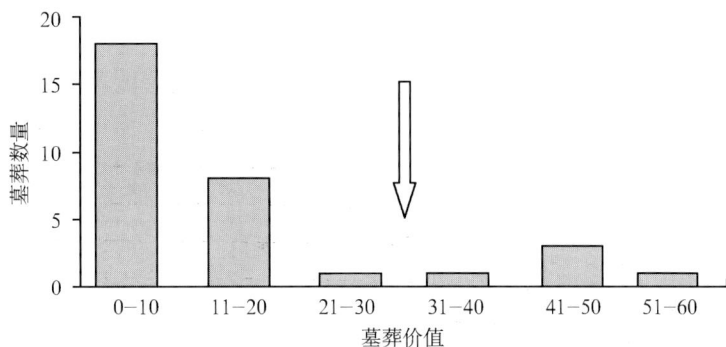

图 7 - 17　西坡墓地墓葬价值分布图

（未计算 M3 和 M26）

由图 7 - 17 可见，参与墓葬价值统计的 32 座墓葬明确分为三组：第一组为值在 41 以上的 M8、M27、M17 和 M11，可为第一级；第二组为值在 21 ~ 40 之间的 M31 和 M18，可为第二级。第三组包括值在 20 以下的 26 座墓，可分两级：值在 11 ~ 20 之间的 8 座墓为第三级；值在 10 以下的 18 座墓为第四级。第一级中的 M8、M17 和 M27 在墓葬规模上也属第一级，第二级的 M18 在墓葬规模上属第二级。M31 只存墓室和脚坑部分，由其总长度推测，墓口面积应在 8 平方米以上，墓葬规模应属第二级。墓葬价值分级和墓葬规模分级不协调之处在于：规模属第一、二级的 M29、M16 及 M34 均属墓葬价值第三级，规模属第三级的 M11 在墓葬价值上属第一级。也就是说，存在大墓墓葬价值低和小墓墓葬价值高的情况。

上述三种等级划分方法获得结果不一致的现象，反映了当时的社会等级是由多种因素决定的，并有不同的表达方式。综合三种划分方法的结果，并参考墓葬结构方面的信息，我们将西坡的 34 座墓葬分为四级（表 7 - 3）。

① 钱耀鹏：《中国古代斧钺制度的初步研究》，《考古学报》2009 年 1 期，第 1 - 34 页。

表 7-3　西坡墓地等级表

墓号	墓口面积	随葬品总数	墓葬价值	墓葬等级
M27	16.9	9	48	1
M8	12.21	11	53.4	1
M17	12.42	12	43.2	1
M29	13.2	6	12	2
M16	8.37	6	12	2
M34	8.24	8	18.8	2
M18	8.09	11	22	2
M11	3.93	11	41.2	2
M31	?	15	31.4	2
M6	6.71	6	13.4	3
M30	6.38	9	19.4	3
M13	6.19	6	12	3
M14	5.76	9	18	3
M24	5.13	7	15.4	3
M9	2.18	2	6.8	3
M22	1.56	2	6.8	3
M19	1.08	4	8	3
M26	6.82	?	?	3
M3	5.56	12	?	3
M5	6.95	1	2	4
M12	5.93	0	0	4
M21	4.94	0	0	4
M10	4.86	0	0	4
M23	4.38	0	0	4
M33	4.03	0	0	4
M15	3.98	0	0	4
M4	3.63	0	0	4
M28	3.43	0	0	4
M20	3.29	0	0	4
M25	3.11	0	0	4
M7	3.03	0	0	4
M32	2.38	0	0	4
M2	2.09	0	0	4
M1	2.07	0	0	4

第一级　3 座，包括 M27、M8 和 M17。规模大且墓葬价值高；均有脚坑，其中 M27 和 M17 的脚坑宽于墓室，近方形。

第二级　6 座，包括 M29、M16、M34、M18、M31 和 M11。或规模大且墓葬价值均较高，或其中一项突出。均有脚坑，除 M16 外，脚坑均宽于墓室。

第三级　10 座，包括 M3、M6、M9、M13、M14、M19、M22、M24、M26 和 M30。规模小且墓葬价值低，脚坑与墓室同宽。

第四级　15 座，包括 M1、M2、M4、M5、M7、M10、M12、M15、M20、M21、M23、M25、M28、M32 和 M33。规模更小，除 M5 随葬 1 件纺轮外，均无任何随葬品，均无脚坑。

2. 社会等级在丧葬礼仪中的表达方式

等级划分既定，我们可以按照丧葬礼仪的顺序梳理一下社会等级在整个丧葬过程中是如何被表达出来的。

清理尸体阶段，插簪主要是女性的仪式，墓主插簪的 M14 为第三级墓葬，M18 为第二级墓葬，如上所述，可能等级较高的女性中的部分人要实行较复杂的沐发仪式。男性墓葬未留下此阶段等级差别的证据。

包裹尸体阶段，双足呈跳芭蕾舞状的墓葬有 11 座，其中 1 座为女性墓，10 座为男性墓。此 10 座男性墓中既有一级墓 M27 和 M8，二级墓 M29，也有三、四级墓。似乎这种对足的处理方式在男性中普遍流行，并无等级之别。如上所述，女性足骨保存较好的 4 座墓中，3 座的墓主足尖向上，双足靠拢，其中既有二级墓 M16，也有四级墓 M5 和 M23，也无等级之分。引人关注的是，属女性最高等级墓之一的 M18，采取了男性常用的处理双足方式，而 3 座等级最低的男性墓采用了女性常用的处理双足方式。

挖掘墓圹是显示等级的重要阶段。高等级墓规模大，多设置宽于墓室的脚坑，耗费的劳动量自然更多。如果我们对墓向选择的推测成立的话，高等级墓葬可能还有根据日落方向选择墓向的仪式。

准备下葬物品的过程也会受等级差别的影响。高等级墓葬随葬品数量较多，有大口缸等特殊用品，而且需要制备更多的泥以封盖墓室和脚坑。M27 和 M8 还要准备朱砂这一特殊物品。M27 尤其特殊，要准备大量的泥封盖整个墓圹，要准备木板和麻布覆盖墓室和脚坑。

在下葬阶段，高等级墓葬明显需要更多的人力才能把死者、随葬品和下葬用品运输到墓地。M27 下葬所用的木板，麻布和填泥更需要大量人力运送。M27 和 M8 特有的大口缸体积大，如果里面有装盛物的话，分量更重，需要有专人甚至专用设备才能运输。而低等级墓葬往往只需要运送尸体即可。

尸体的摆放无等级差别，除特殊的 M19 和个别二次葬外，绝大部分墓主均仰身直肢，头向西。

随葬品的摆放位置无等级差别。例如，同是第一级墓葬，M8 的玉钺放置在墓主右手边，M17 钺则放置在腰部附近。高等级墓因为随葬品数量和种类较多，摆放时应该耗费更长的时间。

在封填墓葬过程中，以草拌泥封盖墓室和回填墓圹这些步骤是各等级墓葬通用的。高等级墓葬因规模大，耗费的劳动量更大。而且，第一、二级墓中有以木板封盖墓室、其上覆盖麻布的现象，M27 尤其特殊，墓圹全部用泥封填，覆盖木板，这些活动所用人工更多。

封丘的规模与墓葬规模密切相关，高等级墓葬因规模大，封丘也应更高大。

综上所述，西坡墓地为庙底沟类型最晚阶段的典型墓地，为我们提供了认识该时期社会复杂化的重要信息。西坡墓地丧葬仪式反映的社会复杂化颇具特色：整体上随葬品数量少而简朴，高等级墓葬虽然有标志社会身份的大口缸等特殊物品，但这些物品数量少，也并不特别精致；与此形成对照的是，墓葬规模是社会身份的重要标志，与随葬品数量或"价值"相比，墓葬规模表现出的等级化趋势更加明确。

西坡墓地所处的时期是中国史前时代重要的转折期。与之大体同时的凌家滩遗存、崧泽文化晚期、大汶口文化早期最晚阶段和红山文化晚期均呈现出明显的社会复杂化进程加剧的现象。西坡墓地的发现，以更充分的证据证明庙底沟社会与其他文化区的发展基本同步。而且，正如有学者指出的，在这一关键时期，我国各主要文化区的史前社会选择了不同的表达社会复杂化的方式。① 与东部各文化区的复杂社会相比，西坡墓地代表的庙底沟类型社会选择了明显更简朴的"物化"社会等级的方式，既无奢华的随葬品，也无浓厚的宗教气氛。这一在社会复杂化初期形成的传统，对中原地区后来的文明化进程产生了深刻影响。

值得关注的是，在各地区社会同步发展的过程中，相互间的交流也日益密切和深化，并很可能形成了社会上层间的交流网络。② 庙底沟风格彩陶的传播是这一交流网存在的重要物证，早已引起学者们的重视，西坡墓地的发现为庙底沟社会上层参与交流网的运转提供了新的佐证。西坡墓地所出大口缸与海岱和长江下游地区文化的关系上面已经论及，西坡高等级墓流行随葬玉钺的习俗也应和与东部地区的交流有关。③ 这些新的佐证使得我们对该时期初步形成的社会上层交流网的认识更加完整和深入。张光直提出了"中国相互作用圈"的概念，并深刻指出，可以将这一相互作用圈看做"最初的中国"。④ 史前社会上层交流网是"中国相互作用圈"的重要内容，因此，西坡墓地的发现也为深化对"中国相互作用圈"和"最初的中国"的研究提供了新鲜的资料。

---

① 李伯谦：《中国古代文明演进的两种模式——红山、良渚、仰韶大墓随葬玉器观察随想》，《文物》2009 年 3 期，第 47－56 页。

② 李新伟：《中国史前玉器反映的宇宙观——兼论中国东部史前复杂社会的上层交流网》，《东南文化》2004 年 3 期，第 66－72 页。

③ 杨晶：《史前时代玉石斧钺类器的柄饰及相关问题》，《东方考古》（2），科学出版社，2006 年，第 53－68 页。

④ 张光直：《中国相互作用圈与文明的形成》，《庆祝苏秉琦考古五十五年论文集》，文物出版社，1989 年，第 1－23 页。

附 表　西坡墓葬登记表

墓号	长	宽	深	墓口面积	方向	性别	年龄	随葬品总数	陶器	石器	玉器	骨牙器	釜灶	钵	壶	簋形器	曲腹钵	碗	大口缸	筒形杯	带盖小杯形器	异形器	陶环	石钺	石块	石纺轮	玉钺	玉环	骨镞形器	骨簪及簪形器	骨管	残骨器	象牙器
M1	2.18	0.95	0.52	2.07	275	男	40~45	0	0	0	0	0	0	0	0	0	0	0	0	0	0	0	0	0	0	0	0	0	0	0	0	0	0
M2	2.05	1.02	0.53	2.09	280	男	40左右	0	0	0	0	0	0	0	0	0	0	0	0	0	0	0	0	0	0	0	0	0	0	0	0	0	0
M3	2.71	2.05	0.54	5.56	280	男	40~50	12	12	0	0	0	0	0	0	0	0	0	0	0	12	0	0	0	2	0	0	0	0	0	0	0	0
M4	2.42	1.5	0.33	3.63	282	男	40左右	0	0	0	0	0	0	0	0	0	0	0	0	0	0	0	0	0	1	0	0	0	0	0	0	0	0
M5	3.09	2.25	0.63	6.95	273	女	40左右	1	0	1	0	0	0	0	0	0	0	0	0	0	0	0	0	0	1	1	0	0	0	0	0	0	0
M6	3.05	2.2	0.82	6.71	280	女	40左右	6	5	0	1	0	0	1	0	0	2	0	0	0	0	0	0	0	0	0	1	0	0	0	0	0	0
M7	2.21	1.37	0.68	3.03	282	男	40~50	0	0	0	0	0	0	2	1	0	0	0	0	0	0	0	0	0	0	0	0	0	0	0	0	0	0
M8	3.95	3.09	2.2	12.21	295	男	40左右	11	9	0	1	1	1	1	2	0	0	2	0	0	0	0	1	0	0	0	1	0	1	0	0	0	0
M9	1.85	1.18	0.17	2.18	283	男	14~16	2	0	1	1	0	0	0	0	0	0	0	0	0	0	0	0	0	1	0	1	0	0	0	0	0	0
M10	2.6	1.87	0.54	4.86	285	男	40~45	0	0	0	0	0	0	0	0	0	0	0	0	0	0	0	0	0	0	0	0	0	0	0	0	0	0
M11	2.1	1.87	0.6	3.93	280	1不明,1女	1个3左右,1成年	11	3	0	3	5	0	2	0	1	0	0	0	0	0	0	0	0	0	0	3	0	0	0	4	1
M12	2.88	2.06	0.6	5.93	280	男	40左右	0	0	0	0	0	0	0	0	0	0	0	0	0	0	0	0	0	0	0	0	0	0	0	0	0	0
M13	2.69	2.3	0.58	6.19	280	男	50左右	6	6	0	0	0	1	1	0	0	1	0	0	2	0	0	0	0	1	0	0	0	0	0	0	0	0
M14	2.88	2	0.7	5.76	270	女	40左右	9	7	0	0	2	1	1	2	0	0	0	0	0	0	0	0	0	1	0	0	0	0	2	0	0	0
M15	2.57	1.55	0.46	3.98	273	男	50左右	0	0	0	0	0	0	0	0	0	0	0	0	0	0	0	0	0	0	0	0	0	0	0	0	0	0
M16	3.56	2.35	1.6	8.37	290	女	40左右	6	6	0	0	5	0	1	1	2	0	1	0	0	0	0	0	0	0	0	0	0	0	5	0	0	1
M17	3.45	3.6	1.43	12.42	290	不明	成人	12	2	1	2	7	0	1	0	0	2	0	0	0	2	0	1	0	0	0	2	0	0	4	1	1	0
M18	3.25	2.49	1.43	8.09	275	女	35~40	11	6	0	0	5	0	1	1	2	0	0	0	0	0	0	0	0	1	0	0	0	0	4	0	0	0
M19	1.8	0.6	0.16	1.08	184	男	40~45	4	0	0	0	4	0	0	0	0	0	0	0	0	0	0	0	0	0	0	0	0	0	0	0	0	0
M20	2.3	1.43	0.43	3.29	266	男	30左右	0	0	0	0	0	0	0	0	0	0	0	0	0	0	0	0	0	0	0	0	0	0	0	0	0	0
M21	2.6	1.9	0.29	4.94	295	女	40左右	2	0	0	2	0	0	0	0	0	0	0	0	0	0	0	0	0	0	0	1	1	0	0	0	0	0
M22	2.23	0.7	0.25	1.56	280	女	16~20	0	0	0	0	0	0	0	0	0	0	0	0	0	0	0	0	0	0	0	0	0	0	0	0	0	0
M23	2.5	1.75	0.64	4.38	283	女	40~45	7	6	0	0	0	0	1	0	2	0	0	0	0	0	0	0	0	0	0	0	0	0	0	0	0	0
M24	2.9	1.77	0.74	5.13	292	男	35~40	7	0	1	1	0	1	0	0	0	0	0	0	0	0	1	0	0	0	0	1	0	0	0	0	0	0
M25	2.32	1.34	0.47	3.11	292	男	45~50	7	0	1	0	0	0	0	0	0	0	0	0	0	0	0	0	2	0	0	0	0	0	0	0	0	0
M26	2.9	2.35	0.65	6.82	290	男	50左右	9	9	0	0	0	0	0	0	0	0	0	0	0	0	0	0	5	0	0	0	0	0	0	0	0	0
M27	5.03	3.36	1.92	16.9	296	男	45~50	?	9	0	0	0	1	0	3	0	0	2	0	?	0	0	0	2	0	0	0	0	0	0	0	0
M28	2.45	1.4	0.4	3.43	292	男	35左右	9	6	0	0	0	0	0	0	0	0	0	0	0	0	0	0	0	0	0	0	0	0	0	0	0
M29	4	3.3	1.9	13.2	293	男	40~45	6	6	0	1	0	0	1	2	0	0	0	0	0	0	0	0	0	0	1	0	0	0	0	0	0
M30	2.9	2.2	0.63	6.38	294	男	35~40	15	8	0	1	0	0	1	4	0	1	0	1	0	0	1	0	0	0	1	0	0	0	0	0	0
M31	3.6	?	0.2		290	女	45左右	0	12	0	1	2	0	1	4	0	0	0	0	0	1	0	0	0	0	0	0	1	0	0	0	0
M32	1.9	1.25	0.5	2.38	271	男	40左右	0	0	0	0	0	0	0	0	0	0	0	0	2	0	0	1	0	0	0	0	0	0	2	0
M33	2.3	1.75	1	4.03	268	男	45~50	0	2	0	0	0	0	0	0	0	0	0	0	0	0	0	1	0	0	0	0	0	0	0	0	0
M34	3.55	2.32	0.43	8.24	291	女	14~16	8	2	2	4	4	0	2	1	0	0	0	0	0	3	0	0	0	0	0	2	2	0	2	2	0

注：长度单位为米，面积单位为平方米；无明确加工和使用痕迹的石块未计入随葬品计算；釜灶组合以2件随葬品计算。

附录一　大口缸 M27：1 口沿部分红色物质的检测

赵春燕

（中国社会科学院考古研究所）

M27 出土器物中唯一能够显示等级的是一对陶大口缸。其中 M27：1 口沿部有鲜艳的红色物质痕迹，缸内有保留着涂朱的细麻布印痕的碎泥块，推测缸口原来可能用涂朱的麻布覆盖。我们利用扫描电子显微镜—能谱仪对大口缸 M27：1 口沿部分红色物质进行了检测，一方面可以为预防其变色、保护文物提供科学依据，另一方面为确认其化学成分、探讨其来源及有关丧葬习俗的综合研究提供信息。现将初步分析结果报告如下。

1. 样品采集与前处理

因为要尽可能保护文物不受损坏，所以在缸口沿表面上用手术刀轻轻刮取一些粉末，在光学显微镜下观察可见红色物质颗粒与土壤颗粒混合在一起，用牙签将红色颗粒移出来粘在样品台上待测。

2. 样品的检测

样品测试在北京电子显微镜中心实验室进行，仪器类型为 JEOL 6301F 场发射扫描电子显微镜—能谱仪。该仪器可以在不损坏样品的情况下对红色物质形貌进行观察和化学成分测定。

我们首先在显微镜下进行了多点观察，发现红色物质由明暗不同的两种颗粒组成（图 1）。其后，我们利用能谱仪进行了多点检测，分别对图 1 中明暗两种颗粒区域进行了能谱分析，结果表明，明亮颗粒区域是由高含量的汞（Hg）及碳（C）、氧（O）、硅（Si）、铝（Al）等元素组成（图 2）。在图谱中未见到硫的检测峰是因为硫元素的峰被汞的检测峰所覆盖，因此推测其化学成分是硫化汞（HgS），也就是俗称的朱砂。

红色物质中较暗颗粒区域的能谱分析表明，存在硅（Si）、铝（Al）、镁（Mg）、铁（Fe）、钙（Ca）、钾（K）、钠（Na）等元素（图 3），因为土壤中主要元素就是硅（Si）、铝（Al）、铁（Fe）、钙（Ca）、镁（Mg）、钾（K）、钠（Na）等，较暗颗粒区域包含了土壤中全部主要元素，所以应该是混入的泥土颗粒。

3. 结论

利用扫描电子显微镜—能谱仪对大口缸 M27：1 口沿部分红色物质检测的结果表明，该部位红色物质的化学成分为硫化汞（HgS），即俗称的朱砂。因为样品量太少，无法进一步检测以确认其矿物结构，所以暂时不能判断其是天然产物还是人工产物。

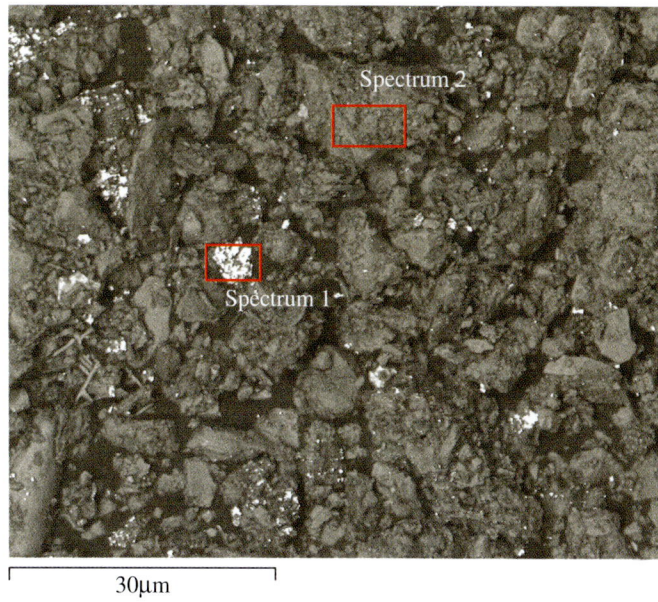

30μm

图1　电子显微镜下的红色物质

（图上所标为能谱分析区）

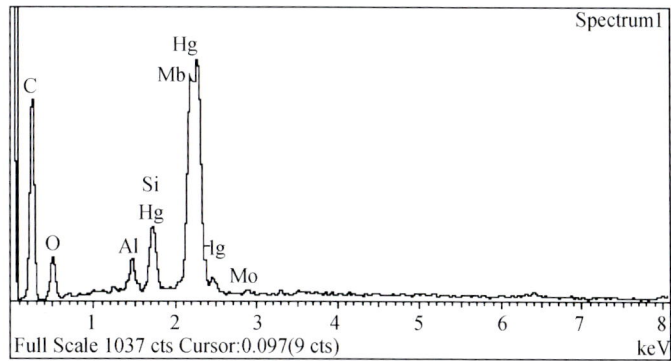

图2　红色物质中明亮颗粒区域的能谱图

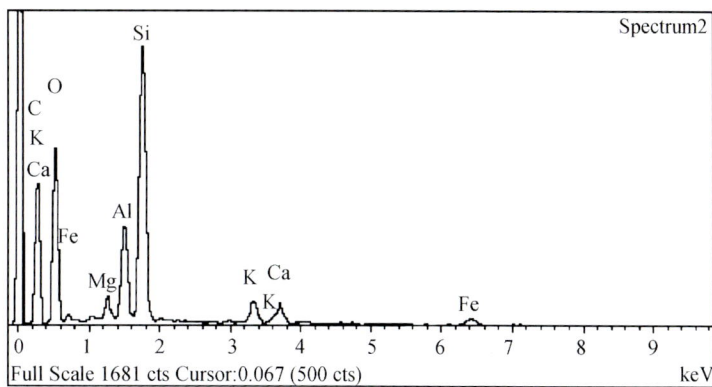

图3　红色物质中较暗颗粒区域的能谱图

附录二　陶釜 M27：8 烧成温度测定报告

赵春燕

（中国社会科学院考古研究所）

　　M27 中随葬陶器多保存很差，出土时堆做一团，为判断其是否经过正规烧制，我们提取了釜 M27：8 的碎片进行了烧成温度测定。测定结果如图 1：

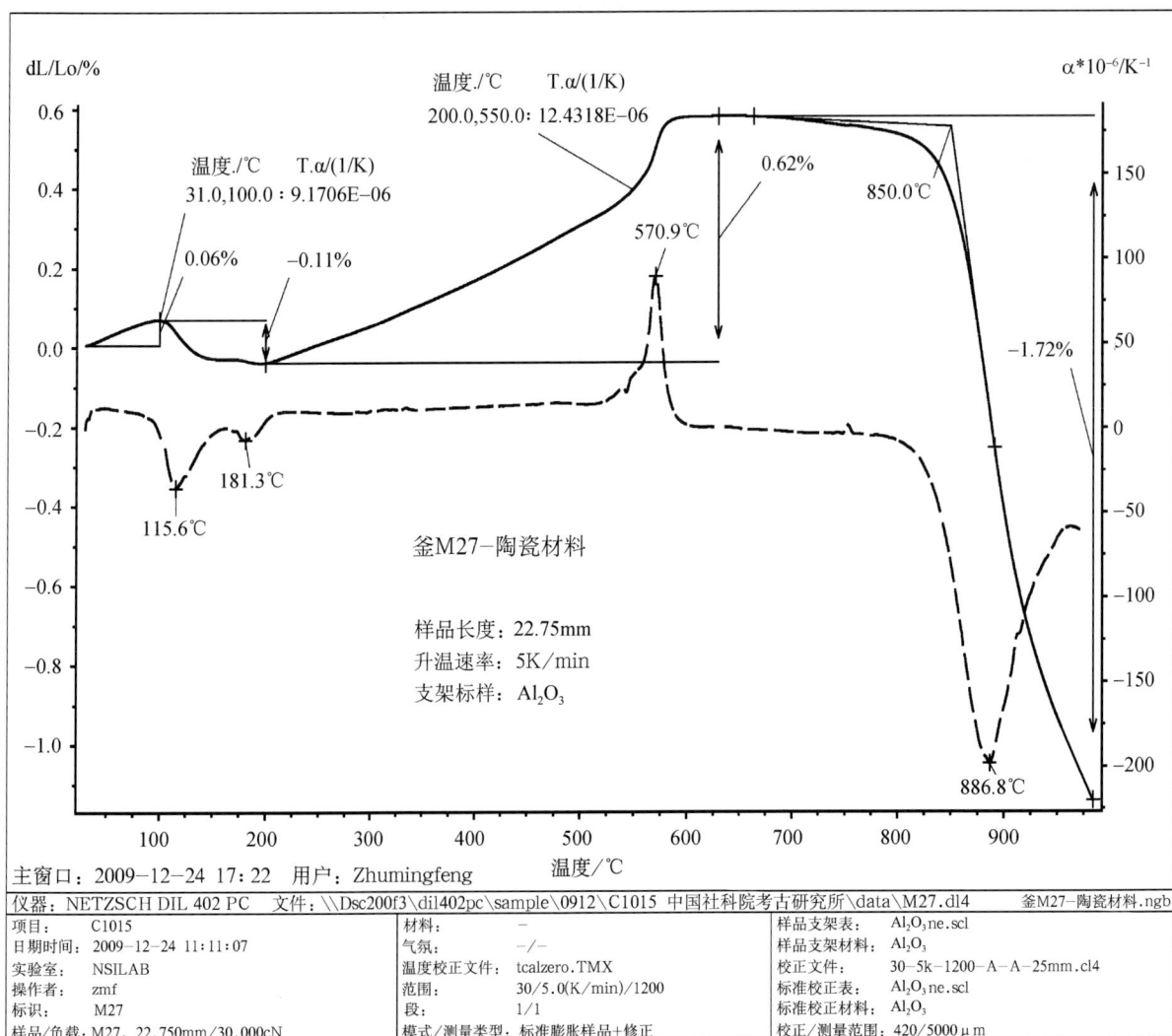

图 1　釜 M27：8 碎片热膨胀曲线图

1）115℃ 、181℃ 处的收缩可能为溶剂的挥发。

2）570℃ 处曲线突升应为石英相转变过程。

3）850℃ 为陶瓷起始烧结温度，887℃ 为烧结速率达到最大。

测定结果显示，M27∶8 的烧成温度为 850℃ ~887℃ ，推测应为正规烧制。

附录三　象牙镯 M11∶3 的保护

陈家昌

（河南省文物考古研究所）

西坡墓地出土象牙镯 M11∶3 由于长期的地下埋藏，出土后温湿度的剧烈变化以及光氧化等因素导致了象牙组织的加速分解，使得象牙局部出现翘曲开裂、脱层酥粉等病害现象。为确保象牙镯的长久保存，我们对其进行了加固保护处理。（图 1、2）

图 1　出土时的象牙镯

图 2　加固修复后的象牙镯

1. 象牙镯存在的病害及其影响因素

这件象牙镯呈碎片状，局部出现了翘曲开裂、脱层酥粉等病害现象，并发生了霉菌侵蚀造成的霉斑污染。此外，长期的埋葬还导致了周围环境中的矿物离子在象牙镯的表面沉积，形成了碳酸盐、硫酸盐等沉积层（图 1）。

象牙作为骨角质的一种，从结构上看是天然的"有机—无机"复合材料，它主要是由一些有机成分如骨蛋白和一些无机成分钙盐等组成。造成上述象牙镯劣化的因素主要有：外部环境和象牙镯的组织结构。象牙镯出土前尽管长期遭受地下微生物、水分以及各种盐类的侵蚀，其象牙组织已发生劣化，但由于其处于与外界隔绝的封闭状态，形成了恒温、缺氧、避光、抑菌的良好环境，使得象牙镯能够长期保存下来；而一旦出土，骤然转入空气中，地下相对稳定的平衡状态被打破，温湿度的剧烈变化以及光氧化等因素会加速象牙组织的分解，进而造成翘曲开裂、脱层酥粉等病害现象的发生。因此，象牙文物的劣化是内外因素共同作用的结果，其中外部因素（外部环境）对劣化现象的产生有重要影响。

针对象牙镯存在的上述病害及其影响因素，首要工作是对劣化的象牙组织进行加固处理，以提高象牙镯对外界侵蚀环境的抵抗能力；其次对残破部位进行修复，以提高其整体性能。

2. 象牙镯修复保护的实施步骤及方法

（1）建立保护档案

采用文字、绘图、照相等手段，对象牙镯的质地、特性、病害状况以及保护过程所使用的方法、工具及材料等相关信息进行详细记录。

（2）表面污染物的清洗

象牙镯表面污染物主要包括碳酸盐沉积层和霉斑两大类。对盐类沉积层的清除，使用3%－5%的醋酸溶液等进行浸润，然后剔除；对于霉斑，选择了一些有机溶剂如丙酮、双氧水等进行去除。上述污染物清除后，用去离子水进行反复冲洗。

（3）整体加固

脱层酥粉是象牙镯修复保护中需要重点解决的问题，通常采用整体加固处理。目前，国内外用于象牙等骨角质类文物的加固材料，大多是有机高分子材料，如丙烯酸聚合物类及有机硅树脂等。应当说明的是，上述这些加固材料对潮湿骨角质文物的渗透性较差，而象牙等骨角质类文物的酥粉正是在由潮湿向干燥转变过程中发生的。因此，理想的加固材料应具备潮湿状态下的加固能力。

为克服上述加固材料的缺陷，修复保护中采用了一种自行制备的水性"有机—无机"复合加固材料。这种加固材料具有优异的渗透性，一方面通过其渗透作用及自身的黏结能力，把骨角质的有机、无机成分黏结在一起；另一方面还可通过其胶凝作用形成凝胶填充在骨角质的组织间隙之间，进一步提高文物组织抵抗外部侵蚀的能力。通过加固处理，较好地解决了象牙镯的酥粉病害，极大地提高了其整体稳定性。

（4）残块粘接修复

由于象牙镯存在一定程度的破损，需进行必要的补全修复处理，以保持其完整性及结构稳定性。补全材料通常选择那些具有可逆性，且不会对文物原始材料带来新的危害的材料；同时补全材料应不含可溶性盐；抗老化性、匹配性好，机械强度高，使用方便。符合以上特性的常用材料有环氧树脂、B－72 等。根据象牙镯较脆弱的具体情况，最终选择了 B－72。通过补全处理不仅增强了象牙镯的整体稳固性，同时也提高了它的外观效果。

（5）表面封护

外部环境是造成象牙类骨角质文物劣化损毁的主要原因之一，因而常利用封护剂对骨角质文物进行封护处理，以隔绝外部环境的影响。目前，国内外用于骨角质文物的封护材料，主要是一些有机高分子材料，例如 B－72、丙烯酸树脂类、聚乙烯醇、聚醋酸乙烯酯、聚乙烯醇缩丁醛、有机硅材料等。通过封护性能测试，最终选择 B－72 作为表面封护材料对象牙镯进行了封护处理（图 2）。

（6）修复资料整理汇编

所有的修复工作完成之后，我们对修复过程所采用的各种科学分析方法及获得的结果，修复工作所用到的材料和化学药剂等进行了汇编，对象牙镯的保管提出了科学建议，同时编写完成了修复报告。

后　记

　　本报告的资料整理和编写工作由中国社会科学院考古研究所李新伟和河南省文物考古研究所马萧林共同负责。马萧林负责组织了器物的修复、绘图、照相、玉料和石料的鉴定及人骨病理、创伤和口腔状况的研究。李新伟负责组织了器物卡片制作、人骨全面分析和研究、食性研究、植物印痕研究和墓葬内土样研究。

　　报告的体例由李新伟和马萧林共同商定，各章节由相关学者分别撰写，撰写者已经在章节内注明。

　　李新伟和马萧林对全部稿件进行了通读和审改。在修改与审定过程中，参与报告编写的学者之间进行了充分的讨论，整个报告是集体智慧和辛劳的成果。人骨病理和创伤、牙齿磨耗和口腔病理的研究由两位学者分别完成，因观察标准等原因，其结论不尽相同，我们保留他们各自的观点，未强求一致。牙齿锶同位素的研究因仪器故障等问题，只获得了部分数据，目前的结论颇有需要推敲处，发表出来，仅供大家参考。

　　报告编写期间，我们赴山西省文物考古研究所侯马工作站、中国社会科学院考古研究所陶寺工作站和陕西省考古研究院泾渭基地进行了参观学习，受到了山西省文物考古研究所薛新明研究员、中国社会科学院考古研究所何努研究员、陕西省考古研究院副院长王炜林研究员和院长助理李岗的热情接待，在此深表感谢。

　　报告第七章第一节的撰写得益于与中国社会科学院考古研究所朱延平研究员、赵春青研究员、北京大学考古文博学院张弛教授、国家博物馆戴向明研究员、北京联合大学应用文理学院韩建业教授和河南省文物考古研究所魏兴涛研究员的讨论。第七章第二节与古代天文有关部分的撰写得到了北京大学考古文博学院张海博士和中国科学院自然科学史研究所徐凤先研究员的指导。

　　感谢文物出版社的谷艳雪编审付出的辛劳，尤其感谢她的苛刻。

　　报告编写过程中，深刻体会到考古是充满遗憾的学科，因为我们田野工作和室内整理工作的疏漏，也因为学识所限，本报告中难免存在各种错误，诚恳期望得到批评和指正。

　　自仰韶村遗址发掘近九十年来，仰韶文化研究凝聚了众多考古前辈的心血，本报告编写组成员谨以此报告，向前辈致敬。

编　者

2010 年 6 月 19 日

Xipo Cemetery in Lingbao

(Abstract[*])

This monograph presents a detailed report of the excavation and comprehensive research that has been conducted on the Xipo 西坡 cemetery of the Miaodigou 庙底沟 period of the Yangshao 仰韶 culture in Yangping 阳平 Township, Lingbao 灵宝 City, Henan 河南 Province.

The first chapter is a general introduction to the geographic setting of Lingbao and the Xipo site, to the academic objectives of the fieldwork in Lingbao, and to the discovery and excavations of the Xipo cemetery. The landscape surrounding Lingbao in western Henan consists of loess highlands separated by rivers which flow north from the Qinling 秦岭 Mountains and empty into the Yellow River. This area is the heartland of the Miaodigou period, which has long been famous for its elegant and influential painted pottery. However, for almost a half century after the initial excavation of the Miaodigou site in 1950s, archaeologists were able to recover very little data concerning the social structure of Miaodigou societies.

A collaborative field project was initiated in 1998 by the Institute of Archaeology of the Chinese Academy of Social Sciences and the Henan Provincial Institute of Archaeology in order to collect new archaeological data essential to a more thorough understanding of the social development of Miaodigou societies. The site of Xipo in the Zhudingyun 铸鼎原 loess highland was selected for excavation. Xipo covers an area of 40 ha and represents one of the most significant of the over twenty Miaodigou settlements in this highland region. During the course of four excavations from 2000 to 2004, two large semi-subterranean houses were found in the center of the settlement. During a systematic full-coverage core sampling of the site, a cemetery was discovered to the south of the settlement. Given its importance as the first cemetery of the Miaodigou period ever found, two excavations were conducted here in 2005 and 2006. An area of nearly 3000 square meters was excavated and thirty-four burials were recovered. The excavation in 2006 was selected as one of the "top ten" most important archaeological discoveries of the year by the Association of Chinese Archaeology.

Chapter Two provides detailed information on all thirty-four burials (M1 to M34), including the location and structure of each burial and a description of the skeleton and associated burial offerings.

---

* 本提要由中国社会科学院考古研究所李新伟撰写，加拿大维多利亚大学林彦文校改。

All of the burials have a rectangular shaft oriented in an east-west direction and a narrow chamber in the middle of the bottom of the shaft. Burials with relatively richer burial goods have a "foot-pit" at the eastern end of the chamber for displaying these offerings. Most of the skeletons lie with the extended supine position with the head to the west. Most of the ceramic offerings, including pot-oven sets, vases, large-mouth urns, bowls and ring-footed bowls, had been placed in the foot-pit. Other offerings, including jade or stone *yue* 钺 axes, jade or ivory bracelets, and bone hair-pins, were usually found beside the deceased.

All the chambers and foot-pits had been sealed with a thick layer of mud. In the two largest burials (M27 and M29), the chamber and foot-pit were covered by wooden planks and large cloths before the mud was spread on top. All of the burial shafts were filled with soil, with the exception of that of M27, which was filled with mud mixed with more than ten species of plants.

Chapter Three presents a comprehensive analysis of the skeletons. Based on the measurements on the skulls, the Xipo population can be classified as part of the "Ancient Central Plains People Group". Most of the Yangshao people, the Dawenkou 大汶口 people, and the Longshan 龙山 people belong to the same group. However, some evidence indicates that the Xipo population can be divided into two sub-groups according to the physical characteristics of skulls.

Among the 35 individuals found in the thirty-four burials, there are twenty-three males and eleven females. Such a high male/female ratio is also common in cemeteries of the Yangshao culture and the Dawenkou culture. The average age of males is about 41.3 years, while that of females is about 34.8 years. The lower life expectancy of females was also common in the prehistoric China, mainly as the result of the high mortality of childbirth. The average height of the males is estimated to be 168.59 cm, that of the females 159.23 cm.

The main part of Chapter Three focuses on the interpretation of the patterns of traumatic injury and pathological lesions, the shape and size of skeletal elements, and the condition of the teeth, including dental wear. Several aspects of the Xipo sample are of particular interest. The sample displays an unusually high incidence and wide array of healed postcranial fractures as well as multiple instances of degenerative changes in major joints and the vertebral column. This suggests that the Xipo people engaged in a physically active lifestyle and participated in strenuous labor on a daily basis. Many of the healed fractures may suggest that males at this site often participated in face-to-face confrontation that did not, however, result in the individual's death. These confrontations may have been for the purpose of training, exercise, or ritual.

With respect to oral health, the dentitions of the Xipo sample exhibit a fairly high level of oral pathology, suggesting that the diet of these individuals contained a large proportion of carbohydrates, which resulted in a high frequency of caries. The consumption of large amounts of non-food particles likely contributed to rapid dental wear and the abundance of periodontal disease and ante-mortem tooth loss. Nevertheless, other skeletal indicators of health suggest that, during their growth period,

Xipo people enjoyed a fairly healthy life and adequate nutrition, resulting in tall stature as adults and a low incidence of anemia. In the Xipo sample, we have observed multiple occurrences of unusual dental wear patterns, some of which may be related to parafunctional activity that could be related to craft specialization.

Chapter Four focuses on the diet of Xipo people. Analysis of stable carbon isotope ratios in the skeletons indicates that C_4 plants, mainly millet, were likely the main staple food of the Xipo people. The average $\delta^{13}C$ value of the thirty-one samples is -9.66‰, indicating that millet may have made up about 80% of their diet. Analysis of stable nitrogen isotope ratios shows that most of the Xipo people had meat in their diet. The average $\delta^{15}N$ value from the thirty-one samples is 9.4‰, much higher than that of local herbivores. Significantly, statistics show that individuals from larger burials usually have the higher $\delta^{15}N$ values. For example, the $\delta^{15}N$ value of the sample from burial M8, one of the largest burials in the cemetery which also contained rich burial offerings, is 12.65‰. This evidence may indicate that individuals with higher social status had more access to meat.

The close correlation between individual status and meat consumption is supported by the paleo-parasitological research on soil samples from the abdominal area of skeletons in nine burials. Parasite worm eggs associated with the consumption of pork were found in samples from seven of these nine burials. The samples from burial M27, the largest burial in the cemetery, produced 85 worm eggs, while the numbers of worm eggs in samples from other burials are all less than 10.

However, the trace element analysis strontium of forty-four teeth from twenty-two burials has produced a very different result. The Sr/Ca values of the teeth from large burials are much higher than those from small burials, indicating lower meat consumption on the part of high status individuals. Further research is needed to resolve these contradictory results.

Starch grain analysis on dental calculus has provided more information on the diet of Xipo people. The starch grains recovered from dental calculus at Xipo confirm the presence of millet in the diet. This analysis has revealed that other species such as lotus (*Nelumbo nucifera*) may also have played an important role in the diet of the inhabitants of Xipo. While this study has been able to confirm that the inhabitants of Xipo ate *Setaria* species, we were not able to positively identify the other plants consumed by the inhabitants of this site. This study demonstrates the need for an adequate reference collection of starch grains for Chinese plants. While starch grain analysis holds exciting possibilities for future research, a better understanding of the range of variability within these species is necessary before positive identifications can be made.

Chapter Five presents the detailed research on the imprints of different kinds of plants on the filling mud in burial M27. Some fourteen species of plants have been identified, including reed (*Phragmites communis* Trin.), date (*Zizyphus jujuba* Mill.), wild jujube (*Zizyphus jujube* var. spinosa Hu), wild jasmine (*Styrax japonica* Sieb. et Zucc.), dryland willow (*Salix matsudana* Koidz.), laurel willow (*Salix pentandra* L.), Chinese white poplar (*Populus tomentosa* Carr.), poplar (*Popu-*

lus davidiana Dode.), wild haw (*Crataegus cuneata* Sieb. et Zucc.), persimmon (*Diospyros* kaki L. f.), mountain pepper (*Lindera glauca* Sieb. et Zucc.), *Spiraea dasyantha* Bunge. , kuh-seng (*Sophora flavescens* Ait.) and Pittosporum truncatum Pritz. The flowers of wild jasmine indicate that the individual in M27 had been buried some time between July and September. Some evidence indicates that the plants may have been intentionally put into the mud during the funeral ceremony for some purpose. Most of these plants can still be found around the present Xipo village, indicating that the climate in the Miaodigou period may have been quite similar to the current climate.

Chapter Six reports the results of the analysis of soil samples from inside the ceramic vessels in the burials. Notably, all of the samples from ring-footed bowls have much higher levels of organic remains, implying that these vessels may have been filled with organic things during the funeral ritual

Chapter Seven discusses the dating of the burials, the mortuary rites of the ancient Xipo people, and their expression of social status in mortuary practice. On the basis of both ceramic typology and carbon-14 dates from thirteen bone samples, the Xipo burials are dated to around 3300 BC - the late phase of the Miaodigou period. We made a great effort in this chapter to reconstruct the entire mortuary ceremony from the burials. The rites that we can recognize include the cleaning of the body and hair of the dead, the wrapping of the body with cloth and the orienting of the burial shaft toward the direction of sunset. The thirty-four burials show a clear hierarchy of status. We divided them into four classes based on burial shaft size and the "value" of burial offerings. The three Class I burials - M27, M8 and M17 - are larger in size and richer in burial offerings, while the ten Class IV burials are small and have few or no offerings. However, even the largest burials have no luxury goods except for one or two jade axes. The large-mouth urns, which were found only in M27 and M8, were the most important mark of social status.

Complex societies emerged around 3300 BC with the Dawenkou 大汶口 culture in Shandong 山东, the Hongshan 红山 culture in Liaoxi 辽西, the Lingjiatan 凌家滩 culture in Anhui 安徽, and the Songze 崧泽 culture around Taihu 太湖 Lake, all of which were famous for the abundance of luxury goods in their burials. The Xipo cemetery provides evidence for a different type of social complexity, reinforcing the argument that different regions in prehistoric China had different developmental trajectories towards social complexity and early state formation.

■ 第一次发掘位置　　■ 第二、三次发掘位置　　■ 第四次发掘位置　　■ 第五、六次发掘（即墓地）位置

⚬⚬⚬ 遗址大致范围

图版一　发掘区位置

1. M1清理后全景（南—北）

现代扰坑

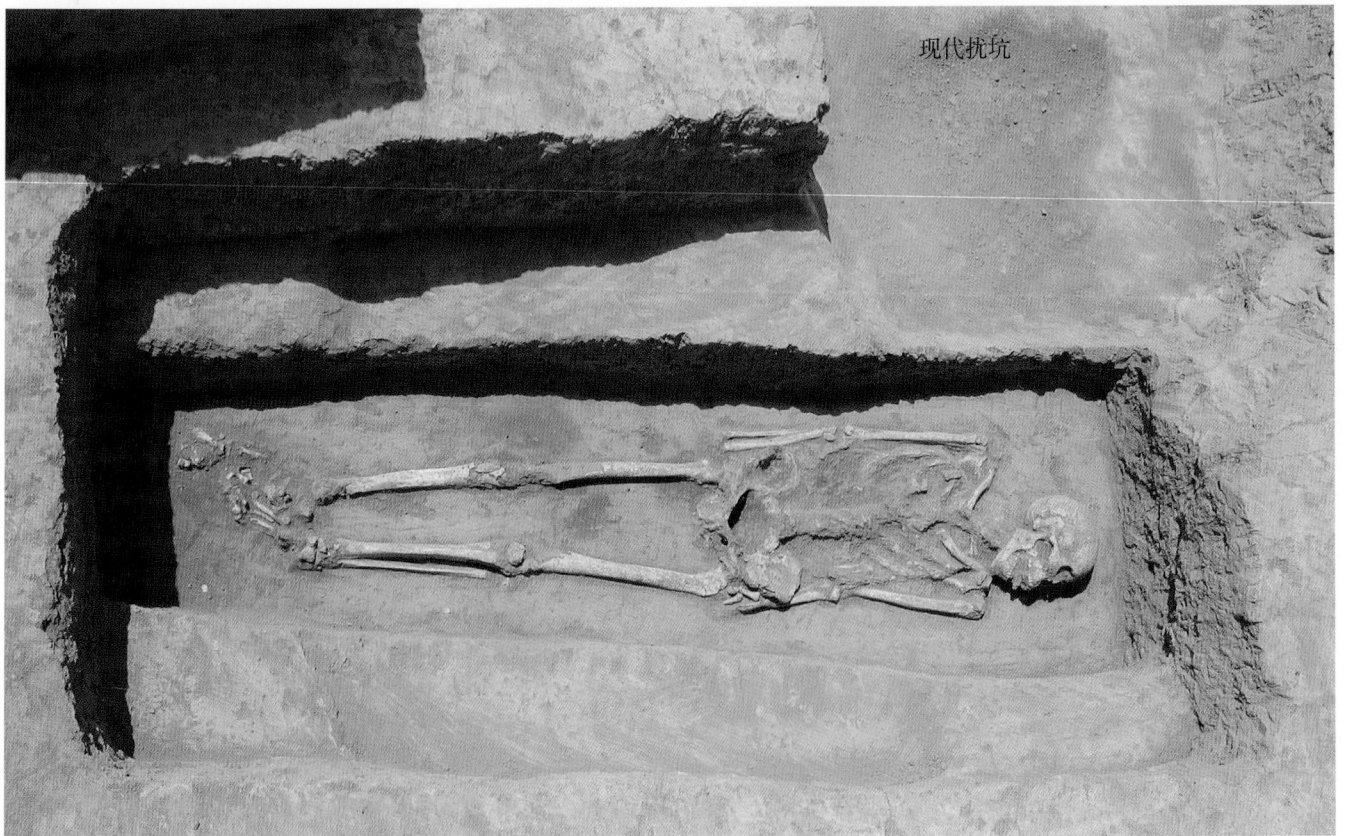

2. M2清理后全景（北—南）

图版二　M1、M2清理后全景

1.清理后全景（南—北）

2.脚坑内器物出土情况（东—西）

3.石块M3：S2

图版三　M3清理后全景、随葬器物出土情况及出土石块

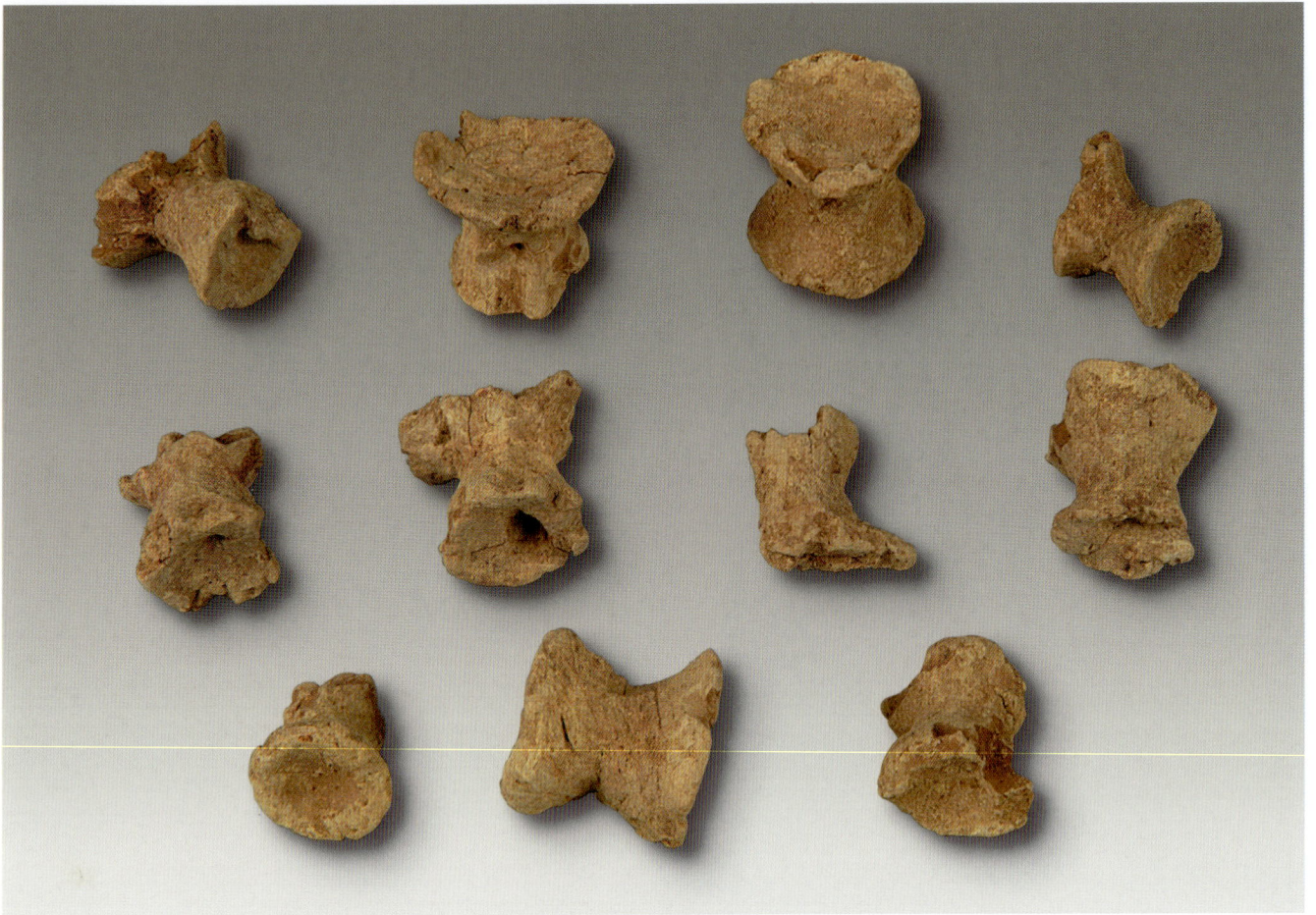

1. 部分陶带盖小杯形器之杯

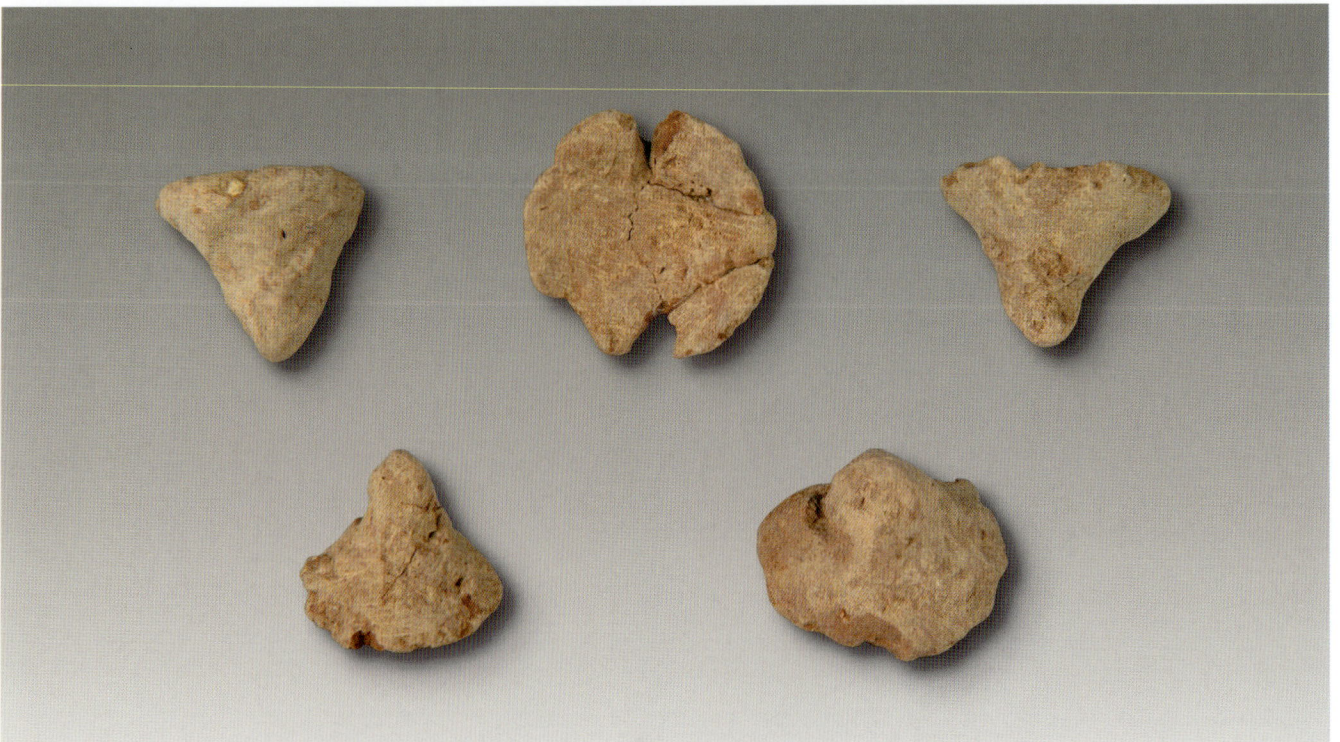

2. 部分陶带盖小杯形器之盖

图版四　M3出土陶带盖小杯形器

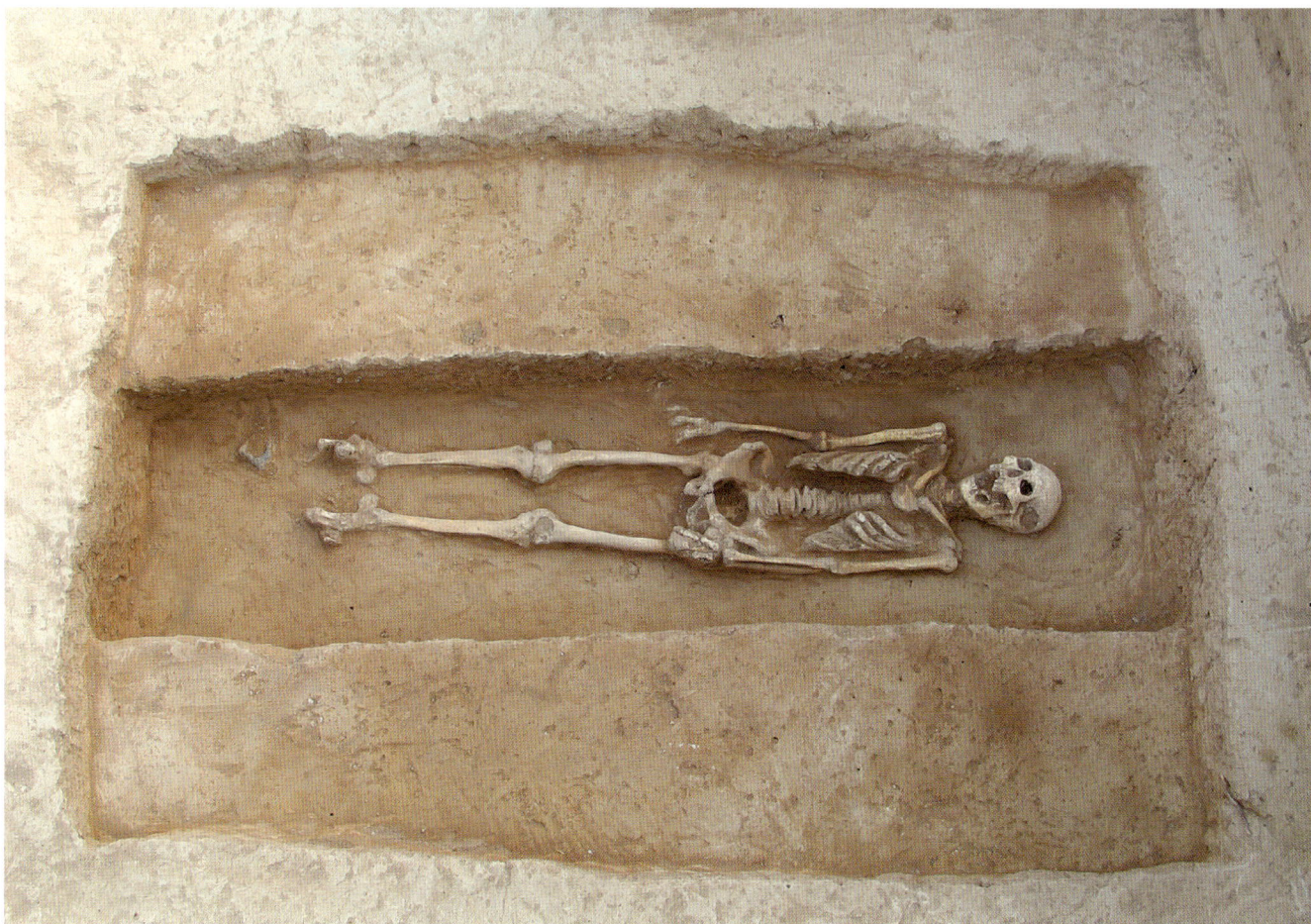

1. 清理后全景（北—南）

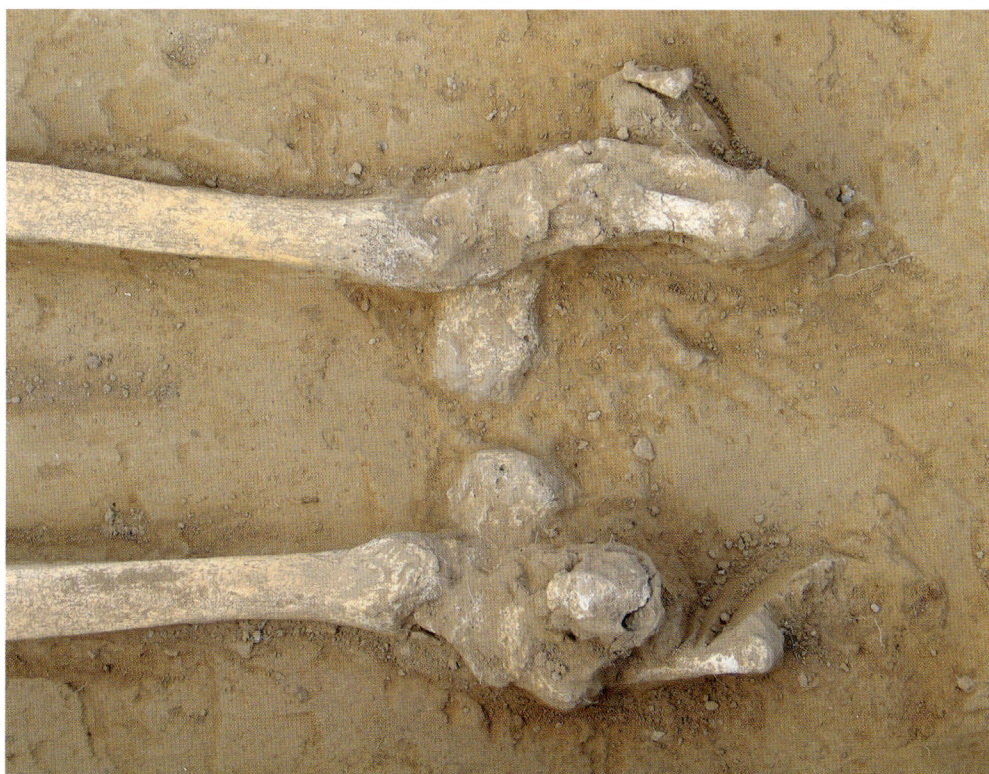

2. 墓主足部特写（南—北）

图版五　M4清理后全景及墓主足部特写

1. 清理过程中全景（北—南）

3. 石片 M5：S1

2. 石纺轮 M5：1

图版六　M5清理过程中全景及出土石纺轮、石片

近代墓

1. 脚坑清理前全景（北—南）

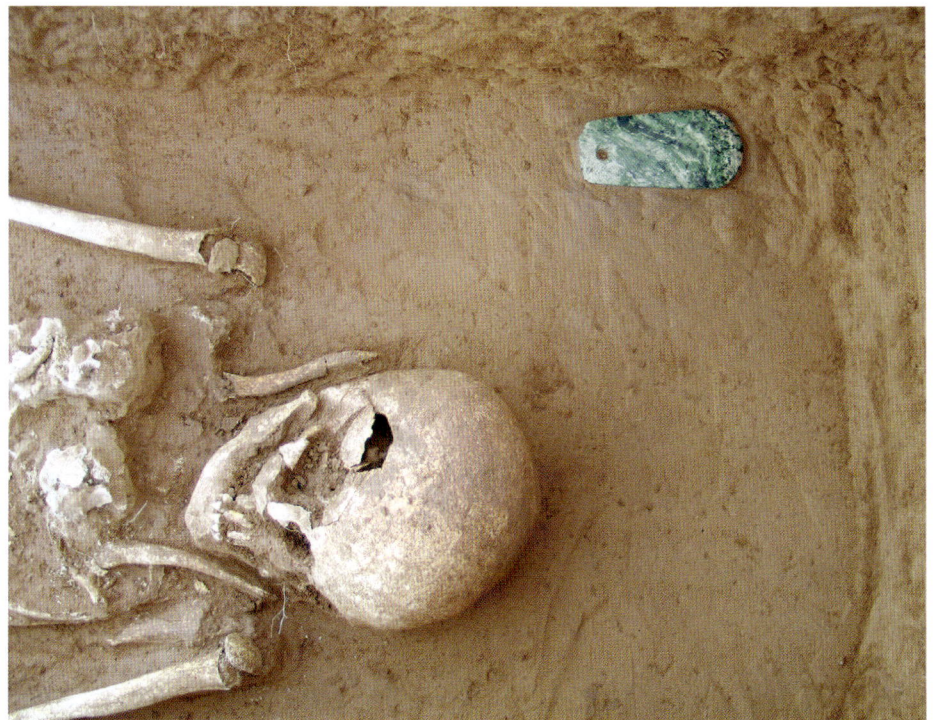

2. 玉钺M6：1出土情况（北—南）

图版七　M6脚坑清理前全景及玉钺出土情况

图版八　玉钺M6：1

2. 陶碗 M6：2

3. 陶碗 M6：3

1. 玉钺 M6：1管钻孔

图版九　玉钺 M6：1管钻孔及 M6出土陶碗

图版一〇 陶釜 M6∶5-1、灶 M6∶5-2

1. 清理后全景（北—南）

2. 墓主髋骨与足部特写（北—南）

图版一一　M7清理后全景及墓主髋骨与足部特写

1. 墓口以下深约180厘米处墓室与脚坑暴露时情况（南—北）

2. 墓口以下深155厘米处墓圹填土内的草拌泥块

3. 墓口以下深180厘米处墓室上部的草拌泥块

图版一二　M8墓室与脚坑暴露时情况及填土中和墓室上部的草拌泥块

1. 清理后全景（北—南）

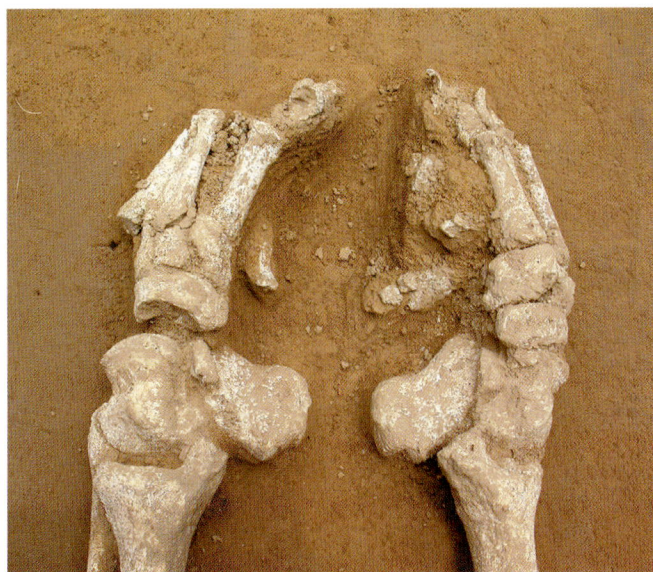

2. 墓主足部特写（西—东）

3. 脚坑内陶器出土情况（西—东）

图版一三　M8清理后全景、墓主足部特写及随葬陶器出土情况

1. 骨箍形器M8：1出土情况，其侧有一点朱砂痕

2. 玉钺M8：2出土情况（北—南）

3. 骨箍形器M8：1

4. 骨箍形器M8：1

图版一四　M8骨箍形器、玉钺出土情况及出土的骨箍形器

图版一五　玉钺M8：2

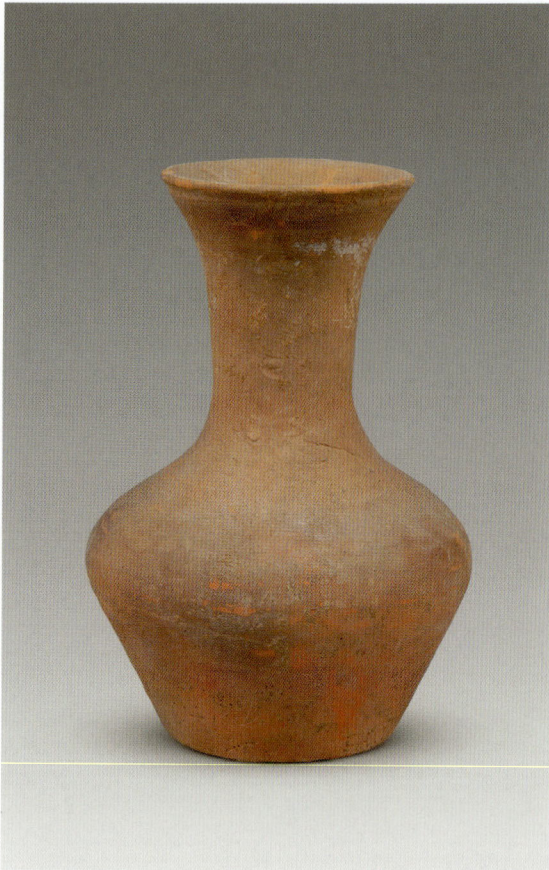

2. 陶钵M8：6

1. 陶壶M8：3

3. 陶钵M8：4

图版一六　M8出土陶壶、钵

图版一七　陶釜M8：5-1、灶M8：5-2

1. M8：7

2. M8：8

图版一八　M8出土陶簋形器

图版一九　陶大口缸 M8：9

图版二〇　陶大口缸M8：10

1. 清理后全景（南—北）

2. 玉钺M9：2出土于胸部上面的墓室填土中（北—南）

图版二一　M9清理后全景及墓室填土中玉钺出土情况

1. 石钺 M9 : 1

2. 玉钺 M9 : 2

3. 玉钺 M9 : 2

图版二二　　M9出土石钺与玉钺

1. 清理后全景（北—南）

2. 墓主足部特写（西—东）

图版二三　M10清理后全景及墓主足部特写

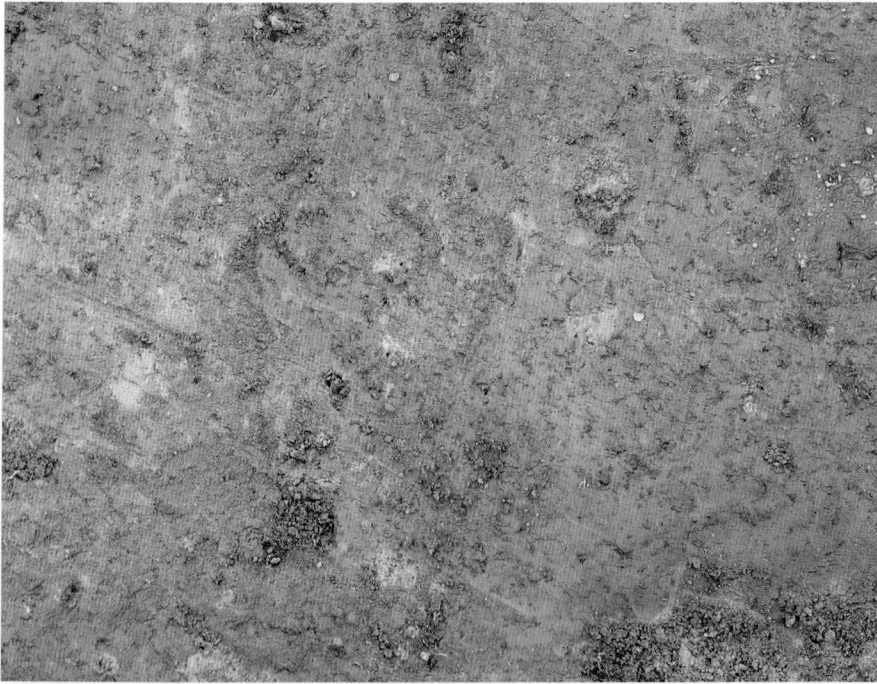

1. 墓室上部的青灰色草拌泥

M10

2. 清理后全景（北—南）

图版二四　M11墓室上部的青灰色草拌泥及清理后全景

1. 墓室内器物出土情况（南—北）

2. 脚坑内器物出土情况（西—东）

图版二五　M11随葬器物出土情况

1. 残骨器M11：1

2. 残骨器M11：1

3. 残骨器M11：7

4. 残骨器M11：8

5. 残骨器M11：9

6. 象牙镯M11：3

图版二六　M11出土残骨器、象牙镯

图版二七　玉钺 M11：4

图版二八　玉钺 M11 : 5

图版二九　玉钺M11：6

1. 陶钵 M11：10

2. 陶钵 M11：12

3. 陶曲腹钵 M11：11

4. 陶曲腹钵 M11：11 内

5. M12 墓主足部特写（东—西）

图版三〇　M11 出土陶钵、曲腹钵及 M12 墓主足部特写

1. 墓室暴露时情况（南—北）

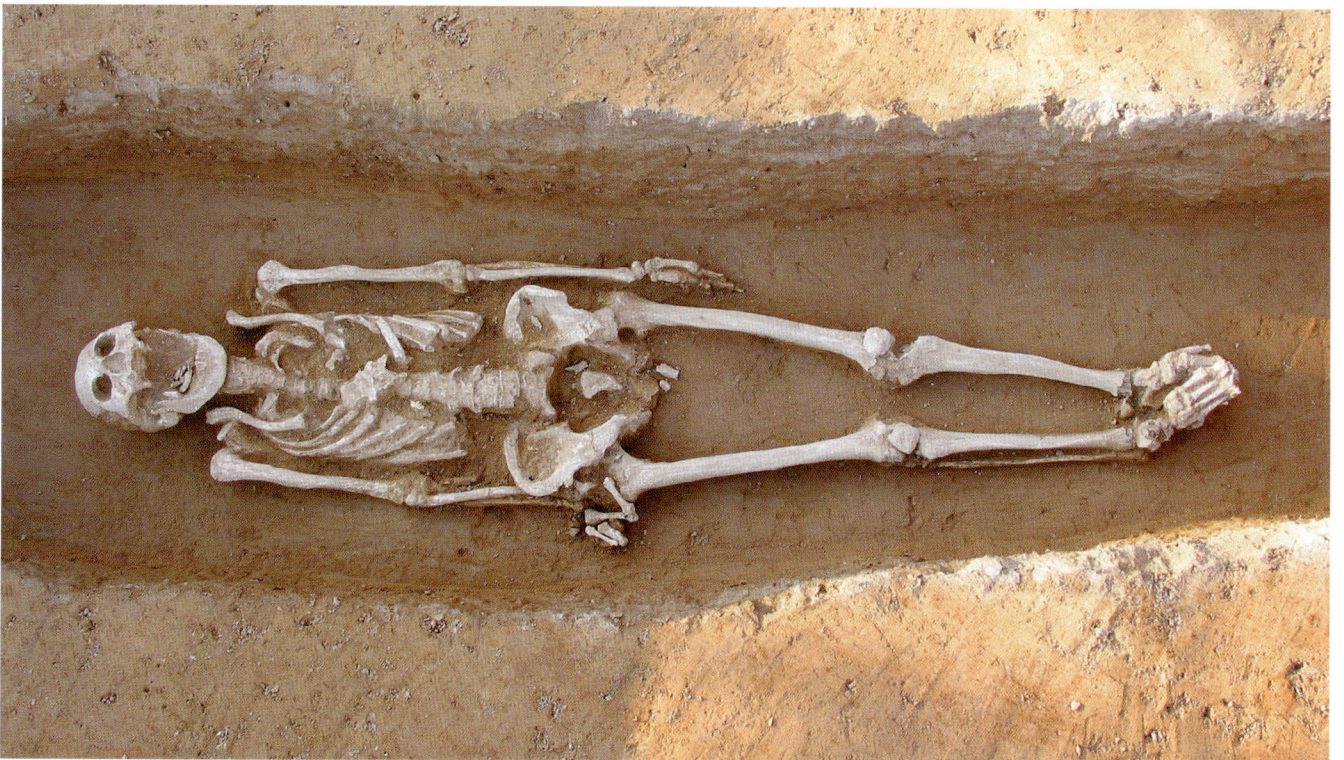

2. 墓主（南—北）

图版三一　M12墓室暴露时情况及墓主

1. 墓室暴露时情况（北—南）

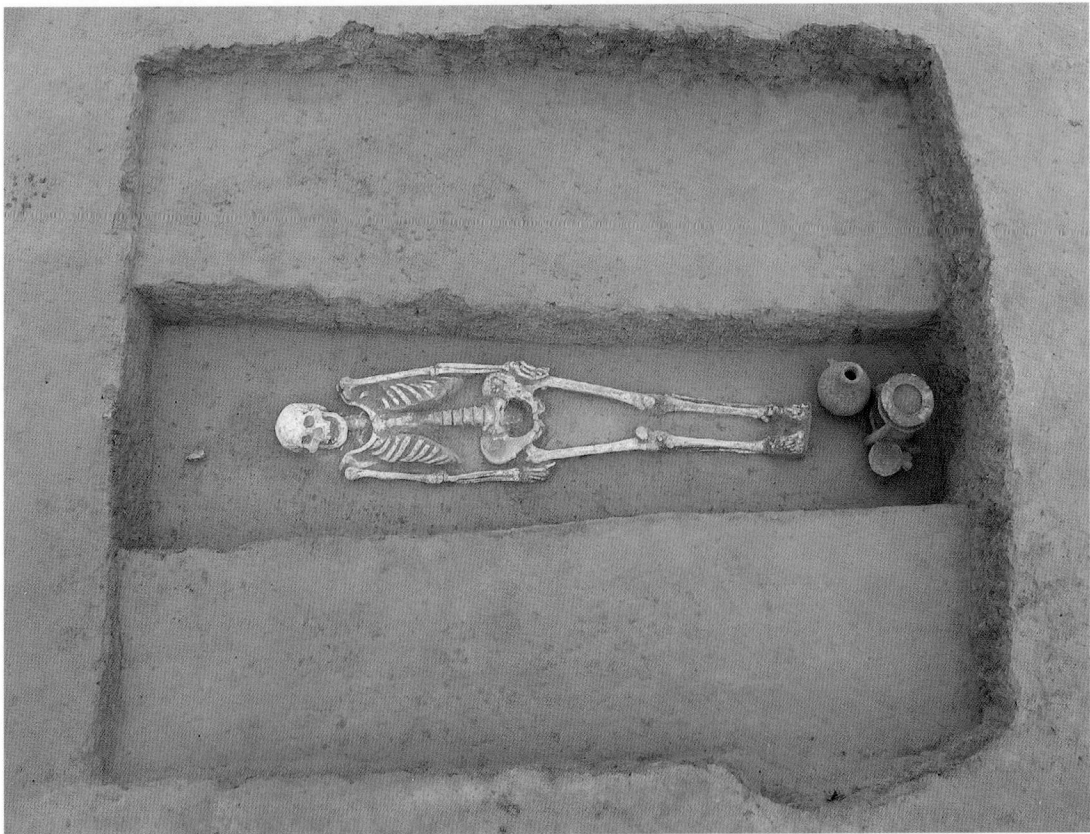

2. 清理后全景（南—北）

图版三二　M13墓室暴露时情况及清理后全景

1. 随葬陶器出土情况（西南—东北）

2. 随葬陶器出土情况

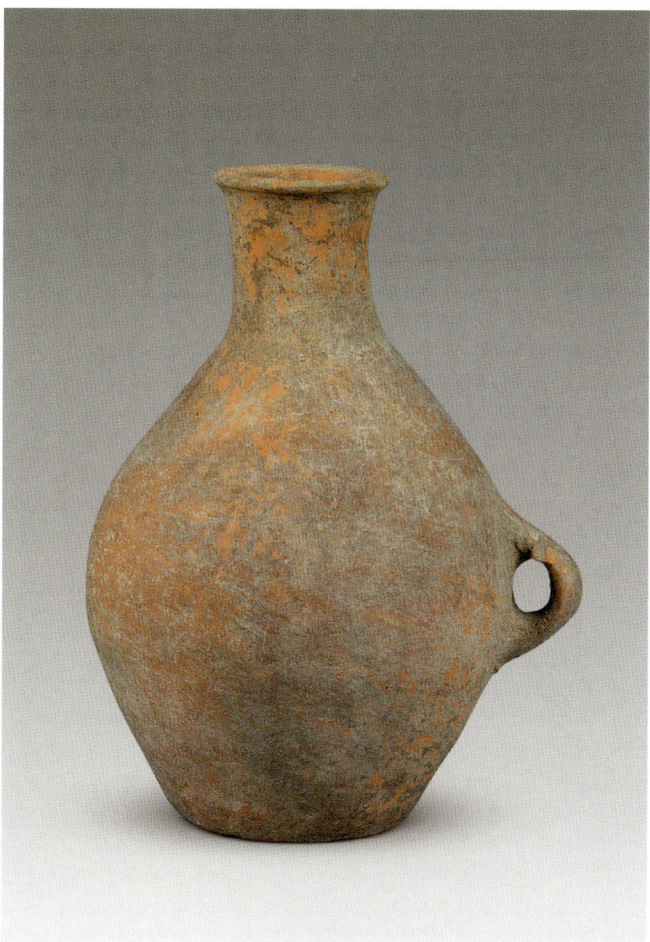

3. 陶壶 M13：2

4. 陶碗 M13：4

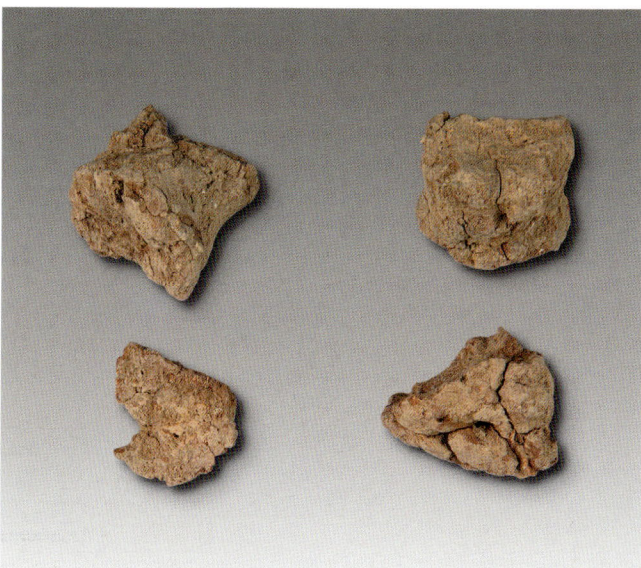

5. 陶带盖小杯形器 M13：5

图版三三　M13随葬陶器出土情况及出土陶壶、碗、带盖小杯形器

图版三四　陶釜 M13：3-1、灶 M13：3-2

现代扰坑

1. 墓室与脚坑暴露时情况（南—北）

现代扰坑

2. 清理后全景（南—北）

图版三五　M14墓室与脚坑暴露时情况及清理后全景

1. 骨簪M14：2出土情况（北—南）

2. 脚坑内器物出土情况（西南—东北）

3. 骨簪M14：2

4. 骨簪形器M14：9

图版三六　M14随葬器物出土情况及出土骨簪、簪形器

1. 陶壶 M14：3

2. 陶钵 M14：7

3. 陶碗 M14：8

4. 陶带盖簋形器 M14：5

5. 陶带盖簋形器 M14：6

图版三七　M14出土陶壶、钵、碗、带盖簋形器

图版三八　陶釜M14：4-1、灶M14：4-2

现代扰坑

1. 清理后全景（北—南）

2. 墓主下肢骨与足部特写（北—南）

图版三九　M15清理后全景及墓主下肢骨与足部特写

1. 清理后全景（北—南）

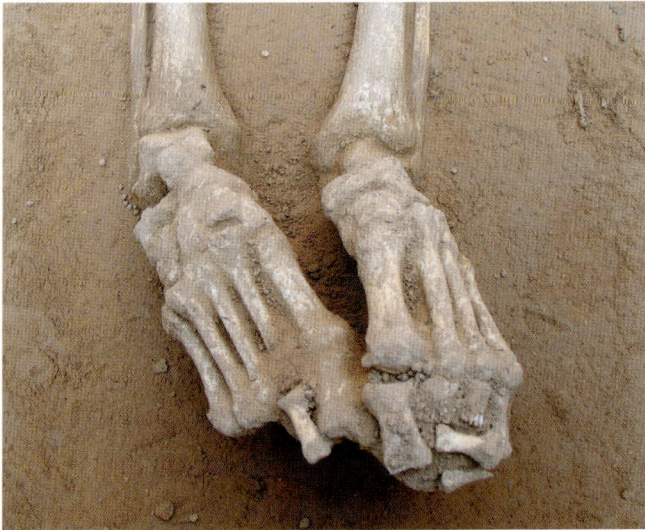

2. 墓主足部特写（东—西）

3. 随葬陶器出土情况（西—东）

图版四〇　　M16清理后全景、墓主足部特写及随葬陶器出土情况

1. 陶带盖簋形器M16：1

2. 陶带盖簋形器M16：1之盖内面

3. 陶带盖簋形器M16：2

4. 陶带盖簋形器M16：2之盖内面

5. 陶钵M16：3

6. 陶壶M16：4

图版四一　M16出土陶带盖簋形器、钵、壶

图版四二　陶釜 M16：5-1、灶 M16：5-2

1. 近代墓墓道壁面上显现的M17墓室上部封泥情况（西—东）

近代墓

近代墓

近代墓

2. 清理后全景（南—北）

图版四三　M17墓室上部封泥情况及清理后全景

1. 脚坑内器物出土情况（西—东）

2. 脚坑内器物出土情况（北—南）

3. 象牙箍形器M17：9与钺出土情况（西—东）

4. 陶碗M17：11

5. 陶钵M17：12

图版四四　M17随葬器物出土情况及出土陶碗、钵

1. 骨簪形器M17：1

2. 骨簪形器M17：3

3. 骨簪形器M17：4

4. 骨簪M17：5

5. 骨簪M17：6

6. 象牙箍形器M17：2

7. 象牙箍形器M17：9

8. 骨管M17：13

图版四五　M17出土骨簪、簪形器、管及象牙箍形器

图版四六　石钺M17：7

图版四七　玉钺 M17：8

图版四八　玉钺 M17：10

1. 墓室与脚坑暴露时情况（西—东）

2. 清理后全景（北—南）

图版四九　M18墓室与脚坑暴露时情况及清理后全景

1. 骨簪M18：1

2. 骨簪形器M18：8

3. 骨簪形器M18：9

4. 骨簪M18：2

5. 骨器残段M18：10

图版五〇　M18出土骨簪、簪形器及骨器残段

1. 陶壶 M18：3

2. 陶钵 M18：4

3. 陶簋形器 M18：7-1

4. 陶簋形器 M18：7-2

图版五一　M18出土陶壶、钵、簋形器

图版五二　陶釜M18：5、灶M18：6

1. 清理后全景（东—西）

2. 墓主头部骨簪出土情况（北—南）

图版五三　M19清理后全景及墓主头部骨簪出土情况

1. 骨簪M19：1

4. 骨簪M19：4

2. 骨簪M19：2

5. 骨簪M19：4

3. 骨簪M19：3

6. M20墓主足部特写（北—南）

图版五四　M19出土骨簪及M20墓主足部特写

1. M20清理后全景（北—南）

2. M21清理后全景（北—南）

图版五五　M20、M21清理后全景

1. 清理后全景（南—北）

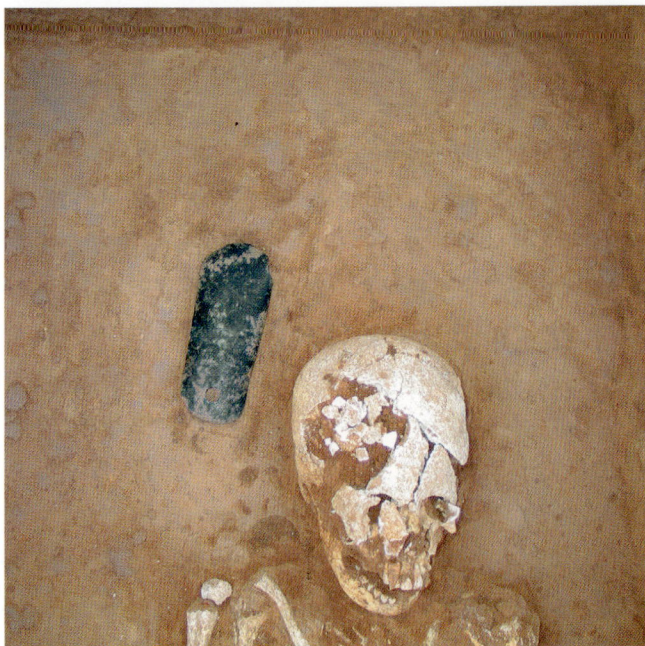

2. 玉钺M22：1出土情况（东—西）

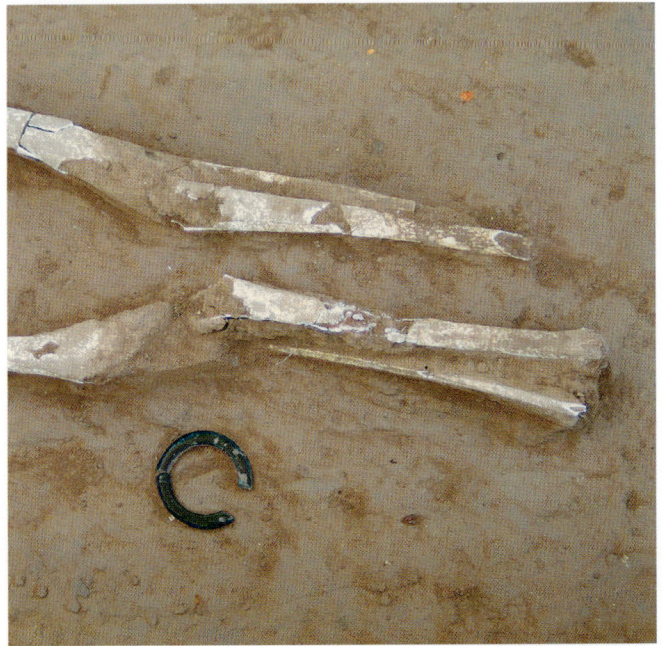

3. 玉环M22：2出土情况（南—北）

图版五六　M22清理后全景及玉钺、环出土情况

图版五七　玉钺M22：1

图版五八　玉环M22：2

1. 四角黄土暴露时情况（南—北）

2. 清理后全景（南—北）

图版五九　M23四角黄土暴露时情况及清理后全景

1. 清理后全景（北—南）

2. 石钺M24：7出土情况（东—西）

3. 脚坑内陶器出土情况（西—东）

图版六〇　M24清理后全景及随葬器物出土情况

图版六一 陶釜 M24：1、灶 M24：2

1. 陶碗M24：3

2. 陶带盖筒形杯M24：4

3. 陶壶M24：5

4. 陶带盖筒形杯M24：6

图版六二　M24出土陶碗、带盖筒形杯、壶

图版六三　石钺 M24：7

1. 墓室暴露时情况（南—北）

2. 清理后全景（北—南）

图版六四　M25墓室暴露时情况及清理后全景

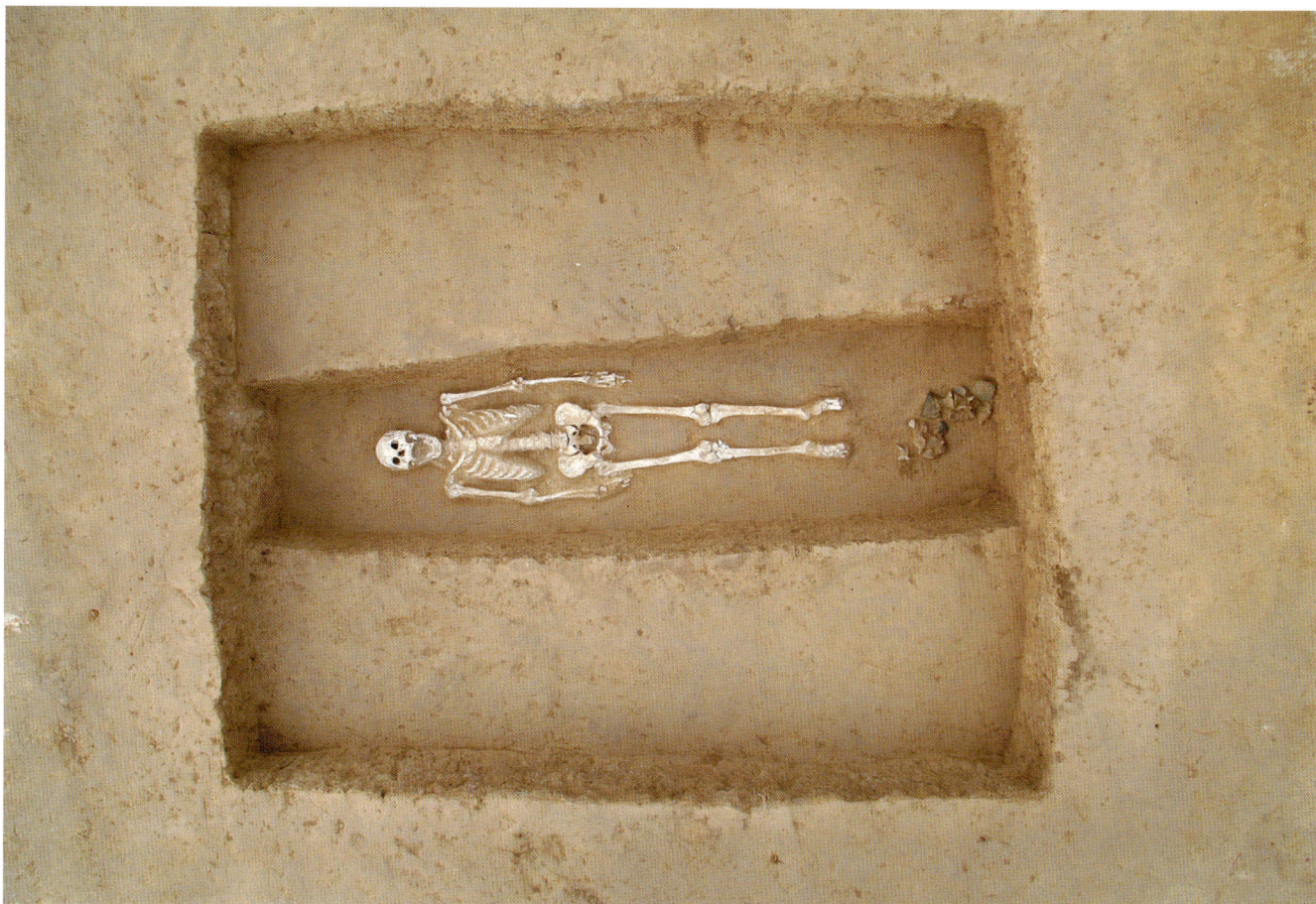

1. 清理后全景（南—北）

2. 随葬器物出土情况（西—东）

3. 工作人员在提取墓主骨盆内的土样

图版六五　M26清理后全景、随葬器物出土情况及工作人员取样现场

1. 填泥中的朱砂痕迹

2. 大口缸M27：1涂朱砂的口部和倒塌在其上的盖板

3. 大口缸M27：1内保留涂朱砂麻布印痕的泥块，出土时印痕面朝侧下方

图版六六　　M27填泥中的朱砂痕迹及大口缸M27：1出土情况

1. 第4和第5块盖板北端的麻布印痕

2. 第4和第5块盖板北端二层台上的麻布印痕

3. 第6块盖板南侧二层台上的板块痕迹与麻布印痕

4. 第7块盖板南端的板灰痕迹与麻布印痕

图版六七　M27盖板上的麻布印痕

1. 第1块盖板倒塌在墓室中部分的麻布印痕

2. 墓室东端的麻布印痕（东—西）

3. 墓室内塌落的盖板（西—东）

4. 脚坑内塌落的盖板（东—西）

图版六八　M27墓室内塌落盖板上的麻布印痕及墓室与脚坑内塌落的盖板

1. 盖板J12北端

2. 倒塌在墓室和脚坑间的盖板J22

3. 柱状体痕迹J18

4. 有柱状体印痕的泥块J21

图版六九　M27脚坑内盖板和柱状体痕迹

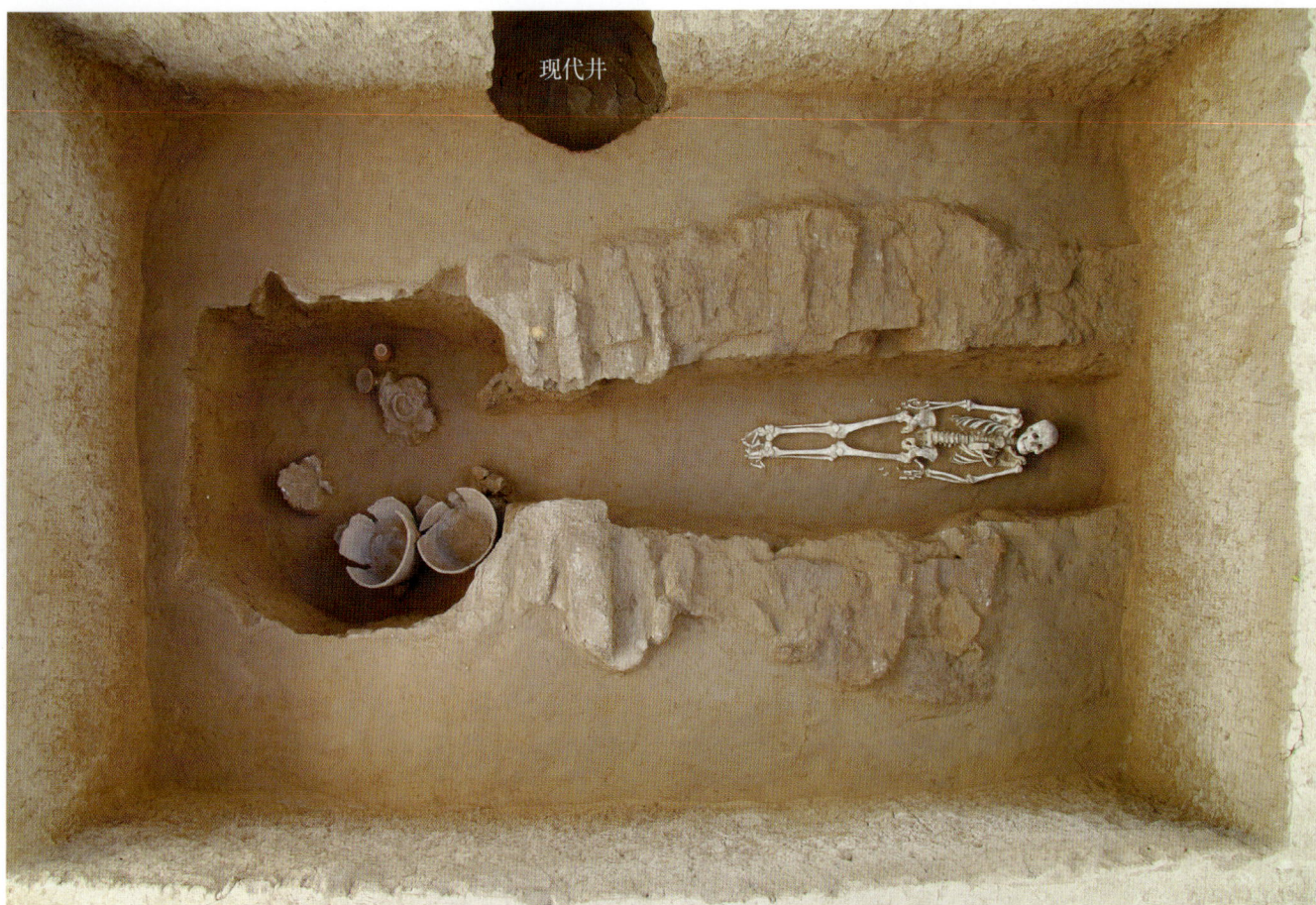

现代井

1. 清理后全景（北—南）

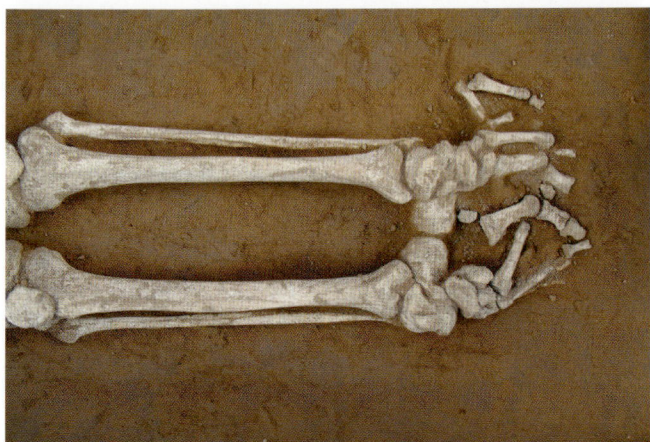

2. 墓主足部特写（南—北）

3. 脚坑内陶器出土情况（西—东）

图版七〇　M27清理后全景、墓主足部特写及随葬陶器出土情况

图版七一　陶大口缸M27：1

图版七二　陶大口缸M27：2

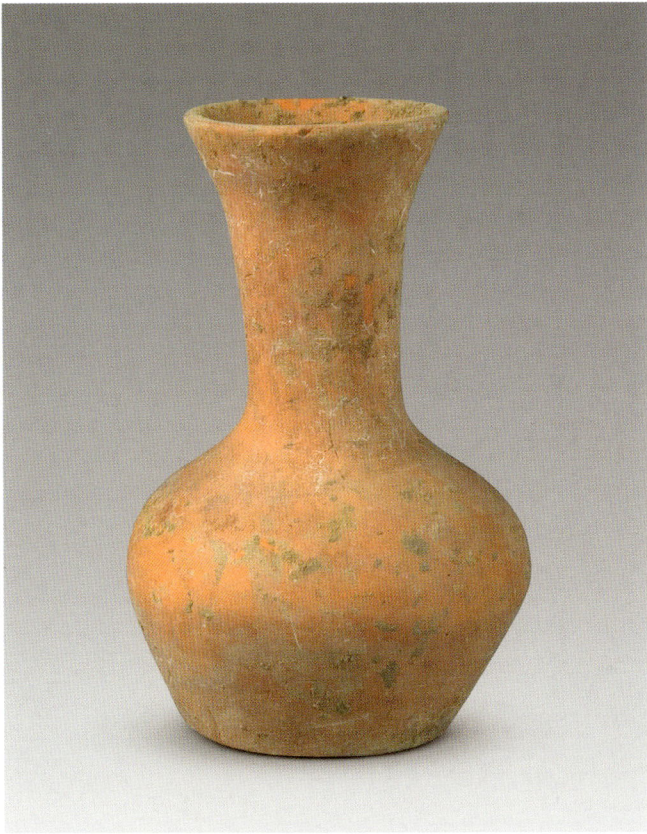

1. 陶壶 M27∶3

2. 陶壶 M27∶3口部

3. 陶钵 M27∶4

4. 陶带盖簋形器 M27∶5

5. 陶簋形器 M27∶6足

图版七三　M27出土陶壶、钵、簋形器

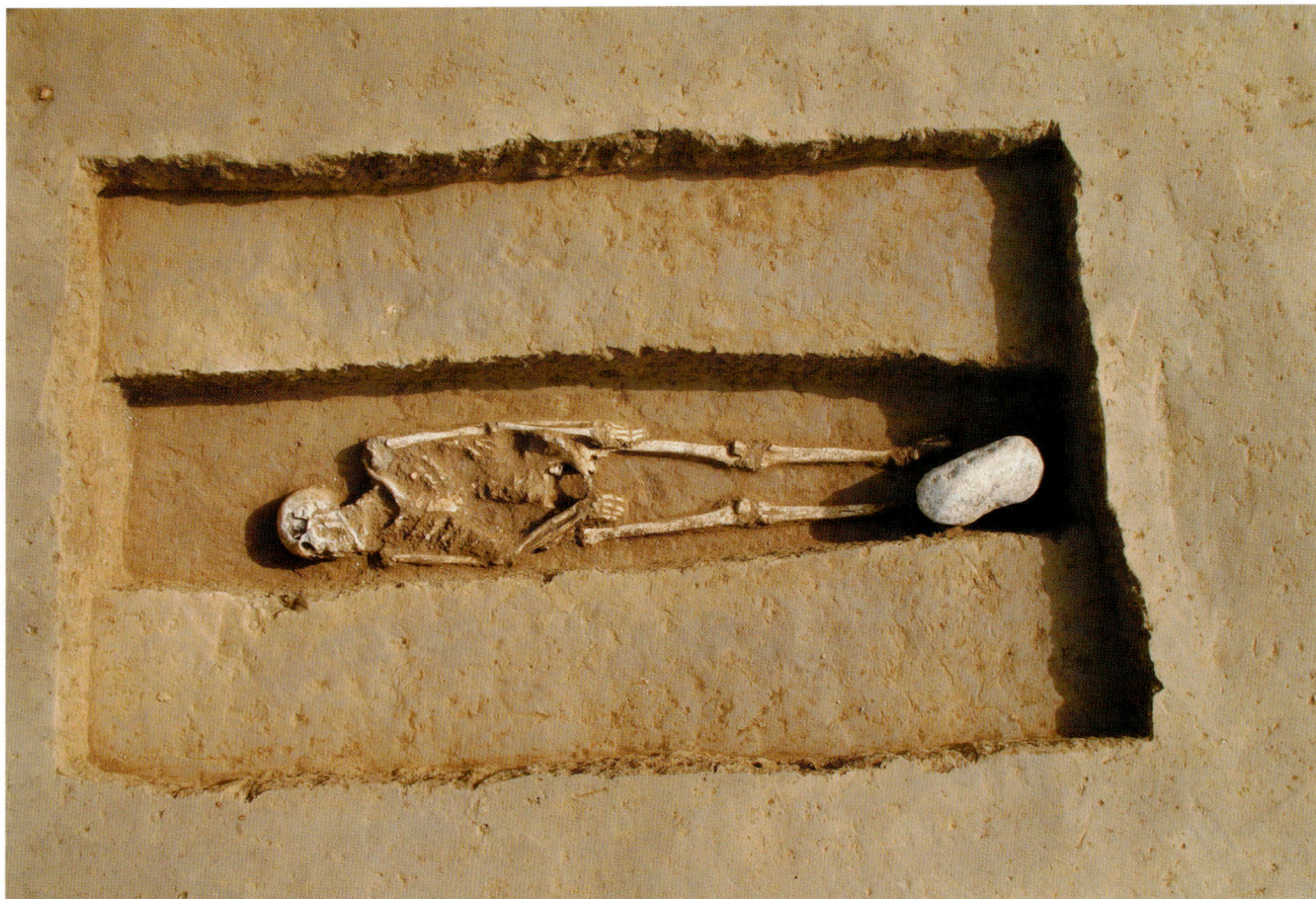

1. 清理后全景（南—北）

2. 墓主足部特写（西—东）

3. 自然卵石M28：S1出土情况（北—南）

图版七四　M28清理后全景、墓主足部特写及卵石出土情况

1. 墓室与脚坑上部封泥塌陷情况（南—北）

2. 墓室内距离西壁80厘米处出土的板灰残块

图版七五　M29墓室与脚坑上部封泥及墓室内的板灰残块

1. 墓室南侧盖板上的麻布印痕

2. 散落在墓室中部的麻布印痕

图版七六　M29墓室中的麻布印痕

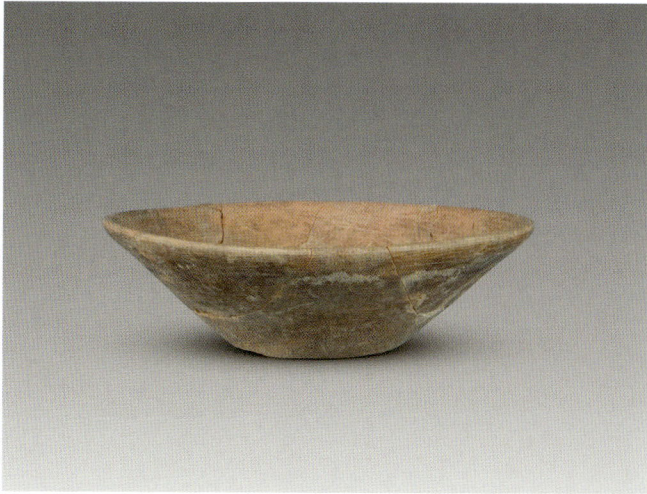

1. 陶碗 M30：1

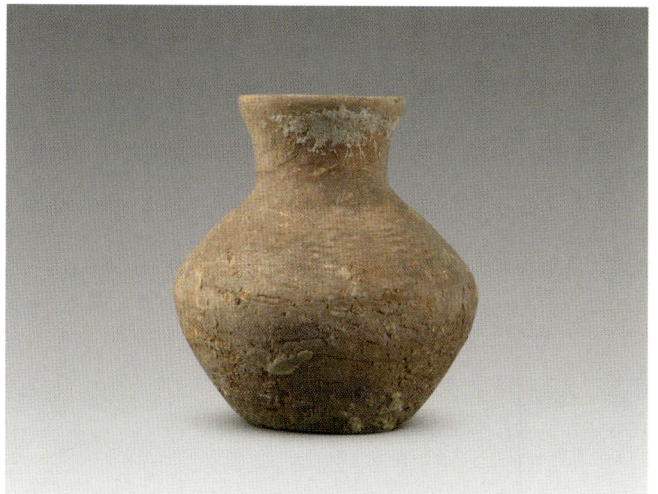

2. 陶壶 M30：4

3. 陶簋形器 M30：5

4. 陶簋形器 M30：6

5. 陶簋形器 M30：7

6. 陶簋形器 M30：8

图版八二　M30出土陶碗、壶、簋形器

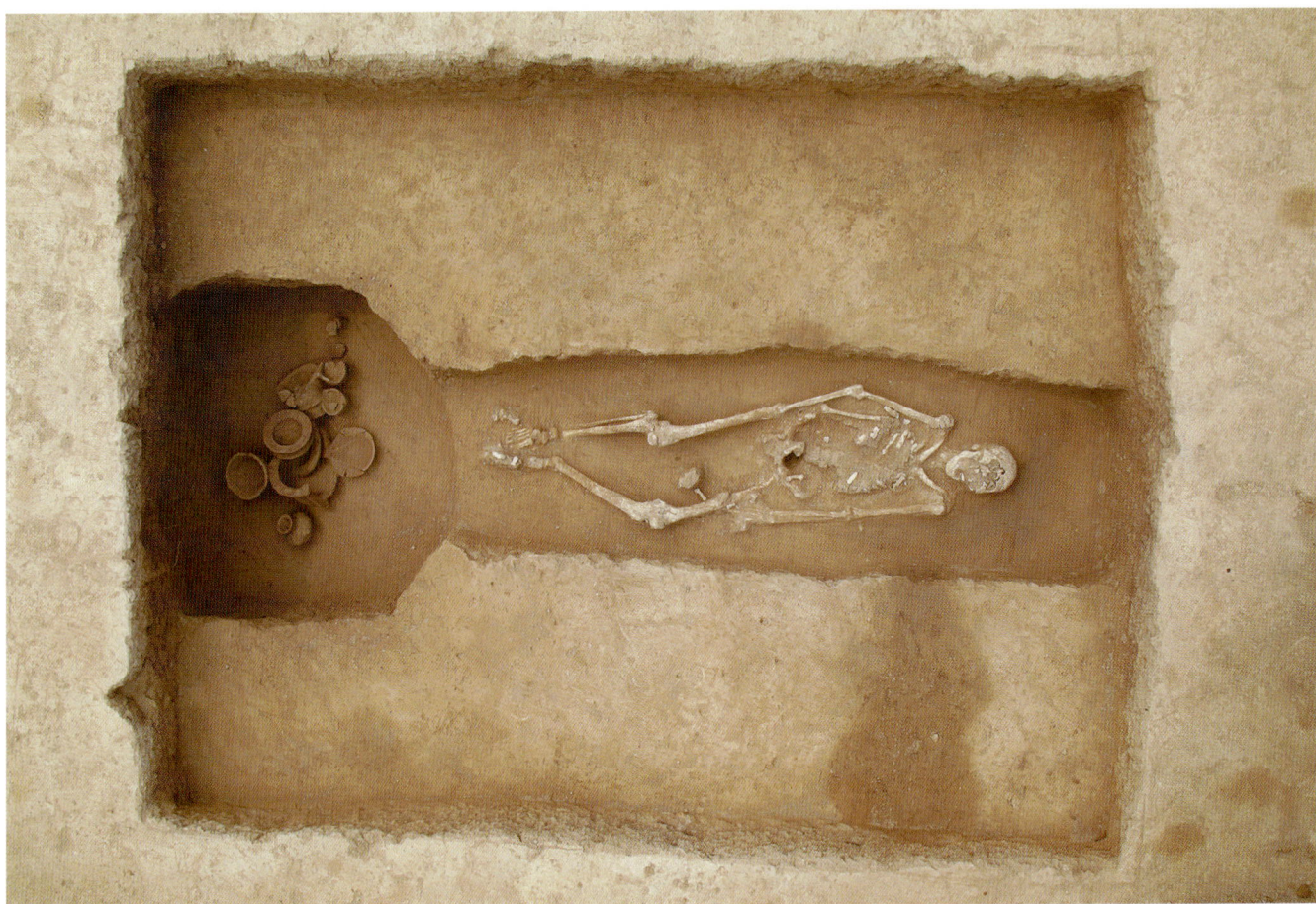

1. 清理后全景（北—南）

2. 墓主足部特写（北—南）

3. 脚坑内陶器出土情况（西—东）

4. 玉钺M30：9出土情况（东—西）

图版八一　M30清理后全景、墓主足部特写及随葬器物出土情况

图版八〇　陶釜M29：3、灶M29：4

1. 陶碗 M29：1

2. 陶壶 M29：2

3. 陶壶 M29：2

4. 陶带盖簋形器 M29：5

5. 陶带盖簋形器 M29：6（盖残）

图版七九　M29出土陶碗、壶、带盖簋形器

1. 脚坑内陶器出土情况（西—东）

2. 陶釜、灶、壶出土情况（西—东）

3. 陶碗M29：1出土于墓室填土中（东—西）

图版七八　M29随葬器物出土情况

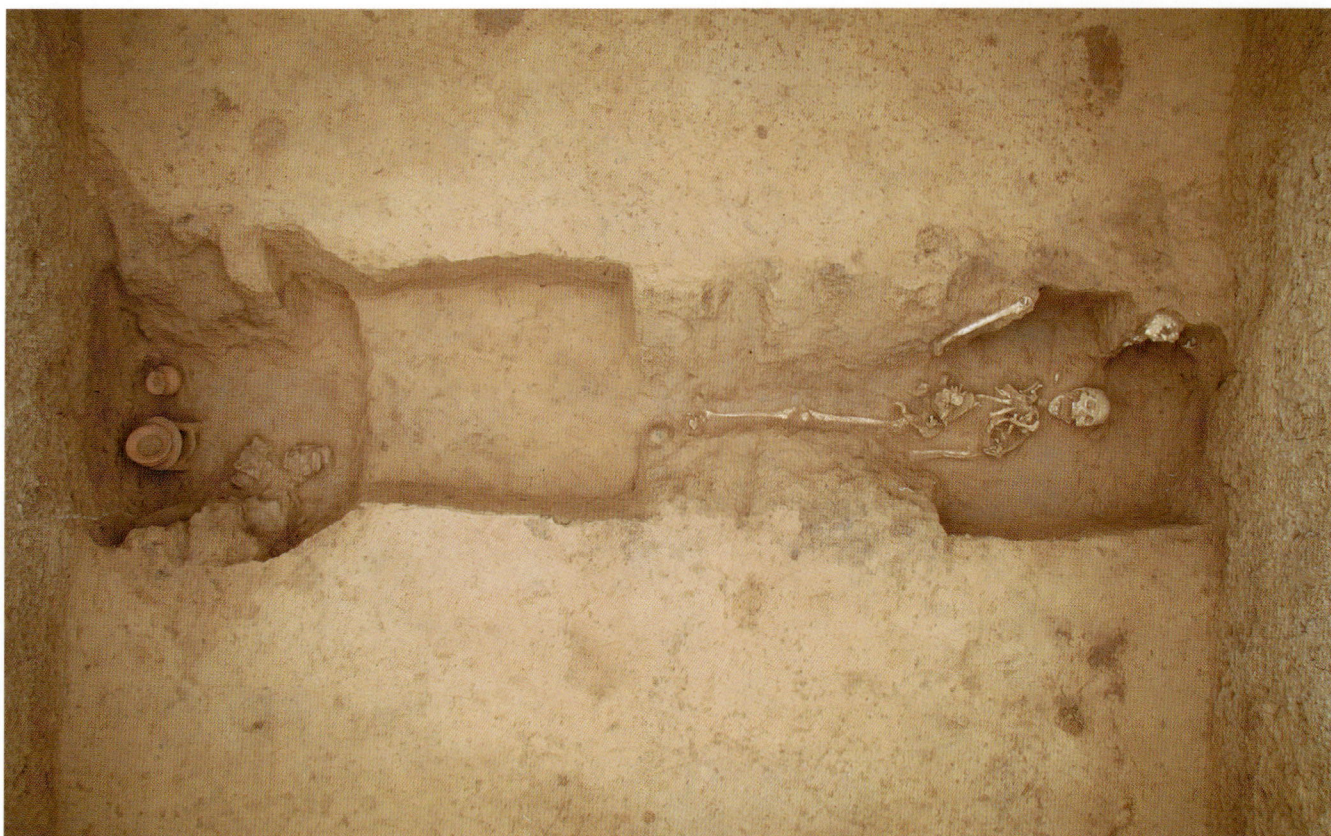

1. 墓室与脚坑内残存盖板情况（北—南）

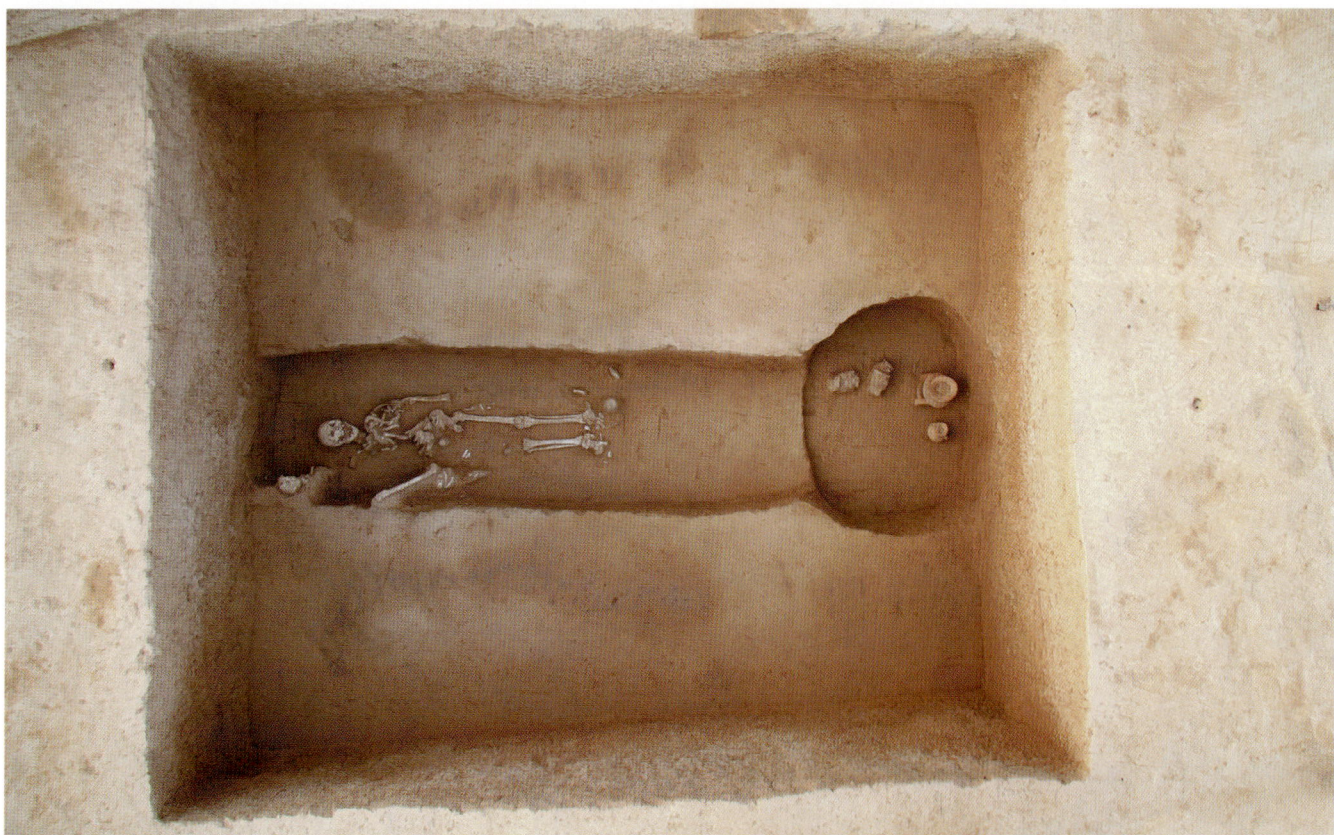

2. 清理后全景（南—北）

图版七七 M29墓室与脚坑内残存盖板情况及清理后全景

图版八三　陶釜 M30：2、灶 M30：3

图版八四　玉钺M30：9

1. 清理后全景（北—南）

2. 脚坑内器物出土情况（东—西）

3. 玉钺M31：19出土情况（南—北）

图版八五　M31清理后全景及随葬器物出土情况

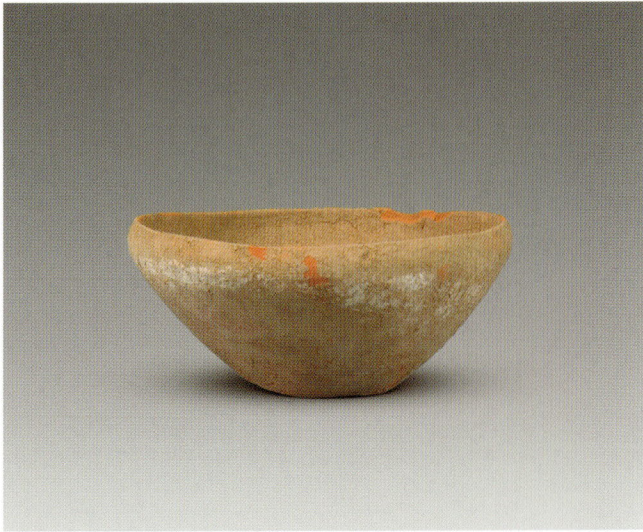

1. 陶钵M31：1

2. 陶异形器M31：2

3. 陶杯M31：3

4. 陶异形器M31：7内底

5. 陶异形器M31：7

图版八六　M31出土陶钵、异形器、杯

图版八九 玉钺M31：19

图版九〇　M32清理后全景（北—南）

1. 清理后全景（北—南）

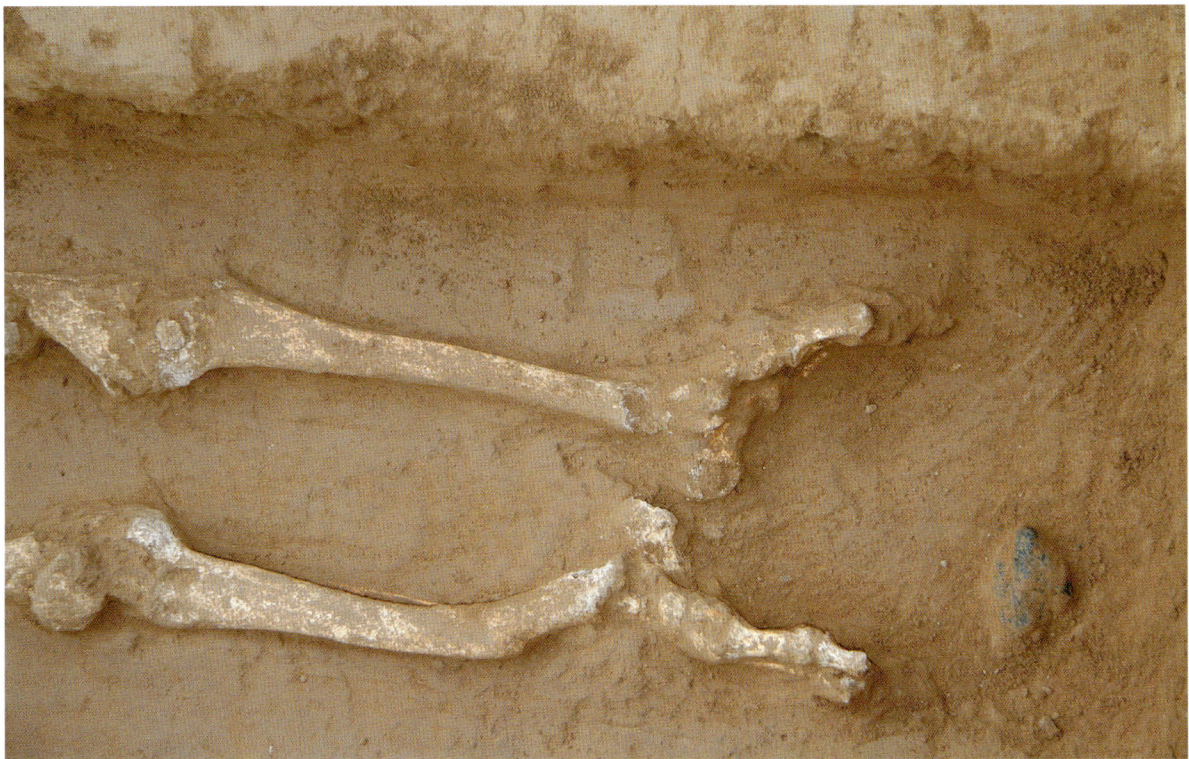

2. 墓主足部特写（南—北）

图版九一　M33清理后全景及墓主足部特写

1. 清理后全景（南—北）

2. 玉钺M34：1与骨簪形器出土情况（北—南）

3. 脚坑内器物出土情况（北—南）

图版九二　M34清理后全景及随葬器物出土情况

图版九三　玉钺M34：1

图版九四 玉钺 M34：7

1. 骨器M34∶4与陶钵出土情况（西—东）

2. 陶钵M34∶2、M34∶3

图版九五　M34骨器、陶钵出土情况及出土陶钵

1. 骨器残段M34：4

2. 骨器残段M34：4

3. 簪形器M34：8

4. 簪形器M34：8

5. 簪形器M34：9

6. 簪形器M34：9

图版九六　M34出土骨器残段、骨簪形器